海南大学年鉴

（2021）

《海南大学年鉴》编辑部 编

海南出版社
·海口·

图书在版编目（CIP）数据
海南大学年鉴. 2020 /《海南大学年鉴》编辑部编
. --海口 : 海南出版社, 2021.12
ISBN 978-7-5730-0319-5

Ⅰ. ①海… Ⅱ. ①海… Ⅲ. ①海南大学-2021-年鉴
Ⅳ. ①G649.286.61-54

中国版本图书馆 CIP 数据核字(2021)第 250274 号

海南大学年鉴（2021）

HAINAN DAXUE NIANJIAN（2021）

本书作者:《海南大学年鉴》编辑部
责任编辑: 白　多
执行编辑: 徐雁晖
封面设计: 彭荟吉
海南大学地址: 海南省海口市人民大道 58 号
邮　编: 570228　电　话:0898-66291272
印刷装订: 广西广大印务有限责任公司
出版发行: 海南出版社
地　址: 海口市金盘开发区建设三横路 2 号
邮　编: 570216
电　话: 0898-66816923
经　销: 全国新华书店
开　本: 787mm × 1092mm 1/16
字　数: 370 千字
印　张: 25.25
版　次: 2021 年 12 月第 1 版　2021 年 12 月第 1 次印刷
书　号: ISBN 978-7-5730-0319-5
定　价: 120.00 元

《海南大学年鉴（2021）》编委会

《海南大学年鉴（2021）》撰稿单位、审稿人、撰稿人一览表

撰稿单位	审稿人	撰稿人	撰稿单位	审稿人	撰稿人
党委办公室（机关党委）	林洪冰	王动动	招生与就业处（校友会办公室）	黄玉端 林 华 王 珍	陈 阳 林 华 王 珍 刘莉莉
纪委、监察专员办公室	陈 琛	张乃脆	国际合作交流处	杨志昕 林仕岛	于 赫 孙梦羽 唐鹤然
组织部（党校）	韩淑梅	范燕忠 郭孝伟 冯 翔 甘 奇	审计处	屈凯军 孙 丽	王 静 冯 琴 袁 日
宣传部	谭 勇 李 宏 王群生	谭 勇 李 宏 王群生 李布明 余梦月 任维钧 王一钦 李 鸥 卢 昕	基建处	李 艳	徐广梅
统战部（华侨与港澳台事务办公室）	陈明宝 许美丹	罗荫渠 陈 丹 姚广龙 张海韵	国有资产管理处	邓泽明	张凤军 汤继红 刘庆丰
学生工作部（处）	林 琛 范启标 王红英	马艳彬 肖 洒 黄良颖 邢静怡 吴九君 李志强	工会	杨 红 黄运鸣	孙 婧
保卫处（人民武装部）	朱荣平	周邦华	团委	郑 鹏 周琳琳 公衍峰 黎雨苗	罗富晟 刘 申 袁周米琪 张师源 徐艾君
校长办公室（乡村振兴与扶贫办公室）	于旭东 胡景卫 林豪燕 郑志涛	徐望来 史旭峰 何宏米 李沐潼 徐曾沛 唐 萍 姚珊珊 符国丽	国际教育学院	华世佳	曾 影
理事会秘书处	闫 治	闫 治	继续教育学院	李仁君 李玉凤 张益民 郭 祯	王秀雄 李 炜 符 贤 李劲松 钟伟宁
教育基金会秘书处	闫 治	闫 治	师生事务保障中心	徐小华	符万祺 宋翰文
教务处	谢辉凡 耿 刚	潘学松 丁民河 李 攀 许修斌 陈黎明	教学质量评估中心	郭立萍	符金万
科技处	邹勇华 张喜瑞 杨玮婷 张志英	赵美惠 游建华 秦春秀 董天为 陈哲钦	地方合作服务中心（成果转化办公室）	史学群	吴友根 陈 伟
人文社科处	王亚卓	陈曼真 杨德禧 苏 莹 陈晓芳	离退休人员服务中心（关心下一代工作委员会）	许德兴	龙诚果
研究生处（研究生工作部）	黄东益	曾德虎	图书馆	黄 乐	吴艳阁
发展规划与学科建设处（部省合建办公室）	廖双泉	黄雯君 农伟强 孙旭东 文亚婷	学报编辑部	刘家诚 罗启香 石耀华	刘家诚 罗启香 石耀华
人事处（党委教师工作部 教师发展中心 计划生育办公室）	聂清斌 向福英 黄文强 郭庆宾	方 娇 林治宇 王森森 姚锐环 刘勇勤	档案馆（校史馆）	林章义	彭荟吉
财务处	张长海	燕新梅			

2020 年 12 月 25 日，时任教育部党组书记、部长陈宝生（左二）率团莅临海南大学调研。教育部党组成员、副部长孙尧（右二），海南省副省长王路（左四）陪同调研。（来源：海南大学党委宣传部）

2020 年 5 月 5 日，时任海南省委书记刘赐贵（左二）莅临海南大学检查高校复学准备和疫情防控工作情况。（来源：海南大学党委宣传部）

2020 年 10 月 10 日，时任海南省常务副省长毛超峰（左二）一行莅临海南大学第六食堂调研校园禁塑试点工作开展情况。（来源：海南大学党委宣传部）

2020 年 4 月 11 日，海南省委常委、省委秘书长、省委国安办主任孙大海（左二）出席在海南大学海甸校区思源学堂多功能厅举行的海南省委国家安全委员会与海南大学共建海南大学国家安全研究中心合作签约及揭牌仪式。（来源：海南大学党委宣传部）

2020 年 12 月 28 日，海南省政协副主席李国梁（左二）到海南大学定点扶贫村——临高县光吉村开展“抓农村党建、促脱贫攻坚”专题调研。（来源：海南大学党委宣传部）

2020 年 9 月 22 日，校党委书记武耀廷在海甸校区 3 号教学楼 211 教室举行的“开学第一课”上为马克思主义学院 2020 级全体本科、研究生新生和部分学生骨干、思政课教师讲授“马克思主义中国化与青年马克思主义者的使命担当——为海南自由贸易港建设贡献海大学子青春力量”。（来源：海南大学党委宣传部）

2020 年 4 月 28 日，校长骆清铭参加海南自贸港优秀人才表彰大会并作为受表彰代表发言。（来源：海南大学党委宣传部）

2020 年 1 月 12 日，校党委副书记廖清林参加在海甸校区办公楼一楼报告厅举行的工会第三届第一次会员代表大会。（来源：海南大学党委宣传部）

2020 年 1 月 11 日，校纪委书记、海南省监察委员会驻海南大学监察专员郑尉杰参加在海甸校区思源学堂多功能厅举行的中共海南大学委员会二届五次全体（扩大）会议。（来源：海南大学党委宣传部）

2020 年 4 月 7 日，副校长傅国华出席海南省发改委副主任綦树利调研海南大学的座谈会。（来源：海南大学党委宣传部）

2020 年 5 月 18 日，校党委常委、副校长胡新文在文科基础教学部出席“开学第一课”同升国旗同唱国歌活动。（来源：海南大学党委宣传部）

2020 年 12 月 3 日，校党委常委、副校长陈险峰在儋州校区出席第四十八届田径运动会开幕式。（来源：海南大学党委宣传部）

2020 年 12 月 24 日，校党委常委、副校长王崇敏参加在海甸校区社科楼二楼报告厅召开的《深化新时代教育评价改革总体方案》宣讲会暨党委理论学习中心组（扩大）学习会议。（来源：海南大学党委宣传部）

2020 年 1 月 3 日，校党委常委、副校长梁谋在海甸校区思源学堂多功能厅与共青团海南大学第二届委员会全体委员进行座谈。（来源：海南大学党委宣传部）

2020年11月30日，校党委常委、副校长叶光亮出席海南省社科联专职副主席李星良一行调研海南大学的座谈会。（来源：海南大学党委宣传部）

2020年11月9日，校党委常委、副校长曹宪忠出席海南省科协党组书记胡月明一行调研海南大学的座谈会。（来源：海南大学党委宣传部）

2020 年 6 月 8 日，校党委常委、副校长范文出席郑志明院士一行调研海南大学的座谈会。（来源：海南大学党委宣传部）

2020 年 6 月 24 日，校党委常委、组织部部长韩淑梅参加在海甸校区联谊馆举行的海南大学 2020 届本科生、研究生毕业典礼暨学位授予仪式。（来源：海南大学党委宣传部）

2020 年 12 月 16 日，校党委常委、宣传部部长谭勇在海甸校区国际学术交流中心出席 2021 教育政务新媒体年会。（来源：海南大学党委宣传部）

2020 年 10 月 29 日，校党委常委、统战部部长陈明宝在海甸校区办公楼 501 会议室参加海南大学教育基金会理事会、监事会换届会议暨三届一次理事会会议。（来源：海南大学党委宣传部）

2020 年 12 月 25 日，教育部在海南大学海甸校区召开 2020 年部省合建工作年度会议，时任教育部党组书记、部长陈宝生出席会议并讲话。（来源：海南大学党委宣传部）

2020 年 12 月 8 日，教育部中外人文交流中心与海南大学在海甸校区国际学术交流中心签署合作共建“会计中外人文交流研究院”协议并举行“会计中外人文交流研究院”“高层次国际化人才培养创新实践基地”揭牌仪式。（来源：海南大学党委宣传部）

2020 年 11 月 7 日，2020 年海南省院士创新平台授牌仪式在海南大学举行。（来源：海南大学党委宣传部）

2020 年 6 月 19 日，海南大学与海南省人民检察院在海甸校区思源学堂多功能厅举行海南自贸港民事行政公益诉讼检察研究基地签约揭牌仪式。（来源：海南大学党委宣传部）

2020 年 7 月 16 日，海南大学与海口市人民政府在海甸校区思源学堂多功能厅举行战略合作协议签约仪式。（来源：海南大学党委宣传部）

2020 年 8 月 7 日，海南大学与崖州湾科技城管理局在三亚崖州湾科技城省级高新区揭牌仪式暨三亚创建国家创新型城市启动大会上签署合作协议。（来源：海南大学党委宣传部）

2020 年 1 月 3 日，海南大学生物医学工程学院发展研讨会暨挂牌仪式在海甸校区国际学术交流中心举行。（来源：海南大学党委宣传部）

2020 年 6 月 15 日，海南大学体育学院揭牌仪式在海甸校区联谊馆举行。（来源：海南大学党委宣传部）

2020 年 7 月 13 日，海南大学热带作物国家重点实验室（筹）、研究生公寓及附属食堂项目开工仪式在海甸校区热带作物国家重点实验室项目施工场地内举行。（来源：海南大学党委宣传部）

2020 年 9 月 18 日，海南大学校长骆清铭教授当选国际医学与生物工程院（IAMBE）Fellow。（来源：海南大学党委宣传部）

2020 年 9 月 4 日，海南大学教授张云阁入选教育部 2020 年“全国教书育人楷模”。（来源：海南大学党委宣传部）

2020 年 11 月 1 日，海南大学“木兰学者奖励计划”颁奖仪式在儋州市大卫·天香木兰园举行。图为参会嘉宾合影。（来源：海南大学党委宣传部）

2020 年 11 月 24 日，“中国–东盟体育文化发展联盟”“海上丝绸之路艺术教育联盟”筹备启动仪式暨印度尼西亚驻华大使周浩黎先生海南大学演讲活动在海甸校区社科楼二楼报告厅举行。（来源：海南大学党委宣传部）

2020 年 9 月 30 日，2020 海南大学顶尖科学家讲坛在海甸校区思源学堂大礼堂开讲，2009 年诺贝尔化学奖得主阿达 · 约纳特教授在线做“下一代环保抗生素”主题报告。（来源：海南大学党委宣传部）

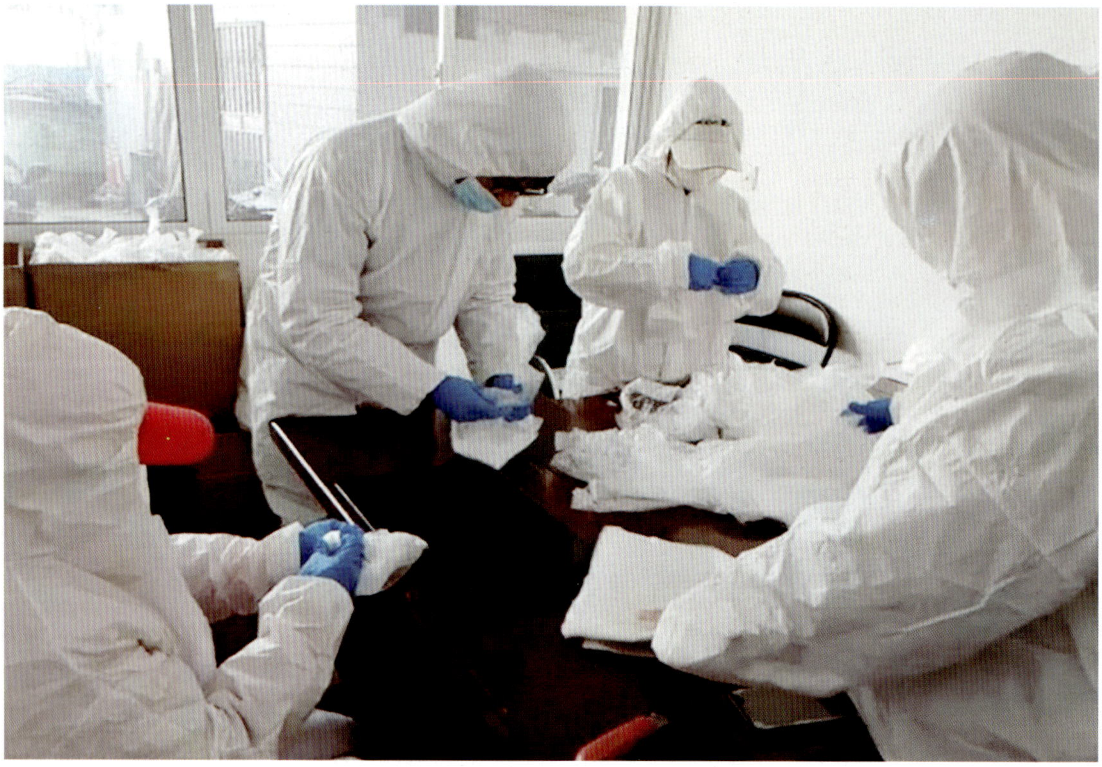

2020 年 1 月，海南大学部分青年师生奋战在抗击新冠病毒疫情第一线，与人民群众度过了一个“特殊”的春节。（来源：海南大学党委宣传部）

2020 年 5 月 18 日，海南大学在海甸校区举行“开学第一课”同升国旗同唱国歌活动。（来源：海南大学党委宣传部）

2020 年 11 月 7 日，海南大学人文传播学院青年教师杨扬编剧导演的作品《柳庄有爱》在云南临沧举行的第八届亚洲微电影艺术节颁奖典礼上获得金海棠奖“优秀作品奖”和“优秀导演奖”2 个奖项。（来源：海南大学党委宣传部）

2020 年 11 月 20 至 22 日，海南大学机电工程学院 2 项作品在第九届全国大学生机械创新设计大赛中斩获一等奖。（来源：海南大学党委宣传部）

2020 年 11 月 28 日，海南大学美术与设计学院学生熊钰设计作品荣获第 12 届全国大学生广告艺术大赛一等奖。（来源：海南大学党委宣传部）

2020 年 5 月 20 日，扬帆起航 “海”纳百川——海南省 2020 年首批面向全球招聘三万岗位人才招聘活动海南大学专场招聘会在海甸校区农科楼举行。此次专场对接会吸引了多个行业的 81 家企事业单位参加，提供近 2000 个就业岗位，吸引了近 2000 名海南大学毕业生参与。图为招聘会现场。（来源：海南大学党委宣传部）

目　录

特　载

在海南大学"不忘初心、牢记使命"主题教育总结大会上的讲话

校党委书记　武耀廷

（2020 年 1 月 14 日）

尊敬的省委主题教育第八巡回指导组王传运同志、殷勤同志，同志们：

今天，我们在这里召开海南大学"不忘初心、牢记使命"主题教育总结大会，主要任务是深入学习贯彻习近平总书记在中央"不忘初心、牢记使命"主题教育总结大会上的重要讲话精神，学习贯彻全省"不忘初心、牢记使命"主题教育总结大会精神，全面总结我校主题教育工作，进一步巩固主题教育成果，不断深化党的自我革命，为加快我校世界一流学科和国内一流大学建设提供坚强保证。

在全党开展"不忘初心、牢记使命"主题教育，是党的十九大作出的重大决策。习近平总书记以深邃的历史思考、坚定的信念担当，亲自谋划设计、亲自动员部署、亲自领导推动主题教育，为主题教育深入推进、取得扎实成效提供了思想和行动指南。这次主题教育，是对践行党的初心使命的一次大检视、加强党的理论武装的一次再深化、增强党的自我革命的一次再动员，是新时代推动全面从严治党向纵深发展的生动实践，促进了全党思想上的统一、政治上的团结、行动上的一致，为我们党统揽"四个伟大"、实现"两个一百年"奋斗目标作了思想上政治上组织上作风上的有力动员，具有重大现实意义和深远历史影响。

刚才，清铭同志传达学习了中央、省委主题教育总结大会精神，全校各级党组织和广大党员、干部要把习近平总书记讲话中总结的深刻经验、提出的重要要求、作出的重大部署当做干事创业、推动工作、解决问题的标尺和镜子，按照省委"不忘初心、牢记使命"主题教育总结大会的部署要求，在服务海南自由贸易港建设和全面深化改革开放的进程中，在加快我校世界一流学科和国内一流大学建设的探索实践中，不断叩问初心、守护初心，不断坚守使命、担当使命，始终做到初心如磐、使命在肩。

我校主题教育，得到了省委主题教育领导小组办公室和省委第八巡回指导组的精心指导和大力支持。主题教育开展以来，林怡欣组长、罗海波副组长带领第八巡回指导组不辞劳苦，先后参加了我校主题教育动员部署会议、专题学习研讨会、对照党章党规找差距专题会、专题民主生活会等会议，现场参与并指导了党委书记讲专题党课、琼崖革命体验教育、警示教育、法学院党委专题民主生活会等活动，并先后两次对我校主题教育工作进行全面检查指导，为我校主题教育扎实有效开展发挥了至关重要的作用。指导组各位同志对我校改革发展各项工作热心把脉建言，提出了许多真知灼见，彰显了关心支持海南大学发展的真挚情感。在这里，我代表海南大学党委，

向林怡欣组长、罗海波副组长以及王传运同志、殷勤同志等省委第八巡回指导组全体成员致以崇高的敬意和衷心的感谢！等一下王传运同志还要代表指导组做讲话，我们要认真学习贯彻落实好。下面，我讲三方面意见。

一、坚持高标准严要求，扎实推进我校主题教育走深走实

我校主题教育共有318个党组织、5000多名党员参加。在主题教育中，全校各级党组织和全体党员、干部紧紧围绕为党育人、为国育才的初心使命，突出党的政治建设，紧扣立德树人根本任务，将主题教育与贯彻落实党中央、省委关于创建世界一流学科和国内一流大学等决策部署紧密结合，坚持高站位谋划、高起点开局、高标准要求，扎实推进主题教育往深里走、往心里走、往实里走。在主题教育随机测评中，党员、群众对我校开展主题教育总体评价为“较好”以上等次的占比为98.4%。

（一）聚焦理论学习有收获，强化了理论武装、坚定了理想信念。学校党委以学习贯彻习近平新时代中国特色社会主义思想为主线，持续掀起理论学习热潮。坚持深入思考学、带着问题学、联系实际学，以理论滋养初心，用理论引领使命。特别是，省委书记刘赐贵2019年9月6日在我校为高校师生讲思想政治理论课，为全校师生正确认识国情省情，争当新时代全面深化改革开放的开拓者和实干家，提供了强大的精神动力和丰富的理论滋养。在刘书记的带动引领下，主题教育期间校党委领导班子共开展集中学习研讨14次，讲党课和思政课近50场次，为创建世界一流学科凝聚共识、汇聚力量，持续将全校上下焕发出的干事创业热情转化为立德树人、教育报国的实际成效。邀请国内知名专家学者来校举办“三个为什么”系列讲座，邀请王向明、王立生等一批优秀专家学者就师德师风、学科建设等开展讲学，引领广大党员干部了解党史国史、牢记初心使命、坚定理想信念，并从中汲取奋进的力量。

（二）聚焦思想政治受洗礼，提升了“教育报国守初心、立德树人担使命”的思想自觉和行动自觉。全校各级党组织和广大党员、干部对标党中央、省委以及学校党委部署，对照党章党规党纪、对照学习党史、新中国史，对照先进典型找差距、摆问题，开展琼崖革命和学校艰苦创业体验教育，传承弘扬琼崖革命“二十三年红旗不倒”和我校“草房创业、滩涂建校”的艰苦创业精神。学校党委把加强爱国主义教育纳入主题教育重要内容并贯穿全程，结合新中国成立70周年开展了“我与祖国共奋进”等丰富多彩的学习教育活动，激发广大师生爱党爱国之情、砥砺强国之志、坚守教育报国之心。

（三）聚焦干事创业敢担当，焕发了干事创业的精气神。坚持将党的初心和使命落实到推进世界一流学科和国内一流大学建设等各项重点工作的具体实践中，全面提振广大党员干部干事创业的精气神，学校各项事业有了新发展新突破。如，骆清铭教授当选中国科学院院士；青年党员科研骨干田新龙教授以第一作者身份在*Science*上发表论文；叶光亮教授在《中国社会科学》发表论文；宋希强教授荣获2019年度国家科技进步二等奖；邹立刚教授的研究报告被中央主要领导同志批示并被国家有关部门采纳；14个专业入选2019年度国家级一流本科专业建设点；新增4个博士后科研流动站；“热带作物国家重点实验室（筹）”项目建设可行性研究报告获省发改委批复，总投资约2.7亿元；王爱民教授牵头的三亚蜈支洲岛海域海洋牧场获得第五批国家级海洋牧场示范区称号；“绿色智慧岛省部共建协同创新中心”入选2019年度省部共建协同创新中心；观澜湖国际校区建设经省政府“两重一大”会议审议通过，等等。

（四）聚焦为民服务解难题，强化了宗旨意

识和为民情怀。学校党委始终把师生对美好生活的向往作为奋斗目标，精准聚焦制约学校高质量发展的突出问题、党员干部自身的思想根源问题、师生最关心最直接最现实的利益问题，办了一大批师生看得见摸得着的实事好事。启动了桥西教职工居住区880套住房三期工程和南门教职工老住宅区加装电梯工作；实施学生宿舍区道路及排水改造工程项目建设；完成了供水管网改造工程，确保师生饮水安全；统筹解决了100余名教职工子女就近入学的难事；完成桥西幼儿园建设；实施校园道路路灯亮化工程，为师生夜间出行提供更好的照明服务，等等。在开展主题教育的过程中，全校上下始终牢固树立“办学以教师为本、教学以学生为本”的理念，共计为师生办实事好事4577件，获得广大师生高度认可。

（五）聚焦清正廉洁作表率，涵养了风清气正的政治生态。学校党委把主题教育与正风肃纪结合起来，进一步压紧压实全面从严治党主体责任，教育广大党员干部对照初心使命、绷紧廉洁之弦。进一步加强党风廉政教育，组织中层干部到海南省警示教育基地接受教育，警钟长鸣、防微杜渐；在全校中层以上领导干部中开展利用名贵特产、特殊资源谋取私利问题的摸底排查和教育，广大党员、干部进一步深化了对保持清正廉洁的认识，增强了忠诚、干净、担当的主动性和自觉性，营造了更加风清气正的政治生态，进一步优化了学校育人环境。

（六）聚焦突出问题专项整治，破解了一批发展难题。学校党委将检视问题和整改落实贯穿主题教育全过程，逐一对照、全面查找各种违背初心和使命、不担当不作为的问题。在省委“8+2+3+2”专项整治工作的基础上，我们结合学校实际研究确定了6大专项整治任务，建立销号管理和半月专报制度，真抓实改。我们把落实巡视反馈意见的整改作为专项整治的重要内容，用对党忠诚的标准坚决做好巡视整改的“后半篇文章”。截至12月，整改措施已落实184项，正在推进104项，整改落实率为63.89%。巡视反馈的意见建议57条，已落实39条，正在推进18条，落实率为68.42%。出台和修订学校规章制度36项，逐步建立健全工作的长效机制。经过不懈努力，一批发展难题在主题教育中得到有效解决。比如，统筹学校资金补缴社保经费约1.2亿元，为离退休老同志待遇兑现创造条件。人才引进工作成效显著，2019年共引进教师198人，其中博士147人。柔性引进高层次人才76人，其中包括诺贝尔奖得主3人，院士17人；成立院士工作站8个，获批院士团队创新平台15个。

二、全面总结主题教育经验启示，深化对初心使命的规律性认识

这次主题教育，有一些经验和体会值得我们总结好、运用好，为新时代推进全面从严治党向纵深发展提供有力的借鉴和指导。从全校看，主要有五个方面：

（一）强化理论武装是根本保证。习近平新时代中国特色社会主义思想是当代中国马克思主义、21世纪马克思主义，是指引我们战胜一切艰难险阻的强大思想武器，必须在学懂弄通做实习近平新时代中国特色社会主义思想上下功夫。学校党委始终把深入学习贯彻习近平新时代中国特色社会主义思想作为主题教育的根本任务和主线，引导广大党员、干部更加自觉地把“四个意识”“四个自信”“两个维护”熔铸到思想灵魂最深处。在工作中，我们必须始终坚持办学正确政治方向，坚持以习近平新时代中国特色社会主义思想铸魂育人，把“为党育人、为国育才”的初心使命融贯到学校工作的方方面面，并努力形成思想自觉、政治自觉和行动自觉。

（二）领导带头是有效举措。这次主题教育，中央政治局以上率下、率先垂范，特别是习近平总书记为全党作了示范引导。在中央、省委引领带动下，学校党委领导班子把领导带头贯穿主题教育全过程，常委们主动把自己摆进去，贯彻落实习近平总书记“四个到位”要求，坚持带头学习、带头调研、带头整改落实，用“关键少数”示范带动了“绝大多数”。事实证明，只要领导干部坚持亲力亲为、真抓实干，就能形成压力传导、上行下效的正效应，就能推动责任落实、工作落地。

（三）坚持“为党育人、为国育才”是关键之举。学校党委在主题教育中始终牢记“为党育人、为国育才”的初心使命，采取有力措施全面提升人才培养质量。深化“三全育人”综合改革，以“形成一体化育人合力、完善一体化育人内容、丰富一体化育人载体、创新一体化育人路径、强化一体化育人保障”为主要抓手，着力打通育人盲区和断点。通过抓源头、抓基础、抓规范、抓保障，加快推进人才培养模式改革，全面提高本科教育质量。优化调整本科专业，一流课程、一流专业“双万计划”成效初显，人才培养质量不断增强，就业率和就业质量保持较高水平。实践证明，开展主题教育工作一定要同高校人才培养的中心工作相结合，一定要同“为党育人、为国育才”的初心和使命相结合，才能真正提升广大师生的满意度，得到师生的支持和拥护。

（四）强化分级分类指导、做好结合文章是有力手段。研究制定了学校主题教育方案，并分类制定了14个子方案，形成了“1+14”的工作指南，确保基础工作不漏项、规定动作不缺项、创新工作选好项。根据不同类型党组织、不同群体党员的特点精准施策，制订了党委常委班子、二级单位党组织、党支部、党员“4张清单”，明确工作任务和完成时限，防止“一刀切”“一锅煮”。成立的6个校内督查小组先后3轮深入二级单位开展督促指导，确保主题教育要求“一线贯通”。紧密结合加快创建世界一流学科和国内一流大学这个学校发展的最大实际，引导广大党员、干部聚焦“创建世界一流学科”“完善大思政工作格局”“落实人才引培政策”“抓好巡视整改落实”“强化基层党组织建设”“建设文明校园”等关系学校改革发展的6项重点任务，做好结合文章、破解发展难题，增强了群众获得感、幸福感、安全感。《光明日报》《中国组织人事报》《海南日报》、中央主题教育官方网站等主流媒体刊登报道了我校的典型经验和特色做法，全国标杆院系法学院党委抓党建工作的典型经验被中央电视台“发现之旅”频道专题展播，省委主题教育领导小组在周报中也多次对我校主题教育工作提出了表扬。

（五）加强党的领导党的建设是重要保障。学校党委把加强党的领导党的建设有效融入主题教育的方方面面，始终同向同行、互相促进。基层党建工作质量进一步提升，建好标准化规范化党支部数274个，占比达97.51%，比2018年提高了51个百分点。全面实施“对标争先”建设计划，外国语学院党委和机电工程学院致远班党支部、热带作物学院国家重点实验室（培育基地）教工党支部分别入选全国党建工作标杆院系、样板支部培育创建单位。扎实推进教师党支部书记“双带头人”培育工程，目前“双带头人”教师党支部书记占比90.24%，比2018年提高了30个百分点。制定《党委抓基层党建工作约谈办法》《关于建立党员领导干部联系基层党组织、优秀中青年教师工作制度的实施办法》等制度，坚持每月印发开展组织生活和组织工作的指导要点，全面开展党组织书记抓党建工作述职评议考核工作，压实基层党务干部抓基层党建工作责任。加强对重要领域、重点部位和关键环节的监督，用好监督执纪“四种形态”，抓早抓小，防微杜渐。严肃查办违规违纪违法问题，严肃问责追责。加强警示教育，筑牢思想道德防线。通过全面加强党的领导党的建设，各级党组织的战斗堡垒作用和广大党员的先锋模范作用进一步加强，为主题教育顺利开展和成果不断巩固提供了坚强有力的保障。

我校主题教育虽然取得了一定的成绩，但是对照高标准严要求，还存在一些问题和不足。主要是：有的基层党组织思想重视时紧时松，主题教育的推进力度和效果不同程度存在深浅不一、冷热不均现象；个别基层党组织问题导向、效果导向不够鲜明，存在检视问题不准不实、整改落实“走过场”的倾向；有的基层党组织知行合一、学以致用做的还不够好，运用党的创新理论指导实践、推动工作的意识和能力不够，实效还不够明显，等等。这些问题，我们要在今后的工作中认真加以解决。

三、不断巩固发展主题教育成果，为加快创建世界一流学科和国内一流大学提供坚强保证

不忘初心方能行稳致远，牢记使命才能开辟未来。我们要把不忘初心、牢记使命作为加强党的建设的永恒课题，作为全体党员、干部的终身课题，以这次主题教育为新的起点，结合开展“我为加快海南自由贸易港作贡献活动”，持续推动不忘初心、牢记使命，全面加快创建世界一流学科和国内一流大学步伐。

一是要在知行合一上下功夫，推动学习习近平新时代中国特色社会主义思想往深里走、往心里走、往实里走。要把强化理论武装作为重中之重，持续跟进学好习近平总书记关于海南的重要讲话、关于“支持海南大学创建世界一流学科”的重要指示批示，特别是学深悟透习近平总书记“4.13”重要讲话和中央12号文件精神，做到真正用脑用心用情学，把理论的“常学常新”变成实践的“善作善成”，大力推动初心和使命在全省党员、干部内心深处铸牢，在思想深处扎根，在增强“四个意识”、坚定“四个自信”、做到“两个维护”上认识更加深刻、行动更加自觉。

二是在锤炼党性上下功夫，进一步坚定理想信念。坚持把党的政治建设放在首位，不断锤炼对党忠诚的政治品格，提高政治觉悟和政治能力。要以正视问题的自觉和刀刃向内的勇气，同一切影响党的先进性、弱化党的纯洁性的问题坚决斗争，确保“永恒课题”和“终身课题”常抓不懈。要驰而不息抓好正风肃纪反腐，始终严格落实中央八项规定精神和我省实施细则，大力纠治“四风”特别是形式主义、官僚主义，切实把党中央和省委省政府决策部署一项一项抓好抓实抓出成效。

三是在群众路线上下功夫，自觉站在群众立场想问题、办事情。坚持不懈把践行党的群众路线摆在更加突出的位置，高度重视群众工作，认真改进群众工作，全面增强凝聚力，全面激发广大群众的创造力。要深入落实“办学以教师为本、教学以学生为本”的理念，加强教育引导，促进思想认同，畅通沟通渠道，促进情感认同，保障民生民本，促进利益认同，努力干一番能够得到群众认可的事业，赢得群众的拥护和信任。近期，我们胜利召开了第三届教代会、第三届工代会以及团代会、学代会，修订了学校常委会议事规则、校长办公会议事规则，对于人事制度、公房管理等师生关切的问题、政策，始终坚持充分听取广大教职工的意见建议。我们要继续坚持这样的做法，在制定民生政策时，充分听取基层意见，充分考虑基层实际，注重实事求是，量力而行。

四是在持续整改上下功夫，不断提升主题教育的效果和质量。对于有关问题，特别是专题民主生活会上查摆出的问题和巡视反馈尚未整改完成的问题，要以更坚决的态度、更大的决心、更实的举措，持续抓好整改落实。我特别要强调一下巡视整改工作，虽然已经取得了阶段性成效，但剩下的都是攻坚性质的“硬骨头”。

我们要勇于担当、知难而上，切实把各项整改任务一一落到实处，到今年3月份，我们的整改完成率要争取达到90%以上，拜托大家了。同时，我们要把“当下改”和“长久立”结合起来，要着力抓好“回头看”，重点看整改任务是否如期完成，看向广大师生作出的承诺是否已经兑现，看广大师生对整改效果是否满意，确保整改落地见效。

五是在长效机制上下功夫，促进制度优势转化为治理效能。全校各级党组织要深入贯彻落实十九届四中全会的重大部署，按照省委七届七次全会的具体要求，推动不忘初心、牢记使命的制度落实落地。要充分发挥制度的规范和引领作用，为加快我校改革发展提供强有力的制度保障。坚持党管办学方向、管改革发展、管干部、管人才，把党的领导贯穿学校工作的各方面各环节。完善立德树人体制机制。深化思政课改革创新，加快构建学校思想政治工作体系，深化“三全育人”综合改革，坚持不懈用党的理论创新成果铸魂育人。全面推进依法治校，切实把中国特色社会主义大学的制度优势转化为治理效能，不断推进学校治理体系和治理能力现代化。

凡是过往，皆为序章。全校各级党组织和党员干部要更加紧密团结在以习近平同志为核心的党中央周围，坚持以习近平新时代中国特色社会主义思想为指导，把在主题教育中激发出来的爱国热情和奋斗精神，转化为推动学校改革发展的强大动力，只争朝夕、不负韶华，为我校高标准高质量推进世界一流学科和国内一流大学建设汇聚共识、凝聚力量，更好地服务海南自由贸易港建设，为实现中华民族伟大复兴宏伟目标努力奋斗！

在学校党委理论学习中心组学习（扩大）会议上的讲话

校党委书记　武耀廷

（2020 年 12 月 5 日）

同志们：

今天我们在这里召开学校党委理论中心组学习（扩大）会议，主要目的是传达学习海南省委七届九次全会精神，研究学校贯彻落实意见。刚才，韩淑梅常委和谭勇常委分别原原本本传达学习了《中国共产党海南省第七届委员会第九次全体会议决议》和《海南省委书记沈晓明同志在海南省委七届九次全会上的总结讲话》，也给大家发放了海南日报专版报纸，大家要认真学习。下面，我结合学校实际再谈几点意见。

一、迅速掀起学习宣传贯彻海南省委七届九次全会精神的热潮，把思想和行动统一到海南省委决策部署上来

学习好、宣传好、贯彻好海南省委七届九次全会精神，是学校当前和今后一个时期的首要政治任务，全校上下要深刻学习领会，做到原原本本学、领导干部带头学、结合实际深入学，迅速掀起学习宣传贯彻热潮，切实把思想和行动统一到海南省委全会的最新部署上来。重点要做好“五个结合”文章，一是要做到坚持把学习宣传海南省委七届九次全会精神与学习贯彻落实党的十九届五中全会精神结合起来，在党和国家事业全局中找准学校发展定位，论证好、完善好学校“十四五”规划和2035年远景目标；二是要做到坚持把学习宣传海南省委七届九次全会精神与学习贯彻习近平总书记关于海南工作的系列重要讲话和重要指示批示精神结合起来，宣讲好在习近平总书记亲自指挥、亲自谋划、亲自推动下，在海南省委的坚强带领下，海南自贸港建设顺利开局并取得早期收获，同时要进一步对标对表，结合高校实际抓好落实；三是要做到坚持把学习宣传海南省委七届九次全会精神与学习宣传贯彻习近平总书记“4·13”重要讲话和中央12号文件精神结合起来，始终牢记习近平总书记关于支持海南大学创建世界一流学科的深切嘱托，宣讲好在习近平总书记提出“要支持海南大学创建世界一流学科”嘱托下海南大学发生的深刻变化，坚定信心更高质量谋划好海南大学的发展，不辜负习近平总书记的殷切嘱托，不辜负党中央国务院以及中组部、教育部、国家发改委、财政部、科技部等部委对海南大学的关心和厚爱；四是要做到坚持把学习宣传海南省委七届九次全会精神与加快推动自由贸易港建设结合起来，自觉站在全省发展大局的高度，强化落实好海南自贸港建设早期安排的主动意识，找准海南大学的事项和任务，主动认领、细化措施，自觉投入全省发展全局，扛起海南大学的担当；五是要做到坚持把学习宣传海南省委七届九次全会精神与省委省政府“聚全省之力办好海南大学”、全面推动支持海南大学实现一流学科和国内一流大学建设结合起来，充分认识省委省政府领导对海南大学关心关爱和大力支持，宣讲好省委的支持政策。比如在财政经费上，在海南财政比较困难的情况下，省里大量给海大加大投入，实行综合预算改革；在人事改革上的机制体制创新上，给海南大学增加了1200 个教师总量，高级职称比例由50%调整至65%；等等。我们要感恩省委省政府，认真学习好政策要求，真正把上级赋予的政策用好用足，实现学校的跨越式发展。

通过“五个结合”的学习，坚定不移学懂弄通做实党的十九届五中全会精神，做到对“国之大者”心中有数，牢牢把握国家的重要战略机遇期和自由贸易港建设千载难逢的历史机遇，最大限度地落实好中央、省委省政府的政策支持，以对标一流、实干担当的实际行动和成效体现增强“四个意识”、坚定“四个自信”、做到“两个维护”。

二、面向世界、聚焦自贸港建设，凝心聚力办世界一流学科大学

在海南省委七届九次全会上，海南省委书记沈晓明和代省长冯飞均提到：“‘十四五’时期，海南要发挥好海南的比较优势，充分释放开放红利和政策红利，加快补齐发展短板，大力吸引人才、技术、资本等国际高端要素集聚，形成自贸港的独特营商环境优势。”围绕这个发展形势，我想各二级单位要回答好两个命题。

第一个命题，如何面向世界办学的问题。海南大学要建设世界一流学科大学，就要紧紧抓住国际高端要素（人才、技术、资本）在海南集聚这一重要的发展机遇，坚持实施“开放办学、合作育人”战略，实现高位嫁接、协同创新和支撑引领的有机结合，推动海南大学成为海南人才、技术等各类高端要素的聚集区。这就要求各二级单位、部门要将面向世界办学、重点辐射东南亚作为一项长期性、经常性工作来抓，纳入本部门、本单位工作总体布局中，把国际化办学落脚点放在提高人才培养质量和提升学科建设水平上，放在借助国际合作交流平台提升教师的科研水平上，放在建立一支专业的外事管理队伍上，全面提高海南大学办学的视野与格局。今年5月，学校印发实施了《海南大学“一院一校”国际化办学行动计划》，7月，召开了“一院一校”国际化办学行动计划2020年重点项目启动会议，第一批重点项目共遴选管理学院等4个学院作为战略合作伙伴项目实施单位，材料科学与工程学院等5个学院（科研创新团队）作为其他重点项目实施单位，建设周期为3年，这是海南大学实现快速发展的重要举措，第一批9个重点项目单位要高度重视、抓好落实，用实际行动、举措和成效回答好“如何面向世界办学”这个命题。

第二个命题，如何聚焦服务海南自贸港建设办学。我们作为海南自贸港最高学府，冲锋在服务海南自贸港建设一线是我们的职责所在、使命所在，要进一步贴紧靠实海南自贸港发展需要，对标世界一流，将面向世界办学与聚焦自贸港办学紧密结合，在学科建设、人才培养等方面寻求新的突破，在具体实践中办出自己的优势、特色、能力和水平。比如今年中旅集团来了，携程来了，国企外企的都来了，今年87个电影公司，全国总知名的导演演员齐聚陵水清水湾，海南岛国际电影节收了将近4000部影片，我们如何为这些产业提供服务？因此聚焦自贸港开放办学，一定要聚焦产教融合、科教融合，绝不能关门办学。这里我想重点讲讲对标的问题，我们每个学院都在对标世界一流的科研教学，但我想强调的是对标不是照搬，学西方的东西是要为社会主义高校服务的，是要为学校提升人才培养质量服务的，我们党之所以取得一个阶段又一个阶段的胜利，制胜密码就是我们马克思主义中国化，这是我们党的建设的重要经验，我们现在对标建设也是如此，不能完全照搬照抄，每个学校有每个学校的特色，每个学校有每个学校的优势学科，每个学校有人才培养的特色亮点，每个学校专业设置的宽窄不一样，因此我们要吸收的是他们办学治校、人才培养的先进经验。因此我们要先认真学习自贸港政策知识和发展趋势，再聚焦对标修改我们的培养方案，真正培养自贸港建设所需要的人才，为海南自贸港建设提供人才支撑和智力支撑。

三、引进和培养一流人才，实现教学、科研的跨越式发展

高水平师资队伍是建设世界一流学科大学的

关键因素。衡量一位教师是不是一流的，有两个重要的标志，第一个是教学育人水平是不是一流的，第二个是科研研究是不是一流的，这是两个标准不是一个标准。现在的海南大学就是要往研究型大学走，因为大学先要培养高水平人才，所以这就要处理好这两个关系，不能偏颇。现在企业对科技的投入是庞大的，比如华为每年200亿美金的研发投入，比我们国内一流大学经费投入都多好几倍，企业逐渐成为科研发展的高地，形成了人才知识技术在企业高校之间的双向流动，大学如何适应这个双向流动？这就要求我们的教师是一定专职、兼职结合的，我们培养的学生一定是专职兼职的结合，我们的科研一定是跟产业相结合的，2019年，学校成立了地方合作服务中心（成果转化办公室），就是为大家服务的，通过与高校企业合作育人，才能实现教学科研跨越式发展，把我们的教师培养成一流人才，把学生培养成一流人才。这几年我们做了几件事情，第一个是我们在三亚崖州湾科技城筹建生物医学与健康研究中心，项目总投资估算为8.5亿元，可研报告也已经报送国家发改委地区司海南办。第二个是我们与海口国家高新技术产业开发区共建“海南大学创新药物与食品研究院”，目前也正在做科研设备采购的论证，我们海南大学学生要跟药谷融为一体，所以在将来的药物测试研发我们海南大学要有所作为，这是今年海南大学产教融合已经布下的两枚棋子。希望大家统一思想，牢牢抓好引进和培养一流人才这个关键，实现教学、科研的跨越式发展。

临近年终，我再提几点，希望各单位各部门要抓好落实。一是要全面坚持党的全面领导，把党的政治优势、组织优势、密切联系群众的优势转化为推动世界一流学科创建的强大动能，把党的领导能力和领导优势转化为学校治理体系优势。二是统筹好学校“十三五”规划总结评估工作。各单位各部门要坚持“指标”收官、“任务”收官、“改革”收官，全面系统梳理学校“十三五”规划等任务完成情况，深入挖掘学校改革发展的成功经验，系统分析当前和今后一个时期学校面临的新形势、新任务，为编制好“十四五”规划奠定坚实基础。三是对标对表2020年学校工作计划和重点任务安排，特别是课程思政、网络思政、国家级本科专业建设、博士点、学位点建设、国家社科基金、教研基金申报情况等，对未完成的工作任务，要加强组织领导，注重统筹协调，突出重点强力攻关，确保如期圆满完成全年各项工作任务安排。四是要高质量办好“三个大会”。按照学校党委的工作部署，党委办公室、校长办公室、教务处、研究生处、科技处以及人文社科处等相关部门分别牵头抓好统筹协调工作，高质量筹备召开学校本科教育工作会议、研究生教育工作会议、科研工作会议，全面提升人才培养质量和学校科研工作水平，为科学谋划“十四五”规划奠定基础。五是做好学校“十四五”规划的论证、完善和征求意见工作。在切实做到“政治站位要高、谋划水平要强、视野格局要宽、目标定位要准、工作举措要实”五要工作的基础上，进一步科学论证和完善编制工作，特别是做好到把加强顶层设计和坚持问计于民统一起来，促进“十四五”规划编制工作更好地切合实际、着眼长远，遵循规律、统筹把握，切实把学校发展机遇研判准，把困难挑战分析透，把师生员工利益实现好，把学校科学发展规划编制好。六是高质量筹备好学校全委会、教代会。各有关部门要做好召开学校全委会、教代会的各项前期准备工作，把两个大会开成鼓舞斗志、振奋精神、明确方向、增强信心的大会，加快推进学校世界一流学科和国内一流学大学建设。

同志们，我们要增强政治自觉，全力推动全校上下兴起学习宣传贯彻落实全会精神的热潮，确保党中央和海南省委省政府的决策部署在我校落地生根、开花结果，为海南自贸港建设贡献海南大学力量。

谢谢大家。

学校工作报告
——在海南大学第三届教职工代表大会第一次会议上的报告

校长　骆清铭

（2020年1月13日）

各位代表、同志们：

现在，我代表学校向大会做工作报告，请予审议，并请列席人员提出意见。

一、2019年工作回顾

2019年，是新中国成立70周年，是决胜全面建成小康社会第一个百年奋斗目标的关键之年，也是学校创建世界一流学科和国内一流大学的重要之年。在这一年里，学校坚持党委领导下的校长负责制，贯彻“支撑引领、特色取胜，高位嫁接、开放创新”的发展理念，以只争朝夕、脚踏实地的精神，推进落实习近平总书记“要支持海南大学创建世界一流学科”的重要指示精神和部省合建海南大学、“聚全省之力办好海南大学”等各项决策部署，全面深化综合改革，推进学校治理体系与治理能力建设，加快推进“双一流”建设，努力提升人才培养质量和办学水平，大力营造“知行合一、崇尚学术、追求卓越”的浓厚氛围，各项工作均取得了可喜的成绩。

（一）党的建设

学校党委以“不忘初心、牢记使命”主题教育为载体，以巡视整改为抓手，从政治、思想、组织、队伍、作风建设等方面全面加强党的建设，为“双一流”建设保驾护航。

提高政治站位，加强党的政治建设。一年来，在教育部和省委、省政府的坚强领导下，学校党委坚持以习近平新时代中国特色社会主义思想为指导，全面贯彻落实党的十九大、十九届四中全会、全国教育大会、全国学校思想政治理论课教师座谈会、中央“不忘初心、牢记使命”主题教育工作会议精神，贯彻落实海南省委七届六次、七次全会、海南省委人才大会、海南省“不忘初心、牢记使命”主题教育动员大会精神，加强对学校各项工作的全面领导，切实履行管党治党、办学治校主体责任，把方向、管大局、作决策、抓班子、带队伍、保落实。党员干部的政治站位得到进一步提高，“四个意识”更加牢固，“四个自信”更加坚定，“两个维护”更加坚决，思想认识更加统一，在思想上、政治上、行动上同以习近平同志为核心的党中央保持高度一致更加自觉。牢牢掌握意识形态工作领导权，深入学习贯彻《中国共产党宣传工作条例》文件精神，推动新时代学校宣传工作迈上新的台阶，全年主动邀请外媒推送、配合媒体采写各类新闻和专题稿件近300篇，海南大学官方微信共推送文稿395篇，官方微博1825条。2019年9月6日，海南省委书记、省人大常委会主任刘赐贵为全校1000名师生代表上了一堂别开生面、思想深邃的思想政治课，勉励广大师生牢牢把握党中央赋予海南千载难逢的历史发展机遇，扣好理念信念的人生“第一粒扣子”，脚踏实地、爱岗敬业、学真本领，在海南建设自由贸易试验区和中国特色自由贸易港的广阔天地中施展才华、建功立业。落实《中共中央统一战线工作条例》，出台《中共海南大学委员会关于抵御境外利用宗教对高校进行渗透和防范校园传教工作实施方案》等条例文件，统一战线发挥作用更加明显。

基层党建工作质量进一步提升。全面夯实基层基础，深入推进基层党组织建设标准化工程，全校目前已建好标准化规范化党支部274个，占比达97.51%，比2018年提高了51个百分点。全面实施“对标争先”建设计划，在培育建设好全国标杆院系（法学院党委）、全国党建工作样板支部（机电工程学院机械系学生党支部、外国语学院第一研究生党支部）和全国“双带头人”教师党支部书记工作室（罗素兰教授工作室）以及4个校级标杆院系、22个校级党建工作样板党支部的同时，2019年，我校外国语学院党委，机电工程学院致远班党支部、热带作物学院国家重点实验室（培育基地）教工党支部又分别入选全国党建工作标杆院系、样板支部培育创建单位。2019年11月14日，全国标杆院系法学院党委抓党建工作的典型经验，被中央电视台“发现之旅”频道专题展播。不断强化党务干部队伍建设，扎实推进教师党支部书记“双带头人”培育工程，目前“双带头人”教师党支部书记占比90.24%，比2018年提高了30个百分点；分层次分类别精准施训，特别是分类别开展了党支部书记全员轮训和“院长、书记”专题培训。采用“海南大学+天津大学”方式培训新任中层干部、以扶贫先扶智的理念培训对口帮扶贫困村农村基层党员干部，取得较好成效。压紧压实抓党建工作责任，通过制定实施《海南大学党委抓基层党建工作约谈办法（试行）》《海南大学关于建立党员领导干部联系基层党组织、优秀中青年教师工作制度的实施办法（试行）》，坚持每月印发开展组织生活和组织工作的指导要点，全覆盖开展党组织书记抓党建工作述职评议考核工作等举措，全面压实基层党务干部抓基层党建工作责任。

干部队伍建设进一步加强。坚持党管干部原则，着力建设一支高素质专业化的干部队伍。2019年以来，提任学校中层干部34人、科级干部108人，平级调整中层干部134人次、科级干部319人次。一是根据内设机构调整后领导干部配备需求，注重从学科带头人和学术骨干队伍中发现和培养管理干部，注重在使用中选拔培养干部，通过挂职锻炼、主持工作等方式培养和锻炼干部。2019年以来，共选配了“国家杰青”罗杰、“长江学者”罗素兰等53名国家级人才、海南省拔尖以上人才担任或挂任中层领导岗位。特别是选任了一批作风踏实、业务精湛、表现优秀、群众认可的教师、干部挂任学校中层副职岗位，为推进学校教育改革发展发挥了积极作用。二是营造风清气正的换届环境，顺利推进二级学院行政班子换届工作，本年度通过任期考评、摸底调查、民主推荐、组织考察等多种方式，顺利开展部分学院行政班子的换届工作，将一批教学科研管理实绩好、群众认可度高的骨干教师提任到学院行政领导岗位，为学院的发展建设提供了坚强的组织保证。三是在广泛征求有关人员任职岗位意向的基础上，结合工作需要和干部的实际表现，按照事业为上、人岗相适、人事相宜的原则，对机关部门和部分教学教辅单位中层干部进行交流轮岗和调整配备，进一步加强管理干部多岗位历练，不断提升管理干部队伍的活力。四是进一步拓宽选人用人视野，在做好常规提任工作的同时，积极采用竞争性选拔方式，面向全校符合条件的教职工，开展部分处级领导岗位人选选任工作，干部教师积极报名，涌现出一批勤奋上进、综合素质较强的年轻管理干部。五是积极选派干部教师挂职锻炼，促进干部实践锻炼和成长。推荐一批高学历、高职称教师以及学术骨干在学校中层领导岗位进行实岗挂职锻炼和教育培养；向海口市等省内外各市县、省直机关、省外高校等选派优秀挂职干部；充分利用与对口合建高校的合作交流，开展我校各层级干部的跟班交流学习，从天津大学选派优秀管理干部到我校挂职工作。通过加强教师、干部在校内外实践平台的锻炼，为学校管理岗位储备了一批优秀人才。

以巡视整改为契机推进党的作风建设。配合做好省委巡视工作，认真落实巡视整改工作，并结合巡视整改工作，将学校工作重心聚焦到持之以恒正风肃纪上。学校在2019年充分借助巡视整改机会，加强对重要领域、重点部位和关键环节的监督，用好监督执纪“四种形态”，抓早抓小，防微杜渐。严肃查办违规违纪违法问题，严肃问责追责。加强警示教育，筑牢思想道德防线。“允许失误，不允许不改革”，坚决反对教条主义、形式主义和官僚主义。

（二）人才培养

三全育人格局初步形成。以“形成一体化育人合力、完善一体化育人内容、丰富一体化育人载体、创新一体化育人路径、强化一体化育人保障”为主要抓手，成立了由校党委书记担任组长的“三全育人”综合改革领导小组，该小组下设办公室和“十大育人”中心，以《海南大学“三全育人”综合改革试点实施方案》为总揽，制定了《海南大学实践育人实施方案》等10个分方案，形成了推进工作的行动指南和“路线图”。坚持育人导向，坚持问题导向，以一体化、项目化、协同化、特色化、精品化“五化行动”为抓手，着力深化“三全育人”综合改革。开辟了海南大学“三全育人”综合改革试点工作专题网、开展了海南大学思想政治工作精品项目培育、征集“三全育人”综合改革制度创新案例和典型经验、做好10个育人中心和38个二级单位党委抓“三全育人”工作考核，打通育人盲区和断点，着力提升思想政治工作的“深度”“广度”和“效度”。在教育部2019年“读懂中国”活动中，聚焦郑学勤教授严谨治学、默默奉献的作品被评为“优秀作品”，并在中国教育电视台1套展播。叶光亮、杨娜2位教授入选文化名家暨“四个一批”人才、宣传思想文化青年英才。蒋玉老师获得首届全国高校思政课教学展示活动一等奖。在“全国最大的一堂思政课”的“青年红色筑梦之旅”活动中，学校荣获全国先进集体奖。温小平副教授入选教育部全国高校思想政治工作中青年骨干队伍建设计划，即“思政杰青”，全国仅10个。

强化本科教学“四抓”，提升本科教育质量。全面落实教育部审核评估专家组的整改意见，本科教学各项整改工作有序开展。针对本科教学工作中存在的问题，学校提出本科教学要通过“抓源头”“抓基础”“抓规范”“抓保障”等四个重点工作，加快推进人才培养模式改革，进一步完善海南大学一流本科人才培养体系，全面提高本科教育质量。要求各专业对标上一轮学科评估结果为A档的学科，全面修订2020级人才培养方案。成功开展“一堂好课”教学示范活动，历时2个月，共有50位优秀教师面向全校师生进行了教学展示，产生了良好的效果，海南日报等主流媒体对此进行了报道。启动了24个校级名师工作室的建设工作。进一步扩大本科生转专业范围，从2019级学生开始，学生转专业实现转出无门槛、转入有要求，即：绩点排在本专业前30%的，在全校范围内转专业，绩点排在30%以后的，在专业所属的农林类、理工类和人文社科类三个大的类别内转专业。

优化调整本科专业，一流课程、一流专业“双万计划”取得新突破。一是优化本科专业设置。学校按照一个学院原则上不超过2个本科专业，个别学院最多不超过3个本科专业的原则对全校本科专业进行了大幅调整，本科专业由95个调整为69个左右。二是省级“金课”建设成效显著。2019年，海南大学新增16门课程被海南省教育厅认定为海南省精品在线开放课程，因此省级“金课”数量达到25门。海南大学《马克思主义基本原理概论》线上课程，被教育部认定为2018年国家精品在线开放课程。三是积极组织申报教育部“一流专业”计划。2019年12

月24日，教育部公布2019年度国家级一流本科专业建设点名单，我校法学、思想政治教育、汉语言文学、生物科学、生物技术、通信工程、化学工程与工艺、食品科学与工程、农学、园艺、园林、水产养殖学、旅游管理、视觉传达设计等14个专业入选，另有16个专业入选2019年度省级一流本科专业建设点名单。专业认证工作实现重大突破，食品科学与工程专业顺利通过专业认证，成为海南省第一个接受工程教育专业认证现场考查的专业；化学工程与工艺专业已通过认证委员会的申请，预计2020年5月专家进校考查；通信工程专业已通过认证申请受理，正按照认证标准积极进行各项建设和准备工作。

研究生培养质量大幅提升。改革创新招生工作，积极争取中央和部委的大力支持，研究生招生规模和生源质量双双大幅提高。2019年招收硕士研究生2199名，博士生167名，比2018年分别增加了14%和104%，增加的指标数和增幅都处于全国前列。2019年报考我校硕士研究生8254人，比2018年增加64%，上线人数增加1059人、增幅96%。2019年报考我校博士研究生712人，增幅258%，考录比相较于2018年增幅80%。

《海南大学研究生招生计划使用原则与办法》明确了研究生招生指标使用的总体原则：研究生招生计划坚持以学科基本保障与竞争发展为原则，实施导师学生双向竞争选拔机制和导师组指导制，优化招生指标配置。博士生指标由学校统筹分配；硕士生指标由学院统筹分配为主。学术型指标优先配置给国家级人才和国家级科研项目负责人团队；专业型指标优先配置给与行业企业合作的负责人团队。专业学位硕士生指标采取学院与学校共同承担培养费的方式分配。通过指标竞争、优化配置等举措实现优化学科专业，提高研究生培养质量和科研贡献度的办学目标。

按照对标一流、突出特色、本硕博贯通、学术型与专业型分类分层次培养原则，以及国务院学位委员会学科评议组成员、专业学位研究生教育指导委员会成员审核要求，全面启动了博士、硕士学位授权点研究生培养方案的修编工作，完成了新增5个一级学科博士点、11个一级学科硕士点、4个硕士专业学位点的研究生培养方案编制工作，2020年6月份将完成原有所有学位点培养方案的修订工作。《海南大学研究生学位申请科研成果基本条件》的出台，全面提高了学位论文申请的科研成果条件，确保研究论文质量。《海南大学研究生基础奖助学金实施方案》的出台，进一步优化我校研究生基础奖助学金制度，全面激发我校研究生教育的活力，改善研究生学习、科研和生活条件，从整体上提高研究生待遇，使他们全身心投入学习和科研。

2019年度获批生态学、法学、信息与通信工程、工商管理4个博士后科研流动站，新设博士后科研流动站数量在全国194个获批新设博士后科研流动站单位中位居并列第九位。30个学位授权点（3个博士点：作物学、生物学、生态学。27个硕士点）顺利通过教育部和海南省学位点合格评估。

学生社会竞争力不断增强。唐政同学被授予“全国向上向善好青年”荣誉称号，并现场参加习近平总书记出席的纪念五四运动100周年活动。谭新行、段玫竹、翟好宇三位同学荣获“中国大学生自强之星”。法学院崔冬炎同学荣获第三届全国学生“学宪法 讲宪法”活动全国总决赛演讲比赛一等奖。信息与通信工程学院学生朱森获得全国大学生人工智能创新创业大赛全国一等奖。热带作物学院廖万杰同学负责的《杰创蜂业——智慧蜂场》在第七届“银谷杯”全国大学生创新创业竞赛中获特等奖。外国语学院学生在“北语杯”2019未来国际商务（英语）谈判精英赛中获团体一等奖。海南大学辩论队赴马来西亚参加第五届北马大专华语辩论赛并荣获亚军。学校组织学生参与“互联网+”“挑战杯”等大学生创新创业竞赛，荣获“互联网+”国赛1银5铜及全国“先进集体奖”（全国23个）、ICAN国际创新创业大赛中国总决赛特等奖（全国5个）等国家级以上奖励100余项。在2019年的暑期社会实践中，全校各类组织、个人、报告累计荣获各类国家级社会实践奖项38项，其中在2019年全国大中专学生志愿者暑期“三下乡”社会实践活动评比中，海南大学团委被评为“优秀单位”，3支团队被评为“优秀团队”，1名学生被评为“优秀个人”，1篇实践论文被评为“百篇优秀调研报告”；在2019年全国大中专学生“三下乡”暑期社会实践“千校千项”成果遴选活动中，3名学生入围“千校千项”优秀实践者，3支团队入围“千校千项”优秀团队案例。

招生就业及校友工作稳步推进。圆满完成学校2019年本科招生录取工作。我校2019年普通本科生实际录取8671人，从各省录取情况来看，2019年录取分数与2018年相比总体保持平稳。2019年理工类有14个省份投档分高出一本控制线50分以上，其中西藏（汉族）高出164分、黑龙江高出88分、河北高出79分。文史类有6个省份投档分高出一本控制线50分以上，其中西藏（汉族）高出125分、黑龙江高出61分。为进一步加强招生宣传工作，争取优质生源，2019年10月，学校组建了全国25省招生工作组和省内重点中学和各市县招生工作小组。目前已陆续分赴20个省109所重点中学开展招生宣传，挂牌13所省外优秀生源基地中学；2019年寒假，组织专家学者和学生招生宣传队伍共64人走进全国57所重点中学开展招生宣传；组建60人次的教师招生咨询队伍分赴27个省86个咨询点参加高考志愿填报招生咨询会。2019年，学校外派参加高考志愿填报招生咨询会的教职工数量、招生咨询覆盖省份、咨询会场次数量较往年显著提升；此外，为吸引海南优质生源，“名师进中学”大讲堂选派海南大学优秀专家学者走进省内各大重点中学开展专题讲座29场。

2019年，学校举办各类毕业生招聘会12场，组织260余场专场宣讲会，参加招聘的企业超过2千家，提供就业岗位近5万个；我校2019届毕业生初次就业率89.04%，考研升学率20.93%，就业率保持较高水平。

学校积极推动校友会组织机构建设。2019年10月22日成功注册海南大学校友总会，并顺利召开海南大学校友会成立大会。实现地方校友组织建设在全国各省级行政区的全覆盖，对条件成熟的地方校友会积极推动其注册工作。至今，已有深圳、广州、西安校友会完成注册。学校积极拓展境外校友组织建设。目前，已成立香港校友会，正在推动美国、英国、澳大利亚、荷兰、加拿大、日本、澳门等境外国家和地区校友组织建设。初步完成自1958—2019年共21万校友花名册的录入工作。成功举办第一届“校友企业专场招聘会”，71家校友企业进入学校招聘毕业生；举办第一届“校友杯”羽毛球联赛、电影《流浪地球》导演郭帆“校友有话说”返校访谈活动等校友活动。

（三）学科建设

是调整优化学科布局。遵循高等教育规律，紧紧围绕“创建世界一流学科”任务进行学科专业布局和学院调整，按照一个学院重点建设一个一级学科的基本原则，将原来的20个学院（部）调整为32个学院。成立理学院和生命科学与药学院，加强数理化生基础学科建设，强化本科基础教育。面向国家战略、海南需求，启动“生命与健康科学学科群”建设，成立密码学院和生物医学工程学院。遵循“本—硕—博”一体化建设原则，根据学科发展内涵和本科教学工作审核评估专家反馈意见，对学科专业结构进行优化调整。谋划2020年博士点评估和申报工作。学校成立了“海南大学博士点申报工作小组”，采用

"1+1+X"模式建立学科支援帮扶机制，第一个"1"代表计划申报博士点学科；第二个"1"代表三个一流学科群牵头学科；"X"代表相关博士点学科。

二是稳步推进优势特色学科群建设。以一流为目标，积极建设作物学学科。作物学学科根据国家热带农业产业以及海南省热带特色农业的需求，面向国际学术前沿，形成了以"3+2+X"种作物（3棵树、2种粮、X种热带特色经济作物）为经线、以研究方向为纬线的科研发展思路。2019年，热带作物学院共获批国家自然科学基金14项，新增科研经费1892万元，发表SCI论文56篇，拥有省部共建国家重点实验室（培育基地）1个、省部级实验平台4个。学校坚持"突出特色、重点建设、全面发展"的原则，采取牵头学科加协同学科形成学科群的模式，紧密对接地方主导产业发展，增强服务国家战略和地方经济社会发展的能力。以作物学学科为引领，以园艺学、食品科学与工程、风景园林学、植物保护等学科为协同学科，重点建设"热带农业"学科群，服务热带经济作物和食品产业发展；以法学学科为引领，以工商管理、马克思主义理论、应用经济学、中国语言文学、公共管理等学科为协同学科，重点建设"文化旅游"学科群，服务文化旅游产业、现代服务业和海南自贸港建设需求；以信息与通信工程学科为引领，以材料科学与工程、化学工程与技术、水产、计算机科学与技术、空间网络与安全、药学、土木工程等学科为协同学科，重点建设"南海海洋资源开发利用"学科群，服务海洋经济产业和高新技术产业发展。目前，3个优势特色学科群建设稳步推进，"植物与动物科学学科"已进入ESI全球前1%，化学学科、材料科学学科、农业科学学科接近进入ESI全球前1%。学校编制完成《作物学一流学科建设实施方案》《法学一流学科建设实施方案》《信息与通信工程一流学科建设实施方案》，并根据教育厅《关于报送海南大学一流学科建设实施方案的通知》和教育部翁铁慧副部长在海南大学调研时的重要讲话精神对3个学科的建设实施方案进行修改完善。

三是顺利完成"双一流"建设中期自评工作。中组部、国家发改委、教育部和海南省领导多次来校调研指导工作，为我校加快世界一流学科和国内一流大学建设提供了强有力的指导和支持。根据教育部学位管理与研究生教育司《关于编制"双一流"建设年度进展报告的通知》精神，完成学校"双一流"建设年度进展报告编制、报送、发布工作。根据《关于开展"双一流"建设中期自评工作的通知》精神，在教育部派出以黄达人和瞿振元为组长的两个"双一流"建设专家组入校指导工作的基础上，编制完成《海南大学"双一流"建设中期评估报告》，完成学校"双一流"建设中期自评工作。

（四）科学研究

科研平台建设有新进展。海南大学具有国际水准的代谢生物学实验室正式建成并投入使用；"热带作物国家重点实验室（筹）"项目建设可行性研究报告获省发改委批复，总投资约2.7亿元。王爱民教授牵头的海南省三亚蜈支洲岛海域海洋牧场获得第五批国家级海洋牧场示范区称号。新增"热带特色林木花卉遗传与种质创新"1个教育部重点实验室，绿色智慧岛省部共建协同创新中心1个省部共建协同创新中心，4个省级重点实验室，10个省级工程研究中心，3个海南省院士工作站，15院士团队创新平台，2个海南省海智计划工作站。我校申报的"热带生物与医药学科创新引智基地"在"111计划"基地医学组的通讯评审中得分进入前20%，直接作为优秀项目进入最终立项名单，实现了海南省"111计划"零的突破。"海南省更路簿研究中心""中国（海南）竞争政策研究中心"和"海南省公司治理研究院"等8个研究基地成为新一批海南省社科重点研究基地。成立不到一年的“一带一路”研究院入选中国智库索引（CTTI）来源智库和“一带一路”国际智库合作委员会成员单位，并在“一带一路”专项智库媒体影响力排行榜中位列第八。中巴农业创新中心、五指山森林生态系统定位观测研究站获批立项建设。热带雨林国家公园研究院、高等研究院、先进技术与装备研究院、人文社科高等研究院等平台相继启动建设。

学校高度重视科研测试公共平台条件建设，2019年投入1400万元添置场发射扫描电子显微镜、X射线衍射仪、稳定同位素比质谱仪、气相色谱质谱联用仪等8台大型仪器，进一步提升了平台服务一流学科建设的能力。

科研项目立项有新突破。2019年我校自然科学方面的科研到账经费2.1亿，较2018年1.37亿增长53%。其中，国家级项目到账经费8881万元，省部级项目到账经费7785.5万元，横向到账经费1974.3万元，其他如中央引导地方项目、科研平台建设经费等到账经费2303.2万。人文社科类科研到账经费1682万，其中纵向课题到账经费777.9万元，横向课题到账经费850万元。国家自然科学基金项目获批90项，除获面、青、地项目资助外，2019年新增了联合基金重点支持项目1项，重点项目合作参与1项，国际（地区）合作与交流—组织间合作项目1项。军口项目取得突破，获得总装530专项、国防预研等军口项目各1项，进一步拓宽了获资助项目类型。国家社科基金项目获批22项，其中含国家社科重大招标项目1项、国家社科重大专项1项，重点项目1项。

科研成果有新收获。田新龙教授以第一作者的身份在*Science*杂志上刊发了研究论文，叶光亮教授以第一作者的身份在《中国社会科学》杂志上刊发了研究论文。宋希强教授参与的项目获国家科技进步二等奖。邹立刚教授的研究报告被中央主要领导同志批示并被国家有关部门采纳。“一带一路”研究院4篇内参获得中央主要领导同志批示。自贸港研究团队呈报的《海南自贸港法（专家建议稿）》得到高层领导批示。海南省开放型经济研究院积极服务海南自由贸易港建设，2019年，研究院骨干成员向省里报送10余份研究报告，有3份报告被省主要领导批示，出版的专著《中国（海南）自由贸易试验区服务贸易创新发展典型案例》，被海南省商务厅采纳。李仁君教授的《海南蔬菜市场价格稳控调研报告》获得了海南省委书记刘赐贵、省长沈晓明、省政协主席毛万春的重要批示。

科研团队建设有新成效。2019年，学校围绕海南“三区一中心”战略定位和海南经济社会发展的重大需求、学校学科发展战略目标和学科规划，通过整合现有学科研究基础、提倡多学科交叉融合，在全校范围遴选50支科研创新团队。通过团队负责人自我梳理研究方向和内容、构建适度的人员规模、合理的队伍结构、提出发展目标、学校支持条件等，学校进一步做好顶层设计和定位分类，通过优化资源配置，学校将更精准开展国家级重点/重大项目、国家级成果、国家级人才、国家级平台等申报，重点打造一批能够服务海南区域经济发展的科技核心力量，目前这些团队正处在遴选过程中。在科研团队建设成效方面，缪卫国教授率领的“热带植物保护——橡胶树重大病害灾变机制与绿色防控”团队入选科技部重点领域创新团队。罗杰教授团队在*Trends in Plant Science*、*Molecular Plant*等发表系列高水平论文。孙然锋教授课题组在*Journal of Agricultural and Food Chemistry*上发表论文。潘勤鹤教授团队于*Inorganic Chemistry Frontiers*发表关于中空硫化钴吸附铀的论文。甄海生教授新能源清洁利用研究团队在*Fuel*期刊上发表论文。海南大学海洋学院珊瑚礁保护实验室在*Chemosphere*期刊上发表学术论文。

科研机制建设有新举措。经暑期工作会议研

究讨论的《海南大学国家级科研教学成果奖励办法》《海南大学横向科研项目经费管理暂行办法（修订稿）》《海南大学科研启动经费使用办法（修订稿）》《海南大学自然科学类科研机构管理办法（修订稿）》《海南大学国家级科研项目配套管理办法》《海南大学人文社会科学类科研机构管理暂行办法》《海南大学人文社科类科研项目管理办法》等多个科研管理办法陆续出台。

学校学报工作取得可喜成绩。《海南大学学报（人文社会科学版）》荣获全国高校社科精品期刊称号，“南海问题研究”专栏获“全国高校社科优秀栏目”称号。

（五）社会服务

扶贫工作成绩喜人。2016年、2017年、2018年，我校扶贫工作连续三年获得全省A等级。乐妹村家庭人均年纯收入由2015年的2836元上升到2019年的9888元。光吉村人均年纯收入由2018年的4680元上升到2019年的5278元，两个定点帮扶村均整体顺利脱贫。教育扶贫成效显著。至2019年底乐妹村走出16名大学生，学校组织帮扶村开展各类宣讲、培训30余场次，培训人数1500余人。科技扶贫成效显著。学校通过产学研相结合，建立兰花基地20亩，已分红42万元，水稻基地160亩，农民增收22万多元。学校举办三期贫困村村民脱贫攻坚和乡村振兴海南大学技能培训班，组织各学院502位教师赴贫困村开展疫病防治、禽畜养殖、果蔬种植等技术培训，培育新型农民与致富带头人86人，为扶贫村培育了一批留得住、带不走、干得好的新型农民。

科技成果转化多措并举。学校成立了地方合作服务中心、成果转化办公室，修订了《海南大学科技成果转移转化管理办法》，明确科技成果所有权归国家，处置权交给成果完成人，大幅度提升了科研团队的收益权（从净收益的70%—85%提升至95%）。为鼓励老师积极进行成果转化，学校新设立了成果转化型教师岗位，并在该类型教师的职称评定中重视成果转化业绩。

服务地方发展贡献突出。2019年4月，海南发生非洲猪瘟疫情仅三天后，生命科学与药学院，动物科技学院立即组织师生驰援海南省疫控中心的检测工作。共派出20余名教师，近百名学生，协助检测1.4万份样品，准确率高达100%。植物保护学院主动承担农业农村部和海南省农业农村厅热带农林病虫害监测与防控任务，特别是及时成立了外来入侵有害生物应急防控工作小组，针对暴发性害虫—草地贪夜蛾，全面开展了针对该虫的鉴定、生物学、抗性基因克隆、绿色防控药剂筛选等工作，并培训、指导各市县农技人员和农户防治草地贪夜蛾。目前该虫害基本得到有效防治，成功阻止其在海南省的蔓延危害。法学院教师围绕生态文明法治建设，承担并完成人大、政府相关部门委托的《海南热带雨林国家公园条例（草案）》《海南省大气污染防治条例（草案）》《海南省油气区块矿业权监督管理办法（草案）》等6项立法研究项目；完成《海南省排污许可执法手册（草案）》；受海南省政府委托，承担《海南省反走私条例（草案）》起草工作。信息与通信工程学院李太君教授团队承担完成的《海南省大数据开发应用条例》获海南省政府立法通过，已于2019年11月1日颁布施行。

（六）人才队伍建设

人才引进力度与效率显著增强。学校把大力引进高层次人才作为教师队伍建设的首要任务。全面修订《海南大学人才引进标准与待遇实施办法（试行）》，按照新的人才层次，构建梯次清晰、衔接有序的人才引进体系，全面提高了人才的引进待遇。出台《海南大学预聘教师管理办法（试行）》，建立预聘引才制度，支持“四青”及以上国家级人才快速组建团队。两次修订《海南大学柔性引进高层次人才实施办法》，建立柔性引才制度，采用灵活方式吸引知名专家学者在学校开展创建科研合作平台、指导一流学科建设、支持申报博士点等工作。修订出台《海南大学博士后管理办法》，全面提高博士后的生活待遇，扩大博士后的招收规模，充分发挥博士后科研生力军作用，为引进聚集高水平人才和青年才俊提供重要平台。提高公开招聘条件，在2019年辅导员和管理人员队伍招聘中，要求报名基本学历条件是毕业于“双一流”建设高校。修订出台《海南大学人才引进工作规定》，进一步简化了人才引进程序，提高了引才效率，规范人才引进工作程序。不断加强海外人才的引进力度，成功举办海南大学首届海外青年学者论坛，论坛共吸引了1156名海内外学者报名，学校邀请来自21个国家和地区的141名学者参会，论坛结束时与学校签定意向协议书的有51人。

2019年，全校共引进教师198人，其中博士147人。共柔性引进高层次人才76人，其中包括诺贝尔奖得主3人，院士17人，具有其他国家级人才头衔的专家4人，境外高层次人才19人。学校成立院士工作站8个，成立院士团队创新平台15个。

教师培养支持力度不断加强。学校出台《海南大学教职工在职攻读博士学位的暂行规定》《海南大学支持教师国外访学研修暂行管理办法》《海南大学支持教师国内访学研修暂行管理办法》等系列培养文件，鼓励和支持教职工攻读博士学位及出国访学研修。出台《海南大学“木兰学者奖励计划”实施办法》，将重奖有突出贡献的教职工。2019年，新考取在职攻读博士学位教师36人（目前全校现累计有160名教师正在职攻读博士学位），各类出国研修66人，国内访学研修77人。2019年，新增中国科学院院士1人、“万人计划”科技领军人才1人、“百千万人才工程”国家级人选2人、全国模范教师1人、国务院政府特殊津贴专家4人，入选中国科协青年人才托举工程2人、海南省有突出贡献优秀专家3人、海南省杰出人才9人、领军人才22人。

师德师风建设进一步加强。学校成立师德建设工作委员会，根据校党委的总体部署开展工作，全面领导学校师德建设工作，研究审议师德建设总体规划，研究决定师德建设工作的重大事项。设置党委教师工作部，并增设师德师风建设科，贯彻、落实党和国家关于教师师德师风建设的有关工作要求。出台《海南大学师德负面清单和失范行为处理办法》，依法依规对师德负面清单行为进行严肃、高效处理，对师德失范问题“零容忍”。组织开展海南大学高层次人才“弘扬爱国奋斗精神、建功立业新时代”专题培训班、“深化师德师风建设培养造就时代高素质教师队伍”专题网络培训班、“弘扬师德风尚 加强新时代教师队伍建设”线上线下一体化培训班等培训，参加培训人数超过500人次。

人事制度综合改革全面铺开。推进二级单位内设机构设置和人员调配工作，顺利推进了学校内设管理机构和管理岗位数的核定工作，成立生物医学工程学院、密码学院，增设“高等研究院”“人文社科高等研究院”“先进技术与装备研究院”等科研和教辅机构。制定了《海南大学人员编制分配方案》《海南大学党政管理机构、群团组织和教辅机构职能》《海南大学党政管理机构、群团组织和教辅机构内设科级机构及人员编制核定方案》《教师岗位分类管理指导意见》《海南大学专业技术人员转岗暂行办法》《海南大学专业技术资格评审办法（试行）》《海南大学国际人才、高层次人才直接认定高级职称暂行办法》《海南大学编制管理办法》《海南大学岗位设置及聘用方案》《海南大学薪酬分配实施办法》《海南大学管理岗位宽带绩效工资实施办法》《海南大学机关和二级单位绩效目标考核评介办法》等文件，这些办法将在2020年全面实施。

（七）国际化办学

加强党对外事工作的集中统一领导。推动学

校成立由学校党委书记和校长担任主任或组长的海南大学外事工作委员会和海南大学中外合作办学工作领导小组，初步形成“学校统筹、院系主体、分类指导、强化考核”的国际化办学工作模式，推动我校国际合作交流工作的制度化、规范化和科学化。

确立“一院一校”对外合作办学思路。学校通过暑期工作会议，明确提出以“一院一校”国际化办学行动计划为抓手，指导各二级单位围绕一流学科建设中心任务，以联合培养博士生、联合开办国际化示范班、联合开展高水平实质性科研合作等为检验指标，积极寻求与境外一流高校及研究机构的国际合作。

观澜湖校区建设加快推进。观澜湖校区拟建设规模为30.83万平方米，计划招生规模为8000在校生，前期设置国际旅游学院、国际商学院、国际影视传媒与设计学院、大数据与人工智能学院等4学院，后期根据实际发展需要可拓展为6—8个学院。2019年2月，海南省政府召开专题会议部署落实尽快推进观澜湖校区建设事宜。学校已编制完成《海南大学观澜湖国际校区总体发展规划（2018—2035年）》《海南大学观澜湖校区建设方案》《海南大学观澜湖校区项目建设书》《海南大学观澜湖校区建设项目可行性研究报告》。2019年10月，建设方案经海南省政府“两重一大”会议审议通过。目前，土地征收工作已基本完成，已取得《建设项目选址意见书》、《建设用地规划许可证》，场地测量工作已完成，正在进行修建性详细规划设计，预计将于2020年9月前后正式动工。

国际合作交流日益频繁。目前，我校与36个国家和地区的184所院校或机构签署了合作协议，为师生交流、科研合作、合作办学等提供了更宽广的平台。2019年，学校通过国家留学基金委、学校人才培养项目，选派567名学生（超过当年招生总人数的6%，比2018年增长26%）出国（境）交流学习、实习或参加假期研修班。其中“双一流”留学项目2019—2020学年度共选派5名优秀本科生赴美国加州大学伯克利分校、英国伦敦大学学院等国外一流大学学习一学年。截至2019年12月31日，在校各类留学生共501名，其中学历生363名（本科198名，硕士98名，博士67名），非学历生81名，短期培训班学生57人。

海南大学第一届国际顾问委员会成立并举行第一次全体会议，聘请19位世界知名的专家、学者担任顾问，其中包括5名诺贝尔奖得主。海南大学与中国农业大学、荷兰瓦赫宁根大学联合承担国家留学基金委“中荷农业绿色发展交叉创新型人才国际合作培养项目”，拟从2020年开始，每年联合培养30名农业绿色发展国际顶尖创新博士人才。2019年我校长期出国（境）项目共录取58名教师，同比增长241%，为历年之最，其中46名教师成功入选国家留学基金委项目。

主动服务“一带一路”倡议。持续推进“深耕东南亚”教育合作，积极稳妥推进境外办学工作。我校与柬埔寨皇家农业大学合作共建的汉语中心经过近两年的建设，在中柬开展科学研究合作、人才培养、文化交流、技术推广、社会服务等方面作用日益显著。积极争取商务部、科技部、教育部和海南省教育厅支持，承办5期援外培训项目，来自柬埔寨、缅甸、老挝等东南亚国家的97名官员和技术人员来我校参加热带农业经济管理、食品、土地资源与管理、生态环境保护等专题培训。成立海南大学“一带一路”研究院，围绕“一带一路”倡议开展前瞻性研究，研提相关政策建议；发起成立“海上丝绸之路沿线国家旅游教育联盟”。

（八）国内合作

对口合建与合作工作稳步推进。在深化与天津大学对口合建的基础上，推进与上海交通大学、华中科技大学、中国农业大学、中国政法大学、对外经济贸易大学5所高校的对口合建工作，6所对口合建高校的合作协议均已签订，对口合建工作有序推进。与武汉理工大学等5所高校联合招收博士研究生；先后与中国石油大学、北京林业大学、中国科学院深海科学与工程研究所等签订一系列战略合作协议，进一步提升优势学科服务国家战略和地方经济社会发展能力。深化与中国热带农业科学院的合作。

协同创新不断加强。海南大学与海南省海洋与渔业厅共建“南海海洋资源利用国家重点实验室”，建设海洋科研示范基地，服务现代海洋产业；与中国热带农业科学院、海南省农业科学院、南繁育种基地、海南省农垦投资控股集团有限公司等优质科教企资源合作，在“热带生物资源可持续利用国家重点实验室（培育基地）”的基础上申报组建“热带生物资源可持续利用省部共建国家重点实验室”，积极筹建“热带作物学国家重点实验室”，培育热带农业英才，服务热带高效农业。与海口市人民医院共建海南大学生物医学研究院。与清华大学、华为技术有限公司、泰克教育集团等单位合作共建大数据与人工智能研究院；与国家市场监督管理总局发展研究中心、海南省市场监督管理局合作共建中国（海南）竞争政策研究中心；与中国科学院、中国工程院、中国农业科学院、中国航天科技集团有限公司、中国船舶重工集团公司、中国电子科技集团公司、中国科学院深海科学与工程研究所、中电科海洋信息技术研究院有限公司、国家卫星气象中心、新华三集团、中国农业银行等单位签订战略合作协议，推进科研合作与人才联合培养工作。同时，经科技部同意，武汉光电国家研究中心（华中科技大学）海南分中心落户海南大学。

校企合作成效显著。2019年上半年，为推进海南大学信息化建设进程，学校通过银校合作形式，建设“智慧校园”。经过严格的程序，学校以公开招标方式遴选中国农业银行海南分行和海南银行作为合作银行，为学校筹集了近1.3亿元的信息化建设资金。利用银校合作项目资金建设智慧校园的首个项目（紫荆公寓二号无线网络建设）已经完成并投入使用。学校制订完成《海南大学智慧校园建设规划（2019—2022）》，将充分利用银校合作资金，加快学校智慧校园建设。8月10日，海南大卫投资有限公司与我校签订捐赠协议，连续5年无偿捐赠人民币共计不低于5000万元，支持我校设立“木兰学者奖励计划”。该计划主要用于对海南大学突出贡献者的奖励及高层次人才的培养与引进。

（九）管理与服务

大力推进治理体系与治理能力建设。学校根据中组部、教育部党组印发的《中共XX大学委员会常务委员会会议议事规则（示范文本）》等文件精神，结合工作实际，对海南大学党委常委会和校长办公会议事规则进行了修订。通过精心策划、认真准备，成功召开暑期工作会议，会议充分研究讨论了涉及学校人事、科研、财务等改革领域的30多个制度和办法，这些制度中一部分已经实施，一部分将于明年开学后陆续实施，实施后将全面激发教职工投身教学、科研及管理工作的动力。

优化内设机构。针对学校内设机构设置存在“职责没有全覆盖”“职能存有交叉”等现实问题，学校对当前内设机构进行调整优化，新成立人文社科处、实验室与设备管理处、教学质量评估中心、地方合作服务中心、采购与招标中心等内设机构，不断健全学校管理体制，为世界一流学科建设打好基础。

全面启动学校综合改革。以人事制度和财务制度改革为重点，坚持问题导向，大胆探索学校人事、财务、科研、人才培养、国际化办学等各项改革工作，深入推进学校治理体系和治理能力现代化。研究推出了《海南大学人才引进标准与待遇实施办法（修订）》《海南大学关于进一步加强财务管理的补充规定（试行）》等7项人事和财务管理制度。已初步完成《海南大学国家级教学科研成果奖励办法》《大型仪器设备管理办法》等30多份改革文件编制工作，其中《海南大学"金课"建设与管理办法》等6份文件已印发实施。为进一步深化学校综合改革，学校修订完善《海南大学综合改革方案》，经学校党委常委会审议通过，已于7月呈报省教育厅，并在全校范围内印发实施。以《海南大学综合改革方案》为指引，加快出台人才培养、师资队伍、科学研究、资源配置等方面的改革文件，持续推进学校综合改革工作。强化二级学院绩效考核，完善校院两级为主的管理体制。

深化后勤改革，稳步推进后勤市场化、社会化。力争用三年时间建立起与世界一流学科和国内一流大学相匹配的后勤服务保障体系。

扎实推进综合预算改革。积极协调沟通，扩大学校资金总量。在海南省直经费大幅度压缩的情况下，财政拨款经费从2018年的13.1亿元，增加到16.8亿元，增加了3.7亿元，增长约28.24%；同时额外向海南省财政争取人员经费5227万元，在确保学校高层次人才引进经费的基础上，按时发放了2018年的考核奖励和过去历年累计欠发的教学课酬。

加强预算管理，提高资金使用效益。制定《海南大学项目库管理暂行办法》，进一步明确归口管理部门责任，加强项目和设备前期论证，学校领导多次召开预算编制方案论证会，逐一论证各部门预算，解决学校预算项目论证不充分，绩效较低的问题。制定《海南大学预算项目绩效评价管理办法》，将绩效评价结果与预算安排直接挂钩。完善和压实预算绩效评价及其结果的运用，构建预算分配执行评价的闭环管理系统，提高预算资金使用效益；合理统筹安排经费，确保学校重点工作和民生工程资金需求。

进一步落实放管服。根据国家和海南省相关财务政策、制度变化，结合学校实际修改完善相关制度，通过持续改进财务管理流程，简化审批手续，提高审批额度，优化业务处理办法等措施来提高财务服务质量；启动海南大学财务管理系统的建设，提高财务工作效率，为学校决策提供准确财务数据；建立财务人员专业知识年度考核制度，严控财务风险，提高财务服务水平；同时，修订收入管理办法，提高二级单位分成比例，充分调动二级单位积极增收的主动性。

更新学校网络域名，全新改版学校网站；上线英文网站，拍摄完成英文宣传片，进一步提升学校对外宣传形象，扩大学校知名度和影响力。

（十）民生工程

校园三年更新工程有序推进。按照海南省委书记刘赐贵在学校建校60周年庆祝大会上的讲话要求和省长沈晓明调研海南大学时的工作指示，全面启动总投资估算约为23亿元的校园三年更新工程，为建设国家级科研平台和人才团队提供条件保障。完成紫荆学生公寓2号楼、海大桥西小区幼儿园、海大附属幼儿园扩建项目建设并投入使用。完成旧理工楼、旧农学楼、代谢生物学实验室、部分学生宿舍楼、师生服务大厅、无人智能实验室、儋州招待所2号楼、儋州5、6号教学楼、儋州校医院钢结构整治等维修改造工程。动工建设热带农林学院专家学者楼、田家炳多功能展厅、田家炳楼电梯加装、图书馆改造、海洋学院实验楼维修改造、学生区道路及排水改造等工程。2019年落实到位基建项目财政专项资金1.61亿元，年度资金执行率达94%。

桥西小区三期工程实质性推进。目前已对取得购房资格人员进行两榜公示，已完成前期各项工作，土方工程已经开始施工，主体施工即将开始。增划校园人行横道斑马线，进一步规范车辆行驶与行人行走，保证师生安全。

后勤保障工作持续改善。公开招标引进11

家知名餐饮企业，饭菜质量和师生就餐环境得到明显改善，越来越多的师生选择在食堂用餐。2019年，三个校区食堂年营业额为1.2亿元。2019年，海甸校区用餐人次为1252.4万人次，同比增长15.08%。海甸校区商铺清理工作全面完成，在一定程度上改善了学校商业氛围过重的情况；全面清退非学生身份入住学生公寓的人员，将180多间学生宿舍还给学生，缓解了学生住宿紧张问题；大力改造了5幢普通学生宿舍楼，改善了学生住宿环境。国际学术交流中心自投入使用以来，经营状况与服务质量越来越好，为活跃学校学术交流氛围做出了贡献。

教职工福利待遇稳步提高。人均应发工资从2018年的17.7万元增加到2019年的20.88万元，人均增加3.18万元，增长率18%，增长幅度较大；完成补缴社保政策追溯执行而增加的2014年10月至2016年9月养老保险和职业年金1.19亿元，解决了离退休老同志社保缴费问题导致的相关待遇不能兑现的历史遗留问题；增加学校工会经费支出，组织开展丰富多彩的工会活动，提高教师工会福利；为劳务派遣工作人员发放午餐补助，并自2020年1月起为校聘人员按月发放交通补贴300元。

学校内部沟通体系更加顺畅。推动学校领导接待日活动的开展，搭建了师生与学校领导之间面对面沟通交流的平台。制定《加强和改进领导干部深入基层联系学生工作的实施方案》，开展“校长与学生面对面”交流活动，听取师生心声，及时了解和解决师生在工作、学习、生活、成长中遇到的问题。

在看到学校工作成绩的同时，我们也清醒地认识到学校的工作还存在许多差距与不足。例如全校工作的重心还没有完全统一到一流学科建设中来；师资队伍总量不足，高层次人才尤其是高层次人才团队匮乏，“四青”人才培养还未实现突破；学科整体水平弱，基础不牢；缺乏大团队、大平台、大项目、大成果；学生结构不合理，博士生指标依然不足；学校开放办学、国际化办学水平不高；学校现有体制机制不能充分激发教师活力；等等。这些问题都需要我们认真研讨并在改革中逐步解决。

在过去的一年多来，习近平总书记“要支持海南大学创建世界一流学科”的重要指示和教育部海南省“部省合建”海南大学、海南省“聚全省之力办好海南大学”的系列举措，以及海南建设自贸区港的利好政策，为学校发展带来了一系列机遇。再过3个月，就是习近平总书记“4·13”重要讲话两周年了，但我们学科水平离建成世界一流学科的目标还有很长的距离。今年，一流学科终期验收迫在眉睫，一流本科“双万计划”建设全面启动，新一轮“双一流”评选和第五轮学科评估即将开始，形势催人奋进亦时刻提醒着我们要用只争朝夕、埋头苦干的精神不懈奋斗。

二、2020年重点工作

2020年是全面建成小康社会、实现第一个百年奋斗目标的决胜之年，是海南自由贸易港建设的开局之年，也是海南大学全面深化改革，快速推进“双一流”建设，提升人才培养质量和内部治理体系与治理能力的关键之年。学校将全面落实立德树人根本任务，继续以“创建世界一流学科”为核心，以深化综合改革为途径，牢固树立“支撑引领、特色取胜，高位嫁接、开放创新”的发展理念，全面实施“以服务求支持、以贡献求发展”的办学资源配置原则，抓好“部省合建”海南大学和“聚全省之力办好海南大学”各项决策部署，全面推进世界一流学科和国内一流大学建设。

（一）全面加强党的建设

一是深入学习贯彻党的十九届四中全会和海南省委七届七次全会精神。继续以开展“不忘初心、牢记使命”主题教育和落实海南省委巡视整改为抓手，深入学习贯彻党的十九届四中全会、

"4·13"重要讲话、中央12号文件和海南省委七届七次全会精神。制定2020年学校党委理论学习中心组学习方案，将习近平新时代中国特色社会主义思想和党的十九届四中全会以及海南省委七届七次全会精神列入干部教育培训的必修课程，作为学校思想政治教育和课堂教学的重要内容。

二是把党的领导贯穿办学治校、教书育人全过程。全面贯彻落实新时代党的建设总要求和党的组织路线，健全党建工作体制机制。坚持民主集中制，坚持党委领导下的校长负责制，切实提高学校党委把方向、管大局、做决策、抓班子、带队伍、保落实的能力和定力。认真贯彻落实二级单位党政联席会议制度和二级单位党委（党总支）议事制度，强化管党治党、办学治校主体责任，推动管党治党责任层层传导落到实处。

三是着力打造爱国奉献的高素质干部人才队伍。按照干部选任工作程序，坚持新时期好干部标准，在2019年底开展领导干部大考察工作的基础上，进一步加强二级单位领导班子的优化配备；积极稳妥做好到期换届单位行政领导班子的换届工作；认真做好全校科级干部的提任和交流轮岗工作；切实加强干部日常监督管理工作，不断强化领导干部的纪律、规矩意识；建立健全党校工作机制，持续提升党员、干部教育培训的针对性实效性；选派优秀管理干部到对口合建高校的对口业务部门、对口单位跟班学习或挂职锻炼，不断提高学校各级干部管理能力和工作水平。

四是持续提升基层党组织工作质量。继续提升基层党建工作质量，突出基层党组织的政治功能，持续推进基层党组织"对标争先"建设计划和"双带头人"教师党支部书记培育工程，巩固基层党组织标准化规范化建设成果，着力建设一批国家级标杆院系和样板支部，切实发挥好示范带动作用；持续抓好党务干部队伍建设、党员队伍质量提升；加强海南大学智慧党建云平台建设，不断提升党建工作信息化水平，进一步夯实党建工作基础，全力推动基层党组织全面进步、全面过硬，不断将基层党组织建设成为推动学校中心工作发展的坚强战斗堡垒。

五是严格落实意识形态工作责任制。完善意识形态九大平台阵地的建设，开展意识形态工作专项巡视，强化对学生社团的政治引领和教育管理，制定并实施一系列涉及国家政治安全、国际教育、民族宗教等领域的规章制度，确保学校政治安全和意识形态安全。

六是推进全面从严治党向纵深发展。强化政治建设和思想理论建设，强化监督执纪问责，推动全面从严治党"两个责任"贯通协同、形成合力，不断引向深入。

七是加强党对统一战线、群团和离退休人员工作的领导。制定并实施《海南大学党委常委联系党外代表人士办法》；加强学校无党派知识分子联谊会建设，推动归国华侨联合会换届工作。

（二）对标一流，扎实推进"四抓"工作，进一步提高人才培养质量

一是扎实推进本科教学"四抓"工作。第一个抓是抓源头，每个专业对标一所985高校中学科评估为A档的同类专业，科学制定培养方案，积极开展一流专业建设。第二个抓是抓基础，高度重视基础课教学，确保基础课的学时。抓课程建设，积极培育国家级金课。第三个抓是抓规范，学校从教学规范、文件规范和教学档案规范入手，加强管理，明确规范，确保本科教学平稳有序运行。第四个抓是抓保障，学校从顶层设计、制度安排、经费保障、实验平台保障、实习实践基地保障和智慧教室保障等方面入手，多部门联动，齐抓共管，同心协力，为一流本科建设服务。探索建立与学院下拨经费挂钩的人才培养质量考核考评体系以及与分配体制和晋升机制挂钩的教师教学质量考核考评体系。

二是加快推进"本—硕—博"一体化人才培

养体系建设。在现有学院学科专业优化调整的基础上，构建特色优势学科“本—硕—博”一体化人才培养体系。依据《教育部关于深化本科教育教学改革全面提升人才培养质量的意见》，深入推进本科教学工作审核评估整改工作，紧抓全面实施一流专业“双万计划”和一流课程“双万计划”的契机，全面提升本科教学工作质量，全面推进新工科、新农科、新文科建设，重点开展人才培养模式改革，创新人才培养方式，着力提升人才培养质量。争取在2020年6月份，完成2020级本科生人才培养方案的定稿工作。重点抓好14个国家级一流本科专业和16个省级一流本科专业建设点工作。积极探索与6所对口合建高校本科生联合开展学士学位培养项目；积极培育和建设国家级、省级金课；做好保合格、上水平、追卓越三级专业认证工作。对学校冬季小学期进行深化改革与完善，使其更具个性化、科学化、品牌化。

三是构建“大思政”工作格局。推进专业思政和课程思政建设，深入贯彻落实《关于加快构建高校思想政治工作体系的意见》，以深入推进“三全育人”综合改革试点工作为契机，充分发挥“十大育人中心”作用。加强学生心理健康和生命教育工作，规范发展大学生心理健康教育咨询服务，建立心理健康教育服务体系和危机干预体系。抓好招生宣传工作，充分发挥各省市招生工作小组作用，确保2020年本科录取分数线稳中有升。开展精准就业指导服务，促进毕业生更充分更高质量就业。

四是加强公共基础教学实验室和专业教学实验室的建设。出台学校本科教学实验室建设指导性意见。对标一流高校实验室建设标准，根据学校和学科特色，建立与增强学生实践能力和创新能力相适应的实验教学体系；建设满足现代实验需要的高素质实验技术队伍；建设仪器设备先进、资源开放共享的实验环境；建立高效运行的管理体制、运行机制，提高实验技术水平和服务水平。

五是加快研究生教育改革，召开海南大学研究生教育工作大会，全面提升研究生培养质量。实施研究生教育质量提升工程，着力提高研究生培养质量，优化课程设置，加强研究生培养的过程管理，强化课程教学的督导、监督和评估。修订研究生教学工作量计算办法，通过研究生的科研贡献度计算导师指导工作量，改变部分导师盲目争夺研究生指标的现状。推进研究生分类培养改革，开放办学，建立以提升职业能力为导向的专业学位研究生培养体系。突出科教结合，全面落实基于科研项目的博士生招生培养机制。按照既定计划，结合即将召开的全国研究生教育大会精神，全面完成研究生培养方案的修订工作。强化研究生培养过程管理，完善内部监控体系。落实研究生导师立德树人职责，加强研究生学术诚信教育。统筹做好新增学位点申报和现有学位点的专项评估工作，重点做好2020年教育部一级学科博士点申报工作和争取更多的招生指标。探索建立国内国外研究生联合培养机制和对口合建高校等单位联合培养博士研究生机制。

（三）加强优势特色学科建设，全面提升学科整体实力

一是构建优势特色学科体系，明确学科建设发展原则。以建设3个优势特色学科群带动学科水平整体跃升，加快推进“生命与健康科学学科群”建设，积极谋划“信息技术学科群”建设。牢固树立一流学科建设理念，一是要继续优化学科结构，推动学科动态调整；二是要谋划布局学科交叉与创新，大力建设新工科、新农科、新医科、新文科；三是要建立符合学科特点和发展规律的学术评价机制和标准，研究出台学院考核标准与细则；四是建立以“学科建设”为核心的资源分配机制，按照“扶优扶强”的原则，大力支持特色优势学科发展。

二是高标准高质量建设好世界一流学科。实施《支持海南大学创建世界一流学科建设规划（2018—2022）》，出台《海南大学一流学科建设管理办法》，深入推进“热带农业”“文化旅游”“南海海洋资源利用”等3个学科群建设。落实“部省合建”工作要求，深入推进学校与6所对口合建高校优势特色学科对口合建工作。根据教育部相关工作部署，完成“双一流”建设动态监测指标体系数据填报，做好学校“双一流”建设终期验收准备工作。持续推进海南省特色重点学科建设工作。

三是充分做好第五轮学科评估准备工作。为迎接第五轮学科评估工作，学校将组建一支由各学科指定1名学科信息统计分析工作人员组成的专业化队伍，负责各学科信息的收集管理及动态分析工作。通过对本学科国内外相关信息收集、整理、分析研究，找准本学科与一流学科间存在的差距，定期公布学科建设逼近度，从而正视差距、明确目标、对症下药，促进本学科建设与发展。

（四）以大平台、大项目、大团队、大成果为目标，以科研体制改革和科研基础设施建设为保障，进一步提升科学研究水平，增强支撑和引领能力

一是推动重大科研平台和科研基础设施建设。高站位推动、高质量推进“南海海洋资源利用国家重点实验室”“天然橡胶省部共建协同创新中心”“绿色智慧岛省部共建协同创新中心”等国家级和省部级科研平台的建设。争取总投资超过2.7亿元的“热带作物国家重点实验室（筹）”项目正式立项并早日动工建设。加快谋划和建设儋州校区热带作物和模式动物两个科研基础设施建设。依托博士点学科，积极申报国家级平台，实现新增省部级以上科研机构5个。

二是推进大型仪器设备开放共享，提高仪器设备使用效益。2020年，正式出台《海南大学大型仪器设备管理办法》《海南大学大型仪器设备使用效益考核管理办法》《海南大学大型仪器设备有偿使用收费暂行办法》，重点建设校、院两级大型仪器设备共享实体平台，规范全校大型仪器设备采购、运行及管理工作。建立大型仪器设备采购论证规则，实施全成本核算，为高水平科学研究提供保障的同时，最大限度降低仪器设备闲置率。最终确保大型仪器设备开放共享工作全面落地实施。建成海南大学实验室综合管理平台（一期）及大型仪器设备开放共享服务平台，平台以服务为核心，通过信息技术、网络技术、物联网技术以及AI技术，做到学校实验室管理、实验室安全、大型仪器设备共享工作全面信息化。高效率保障学校教学、科研工作顺利开展。

三是进一步提升科学研究水平，召开海南大学科研工作会议。力争在2020年国家级科研项目立项数和立项金额上实现较大突破。全校科研立项经费力争突破2.7亿元。申报国家自然基金项目力争突破600项，获得国家自然基金项目争取突破100项，力争在重点项目、优秀青年科学基金项目、国家重点研发计划项目方面实现突破。申报国家社科基金项目力争突破300项，获得国家社科基金项目力争突破30项。

四是以时不我待的责任感培育更多的优秀成果。坚持支撑引领，全面对接海南经济社会发展，主动服务海南全岛建设自由贸易试验区和中国特色自由贸易港，深度参与海南“三区一中心”建设，主动服务深海、航天、南繁，“一带一路”国家战略。积极争取并深度参与崖州湾科技城、博鳌乐城、南繁科技城、热带雨林国家公园等海南省创新发展战略项目。坚持以问题为导向，通过高位嫁接，提高承担国家重大科研项目的能力，努力在国家级奖励等重大科研成果方面取得突破。在全校范围内遴选50支左右的重点科研团队，整合校内外资源，给予重点指导和支持。充分发挥新成立的高等研究院和人文与社会科学高等研究院和先进技术与装备研究院的作用。

五是推进科研绩效评价改革，正式实施教学科研成果奖励办法和国家级科研项目配套资金实施办法，全面激发教师争取国家级项目、争获高水平科研成果的动力和积极性。同时，积极研究出台相关政策，加大对重大成果、交叉类项目和优秀青年人才的培育。正式施行《海南大学科研启动经费使用办法》《海南大学横向科研项目经费管理暂行办法》《海南大学人文社科类科研机构管理暂行办法》《海南大学人文社科类科研项目资金间接费用管理办法》《海南大学科研诚信建设管理办法》等制度，为各项科研工作提供制度保障。

六是加大成果转化力度。以研发为产业、以技术为商品，做实大学科技园，助力科技成果转化。探索建立产业技术研究院，打造新型研发机构和社会服务品牌。通过加强科技成果转化支持力度，提升学校服务社会的能力。完善学校科技成果转化制度，提高成果转化率，正式施行《海南大学科技成果转移转化管理办法（试行）》，申报并建立省市级成果转化平台各一个，力争2020年学校科技成果转化合同金额和转化项目数取得突破性进展。

七是按时高质量完成脱贫攻坚任务。坚持脱贫攻坚与乡村振兴相衔接，梳理总结学校定点扶贫工作经验做法，系统谋划2020年学校扶贫工作目标、思路、方法和路径，提炼教育扶贫、高校扶贫的模式，多种形式加强宣传报道。推动乐妹村和光吉村的教育帮扶和产业帮扶，抓产业谋发展，继续建设好兰花产业基地、油茶1号种植栽培、高效生态循环农业示范基地和健康水稻科技扶贫基地。

（五）加大人事制度改革力度，坚持引育结合，努力营造“事业留人、感情留人、待遇留人、政策留人”的良好氛围，打造高水平师资队伍

一是加快推进以新一轮岗位聘任和绩效改革为核心的人事制度修订和实施工作。全面修订《海南大学编制管理办法》，开展全校各类机构各类岗位编制核定工作。出台《海南大学岗位设置及聘用方案》，开展第二轮岗位设置及聘用工作，明确各类岗位工作职责，完善聘约管理制度。出台《海南大学薪酬分配实施办法》和《海南大学管理岗位宽带绩效工资实施办法》，建立以编制和岗位管理为基础，以单位和个人考核为主要依据的校内薪酬分配体系。同时，出台《海南大学机关及二级单位年度目标考核绩效评价办法》《海南大学教职工年度考核办法》和《海南大学教职工聘期考核办法》，建立单位考核、年度考核和聘期考核三位一体的评价体系，促进事业发展与个人规划有机结合、共同发展。在此基础上，指导各二级单位制定相关配套措施并组织实施。

二是进一步加大国家级人才和高层次人才团队引进力度。严格落实学院人才工作目标责任制，进一步健全校院两级人才培养和引进机制。制定2020年人才引进计划，确保引进博士学位以上人才130人以上。制定《海南大学团队人才引进实施办法》，以更具吸引力的引才优惠政策，鼓励领军及以上人才以团队形式引进。积极谋划海外引才新举措，继续办好第二届海外青年学者论坛。制定《海南大学海外高层次人才引进办法》，创新海外人才评价标准，打破资历条件限制，创新海外人才的职称评聘条件，提高海外人才的引进待遇，加大海外人才的引进力度。积极稳妥地用好“柔性人才”引进政策，保证柔性引进高层次人才落地生根，在海南大学培育自己的科研团队。聘请国务院学科评议组成员和教指委主任副主任担任兼职教授/客座教授。加大博士后招收规模，力争全年招收30人以上，发挥好其科研生力军的作用。

三是继续加大教职工队伍培养培训。全面梳理现有师资队伍情况，制定师资培养2020—

2025规划，为人才引进和培养等提供决策依据。认真贯彻落实《事业单位工作人员培训规定》，制定实施细则，切实开展工作人员培训工作。精准支持鼓励优秀教师出国（境）研修访学和攻读博士学位，继续优化现有师资队伍学历结构。创新搭建校内教师学习交流平台。开展管理人员业务能力考核工作，组织分类别、分层次的业务能力考试，全面促进管理队伍的业务学习积极性，实现“以考促学”。

四是加强师德师风建设。出台《海南大学关于进一步加强师德建设的意见》《海南大学关于师德建设长效机制的实施办法》等办法。发挥师德师风先进典型引领示范作用，落实师德“一票否决”制，严格师德失范查处。建立健全师德考核体系，突出师德重要地位，在各项人事管理规章制度中严格实施师德师风“一票否决制”。加强师德激励，营造尊师重教良好风尚。

五是完善师德激励体制机制，开展“师德模范、标兵”评选活动。实施“木兰学者”奖励计划，评选第一批在全校教学、科研、服务方面做出突出贡献的先进榜样，并予以重奖。依托新媒体工作矩阵，积极开展师德师风宣传。

六是进一步加强人才服务与管理工作。加强对现有高层次人才发挥作用情况的跟踪了解和评估考核，出台《高层次人才考核办法》《引进高层次人才服务办法》，完善高层次人才评价、管理与服务。做好高层次人才在子女入学、购房购车、生活医疗等方面的服务和沟通协调工作，提高专家服务水平。梳理全年各类人才项目申报时间节点，组织人才专家提前做好申报发动和准备工作。

（六）以“一院一校”为牵引，进一步加强对外交流与合作，提升国际影响力

一是推进“一院一校”行动计划，提升国际化内涵建设。正式实施《海南大学推进“一院一校”国际化办学行动计划》，务实推动博士生联合培养、科研合作、培养方案、双方学分互认等高水平的国际合作与交流，切实提高学校学科建设水平和人才培养质量。争取把“一院一校”做成海南大学实现变道超车的重要举措。

二是加强学校国际化办学顶层设计。制定学校国际化办学总体规划，明确学校实施国际化战略的指导思想、总体目标和具体任务。办好海南大学第一届国际顾问委员会第二次全体会议，充分发挥国际顾问委员会在学校国际化办学中的作用。积极利用中央部委和海南省特殊政策支持，整合校内外资源促进国际化办学。积极利用390万琼籍乡亲优势，争取更多办学资源。稳步推进优势领域与国际知名高校共建中外合作办学机构。

三是扩大中外合作办学。积极参与融入海南陵水黎安国际教育创新试验区发展建设。积极发挥现有孔子学院作用，将孔子学院作为学校深化国际合作办学的桥梁，发挥其桥头堡作用，提升学校学科建设水平。

四是进一步拓展学生国际化培养渠道。探索学生海外交流学分制度，实现学生出国交流量质齐升。

五是更大力度参与“一带一路”倡议。推进海南大学—柬埔寨皇家农业大学汉语中心的升格工作；扩大马来西亚南方大学学院旅游管理硕士合作办学项目授课点；推动与密克罗尼西亚学院合作共建汉语中心，与达之路吉布提经济特区在吉布提共和国建立“海南大学吉布提研究生院”相关事宜。

（七）进一步深化学校治理体系与治理能力改革

一是推进制度建设。切实把“提质增效”的制度建设作为学校治理能力和治理体系现代化的基础工程，以修订大学章程为契机，对现有制度进行“废改立留”，建立和完善遵循办学规律、符合法律法规、彰显现代大学精神、富有学校特色的现代大学治理制度体系。完善民主监督和社会参与的协同治理机制，完善学校党代会、教职工代表大会、团学代表大会等会议机制，积极发挥民主党派及党外代表作用，定期听取民主党派及党外代表人士的意见与建议，推进协商民主制度化。加强财经领导小组、基建领导小组、后勤改革领导小组等议事协调机构建设，充分发挥其作用。健全党务校务信息公开机制，推进制度化规范化运行。编制完成《海南大学2020年事业发展主要可量化指标》，强化二级学院绩效考核。进一步做好校领导接待日和“校领导与学生、教师面对面交流”工作。

二是全面推进财务管理改革。继续深化综合预算改革，建立有效的成本补偿机制。除基本运行经费外，稳步推行以导向性成果（或贡献）为主要依据的预算分配机制。2020年，在保证各二级单位基本运行费的基础上，根据各学院在一流专业建设、精品课程建设、高层次人才引进质量和数量、科研项目立项数和到校经费等方面的贡献度分配发展建设资金。改进项目资金管理，按照“谁申请资金、谁提出目标”“谁分配资金、谁审核和考核目标”的原则，严格项目库管理，加强项目前期论证，进一步强化归口管理责任，加强预算绩效评价及其结果运用，构建项目预算分配执行评价的闭环管理系统，提高预算资金使用效益。加强对财务工作人员和二级单位财务人员的管理，要求通过财务处专业考核后持证上岗，严控财务风险，提高财务人员业务水平。适时修订完善制度，持续优化流程，上线海南大学自身的财务管理系统，进一步提高财务服务水平，便利广大师生财务报销。通过网站和微信公众号加强财务信息和最新政策宣传介绍；探索财务报销诚信体系建设。做好全覆盖财务收支审计的整改工作，开展年度科研经费审计和附属单位财务收支检查，开展全校小金库和收入检查，加强财务监管，严控财务风险。探索院校两级财务管理模式试点工作。健全多元化资金筹集机制，保障学校收入稳步增长。

三是推进机关作风建设。进一步优化机关部门设置，明晰责任，科学管理。以问题为导向，以信息化建设为抓手，推进机关工作“流程再造”，强化部门协调，切实增强服务世界一流学科建设的水平。

四是建立房屋资源有偿使用和成本补偿机制。正式施行《海南大学公用房屋管理办法》，按照分类管理、定额配置、超额收费等原则，盘活存量资源，提高公用房屋使用效益。科研实验室面积与依托该平台的教师人数及科研项目、科研经费等挂钩，超标部分要进行收费。对于教学型教师按照国家标准配备办公用房，教学科研型及科研型教师的办公用房与科研用房原则上应统一，超出定额部分应收费。

五是深化后勤服务保障改革。学校出台《海南大学师生事务保障中心综合改革指导性意见》以及配套的方案、实施细则等文件，并按改革文件推进落实各项工作。邀请第三方评估机构共同核定已成熟的项目范围、内容、标准、考评办法等，推进后勤社会化项目。

六是启动“十四五”规划编制工作。做好学校“十三五”规划终期检查工作，对标《海南大学“十三五”发展规划》总体目标、各项指标与数据，全面总结学校“十三五”规划。全面启动“十四五”规编制工作，按照《海南大学“十四五”事业发展规划编制工作方案》，坚持全面规划与重点突出相协调，战略性与操作性相结合，在理清学校未来总体发展思路基础上，做到任务目标要精准，措施方法要得当，充分体现学校办学特色。

（八）进一步加强软硬件建设，为“双一流”建设提供条件保障

一是加快推进三年更新工程建设。完成校园规划的修编报批工作，提升校园建筑单体设计的美感和文化内涵。推进海甸校区第三批商业铺面清理和招标工作。力争儋州校区专家学者楼、研究生公寓及附属食堂部分工程在年内达到封顶；推动海洋学院改造、图书馆改造、研发中心报告厅、学生区道路改造、泰坚楼改造、国际教育学院改造等项目年内完工。启动生命科学与健康大楼、图书信息大楼、西湖景观提升工程及一批维修改造项目的前期工作。力争开工建设热带作物国家重点实验室（筹）、信息科技大楼扩建、法学科研中心、3号教学楼扩建项目、紫荆学生寓3号楼等项目。

二是加快观澜湖校区建设。争取2020年10月开始进入施工阶段，2022年建成并投入使用。

三是加强校园文化建设。深入推进文明大行动，实行公民道德建设工程，巩固全国文明校园创建成效。

四是充分利用银校合作项目资金。按照《海南大学智慧校园建设规划2019—2022》的规划思路，加快推进智慧校园基础设施和服务应用建设。

（九）进一步服务和保障民生，着力推进“八件实事”

一是正式启用师生服务大厅，积极发挥大厅在便利师生办事方面的作用。

二是正式上线网上办事大厅，实现学校主要应用系统的统一认证服务，提供人事数据、财务数据、学生数据等主要核心数据共享服务，以“让数据多跑路，让师生少跑或不跑路”服务理念，持续提升信息化建设水平。

三是上线海南大学财务管理系统，进一步提高财务服务水平，探索财务报销诚信体系建设。

四是加快推进桥西小区三期工程建设速度。

五是通过招标方式引进知名优质企业，完成紫荆2号地下商铺建设及运营，为师生提供质优价廉的商品和服务。建立快递物流一站式服务中心，解决校园快递“最后一公里”难题，满足师生日益增长的校园快递收寄服务。做好学生宿舍新增开水器、图书馆空调安装等工作。

六是启动联谊馆周边排涝及景观提升项目，改善该区域景观及排涝水平。

七是推进校园亮化工程，实现校园道路、运动场、教工南区灯光照明全覆盖。

八是积极推进教工南区20套空余周转房修缮及桥西周转房损坏区域修缮工作，确保教师住宿条件。

各位代表、同志们！新年要有新气象，新时代要有新作为。一流学科一定是艰苦奋斗干出来的，让我们统一思想、脚踏实地、埋头苦干、狠抓落实，以只争朝夕、不负韶华的态度，以“功成不必在我”的精神境界和“功成必定有我”的历史担当，一步一个脚印，加快推进海南大学世界一流学科和国内一流大学建设进程。

谢谢大家！

使命自觉　信心自立　差距自省　奋斗自强
全面开创世界一流学科大学建设新局面
全力服务海南自由贸易港建设

——在2020年暑期工作会议上的报告

校长 骆清铭

（2020年8月29日）

同志们、同学们：

现在，我代表学校向本次大会做主题报告。

2020年是全面建成小康社会和“十三五”规划收官之年，是海南自由贸易港建设开局之年，也是“十四五”规划的谋划之年，在这个重要的时间节点上，本次暑期工作会议意义十分重大。学校党委将本次暑期工作会议的核心议题定为：确保“十三五”规划圆满收官，高水平编制好“十四五”规划。围绕会议主题，我本次报告的题目是：使命自觉，信心自立，差距自省，奋斗自强，全面开创世界一流学科大学建设新局面，全力服务海南自由贸易港建设！

第一部分　“十三五”工作回顾和上一学年工作亮点

一、“十三五”工作回顾

“十三五”期间，特别是2018年4月13日习近平总书记在庆祝海南建省办经济特区30周年大会上发表重要讲话（以下简称“4·13”重要讲话）以来，学校始终牢记习近平总书记关于“要支持海南大学创建世界一流学科”的深切嘱托，坚决贯彻落实国家教育、科技、人才中长期规划纲要和党中央国务院重大战略部署，以及海南省委省政府关于“部省合建”海南大学和“聚全省之力办好海南大学”的重大决策部署；深化改革，开拓创新，精心谋划，奋发有为，努力推进世界一流学科和国内一流大学建设进程；在人才培养、学科建设、师资队伍、科学研究、国际合作交流、大学治理等方面都取得了历史性成绩，学校各项事业全面开创新局面。

（一）坚持全面从严治党，党的核心作用进一步加强

党的领导显著加强。学校党委始终坚持以习近平新时代中国特色社会主义思想为指导，全面贯彻落实党的教育方针，坚持社会主义办学方向，牢记“为党育人、为国育才”的初心使命，切实强化“四个服务”。召开第二次党代会，选齐配强领导班子，坚持党对学校事业的全面领导，党委领导核心作用得到有效发挥，党委领导下的校长负责制和民主集中制进一步完善。

立德树人彰显成效。深入推进习近平新时代中国特色社会主义思想“三进”工作，引导和培养全校师生积极向党组织靠拢，递交入党申请书的学生比率达90.7%，班团一体化实现100%全覆盖。不断健全立德树人系统化落实机制，印发实施《中共海南大学委员会关于深化“三全育人”综合改革提升思想政治工作质量的实施意见》《中共海南大学委员会关于全面推进课程思政建设的实施意见》等制度文件。这五年来，学校思想政治工作队伍不断加强，先后获得全国模范教师、全国高校思想政治工作中青年骨干人才项目、中宣部“四个一批”宣传思想文化青年英才项目、全国高校辅导员年度人物提名奖、全国辅导员素质能力大赛二等奖、全国优秀共青团干部等思政领域国家级荣誉和项目40余项。辅导员由120人增至174人，师生比从1∶254降至1∶223。2017年，学校获评“全国深化创新创业教育改革示范高校”。2019年以来，以“三全育人”综合改革试点高校为契机（全国共有25所），学校党委着力构建和完善多维协同、内生驱动的“三全育人”一体化模式，理论成果先后在《思想理论教育导刊》《中国青年研究》等刊物发表，被中国人民大学复印报刊资料全文转载5篇；成果经验先后被教育部、海南省委省政府、海南省教育厅党委等采纳并推广，被多家主流媒体报道60多次。

党的建设扎实推进。扎实开展“两学一做”学习教育、“勇当先锋、做好表率”专题活动、“不忘初心、牢记使命”主题教育。坚持把制度建设贯穿党的建设全过程，坚持以提升组织力为重点，深入实施“对标争先”建设计划，推动基层党组织全面进步全面过硬。这五年来，制定了《学院党政联系会议议事规则》等20余项规章制度，进一步完善党建工作制度，创建特色党建工作品牌，推行党组织书记抓党建工作述职评议活动，把基层党组织建设落到实处。目前，全校100%的党支部达到了标准化规范化建设标准，共有全国高校党建工作标杆院系、全国高校党建工作样板支部、全国“双带头人”教师党支部书记工作室、全国“百名”研究生党员标兵等9个先进集体和个人；实施教师党支部书记“双带头人”培育工程，注重从学科带头人、教学科研骨干中选拔教师党支部书记，100%的教师党支部书记达到“双带头人”教师党支部书记选任标准。学校党委多次在全国全省党建工作会议上作经验交流发言，涌现出了全省“两学一做”学习教育先进典型符灶儒、海南省优秀共产党员周伟民等一批优秀党员，法学院党委的党建工作经验被央视发现之旅频道专题报道。贯彻落实新时期好干部标准，健全科学有效的选人用人机制，坚持德才兼备、以德为先的用人标准，采用多种选拔方式，积极拓宽选人用人视野，推进年轻干部的选拔培养和多岗位锻炼，积极选送干部到境内外学习培训、挂职任职，从对口合建高校择优选拔干部到我校挂职任职，干部队伍活力进一步增强。严格贯彻落实中央八项规定和海南省委省政府二十条规定，严厉整治形式主义、官僚主义，加大对重点领域、重点岗位和关键环节的监管，推进巡视整改、审计整改，推进领导干部党风廉政建设问责，深化学校纪检监察体制改革，完成学校纪检监察机构和岗位设置，着力构建完善教育、预防、惩治一体化的党风廉政建设制度体系，严惩个别违规违纪人员，在校内构筑不敢腐、不能腐、不想腐的思想基础和制度堤坝，营造风清气正的育人环境。

（二）优化调整学科布局，学科建设实现新突破

学科布局进一步优化。遵循高等教育规律，紧紧围绕“创建世界一流学科”任务，进行学科专业布局和学院调整，按照一个学院重点建设一个一级学科的基本原则，将原来的20个学院（部）调整为32个学院。成立理学院和生命科学与药学院，加强数理化生基础学科建设。面向国家战略、海南需求，成立密码学院和生物医学工程学院。

学科建设迈上新台阶。新增作物学学科为世

界一流建设学科；形成“热带农业”“文化旅游”“南海海洋资源开发利用”等3个优势特色学科群，服务海南主导产业发展，并大力推进“生命与健康”“信息技术”学科群建设；植物与动物科学、材料科学、化学、农业科学等4个学科进入ESI全球前1%；新增12个省级特色重点学科。

学位点建设体系不断完善。新增5个一级学科博士点、11个一级学科硕士点和4个专业学位授权类别，4个博士后科研流动站。学位点建设水平稳步提高，在国家各类评估中取得好成绩。按要求参加评估的30个学位授权点全部顺利通过国务院学位委员会、教育部学位点合格评估。

（三）开展教育教学改革，人才培养取得新成就

本科生培养质量明显提升。坚持以立德树人为根本任务，不断完善“本—硕—博”一体化人才培养体系。顺利通过本科教学审核评估；张云阁主持的“思想政治理论课‘一主三辅’实践教学模式的研究与实践”获得国家教学成果二等奖，实现合校以来零的突破。新增国家级、省级精品在线开放课程16门；新增国家级教学团队1个；持续优化和动态调整本科专业，新增25个专业，停招36个，2020年全校招生专业由2019年的95个调整至71个；积极推动教育教学改革，共获得省级教改课题224项，资助经费350余万元。推进新工科、新农科、新文科建设，实施“六卓越一拔尖”计划，设立卓越班8个。工程教育认证取得新突破，食品科学与工程专业顺利通过工程教育专业认证，是海南高校首个通过工程教育认证的专业。陈振斌教授主持的“面向新能源汽车产业的车辆工程专业改造升级的探索与实践”获批教育部首批新工科研究与实践项目并完成结项。不断推动教材改革，出版普通高等教育“十三五”规划教材4部。本科生源质量持续提升，本科学生就业率持续保持在90%以上，升学率（含出国出境）从17%提升到23%。

研究生教育突飞猛进。研究生招生规模大幅提高，与2015年相比，2020年博士生招生指标从44人扩增至228人，硕士生从1177人扩增至2823人。到2020年9月，学校在学学籍研究生8033人（博士研究生600人），与2015年底相比，增长了125%；研究生总规模与本科生比例达到1：4。对标一流，修（制）订全校所有学位点的研究生培养方案87个；实施精品课程建设计划，建设了20门校级研究生精品课程和特色课程。实施研究生科研成果奖励计划和优秀学位论文培育计划，研究生创新能力明显提高，获得海南省研究生创新科研课题703项，与“十二五”期间相比，增长135%；发表SCI、EI、CSSCI收录论文960篇，同比增长142%；高水平学术论文总数年均增长从不足15%提升到35%。共有164篇学位论文获海南省优秀博士、硕士学位论文，同比增长25%。近年来，毕业研究生除升学之外全部就业，毕业质量报告显示用人单位满意度达99.15%。

学生社会竞争力明显增强。这五年来，共培养出“中国青少年科技创新奖”“中国大学生自强之星标兵”“中国大学生自强之星”等一大批优秀青年典型。学生积极参与以“互联网+”“挑战杯”等为重点的各类大学生创新创业大赛和高水平学科竞赛，累计获得国家级奖项450余项，斩获“创青春”国赛金奖、“互联网+”国赛2银3铜全省历史最好成绩和全国“先进集体奖”（全国23个）、ICAN国际创新创业大赛中国赛区特等奖（全国5个）等。大学生创业孵化基地现有孵化团队58支，34家注册公司，营业额1.3亿余元，带动就业3000余人；学校连续6年荣获全国暑期社会实践“优秀单位”；荣获“最佳暑期实践大学”称号（全国10所）；在全国大学生“一带一路”暑期社会实践专项行动中，学校荣获“优秀组织单位”称号；60余支团队荣获各类国家级“优秀团队”称号。这五年来，平均每年发放奖勤助贷补资金8820万元，2.4万人次学生受益。

（四）推进人事制度改革，队伍建设取得新进展

人事制度改革迈出坚实步伐。学校始终坚持党管人才原则，实施人才强校战略，积极探索构建人才发展新机制，实施人才分类评价、分类培养、分类使用、分类管理。努力推进学校人事制度改革，创新编制配备管理、优先保障教学科研岗位需要；优化岗位设置管理，着力满足教师职业发展需要；落实岗位聘约管理，规范指导各类人员发展规划；健全绩效评价体系，加快构建“多元化考核制”；深化职称制度改革，大力畅通人才晋升发展渠道；完善薪酬保障制度，建立以业绩贡献为导向的分配机制，激发教师活力和内生动力，全校绩效工资稳步增长，教职工获得感持续增强。

师资队伍明显壮大。学校共计引进专任教师672人（含辅导员和实验教辅人员），其中博士499人（含境外博士78人）。国家级人才引进培养取得新突破，院士、长江、杰青、“四青”等国家级人才由原来的4人增加到15人；青年教师培养力度加大，遴选138位青年教师在职攻读博士学位，选派178位青年教师出国访学。师资队伍规模从2015年的1879人增加到现在的2226人（宽口径），教师队伍博士学位人数从2015年的603人提升至现在的1055人，博士率从35.7%提高到47.4%；现有高级职称的专任教师1165人，占比52.3%。

（五）完善科研管理体系，科学研究实现新跨越

调整科研管理服务体系，激发内生活力。结合学校“十三五”末期科研管理体系建设的需要，按照分类管理的原则，调整优化科研管理体制，由原来科研处单一部门管理，逐步调整为由科技处、人文社科处、实验室与设备管理处、地方合作服务中心（成果转化办公室）四个部门齐抓分管科研创新、社会服务和成果转化的新局面，各部门职责更加聚焦，科研管理和服务队伍进一步加强。陆续出台了教学科研奖励、科研机构管理、科研创新团队管理、大型仪器设备使用效益考核、科技成果转移转化管理等10余个重要制度，科研管理体系进一步完善。

自然科学领域成绩丰硕。全校自然科学领域共立项项目2226项，立项项目总经费61774.2万元；首次获得国家杰出青年科学基金、国家重点研发计划项目、国家联合基金重点项目和国家自然科学基金组织间国际（地区）合作研究与交流项目；获得农业农村部国家现代农业技术产业体系岗位科学家项目4项；获得中国科协青年人才托举工程项目3项；2019—2020年，自然科学领域年度科研到账经费达到2.7亿元。共获得省部级以上奖励18项（参与获国家科技进步二等奖1项；牵头获海南省科技进步一等奖3项、海南省自然科学奖一等奖1项；授权发明专利268项，SCI论文2009篇。以第一作者在世界顶级期刊*Science*，参与在*Cell*和*Nature*顶尖期刊上发表论文。共新增省部级以上平台51个，其中新增省部共建国家重点实验室1个，教育部重点实验室2个，省部共建协同创新中心2个、教育部高等学校学科创新引智基地2个，国家林业和草原局科研平台2个，海南省重点实验室5个，海南省工程研究中心10个，海南省院士创新平台23个，中国科协海智基地1个，海南省海智计划工作站3个。缪卫国教授牵头的“热带植物保护——橡胶树重大病害灾变机制与绿色防控”团队入选科技部创新人才推进计划重点领域创新团队；罗素兰教授团队获得教育部“长江学者与创新团队发展计划”创新团队滚动支持；周永灿教授牵头的“热带水产健康养殖与病害控制创新团队”入选全国农业科研杰出人才及其创新团队；23个团队入选海南省自然基金创新团队；大力建设科研创新团队，第一批建设39个有特色的校级团队，依托上述团队，有14个团队入选2020年首批海南省“双百团队”（其中人才团队1个，储备人才团队13个）。

人文社科领域成绩喜人。共立项各类项目1203项，到账经费7331.99万元，其中，国家级项目154项；完成了5项国家社科重大招标项目和2项国家社科重大专项。完成各类成果1172件，其中在《中国社会科学》等CSSCI期刊上发表论文718篇，在SSCI上发表论文44篇；出版著作318部，被采纳的研究报告92份（有9份被国家领导人采纳）。获高等学校科学研究优秀成果奖（人文社会科学）著作二等奖1项，海南省哲学社会科学成果奖78项（特等奖1项，一等奖8项）。新增省级重点研究基地8个，教育部国别和区域研究中心3个。海南省南海政策与法律研究中心入选中国法学会的法治研究基地，在“中国大学智库百强排行榜”排名第32位。中国工程科技发展战略海南研究院共组织实施咨询研究项目29个，参与咨询研究的院士122人次，中国工程院和海南省累计投入项目经费4320万元，已有4份研究成果通过“院士建议”等形式报送海南省政府，沈晓明省长和王路副省长分别做出重要批示。海南自由贸易港法律创新团队等4支团队入选海南省人才团队，自贸港营商环境与“放管服”改革团队等2支团队入选海南省储备人才团队。学校组织开展校内科研创新团队的申报和遴选工作，目前已遴选出26支社科创新团队（含培育）。

（六）坚持开放办学理念，合作交流开创新局面

构建开放办学新格局。积极引进国外优质教育资源，与美国亚利桑那州立大学、爱尔兰都柏林理工大学、印度国家信息技术学院开展合作办学，目前共有合作办学在校生1500多人，国际旅游学院获批成立实现了海南省中外合作办学机构零的突破。成立海南大学国际顾问委员会，聘请包括5名诺奖得主在内的19位世界知名专家、学者担任委员，为学校发展建言献策。服务国家“一带一路”倡议，积极探索“走出去”办学，与澳大利亚、柬埔寨、马来西亚、老挝等国家的高校合作共建孔子学院、汉语中心以及举办硕士项目等，逐步形成以服务“一带一路”教育合作与交流为重点、深耕东南亚为特色的对外开放办学格局。积极承办各类援外培训项目，服务国家外交大局。

人才培养国际化水平稳步提升。通过实施国家留学基金委各类人才培养项目和海南大学“双一流”留学项目等，学校共选派1745名学生出国（境）交流学习，比“十二五”期间增长57.78%。获批国家留学基金委创新型人才国际合作培养项目，与中国农业大学、荷兰瓦赫宁根大学联合实施国家留学基金委“中荷农业绿色发展交叉创新型人才国际合作培养项目”。坚持“走出去”与“请进来”相结合，着力提升师资队伍国际化水平。通过实施科技部“高端外国专家项目”“国际杰青计划”和海南省“海外名师项目”等引智项目，共聘请长短期外国专家384人次来校开展教学、科研工作，同比增长317.39%。通过国家留学基金委等各种渠道，选派131名教师长期出国研修。发挥学校作为国务院侨办华文教育基地、教育部来华留学示范基地的作用，建立起学历层次完整的“学士—硕士—博士”国际学生人才培养体系；共招收各类境外学生2465人，其中学历生1369人，同比增长470.42%；培养了鲁斯兰等一批知华、友华、爱华的优秀国际学生典型。

积极开展港澳台侨教育文化交流。学校获教育部批准招收澳门保送生，获批免试招收香港学生资格以及招收台湾学测生资格；积极承办教育部各类对港澳台交流项目16项；创新开展侨务侨联工作，2018年荣获“全国侨联系统先进组织荣誉”称号。

（七）主动服务区域发展，校地合作拓宽新空间

整合地方资源，拓展办学空间。“十三五”期间，学校紧紧围绕国家战略，贴紧靠实海南“三区一中心”战略定位，聚焦海南旅游业、现代服务业和高新技术产业需求，积极争取并参与崖洲湾科技城、文昌国际航天城、博鳌乐城、南繁科技城、美安科技城、海南国家公园等海南省创新发展战略项目；与海口市政府、三亚市政府、东方市人民政府、琼中黎族苗族自治县人民政府等签订战略合作框架协议；与海南省委国家安全委员会共建海南大学国家安全研究中心；与海南省人民检察院签约共建海南自贸港民事行政公益诉讼检察研究基地；与三亚崖州湾科技城共建海南大学三亚研究院；与海口国家高新技术产业开发区共建海南大学创新药物与食品研究院；与海南热带雨林国家公园管理局、中国热带农业科学院、中国林业科学研究院、北京林业大学共建海南国家公园研究院；与华为技术有限公司开展运动健康领域合作。

扎实开展好精准扶贫工作。2016、2017、2018年扶贫工作连续三年获得全省A等级；学校荣获“2019年度海南省打赢脱贫攻坚战先进集体”称号；积极落实教育部的决策部署，与云南省洱源县签订精准扶贫框架协议，与上海交通大学结对帮扶开展扶贫工作。

（八）试行综合预算改革，财务管理取得新成效

财务改革成效显著。深化综合预算改革，建立有效的成本补偿机制。除基本运行经费外，稳步推行以导向性成果（或贡献）为主要依据的预算分配机制。改进项目资金管理，加快预算执行，加强预算绩效评价及其结果应用，提高资金使用效益。财务服务水平进一步提高，通过采用收单报账模式，抢号难、排队长、报销烦的问题基本解决。落实放管服，实时修订相关制度，持续改进财务管理流程，简化审批手续，提高审批额度，提高财务服务质量。上线海南大学自身的财务管理系统，提高报销便利性和报账效率。加强内部控制建设，严控财务风险。积极争取增加学校人员经费总量，发放多年累计的欠发课酬，安排职工午餐补助，加大工会预算安排，提高教职工获得感。

办学经费大幅增长。学校总经费从2014年的12.6亿元预计增加到2020年的25亿元，增长近一倍。多渠道筹集资金，通过招标方式，和中国农业银行达成合作协议，农行将在五年内投入1.3亿元人民币用于海南大学信息化建设；争取大卫集团捐赠5000万元用于木兰学者奖励计划。调剂资金1.19亿元补缴政策性原因形成的欠缴社保资金，保障教职工正当权益。偿还贷（欠）款2.5亿元，降低学校财务风险。

（九）加快基础条件建设，办学条件得到新改善

基建项目全面启动。已完工房建项目完成总投资约5.9亿元，新增建筑面积约16.1万平方米。含已经投入使用的国际学术交流中心、研究开发中心（研发楼）、综合实验教学楼（国家重点实验室）、紫荆学生公寓2号楼、附属幼儿园扩建、桥西小区幼儿园、城西职工活动中心等项目和即将在今年年底投入使用的多功能综合体育馆项目。维修改造类项目完成投资1.18亿元。教学楼和学生宿舍完成空调安装，校园主干道完成黑化、亮化，校区供水管网全面更新，农学楼、理工楼等老旧教学楼完成更新改造，校园基础设施条件全面提升，极大提高了师生对校园环境的满意度。2018年3月，海南大学三年更新工程列入省政府重点项目建设库；2020年6月，海南省发改委正式批复观澜湖校区建设项目建议书，总投资估算约27亿元。目前，海甸校区新的修建性详细规划基本调整完成，校园学科空间布局更加合理，为学科发展打下良好基础。

固定资产规模不断增加。设备类固定资产原值从7.9亿元增加到14亿元，累计净增加6.1亿元，累计增幅达77.2%；生均科研教学设备原值近3万元，远超生均5000元基础办学指标；其中

10万元以上的大型仪器设备共计1401台套，总金额4.94亿元。房屋类资产从建筑面积126.5万平方米增加到134.7万平方米，新增8.2万平方米。教学行政用房52.5万平方米，生均13.29平方米。

信息化建设快速推进。完成学校中心机房、校园有线网与无线网等信息基础设施建设，基本实现了学校公共区域网络全覆盖；利用银校合作筹集资金，启动智慧校园建设工程，基本实现了各业务部门信息系统的完善和建设；信息化意识逐步增强，逐步向业务驱动转化，业务部门和信息化管理部门在管理服务创新方面的合作日益紧密。

后勤服务水平不断提升。推进和深化后勤综合改革，探索推行项目管理和项目外包新型管理模式，采取劳务派遣方式规范劳动用工；累计投入5000多万用于后勤维修改造，更新、维修宿舍家具约15000套，新增草地、绿篱5295平方米；完成食堂“明厨亮灶”工程，公开招标引进13家知名餐饮企业入驻；公开招标社会空调企业，实现学生宿舍、食堂、教室空调全覆盖；实施“七步走”工作法，完成了73个项目1000多万元的结算工作；解决了原教工食堂营业款等多个历史遗留问题。

（十）全面推动综合改革，内部治理展现新气象

以人事制度和财务制度改革为突破口，全面推动综合改革。深化人事制度改革，以新一轮岗位设置及聘用为契机，全面建立岗位聘用制度；以分类管理和绩效评价为核心，以职称评审和绩效分配为抓手，全面推进人事管理的规范化、制度化和精细化水平；以进一步理顺校院二级管理关系，落实二级单位办学自主权为重点，建立符合现代大学制度的人事管理新体制。率先在全省高校实行综合预算改革，扩大资金使用的自主权，学校可自主安排经费、自行预算调整，可自行确定资产购置计划，只需向省财政厅和教育厅进行备案；资金量和经费使用的便利性均有较大的提高。加强制度体系建设，聚焦制度集成创新，对不符合新形势、新任务要求，存在明显漏洞，作用发挥不好的规章制度，进行修订完善；对现实工作需要而尚未建立的规章制度，组织力量制定出台；目前已经出台修订完善95项制度。完善民主监督和社会参与的协同治理机制，完善学校党代会、教职工代表大会、学生代表大会、团代会等会议制度，扩大党员、师生员工对学校重要重大和利益相关事项的知情权、监督权和参与权，陆续出台《海南大学共青团改革实施方案》《海南大学工会改革实施方案》。定期听取民主党派及党外代表人士的意见与建议，推进协商民主制度化。

二、2019—2020学年工作亮点

（一）新冠肺炎疫情防控工作扎实推进

“疫情就是命令，防控就是责任”，新冠肺炎疫情发生以来，学校党委果断决策，第一时间成立疫情防控工作领导小组，设立疫防办和工作专班，采取有效措施，部署到位，责任到人，狠抓监督落实，制定出台65项规章制度和工作方案，确保广大师生员工生命安全和身体健康，确保校园“一方净土”。为确保“停课不停教、停课不停学”，学校及时推行线上教学，覆盖3351个教学班，占应开课教学班的98%，学生对线上教育教学的满意度达97%。坚决落实海南省委省政府的决策部署，多措并举，确保春季平安有序开学，保障29000余名学生顺利返校复学复课。深入开展“帮学业、帮毕业、帮就业、帮创业、帮困难、帮心理”六帮专项活动，2020届本科生毕业率高达97.6%。积极宣传疫情防控知识和爱国爱家爱校正能量，涌现出叶卫东、周沛统等一批疫情防控志愿服务先进师生典型。

（二）学科实力进一步增强

完成各学院学科三年建设规划编制工作。学校积极推进省级特色重点学科建设工作，组织9个B类省级特色重点学科，做好第四批省级特色

重点学科验收工作。完成“双一流”建设年度进展报告编制、报送、发布工作；编制完成《海南大学“双一流”建设中期评估报告》，完成“双一流”建设中期自评工作和“双一流”建设监测平台数据填报工作。在此基础上，认真梳理与学科的建设进展情况，按时按要求开展“双一流”周期建设总结工作；做好迎接第五轮学科评估准备工作。

（三）人才培养质量进一步提高

本科人才培养：严格对标一流专业，修订2020级人才培养方案。优化本科专业调整和专业建设，加强一流本科专业建设；2019年，学校共有30个本科专业入选国家级、省级一流本科专业建设点。改革文理科实验班，继续推动卓越班建设，完善卓越人才培养模式，推进“冬季小学期”改革。统一规划全校公共课程和学科基础课程，通过学院优化调整，加强数、理、化、生物、植物等学科基础课程平台建设。加大“金课”建设与培育，2020年认定校级精品在线开放课15门，立项培育校级“金课”145门。引入优质网络课程232门，学期选修学生人数达12000人次。开展“教学能手”青年教师教学竞赛活动，开设课堂建设研讨班。制定《关于支持本科学生创新创业学籍管理规定》，修订《海南大学学士学位实施办法》，优化和完善人才培养过程的管理规范；初步制定教学单位目标考核管理办法。“数字教务”首期项目顺利落地，实现学生随时随地免费在线办理各类电子证明、成绩单，为师生提供便捷化服务。食品科学与工程专业顺利通过工程教育专业认证，化学工程与工艺、通信工程2个专业通过认证受理，等待专家进校评估。本科招生分数显著提升，截至目前，2020年普通本科招生各省录取最低分理工类平均比2019年高出16分，文史类平均比2019年高出11分。理工类专业录取分数高出一本控制线50分的省份有19个，高出30—50分的省份有5个。文史类专业录取最低分高出一本控制线50分的省份有8个，高出30—50分的省份有14个。

研究生人才培养：优化招生选拔机制，博士研究生实行“申请考核制”，提高了对考生的英语和学术水平的要求；出台《海南大学研究生招生计划使用原则与办法》，研究生指标分配实施导师学生双向竞争选拔机制，突出科研育人导向。科学制定培养方案，筑牢研究生质量发展根基。按照分类培养、国际化培养、本硕博贯通、学科交叉和科学精神与人文素养兼修原则，完成了87个学科专业研究生培养方案的修编工作。出台《海南大学研究生基础奖助学金实施方案》，完善了研究生奖助机制，提高了研究生的奖助标准。这些举措较好地吸引了更多优质生源报考我校，激发了我校研究生教育的活力。研究生招生规模和生源质量实现重要跨越，2020年研究生招生指标3051个（其中，博士研究生228个），比2019年总招生人数增加685个，增幅29%。2020年硕士研究生上线人数3410个，比2019年增加了1260个，增幅59%；上线人数超出招生计划587个，调剂人数首次实现从“净调入”到“净调出”的转变。2020年博士研究生报考人数2594人，比2019年增加了1882人、增幅264%；考录比为11.4∶1，比2019年提高了165%。全面推动研究生事务管理信息化进程，移动端自助服务已从5月29日起上线运行，实现了电子成绩单、学籍证明、在读证明等的自助打印。

学生社会竞争力不断增强。谭新行、段玫竹、翟好宇三位同学荣获“中国大学生自强之星”。朱淼同学获得全国大学生人工智能创新创业大赛全国一等奖。廖万杰同学在第七届“银谷杯”全国大学生创新创业竞赛中获特等奖。学校荣获“互联网+”国赛1银5铜及全国“先进集体奖”（全国23个）、ICAN国际创新创业大赛中国总决赛特等奖（全国5个）等国家级以上奖励100余项。在2019年全国大中专学生志愿者暑期

"三下乡"社会实践活动评比中，全校各类组织、个人、报告累计荣获各类国家级社会实践奖项38项，海南大学团委被评为"优秀单位"，3支团队被评为"优秀团队"，1名学生被评为"优秀个人"，1篇实践论文被评为"百篇优秀调研报告"。

（四）人才队伍结构进一步优化

高层次人才引进工作加快推进，人才数量和质量再创新高。学校通过举办国际青年学者论坛（海大论坛）、网络直播引才等活动，加快了人才引进步伐。2019—2020学年度，学校提交会议审议通过的拟引进人才九批次共390人，其中博士337人（含大师级人才1人、省杰出人才14人、省领军人才34人）。已报到教师173人，其中博士141（含大师级人才1人、省杰出人才7人、省领军人才11人），报到教师规模大幅超出往年同期水平，特别是国家级人才引进成效显著，并实现了大师级人才引进零突破，成功引进大师人才1人、国家级杰出人才2人、国家级领军人才2人。

进一步完善人才引进政策体系。学校出台《海南大学人才引进标准与待遇实施办法（试行）补充规定》，对引进人才配偶随调有关规定进行补充；修订出台《海南大学博士后管理办法》，全面提高博士后生活待遇，扩大博士后招收规模；完成《海南大学柔性引进高层次人才实施办法》的修订工作，完善了柔性引进团队建设、基本生活补贴、科研启动经费、研究生招生指标等内容，进一步完善人才引进政策体系。

重奖有突出贡献的优秀人才。学校出台《海南大学"木兰学者奖励计划"实施办法》。坚持德才兼备、贡献突出、群众公认、优中选优、宁缺毋滥的原则，表彰为学校建设发展做出突出贡献的优秀人才，授予"木兰学者"荣誉称号，并给予100万元/人奖金。上学年已完成首届"木兰学者奖励计划"评选工作，有4位优秀人才获奖。

加快推进青年教师培养。学校修订出台在职攻读博士学位、国内外访学等文件，进一步加大青年教师攻读博士学位和出国访学的支持力度，提高青年教师的教学科研能力，优化师资队伍学历结构。2019—2020学年，共遴选28位青年教师在职攻读博士学位，52位青年教师出国访学。

稳步推进人事制度改革。强化"人才强校"战略和以人为本、内涵发展的理念，在学校办学目标引领下，按照"规模适度、结构优化、能力提升、素质过硬"的人才队伍建设思路，深化人事制度改革。学校出台《海南大学关于修订完善人事制度的若干意见》《海南大学编制管理办法》《海南大学岗位设置及聘用方案（修订）》《海南大学年度考核和聘期考核指导意见》《海南大学薪酬分配实施办法》等一系列人事制度改革文件，确定编制岗位、明确职责任务、严格考核评价，单位考核和个人考核相结合，考核结果与绩效分配相结合。目前，人事制度综合改革正在稳步推进，各二级单位陆续出台相应的细化实施方案，争取在今年9月份完成全校岗位设置及聘用工作。

大力强化师德师风建设。学校设立党委教师工作部，成立师德建设工作委员会，各二级单位成立工作小组，构建协同工作格局；出台实施《海南大学师德负面清单和失范行为处理办法》等制度文件7个；在职称评审、评奖评优、各类考核中，突出师德"一票否决"，对师德失范"零容忍"；建立教学名师等系列评优奖励机制；积极开展各类师德教育活动，近300名教师参加培训。

（五）科学研究和社会服务水平进一步提升

自然科学领域：黄梦醒教授牵头承担的国家重点研发计划项目"现代服务业共性关键技术研发及应用示范"重点专项"北部湾城市群综合科技服务平台研发与应用示范"项目启动；2019年获批国家自然基金项目90项，首次获批国家联合基金重点项目和国家自然科学基金组织间国际（地区）合作研究与交流项目各1项；2020年提交国家自然科学基金项目686项，与2019年相比增长了46.58%（受疫情影响，预计9月中旬公布）；获得农业农村部国家现代农业技术产业体系岗位科学家项目1项；获得中国科协青年人才托举工程项目2项。2019年，宋希强教授参与获国家科技进步二等奖1项，获海南省科技奖励一等奖2项，二等奖2项，授权发明专利92项，SCI论文540篇，田新龙教授以第一作者在世界顶级期刊*Science*发表论文，刘辉博士在*Science*上以通信类文章的形式发表论文；罗杰教授参与在*Cell*、王华锋教授参与在*Nature*上发表论文；8篇论文入选ESI高被引论文。热带作物国家重点实验室（筹）项目获得国家发改委海南办重大专项资金支持；热带生物与医药学科和热带作物学科获批2个科技部“高等学校学科创新引智基地项目”，实现海南省“111”计划零的突破。获批中国科协海智基地1个，国家林业和草业局长期科研基地1个；省部级重点实验室4个；2019年海南省科技厅认定海南省院士团队创新中心18个，2020年海南省科技厅认定海南省外籍院士工作站10个和海南省院士团队创新中心2个（公示结束，正在审批中）。学校出台和修订《海南大学自然科学领域科研创新团队管理办法》《海南大学国家级科研项目配套经费管理办法（试行）》等6项管理规定，遴选出科研创新团队39个；14个团队入选2020年首批海南省“双百团队”（其中人才团队1个，储备人才团队13个）。印发《海南大学科技成果转移转化管理办法（试行）》，赋予成果团队科技成果处置权，并将科技成果转化净收益的95%给予成果团队。知识产权和成果转化平台从无到有，建立海口市政府支持海南大学建设知识产权和成果转化平台1个；获海口市知识产权局资助100万元；10个高价值专利组合培育项目获海口市资助，资金共计1000万元。

人文社科领域：国家社科基金项目22项，其中国家社科重大项目2项；横向项目61项，签约经费1351.8万元。学校首次竞标获得海南省发改委关于海南省十四五规划建议研究的重大项目。在CSSCI期刊上发表论文181篇，其中叶光亮教授以第一作者在《中国社会科学》刊发论文。提交咨政报告30余篇，其中邹立刚教授的研究报告被中央领导同志批示并被国家有关部门采纳，自贸港研究团队王崇敏教授等呈报的《海南自贸港法（专家建议稿）》得到中央领导同志批示，“一带一路”研究院梁海明教授4篇内参获得中央领导同志批示。夏代云教授获得第八届高等学校科学研究优秀成果奖（人文社会科学）著作二等奖。“海南省更路簿研究中心”等8个研究基地成为海南省社科重点研究基地。在2019年11月的重点基地建设评估中，海南省南海政策和法律研究中心评估为优秀，被授予“海南省哲学社会科学重点示范基地”称号。“一带一路”研究院被“一带一路”国际智库合作委员会正式接纳为成员单位，并入选中国智库索引来源智库。推进地方合作，成立海南省国家安全研究中心和海南自贸港民事行政公益诉讼检察研究基地等校级研究基地。海南自由贸易港法律创新团队、热带农林经济管理理论创新与产业实践人才团队、会计集中核算管理模式下事业单位财务管理研究及应用团队、国际旅游消费中心研究团队等4支团队入选海南省人才团队，自贸港营商环境与“放管服”改革团队和开放型经济理论与自贸港金融研究团队2支团队入选海南省储备人才团队。组织开展校内科研创新团队的申报和遴选工作，遴选26支创新团队（含培育）；开展科研团队人才引进审核工作，审核团队骨干成员引进材料共22项。评审立项“南海文明研究”等9项国家社科重大培育项目。

社会服务：与三亚市政府、三亚崖州湾科技城共建海南大学三亚研究院；与海口国家高新技术产业开发区合作建设海南大学创新药物与食品研究院；积极推进海南国家公园研究院建设等。扶贫工作取得阶段性胜利，至2019年底，学校两个定点扶贫村——东方市大田镇乐妹村和临高县南宝镇光吉村，均已顺利实现整体脱贫。

（六）国际化办学体系进一步完善

加强党对外事工作的集中统一领导，稳步推进国际合作交流工作。一是启动实施“一院一校”国际化办学行动计划，首批遴选8个学院（科研创新团队）对标世界一流大学实施“一院一校”计划。二是成功召开国际顾问委员会第二次会议，包括3名诺奖得主在内的15名国际顾问委员会委员对学校发展提出意见和建议，获得海南省省长沈晓明和副省长王路的批示。三是签署《中国海南大学与美国亚利桑那州立大学全面合作意向书》，深化两校合作关系。四是积极争取商务部、科技部和海南省教育厅支持，承办5期援外培训项目，包括柬埔寨农林渔业部副部长在内的97名官员来校参加培训。五是成立“海上丝绸之路沿线国家旅游教育联盟”并召开首届论坛。六是出台《关于做好海南大学亚利桑那州立大学联合国际旅游学院建设工作的若干意见》《海南大学招收和培养国际学生管理办法》《海南大学外事接待管理办法（试行）》等文件，加强中外合作办学、国际学生、国际交流等工作的管理。

（七）基础办学条件进一步完备

2019年9月以来，学校已经开工新建和维修项目15项，计划投资13.50亿元，2020年财政基建专项建设资金到位3.37亿元。其中，新建项目总建筑面积22.5万平方米，计划总投资12.95亿元，现已完成投资0.93亿元。热带作物学国家重点实验室（筹）项目从可研批复到动工建设用时不到7个月，是海南省教育系统第一批获得国家发改委地区司海南办支持的项目。维修改造项目计划总投资0.55亿元，现已完成投资约0.40亿元。海甸校区图书馆、学生区道路及排水、海洋学院实验楼、研发报告厅、基础实验楼、电大学生宿舍及教学楼等11个维修改造项目进展顺利，即将陆续交付使用。

已完成上级主管部门审批争取年内开工的项目共有14项，计划总投资16.12亿元。其中，新建项目计划总投资15.03亿元，总建筑面积14.7万平方米；生物医学与健康研究中心、法学科研中心、信息科技大楼扩建、紫荆学生公寓3号楼等4个新建项目已通过海南省发改委立项，力争年内开工建设。维修改造项目计划总投资1.09亿元；3号学生宿舍、6号学生宿舍、田家炳多功能教学中心、3号电房扩容、联谊馆周边排涝、泰坚楼、国际教育学院教学楼、儋州校区消防设施和儋州校区七号教学楼配套工程项目等10个维修改造项目也即将获批，均可年内动工。截至目前，三年更新工程 23.44亿建设任务，已落实可建设项目20项，共计13.99亿元。

在加快推进各项目建设的同时，逐步解决了学校多个基建方面久拖未果的历史问题，推动中日友好交流中心、研究开发中心（研发楼）、综合实验教学楼（国家重点实验室）、社科楼、教师周转房、新南门、机电与建筑结构实验室等近10个项目的结算和决算工作。实施海甸校区、儋州校区、文科基础教学部消防历史问题改造项目。

（八）服务保障体系建设进一步加强

积极协调沟通，扩大学校资金总量。截至目前，2020年学校总经费比2019年增加4.4亿元，增长率25%。注重资金使用绩效，加大以成果为导向的预算分配模式应用，2020年按照成果贡献为依据安排的预算有8000多万元，以贡献求支持的理念得到了全校干部群众的普遍认可。正式启用海南大学财务管理系统，优化流程，规范程序，提高报账效率，实时了解报账进度，报账体验持续改进。强化财务风险控制，严格按照海南省委巡视组和教育厅全覆盖财务收支审计要求进行整改，并完善财务管理体制机制。

大型仪器共享管理平台正式上线，实现统一身份认证、仪器信息发布与检索、在线预约、仪器监控、效益考核、财务融通以及统一结算等功能，为全校师生和广大校外用户提供高效、优质的技术支撑与开放服务。截至目前，有210台套大型仪器设备对外开放共享，其他符合共享条件的仪器设备将陆续上线。截至到8月10日，系统上线40天（包括暑假），全校师生共进行了2005次预约，效果明显。

完成学校共享数据中心建设，人事管理系统、学工系统等核心系统上线运行，完成学校教务系统、财务系统等13个信息化系统的集成，海南大学网上服务大厅正式上线运行，现已有近 6 万人次通过网上服务大厅访问各类服务系统，一站式服务、数据共享服务初见成效。疫情特殊时期，及时推出视频会议服务系统，紧急上线学生返校系统，全力支持和服务线上教学，为学校疫情防控工作做出了积极贡献。

新增固定资产2452台件，总金额为1.7亿元；完成违建拆除与封存26处，拆除面积2472平方米；规范国有资产出租出借管理，完成35家保留的商业网点招标工作。配合校内机构设置调整，全力做好资产的划分和调整配置工作。

全面深化后勤体制的改革，制定《深化后勤服务保障综合改革的指导意见》；完成了一批服务师生的项目，实现了学生宿舍楼宇每个楼层有一台开水器，实施海甸校区校园道路路灯亮化工程等。利用暑假空隙，集中开展45项暑假维修项目。完成小叶榕、小叶榄仁、凤凰树、火焰木等多个品种240多棵树木的补种工作。

（九）综合改革进一步深化

修订完善《海南大学综合改革方案》，进一步深化学校综合改革，全方位开展学校管理制度文件的修订完善工作。截至目前，制订、修订、完善相关制度文件共6大类，已印发实施40多项，其中人才培养相关制度4项，人事制度改革制度11项，财务管理相关制度3项，资源配置相关制度4项，国际化办学相关制度1项，进一步推进了学校治理体系及治理能力现代化建设。

（十）“部省合建”进一步深入

加强对口合建工作。完成与6所对口合建高校合作协议的签署，编制《2020年对口合作实施方案》；充分用好教育部单列海南大学研究生招生计划政策，推进上海交通大学、中国政法大学和对外经济贸易大学的2020年对口支援高校博士研究生专项招生计划顺利实施；选派35名学生参加与天津大学联合培养本科生项目，“农业绿色发展交叉创新型人才培养项目–中荷 AGD计划”顺利招生；华中科技大学刘谦教授、聂清斌研究员全职调入海南大学工作，天津大学申俊琦教授、郝红勋教授、侯德俊高级工程师，上海交通大学唐宁玉教授来海南大学挂职；教育部国际合作与交流司副司长李海，中国政法大学校长马怀德教授、副校长时建中，华中科技大学校长李元元，天津大学党委副书记赵美蓉，中国农业大学龚元石副校长，中国林业科学研究院院长刘世荣等陆续到访推进合建工作；2019年，在冬季小学期间，12名合建高校专家教授来海南大学授课。

此外，学校武装、保卫、审计、体育、图书、档案、学报、工会、校医院、幼儿园、继续教育、网络信息化、离退休人员、校友会等工作也都取得了良好成绩。

同志们，这五年的成就是全方位的，是具有奠基意义的。五年来，特别是习近平总书记“4.13”重要讲话以来，学校党委提出一系列新理念新思想，推出了一系列新举措新办法，解决了许多历史遗留问题，开创了许多崭新的局面，推动学校事业取得突破式发展。这些成就的取得，是在学校党委坚强领导的基础上，广大师生员工团结拼搏、共同奋斗的结果。我代表学校党委和行政领导班子向广大师生员工致以衷心的感谢。

第二部分 “十四五”发展思路

同志们：

明年我国将开始实施“十四五”规划。习近平总书记在多个场合对“十四五”工作做出重要指示，明确指出“‘十四五’时期是我国全面建成小康社会、实现第一个百年奋斗目标之后，乘势而上开启全面建设社会主义现代化国家新征程、向第二个百年奋斗目标进军的第一个五年”，要求“各地深入调研，聚焦面临的老难题和新挑战，认真谋划‘十四五’时期发展的目标、思路、举措”“更加注重制度和治理体系建设，更多解决深层次体制机制问题”。习近平总书记讲话高屋建瓴，为“十四五”建设指明了方向。学校党委将今年暑期工作会议的核心议题定为科学编制“十四五”规划，正是深入学习贯彻习近平总书记关于“十四五”规划编制工作重要指示精神的重要举措。在这里，我就“十四五”发展思路和发展路径与大家探讨交流。

使命自觉。“要支持海南大学创建世界一流学科”是习近平总书记的殷切嘱托，也是党和国家的重要决策。教育部部长陈宝生来海南大学调研时明确希望海南大学要成为创建世界一流学科和中国高等教育改革的新标杆，他讲了两个新标杆，一个是希望海南大学成为创一流学科的新标杆，第二是希望海南大学成为高等教育改革新标杆，希望海南大学成为驱动海南科技创新发展的新引擎。海南省委省政府历来高度重视海南大学的发展，“聚全省之力办好海南大学”是海南省委省政府重大决策部署。刘赐贵书记要求“全省各市县、各部门、各单位要在人才资金、资源和体制机制创新等方面全方位支持海南大学”。沈晓明省长指出“支持海南大学就是落实习近平总书记“4·13”重要讲话和中央12号文件精神；支持海南大学发展就是支持海南；支持海南大学就是全面深化改革的基础性工作”。同志们、同学们！创建世界一流学科和国内一流大学是习近平总书记和党中央国务院、教育部、海南省委省政府的重托，是海南广大人民群众的深切期望，是适应海南自贸港建设的迫切需要，是海南大学实现高水平大学目标的必由之路。希望全校广大师生员工要切实扎根海南这片热土，切实增强加快创建世界一流学科和国内一流大学的使命感和责任感，不辱使命、不负重托、不畏难退缩、不小进即安，要倍加自觉、倍加努力，倍加奋斗！

信心自立。习近平总书记曾经指出“面对取得的成就，我们不敢有丝毫的自满，但怀有无比的自信，走好新时代的长征路”，向我们传递出一个明确的信号：自信是前进的方向，更是行稳致远的动力。自信是中华民族精气神的体现。坚定自信，就拥有必胜的信念和奋斗的激情。只有坚定自信，才能产生强大的内驱力，确保海南大学事业蓬勃发展。全校上下要深刻认识加快创建世界一流学科和国内一流大学的可能性和可行性，要坚持问题导向，防止脱离实际、背离规律、心浮气躁，防止妄自菲薄、缺乏自信、丧失机遇。要牢固树立向着更高目标追求的宏伟志向和自信心。将创建世界一流学科和国内一流大学的任务置身于国家战略和海南发展同向同行的过程中，抓住国家发展趋势、依托海南自贸港建设的战略机遇，乘势而上，以更宽广的国际视野和更深远的战略眼光，全方位转变发展理念和发展方式，形成更具特色、更高质量、更有效率、更加开放、更可持续的发展路径，大胆、自信地走出一条自己的路，一条创建一流学科新标杆的路。

差距自省。“行百里者半九十”，坚定自信的同时，一定要增强危机感和忧患意识，清醒认识到学校发展不平衡、不充分的问题依然突出，学科建设水平相对低下、人才培养质量有待提升、重大科技攻关能力不高、服务地方发展能力不足、国际化办学能力不强的现实问题依然存在，与海南人民群众“办好海南大学”的热切期盼相比，与建设海南自贸港的迫切需要相比，还存在较大差距。要时刻保持头脑清醒，实事求是、解放思想，坚持问题导向，客观全面地分析和把握问题，学习借鉴国内外先进经验，积极探索有海南大学特色的办学模式和发展的具体路径，走“特色取胜、开放创新”的道路，在缩小差距和解决问题的过程中加快发展。

奋斗自强。在60多年的砥砺奋进中，海南大学传承和铸就了“丹心耀南疆”的爱国奉献精神、“草庐创伟业”的艰苦奋斗精神、“荒滩起家、敢闯敢试”的改革创新精神，克服了一个又一个困难，取得了一个又一个成就。一流学科和一流大学是干出来的，在未来的发展中，海大人还必须依靠历史传承的精神开拓创新、与时俱进，去创造新的辉煌。百舸争流，不进则退，慢进亦退。站在新的历史起点上，我们“等、靠、要、看”无济于事，只有奋斗，只有自强，从我做起，从现在做起，从每一个海大人自身做起，脚踏实地，埋头实干，把自觉、自信、自省转化为攻关克难、艰苦创业的实践行动，才能从根本上改变海大、建设海大、全面发展海大，才能确保为建设海南自由贸易港做出海南大学应有的贡献。

一、发展路径

坚持“落实立德树人根本任务，加快建设服务海南自由贸易港大学”的办学定位，坚持“支撑引领、特色取胜，高位嫁接、开放创新”的发展理念，紧扣海南发展定位与科技需求，围绕自贸港发展和制度创新、生态文明、文化旅游、热带高效农业、海洋科技、生命与健康、信息技术等方面加强学科建设；以重大需求为牵引、凝炼若干重大科学问题与工程技术难题，以项目培育为抓手、以团队建设为保障，按重大研究领域布局若干科研团队；根据学科发展目标和团队建设需要，建设高水平师资队伍，产生高水平成果；通过科教融合和人才培养体制机制改革培养优秀人才，带动高水平学科发展，推进世界一流学科和国内一流高校加快建设、特色建设、高质量建设。

二、发展目标

（一）总体目标

“十四五”期间，海南大学将以习近平新时代中国特色社会主义思想为指导，全面贯彻党的十九大及十九届二中、三中、四中全会精神，聚焦国家发展战略和海南自由贸易港建设战略需求，以建设“世界一流学科和国内一流大学”为总体目标，突出重点、彰显特色，不断优化学科专业布局、提升办学能力、提高人才培养质量、增强服务地方发展能力，培养德智体美劳全面发展的社会主义建设者和接班人，打造中国特色自由贸易港中高等教育深化改革开放的生动范例。到2025年，综合办学实力达到国内一流大学水平，一流学科建设成效显著，学科专业布局合理，人才培养质量显著提升，科学研究与社会服务能力显著增强，国际化办学规模和质量大幅提高，大学治理体系和治理能力显著提升。到2035年，全面实现教育现代化，建成高水平综合性研究型大学，国际化办学水平进入国内先进水平，成为中国特色自由贸易港建设强有力的人才和智力支撑。

（二）具体指标

1. 人才培养。全校在校本科生规模稳定在33200人左右，中外合作办学本科学生规模达到

3500人，国家一流本科专业在35个左右，省级一流本科专业在35个左右；本科生生源质量稳步提升，达到国内高校前50名水平；本科生升学率在40%以上；实现毕业生更高质量更充分就业。研究生培养方面，力争实现学位点数量和在学研究生规模翻一番，博士点达到20个，一级学科硕士点和专业学位类别达到70个；在校研究生规模达到16000人，其中，博士研究生达到2000人；研究生与本科生的比例达到1:2。大学生创新团队数量在300个左右。

2. 人才队伍。教师队伍总量达到3000人（含博士后和预聘教师）；具有博士学位的专任教师占比提高到70%左右；高水平学科带头人（含大师级人才、中组部等“国家高层次人才特殊支持计划”杰出人才、领军人才、青年拔尖人才、中组部特聘专家、中央引进海外高层次人才“青年项目”人选、教育部“长江学者奖励计划”特聘教授、青年学者项目人选、基金委“国家杰出青年科学基金”和“优秀青年科学基金”获得者、人社部“百千万人才工程国家级人选”、教育部“高等学校教学名师奖”获得者、国家级重大重点项目负责人等）的总量不少于100人，人才队伍教学水平和科研能力显著提升。

3. 科学研究。围绕“热带高效农业”“海洋科技”“信息技术”“生命与健康”“生态文明”“文化旅游”“自贸港发展与制度创新”等七大研究领域群建设，组建以科研为主责的真正意义上的科研团队和培育团队，其中科研团队不但要有明确的重大科学或工程问题为引领，还必须要有大项目作为支撑。到“十四五”末，自然科学领域逐步组建200支科研团队，按团队平均人数约8人、人均年度到账经费不低于60万元测算，每个团队年度到账经费约500万元。人文社科领域组建80支科研团队，按团队平均人数约5人、人均年度到账经费不低于15万元测算，每个团队年度到账经费75万元。有效保障到“十四五”末期学校年度到账科研经费不少于10亿元。

自然科学领域。在国家重点研发计划、国家自然科学基金委重大科研仪器项目、国防重大专项、海南省重大专项等方面在“十四五”中后期争取每年获批千万级项目3—5项；在科技部创新团队、教育部创新团队或国家自然科学基金创新研究群体等团队建设方面突破1—2个；培育出5个左右的冲奖项目，国家科技奖取得突破；新增国家重点实验室1个，在省内外建立8—10个产业研究院，建立国家级科技成果转化平台1个，建立国家级大学科技园1个科技成果转化卓有成效，年转化经费超过2000万元；打造10—15个成功服务地方产业的典型案例，带动全省热带农业和旅游业等主要产业快速发展，在海南省经济和产业发展中发挥重要作用。

人文社科领域。获得国家级项目不少于150项；争取获得8个以上国家社科基金重大项目、教育部哲学社会科学重大攻关项目。以科研创新团队引领大成果产出，2篇以上论文在《中国社会科学》上发表，100篇以上论文在学科顶尖期刊上刊发，150篇以上研究报告被采纳；争取获得2—3项教育部人文社科优秀成果奖；力争获批1—2个教育部人文社科重点研究基地或协同创新中心，力争获批1个中宣部评选的国家高端智库。

4. 国际合作交流。主动服务国家“一带一路”倡议和海南自由贸易港建设，抢抓中央把海南打造成为中国最高水平的开放平台、面向太平洋和印度洋的重要对外开放门户、面向全球的国际服务贸易中心、“21世纪海上丝绸之路”重要倡议的历史机遇，聚焦重点，提质增效，全面提升学校的国际显示度和影响力。着力引进高层次国外专家，提高国际学者的比例，力争到2025年，全职或至少讲授一门课程的国际学者人数与全校专任教师总数之间的比例达到10%；积极拓宽渠道，实现学生出国（境）交流规模和质量双提升，力争到2025年，每年出国（境）交流三个月以上的学生人数达到当年招生人数的10%；打造“留学海大”品牌，规范国际学生管理，重点提高国际学生的培养质量，力争到2025年，国际学生人数达到3000人，其中学历国际学生人数不少于1500人。

5. 办学资源和办学条件。年度总经费规模再翻一番。生均教学行政用房从13.29平方米提高到18平方米；为支持学校年到账科研经费达到10亿元的目标，到2025年，全校科研用房面积达到50万平方米；学校教学行政科研用房面积达到国内“一流学科建设”高校平均水平。学生住宿条件全面改善，学生宿舍实现本科生4人/间、硕士生2人/间、博士生1人/间的配置。建立健全与人才培养方案相适应的教学实验室体系，与学科发展需要相适应的更高水平、共享高效的科研实验室。构建安全、高效、绿色、智能的校园供电、给水、排水配套设施，使校园环境更加优美，道路交通布局更加合理；初步建成具有明显地域特征、景观特色和时代风貌的热带滨海校园。

三、发展举措

（一）全面加强党的领导，进一步完善党的建设

1. 坚持把加强党的领导党的建设贯穿学校办学治校、教书育人全过程。把党的政治建设摆在首位，树牢“四个意识”，坚定“四个自信”，坚决做到“两个维护”，自觉在思想上政治上行动上同党中央保持高度一致，切实肩负起新时代赋予海南大学的神圣使命和光荣职责。要提高党委的政治执行力，不折不扣贯彻落实中央和海南省委的决策部署，强化党委决议事项督查督办制度化建设。提升党内政治文化，坚决贯彻执行民主集中制，大力弘扬忠诚质朴、公道正派、求真务实、清正廉洁的价值观，打造风清气正的良好政治文化和政治生态。

2. 深入推进习近平新时代中国特色社会主义思想“三进”工作。加强马克思主义理论学科建设，全面深化课程思政改革，不断完善意识形态工作大格局，切实抓牢意识形态工作的领导权、主动权和话语权，确保意识形态工作责任制落到实处。坚持不懈培育和弘扬社会主义核心价值观，广泛开展爱国主义等主题教育；加强对习近平新时代中国特色社会主义思想，尤其是习近平总书记“4·13”重要讲话精神和《习近平谈治国理政》第三卷的学习宣讲力度。

3. 深化“三全育人”综合改革，全面提升立德树人质量。巩固深化教育部全国“三全育人”综合改革试点高校成果，围绕落实立德树人根本任务，坚持育人导向、问题导向、实践导向，把思想政治工作贯穿教育教学全过程，做好多维协同、内生驱动的“三全育人”一体化模式的示范推广和成果申报，着重一体化推进、项目化推行、协同化推动、制度化推深、精品化推广，统筹构建“大思政”工作格局，汇聚育人合力，提升育人实效，实现人人育人、时时育人、处处育人的目标。

4. 着力打造爱国奉献的高素质干部人才队伍。按照干部选任工作程序，坚持新时期好干部标准，大力选拔政治过硬、敢于负责、勇于担当、善于作为、实绩突出的干部，旗帜鲜明地树立重实干重实绩的用人导向，不断优化干部队伍的年龄、学缘、地缘、性别、民族、学历、职称等结构。要完善干部培养培训机制、监督管理机制、容错纠错机制，引导各级干部把精气神凝聚到学校干事创业上来。

5. 大力夯实基层党组织建设。提升基层党建工作质量，完善基层党建工作机制和制度体系，持续开展“对标争先”建设计划，深入开展新时代高校党建“双创”工作，努力把基层党组织打造成为推动海南自由贸易港建设和学校“双一流”建设的坚强战斗堡垒。狠抓作风廉政建设。强化政治建设和思想理论建设，强化监督执纪问责，推动全面从严治党“两个责任”贯通协同、形成合力，不断引向深入。以学校纪检监察体制机制改革为契机，探索设立二级单位纪委，完善学校监督体系，切实推进党风廉政建设和反腐败各项工作。进一步加强作风建设，压紧压实党风廉政建设“两个责任”，推动全面从严治党向纵深发展。进一步深化廉政风险防控工作，构建覆盖全校范围的全领域、多方式廉政排查体系。加强审计整改工作，开展年度科研经费审计和附属单位财务收支检查。有序推进中层领导干部经济责任审计工作。

6. 全力做好统战群团工作。要支持各民主党派、无党派知识分子联谊会及各统战团体加强组织建设和队伍建设，做好民族团结工作，做好港澳台侨工作，推动归国华侨联合会换届工作，构建统一战线工作大格局，为学校改革发展贡献才智和力量。进一步加强对工会、共青团和学生会（研究生会）等群团组织的领导，强化政治引领，推动改革创新，切实增强群团组织的政治性、先进性和群众性；要加大关注青年、关心青年、关爱青年工作力度，引领青年坚定马克思主义信仰，主动将个人理想与国家前途命运紧密结合起来。充分发挥学术委员会、教职工代表大会的作用，加强离退休和关工委工作，让离退休干部老有所为，调动各方面积极力量，最大限度支持群团组织和成员融入学校干事创业的洪流中，提升各方力量在实现学校建设世界一流学科和国内一流大学远景目标伟大实践中的参与感、荣誉感和幸福感，为学校事业持续发展汇聚最广泛的力量。

（二）完善学科建设体制机制，全力加快一流学科建设

1. 以服务自贸港建设为主导，加强学科建设。为进一步促进学科融合，形成“拳头效应”；进一步实现信息、资源和成果共享，形成集群优势；为进一步加强复合型创新人才的培养，面向国家发展战略与中国特色自由贸易港建设需求，围绕“自贸港发展和制度创新”“生态文明”“文化旅游”“热带高效农业”“海洋科技”“生命与健康”“信息技术”等方面加强学科建设，提升服务海南自贸港建设和地方主导产业发展的能力。

2. 深化对口合作建设。进一步深化与天津大学、上海交通大学、华中科技大学、中国农业大学、中国政法大学、对外经济贸易大学等6所对口合建高校的合作，充分利用6所对口合建高校资源，努力提升学校学科建设整体水平。

3. 加强产学研深度融合。加强中国工程科技发展战略海南研究院、高等研究院和人文社科高等研究院等平台建设。结合地方经济社会发展需求和学校实际，对有基础、有特色、有潜力的新兴交叉学科进行重点建设，打破学科壁垒，协同攻关，促进学科融合。

4. 提升基础学科建设水平。加强数学、物理、化学、生物、文学、历史、哲学等基础学科建设，着力优化学科生态，提升基础学科培养拔尖创新人才能力和科学研究能力，提升基础学科对应用学科的支撑度和对科技创新的贡献度。

（三）打造一流人才培养体系，全面提升人才培养质量

1. 立德树人纵深推进。坚持社会主义办学方向，紧紧围绕培养社会主义合格建设者和可靠接班人的根本目标，坚持以人才培养为中心，扎根中国大地办教育，推动立德树人向纵深发展。一是全面落实课程思政建设。加强和巩固马克思主义在培养人才上的基础性指导地位，把思想政治教育体系和专业知识教学体系充分贯通起来。设立课程思政专项研究课题；推出50门“一堂好课”课程思政示范课；以专业为单元逐步推进课程思政示范课和标杆课程，至2025年，课程思政做到全覆盖、全员化、全方位。二是为立德树人提供广泛的成长场景，包括课堂外、校园外、书本外，尤其是把培养空间拓展到鲜活的生产实践中，“五育并举”，深入推进体育、美育、劳动教育教学改革，促进学生身心健康，提高学生审美和人文素养。三是加强教务部门和学工部门联动机制建设，按照“教务处是课堂内的学工处，学工处是课堂外的教务处”工作思路，进一步探索教学学工协作联动的渠道和实现方式，形成教书育人、管理育人、服务育人和环境育人的合力，引领学生全面成长。

2. 构建高质量标准化的本科生教育体系。加快推进人才培养模式的改革，探索建立本科生院，改革教育组织形式，试行书院制管理，牢固树立“以学生为中心”的教育理念，建立一流本科人才培养体系，全面提高本科教育质量。

全面贯彻落实“五抓”工作。一抓源头：科学规划人才培养体系，严格对标一流，修订完善所有本科专业培养方案，实现人才培养方案的高位嫁接；完善招生指标与人才培养方案衔接桥梁。二抓基础：统一规划公共课程和学科基础课程，强化数学、物理、化学、生物等学科基础课程及公共教学实验室建设；强化课堂教学改革，推进“名师工作室”“一堂好课”“教学能手”“课堂教学研讨班”等建设，营造良好的教风学风氛围；加大“金课”培育；加强教材建设，设立专项经费，鼓励教师参与国家级规划教材、纯英语教材编写；积极引入校外优质教育资源。三抓规范：改革教学管理制度，加强教学管理，规范本科教学秩序；完善学分制制度，推动学生跨学科、跨专业学习，探索学生自主选择专业和课程；完善学生通过参加社会实践、科学研究、创新创业、竞赛活动等获取学分管理；进一步规范小班化教学、混合式教学、翻转课堂、在线教学等教学模式；加强考试管理，探索第三方命题机制，严格过程考核，加大过程考核成绩在课程总成绩中的比重；健全能力与知识考核并重的多元化学业考核评价体系，完善学生学习过程监测、评估与反馈机制；加强对毕业设计（论文）选题、开题、答辩等环节的全过程管理，提高毕业设计（论文）质量；完善课程团队（或者教学团队）管理，强化骨干教师引进与课程团队（或教学团队）有机衔接。四抓保障：科学谋划一流本科所需的基本教学条件。对标一流高校、对标国家实验教学示范中心建设标准，谋划公共基础实验中心建设，统一实验室管理平台，推进实验室开放；加快教育教学改革与现代教育技术融合，推进智能化教学环境建设。五抓质量：建立人才培养质量标准和评价体系，综合考虑资源利用质量、毕业生质量（就业率和升学率为关键指标）、过程质量、生源质量，建立基于质量的专业动态调整和退出机制、基于质量的教师职务晋升和薪酬分配机制；强化质量指引作用，纳入单位年度考核和干部考核、晋升评价体系；探索实施应用型专业招生指标与就业率挂钩、基础研究型专业招生指标与升学率挂钩行动计划；加快建设校友数据库，完善毕业生就业质量调查。抓源头、抓基础、抓规范、抓保障、抓质量五位一体，闭环整改，全面推进。

3. 推进本科招生体制机制改革。积极应对考试招生改革，构建“以学科为中心，以学院为重点，以信息化为载体”的本科招生工作格局。按照“招生计划逐步向生源较好的省份倾斜、招生计划逐步向生源较好的专业倾斜、好生源向就业率质量高的专业方向倾斜”的原则，科学精准制定招生计划。进一步推进本科招生加大招生宣传力度，加强招生宣传队伍建设，充分发挥教师在招生中的作用。

4. 创新研究生培养模式。以立德树人为纲，以科研育人为要，大力发展研究生教育。坚持改革创新，科学制定《海南大学十四五研究生教育发展规划》。探索建立研究生院，承担起研究生培养的主体责任。以学科发展为牵引，以研究院、重点实验室、工程中心等研发机构为主要载体培养研究生。进一步优化基于科研项目的研究生招生指标配置机制以及学科（位）点资源全校共建共享的机制。加强国际合作育人，加快与国际知名高校联合培养博士研究生。主动对接主导产业，全面与知名企业联合培养专业研究生。实施六项工程，提高研究生生源质量和培养质量。一是实施研究生生源质量提升工程。改革创新招生宣传、招生选拔、招生计划配置、优秀生源奖励、国际名校联合培养博士生特殊支持等举措，提高生源质量。二是实施本硕博贯通人才培养体系工程。改革创新培养方案、考核考查、支持机制等举措，构建本硕博贯通体系，提高学校研究生、本科生的培养质量。三是实施导师队伍建设提质工程。改革创新研究生导师遴选、培养、督导、考核等举措，整体提高研究生导师队伍规模和质量。四是实施研究生教育信息化管理服务系统建设工程。建设一套覆盖研究生招生、培养和日常管理的教育一体化管理系统，提高管理服务效能。五是实施研究生课程教学质量提升工程。加强对研究生任课教师的遴选和培训，推进研究生课程教学改革，建设一批高质量的精品课程、双语课程、全英文课程等。六是实施专业学位研究生培养质量提升工程。强化专业学位研究生专业实践环节和联合培养基地建设；积极吸收企业优秀人才和优质资源；探索专业学位研究生教育与职业资格认证相结合。

5. 深化创新创业教育改革。深化创新创业教育改革，推动创新创业教育与专业教育、思想政治教育紧密结合，深化创新创业课程体系、教学方法、实践训练、队伍建设等关键领域改革。鼓励符合条件的学生参加职业资格考试，支持学生在完成学业的同时，获取多种资格和能力证书，增强创业就业能力。充分发挥科研育人作用，支持每个科研创新团队指导和培育1—2个大学生创新团队，并将指导大学生创新团队纳入科研创新团队绩效考评体系。“十四五”期间，在全校范围内培育建设300个大学生创新创业团队，首批遴选培养100个。充分运用好教学实验平台，积极组织学生团队参与各类创新创业大赛和学科竞赛，提升学校的显示度和学生的竞争力。

（四）全面深化人事制度改革，打造一流师资队伍

坚持“问题导向、目标牵引；对标一流、分类指导”的原则，按照“坚持底线思维、鼓励创优争先、注重科学谋划”的思路，在前期工作的基础上，全面深化人事制度改革，围绕“以薪酬水平为主要指标评估人力资源类别”相关要求，完善人才评价机制，积极构建“识才、爱才、敬才、用才、留才”的人才环境，打造一流师资队伍。

1. 实施海大人才聚集工程。一是围绕学科建设强力推进高水平学科带头人的引进和培养。通过建立“目标考核制度” 和“引才奖励办法”，分解压实各学科人才引进与培养目标任务，加大人才引进力度，引育并举，争取每个学科均有国家级人才，三分之二以上科技创新团队有领军人才，“十四五”期间最终实现高水平学科带头人的总量有100人以上的规模，引领学校科技创新发展。二是打造青年骨干引进平台。建立“海南大学海外人才工作站”，加强与世界一流大学的联系和对接，拓展引才渠道，继续做好“国际青年学者论坛”，加大海外优秀人才的引进力度；加大博士后招收力度；推动学科和团队在做好引才规划和年度计划的基础上，采用“清单式引才”模式，加快青年骨干人才的引进。三是实施“银龄精英汇聚计划”。鼓励基础学科、人才紧缺的学科及培养应用型人才的二级单位，采用协议待遇和成本分担的方式，从双一流高校和科研院所，吸引聘用刚退休的优秀人才来校工作3—5年，充实学校教学师资队伍并为学校培养青年教师。“十四五”期间计划引进100人以上。四是推进“一流名师双聘计划”。充分利用“内地国企、事业单位专业技术和管理人才可以在海南兼职兼薪”的自贸港政策红利，依托对口支援高校和其他“双一流”高校及科研院所，采取“双聘”的形式，在“十四五”期间计划聘任100名以上双一流高校、科研单位、重点企业的骨干开展科研合作，加快提升学校教师的教学、科研和社会服务水平。

2. 实施师资队伍能力提升工程。一是继续推进骨干教师出国研修计划。为加快学校创建一流学科进程，充分发挥出国（境）研修在师资培养和学科建设中的作用，学校鼓励青年教师到国外著名高校或研究机构接受较长时间、系统的国际化学术培养，积极推进师资队伍国际化进程，“十四五”期间争取选派200名左右教师出国研修或开展国际教学与科研合作。二是继续实施青年教师学历提升计划。为提高青年教师的教学科研能力，优化师资队伍学历结构，学校鼓励和支持青年教师报考国际知名大学或国内高水平大学博士研究生，“十四五”期间争取选派100名教师在职攻读博士学位，进一步优化教师学历结构。

3. 继续深化人事制度综合改革。坚持深化综合改革，推进治理能力和治理体系创新，加快构建充满活力、富有效率、更加开放、有利于学校科学发展的人才体制机制。一是探索以终身教职为核心的教师聘用机制改革。探索合同制预聘准聘、事业编准聘长聘等多种聘用形式，在一些学科团队试点建立具有海南大学特色的职业竞争、严格考核评价、有期限聘任及终身教职的体系，形成能进能出、能上能下的晋升淘汰机制。二是健全完善绩效考核评价体系。建立和完善以师德为前提，以分类管理为基础，以业绩贡献和能力水平为导向的绩效考核量化评价体系，同时强化考核评价结果的利用和反馈功能。三是进一步深化绩效分配制度改革。优化薪酬结构，建立重实绩、重贡献、绩效增量部分向高层次领军人才和重点岗位倾斜的分配激励制度，实施以岗定薪、按劳取酬、优劳优酬的薪资分配办法，积极探索适应多种用人形式的年薪制、协议薪酬制、项目薪酬制、团队薪酬制等分配形式。四是稳步推进职称评聘制度改革。充分发挥职称评聘指挥棒的作用，紧密结合学校发展的需要，在评聘程序、评聘资格和评聘条件等方面进一步修订完善，如在教授评审资格方面增加海外经历的要求，提高学校教师队伍国际化水平。在职称聘任方面，将按需设岗，以岗聘任，达到竞争上岗、激励教师不断进取的作用。五是探索试行管理岗位职员制改革。建立主要体现德才素质、个人资历、工作实绩的管理岗位职员等级晋升制度，拓展管理人员职业发展空间，充分调动管理人员的积极性。

（五）打造高水平科研创新体系，全力提升科研竞争力

着力提升重大创新任务承担能力，不断强化基础研究能力，争取产生能够代表国家科技创新战略“核力量”的重大创新成果。具体来看：在前沿理论研究、工程基础研究上打造优势，依托重大科技设施推动学科交叉和资源整合；改善创新发展的“软环境”，营造服务国家、服务社会的优良学风，鼓励原始创新，尊重学科差异，破除不合理的规章制度，进一步释放科研生产力。

1. 加强统筹策划与顶层设计。坚持“目标牵引，内涵发展，高位嫁接，海南特色”的原则，以学科建设为主导，以解决重大科学问题与工程技术难题为导向，在每个重点研究领域内建立若干个研究院、重点实验室、工程中心等研发机构，每个研发机构组建若干个创新研究团队，依托研发机构联合国内外优势研究机构成立协同创新中心，形成“多元、融合、动态、持续”的协同创新模式与机制，培养大批拔尖创新人才，全面提高科研创新能力。

2. 加强科研创新团队的建设与管理。利用校内外各种力量，组建一体化协同科技创新团队，作为服务国家重大需求和行业重大工程需求的基本依靠。强化对团队的激励与考核，形成团队成员科学合理的进退机制。加大联合省外高水平研究人员组建联合创新团队的力度，通过科研合作，带动人才培养和提升科学研究水平。实施“特色团队建设选育建设计划”，以学校科研创新团队为基础，培育一批在学科领域有影响的学术领军人才和科研创新团队；以科研创新团队引领大成果产出。

3. 制定全校科研平台建设规划。加强国家重点实验室和教育部重点实验室的建设和管理，加强引进领域顶尖人才，整合资源和成果，提升学校科研工作的核心竞争力。人文社科方面，充分发挥11个省级重点研究基地、中国特色自由贸易港研究院、“一带一路”研究院等科研平台的引领作用，提升智库服务能力与水平；对标教育部《中国特色新型高校智库建设推进计划》，打造省级乃至国家级高水平智库。

4. 全面整合学校各类科研资源。积极拓展科研项目申报渠道，加强科研项目过程管理，推进学校科研项目立项数量和质量的全面提高，实现国家自然科学基金重点项目、重大研究计划项目、创新研究群体项目、国家杰出青年科学基金项目、优秀青年科学基金项目，国家科技重大专项等重大、重点项目（含军口）的突破并争取到10项以上。人文社科方面，围绕理论前沿和国家重大需求，以“自由贸易港”“南海”“旅游”“黎学”“琼崖红色文化”等为选题方向培育国家重大项目，每年培育15个左右项目，切实提升承接具有重大学术创新价值、应用对策价值和文化传承意义的科研项目的能力。

5. 强化科技成果的总结与提炼。组织开展多样化科学研究、学术交流与合作、成果申报及转化，通过科学的管理和服务提高学校科学研究水平，全力实现国家三大奖等国家级奖项的突破，争取获得1—3项国家奖。

6. 大力营造良好环境。通过在人事、科技、财务等方面体制机制改革，经费重点向学科建设倾斜，体现激励和约束机制，强化贡献导向，激发科研人员积极性，增强科研人员获得感，形成“人人有压力、个个争贡献”的科研工作新局面。

7. 打造海南大学学术品牌。支持通过举办系列品牌学术论坛，拓宽对外交流、成果展示空间，营造良好的学术氛围，促进学术繁荣发展。

（六）打造国际化办学品牌，开创国际合作交流新局面

积极开展国际化活动，打造全景式的国际化办学特区，对接世界一流高等教育办学资源，构建开放协同的办学体系，进一步提升学校国际影响力与综合实力。

1. 建立学校“大外事”工作机制。加强外事审批权下放后外事系统信息化建设和制度建设，规范外事管理，提高服务效率；加强全校外事干部队伍建设，深化校院二级管理，把国际合作交流纳入学院事业发展大类指标中给予考核，发挥院系和科研机构在国际合作与交流中的主体功能。

2. 全面实施“一院一校”国际化办学行动计划。采取政策倾斜、经费保障、跟踪考核、滚动支持等措施，重点支持20个院系主动对标一所境外高水平大学或科研机构标杆学科，通过实施战略合作伙伴项目、国际一流人才培养项目、高端外专引智项目、国际联合科研平台培育项目，提升学科建设水平和人才培养水平。

3. 支持院系引进国外优质教育资源。重点与欧洲和亚洲一流高校开展合作办学、学生互换、课程和学分互认、学位互授联授，提升国际合作与交流的质量与水平。

4. 服务国家“一带一路”倡议。推进赴东南亚和非洲境外办学，在旅游、管理、艺术、体育、农业等领域打造21世纪海上丝绸之路教育合作与交流平台。

5. 打造“留学海大”品牌。规范国际学生管理，重点提高国际学生的培养质量，规模稳中有进。建立国际学生人才库，成立“留学海南大学校友会”，充分发挥国际学生的宣传和示范作用。

6. 坚持底线思维，做好教育对外开放的风险防控工作。坚持社会主义办学方向，牢牢把握意识形态工作的领导权、话语权和主动权；严防外部势力渗透，主动化解风险隐患。

（七）健全学生工作体系，切实提升学生工作质量

1. 健全立德树人系统化落实机制。以《中共海南大学委员会关于深化“三全育人”综合改革提升思想政治工作质量的实施意见》作为构建高校思想政治工作体系的抓总工程，构建“1+N”学生工作制度体系，加快推进学生工作制度集成创新，筑牢新时代高校思想政治工作生命线。

2. 构建一体化的学生工作体系。优化和再造学生工作管理流程，促进学生工作部门主要职能向统筹协调、规划设计、资源配置、审核备案、考核评价、服务保障等方面转变，全面激发二级学院思想政治工作活力，推进“强院办校”。

3. 选好配强辅导员队伍，健全职业化、专业化发展工作机制。落实教育部要求，按照师生比1:200的标准选好配强专职辅导员队伍，按师生比不低于1:4000比例配备心理教师。完善专职辅导员职业发展体系，完善职级、职称“双线”晋升办法，打破业绩评价中“唯论文”导向，突出辅导员专业技术职务（职称）评聘工作与辅导员职责和育人成效的匹配度；将学生升学就业以及辅导员对学生的熟悉情况、谈心谈话情况等指标纳入辅导员考核体系。

4. 改进学生综合素质评价体系。充分发挥二级学院育人评价的主体作用，构建符合学科专业培养特色的学生综合素质评价制度和单独的荣誉体系，促进学生德智体美劳全面发展。

5. 建设学生发展中心。坚持“以学生学业为中心”，把服务学生考研升学、促进高质量就业作为首要任务，奋力推进海南大学学生升学率快速增长。

6. 充分发挥辅导员在课程思政建设中的作用。构建思政课教师、专业课教师、辅导员三位一体课程思政模式，助力打造“金课”。

7. 构建网络思政工作体系。建设智慧班级，实现班级管理精准画像；强化队伍建设，提高运用网络落实立德树人的能力；创新话语体系，丰富网络思政的穿透力与亲和力；提升青年参与，增强对用户的“黏性”；申报教育部网络文化成果评价试点推广单位。

8. 提升宿舍育人实效。建设11个共治的共享空间，探索书院制改革，以青年社区的治理思维强化宿舍育人内涵。并将其打造成实用空间、社交空间、自治空间、舆论引导阵地和文化传承基地。

9. 提升心理育人实效。以创建省级心理健康教育示范中心为抓手，不断加强心理健康教育与咨询工作，形成教育教学、实践活动、咨询服务、危机预防和平台保障“五位一体”的心理健康教育工作格局，建设学校—学院—班级—宿舍四级网络，明确二级心理健康教育分中心的职责，从专职心理教师、辅导员、班主任、研究生导师到宿舍管理员全员参与，全程心理育人。

10. 引导学生社团健康发展。严格社团登记制度、规范社团纳新活动、强化社团内部建设，进一步发挥共青团组织对社团的监管和指导作用；加快推动学生社团建设与学科建设深度融合，打造立足基层学院、结合专业学科的特色品牌社团；精心引导学生社团开展丰富多彩的主旋律社团活动，如开展接力长征长跑活动等，在校园文化建设中发挥主力军的作用，极大地推进了和谐校园建设。

（八）加快基础条件建设，打造一流校园环境

1. 加速美丽校园建设。提高校园规划设计的科学性、实效性、严肃性，彰显热带岛屿校园建筑特色。根据学校学科发展需求，优化各校区学科空间规划和重大科研基础设施的空间布局，充分挖掘热带岛屿的独特优势，形成特色鲜明、布局合理的功能分区，充分发挥校园规划的战略性、基础性、前瞻性的引领作用。形成较为完善的项目策划模式，从学科需求、可行性研究报告和建筑方案设计开始有针对性的策划海南省级项目和国家级项目。进一步提高校园建筑设计水平，遴选国内外高水平建筑师，以“适用、经济、绿色、美观”为方针，以使用功能为基础，彰显“现代风格、热带特色、岛屿建筑、森林校园”的海大特色。通过更新设计开展绿色生态校园建设工作，对校园教学科研空间组团、景观节点、校内道路和对外形象节点进行整治，逐步建成具有明显地域特征、景观特色和时代风貌的热带滨海校园。

完善校园基础设施，提高建设、管理和服务水平。推行绿色生态校园建设，到2025年，校区绿化覆盖率不低于45%，人均绿地面积达18平方米，校园路网和停车设施规划建设完成，初步建成符合学校发展要求的道路体系，校园环路、慢行系统、停车系统建设完成，建立学校道路和绿地系统的常态化养护维修评价机制和维护作业机制。到2025年，校园绿廊绿道等结构性绿色生态网络建设完成。均衡校区绿地分布，强化校园园林对师生日常活动的服务功能。到2025年，建成校区20%以上的面积达到海绵校园建设目标要求，使用林荫路、透水广场、集雨型绿地等海绵校园建设措施，校园绿化、道路清扫等优先使用再生水。

加强基建管理制度建设，全面实现基建项目信息化管理。完善基于廉政制度为主体的基建管理制度，加强风险防控。推进EPC项目管理模式在海南大学基建项目中的应用；推进基建项目过程结算制；逐步建立海南大学工程标准做法和造价数据库；探索基于BIM的建筑工程运维体系。提升项目规划、策划、设计、施工等全过程的系统化、精细化和信息化管理水平。建成海南大学基建项目数据中心，实现基础信息可追溯，纵向、横向信息交换便利。通过现有系统跟新，发挥海南大学基建项目管理系统的作用，提高基建项目管理效能。

2. 全面建成观澜湖校区。加快推进校区总体规划、可研报告和资金筹措工作，2020年底实现校区体育设施+学生宿舍+基础教学楼等第一批组团项目的动工；2021年完成校区核心组团学科发展综合楼的建设；2022—2023年完成校区科教产学融合基地和其他配套设施建设；

2024年9月全面完成校区32万平方米的建筑体量，最终实现校区8000名学生培养规模的建设目标。将观澜湖校区打造成为中外合作办学创新发展示范区和高素质、国际化、创新型人才的培养基地。

3. 加强平安校园建设。夯实横向到边、纵向到底的安全责任体系，完善“党政同责、一岗双责、齐抓共管”的大安全工作格局。建立舆情分析与报告制度，加强舆情引导,完善校园突发事件应急管理机制。以校园管理综合治理和安全隐患排查整治为主线，重点加强危险化学品、消防、实验室、校舍、食品安全、网络、特种设备、交通和重大集体活动等安全管理工作，不断完善校园安全防范体系，持续推进平安校园建设。

（九）拓宽筹资渠道，优化资源配置

1. 大力提升筹资能力。进一步推进省部共建、校地、校企合作共建，拓展学校办学资源获得渠道和途径；充分利用中央对地方高校的支持政策，积极争取、高效利用“省部共建”“一省一校”、国家一流大学一流学科建设等中央财政专项资金的投入；坚持“以服务求支持，以贡献求发展”，积极争取海南省、市县政府和企业对学校建设和发展的支持。积极策划、申报承接国家重大项目，提高科研经费总量。建立激励机制，调动全校开展成果转化、社会服务，积极争取外部办学资源的积极性。提高继续教育和国际教育获取办学资源的能力，积极发展远程教育，改革完善继续教育和国际教育管理模式。

2.提高财务管理水平。建立健全与一流大学相适应的财务管理与服务体系，协调推进财务管理综合改革，完善预算管理体系、财务管理责任体系、风险防控体系、财务绩效评价体系以及财务信息与服务体系等五大财务体系建设，探索按照学校统筹经费+二级单位切块经费结合的模式来进行资源分配，进一步加强绩效评价工作并与资源分配直接挂钩，持续提高学校资金使用效益。全面建成与人事、科研、教务、学生、大型仪器共享平台、物资集中采购平台等业务对接的财务管理系统。加强财务培训，提高教职工财务规范意识。

3. 优化资源配置。以发展为导向，统筹学校人力、空间、物质和经费资源的配置，为重点发展工程的顺利实施提供有力的资金和条件保障。建立绩效评估机制，实现绩效与资源配置的对接。加大对项目的审计和监督，提高资金使用效率。

（十）加快推进公共服务体系建设，提供一流服务保障

1. 全面建成海南大学校、院、室三级实验室管理体系。实现实验室与安全管理制度全面覆盖；规划建设一支业务精湛、结构合理、人员稳定的以实验教学为辅、以公共技术服务为核心的海南大学实验技术队伍；构建教学实验室资源融通机制，推进教学实验平台的规划建设，推进“实验室+”创新创业和协同育人模式的建设，促进学校教学实验平台的融合发展，助力学校高水平人才的培养。通过信息化技术、物联网技术、人工智能技术建设海南大学实验室与设备综合管理平台，实验室管理工作全面信息化、智能化，实验室与设备管理水平达到国内先进水平。

2. 加快推进智慧校园建设。依托“银校合作”，推进海南大智慧校园建设规划，全面提升信息基础设施的运行性能、安全性能，以包括有线网、无线网、5G网络、物联网等基础网络以及数据中心的建设为依托，基本完成全校管理、教学各环节的信息化应用覆盖，基本形成较为完善的信息化服务体系，学校信息化水平达到全国同类高校先进水平。

3. 增加教学行政和科研用房面积。根据学校办学规模，适时调整房屋资源配置计划，在按时完成观澜湖校区建设和三年更新工程建设的基础上，新增建设教学行政用房面积40万平方米，保障基本教学条件。积极争取经费支持，结合学科建设需要，加大科研用房建设，进一步改善科研条件；推进农科基地管理体制改革，规范儋州校区、海甸校区和秀英实习农场的管理，建立产学研一体化教学科研基地，通过市场化运作，促进农科基地良性发展。

4. 全面推进后勤服务保障综合改革。通过厘清职能，优化资源配置，改革运行机制，引入社会优质资源，建立完整的考核评价体系，达到“反应迅速、保障有力、服务优良、监督有效、师生满意”的改革目标。

5. 加快推进民生工程建设。加快推进桥西小区第二批经济适用住房建设，提升学校住房保障能力，改善教师居住条件。加快推进海南大学附属中、小学高质量建设，解决教职工子女教育问题，为学校吸引人才、留住人才提供有力保障。

（十一）加强制度集成创新，创新内部治理体系

1. 健全现代大学制度体系。利用“放管服”改革契机，实现关键环节改革的破冰，释放办学活力。修订完善《海南大学章程》，建立健全章程落实机制，建立健全各种议事规则、办事规程和内部机构组织规范，实现管理运行有章可循，有法可依。加强制度集成创新，建立健全学科建设、人才培养、科研创新、队伍建设、国际化等重点领域的制度体系，不断提升学校治理体系和治理能力现代化水平。

2. 创新内部治理体系。以学科建设为主线，成立以学术管理为核心职能的重大研究领域建设委员会（每个领域成立1个），负责制订本领域内人才评价标准、学术评价标准和成果认定；负责组织学科发展战略研讨和学术交流品牌建设；负责研究生培养和学位点建设；推进资源共享与协同创新；开展“大项目、大团队、大平台、大成果”相关工作。学院层面主要专注于学科建设、本科生培养、人才队伍建设，以及日常的科学研究、成果转化（社会服务）、国际合作交流和行政管理工作。

第三部分　2020—2021学年重点工作

一、党的领导党的建设

1. 坚持以习近平新时代中国特色社会主义思想为指导，全面贯彻落实党的教育方针，把牢社会主义办学方向，切实发挥学校党委总揽全局、协调各方的领导核心作用。

2. 以全面加强学校党的政治建设为统揽，明确任务清单、责任清单，巩固拓展“不忘初心、牢记使命”主题教育成果，推动《习近平谈治国理政》第三卷和习近平总书记关于海南自贸港建设的重要指示批示精神、海南自贸港建设重点政策和海南省委七届八次全会精神入脑入心。

3. 以迎接教育部“三全育人”综合改革试点高校评估为抓手，不断健全立德树人系统化落实机制，努力培养担当民族复兴大任的时代新人。

4. 严格落实意识形态工作责任制，坚持马克思主义意识形态领域指导地位不动摇，加强中外合作办学机构（项目）意识形态工作，加强大学文化建设，把社会主义核心价值观融入教育教学全过程。

5. 研究制定学校全面从严治党主体责任清单，驰而不息加强作风建设，严格党员教育管理，严肃党内生活，涵养风清气正的政治生态，优化育人环境。

6. 持续开展新时代高校党建“双创”工作，夯实服务自由贸易港建设大学的党建基础。

7. 继续做好中层领导岗位优化配备工作，认真做好2020年全校科级干部提任和交流轮岗工作。进一步优化领导班子和中层干部考核工作机制，研究制定《中层领导干部兼职管理暂行办法》。积极选派干部教师挂职锻炼，推进与对口合建高校的干部双向挂职工作。

8. 抓好全校涉密人员的相关管理工作。坚持“按需施训”，采取“线上+线下”的方式把政治理论学习和党性教育贯穿于教育培训工作全过程，加强业务能力培训，进一步提高干部的能力素质和工作执行力。

二、发展规划和学科建设

9. 完成“十四五”发展规划编制工作。

10. 完成学校“双一流”建设周期总结工作，加快推进学科建设等相关工作。

11. 根据教育部第五轮学科评估相关工作部署，做好学校所有一级学科的学科评估工作。

12. 完成海南省第四批省级特色重点学科建设验收工作。

13. 进一步深化学校综合改革和“放管服”改革，不断推进学校治理体系和治理能力现代化建设。

14. 做好完成教育部“部省合建”专项调研工作，加大与对口合建高校的合作力度，继续完善对口合建工作机制。

15. 继续推进海南大学三亚研究院、创新药物与食品研究院等新型研发机构建设。

三、人才培养

16. 完善2020级人才培养方案、一流本科建设方案和专业调整方案。

17. 推进公共实验教学中心规划建设工作。

18. 召开本科教育工作大会。

19. 全面推进课程思政建设。

20. 建设学生发展中心。

21. 全面推进心理育人工作。

22. 依托现有科研创新团队，组建100个学生创新创业团队。

23. 全力申报12个一级学科博士点，推进博士后流动站后续评估工作，争取评估好成绩。

24. 推进海南大学本硕博贯通培养实施方案。

25. 加快推进研究生管理系统建设工作，2021年上线使用。

26. 认真组织筹备召开海南大学研究生教育工作会议。

27. 优化本科生招生工作，加强和规范各省招生宣传队伍建设，建设好本科招生信息网、本科招生微信公众号。

28. 持续做好就业工作，加强就业指导，拓宽就业渠道，开展就业质量调研。

四、师资队伍建设

29. 扎实推进人事制度改革落地生效，完成全校岗位设置及聘用工作，完善二级单位目标考核制度。

30. 完善人才评价机制，深化职称评聘制度改革，出台《高层次人才考核办法》。

31. 出台《海南大学海外高层次人才引进实施办法》，建立“荐才引才奖励制度”，设立“伯乐奖”，加大高水平学科带头人的引进力度。

32. 做好“十四五”师资队伍建设规划和年度人才引进计划，努力实现“清单式”精准引才，争取引进15名高水平学科带头人和150名青年骨干人才。

33. 建立人才一站式服务平台，编印《海南大学教师工作手册》，提高人才服务水平。

34. 进一步做好师资培养工作，健全教师岗前培训制度。

五、科学研究和社会服务（成果转化）

35. 以国家和海南地方重大项目为牵引，联合国内外优质高等院校、优质科研机构和优质企业，适时成立协同创新中心/研究院。

36. 逐步整合并利用好全校的科研资源（如海南大学三亚研究院、海南大学创新药物与食品研究院等）、中国工程科技发展战略海南研究院、海南国家公园研究院，为争取大项目大任务奠定基础。依托国家发改委立项的海南大学热带作物国家重点实验室中心大楼项目，重点申报热带作物国家重点实验室。

37. 继续牵头抓好国家重大科技计划、国家重点科技计划、各部委计划的对接和项目申报，重点在国防重点科技计划项目实现突破。

38. 进一步优化、理顺海南大学科研管理体系，修订完善相应的科研配套制度，继续加强国家级、重大项目的配套力度，发挥科研管理部门在重大、重点项目方面的主导地位，进一步促进并形成更为积极的做科研的氛围。

39. 结合学校科研能力提升的需要，修订并完善科研创新团队管理办法，重点是引入科研创新指标体系、实行团队成员能进能出的进退机制、加强对团队做科研项目的正向激励、加大团队科研启动经费的支持力度。

40. 成立海南大学社科联，召开第一届社科联成员代表大会。

41. 继续完善社科科研管理制度。制定人文社科科研项目管理办法、海南大学人文社会科学重大项目培育计划实施办法、学术评价标准和科研成果评价办法、海南大学术讲座（人文社科类）实施办法等规定。

42. 组织做好2020年海南省科技奖和2021年国家奖申报工作。争取2021年成果转化交易额达1000万元。逐步推进科技园建设工作。积极推进产学研融合和服务地方产业发展工作，重点做好与东方市、琼中黎族苗族自治县的合作。

43. 扎实推进乡村振兴与扶贫工作，进一步推进结对帮扶云南洱源县脱贫攻坚工作；组织乡村振兴干部扎实开展乡村振兴“十抓十好”工作。

六、国际合作交流

44. 出台《海南大学关于提升国际化办学水平的实施意见》，做好学校国际合作与交流工作总体规划，完善校院二级国际合作与交流工作机制。

45. 指导热带作物学院等8个学院与对标的大学和科研机构启动学生联合培养、共同举办学术会议、联合申请科研项目等实质性交流与合作。出台《海南大学国际教育目标责任管理与绩效考核办法》，客观、公正地考核和评价各二级学院国际教育工作成效。

46. 举办“海南大学2020年诺奖论坛”，邀请学校国际顾问委员会6位诺奖得主和国际顶尖学者通过视频方式做专题报告。

47. 成立教育部中外人文交流中心会计中外人文交流研究院，筹备成立海上丝绸之路艺术教育联盟、中国–东盟体育文化发展联盟等，打造21世纪海上丝绸之路教育合作与交流平台。

48. 做好教育部中外人文交流中心“国际组织人才培养创新实践项目”实施工作，重点围绕课程建设、实习实践以及人才培养三个关键环节开展工作。

49. 成立国际学者中心，面向国际学者推行“一站式”服务，完善国际学者全方位服务体系。

七、基础条件建设

50. 加强在建项目施工管理，完成2020年度海南省重点项目投资任务，儋州校区专家学者楼项目、研究生公寓及附属食堂项目、热带作物国家重点实验室（筹）项目在2021年9月前交付使用；多功能综合体育馆项目年底交付使用；环校路北段、3号电房扩容等10个维修改造项目2021年3月交付使用。

51. 完成信息科技大楼、紫荆学生公寓3号楼、法学科研大楼、生物医学与健康研究中心项目前期工作，年内动工建设。力争完成附属实验学校项目建议书和可行性研究报告审批工作。力争完成创新药物与食品研究院装修项目。2021年完成海甸校区规划报批工作。

52. 策划2021年项目，启动新建项目的前期工作，主要包括三年更新项目中学生宿舍维修改造、教学楼改造、校园环路等维修项目和新建大楼项目。

八、财务管理

53. 加强预算管理，确保预算执行达到海南省财政厅要求，根据学校工作重点编制2021年全口径预算。

54. 加快上线海南大学财务管理系统中的项目库管理、政府采购和海甸校区主要收费项目等模块，确保新系统运行流畅并不断优化。探索建立财务报销诚信管理制度和二级单位财务管理制度创新。全面完成财务系统与大型仪器平台的对接，实现大型仪器平台收费、入账和报销的自动化。

九、校园安全和服务保障

55. 完成海南大学教育基金会理事会换届工作。

56. 常态化做好疫情防控和传染病预防，确保师生安全。同时做好台风防范和登革热预防工作，建立健全校院两级防风防汛工作责任。

57. 完善学校法律事务办公室建设，配齐法律事务办公室人员队伍。

58. 推动海南大学师生综合服务大厅落地，完成部门窗口入驻，将面向师生的服务性事务从行政职能中分离出来，统一在服务大厅集中受理，协同办理。

59. 继续推进建设实验室信息化综合管理平台建设，完成海南大学试剂耗材管理平台部署并上线使用。

60. 继续推进实验室管理制度体系建设，逐步实现实验室管理的制度闭环。

61. 加强学校网络与信息基础建设，完成校园网基础设施升级改造，完成学校一卡通升级改造工作，推进OA（办公自动化）、研究生管理、外事管理系统等核心业务的信息化建设，推出不少于100项信息化服务项目；做好网络与信息系统安全稳定保障工作。

62. 不断完善信息化建设管理与评价体系，提出初步评价指标模型。

63. 加快桥西小区第二批经济适用住房建设，对配售对象进行资格审查备案、选房、签订合同等工作。实行公用房屋的定额管理，建立资源有偿使用制度，提高房屋资源的使用效率。

64. 推进校办企业体制改革，成立资产经营公司，归口管理校办企业。

65. 完善后勤服务保障体系，完成后勤人事改革制度，推进后勤服务保障综合改革。

同志们！实干托起梦想，奋斗铸就辉煌。新的征程已经开启，新的目标催人奋进，让我们更加紧密地团结在以习近平同志为核心的党中央周围，高举习近平新时代中国特色社会主义思想伟大旗帜，在教育部和海南省委省政府的坚强领导下，凝心聚力、顽强拼搏、开拓进取、奋力攻坚，以新时代新担当新作为，全面开创世界一流学科和国内一流大学建设的新局面！

谢谢大家！

学校概况

海南大学是在2007年8月由原华南热带农业大学和原海南大学合并组建而成的省属综合性重点大学，是教育部和海南省人民政府部省合建高校，是国家世界一流学科建设高校。

2008年12月，海南大学经国家批准成为“211工程”重点建设高校；2012年，跻身国家“中西部高等教育振兴计划”建设行列，先后获得“中西部高校基础能力建设工程”“中西部高校综合实力提升工程”等建设支持；2017年，入选国家“世界一流学科”建设高校；2018年，海南省委省政府做出“聚全省之力办好海南大学”的重大决策部署，同年，海南大学成为教育部与海南省政府“部省合建”高校，纳入教育部直属高校排序。

建校以来，周恩来、朱德、董必武、叶剑英、邓小平、胡耀邦、王震等老一辈革命家，江泽民、胡锦涛、李鹏、朱镕基、温家宝、贾庆林、曾庆红、李岚清、尉健行、刘延东等党和国家领导人先后亲临学校视察，给予亲切关怀；历届海南省委省政府领导对学校的建设和发展关怀备至、倾力支持；社会各界和广大海外华人华侨、港澳台同胞捐资兴建办公楼、教学楼、图书馆、学术中心、体育场馆、学生活动中心等重要项目，设立了多项奖（助）学金，有力地推动了学校发展。

2020年，在教育部、海南省委省政府的坚强领导下，海南大学坚持以习近平新时代中国特色社会主义思想为指导，坚持“落实立德树人根本任务，加快建设服务海南自由贸易港大学”的办学定位，坚持“支撑引领、特色取胜，高位嫁接、开放创新”的发展理念，切实将习近平总书记关于“要支持海南大学创建世界一流学科”的殷切嘱托转化为学校快速发展的无穷动力，坚决落实中央和海南省委的决策部署，抓好“部省合建”海南大学和“聚全省之力办好海南大学”的各项工作落实，统筹做好疫情防控和学校事业发展，众志成城、砥砺奋进，扎实推进学校“十三五”规划完美收官，学校各项工作都取得了新进展新成效，各项重要发展指标都取得了历史性突破，为“十四五”开好局、起好步奠定了坚实的基础。

截至12月31日，学校设有32个学院（部），全日制在校学生40174人，其中，普通本科生33192人，硕士研究生5968人（比上年增长20.1%），博士研究生597人（比上年增长40.1%），留学生学历生377人，预科生40人。本年度，学校面向全国31个省（市区）招收录取本科生8162人，涉及本科专业72个；招收录取硕士研究生2823人，博士研究生228人，相比2019年硕士生招生人数增幅28.4%，博士生增幅36.5%。

学校拥有教职员工4157人，其中专任教师2254人，高级职称教师1190人，博士学位教师1148人；中国科学院院士1人，外籍院士2人（日本工程院外籍院士和加拿大国家工程院院士各1人），长江学者、杰青、万人计划领军人才等国家级人才16人。本年度，引进博士167人，大师级人才1人，杰出人才10人，领军人才12人；柔性引进领军以上人才48人。

学校紧扣海南发展定位与科技需求，围绕自贸港发展和制度创新、生态文明、文化旅游、热带高效农业、海洋科技、生命与健康、信息技术等方面加强学科建设。本年度，新增化学学科、材料科学学科、农业科学学科等3个学科进入ESI全球前1%，实现了学校和海南省的重大历史突破。在2020年软科排名中，作物学、法学、马克思主义理论等9个学科上榜，其中法学学科位列全国18名，跻身前10%；马克思主义理论学科跻身前20%。

实施开放办学战略，构建“全方位、多层次、宽领域”的对外交流与合作新格局。本年度，海南大学与天津大学、上海交通大学、华中科技大学、中国农业大学、中国政法大学和对外经济贸易大学6所对口合建高校签署了合作协议，达成合作的境外院校、国际科研机构和高校联盟共188所（个）；与教育部中外人文交流中心合作共建会计中外人文交流研究院，获批成为教育部首批“高层次国际化人才培养创新实践项目”基地高校；热带生物与医药学科和作物学科获批科技部2020年度“高等学校学科创新引智计划”基地，实现海南省“111计划”基地零的突破。

加快推进校园基础条件建设，改善办学条件和办学环境。本年度，完成基建项目投资产值4.98亿元。竣工项目28项，竣工面积1.1万平方米；在建项目12项，在建面积24万平方米，投资总额14.55亿元；完成审批项目19项，计划总建筑面积23万平方米，计划总投资23.93亿元。观澜湖校区教学及生活服务设施（一期）项目、生物医学与健康研究中心、信息科技大楼扩建、法学科研中心、紫荆学生公寓3号楼等5个新建项目获得海南省发改委立项。

加强前瞻布局，提升科研创新和服务能力。本年度，科研到账总经费2.53亿元，获批国家自然科学基金106项，首次突破百项大关；获批国家社会科学基金项目25项（包含国家社会科学重大项目3项），教育部人文社会科学项目3项；获海南省科技奖励一等奖2项，二等奖2项。在科研平台建设方面，新增中国科协引智基地1个、国家林业和草业局长期科研基地1个、省部级重点实验室4个、省级院士创新平台12个。在资政建言方面，向上级部门提交咨询和建议报告共45篇，被省级以上领导批示17篇；自贸港法治人才团队就中国特色自由贸易港法治体系建设向全国人大常委会提交了87条立法建议。在社会服务方面，与三亚市合作建设海南大学三亚研究院，落户三亚崖州湾科技城；与海口国家高新技术产业开发区管委会合作建设海南大学创新药物与食品研究院暨新药筛选及评价平台项目，助推生物医药产业快速稳健发展；与海南热带雨林国家公园管理局等共建海南国家公园研究院，为全国国家公园体制机制试点和全国生态文明建设提供经验。

学校机构设置与领导名录

中共海南大学第二届委员会委员名录

党 委 书 记：武耀廷

党委副书记：骆清铭　廖清林（正厅级，负责常务工作）

常　　　委：武耀廷　骆清铭　廖清林　郑尉杰　胡新文　陈险峰　王崇敏　梁　谋　叶光亮　曹宪忠　范　文　韩淑梅（女）　谭　勇　陈明宝

委　员（按姓氏笔画排列）：

王　强　王崇敏　叶光亮　李艳荣　杨智平（1月免）　张云阁　张玉苍（1月免）　张银东　陈明宝　陈险峰　武耀廷　范　文　林洪冰（女）　罗素兰（女）　金　山　周永灿　郑尉杰　胡新文　段书臣（1月免）　段捷频　骆清铭　郭　强　黄东益　曹宪忠　章程辉　梁　谋　韩淑梅（女）　廖清林　谭　勇

中共海南大学第二届纪律检查委员会委员名录

书　记：郑尉杰

副书记：段书臣（9月退休）陈　琛（7月任）

委　员（按姓氏笔画排列）：

王　琦　邓秀成　杨　红（女）　陈　平　郑再喜（1月退休）　郑尉杰　房云昆　屈凯军　段书臣（9月退休）　黄丽芹（女，9月调离）　黄海民

海南大学行政领导名录

校　长：骆清铭

副校长：傅国华　胡新文　陈险峰　王崇敏　梁　谋　叶光亮　曹宪忠（挂职）　范　文（挂职）

海南大学党群系统机构设置和领导名录

党群管理机构

<table>
<tr><th>单　位</th><th>职　务</th><th>姓　名</th><th>备　注</th></tr>
<tr><td rowspan="4">党委办公室（机关党委）</td><td>主　任</td><td>林洪冰</td><td></td></tr>
<tr><td>副主任（副书记）</td><td>林　琛</td><td></td></tr>
<tr><td>副主任</td><td>王一凡</td><td></td></tr>
<tr><td>机关党委书记</td><td>廖清林</td><td>兼</td></tr>
<tr><td rowspan="4">纪律检查委员会办公室（监察处）（5月止）</td><td>主　任（处　长）</td><td>段书臣</td><td>6月免</td></tr>
<tr><td rowspan="3">副主任（副处长）</td><td>陈　琛</td><td>6月免</td></tr>
<tr><td>崔万春</td><td>6月免</td></tr>
<tr><td>张乃脆</td><td>6月免</td></tr>
<tr><td rowspan="3">纪检监察一处（5月始）</td><td>处　长</td><td>陈　琛</td><td>兼，7月任</td></tr>
<tr><td rowspan="2">副处长</td><td>陈　琛</td><td>主持工作，6月任；7月免</td></tr>
<tr><td>张乃脆</td><td>6月任</td></tr>
<tr><td rowspan="2">纪检监察二处（5月始）</td><td>处　长</td><td>段书臣</td><td>6月任，9月退休</td></tr>
<tr><td>副处长</td><td>崔万春</td><td>6月任</td></tr>
<tr><td rowspan="4">组织部（党校）</td><td>部　长</td><td>韩淑梅</td><td></td></tr>
<tr><td>副部长（副校长）</td><td>李　锋</td><td></td></tr>
<tr><td>副部长</td><td>陈　青</td><td></td></tr>
<tr><td>党校校长</td><td>廖清林</td><td>兼</td></tr>
<tr><td rowspan="3">宣传部</td><td>部　长</td><td>谭　勇</td><td></td></tr>
<tr><td rowspan="2">副部长</td><td>李　宏</td><td></td></tr>
<tr><td>王群生</td><td></td></tr>
<tr><td rowspan="2">统战部（华侨与港澳台事务办公室）</td><td>部　长（主　任）</td><td>陈明宝</td><td></td></tr>
<tr><td>副部长（副主任）</td><td>许美丹</td><td></td></tr>
<tr><td rowspan="4">学生工作部（处）</td><td rowspan="2">部　长（处　长）</td><td>陈卫东</td><td>7月免</td></tr>
<tr><td>林　琛</td><td>7月任</td></tr>
<tr><td rowspan="2">副部长（副处长）</td><td>范启标</td><td>12月免</td></tr>
<tr><td>王红英</td><td></td></tr>
<tr><td rowspan="3">保卫处（人民武装部）</td><td>处　长（部　长）</td><td>朱荣平</td><td></td></tr>
<tr><td rowspan="2">副处长（副部长）</td><td>周邦华</td><td></td></tr>
<tr><td>李于善</td><td></td></tr>
</table>

续表

单　位	职　务	姓　名	备　注
群团组织			
工会	主　席	廖清林	1月任
	副主席	杨　红	常务副主席，1月任
		黄运鸣	1月任
		李　锋	兼，1月任
团委	书　记	俞花美	
	副书记	李翠霞	12月免
		郑　鹏	12月任

二级单位党委（党总支）

单　位	职　务	姓　名	备　注
生态与环境学院党委	书　记	黄海民	
	副书记	邱志春	
热带作物学院党委	书　记	张银东	3月免
		郑中兵	7月任
	副书记	郑中兵	7月免
园艺学院党委	书　记	蒋国洲	12月任
	副书记	蒋国洲	主持学院党委工作，12月免
	副处级辅导员	李海朋	协助学院党委领导开展学生工作
植物保护学院党委	书　记	沈秀清	
	副书记	李　丹	4月任
动物科技学院党总支	书　记	黎　坚	
	副处级辅导员	耿　刚	协助学院党总支领导开展学生工作
林学院党委	书　记	樊　春	
	副书记	林　勇	
应用科技学院党委	书　记	冯社洪	
	副书记	姚天增	4月任
海洋学院党委	书　记	陈　平	
	副书记	王华伟	4月任
生命科学与药学院党委	书　记	曲　涛	12月任
	副书记	曲　涛	主持学院党委工作，12月免
	副处级辅导员	罗国忠	协助学院党委领导开展学生工作

续表

单　位	职　务	姓　名	备　注
材料科学与工程学院党委	书　记	胡先文	12 月任
	副书记	胡先文	主持学院党委工作，12 月免
	副处级辅导员	周郭军	协助学院党委领导开展学生工作
化学工程与技术学院党委	书　记	冯广波	
	副书记	王林桂	
理学院党委	书　记	李　光	
	副书记	凌雪冰	
土木建筑工程学院党委	书　记	卢江海	
	副书记	罗邻球	6 月免
		孙晓媛	6 月任
食品科学与工程学院党委	书　记	邓秀成	
	副书记	欧少红	4 月任
机电工程学院党委	书　记	黄国标	
	副书记	熊文军	4 月任
信息与通信工程学院党委	书　记	蒙秋妍	
	副书记	王茂钢	
计算机与网络空间安全学院（密码学院）党委	书　记	邱锡光	1 月免
		陈广锐	7 月任
	副书记	黄小欧	
生物医学工程学院党总支（10 月始）	书　记	张云竹	副处级，11 月任
经济学院党委	书　记	陈秀妍	12 月任
	副书记	陈秀妍	主持学院党委工作，12 月免
管理学院党委	书　记	邢谷川	
	副书记	易　振	
	副处级辅导员	符　涛	协助学院党委领导开展学生工作，3 月免
法学院党委	书　记	叶英萍	
	副书记	李昌郁	
政治与公共管理学院党委	书　记	王默忠	
	副书记	邢红斌	
马克思主义学院党委	书　记	段捷频	
	副书记	张井富	
旅游学院党委	书　记	韩力光	6 月任
	副书记	韩力光	主持学院党委工作，6 月免
国际旅游学院党总支	书　记	李艳荣	5 月免
		何映敏	副处级，5 月任

续表

单　位	职　务	姓　名	备　注
	副处级辅导员	符　涛	协助学院党总支领导开展学生工作，3月任
人文传播学院党委	书　记	邱华祥	12月任
	党委负责人	邱华祥	副处级，主持学院党委工作，12月免
	副书记	孙晓媛	6月免
		罗邻球	6月任
外国语学院党委	书　记	黄丽芹	9月调离
	副书记	刘雨芙	主持学院党委工作，9月任
		李　洋	4月任
音乐与舞蹈学院党委	书　记	王　强	
	副书记	杨元广	
美术与设计学院党委	书　记	林尧俊	
	副处级辅导员	韩胜丁	协助学院党委领导开展学生工作
国际教育学院党总支	书　记	华世佳	
继续教育学院党总支	书　记	郑再喜	1月退休
	书　记	李玉凤	副处级，4月任
体育学院党总支	书　记	何映敏	副处级，5月免
		陈卫东	5月任
文科基础教学部党总支	书　记	覃金源	
教辅单位联合第一党总支	书　记	胡　静	正处级，6月任
		胡　静	副处级，6月免
教辅单位联合第二党总支	书　记	龙　腾	
图书馆党总支	书　记	房云昆	
师生事务保障中心党委	书　记	张树亮	6月任
	党委负责人	张树亮	副处级，主持党委工作，6月免
	副书记	邓井红	兼纪委书记
离退休人员服务中心党委	书　记	林少敏	
	副书记	龙诚果	
海南大学医院党总支	书　记	徐凤莲	
	副书记	郭雅秦	兼

海南大学行政系统机构设置和领导名录

行政管理机构

单 位	职 务	姓 名	备 注
校长办公室（乡村振兴与扶贫办公室）	主 任	于旭东	
	副主任	陈广锐	7月免
		胡景卫	3月任
		林豪燕	11月任
教务处	处 长	张云阁	1月免
		邱锡光	1月任
	副处长	谢辉凡	3月任
科技处	处 长	章程辉	6月免
		邹勇华	6月任
	副处长	沈 重	9月免
		张喜瑞	
人文社科处	副处长	徐艳晴	主持工作，5月任
研究生处（研究生工作部）	处 长（部 长）	黄东益	
	副处长	陈川栋	
	副处长（副部长）	郑育声	
		李远颂	3月任
发展规划与学科建设处（部省合建办公室）	处 长	廖双泉	
	副处长	王 宁	
人事处（党委教师工作部教师发展中心计划生育办公室）	处 长	杨智平	6月调离
		聂清斌	7月任
	副处长	向福英	
		黄文强	3月任
财务处	处 长	张长海	
	副处长	陈 晖	3月免
		燕新梅	
		宋 涛	
招生与就业处（校友会办公室）	处 长	黄玉端	
	副处长	王 珍	
		林 华	
国际合作交流处	处 长	杨志昕	
	副处长	林仕岛	
		王 华	2月调离
		刘 亮	7月任

续表

单　位	职　务	姓　名	备　注
审计处	处　长	屈凯军	
	副处长	孙　丽	
基建处	副处长	李　艳	主持工作
		田元福	3月免
		邓婷婷	
		林诗海	5月任
		穆大伟	12月任
国有资产管理处	处　长	邓泽明	7月任
	副处长	邓泽明	主持工作，7月免
		李佳宾	2月调离
		陈　晖	3月任
实验室与设备管理处	处　长	黄绵佳	7月任
	副处长	黄绵佳	主持工作，7月免
儋州校区管理委员会	主　任	刘德兵	12月免
		范启标	12月任
	副主任	曹艺涛	
		孙　涛	3月任
观澜湖校区管理委员会	主　任	李艳荣	3月任
	副主任	刘智敏	

科研机构

单　位	职　务	姓　名	备　注
南海海洋资源利用国家重点实验室	主　任	高树基	11月聘任
	副主任	沈义俊	9月聘任
		王　宁	9月聘任
		谢松光	9月聘任
		郭志强	9月聘任
海南大学热带岛屿资源先进材料教育部重点实验室	主　任	廖双泉	4月聘任
海南大学国家安全研究中心	执行主任	邹立刚	12月聘任
高等研究院	执行院长	章程辉	9月任
	副院长	沈　重	9月任

备注：“2020年国家级、省部级重点实验室，工程技术研究中心（院）人文基地一览”参见第195页。

教学机构

单　位	职　务	姓　名	备　注
生态与环境学院	执行院长	王　旭	按中层正职管理，12月任
	副院长	王　旭	主持学院行政工作，12月免
		葛成军	
热带作物学院	院　长	罗　杰	7月任
	副院长	陈银华	5月免
		罗丽娟	
		罗红丽	4月免
		张保龙	兼，9月聘任
园艺学院	院　长	朱国鹏	
	副院长	李　雯	
		周开兵	7月任
植物保护学院	院　长	缪卫国	
	副院长	刘　铜	7月任
		孙然锋	7月任
动物科技学院	院　长	王凤阳	7月任
	副院长	王凤阳	主持学院行政工作，7月免
		杨雨辉	7月任
		王学梅	7月任
林学院	院　长	宋希强	
	副院长	王　健	
		许先升	
		王志勇	8月任
		龙文兴	8月任
应用科技学院	院　长	刘德兵	兼
	副院长	赖桂春	
		黄崇利	
海洋学院	院　长	周永灿	
	副院长	谢珍玉	
		骆　剑	8月任
		周　智	8月任
生命科学与药学院	院　长	骆清铭	兼，5月任
	副院长	罗素兰	12月免
		陈银华	5月任
		刘　柱	7月任
		宋彦廷	7月任

续表

单　位	职　务	姓　名	备　注
材料科学与工程学院	院　长	廖建和	
	副院长	陈　永	
		林仕伟	7月任
		李长久	7月任
化学工程与技术学院	院　长	张玉苍	1月免
	副院长	李嘉诚	7月任
		刘钟馨	7月任
		贾春满	7月任
		潘勤鹤	12月任
理学院	副院长	王志刚	主持学院行政工作，7月任
		潘勤鹤	兼
		刘四新	
		罗盛旭	7月任
土木建筑工程学院	院　长	周　智	
	副院长	邱宙廷	
		田元福	3月任
		张友良	
		陈　云	
食品科学与工程学院	院　长	李从发	
	副院长	申铉日	
		张伟敏	
		陈文学	
机电工程学院	院　长	翁绍捷	3月免
		唐荣年	3月任
	副院长	马庆芬	3月任
		陈振斌	3月任
		金志扬	3月任
信息与通信工程学院	院　长	黄梦醒	
	副院长	张永辉	
		李　晖	6月免
		王咸鹏	7月任
计算机与网络空间安全学院（密码学院）	院　长	骆清铭	兼，3月任
	执行院长	曹春杰	按照学校中层正职管理，7月任
	副院长	王兆晖	
生物医学工程学院	院　长	刘　谦	聘任；8月兼任海南大学三亚研究院法定代表人及院长

续表

单　位	职　务	姓　名	备　注
经济学院	院　长	李世杰	12月任
	副院长	李世杰	主持学院行政工作，12月免
		刘家诚	7月免
		余升国	7月任
		张应武	7月任
管理学院	院　长	林肇宏	3月去世
	副院长	许能锐	
		张德生	
		付景涛	7月任
		赵　达	7月任
法学院	特聘院长	高之国	
	院　长	王　琦	4月任
	副院长	童伟华	4月免
		阎二鹏	4月任
		邓和军	4月任
		刘　政	4月任
政治与公共管理学院	院　长	李宜钊	12月任
	副院长	李宜钊	主持学院行政工作，12月免
		江红义	7月免
		周　伟	兼，4月免
		刘德浩	8月任
		黄朝明	8月任
马克思主义学院	院　长	张云阁	1月任
	副院长	杨　娜	
		王　善	
		吴朝阳	
旅游学院	院　长	郭　强	
	副院长	何　彪	
		谢祥项	
国际旅游学院	院　长	王　琳	
	副院长	周　伟	4月免
		杨志昕	兼
人文传播学院	院　长	刘复生	
	副院长	石晓岩	
		张硕果	
		李彩霞	7月任

续表

单　位	职　务	姓　名	备　注
外国语学院	院　长	金　山	3月任
	副院长	金　莹	3月免
		杨　婕	3月任
		肖艳玲	3月任
		覃成海	3月任
音乐与舞蹈学院	副院长	周琳琳	
		曹　量	7月任
		许潇尹	7月任
		丁　岩	7月任
美术与设计学院	院　长	唐丽春	12月任
	副院长	唐丽春	主持学院行政工作，12月免
国际教育学院	院　长	杨云升	4月免
		周　伟	4月任
	副院长	李小北	7月免
		王　华	兼，2月调离
		刘　亮	兼，7月任
继续教育学院	院　长	李仁君	4月任
	副院长	李玉凤	4月免
		张益民	5月任
		郭　祯	5月任
体育学院	院　长	洪家云	
	副院长	黄海宁	
		田　东	

教辅机构

单　位	职　务	姓　名	备　注
信息化服务中心	主　任	戴惟萌	
	副主任	杨　雄	
		林维波	
		欧建猛	
学报编辑部	主　任	孙绍先	9月退休
	副主任	刘家诚	7月任；9月主持工作
		罗启香	
		石耀华	

续表

单　位	职　务	姓　名	备　注
档案馆（校史馆）	馆　长	林章义	
	副馆长	苏文魁	
图书馆	馆　长	李文化	
	副馆长	陈俊霖	
		王小会	
师生事务保障中心	主　任	王大群	
	副主任	李婉萍	
		董永波	
		唐端光	
		王联春	
教学质量评估中心	主　任	郭立萍	7月任
	副主任	郭立萍	主持工作，7月免
		周兰愉	
地方合作服务中心（成果转化办公室）	主　任	张银东	3月任
	副主任	史学群	张银东驻村工作期间，协助其主持中心工作
		吴友根	
		陈　伟	6月任
离退休人员服务中心（关心下一代工作委员会）	主　任	许德兴	10月任
	副主任	许德兴	主持行政工作，10月免
分析测试中心	主　任	冯玉红	
采购与招标中心	主　任	周文山	
文科基础教学部	主　任	康由发	10月任
	副主任	康由发	主持行政工作，10月免
		陈楠昕	
先进技术与装备研究院	副院长	李海峰	
附属机构			
海南大学医院	院　长	郭雅秦	
	副院长	朱　萍	

海南大学教育基金会顾问、理事会及监事会成员名录

第三届理事会成员名录

理事长：陈明宝

理　事：陈明宝　于旭东　黄玉端　林　琛　杨志昕　王海君　李文慧

秘书长：于旭东

第三届监事会成员名录

主　任：屈凯军

监　事：张长海　邓泽明

海南大学2020年新增（调整）各类委员会、领导小组及其成员名录

海南大学外事工作委员会

海大党〔2020〕9号

成立时间：2020年1月16日

主　　任：党委书记、党委副书记、校长

常务副主任：分管外事副校长

副 主 任：全体校党委常委、副校长

成　　员：党委办公室（机关党委）、党委组织部（党校）、党委宣传部、党委统战部（华侨与港澳台事务办公室）、学生工作部（处）、保卫处（人民武装部）、校长办公室（乡村振兴与扶贫办公室）、教务处、科技处、人文社科处、研究生处（研究生工作部）、发展规划与学科建设处（部省合建办公室）、人事处（党委教师工作部、教师发展中心、计划生育办公室）、财务处、招生与就业处（校友会办公室）、国际合作交流处、团委、师生事务保障中心、国际旅游学院、国际教育学院的主要负责人。

外事工作委员会下设办公室，挂靠国际合作交流处，国际合作交流处负责人兼任办公室主任。

海南大学中外合作办学领导小组

海大党〔2020〕10号

成立时间：2020年1月16日

组　　长：党委书记、党委副书记、校长

常务副组长：分管外事副校长

副 组 长：全体校党委常委、副校长

成　　员：党委办公室（机关党委）、党委组织部（党校）、党委宣传部、党委统战部华侨与港澳台事务办公室）、学生工作部（处）、保卫处（人民武装部）、校长办公室（乡村振兴与扶贫办公室）、教务处、科技处、人文社科处、研究生处（研究生工作部）、发展规划与学科建设处（部省合建办公室）、人事处（党委教师工作部、教师发展中心、计划生育办公室）、财务处、招生与就业处（校友会办公室）、国际合作交流处、团委、师生事务保障中心、国际旅游学院、国际教育学院的主要负责人。

领导小组下设办公室，挂靠国际合作交流处，国际合作交流处负责人兼任办公室主任，国际旅游学院、国际教育学院负责人兼任办公室副主任。

海南大学民族宗教工作领导小组

海大党〔2020〕19号

成立时间：2020年3月16日

组　长： 党委书记

副组长： 分管校领导

成　员： 党委办公室（机关党委）、党委组织部（党校）、党委宣传部、党委统战部（华侨与港澳台事务办公室）、学生工作部（处）、保卫处（人民武装部）、教务处、研究生处（研究生工作部）、教师工作部、国际合作交流处、团委等部门主要负责人（如主要负责人不是中共党员的，选派一名中共党员的部门负责人作为成员）。以上人员职务如有变动，由其接任者自然替补。

领导小组下设办公室，办公室设在党委统战部，办公室主任由统战部部长兼任。

海南大学党风廉政建设和反腐败工作协调小组

海大党〔2020〕75号

成立时间：2020年8月4日

组　长： 学校纪委书记、海南省监委驻学校监察专员

成　员： 党委办公室（机关党委）、纪检监察一处、纪检监察二处、党委组织部（党校）、人事处（党委教师工作部、教师发展中心、计划生育办公室）、财务处、审计处、法律事务办公室的主要负责人（根据工作需要，可适当增加小组成员）。

协调小组办公室设在纪检监察一处，承担协调小组日常工作，办公室主任由纪检监察一处主要负责人担任。

协调小组及办公室有关成员的工作如有变动，由接任该项工作的人员自然替补。

海南大学文化建设委员会

海大党〔2020〕81号

成立时间：2020年9月22日

主　任： 曹宪忠

副主任： 谭　勇

文化建设委员会办公室主任： 谭　勇（兼）

学校文化建设委员会下设专家委员会、工作委员会

专家委员会（13人）：（以姓氏笔画为序）

丁　岩（音乐与舞蹈学院副院长）　苏西亚（美术与设计学院副院长）　杨定海（林学院副教授）　杨　娜（马克思主义学院副院长）邱海东（美术与设计学院教授）　张治库（政治与公共管理学院教授）　周琳琳（音乐与舞蹈学院副院长）　姜　川（土木建筑工程学院讲师）　高联红（林学院副研究员）　海　滨（人文传播学院教授）　焦勇勤（人文传播学院教授）　谭　波（法学院教授）　穆大伟（土木建筑工程学院教授）

工作委员会（24人）：

党委办公室（机关党委）、校长办公室（乡村振兴与扶贫办公室）、党委宣传部、发展规划与学科建设处（部省合建办公室）、教务处、人事处（党委教师工作部、教师发展中心、计划生育办公室）、财务处、学生工作部（处）、研究生处（研究生工作部）、科技处、人文社科处、国际合作交流处、国有资产管理处、基建处、保卫处（人民武装部）、工会、团委、招生与就业处（校友会办公室）、图书馆、师生事务保障中心、档案馆（校史馆）、文科基础教学部、儋州校区管理委员会、观澜湖校区管理委员会的主要负责人。

海南大学人才工作领导小组

海大党〔2020〕119号

调整时间：2020年12月21日

组　长：党委书记、校长

副组长：党委常务副书记，分管人事工作的校领导，党委常委、组织部部长

成　员：党委组织部（党校）、人事处党委教师工作部、教师发展中心、计划生育办公室）、科技处、人文社科处、财务处、师生事务保障中心等部门、单位主要负责人

领导小组下设办公室，挂靠党委组织部，具体负责日常工作，办公室主任由党委常委、组织部部长兼任，办公室副主任由人事处处长兼任。

2020年海南大学本科招生委员会

海大〔2020〕114号

调整时间：2020年4月21日

主　任：骆清铭（校长）

副主任：傅国华（副校长）

委　员：谭　勇（党委常委、宣传部部长）　林洪冰（党委办公室主任）　于旭东（校长办公室主任）　段书臣（监察处处长）　廖双泉（发展规划与学科建设处处长）　黄玉端（招生与就业处处长）　邱锡光（教务处处长）　陈卫东［学生工作部(处)部(处)长］　戴惟萌（信息化服务中心主任）　王　强（音乐与舞蹈学院书记）　洪家云（体育学院院长）　符文英（教师代表）　高　乔（学生代表）　莫泉平（校友代表）　王海君（法律顾问）

热带岛屿资源先进材料教育部重点实验室建设与运行管理委员会和整改小组

海大〔2020〕180号

成立时间：2020年6月15日

一、实验室建设和运行管理委员会

主　　任：校长

副 主 任：分管科技、实验室与设备管理的副校长

成员单位：科技处、人事处（党委教师工作部、教师发展中心、计划生育办公室）、发展规划与学科建设处（部省合建办公室）、教务处、研究生处（研究生工作部）、财务处、国有资产管理处、实验室与设备管理处、热带岛屿资源先进材料教育部重点实验室

二、实验室整改小组

组　长：范　文（副校长）

副组长：章程辉（科技处处长，6月免）
廖双泉（热带岛屿资源先进材料教育部重点实验室主任）

成　员：邱锡光（教务处处长）　黄东益［研究生处处长（部长）］　向福英（人事处副处长）　张长海（财务处处长）　邓泽明（国有资产管理处处长）　黄绵佳（实验室与设备管理处副处长）　潘勤鹤（理学院副院长）　唐荣年（机电工程学院院长）　廖建和（材料科学与工程学院院长）　周智（土木建筑工程学院院长）　冯广波（化学工程与技术学院书记）　王　宁（南海海洋资源利用国家重点实验室副主任）　陈拥军（热带岛屿资源先进材料教育部重点实验室重点实验室副主任）

海南大学节能降耗工作领导小组

海大〔2020〕242号

调整时间：2020年7月21日

组　长：分管后勤（师生事务保障中心）工作的校领导

副组长：校长办公室（乡村振兴与扶贫办公室）、师生事务保障中心的负责人

成　员：党委宣传部、学生工作部（处）、研究生处（研究生工作部）、团委、国有资产管理处、基建处、采购与招标中心、儋州校区管委会、文

科基础教学部负责人

领导小组下设办公室，办公室设在师生事务保障中心，办公室主任由师生事务保障中心负责人兼任。

海南大学实验室技术安全管理分委员会

海大〔2020〕357号

成立时间：2020年11月15日

主　任：分管实验室技术安全工作的副校长

成　员：实验室与设备管理处、校长办公室（乡村振兴与扶贫办公室）、学生工作部（处）、保卫处（人民武装部）、教务处、科技处、研究生处（研究生工作部）、人事处（党委教师工作部、教师发展中心、计划生育办公室）、财务处、基建处、热带作物学院、理学院、生命科学与药学院、生物医学工程学院、生态与环境学院、材料科学与工程学院、化学工程与技术学院、食品科学与工程学院、园艺学院、植物保护学院、动物科技学院、林学院、海洋学院、应用科技学院、信息与通信工程学院、计算机与网络空间安全学院（密码学院）、土木建筑工程学院、机电工程学院的主要负责人。

实验室技术安全管理分委员会办公室设在实验室与设备管理处，负责实验室技术安全日常监督和管理，办公室主任由实验室与设备管理处负责人担任。

海南大学食堂食品安全工作领导小组

海大〔2020〕402号

变更时间：2020年12月11日

组　长：骆清铭

副组长：王崇敏

成　员：于旭东　王大群　张树亮　杨　红　林　琛　刘德兵　康由发

海南大学食堂食品安全工作领导小组办公室设在师生事务保障中心，负责学校食堂食品安全日常监督和管理工作，办公室主任由王大群担任。

海南大学征兵工作领导小组

海大办〔2020〕2号

调整时间：2020年1月8日

组　长：武耀廷

副组长：廖清林　王崇敏　梁　谋

成　员：校长办公室（乡村振兴与扶贫办公室）、保卫处（人民武装部）、党委宣传部、学生工作部（处）、研究生工作处（研究生工作部）、团委、招生与就业处（校友会办公室）、教务处、财务处、校医院、儋州校区管理委员会、城西文科基础教学部的主要负责人以及各学院党委（党总支）书记。

海南大学新型冠状病毒感染的肺炎疫情防控工作领导小组

海大办〔2020〕5号

成立时间：2020年1月23日

组　　长：武耀廷　骆清铭

常务副组长：廖清林　王崇敏

成　　员：郑尉杰　傅国华　胡新文　陈险峰　梁　谋　叶光亮　曹宪忠　范　文　韩淑梅　谭　勇　陈明宝　及各单位、各部门行政主要负责人

海南大学各民主党派、统战团体负责人名录

民革海南大学总支

主　委：王小会（女）

副主委：杨　洁（女）　王公法　宁　霞（女）
陈经武　林志雄（校外挂靠）
李政华（校外挂靠）

委　员：成根平（校外挂靠）　万　玲（女）
张广超　罗相龙（校外挂靠）

民盟海南大学委员会

主　委：李仁君

副主委：冯玉红（女）　樊　燕（女）
杨　婕（女）　王晓云（女）

委　员：李培征　李群山　吴语来（女）
张朔人　郇树乾　谢艳丽（女）

民建海南大学支部

主　任：阎二鹏

副主任：黄成明

委　员：白新鹏　胡　涛　张永辉
吴进怡（女）　翟金玲（女）

民进海南大学支部

主　任：曹宝珠

副主任：陈　永　云　敏　赵全鹏

委　员：文　涛　吕　红（女）　严　峰

农工党海南大学委员会

主　委：潘勤鹤

副主委：尹学琼（女）　李　秀

委　员：林昭华　柴　柯　刘海青（女）
韩秀萍（女）

致公党海南大学委员会

主　委：林肇宏

副主委：王新广　马荣江

委　员：李　熵（女）　李　蒙（女）
吴君静（女）

九三学社海南大学委员会

主　委：王　琳（女）

副主委：李从发　李世杰
王永强（已调离海大）李婉萍（女）

委　员：陈小桃（女）　汤继红
何文晋（女，已辞职）　陈志德
安　邦

海南大学无党派知识分子联谊会

会　长：傅国华

副会长：曹春杰　许美丹（女，中共）
韦开蕾（女）　李小北
白丽芳（女）　石晓岩

理　事：韦开蕾　王兆晖　王志佳　云大津
白丽芳（女）　石晓岩　田少卿
李小北　李伟铭　李新国　郭伟良
胡祝华　傅国华　曹春杰
许美丹（女，中共）

秘书长：曹春杰

副秘书长：李伟铭　李新国

海南大学归国华侨联合会第三届委员会及其成员名录

主　　席：梁　谋

常务副主席：华世佳

副 主 席：黄绵佳　刘德兵

秘 书 长：杨志昕（女）

委　　员：云大津　冯玉红（女）　华世佳　刘国良　刘萌萌（女）　刘德兵　许德兴　李小北　杨志昕（女）　吴友根　陈　丹　陈贻设　林少敏　罗盛旭　段玉聪　黄绵佳　梁　谋　黎青松　颜　洪

重要统计数据

学校综合数据

【校园面积】海南大学校园总占地面积约5184.56亩。其中，海甸校区面积2600.21亩，儋州校区面积1708.75亩，文科基础教学部面积139.66亩，秀英农场面积735.94亩。

【校舍面积】校舍总建筑面积1332905.06平方米。其中，海甸校区建筑面积为1084707.16平方米，儋州校区201387.59平方米，文科基础教学部建筑面积为46810.31平方米。

【固定资产】学校固定资产总额（图书类的资产仅含北化系统数据）362184.48万元。

【教职工情况】教职工人数3855人。其中，专任教师2242人、教授466人、其他正高职称42人、副教授714人、其他副高职称106人、博士1081人、硕士730人。

【学生情况】在校学生44635人。

全日制学生人41638人，其中，博士研究生597人、硕士研究生7385人、本科生33192人、外国留学生人464人。

成教本科生1883人，在职研究生1114人。

【图书馆】馆藏文献6954834册，其中，纸质文献（含纸质图书、期刊合订本）3526659册，包括科研用书，按学年计算；电子图书（含电子期刊）3428175册，电子期刊按照中文电子期刊每种每年算1册，外文电子期刊每种每年算2册，不同数据库包含的同种书刊分别计算。中外文电子资源平台（含数据库和电子图书）51个，其中，中文数据库平台20个（包含子库128个），中文电子图书平台6个；外文数据库平台18个（包含子库121个），外文电子图书平台7个。持续更新的免费数据库和试用数据库80多种。自建数据库8个，其中《海南旅游资源》《海南及南海文献》和《热带农业文献》等为海南本土特色数据库。

【档案馆】馆藏纸质档案10932卷、119630件，收录条目243900条；实物档案813件，照片档案3314张，数字化档案110405件。

学生基本数据

博士研究生分专业（领域）学生人数统计

单位：人

专业名称	自主专业名称	年制	毕业生数	授予学位数	招生数		在校生数						预计毕业生数
					合计	其中：应届毕业生	合计	一年级	二年级	三年级	四年级	五年级及以上	
总　计		0	52	46	226	110	597	226	164	82	125	0	125
其　中：女		0	25	21	109	49	302	109	93	43	57	0	57
学术学位博士		0	52	46	226	110	597	226	164	82	125	0	125
其　中：女		0	25	21	109	49	302	109	93	43	57	0	57
全日制学术学位非定向博士		0	52	46	188	110	471	188	127	69	87	0	87
生物化学与分子生物学	生物化学与分子生物学	4	3	5	0	0	31	0	10	7	14	0	14
法学学科	法学	4	7	5	18	8	56	18	17	10	11	0	11
生物学学科	生物学	4	0	0	31	21	31	31	0	0	0	0	0
植物学	植物学	4	4	3	0	0	20	0	6	8	6	0	6
水生生物学	水生生物学	4	3	3	0	0	14	0	4	6	4	0	4
微生物学	微生物学	4	2	1	0	0	9	0	1	3	5	0	5
遗传学	遗传学	4	3	2	0	0	8	0	0	3	5	0	5
生物学学科	生物材料	4	3	3	0	0	11	0	0	8	3	0	3
生态学学科	生态学	4	8	7	14	8	45	14	9	10	12	0	12
材料科学与工程学科	材料科学与工程	4	0	0	16	10	29	16	13	0	0	0	0
信息与通信工程学科	信息与通信工程	4	5	5	28	17	51	28	15	0	8	0	8
化学工程与技术学科	化学工程与技术	4	0	0	10	6	16	10	6	0	0	0	0
食品科学与工程学科	食品科学与工程	4	0	0	12	6	17	12	5	0	0	0	0
网络空间安全学科	网络空间安全	4	0	0	7	4	12	7	5	0	0	0	0
作物学学科	作物学	4	0	0	32	23	32	32	0	0	0	0	0
作物栽培学与耕作学	作物栽培学与耕作学	4	7	5	0	0	15	0	6	4	5	0	5
作物遗传育种	作物遗传育种	4	3	3	0	0	36	0	19	7	10	0	10

续表

专业名称	自主专业名称	年制	毕业生数	授予学位数	招生数		在校生数						预计毕业生数
					合计	其中：应届毕业生	合计	一年级	二年级	三年级	四年级	五年级及以上	
作物学学科	种质资源学	4	0	2	0	0	0	0	0	0	0	0	0
作物学学科	分子植物病理学	4	0	1	0	0	1	0	0	0	1	0	1
作物学学科	橡胶学	4	1	0	0	0	1	0	0	0	1	0	1
作物学学科	农业生物技术	4	3	1	0	0	5	0	0	3	2	0	2
工商管理学科	工商管理	4	0	0	20	7	31	20	11	0	0	0	0
全日制学术学位定向博士		0	0	0	38	0	126	38	37	13	38	0	38
法学学科	法学	4	0	0	3	0	17	3	7	2	5	0	5
法学学科	法学	4	0	0	1	0	2	1	1	0	0	0	0
生物学学科	生物学	4	0	0	4	0	4	4	0	0	0	0	0
植物学	植物学	4	0	0	0	0	5	0	0	2	3	0	3
水生生物学	水生生物学	4	0	0	0	0	6	0	0	2	4	0	4
微生物学	微生物学	4	0	0	0	0	4	0	2	1	1	0	1
微生物学	微生物学	4	0	0	0	0	1	0	1	0	0	0	0
遗传学	遗传学	4	0	0	0	0	1	0	0	0	1	0	1
生物化学与分子生物学	生物化学与分子生物学	4	0	0	0	0	10	0	2	2	6	0	6
生物学学科	生物材料	4	0	0	0	0	3	0	0	0	3	0	3
生态学学科	生态学	4	0	0	0	0	13	0	2	3	8	0	8
材料科学与工程学科	材料科学与工程	4	0	0	2	0	6	2	4	0	0	0	0
信息与通信工程学科	信息与通信工程	4	0	0	6	0	10	6	4	0	0	0	0
化学工程与技术学科	化学工程与技术	4	0	0	2	0	2	2	0	0	0	0	0
食品科学与工程学科	食品科学与工程	4	0	0	3	0	5	3	2	0	0	0	0
网络空间安全学科	网络空间安全	4	0	0	2	0	4	2	2	0	0	0	0
作物学学科	作物学	4	0	0	8	0	8	8	0	0	0	0	0
作物栽培学与耕作学	作物栽培学与耕作学	4	0	0	0	0	3	0	1	0	2	0	2
作物遗传育种	作物遗传育种	4	0	0	0	0	10	0	5	1	4	0	4
作物学学科	农业生物技术	4	0	0	0	0	1	0	0	0	1	0	1
工商管理学科	工商管理	4	0	0	5	0	9	5	4	0	0	0	0
工商管理学科	工商管理	4	0	0	2	0	2	2	0	0	0	0	0

硕士研究生分专业（领域）学生人数统计

单位：人

专业名称	自主专业名称	年制	毕业生数	授予学位数	招生数		在校生数						预计毕业生数
					合计	其中：应届毕业生	合计	一年级	二年级	三年级	四年级	五年级及以上	
总　计		0	1549	1546	2799	1349	7385	2799	2161	2425	0	0	2425
其　中：女		0	893	887	1481	724	4029	1481	1204	1344	0	0	1344
学术学位硕士		0	522	520	829	496	2056	829	641	586	0	0	586
其　中：女		0	303	298	436	280	1106	436	346	324	0	0	324
全日制学术学位非定向硕士		0	522	520	819	490	2037	819	634	584	0	0	584
哲学学科	哲学	3	0	0	8	4	8	8	0	0	0	0	0
马克思主义哲学	马克思主义哲学	3	0	0	0	0	1	0	1	0	0	0	0
中国哲学	中国哲学	3	3	3	0	0	10	0	4	6	0	0	6
外国哲学	外国哲学	3	4	4	0	0	10	0	5	5	0	0	5
伦理学	伦理学	3	0	0	0	0	2	0	2	0	0	0	0
政治经济学	政治经济学	3	2	2	2	0	6	2	2	2	0	0	2
世界经济	世界经济	3	4	4	2	0	10	2	4	4	0	0	4
区域经济学	区域经济学	3	0	0	0	0	2	0	2	0	0	0	0
财政学（含：税收学）	财政学（含：税收学）	3	1	1	0	0	4	0	1	3	0	0	3
金融学（含：保险学）	金融学（含：保险学）	3	11	11	0	0	18	0	8	10	0	0	10
产业经济学	产业经济学	3	5	5	0	0	5	0	3	2	0	0	2
国际贸易学	国际贸易学	3	4	4	0	0	9	0	4	5	0	0	5
统计学	统计学	3	2	2	0	0	5	0	3	2	0	0	2
法学理论	法学理论	3	2	2	2	0	9	2	3	4	0	0	4
法律史	法律史	3	4	4	2	2	5	2	2	1	0	0	1
宪法学与行政法学	宪法学与行政法学	3	3	3	3	2	11	3	4	4	0	0	4
刑法学	刑法学	3	6	6	4	3	13	4	5	4	0	0	4
民商法学（含：劳动法学、社会保障法学）	民商法学（含：劳动法学、社会保障法学）	3	13	12	11	3	36	11	13	12	0	0	12
诉讼法学	诉讼法学	3	5	5	9	2	20	9	6	5	0	0	5
经济法学	经济法学	3	3	3	7	4	13	7	3	3	0	0	3
环境与资源保护法学	环境与资源保护法学	3	2	2	6	1	12	6	3	3	0	0	3

续表

专业名称	自主专业名称	年制	毕业生数	授予学位数	招生数		在校生数						预计毕业生数
					合计	其中：应届毕业生	合计	一年级	二年级	三年级	四年级	五年级及以上	
国际法学（含：国际公法、国际私法、国际经济法）	国际法学（含：国际公法、国际私法、国际经济法）	3	3	3	6	3	15	6	3	6	0	0	6
政治学理论	政治学理论	3	15	15	11	6	37	11	12	14	0	0	14
政治学理论	政治学理论	3	0	0	2	2	2	2	0	0	0	0	0
政治学理论	政治学理论	3	0	0	0	0	1	0	1	0	0	0	0
中共党史（含：党的学说与党的建设）	中共党史（含：党的学说与党的建设）	3	1	1	0	0	4	0	1	3	0	0	3
中共党史（含：党的学说与党的建设）	中共党史（含：党的学说与党的建设）	3	0	0	1	1	1	1	0	0	0	0	0
应用经济学学科	应用经济学	3	0	0	25	9	25	25	0	0	0	0	0
思想政治教育	思想政治教育	3	19	19	15	11	50	15	14	21	0	0	21
马克思主义基本原理	马克思主义基本原理	3	3	3	6	6	13	6	4	3	0	0	3
植物学	植物学	3	13	14	0	0	22	0	8	14	0	0	14
动物学	动物学	3	4	3	0	0	7	0	3	4	0	0	4
思想政治教育	思想政治教育	3	0	0	1	1	1	1	0	0	0	0	0
马克思主义中国化研究	马克思主义中国化研究	3	0	0	1	1	1	1	0	0	0	0	0
中国近现代史基本问题研究	中国近现代史基本问题研究	3	2	2	5	4	10	5	3	2	0	0	2
英语语言文学	英语语言文学	3	8	8	0	0	17	0	8	9	0	0	9
俄语语言文学	俄语语言文学	3	0	0	0	0	2	0	2	0	0	0	0
日语语言文学	日语语言文学	3	0	0	0	0	2	0	2	0	0	0	0
外国语言学及应用语言学	外国语言学及应用语言学	3	3	3	0	0	10	0	3	7	0	0	7
外国语言文学学科	外国语言文学	3	0	0	23	11	23	23	0	0	0	0	0
海洋生物学	海洋生物学	3	7	5	11	7	27	11	7	9	0	0	9
生态学学科	生态学	3	10	11	30	17	62	30	23	9	0	0	9
生物化学与分子生物学	生物化学与分子生物学	3	23	24	0	0	44	0	19	25	0	0	25
发育生物学	发育生物学	3	2	2	0	0	4	0	0	4	0	0	4
遗传学	遗传学	3	7	8	0	0	15	0	8	7	0	0	7

续表

专业名称	自主专业名称	年制	毕业生数	授予学位数	招生数		在校生数						预计毕业生数
					合计	其中：应届毕业生	合计	一年级	二年级	三年级	四年级	五年级及以上	
微生物学	微生物学	3	11	12	0	0	19	0	4	15	0	0	15
生物学学科	生物学	3	0	0	44	34	44	44	0	0	0	0	0
马克思主义中国化研究	马克思主义中国化研究	3	2	2	6	4	13	6	4	3	0	0	3
机械工程学科	机械工程	3	0	0	15	8	26	15	11	0	0	0	0
畜牧学学科	畜牧学	3	0	0	12	9	24	12	12	0	0	0	0
林木遗传育种	林木遗传育种	3	2	2	0	0	4	0	0	4	0	0	4
森林培育	森林培育	3	2	2	0	0	2	0	0	2	0	0	2
森林保护学	森林保护学	3	0	0	0	0	6	0	0	6	0	0	6
野生动植物保护与利用	野生动植物保护与利用	3	2	1	0	0	3	0	0	3	0	0	3
林学学科	林学	3	0	0	9	7	16	9	7	0	0	0	0
水产养殖	水产养殖	3	0	0	0	0	1	0	0	1	0	0	1
水产学科	水产	3	16	18	18	12	56	18	19	19	0	0	19
水产学科	水产	3	0	0	0	0	1	0	1	0	0	0	0
作物栽培学与耕作学	作物栽培学与耕作学	3	11	13	0	0	16	0	7	9	0	0	9
作物遗传育种	作物遗传育种	3	23	20	0	0	54	0	31	23	0	0	23
果树学	果树学	3	3	3	0	0	11	0	5	6	0	0	6
蔬菜学	蔬菜学	3	4	4	0	0	10	0	5	5	0	0	5
材料科学与工程学科	材料科学与工程	3	29	25	41	28	95	41	24	30	0	0	30
材料科学与工程学科	材料科学与工程	3	0	0	1	1	1	1	0	0	0	0	0
作物学学科	作物学	3	0	0	58	42	58	58	0	0	0	0	0
作物学学科	农业生物技术	3	12	15	0	0	22	0	11	11	0	0	11
数学学科	数学	3	0	0	20	11	29	20	9	0	0	0	0
应用数学	应用数学	3	6	6	0	0	5	0	0	5	0	0	5
信息与通信工程学科	信息与通信工程	3	12	13	59	23	101	59	27	15	0	0	15
刑法学	刑法学	3	0	0	0	0	1	0	1	0	0	0	0
文艺学	文艺学	3	4	4	5	2	14	5	6	3	0	0	3
语言学及应用语言学	语言学及应用语言学	3	0	0	3	0	7	3	4	0	0	0	0
中国古代文学	中国古代文学	3	3	3	7	3	21	7	6	8	0	0	8
中国现当代文学	中国现当代文学	3	8	8	7	4	23	7	8	8	0	0	8

续表

专业名称	自主专业名称	年制	毕业生数	授予学位数	招生数		在校生数						预计毕业生数
					合计	其中：应届毕业生	合计	一年级	二年级	三年级	四年级	五年级及以上	
比较文学与世界文学	比较文学与世界文学	3	3	3	3	2	9	3	3	3	0	0	3
计算机科学与技术学科	计算机科学与技术	3	6	5	8	2	28	8	12	8	0	0	8
网络空间安全学科	网络空间安全	3	0	0	12	8	27	12	15	0	0	0	0
园艺学学科	园艺学	3	0	0	23	19	23	23	0	0	0	0	0
食品科学与工程学科	食品科学与工程	3	18	18	43	35	77	43	15	19	0	0	19
风景园林学学科	风景园林学	3	13	12	19	13	42	19	10	13	0	0	13
园艺学学科	观赏园艺	3	3	3	0	0	7	0	2	5	0	0	5
土壤学	土壤学	3	6	6	0	0	5	0	0	5	0	0	5
植物营养学	植物营养学	3	3	1	0	0	4	0	0	4	0	0	4
农业资源与环境学科	农业资源与环境	3	0	0	6	6	16	6	10	0	0	0	0
植物病理学	植物病理学	3	7	8	14	11	30	14	9	7	0	0	7
农业昆虫与害虫防治	农业昆虫与害虫防治	3	3	3	4	2	12	4	4	4	0	0	4
农药学	农药学	3	2	2	4	4	13	4	4	5	0	0	5
动物遗传育种与繁殖	动物遗传育种与繁殖	3	4	3	0	0	4	0	0	4	0	0	4
土木工程学科	土木工程	3	0	0	26	18	66	26	20	20	0	0	20
岩土工程	岩土工程	3	3	3	0	0	0	0	0	0	0	0	0
结构工程	结构工程	3	13	13	0	0	0	0	0	0	0	0	0
桥梁与隧道工程	桥梁与隧道工程	3	1	2	0	0	0	0	0	0	0	0	0
化学工程与技术学科	化学工程与技术	3	24	24	33	18	77	33	18	26	0	0	26
药学学科	药学	3	13	14	11	7	45	11	18	16	0	0	16
药学学科	药学	3	0	0	1	1	1	1	0	0	0	0	0
公共管理学科	公共管理	3	0	0	17	10	30	17	13	0	0	0	0
农业机械化工程	农业机械化工程	3	6	6	5	3	17	5	6	6	0	0	6
环境工程	环境工程	3	9	8	0	0	6	0	0	6	0	0	6
环境科学与工程学科	环境科学与工程	3	0	0	15	9	27	15	12	0	0	0	0
管理科学与工程学科	管理科学与工程	3	0	0	9	4	15	9	6	0	0	0	0
会计学	会计学	3	8	8	10	4	27	10	8	9	0	0	9

续表

专业名称	自主专业名称	年制	毕业生数	授予学位数	招生数 合计	招生数 其中：应届毕业生	在校生数 合计	在校生数 一年级	在校生数 二年级	在校生数 三年级	在校生数 四年级	在校生数 五年级及以上	预计毕业生数
企业管理（含：财务管理、市场营销、人力资源管理）	企业管理（含：财务管理、市场营销、人力资源管理）	3	14	14	18	9	55	18	23	14	0	0	14
旅游管理	旅游管理	3	12	12	24	10	49	24	10	15	0	0	15
技术经济及管理	技术经济及管理	3	3	3	3	1	7	3	2	2	0	0	2
农业经济管理	农业经济管理	3	4	4	0	0	5	0	0	5	0	0	5
农林经济管理学科	农林经济管理	3	0	0	8	4	16	8	8	0	0	0	0
音乐与舞蹈学学科	音乐与舞蹈学	3	0	0	5	2	10	5	5	0	0	0	0
全日制学术学位定向硕士		0	0	0	10	6	19	10	7	2	0	0	2
中国哲学	中国哲学	3	0	0	0	0	1	0	1	0	0	0	0
金融学（含：保险学）	金融学（含：保险学）	3	0	0	0	0	1	0	1	0	0	0	0
民商法学（含：劳动法学、社会保障法学）	民商法学（含：劳动法学、社会保障法学）	3	0	0	0	0	2	0	2	0	0	0	0
环境与资源保护法学	环境与资源保护法学	3	0	0	1	1	1	1	0	0	0	0	0
国际法学（含：国际公法、国际私法、国际经济法）	国际法学（含：国际公法、国际私法、国际经济法）	3	0	0	0	0	1	0	1	0	0	0	0
思想政治教育	思想政治教育	3	0	0	4	2	5	4	1	0	0	0	0
中国古代文学	中国古代文学	3	0	0	1	1	1	1	0	0	0	0	0
中国现当代文学	中国现当代文学	3	0	0	1	1	1	1	0	0	0	0	0
外国语言学及应用语言学	外国语言学及应用语言学	3	0	0	0	0	1	0	0	1	0	0	1
应用数学	应用数学	3	0	0	0	0	1	0	0	1	0	0	1
公共管理学科	公共管理	3	0	0	0	0	1	0	1	0	0	0	0
外国语言文学学科	外国语言文学	3	0	0	1	1	1	1	0	0	0	0	0
生态学学科	生态学	3	0	0	1	0	1	1	0	0	0	0	0
企业管理（含：财务管理、市场营销、人力资源管理）	企业管理（含：财务管理、市场营销、人力资源管理）	3	0	0	1	0	1	1	0	0	0	0	0
专业学位硕士		0	1027	1026	1970	853	5329	1970	1520	1839	0	0	1839
其　中：女		0	590	589	1045	444	2923	1045	858	1020	0	0	1020

续表

专业名称	自主专业名称	年制	毕业生数	授予学位数	招生数		在校生数						预计毕业生数
					合计	其中：应届毕业生	合计	一年级	二年级	三年级	四年级	五年级及以上	
全日制专业学位非定向硕士		0	865	864	1573	849	3834	1573	1122	1139	0	0	1139
金融	金融	3	20	20	44	22	101	44	29	28	0	0	28
国际商务	国际商务	3	20	20	24	13	60	24	22	14	0	0	14
翻译	翻译	3	0	0	39	16	39	39	0	0	0	0	0
英语笔译	英语笔译	3	26	26	0	0	55	0	22	33	0	0	33
英语口译	英语口译	3	20	20	0	0	31	0	14	17	0	0	17
日语笔译	日语笔译	3	10	10	0	0	18	0	8	10	0	0	10
新闻与传播	新闻与传播	3	28	28	19	10	64	19	24	21	0	0	21
工程	材料工程	3	42	40	0	0	133	0	72	61	0	0	61
工程	软件工程	3	34	34	0	0	105	0	59	46	0	0	46
工程	化学工程	3	29	28	0	0	106	0	58	48	0	0	48
工程	食品工程	3	39	39	0	0	82	0	49	33	0	0	33
工程	电子与通信工程	3	32	32	0	0	85	0	47	38	0	0	38
电子信息	电子信息	3	0	0	229	116	229	229	0	0	0	0	0
材料与化工	材料与化工	3	0	0	162	112	162	162	0	0	0	0	0
生物与医药	生物与医药	3	0	0	87	46	87	87	0	0	0	0	0
农业	农业	3	19	19	0	0	0	0	0	0	0	0	0
农业	农业	3	32	34	0	0	3	0	0	3	0	0	3
农业	农业	3	11	11	0	0	0	0	0	0	0	0	0
农业	农业	3	24	24	0	0	2	0	0	2	0	0	2
农业	农业	3	4	4	0	0	0	0	0	0	0	0	0
农业	农业	3	5	5	0	0	0	0	0	0	0	0	0
农业	农业	3	19	19	0	0	1	0	0	1	0	0	1
农业	农业	3	26	26	0	0	2	0	0	2	0	0	2
农业	农业	3	29	29	0	0	1	0	0	1	0	0	1
农业	农业	3	17	17	0	0	1	0	0	1	0	0	1
农业	农业	3	0	0	175	128	442	175	152	115	0	0	115
农业	农业	3	0	0	152	97	299	152	68	79	0	0	79
农业	农业	3	0	0	6	3	26	6	10	10	0	0	10
农业	农业	3	0	0	63	37	163	63	51	49	0	0	49
农业	农业	3	0	0	47	33	86	47	24	15	0	0	15
农业	农业	3	0	0	28	14	77	28	20	29	0	0	29
农业	农业	3	0	0	20	15	59	20	25	14	0	0	14

续表

专业名称	自主专业名称	年制	毕业生数	授予学位数	招生数		在校生数						预计毕业生数
					合计	其中：应届毕业生	合计	一年级	二年级	三年级	四年级	五年级及以上	
农业	农业	3	0	0	1	0	1	1	0	0	0	0	0
农业	农业	3	0	0	20	14	47	20	17	10	0	0	10
法律	法律（非法学）	3	96	96	74	21	242	74	86	82	0	0	82
法律	法律（非法学）	3	0	0	1	0	1	1	0	0	0	0	0
法律	法律（法学）	3	51	51	75	25	229	75	66	88	0	0	88
法律	法律（法学）	3	0	0	1	1	1	1	0	0	0	0	0
农业	农业	3	0	0	1	1	1	1	0	0	0	0	0
兽医	兽医	3	0	0	19	14	33	19	14	0	0	0	0
风景园林	风景园林	3	0	0	40	27	56	40	16	0	0	0	0
林业	林业	3	0	0	45	36	72	45	27	0	0	0	0
兽医	兽医	3	0	0	0	0	1	0	1	0	0	0	0
工商管理	工商管理	3	71	71	30	0	128	30	0	98	0	0	98
公共管理	公共管理	3	88	88	27	0	126	27	19	80	0	0	80
会计	会计	3	0	0	32	15	62	32	30	0	0	0	0
旅游管理	旅游管理	3	6	6	28	0	59	28	23	8	0	0	8
会计	会计	3	0	0	3	2	4	3	1	0	0	0	0
音乐	音乐	3	20	20	31	9	82	31	27	24	0	0	24
戏剧	戏剧	3	17	17	0	0	0	0	0	0	0	0	0
电影	电影	3	0	0	0	0	17	0	0	17	0	0	17
广播电视	广播电视	3	0	0	0	0	9	0	0	9	0	0	9
舞蹈	舞蹈	3	4	4	0	0	16	0	10	6	0	0	6
美术	美术	3	10	10	0	0	8	0	0	8	0	0	8
艺术设计	艺术设计	3	16	16	50	22	120	50	31	39	0	0	39
全日制专业学位定向硕士		0	6	6	12	4	78	12	16	50	0	0	50
法律	法律（法学）	3	0	0	1	0	1	1	0	0	0	0	0
金融	金融	3	0	0	1	1	2	1	1	0	0	0	0
法律	法律（非法学）	3	0	0	0	0	2	0	1	1	0	0	1
法律	法律（非法学）	3	0	0	3	1	5	3	2	0	0	0	0
英语笔译	英语笔译	3	0	0	0	0	1	0	1	0	0	0	0
英语笔译	英语笔译	3	0	0	0	0	2	0	2	0	0	0	0
英语口译	英语口译	3	0	0	0	0	1	0	1	0	0	0	0
新闻与传播	新闻与传播	3	0	0	0	0	1	0	1	0	0	0	0
工程	材料工程	3	0	0	0	0	1	0	1	0	0	0	0
农业	农业	3	0	0	1	0	2	1	0	1	0	0	1

续表

专业名称	自主专业名称	年制	毕业生数	授予学位数	招生数		在校生数						预计毕业生数
					合计	其中：应届毕业生	合计	一年级	二年级	三年级	四年级	五年级及以上	
农业	农业	3	0	0	1	0	1	1	0	0	0	0	0
风景园林	风景园林	3	0	0	1	1	4	1	3	0	0	0	0
工商管理	工商管理	3	0	0	0	0	24	0	0	24	0	0	24
公共管理	公共管理	3	0	0	0	0	19	0	1	18	0	0	18
会计	会计	3	0	0	3	1	3	3	0	0	0	0	0
旅游管理	旅游管理	3	6	6	0	0	6	0	0	6	0	0	6
音乐	音乐	3	0	0	1	0	2	1	1	0	0	0	0
舞蹈	舞蹈	3	0	0	0	0	1	0	1	0	0	0	0
非全日制专业学位非定向硕士		0	30	30	365	0	1079	365	356	358	0	0	358
法律	法律（非法学）	3	14	14	14	0	20	14	0	6	0	0	6
法律	法律（法学）	3	10	10	7	0	9	7	0	2	0	0	2
工程	电子与通信工程	3	1	1	0	0	3	0	0	3	0	0	3
农业	农业	3	2	2	0	0	0	0	0	0	0	0	0
农业	农业	3	3	3	0	0	0	0	0	0	0	0	0
农业	农业	3	0	0	0	0	7	0	0	7	0	0	7
工商管理	工商管理	3	0	0	165	0	491	165	172	154	0	0	154
工商管理	工商管理	3	0	0	0	0	1	0	1	0	0	0	0
公共管理	公共管理	3	0	0	123	0	375	123	114	138	0	0	138
公共管理	公共管理	3	0	0	0	0	4	0	4	0	0	0	0
会计	会计	3	0	0	19	0	38	19	19	0	0	0	0
旅游管理	旅游管理	3	0	0	37	0	131	37	46	48	0	0	48
非全日制专业学位定向硕士		0	126	126	20	0	338	20	26	292	0	0	292
法律	法律（非法学）	3	14	14	2	0	7	2	0	5	0	0	5
法律	法律（法学）	3	7	7	1	0	5	1	0	4	0	0	4
工程	电子与通信工程	3	2	2	0	0	0	0	0	0	0	0	0
农业	农业	3	3	3	0	0	0	0	0	0	0	0	0
农业	农业	3	2	2	0	0	0	0	0	0	0	0	0
农业	农业	3	1	1	0	0	0	0	0	0	0	0	0
农业	农业	3	0	0	0	0	1	0	0	1	0	0	1
工商管理	工商管理	3	43	43	10	0	168	10	8	150	0	0	150
公共管理	公共管理	3	32	32	6	0	137	6	15	116	0	0	116
会计	会计	3	0	0	1	0	2	1	1	0	0	0	0
旅游管理	旅游管理	3	22	22	0	0	18	0	2	16	0	0	16

普通本科分专业学生人数统计

单位：人

专业名称	自主专业名称	年制	毕业生数	授予学位数	招生数				在校生数						预计毕业生数
					合计	其中：应届毕业生	其中：春季招生	其中：预科生转入	合计	一年级	二年级	三年级	四年级	五年级及以上	
总　计		0	7983	7680	7989	7949	0	40	33192	7989	8367	8547	8229	60	8272
其　中:女		0	4335	4287	3795	3771	0	24	17064	3795	4193	4524	4522	30	4530
高中起点本科		0	7957	7654	7896	7856	0	40	33001	7896	8338	8547	8160	60	8174
植物保护	植物保护	4	82	79	113	112	0	1	388	113	90	95	90	0	90
植物保护	植物保护(农药与农产品安全方向)	4	117	106	0	0	0	0	164	0	0	69	95	0	95
植物保护	植物保护(卓越人才班)	4	34	33	0	0	0	0	32	0	32	0	0	0	0
林学	林学	4	0	0	137	137	0	0	429	137	104	88	100	0	100
园林	园林	4	75	74	57	56	0	1	248	57	59	68	64	0	64
森林保护	森林保护	4	0	0	0	0	0	0	92	0	29	32	31	0	31
水产养殖学	水产养殖学	4	76	70	112	111	0	1	315	112	70	62	71	0	71
药学	药学	4	84	84	117	116	0	1	338	117	72	70	79	0	79
信息管理与信息系统	信息管理与信息系统	4	63	62	0	0	0	0	184	0	71	62	51	0	51
工程管理	工程管理	4	59	57	0	0	0	0	164	0	59	51	54	0	54
工商管理	工商管理	4	51	49	0	0	0	0	149	0	0	87	62	0	62
市场营销	市场营销	4	66	66	0	0	0	0	144	0	0	78	66	0	66
会计学	会计学	4	228	227	0	0	0	0	342	0	0	183	159	0	159
会计学	会计学(涉外会计方向)	4	167	164	0	0	0	0	293	0	87	95	111	0	111
财务管理	财务管理	4	121	120	177	177	0	0	459	177	0	121	161	0	161
财务管理	财务管理(企业理财方向)	4	146	143	0	0	0	0	290	0	90	102	98	0	98
财务管理	财务管理(与海南经贸职业技术学院联合培养4+0)	4	0	0	50	50	0	0	148	50	49	49	0	0	0
人力资源管理	人力资源管理	4	79	78	0	0	0	0	156	0	0	83	73	0	73
审计学	审计学	4	0	0	175	175	0	0	505	175	119	123	88	0	88
工商管理类专业	工商管理类(会计学、财务管理、工商管理、人力资源管理、市场营销)	4	0	0	0	0	0	0	456	0	456	0	0	0	0

续表

专业名称	自主专业名称	年制	毕业生数	授予学位数	招生数 合计	其中：应届毕业生	其中：春季招生	其中：预科生转入	在校生数 合计	一年级	二年级	三年级	四年级	五年级及以上	预计毕业生数
工商管理类专业	工商管理类（会计学、工商管理）	4	0	0	353	349	0	4	353	353	0	0	0	0	0
农林经济管理	农林经济管理	4	56	55	86	85	0	1	293	86	54	74	79	0	79
行政管理	行政管理	4	108	107	116	114	0	2	314	116	0	97	101	0	101
行政管理	行政管理（行政文秘方向）	4	103	94	0	0	0	0	252	0	90	71	91	0	91
行政管理	行政管理（中外合作办学）	4	0	0	52	52	0	0	218	52	62	51	53	0	53
土地资源管理（注：可授管理学或工学学士学位）	土地资源管理	4	109	108	117	117	0	0	296	117	0	82	97	0	97
公共关系学	公共关系学	4	59	55	89	88	0	1	216	89	0	66	61	0	61
公共管理类专业	公共管理类（行政管理、公共关系学、土地资源管理）	4	0	0	0	0	0	0	190	0	190	0	0	0	0
物流管理	物流管理	4	45	45	89	89	0	0	258	89	52	58	59	0	59
电子商务	电子商务	4	0	0	172	172	0	0	474	172	106	106	90	0	90
旅游管理	旅游管理	4	189	185	0	0	0	0	387	0	0	197	190	0	190
酒店管理	酒店管理	4	91	90	0	0	0	0	184	0	0	85	99	0	99
酒店管理	酒店管理（中外合作办学）	4	0	0	131	131	0	0	494	131	123	113	127	0	127
会展经济与管理	会展经济与管理	4	60	59	0	0	0	0	168	0	0	90	78	0	78
会展经济与管理	会展经济与管理（中外合作办学）	4	86	86	93	93	0	0	369	93	98	103	75	0	75
旅游管理类专业	旅游管理类（旅游管理、酒店管理会展经济与管理）	4	0	0	317	312	0	5	528	317	211	0	0	0	0
音乐表演	音乐表演	4	0	0	84	84	0	0	123	84	39	0	0	0	0
音乐表演	音乐表演（器乐方向）	4	38	38	0	0	0	0	76	0	0	39	37	0	37
音乐表演	音乐表演（声乐方向）	4	33	33	0	0	0	0	112	0	38	36	38	0	38
舞蹈编导	舞蹈编导	4	32	32	60	60	0	0	203	60	54	48	41	0	41

续表

专业名称	自主专业名称	年制	毕业生数	授予学位数	招生数				在校生数						预计毕业生数
					合计	其中：应届毕业生	其中：春季招生	其中：预科生转入	合计	一年级	二年级	三年级	四年级	五年级及以上	
戏剧影视文学	戏剧影视文学（影视编导方向）	4	71	71	57	57	0	0	267	57	70	71	69	0	69
绘画	绘画	4	65	65	59	59	0	0	246	59	47	70	70	0	70
视觉传达设计	视觉传达设计	4	39	39	124	124	0	0	299	124	74	52	49	0	49
环境设计	环境设计	4	47	47	0	0	0	0	144	0	48	52	44	0	44
服装与服饰设计	服装与服饰设计	4	16	16	0	0	0	0	50	0	16	18	16	0	16
服装与服饰设计	服装与服饰设计（服装表演方向）	4	19	19	0	0	0	0	16	0	0	0	16	0	16
经济统计学	经济统计学	4	73	73	0	0	0	0	259	0	70	105	84	0	84
金融学	金融学	4	157	157	89	88	0	1	553	89	112	188	164	0	164
国际经济与贸易	国际经济与贸易	4	110	110	115	114	0	1	421	115	82	124	100	0	100
国际经济与贸易	国际经济与贸易（文科实验班）	4	28	28	0	0	0	0	94	0	32	32	30	0	30
法学	法学	4	144	143	136	133	0	3	755	136	166	213	240	0	240
法学	法学（文科实验班）	4	28	28	0	0	0	0	98	0	34	33	31	0	31
法学	法学（卓越人才班）	4	31	31	0	0	0	0	33	0	33	0	0	0	0
思想政治教育	思想政治教育	4	45	44	58	57	0	1	197	58	41	56	42	0	42
休闲体育	休闲体育	4	0	0	60	60	0	0	119	60	59	0	0	0	0
汉语言文学	汉语言文学	4	109	109	117	115	0	2	353	117	0	118	118	0	118
汉语国际教育	汉语国际教育	4	78	73	0	0	0	0	191	0	0	101	90	0	90
中国语言文学类专业	中国语言文学类（汉语言文学、汉语国际教育）	4	0	0	0	0	0	0	180	0	180	0	0	0	0
英语	英语	4	143	143	176	176	0	0	503	176	0	188	139	0	139
英语	英语（旅游英语方向）	4	82	69	0	0	0	0	0	0	0	0	0	0	0
俄语	俄语	4	55	55	60	60	0	0	149	60	26	28	35	0	35
俄语	俄语（商务俄语方向）	4	78	75	0	0	0	0	185	0	56	65	64	0	64
日语	日语	4	58	55	90	90	0	0	255	90	55	55	55	0	55
商务英语	商务英语	4	212	209	0	0	0	0	490	0	0	225	265	0	265

续表

专业名称	自主专业名称	年制	毕业生数	授予学位数	招生数				在校生数						预计毕业生数
					合计	其中：应届毕业生	其中：春季招生	其中：预科生转入	合计	一年级	二年级	三年级	四年级	五年级及以上	
外国语言文学类专业	外国语言文学类(商务英语、英语)	4	0	0	0	0	0	0	323	0	323	0	0	0	0
广告学	广告学	4	64	62	0	0	0	0	109	0	0	56	53	0	53
传播学	传播学	4	48	48	90	88	0	2	208	90	0	61	57	0	57
新闻传播学类专业	新闻传播学类(传播学、广告学)	4	0	0	0	0	0	0	104	0	104	0	0	0	0
数学与应用数学	数学与应用数学	4	52	51	119	119	0	0	218	119	0	57	42	0	42
信息与计算科学	信息与计算科学	4	39	36	0	0	0	0	80	0	0	40	40	0	40
数学类专业	数学类(数学与应用数学、信息与计算科学)	4	0	0	0	0	0	0	140	0	140	0	0	0	0
应用物理学	应用物理学	4	0	0	59	59	0	0	59	59	0	0	0	0	0
应用化学	应用化学	4	90	86	88	88	0	0	286	88	74	55	69	0	69
人文地理与城乡规划	人文地理与城乡规划	4	38	38	0	0	0	0	115	0	39	39	37	0	37
人文地理与城乡规划	人文地理与城乡规划(中外合作办学)	4	0	0	84	84	0	0	328	84	89	86	69	0	69
海洋科学	海洋科学	4	63	60	89	88	0	1	253	89	56	57	51	0	51
海洋资源与环境	海洋资源与环境	4	0	0	0	0	0	0	107	0	56	51	0	0	0
生物科学	生物科学	4	68	68	89	88	0	1	297	89	72	63	73	0	73
生物技术	生物技术	4	74	74	91	91	0	0	259	91	67	66	35	0	35
生态学	生态学	4	0	0	137	137	0	0	335	137	117	81	0	0	0
机械设计制造及其自动化	机械设计制造及其自动化	4	120	107	158	157	0	1	283	158	0	66	59	0	59
机械电子工程	机械电子工程	4	115	106	0	0	0	0	188	0	0	87	101	0	101
车辆工程	车辆工程	4	85	73	107	107	0	0	304	107	0	95	102	0	102
机械类专业	机械类(机械设计制造及其自动化机械电子工程、车辆工程)	4	0	0	0	0	0	0	211	0	211	0	0	0	0
材料科学与工程	材料科学与工程	4	90	84	0	0	0	0	158	0	0	73	85	0	85

续表

专业名称	自主专业名称	年制	毕业生数	授予学位数	招生数				在校生数						预计毕业生数
					合计	其中：			合计	一年级	二年级	三年级	四年级	五年级及以上	
						应届毕业生	春季招生	预科生转入							
材料科学与工程	材料科学与工程（理科实验班）	4	26	26	0	0	0	0	79	0	26	25	28	0	28
高分子材料与工程	高分子材料与工程	4	43	39	0	0	0	0	176	0	0	78	98	0	98
高分子材料与工程	高分子材料与工程（卓越人才班）	4	29	28	0	0	0	0	30	0	30	0	0	0	0
材料类专业	材料类（高分子材料与工程、材料科学与工程）	4	0	0	205	204	0	1	355	205	150	0	0	0	0
电气工程及其自动化	电气工程及其自动化	4	119	111	0	0	0	0	248	0	71	84	93	0	93
电子信息工程	电子信息工程	4	63	55	0	0	0	0	189	0	0	64	125	0	125
电子信息工程	电子信息工程（理科实验班）	4	24	24	0	0	0	0	91	0	33	30	28	0	28
电子信息工程	电子信息工程（医学信息技术与工程方向）	4	0	0	30	30	0	0	30	30	0	0	0	0	0
电子科学与技术	电子科学与技术	4	137	113	173	173	0	0	519	173	123	127	96	0	96
通信工程	通信工程	4	105	96	0	0	0	0	264	0	0	145	119	0	119
电子信息类专业	电子信息类（电子信息工程、通信工程）	4	0	0	176	175	0	1	429	176	253	0	0	0	0
自动化	自动化	4	36	35	89	88	0	1	258	89	58	53	58	0	58
计算机科学与技术	计算机科学与技术	4	132	132	0	0	0	0	365	0	125	115	125	0	125
软件工程	软件工程	4	100	99	0	0	0	0	343	0	107	116	120	0	120
软件工程	软件工程（NIIT）	4	0	0	191	191	0	0	575	191	202	182	0	0	0
网络工程	网络工程	4	94	86	176	176	0	0	341	176	0	87	78	0	78
信息安全	信息安全	4	81	80	0	0	0	0	314	0	120	114	80	0	80
信息安全	信息安全（密码学方向）	4	31	31	0	0	0	0	96	0	34	31	31	0	31
物联网工程	物联网工程	4	116	103	180	180	0	0	516	180	124	124	88	0	88
智能科学与技术	智能科学与技术	4	0	0	56	56	0	0	143	56	87	0	0	0	0

续表

专业名称	自主专业名称	年制	毕业生数	授予学位数	招生数				在校生数						预计毕业生数
					合计	其中：应届毕业生	其中：春季招生	其中：预科生转入	合计	一年级	二年级	三年级	四年级	五年级及以上	
数据科学与大数据技术	数据科学与大数据技术	4	0	0	90	90	0	0	147	90	57	0	0	0	0
计算机类专业	计算机类（计算机科学与技术、信息安全）	4	0	0	213	211	0	2	213	213	0	0	0	0	0
土木工程	土木工程	4	165	148	149	148	0	1	695	149	215	166	165	0	165
化学工程与工艺	化学工程与工艺	4	62	62	150	150	0	0	376	150	112	51	63	0	63
化学工程与工艺	化学工程与工艺（卓越人才班）	4	28	28	0	0	0	0	32	0	32	0	0	0	0
制药工程	制药工程	4	0	0	0	0	0	0	98	0	50	48	0	0	0
交通运输	交通运输	4	41	37	0	0	0	0	154	0	48	56	50	0	50
海洋工程与技术	海洋工程与技术	4	40	35	61	61	0	0	169	61	34	38	36	0	36
农业机械化及其自动化	农业机械化及其自动化	4	38	37	0	0	0	0	127	0	34	41	52	0	52
环境科学	环境科学	4	138	130	89	88	0	1	389	89	108	88	104	0	104
食品科学与工程	食品科学与工程	4	111	110	0	0	0	0	203	0	0	93	110	0	110
食品质量与安全	食品质量与安全	4	109	109	0	0	0	0	200	0	0	95	105	0	105
食品科学与工程类专业	食品科学与工程类（食品科学与工程、食品质量与安全）	4	0	0	208	207	0	1	403	208	195	0	0	0	0
建筑学	建筑学	5	55	55	60	60	0	0	227	60	28	33	46	60	60
风景园林	风景园林	4	123	116	120	120	0	0	442	120	113	109	100	0	100
风景园林	风景园林（园林工程技术方向）	4	158	148	0	0	0	0	279	0	105	77	97	0	97
生物工程	生物工程	4	54	47	0	0	0	0	192	0	62	56	74	0	74
农学	农学	4	33	30	89	88	0	1	318	89	59	87	83	0	83
农学	农学（卓越人才班）	4	34	34	0	0	0	0	32	0	32	0	0	0	0
园艺	园艺	4	135	131	134	134	0	0	349	134	74	46	95	0	95
园艺	园艺（草坪科学与工程方向）	4	116	104	0	0	0	0	143	0	0	66	77	0	77
园艺	园艺（卓越人才班）	4	39	39	0	0	0	0	32	0	32	0	0	0	0

续表

专业名称	自主专业名称	年制	毕业生数	授予学位数	招生数				在校生数						预计毕业生数
					合计	其中：应届毕业生	其中：春季招生	其中：预科生转入	合计	一年级	二年级	三年级	四年级	五年级及以上	
种子科学与工程	种子科学与工程	4	0	0	0	0	0	0	188	0	44	78	66	0	66
设施农业科学与工程	设施农业科学与工程	4	65	61	105	105	0	0	278	105	50	51	72	0	72
农业资源与环境	农业资源与环境	4	38	37	57	56	0	1	243	57	49	63	74	0	74
农业资源与环境	农业资源与环境（卓越人才班）	4	36	35	0	0	0	0	32	0	32	0	0	0	0
野生动物与自然保护区管理	野生动物与自然保护区管理	4	0	0	0	0	0	0	178	0	59	61	58	0	58
动物科学	动物科学	4	36	36	58	58	0	0	197	58	46	46	47	0	47
动物医学	动物医学	4	41	41	88	88	0	0	246	88	40	62	56	0	56
动物医学	动物医学（卓越人才班）	4	35	35	0	0	0	0	32	0	32	0	0	0	0
专科起点本科		0	26	26	42	42	0	0	71	42	29	0	0	0	29
园艺	园艺(3+2)	2	26	26	42	42	0	0	71	42	29	0	0	0	29
第二学士学位	第二学士学位	0	0	0	51	51	0	0	51	51	0	0	0	0	0
园林	园林（第二学士学位）	2	0	0	11	11	0	0	11	11	0	0	0	0	0
园艺	园艺（第二学士学位）	2	0	0	6	6	0	0	6	6	0	0	0	0	0
动物医学	动物医学（第二学士学位）	2	0	0	7	7	0	0	7	7	0	0	0	0	0
食品科学与工程	食品科学与工程（第二学士学位）	2	0	0	1	1	0	0	1	1	0	0	0	0	0
信息安全	信息安全（第二学士学位）	2	0	0	8	8	0	0	8	8	0	0	0	0	0
通信工程	通信工程（第二学士学位）	2	0	0	7	7	0	0	7	7	0	0	0	0	0
数学与应用数学	数学与应用数学（第二学士学位）	2	0	0	11	11	0	0	11	11	0	0	0	0	0
对口招收中职生		0	0	0	0	0	0	0	69	0	0	0	69	0	69
植物保护	植物保护(3+4)	4	0	0	0	0	0	0	38	0	0	0	38	0	38
机械设计制造及其自动化	机械设计制造及其自动化(3+4)	4	0	0	0	0	0	0	31	0	0	0	31	0	31

成人本科分专业学生人数统计

单位：人

专业名称	自主专业名称	年制	毕业生数	授予学位数	招生数	在校生数							预计毕业生数
						合计	一年级	二年级	三年级	四年级	五年级	六年级及以上	
总计		0	676	17	992	1883	992	736	77	0	78	0	772
其中：女		0	453	13	611	1170	611	449	51	0	59	0	506
函授本科		0	12	0	0	3	0	3	0	0	0	0	0
其中：女		0	8	0	0	2	0	2	0	0	0	0	0
专科起点本科		0	12	0	0	3	0	3	0	0	0	0	0
法学	法学	3	3	0	0	0	0	0	0	0	0	0	0
工商管理	工商管理	3	2	0	0	0	0	0	0	0	0	0	0
会计学	会计学	3	2	0	0	0	0	0	0	0	0	0	0
旅游管理	旅游管理	3	4	0	0	1	0	1	0	0	0	0	0
人力资源管理	人力资源管理	3	1	0	0	2	0	2	0	0	0	0	0
业余本科		0	664	17	992	1880	992	733	77	0	78	0	772
其中：女		0	445	13	611	1168	611	447	51	0	59	0	506
高中起点本科		0	7	0	52	246	52	39	77	0	78	0	78
美术学	美术学	5	2	0	0	0	0	0	0	0	0	0	0
工商管理	工商管理	5	0	0	52	177	52	36	49	0	40	0	40
会计学	会计学	5	3	0	0	59	0	0	25	0	34	0	34
计算机科学与技术	计算机科学与技术	5	2	0	0	4	0	0	0	0	4	0	4
服装与服饰设计	服装与服饰设计	5	0	0	0	2	0	1	1	0	0	0	0
视觉传达设计	视觉传达设计	5	0	0	0	4	0	2	2	0	0	0	0
专科起点本科		0	657	17	940	1634	940	694	0	0	0	0	694
法学	法学	2	104	4	150	242	150	92	0	0	0	0	92
工商管理	工商管理	2	77	7	70	147	70	77	0	0	0	0	77
市场营销	市场营销	2	0	0	15	36	15	21	0	0	0	0	21
会计学	会计学	2	179	6	150	308	150	158	0	0	0	0	158
财务管理	财务管理	2	47	0	57	139	57	82	0	0	0	0	82
人力资源管理	人力资源管理	2	70	0	59	142	59	83	0	0	0	0	83
旅游管理	旅游管理	2	22	0	9	21	9	12	0	0	0	0	12
行政管理	行政管理	2	110	0	98	165	98	67	0	0	0	0	67
土木工程	土木工程	2	33	0	70	138	70	68	0	0	0	0	68
计算机科学与技术	计算机科学与技术	2	0	0	19	36	19	17	0	0	0	0	17
音乐表演	音乐表演	2	0	0	16	25	16	9	0	0	0	0	9
环境设计	环境设计	2	1	0	3	10	3	7	0	0	0	0	7

续表

专业名称	自主专业名称	年制	毕业生数	授予学位数	招生数	在校生数							预计毕业生数
						合计	一年级	二年级	三年级	四年级	五年级	六年级及以上	
服装与服饰设计	服装与服饰设计	2	1	0	1	2	1	1	0	0	0	0	1
酒店管理	酒店管理	2	10	0	221	221	221	0	0	0	0	0	0
舞蹈编导	舞蹈编导	2	3	0	2	2	2	0	0	0	0	0	0

教职工基本数据

2020年教职工分类情况统计

单位：人

	合计	校本部教职工					科研机构人员	校办企业职工	其他附设机构人员	聘请校外教师	离退休人员	附属中小学幼儿园教职工
		小计	专任教师	行政人员	教辅人员	工勤人员						
总 计	3855	3736	2242	641	265	588	37	1	81	654	80	89
其 中：女	1809	1745	1012	312	183	238	14	1	49	149	56	72
正 高 级	514	508	466	26	16	—	6	—	—	370	15	—
副 高 级	834	820	714	43	63	—	4	—	10	73	14	2
中 级	1198	1153	790	234	93	36	13	—	32	56	—	—
初 级	302	291	79	90	50	72	1	—	10	15	—	—
未定职级	1007	964	193	248	43	480	13	1	29	140	—	—

专任教师、聘请校外教师岗位分类情况统计

单位：人

	本学年授课专任教师				本学年授课聘请校外教师			
	合计	公共课基础课	专业课		合计	公共课基础课	专业课	
			小计	其中：双师型			小计	其中：双师型
总 计	2146	628	1518	107	654	264	390	—
其 中：女	976	343	633	28	149	55	94	—
正 高 级	450	50	400	33	370	123	247	—
副 高 级	705	162	543	45	73	50	23	—
中 级	771	300	471	29	56	5	51	—
初 级	77	73	4	—	15	—	15	—
未定职级	143	43	100	—	140	86	54	—

专任教师、聘请校外教师学历（位）情况统计

单位：人

	合计			博士研究生			硕士研究生			本科			专科及以下
	小计	其中：获学位		小计	其中：获学位		小计	其中：获学位		小计	其中：获学位		小计
		博士	硕士		博士	硕士		博士	硕士		博士	硕士	
专任教师	2242	1081	923	1081	1081	—	730	—	730	409	—	193	22
其中：女	1012	400	511	400	400	—	418	—	418	189	—	93	5
正高级	466	342	88	342	342	—	67	—	67	57	—	21	—
副高级	714	318	309	318	318	—	225	—	225	170	—	84	1
中 级	790	287	414	287	287	—	334	—	334	153	—	80	16
初 级	79	—	61	—	—	—	55	—	55	20	—	6	4
未定职级	193	134	51	134	134	—	49	—	49	9	—	2	1
聘请校外教师	654	355	139	344	343	1	141	12	127	163	—	11	6
其中：女	149	60	46	58	58	—	43	2	40	47	—	6	1
外籍教师	37	27	10	26	26	—	11	1	10	—	—	—	—
其他高校教师	311	245	40	240	240	—	43	5	38	27	—	2	1
正高级	370	298	36	291	291	—	42	7	35	37	—	1	—
副高级	73	38	25	36	35	1	23	3	20	14	—	4	—
中 级	56	7	26	7	7	—	25	—	25	24	—	1	—
初 级	15	—	1	—	—	—	1	—	1	14	—	—	—
未定职级	140	12	51	10	10	—	50	2	46	74	—	5	6

专任教师年龄情况统计

单位：人

		合计	29 岁及以下	30—34 岁	35—39 岁	40—44 岁	45—49 岁	50—54 岁	55—59 岁	60—64 岁	65 岁及以上
总 计		2242	123	394	427	481	333	242	233	6	3
其中：女		1012	76	188	220	237	158	80	53	—	—
获博士学位		1081	42	276	233	217	150	87	72	2	2
获硕士学位		923	72	107	178	240	149	91	81	4	1
按专业技术职务分	正高级	466	—	3	29	120	106	92	108	6	2
	副高级	714	2	55	143	191	152	84	87	—	—
	中 级	790	13	237	227	159	69	55	30	—	—
	初 级	79	46	24	3	1	1	2	2	—	—

续表

		合计	29岁及以下	30—34岁	35—39岁	40—44岁	45—49岁	50—54岁	55—59岁	60—64岁	65岁及以上
	未定职级	193	62	75	25	10	5	9	6	—	1
按学历（学位）分	博士研究生	1081	42	276	233	217	150	87	72	2	2
	硕士研究生	730	70	105	145	182	98	62	64	3	1
	本科	409	11	13	49	81	84	83	87	1	—
	专科及以下	22	—	—	—	1	1	10	10	—	—

分学科专任教师职称情况统计

单位：人

	合计	正高级	副高级	中级	初级	未定职级
总计	2242	466	714	790	79	193
其　中：女	1012	125	334	419	45	89
哲　学	42	8	12	19	2	1
经济学	83	22	28	27	2	4
法　学	175	44	40	68	15	8
教育学	139	18	40	54	10	17
其　中：体育	55	15	18	15	1	6
文　学	240	25	66	118	13	18
其　中：外语	141	6	37	85	6	7
历史学	16	5	5	3	—	3
理　学	344	68	117	109	6	44
工　学	535	125	200	169	5	36
其　中：计算机	86	15	36	31	1	3
农　学	294	78	79	103	9	25
其　中：林学	46	9	11	21	2	3
医　学	27	9	6	11	—	1
管理学	230	49	74	69	10	28
艺术学	117	15	47	40	7	8

2020年度离校、新进及退休人员统计

单位：人

人员类别	总计	正高	副高	中级	初级	其他	正厅	副厅	正处	副处	正科	其他
离校人员	38	8	9	14	1	6	0	0	2	2	1	33
新进人员	186	22	13	38	5	108	0	0	2	0	1	183
退休人员	65	10	15	20	6	14	0	0	2	0	1	61

人才培养

招生工作

研究生招生

【概况】2020 年，学校各类研究生招生总人数为 3051 名，其中博士研究生 228 名，硕士研究生 2823 名。硕士研究生中学术学位硕士研究生 837 名，全日制专业学位硕士研究生 1595 名，非全日制专业学位硕士研究生 391 名。

【博士研究生招生】本年度，继续通过硕博连读、申请审核和普通招考 3 种方式选拔博士研究生。2020 年，国家下达给学校的博士研究生招生计划人数为 228 人，比上一年度增加 36.53%；报名人数 2594 人，比上一年度增加 264.33%；实际录取人数为 228 人，报录比为 11.38∶1。详见表 1。

表 1　2020 年海南大学博士研究生各专业计划招生人数和实际录取人数统计

序号	专业代码	专业名称	计划招生人数	实际录取人数
1	030100	法学	22	22
2	071000	生物学	35	35
3	071300	生态学	14	14
4	080500	材料科学与工程	18	18
5	081000	信息与通信工程	34	34
6	081700	化学工程与技术	12	12
7	083200	食品科学与工程	16	16
8	083900	网络空间安全	9	9
9	090100	作物学	40	40
10	120200	工商管理	28	28
合计			228	228

【硕士研究生招生】2020 年，国家下达给学校硕士研究生招生计划人数为 2823 人，包含 10 名退役大学生士兵专项计划和 22 名少数民族高层次骨干人才专项计划，比上一年度增加 28.38%；报名人数为 12651 人，比上一年度增加 53.27%；实际录取人数为 2823 人，报录比为 4.48∶1。详见表 2。

表 2　2020 年海南大学硕士研究生各专业计划招生人数和实际录取人数统计

序号	专业代码	专业名称	计划招生人数	实际录取人数
1	010100	哲学	8	8
2	020101	政治经济学	2	2
3	020105	世界经济	2	2
4	020200	应用经济学	25	25
5	025100	金融	45	45
6	025400	国际商务	24	24
7	030101	法学理论	2	2
8	030102	法律史	2	2
9	030103	宪法学与行政法学	3	3
10	030104	刑法学	4	4
11	030105	民商法学	11	11
12	030106	诉讼法学	9	9
13	030107	经济法学	7	7
14	030108	环境与资源保护法学	7	7
15	030109	国际法学	6	6
16	030201	政治学理论	13	13
17	030204	中共党史	1	1
18	030501	马克思主义基本原理	6	6
19	030503	马克思主义中国化研究	7	7
20	030505	思想政治教育	20	20
21	030506	中国近现代史基本问题研究	5	5
22	035101	法律（非法学）	95	95
23	035102	法律（法学）	85	85
24	050101	文艺学	5	5
25	050102	语言学及应用语言学	3	3
26	050105	中国古代文学	8	8
27	050106	中国现当代文学	8	8
28	050108	比较文学与世界文学	3	3
29	050200	外国语言文学	24	24
30	055100	翻译	40	40
31	055200	新闻与传播	19	19
32	070100	数学	20	20
33	070703	海洋生物学	11	11
34	071000	生物学	45	45
35	071300	生态学	31	31
36	080200	机械工程	15	15
37	080500	材料科学与工程	43	43

续表

序号	专业代码	专业名称	计划招生人数	实际录取人数
38	081000	信息与通信工程	59	59
39	081200	计算机科学与技术	8	8
40	081400	土木工程	26	26
41	081700	化学工程与技术	33	33
42	082801	农业机械化工程	5	5
43	083000	环境科学与工程	15	15
44	083200	食品科学与工程	43	43
45	083400	风景园林学	19	19
46	083900	网络空间安全	12	12
47	085400	电子信息	230	230
48	085600	材料与化工	163	163
49	086000	生物与医药	87	87
50	090100	作物学	59	59
51	090200	园艺学	24	24
52	090300	农业资源与环境	6	6
53	090401	植物病理学	14	14
54	090402	农业昆虫与害虫防治	4	4
55	090403	农药学	4	4
56	090500	畜牧学	12	12
57	090700	林学	9	9
58	090800	水产	20	20
59	095131	农艺与种业	177	177
60	095132	资源利用与植物保护	155	155
61	095133	畜牧	6	6
62	095134	渔业发展	64	64
63	095135	食品加工与安全	47	47
64	095136	农业工程与信息技术	28	28
65	095137	农业管理	21	21
66	095138	农村发展	21	21
67	095200	兽医	19	19
68	095300	风景园林	41	41
69	095400	林业	45	45
70	100700	药学	12	12
71	120100	管理科学与工程	9	9
72	120201	会计学	10	10
73	120202	企业管理	19	19
74	120203	旅游管理	25	25

续表

序号	专业代码	专业名称	计划招生人数	实际录取人数
75	120204	技术经济及管理	3	3
76	120300	农林经济管理	8	8
77	120400	公共管理	18	18
78	125100	工商管理	211	211
79	125200	公共管理	157	157
80	125300	会计	58	58
81	125400	旅游管理	66	66
82	130200	音乐与舞蹈学	5	5
83	135101	音乐	32	32
84	135108	艺术设计	50	50
合计			2823	2823

研究生招生考试

【概况】研究生招生考试是国家选拔高层次专门人才的重要途径。根据《教育部关于印发〈2021年全国硕士研究生招生工作管理规定〉的通知》（教学函〔2020〕8号）、《海南省2021年全国硕士研究生复试组织工作方案》等文件精神，在统筹做好疫情防控的前提下，确保招生考试工作的安全性、公平性和科学性，统筹兼顾、精准施策、严格管理，坚持“按需招生、德智体全面衡量、择优录取、宁缺毋滥”的原则。

本年度，共有2594名考生分别通过硕博连读、申请考核、普通招考3种方式报考学校的10个博士研究生学科（专业）；12651名考生报考学校的84个硕士研究生学科（专业）。由于疫情防控工作的需要，本年度学校博士研究生招生工作的初试、复试，以及硕士研究生招生工作的复试均通过线上方式进行。

【初试环节】本年度，在博士研究生招生中，除硕博连读、申请考核无需初试笔试外，普通招考的初试工作主要通过线上笔试考试来完成。通过前期的准备、协调与培训工作，各学科以腾讯会议平台为主，辅以中国移动的云视讯、阿里钉钉等第三方音视频互动平台完成初试的笔试工作。整体工作平稳有序，达到了预期的工作目标。硕士研究生招生考试的初试是以线下笔试的方式完成的。

【复试环节】本年度，在博士研究生、硕士研究生的复试工作中，均采用了由教育部推荐的学信网开发的远程网络面试系统，通过统一的系统平台，综合运用“两识别”（人脸识别、人证识别）、“三随机”（随机选定考生次序、随机确定导师组组成人员、随机抽取复试试题）及“四比对”（与学信网报考库、学籍学历库、公安部人口信息库、考生诚信档案库等比对）技术等对考生资格进行严格审查。在复试过程中，学校通过“二机位”的方式进行全程录音录像，这对考试过程的公平性和安全性做到了有效的保障，使得研究生招生复试工作顺利完成。

本科招生

【概况】2020 年，学校 72 个本科专业在全国 31 个省（市区）的招生计划为 8162 人，比 2019 年减少 477 人，共计录取本科生 8162 人；海南省少数民族预科班（以下简称“预科班”）招生计划 40 人，录取 40 人。本年度，学校录取排名在各省文理科前 5%、前 10% 的高分段考生人数和占比持续增加，生源质量不断提高。

【招生计划】本年度，本科招生计划 8162 人，含中外合作办学计划 400 人。其中校本部（海甸校区）招生计划 4333 人，文科基础教学部 2130 人，儋州校区 1650 人，财务管理（与海南经贸职业技术学院联合培养 4+0）50 人；艺术类专业计划 330 人，高水平运动员计划 66 人，国家贫困地区专项计划 135 人，地方农村专项计划 205 人，预科班转入本科计划 40 人，园艺（3+2 项目）42 人。另外，港澳台侨生计划 50 人，第二学士学位计划 105 人，少数民族预科班计划 40 人。

【录取批次】本年度，录取批次有艺术类本科提前批、国家贫困地区专项、地方农村专项、一本批次［含南疆单列、中外合作单列、软件工程（NIIT）］、二本批次、高水平运动队、园艺（3+2）、财务管理（与海南经贸职业技术学院联合培养 4+0）、少数民族预科班。其中艺术类本科提前批在 18 省份招生，国家专项计划在海南省和贵州省招生，地方专项计划仅在海南省招生，一本批次在全国 31 省份（除香港、澳门、台湾）招生，二本批次在 20 个省份招生。另外，港澳台侨生包含了澳门保送生、香港免试生、台湾学测生和全国联招港澳台侨生 4 种招生类型。

【招生录取】本年度，本科实际录取 8162 人，一本批次海甸校区、文科基础教学部录取 6438 人，儋州校区录取 1674 人，海南大学与海南经贸职业技术学院（财务管理［4+0］）合作办学 50 人（办学地点：海南经贸职业技术学院）。录取情况分别为普通一、二本 6792 人，南疆单列计划 4 人，中外合作办学专业 397 人，软件工程（NIIT）200 人，艺术类本科 321 人，高水平运动员 26 人，国家贫困地区专项计划 135 人，地方农村专项计划 205 人，2019 年预科班转入本科 40 人、园艺（3+2）42 人。另外，港澳台侨生实际录取 23 人，第二学士学位实际录取 102 人，少数民族预科班实际录取 40 人。

【新生入学报到】截至 2020 年 11 月 2 日，2020 级本科新生报到 7910 人（含保留入学资格和请假新生人数），未报到新生 252 人，本科新生报到率为 96.91%（2019 年为 96.55%）。其中休闲体育、地方专项计划、南疆单列计划、高水平运动员、园艺（3+2）、财务管理（与海南经贸职业技术学院联合培养 4+0）和预科班转入的报到率为 100%；海甸校区、文科基础教学部普通文理类录取新生报到率为 97.63%，未报到 152 人（2019 年新生报到率为 97%，未报到 265 人）；儋州校区录取新生报到率为 94.02%，未报到 100 人（2019 年为 93.90%，未报到 85 人）；中外合作办学专业录取新生报到率为 90.17%，未报到 39 人；软件工程（NIIT）录取新生报到率为 95.50%，未报到 9 人；国家贫困地区专项录取新生报到率为 99.25%，未报到 1 人；艺术类专业录取新生报到率为 99.06%，未报到 3 人。详见表 3 和表 4。

表 3　2020 年海南大学各批次招生计划及占总体比例、录取人数及占总体比例、报到人数和报到率统计

单位：人，%

<table>
<tr><th colspan="2">招生类型</th><th>招生计划</th><th>招生计划占总计划比例</th><th>录取人数</th><th>录取人数占总录取人数比例</th><th>报到人数</th><th>新生报到率</th></tr>
<tr><td rowspan="11">海甸校区、文科基础教学部</td><td>普通文理</td><td>4981</td><td>61.03%</td><td>5008</td><td>61.37%</td><td>4908</td><td>98%</td></tr>
<tr><td>休闲体育专业</td><td>60</td><td>0.74%</td><td>60</td><td>0.74%</td><td>60</td><td>100%</td></tr>
<tr><td>中外合作办学专业</td><td>400</td><td>4.90%</td><td>397</td><td>4.86%</td><td>358</td><td>90.17%</td></tr>
<tr><td>软件工程（NIIT）</td><td>200</td><td>2.45%</td><td>200</td><td>2.45%</td><td>191</td><td>95.5%</td></tr>
<tr><td>南疆单列计划</td><td>4</td><td>0.05%</td><td>4</td><td>0.05%</td><td>4</td><td>100%</td></tr>
<tr><td>国家专项</td><td>135</td><td>1.65%</td><td>135</td><td>1.65%</td><td>134</td><td>99.25%</td></tr>
<tr><td>地方专项</td><td>205</td><td>2.51%</td><td>205</td><td>2.51%</td><td>205</td><td>100%</td></tr>
<tr><td>艺术</td><td>330</td><td>4.04%</td><td>321</td><td>3.93%</td><td>318</td><td>99.06%</td></tr>
<tr><td>高水平运动队</td><td>66</td><td>0.81%</td><td>26</td><td>0.32%</td><td>26</td><td>100%</td></tr>
<tr><td>预科班转入</td><td>40</td><td>0.49%</td><td>40</td><td>0.49%</td><td>40</td><td>100%</td></tr>
<tr><td>园艺（3+2）</td><td>42</td><td>0.51%</td><td>42</td><td>0.51%</td><td>42</td><td>100%</td></tr>
<tr><td colspan="2">海甸校区、文科基础教学部合计</td><td>6463</td><td>79.18%</td><td>6438</td><td>78.88%</td><td>6286</td><td>97.63%</td></tr>
<tr><td colspan="2">儋州校区</td><td>1650</td><td>20.22%</td><td>1674</td><td>20.51%</td><td>1574</td><td>94.02%</td></tr>
<tr><td colspan="2">财务管理（与海南经贸职业技术学院联合培养 4+0）</td><td>50</td><td>0.61%</td><td>50</td><td>0.61%</td><td>50</td><td>100%</td></tr>
<tr><td colspan="2">总计</td><td>8162</td><td>100.00%</td><td>8162</td><td>100.00%</td><td>7910</td><td>96.91%</td></tr>
</table>

注：表格中不含港澳台考生与第二学士学位数据，港澳台共录取 23 人，有 12 人报到。第二学士学位共录取 102 人，预科班共录取 40 人。

表 4　2020 年海南大学各校区招生计划及占总体比例、录取人数及占总体比例和未报到、报到人数及报到率统计

单位：人，%

校区	招生计划汇总	招生人数占总计划比例	录取人数	录取人数占总录取人数比例	报到人数	未报到人数	新生报到率
海南大学海甸校区	4332	53.08%	4312	52.83%	4200	112	97.4%
海南大学文科基础教学部校区	2130	26.10%	2126	26.05%	2086	40	98.11%
海南大学儋州校区	1650	20.22%	1674	20.51%	1574	100	94.02%
财务管理（与海南经贸职业技术学院联合培养 4+0）	50	0.61%	50	0.61%	50	0	100%
总计	8162	100.00%	8162	100.00%	7910	252	96.91%

注：财务管理（4+0）为海南大学与海南经贸职业技术学院联合办学专业，报到校区为海南经贸职业技术学院。

【招生专业】本年度，本科招生专业 72 个，与 2019 年相比减少了招生专业 18 个，大类招生专业 6 个。2020 年有 15 个专业按照 7 个大类专业招生。近 3 年本科招生专业数情况详见表 5。

表 5　2018—2020 年海南大学本科招生专业数和招生计划数

单位：个，人

年份	招生专业数	招生计划	备 注
2018	87	8891	其中，国家贫困地区专项计划 130 人，地方农村专项计划 192 人。新增招生专业 2 个：海洋资源与环境、生态学。恢复招生专业 1 个：制药工程。招生计划比 2017 年增加 201 人。
2019	90	8640	其中贫困地区专项计划 135 人，地方农村专项计划 205 人。新增招生专业 3 个：智能科学与技术、数据科学与大数据技术、休闲体育。招生计划比 2018 年减少 251 人。
2020	72	8162	2020 年学校颁发《海南大学关于公布 2020 年本科专业优化调整结果的通知》（海大〔2020〕73 号）将 97 个专业调整为 71 个，其中制药工程专业不招生，以及补充网络工程和财务管理 2 个专业到儋州校区。另外，国家贫困地区专项计划 135 人，地方农村专项计划 205 人。新增一个招生专业：应用物理学。招生计划比 2019 年减少 477 人。

【生源概况】本年度，在录取的 8162 名本科新生中，女生 3871 人，占 47.43%，比 2019 年减少了 2.73 个百分点；农村生源 3065 人，占 37.55%，比 2019 年减少了 2.6 个百分点；少数民族 770 人，占 9.43%；中共党员、中共预备党员 2 人；小语种考生 34 人，分别为德语 2 人、俄语 3 人、日语 29 人；国家二级运动员 27 人，共获得国家级奖励 139 人次和省级奖励 181 人次。详见表 6。

表 6 2018—2020 年海南大学录取生源其他情况

单位：人，%

类别、比例及比例变化	性别		来源		少数民族	小语种考生	中共党员	国家二级以上运动员	国家级奖励	省级奖励
	男	女	农村	城镇						
2020 人数	4291	3871	3065	5097	770	34	2	27	139	181
比例	52.57%	47.43%	37.55%	62.45%	9.43%	0.41%	0.02%	0.33%	1.70%	2.21%
2019 人数	4306	4334	3469	5171	834	17	2	30	178	186
比例	49.84%	50.16%	40.15%	59.85%	9.65%	0.19%	0.02%	0.34%	2.04%	2.13%
2018 人数	4171	4721	2561	6331	891	13	6	28	182	168
比例	46.91%	53.09%	28.8%	71.2%	9.99%	0.15%	0.07%	0.31%	2.04%	1.88%
比例变化	2.84	–2.84	10.81	–10.81	0.84	0.04	–0.05	0.03	0	0.25

【海南大学海甸校区、文科基础教学部和儋州校区对各省的招生规模、录取人数和各省学生的报到率】2020 年，海南大学对其招生规模较大的省份分别是海南、河南和安徽 3 省，一二本批次的招生计划和录取人数均在 500 人以上。本年度，一本、二本新生报到率为 96.61%，较 2019 年上升了 0.74 个百分点（2019 年报到率为 95.87%）。在海甸校区、文科基础教学部录取新生中，学生报到率较高的有上海、宁夏、青海、西藏、北京 4 省（市），报到率为 100%；报到率较低的有天津、云南、重庆、海南等 4 省（市），报到率低于 95%。详见表 7。

表 7　2020 年海南大学在各校区和联合办学区对各省的招生规模、录取人数及占该区总体录取比例和各省学生的报到人数、报到率统计

单位：人

省份	一二本计划总计	录取人数	海甸校区、文科基础教学部录取人数	占海甸校区、文科基础教学部录取人数比例	海甸校区、文科基础教学部报到人数	海甸校区、文科基础教学部报到率	儋州校区录取人数	占儋州校区录取人数比例	儋州校区报到人数	儋州校区报到率	财务管理（与海经贸职业技术学院联合培养4+0）录取人数	财务管理（与海经贸职业技术学院联合培养4+0）报到人数	新生总报到率
总计	8163	8163	6438	—	—	—	1674	—	—	—	—	—	—
安徽	597	606	488	7.39%	474	97.13%	118	7.05%	104	88.13%	—	—	95.4%
北京	4	4	4	0.06%	4	100%	0	0.00%	—	—	—	—	100%
福建	317	320	255	3.96%	254	99.60%	65	3.88%	62	95.38%	—	—	98.8%
甘肃	276	275	213	3.31%	209	98.12%	62	3.70%	51	82.25%	—	—	94.5%
广东	118	125	125	1.94%	120	96%	0	0.00%	—	—	—	—	96%
广西	212	213	144	2.24%	142	98.61%	69	4.12%	61	88.41%	—	—	95.3%
贵州	350	349	276	4.29%	272	98.56%	73	4.36%	69	94.52%	—	—	97.4%
海南	1632	1660	1178	16.09%	1117	94.82%	574	34.29%	561	97.74%	50	50	95.8%
河北	187	187	173	2.69%	170	98.27%	14	0.84%	13	92.86%	—	—	97.9%
河南	604	621	493	7.66%	483	97.97%	128	7.65%	119	92.97%	—	—	96.9%
黑龙江	115	128	128	1.99%	126	98.44%	0	0.00%	—	—	—	—	98.4%
湖北	365	372	289	4.49%	279	96.54%	83	4.96%	75	90.36%	—	—	95.2%
湖南	350	356	344	5.34%	336	97.67%	12	0.72%	10	83.335	—	—	97.2%
吉林	80	84	75	1.16%	73	97.33%	9	0.54%	9	100%	—	—	97.6%
江苏	102	103	103	1.60%	93	90.29%	0	0.00%	—	—	—	—	90.1%
江西	355	357	286	4.44%	277	96.85%	71	4.24%	67	94.37%	—	—	96.4%
辽宁	73	75	75	1.16%	72	96%	0	0.00%	—	—	—	—	96%
内蒙古	100	101	92	1.43%	91	98.91%	9	0.54%	8	88.89%	—	—	98%
宁夏	20	20	20	0.31%	20	100%	0	0.00%	—	—	—	—	100%
青海	25	27	27	0.42%	27	100%	0	0.00%	—	—	—	—	100%
山东	340	352	271	4.21%	267	98.52%	81	4.84%	78	96.29%	—	—	98%
山西	277	278	226	3.51%	218	96.46%	52	3.11%	50	96.15%	—	—	96.4%
陕西	250	250	240	3.73%	237	98.75%	10	0.60%	9	90%	—	—	98.4%
上海	8	8	8	0.12%	8	100%	0	0.00%	—	—	—	—	100%
四川	358	366	292	4.54%	279	95.55%	74	4.42%	65	87.84%	—	—	94%
天津	45	45	45	0.70%	41	91.11%	0	0.00%	—	—	—	—	91%
西藏	5	5	5	0.08%	5	100%	0	0.00%	—	—	—	—	100%
新疆	131	131	131	2.03%	129	98.47%	0	0.00%	—	—	—	—	98.5%
云南	230	232	171	2.66%	160	93.57%	61	3.64%	52	85.25%	—	—	91.4%

续表

省份	一二本计划总计	录取人数	海甸校区、文科基础教学部录取人数	占海甸校区、文科基础教学部录取人数比例	海甸校区、文科基础教学部报到人数	海甸校区、文科基础教学部报到率	儋州校区录取人数	占儋州校区录取人数比例	儋州校区报到人数	儋州校区报到率	财务管理（与海经贸职业技术学院联合培养4+0）录取人数	财务管理（与海经贸职业技术学院联合培养4+0）报到人数	新生总报到率
浙江	270	271	212	3.29%	203	95.75%	59	3.52%	51	86.44%	—	—	93.7%
重庆	220	241	191	2.97%	181	94.76%	50	2.99%	45	90%	—	—	93.8%
高水平运动队	66	26	26	0.39%	26	100%	—	—	—	—	—	—	100%
预留计划	81	—	—	—	—	—	—	—	—	—	—	—	—

【各专业招生规模、录取人数和报到率】本年度，共有31个学院72个专业招生，其中新设立生物医学工程学院，电子信息工程和密码工程2个专业；戏剧影视文学（影视编导方向）转为普通文史招生。除艺术类专业外，其他专业均未设专业方向招生。

本年度，学校专业（类）一志愿录取率为49.26%，较2019年增加2.36个百分点（2019年为46.9%）。专业一志愿率［艺术学院专业、园艺（3+2）项目、财务管理（与海南经贸职业技术学院联合办学4+0）专业、休闲体育专业除外］排在前十位的专业分别是审计学（93.99%）、法学（89.15%）、电子科学与技术（89.07%）、计算机类（计算机科学与技术、信息安全）（88.73%）、物联网工程（88.52%）、财务管理（86.77%）、网络工程（82.22%）、生态学（70%）、智能科学与技术（64.41%）、电子信息类（电子信息工程、通信工程）（64.25%）。专业一志愿率排在后十位的专业分别是土地资源管理（15.97%）、海洋工程与技术（16.67%）、俄语（16.67%）、农业资源与环境（18.64%）、动物医学（19.05%）、行政管理（19.49%）、日语（19.78%）、公共关系学（21.35%）、园林（22.67%）、机械类（机械设计制造及其自动化、机械电子工程、车辆工程）（23.42%）。详见表8。

表8 2020年海南大学各专业招生计划、录取人数和2018—2020年各专业一志愿率情况

单位：人，%

专业	招生计划	录取人数	2018—2020年各专业一志愿率		
			2020年	2019年	2018年
材料科学与工程学院	210	210	35.71	25.7	41.27
材料类（材料科学与工程、高分子材料与工程）	210	210	35.71	25.7	44.05
动物科技学院	150	150	23.33	27.14	—
动物科学	60	60	25.00	11.43	9.72

续表

专业	招生计划	录取人数	2018—2020年各专业一志愿率		
			2020年	2019年	2018年
动物医学	90	90	22.22	27.14	27.14
法学院	120	127	98.44	90.51	96.34
法学	120	127	98.44	90.51	96.34
管理学院	590	587	63.20	—	—
财务管理（4+0）	50	50	100.00	100	96
工商管理类（工商管理、会计学）	360	359	40.1	44.2	55.47
农林经济管理	90	88	26.14	8.86	32.18
物流管理	90	90	26.67	26.79	18.75
国际旅游学院	300	297	60.7	54.3	65.22
行政管理（中外合作办学）	60	60	70.0	68.85	68.97
酒店管理（中外合作办学）	150	148	51.6	44.23	64
人文地理与城乡规划（中外合作办学）	90	89	69.6	61.7	64.84
海洋学院	210	208	39.9	—	31.8
海洋科学	90	89	48.3	37.5	46.38
水产养殖学	120	119	33.6	70	18.18
化学工程与技术学院	150	150	24.6	20.29	—
化学工程与工艺	150	150	24.6	20.29	34.38
机电工程学院	360	359	28.6	—	41.16
机械类（机械设计制造及其自动化、机械电子工程、车辆工程）	270	269	23.7	31.65	36.03
自动化	90	90	43.3	50.94	56.36
计算机与网络空间安全学院	500	502	69.3	—	—
计算机类（计算机科学与技术、信息安全）	210	212	90.1	83.71	82.6
软件工程（NIIT）	200	200	49.00	58.5	71.57
数据科学与大数据技术	90	90	60.00	55	—
经济学院	210	211	49.7	—	—
国际经济与贸易	120	119	37.8	38.61	53.13
金融学	90	92	65.2	83.17	80.91
理学院	270	270	50.3	—	—
数学与应用数学	120	120	58.8	55.46	60.67
应用化学	90	90	46.6	38.89	53.85
应用物理学	60	60	36.6	—	—
林学院	330	331	40.0	—	—
风景园林	120	120	38.3	41.18	47.47
林学	150	152	38.8	30	32.94
园林	60	59	45.3	38.57	30.99
旅游学院	430	427	41.2	—	40.4
旅游管理类（旅游管理、酒店管理、会展经济与管理）	330	327	26.2	29.6	31.51

续表

专业	招生计划	录取人数	2018—2020年各专业一志愿率		
			2020年	2019年	2018年
会展经济与管理（中外合作办学）	100	100	90.00	78	83
马克思主义学院	60	59	33.8	10	28.07
思想政治教育	60	59	33.8	10	28.07
热带作物学院	150	149	26.8	—	—
农学	90	90	31.1	25.84	—
农业资源与环境	60	59	20.3	8.75	23.75
人文传播学院	270	268	44.8	—	60.99
汉语言文学	120	120	52.0	50.8	56.42
传播学	90	90	40.0	43.14	46.15
戏剧影视文学（影视编导方向）	60	58	34.4	81.94	100
生命科学与药学院	300	300	43.7	—	—
生物技术	90	91	26.3	16.16	—
生物科学	90	89	61.7	60.49	—
药学	120	120	43.4	28.57	34.78
生态与环境学院	240	239	54.8	—	—
环境科学	90	89	29.2	32.52	35.35
生态学	150	150	70.00	32.67	32
食品科学与工程学院	210	210	35.4	28.99	26.7
食品科学与工程类（食品科学与工程、食品质量与安全）	210	210	31.7	28.99	26.7
体育学院	60	60	100.00	100	—
休闲体育	60	60	100.00	100	—
土木建筑工程学院	270	270	32.2	—	39.2
海洋工程与技术	60	60	16.6	30	30.23
建筑学	60	60	45.00	77.42	79.31
土木工程	150	150	33.3	30.64	39.43
外国语学院	330	329	36.7	—	33.02
俄语	60	59	16.9	14.71	37.5
日语	90	91	19.7	36.07	30.65
英语	180	179	51.9	31.67	33.02
信息与通信工程学院	240	238	66.7	—	—
电子信息类（电子信息工程、通信工程）	180	179	64.8	56.82	49.18
智能科学与技术	60	59	64.4	72.13	—
美术与设计学院	180	180	82.8	100	100
绘画	60	60	66.6	56.6	100
视觉传达设计	120	120	90.5	83.78	100
音乐与舞蹈学院	150	141	95.8	100	100
舞蹈编导	60	60	95	100	100

续表

专业	招生计划	录取人数	2018—2020年各专业一志愿率		
			2020年	2019年	2018年
音乐表演（器乐方向）	55	46	100.00	100	100
音乐表演（声乐方向）	35	35	100.00	100	100
应用科技学院	1080	1101	83.8	—	—
财务管理	180	189	86.7	50	65
电子科学与技术	180	183	89	64.17	66.67
电子商务	180	183	62.2	35	47.5
网络工程	180	180	82.2	—	—
审计学	180	183	93.9	56.67	60
物联网工程	180	183	88.5	79.17	73.33
园艺学院	313	313	52.5	—	—
设施农业科学与工程	120	120	30.00	17.72	5.13
园艺	150	151	56.9	26.67	41.77
园艺（3+2）	42	42	100	100	100
政治与公共管理学院	330	326	19.9	18.66	19.78
行政管理	120	118	21.1	18.66	19.78
公共关系学	90	89	23.5	—	0
土地资源管理	120	119	15.9	—	0
植物保护学院	120	120	36.6	17.78	—
植物保护	120	120	36.6	17.78	22.5
生物医学工程学院	30	30	30	—	0
电子信息工程（医学信息技术与工程）	30	30	30.00	—	0
合计	8162	8162	51.9	46.9	48.28

注：专业一志愿率指第一轮投档录取第一专业志愿的考生人数（不含征集志愿投档）占该专业录取总人数的百分比。

本年度，生源好、报考人数多、无调剂录取考生的专业（艺术类专业、中外合作办学专业、软件工程（NIIT）、园艺（3+2）项目、财务管理（与海南经济职业技术学院联合培养4+0）项目专业除外）共有9个（2019年有17个），分别是工商管理类（工商管理、会计学）、数据科学与大数据技术、智能科学与技术、财务管理、电子科学与技术、网络工程、审计学、物联网工程和电子信息工程（医学信息技术与工程）。这些专业录取考生的调剂志愿率均为0（即考生录取专业都是有填报专业志愿的）。2020年无调剂录取专业数比2019年少，因浙江、山东两个生源大省2020年实行高考综合改革，不计入专业一志愿率和志愿调剂率的数据调查中。报考人数少、调剂录取考生多的专业有9个，分别是动物科学、农业资源与环境、设施农业科学与工程、俄语、水产养殖学、动物医学、植物保护、土地资源管理、园林，这些专业有45%以上的新生是没有报考该专业而被调剂录取的。详见表9。

表 9　2020 年海南大学各专业招生计划、录取人数和 2018—2020 年志愿调剂率情况

单位：人，%

专业	招生计划	录取人数	志愿调剂率		
			2020 年	2019 年	2018 年
材料科学与工程学院	210	210	9.04	2.79	10.25
材料类（材料科学与工程、高分子材料与工程）	210	210	9.04	2.79	1.19
动物科技学院	150	150	52.78	57.85	—
动物科学	60	60	63.33	72.85	84.72
动物医学	90	90	42.22	42.85	34.29
法学院	120	127	0	0	0.52
法学	120	127	0	0	0.52
管理学院	590	587	17.49	7.58	—
财务管理（4+0）	50	50	0	0	0
工商管理类（工商管理、会计学）	360	359	0	0.24	0
农林经济管理	90	88	23.86	50.66	28.74
物流管理	90	90	11.11	—	—
国际旅游学院	300	297	8.78	2.89	1
行政管理（中外合作办学）	60	60	0	1.63	0
酒店管理（中外合作办学）	150	148	8.78	4.48	3.45
人文地理与城乡规划（中外合作办学）	90	89	0	1.06	0.67
海洋学院	210	208	31.96	40.91	29.66
海洋科学	90	89	16.85	6.94	8.7
水产养殖学	120	119	47.06	69	68.83
化学工程与技术学院	150	150	25.33	32.61	—
化学工程与工艺	150	150	25.33	32.61	25
机电工程学院	360	359	2.23	3.7	6.03
机械类（机械设计制造及其自动化、机械电子工程、车辆工程）	270	269	3.35	1.38	0.4
自动化	90	90	1.11	0	0
计算机与网络空间安全学院	500	502	0	0.17	—
计算机类（计算机科学与技术、信息安全）	210	212	0	0.32	0
软件工程（NIIT）	200	200	0	0	0
数据科学与大数据技术	90	90	0	0	—
经济学院	210	211	0	0	—
国际经济与贸易	120	119	0	0	0
金融学	90	92	0	0	0
理学院	270	270	4.45	0.48	—
数学与应用数学	120	120	0	0	1.12

续表

专业	招生计划	录取人数	志愿调剂率		
			2020年	2019年	2018年
应用化学	90	90	5.56	1.11	13.85
应用物理学	60	60	3.33	—	—
林学院	330	331	26.28	28.7	—
风景园林	120	120	15.83	11.76	3.03
林学	150	152	34.21	42.5	45.29
园林	60	59	28.81	21.43	16.9
旅游学院	430	427	18.28	4.75	7.13
旅游管理类（旅游管理、酒店管理、会展经济与管理）	330	327	23.55	5.6	6.2
会展经济与管理（中外合作办学）	100	100	13.00	0	2
马克思主义学院	60	59	1.69	20	26.32
思想政治教育	60	59	1.69	20	26.32
热带作物学院	150	149	48.85	44.41	—
农学	90	90	36.67	58.43	—
农业资源与环境	60	59	61.02	61.25	61.25
人文传播学院	270	268	14.16	0.28	0
汉语言文学	120	120	0	0.53	0
传播学	90	90	1.11	—	0
戏剧影视文学（影视编导方向）	60	58	41.38	—	0
生命科学与药学院	300	300	10.6	7.69	—
生物技术	90	91	15.38	—	—
生物科学	90	89	2.25	1.23	—
药学	120	120	14.17	10	17.39
生态与环境学院	240	239	15.47	15.75	—
环境科学	90	89	23.60	11.38	9.09
生态学	150	150	7.33	19.33	11
食品科学与工程学院	210	210	14.76	18.49	22.17
食品科学与工程类（食品科学与工程、食品质量与安全）	210	210	14.76	18.49	22.17
体育学院	60	60	0	0	—
休闲体育	60	60	0	0	—
土木建筑工程学院	270	270	6.56	3.56	4.32
海洋工程与技术	60	60	9.89	10	6.98
建筑学	60	60	8.33	3.23	3.45
土木工程	150	150	1.33	1.28	2.86
外国语学院	330	329	23.55	16.51	21.18
俄语	60	59	50.85	26.47	12.5

续表

专业	招生计划	录取人数	志愿调剂率		
			2020年	2019年	2018年
日语	90	91	17.58	13.11	11.29
英语	180	179	2.23	16.13	23.26
信息与通信工程学院	240	238	0	0	—
电子信息类（电子信息工程、通信工程）	180	179	0	0	0
智能科学与技术	60	59	0	0	—
美术与设计学院	180	180	0	5.21	0
绘画	60	60	0	13.21	0
视觉传达设计	120	120	0	0	0
音乐与舞蹈学院	150	141	0	0	0
舞蹈编导	60	60	0	0	0
音乐表演（器乐方向）	55	46	0	0	0
音乐表演（声乐方向）	35	35	0	0	0
应用科技学院	1080	1101	4.92	3.29	—
财务管理	180	189	0	1.25	0
电子科学与技术	180	183	0	0	0
电子商务	180	183	4.92	7.5	0
网络工程	180	180	0	18.75	26.25
审计学	180	183	0	0	0
物联网工程	180	183	0	0	0
园艺学院	312	313	45.80	54.82	—
设施农业科学与工程	120	120	55.83	70.89	82.05
园艺	150	151	35.76	57.5	10.13
园艺（3+2）	42	42	—	0	0
政治与公共管理学院	330	326	27.12	17.33	16.19
行政管理	120	118	7.62	0	0
公共关系学	90	89	25.84	0	0
*土地资源管理	120	119	47.90	0	0
植物保护学院	120	120	47.50	56.74	—
植物保护	120	120	47.50	56.74	48.75
生物医学工程学院	30	30	0	0	0
电子信息工程（医学信息技术与工程）	30	30	0	0	0
合计	8162	8162	—	0	0

说明：专业一志愿率指第一轮投档录取第一专业志愿的考生人数(不含征集志愿投档）占该专业录取总人数的百分比。

本年度，学校总体报到率为96.6%，与2019年96.55%的报到率大体持平。考生没有报到的原因主要有对录取专业不满意、对自己本次高考分数不满意、气候不适应、出国等。2020年，4个中外合作办学专业共录取358人，有39人未报到，报到率有90.18%，较2019年89%的报到率有一定的提高。报到率较高的学院分别为法学院、体育学院、音乐与舞蹈学院、生物医学工程学院和化学工程与技术学院，报到率较低的学院分别为林学院、植物保护学院、生态与环境学院、园艺学院和国际旅游学院。法学、海洋科学、风景园林、传播学、生物科学、休闲体育、海洋工程与技术、建筑学、俄语、舞蹈编导、音乐表演（器乐方向）、音乐表演（声乐方向）、公共关系学、电子信息工程（医学信息技术与工程）等14个专业报到率为100%，而2019年只有11个；报到率较低的专业有林学、园艺、酒店管理（中外合作办学）、设施农业科学与工程、行政管理（中外合作办学）4个专业报到率均低于90%，2019年有2个。详见表10。

表10　2020年海南大学各专业招生计划、录取人数、报到人数和2018—2020年报到率情况

单位：人，%

专业	招生计划	录取人数	报到人数	报到率		
				2020年	2019年	2018年
材料科学与工程学院	210	210	205	98.1	96.6	98.3
材料类（材料科学与工程、高分子材料与工程）	210	210	205	98.1	96.6	98.3
动物科技学院	150	150	146	97.3	93.6	—
动物科学	60	60	58	96.7	91.4	87.5
动物医学	90	90	88	97.8	95.7	90.14
法学院	120	127	128	100.0	98.1	99
法学	120	127	128	100.0	98.1	99
管理学院	590	587	577	98.3	96.9	—
财务管理（与海南经贸职业技术学院联合培养4+0）	50	50	50	100.0	100	100
工商管理类（工商管理、市场营销、会计学、财务管理、人力资源管理）	360	359	352	98.1	96.5	98.67
农林经济管理	90	88	86	97.7	97.5	97.8
物流管理	90	90	89	98.9	98.2	96.9
国际旅游学院	300	297	265	89.2	88.1	84.6
行政管理（中外合作办学）	60	60	52	86.7	85.2	86.2
酒店管理（中外合作办学）	150	148	130	87.8	88.5	84.7
人文地理与城乡规划（中外合作办学）	90	89	83	93.3	90.4	83.5
海洋学院	210	208	201	96.6	95	97
海洋科学	90	89	89	100.0	94.4	95.7
水产养殖学	120	119	112	94.1	97	98.7
化学工程与技术学院	150	150	149	99.3	97.8	—

续表

专业	招生计划	录取人数	报到人数	报到率		
				2020年	2019年	2018年
化学工程与工艺	150	150	149	99.3	97.8	98.4
机电工程学院	360	359	351	97.8	97.5	97.9
机械类（机械设计制造及其自动化、机械电子工程、车辆工程）	270	269	262	97.4	97.2	98.7
自动化	90	90	89	98.9	98.1	100
计算机与网络空间安全学院	500	502	489	97.4	98.3	—
计算机类（计算机科学与技术、信息安全、软件工程）	210	212	211	99.5	98.4	99
软件工程（NIIT）	200	200	189	94.5	96	98
数据科学与大数据技术	90	90	89	98.9	100	—
经济学院	210	211	203	96.2	96	—
国际经济与贸易	120	119	114	95.8	94.1	98.4
金融学	90	92	89	96.7	95	97.4
理学院	270	270	263	97.4	98.6	—
数学类（数学与应用数学、信息与计算科学）	120	120	116	96.7	99.1	97.8
应用化学	90	90	88	97.8	97.7	100
应用物理学	60	60	59	98.3	—	—
林学院	330	331	312	94.3	93.4	—
风景园林	120	120	120	100.0	97	96.1
林学	150	152	135	88.8	92	91.8
园林	60	59	57	98.3	94.3	97.2
旅游学院	430	427	409	95.8	96	96.2
旅游管理类（旅游管理、酒店管理、会展经济与管理）	330	327	316	96.6	97.2	97.8
会展经济与管理（中外合作办学）	100	100	93	93.0	94	93
马克思主义学院	60	59	58	98.3	97.5	96.7
思想政治教育	60	59	58	98.3	97.5	96.7
热带作物学院	150	149	146	98.0	95.2	—
农学	90	90	89	98.9	94.4	—
农业资源与环境	60	59	57	96.6	94	96.3
人文传播学院	270	268	264	98.5	97.8	99.3
汉语言文学	120	120	117	97.5	98.9	100
传播学	90	90	90	100.0	96.1	97.5
戏剧影视文学（影视编导方向）	60	58	57	98.3	97.2	100
生命科学与药学院	300	300	296	98.7	96.5	—
生物技术	90	91	98	99.0	—	—
生物科学	90	89	89	100.0	95.1	—

续表

专业	招生计划	录取人数	报到人数	报到率		
				2020年	2019年	2018年
药学	120	120	116	96.7	98.5	98.6
生态与环境学院	240	239	225	94.1	90.2	—
环境科学	90	89	88	98.9	95.9	97
生态学	150	150	137	92.7	92	90
食品科学与工程学院	210	210	207	98.6	97.5	96.4
食品科学与工程类（食品科学与工程、食品质量与安全）	210	210	207	98.6	97.5	96.4
体育学院	60	60	60	100.0	98.3	—
休闲体育	60	60	60	100.0	98.3	—
土木建筑工程学院	270	270	267	98.9	97	98
海洋工程与技术	60	60	60	100.0	90	97.7
建筑学	60	60	60	100.0	93.5	93.1
土木工程	150	150	147	98.0	98.7	98.3
外国语学院	330	329	323	98.2	97.2	97.5
俄语	60	59	59	100.0	94.1	96.9
日语	90	91	89	97.8	98.4	96.8
英语	180	179	175	97.8	97.4	97.7
信息与通信工程学院	240	238	229	96.2	95.4	—
电子信息类（电子信息工程、通信工程）	180	179	174	98.3	94.5	97.3
智能科学与技术	60	59	55	93.2	95.1	—
美术与设计学院	180	180	177	98.3	96.9	—
绘画	60	60	59	98.3	90.6	98.6
视觉传达设计	120	120	118	98.3	100	100
音乐与舞蹈学院	150	141	141	100.0	97.7	—
舞蹈编导	60	60	60	100.0	100	100
音乐表演（器乐方向）	55	46	81	100.0	95	95
音乐表演（声乐方向）	35	35	35	100.0	97.5	100
应用科技学院	1080	1101	1049	95.3	95.1	—
财务管理（企业理财方向）	180	189	176	94.7	96.2	93.8
电子科学与技术	180	183	171	94.0	97.5	98.3
电子商务	180	183	172	94.5	93.3	94.2
网络工程	180	180	176	97.8	—	—
审计学	180	183	175	96.7	95	94.2
物联网工程	180	183	179	98.4	95.8	—
园艺学院	313	313	280	89.5	96.9	93.8
设施农业科学与工程	120	120	104	87.5	98.7	83.8

续表

专业	招生计划	录取人数	报到人数	报到率		
				2020年	2019年	2018年
园艺	150	151	134	88.7	95.8	83.8
园艺（3+2）	42	42	42	100.0	96.6	97.5
政治与公共管理学院	330	326	322	98.8	96.9	97.5
行政管理	120	118	116	98.3	96.9	—
公共关系学	90	89	89	100.0	0	96.7
*土地资源管理	120	119	117	98.3	0	—
植物保护学院	120	120	113	94.2	91.6	—
植物保护	120	120	113	94.2	91.6	—
生物医学工程学院	30	30	30	100.0	0	—
电子信息工程（医学信息技术与工程）	30	30	30	100.0	0	—
合计	8162	8162	7885	96.6	96.55	95.8

注：2020年报到率统计截止时间为11月4日；报到率是指到校报到的人数占该专业录取总人数的百分比。

【大类招生】本年度，学校有15个专业按照7个大类专业招生，2019年有34个专业按照13个大类专业招生，较2019年减少了林学类、外国语言文学类、数学类、中国语言文学类、新闻传播学类，公共管理类6个大类招生专业。其中公共管理类专业拆分为行政管理、土地资源管理与公共关系学3个专业招生。详见表11。

表11　2019—2020年海南大学大类招生专业分流情况

单位：个

序号	招生大类（专业）	2020年分流专业（方向）	2019年分流专业（方向）
1	材料类	高分子材料与工程	高分子材料与工程
		材料科学与工程	材料科学与工程
2	电子信息类	电子信息工程	电子信息工程
		通信工程	通信工程
3	旅游管理类	旅游管理	旅游管理
		酒店管理	酒店管理
		会展经济与管理	会展经济与管理
4	食品科学与工程类	食品科学与工程	食品科学与工程
		食品质量与安全	食品质量与安全
5	计算机类	计算机科学与技术	计算机科学与技术
		信息安全	信息安全
		—	网络工程
		—	软件工程
6	工商管理类	工商管理	工商管理

续表

序号	招生大类(专业)	2020年分流专业(方向)	2019年分流专业(方向)
		会计学	人力资源管理
		—	市场营销
		—	会计学
		—	财务管理
7	机械类	机械设计制造及其自动化	机械设计制造及其自动化
		车辆工程	机械电子工程
		—	车辆工程
8	林学类	—	林学
		—	森林保护
9	外国语言文学类	—	英语
		—	商务英语
10	数学类	—	数学与应用数学
		—	信息与计算科学
11	公共管理类	—	行政管理
		—	公共关系学
		—	土地资源管理
12	中国语言文学类	—	汉语言文学
		—	汉语国际教育
13	新闻传播学类	—	广告学
		—	传播学
14	植物生产类	—	—
		—	—
		—	—
15	生物科学类	—	—
		—	—

【国家专项计划招生】 本年度,学校国家贫困地区专项计划135个,其中贵州40人,海南95人;招生计划安排在28个专业(类)。2019年是31个专业(类)。详见表12。

表12 2020年海南大学国家专项计划招生录取专业分布情况

单位:个,人

学院	专业	科类	海南国家专项(计划)	海南国家专项(录取)	科类	贵州国家专项(计划)	贵州国家专项(录取)
材料科学与工程学院	材料类(高分子材料与工程、材料科学与工程)	综合改革	2	2	理工	1	—
法学院	法学	综合改革	5	5	理工	2	2

续表

学院	专业	科类	海南国家专项（计划）	海南国家专项（录取）	科类	贵州国家专项（计划）	贵州国家专项（录取）
管理学院	工商管理类（工商管理、会计学）	理工	7	7	理工	1	1
	物流管理	理工	2	2	理工	—	—
海洋学院	海洋科学	综合改革	2	2	—	—	—
化学工程与技术学院	化学工程与工艺	综合改革	2	2	—	—	—
机电工程学院	机械类(机械设计制造及其自动化、车辆工程)	综合改革	8	8	理工	4	4
计算机与网络空间安全学院	计算机类（计算机科学与技术、信息安全）	综合改革	7	7	理工	2	2
经济学院	国际经济与贸易	综合改革	3	3			
理学院	应用化学	综合改革	1	1	理工	1	1
林学院	风景园林	综合改革	2	2	理工	3	3
旅游学院	旅游管理类（旅游管理、酒店管理、会展经济与管理）	综合改革	5	5	理工	4	4
热带作物学院	农学	—	—	—	理工	2	2
人文传播学院	汉语言文学	综合改革	7	7	—	—	—
	传播学	综合改革	3	3	文史	2	2
生命科学与药学院	生物科学	综合改革	1	1	—	—	—
	生物技术	综合改革	2	2	—	—	—
	药学	综合改革	2	2	—	—	—
生态与环境学院	环境科学	综合改革	2	2	理工	2	2
食品科学与工程学院	食品科学与工程类（食品科学与工程、食品质量与安全）	综合改革	5	5	理工	2	2
土木建筑工程学院	土木工程	综合改革	5	5	理工	1	1
	海洋工程与技术	综合改革	5	5	—	—	—
外国语学院	英语	综合改革	2	2	文史	2	2
信息与通信工程学院	电子信息类（电子信息工程、通信工程）	综合改革	5	5	理工	2	2
政治与公共管理学院	行政管理	综合改革	3	3	文史	2	2
	公共关系学	综合改革	3	3	文史	2	2
	土地资源管理	综合改革	4	4	理工	3	3
植物保护学院	植物保护	—	—	—	理工	2	2

本年度，学校国家专项计划实际录取 135 人，入学报到 134 人，报到率为 99.26%。海南省 2020 年综合改革的平均分为 607.06 分，较 2019 年文史、理工平均分 672.74 分、617.51 分基本持平。贵州省 2020 年文史、理工录取最低分为 588 分和 532 分，分别高出贵州一本文理控制线 40 分和 52 分，生源相当充足。详见表 13。

表 13　2020 年海南大学国家专项计划招生录取分数及学生报到情况统计

单位：人、分

省份	科类	招生计划	录取人数	报到人数	报到率	省一本线	最低分	平均分	最高分	最低分与省一本线差值
贵州	文史	7	7	7	100.00%	548	588	593.71	606	40
	理工	33	33	33	100.00%	480	532	553.57	574	52
海南	综合	95	95	94	98.94%	569	575	607.06	666	6
总计	—	135	135	134	99.25%	—	—	—	—	—

【地方专项计划招生】本年度，学校在海南省招收地方专项计划 205 人，招生计划安排在 38 个专业（类）；2019 年是 44 个专业（类）。详见表 14。

表 14　2020 年海南大学地方专项计划招生录取专业分布情况

单位：个，人

学院	专业	科类	海南地方专项（计划）	海南地方专项（录取）
材料科学与工程学院	材料类（高分子材料与工程、材料科学与工程）	综合改革	4	4
法学院	法学	综合改革	5	5
管理学院	工商管理类（工商管理、会计学）	综合改革	7	7
	农林经济管理	综合改革	1	1
	物流管理	综合改革	6	6
海洋学院	海洋科学	综合改革	7	7
	水产养殖学	综合改革	6	6
化学工程与技术学院	化学工程与工艺	综合改革	5	5
机电工程学院	机械类(机械设计制造及其自动化、车辆工程)	综合改革	12	12
	自动化	综合改革	1	1
计算机与网络空间安全学院	计算机类（计算机科学与技术、信息安全）	综合改革	12	12
经济学院	国际经济与贸易	综合改革	3	3
	金融学	综合改革	5	5
理学院	应用化学	综合改革	3	3
	数学与应用数学	综合改革	2	2
	应用物理学	综合改革	3	3
林学院	风景园林	综合改革	10	10
	园林	综合改革	2	2
旅游学院	旅游管理类（旅游管理、酒店管理、会展经济与管理）	综合改革	18	18
热带作物学院	农学	综合改革	4	4
	农业资源与环境	综合改革	1	1
人文传播学院	汉语言文学	综合改革	10	10
	传播学	综合改革	3	3

续表

学院	专业	科类	海南地方专项（计划）	海南地方专项（录取）
生命科学与药学院	生物科学	综合改革	4	4
	生物技术	综合改革	3	3
	药学	综合改革	2	2
生态与环境学院	环境科学	综合改革	7	7
食品科学与工程学院	食品科学与工程类（食品科学与工程、食品质量与安全）	综合改革	8	8
土木建筑工程学院	土木工程	综合改革	5	5
	海洋工程与技术	综合改革	2	2
外国语学院	英语	综合改革	16	16
信息与通信工程学院	电子信息类（电子信息工程、通信工程）	综合改革	7	7
政治与公共管理学院	行政管理	综合改革	5	5
	公共关系学	综合改革	5	5
	土地资源管理	综合改革	4	4
植物保护学院	植物保护	综合改革	4	4
动物科技学院	动物科学	综合改革	2	2
	动物医学	综合改革	1	1

本年度，学校地方专项计划实际录取205人，入学报到205人，新生报到率为100%；录取平均分618.62分。2019年文史、理工录取平均分为591.21分、650.42分。详见表15。

表15　2020年海南大学地方专项计划招生录取分数及学生报到情况统计

单位：人

科类	招生计划	录取人数	报到人数	报到率	本科A控制线	最低分	平均分	最高分	最低分与本科A线差值
综合	205	205	205	100%	569	596	618.62	684	27

【特殊类型招生】本年度，学校特殊类型招生有高水平运动队和艺术类本科专业。

1. 高水平运动招生。本年度，高水平运动队招生项目有篮球、排球、田径和足球，报名参加专项测试283人，招生计划66人，发放合格证书112人，实际录取26人，实际入学26人，入学报到率为100%。其中录取男子篮球4人、男子排球2人、男子足球7人、女子篮球4人、女子排球2人、女子田径1人、女子足球6人；录取海南考生8人、甘肃1人、广东1人、广西1人、贵州1人、河南2人、黑龙江1人、湖北1人、湖南2人、内蒙古1人、山东1人、云南2人、浙江1人、重庆2人、山西1人；录取专业分别是法学12人、工商管理类2人、公共关系学1人、国际经济与贸易2人、金融学5人、旅游管理类1人、农学1人、土地资源管理1人，物流管理1人。

2. 艺术类本科专业招生。本年度，艺术类专业面向安徽、福建、甘肃、广东、海南、河北、河南、黑龙江、湖北、湖南、江苏、江西、辽宁、山东、山西、浙江、四川、重庆等 18 个省份招生，招生专业 8 个，招生计划 330 人，其中视觉传达设计 120 人、绘画 60 人、音乐表演（声乐方向）35 人、音乐表演（器乐方向）55 人、舞蹈编导 60 人。实际录取 330 人，其中视觉传达设计 127 人、音乐表演（声乐方向）36 人、音乐表演（器乐方向）107 人、舞蹈编导 60 人。实际入学 326 人，4 人未报到，其中绘画专业 1 人、视角传达设计 2 人，入学报到率 98.79%，比 2019 年上升 0.5 个百分点。详见表 16。

表 16　2020 年海南大学艺术类本科专业各省（市）招生录取情况统计

单位：人

通知书专业	项目	安徽	福建	甘肃	广东	海南	河北	河南	黑龙江	湖北	湖南	江苏	江西	辽宁	山东	山西	四川	浙江	重庆	总计
音乐表演（声乐方向）	招生计划	3	0	4	0	4	3	4	0	3	4	4	0	0	0	3	3	0	0	35
	录取人数	3	0	4	0	4	3	4	0	3	4	4	0	0	0	3	3	0	0	35
音乐表演（器乐方向）	招生计划	0	0	5	0	8	3	3	0	3	6	1	0	11	0	8	7	0	0	55
	录取人数	0	0	4	0	8	3	3	0	3	6	1	0	7	0	8	3	0	0	46
舞蹈编导	招生计划	7	0	6	3	16	6	6	0	0	7	0	0	0	0	9	0	0	0	60
	录取人数	7	0	6	3	16	6	6	0	0	7	0	0	0	0	9	0	0	0	60
绘画	招生计划	5	2	0	5	5	6	8	2	2	2	3	3	0	5	3	5	2	2	60
	录取人数	5	2	0	5	5	6	8	2	2	2	3	3	0	5	3	5	2	2	60
视觉传达设计	招生计划	10	4	0	12	7	11	18	4	4	4	5	5	0	13	5	10	4	4	120
	录取人数	10	4	0	12	7	11	18	4	4	4	5	5	0	13	5	10	4	4	120
总计	招生计划	25	6	15	20	40	29	39	6	12	23	13	8	11	18	28	25	6	6	330
	录取人数	25	6	14	2	40	29	39	6	12	23	13	8	7	18	28	21	6	6	321
	录取与计划差额	0	0	−1	0	0	0	0	0	0	0	0	0	−4	0	0	−4	0	0	−9

【港澳台招生】2020 年，港澳台本科招生类型主要有澳门保送生、香港免试生、台湾学测生、全国联合招收港澳台侨生 4 种，其中全国联合招收港澳台侨生是 2014 年开始招生，澳门保送生是 2017 年开始招生，香港免试生和台湾学测生是 2018 年开始招生。本年度，学校港澳台侨招生计划总数为 50 人（港澳台招生计划由教育部单列下达，不纳入学校本科招生计划 8162 人内），其中全国联合招收港澳台侨生计划招生 10 人，澳门保送生计划招生 10 人，香港免试生计划招生 20 人，台湾学测生计划招生 10 人。实际录取港澳台侨学生 23 人，其中全国联合招收港澳台侨生录取 4 人（包括台湾学生 2 人，澳门学生 1 人，香港学生 1 人），香港免试生 6 人，台湾学测生 6 人，澳门保送生录取 7 人；男生 13 人，女生 10 人。实际报道人数 25 人，较 2019 年增加了 18 人。

【第二学士学位招生】本年度，学校有 7 个本科专业面向第二学士学位学生招生，分别是数学与应用数学、通信工程、食品科学与工程、园艺、动物医学、园林、信息安全。招生计划总数为 105 人，每个专业招生计划 15 人。实际录取 102 人，选择放弃入学资格 16 人；各专业录取情况分别是动物医学 15 人，食品科学与工程 12 人，数学与应用数学 15 人，通信工程 15 人，园林 15 人，园艺 15 人，信息安全 15 人；其中录取 985 院校毕业生 4 人，211 院校毕业生 9 人，普通一本大学毕业生 15 人，其他院校毕业生 38 人；男生 51 人，女生 51 人。

【少数民族预科班招生】2020 年，预科班招生计划 40 人，实际录取 40 人，录取最低分 530，高出海南省本科批普通类 67 分。新生入学报到 40 人，报到率为 100%。2019 年，少数民族预科班招生计划为文史、理工各 20 人，2020 年将 40 个招生计划全部设置为“不限选考科目”。

【农科专业新生奖学金】为鼓励第一专业志愿报考海南大学农科类专业的优秀新生，学校特设立海南大学农科专业新生奖学金。根据《海南大学农科专业新生奖学金实施细则（修订）》，本年度，海南大学共有新生农科奖学金指标 80 名，符合奖学金条件的学生 58 人，经过本人申请、学校审核，最终确定 48 名农科类专业新生获得 2020 年海南大学农科专业新生奖学金，学校为获得者每人一次性颁发了 2 万元现金和荣誉证书。详见表 17。

表 17　2020 年海南大学农科专业新生奖学金获奖新生情况统计

单位：分，人

序号	省份	批次	控制线	获奖人数	获奖新生在本省最低同批次成绩排名	获奖新生最低分高出本省控制线的分值
1	安徽省	一本	515	5	210	69.75
2	广西省	一本	496	1	27	58.75
3	贵州省	一本	480	3	107	56.75
4	湖北省	一本	521	1	21	61.75
5	内蒙古	一本	452	2	29	77.75
6	四川省	一本	529	1	55	67.75
7	新疆省	一本	431	1	50	46.75
8	云南省	一本	535	2	13	48.75
9	重庆市	一本	525	1	15	53.75
10	安徽省	二本	426	1	8	68
11	甘肃省	二本	366	2	12	93
12	广西省	二本	347	1	5	151
13	贵州省	二本	369	1	19	80
14	江西省	二本	449	1	12	61
15	云南省	二本	435	1	6	82
16	海南省	本科普通批	539	13	590	31
17	辽宁省	本科普通批	512	1	19	25.5
18	山东省	本科普通批	443	2	88	102.5
19	浙江省	本科普通批	496	2	96	88.5
合计				42		

注：农科专业新生奖学金是学校为了鼓励优秀考生第一专业志愿报考并就读农科类专业，而专门设立的奖学金。奖学金发放金额为每人 2 万元。

【招生宣传和咨询】

1. 巩固招生宣传全面化，助力吸纳一流生源

（1）继续充实各省招生组和海南省内招生分组。本年度，为了贯彻落实骆清铭校长“要成立各省招生宣传组，做好招生工作顶层设计”的要求，为了在国家考试招生制度改革、生源竞争异常激烈的情况下，提高学校在各省前2%—5%的卓越生源比例，学校在全校范围内积极招募遴选各省招生专员为各省招生宣传组补充能量或组建新的宣传组，招生宣传组和海南区域、重点中学招生组从2019年的25省升至30省，为在各省开展宣传范围更宽，宣传力度更深的招生宣传工作，提供了有力保障。招生与就业处做好各省招生组的培训，招生宣传PPT、视频、材料、纪念品等材料的制作、邮寄工作，为各省招生组老师做好服务。本年度，各省招生组走进重点中学开展招生宣传，挂牌55所省外优秀生源基地中学和4所省内重点中学，高效开展工作，成效突出。

（2）开展生源地中学寒暑假假期招生宣传，走进全国所重点中学。本年度寒假，学校招募组建专家学者和学生招生宣传队伍共41支，组员193名，对全国200余所重点中学进行走访宣传。疫情封锁前，部分队伍走进校园，通过给高中学生做宣讲、发放招生宣传材料、接受高中生招生咨询等方式宣传学校；疫情期间，各宣传队伍灵活处理，开拓多种线上宣传渠道和方式，通过微信公众号、贴吧等公众平台宣传介绍校情，后续与家长及学生建群沟通，保持联系、跟踪动态，生源地中学招生宣传成效显著。暑假组建队伍联络了233所中学开展生源基地建设、学校宣讲等活动。为了做好生源地中学招生宣传工作，招生与就业处在人员的招募、培训、资料的准备和邮寄、学生安全的把控、回校后的反馈等环节做了大量的工作。

（3）本年度，招生与就业处在全校遴选140多位专家学者组成专家队伍，倾力打造海南大学“名师进中学”活动，专家学者走进海南中学、海南华侨中学、海口市一中（初中、高中部）、北京师范大学万宁附属中学等海南省省重点中学及省内各中学开展“名师进中学”大讲堂系列活动讲座13场。

（4）多渠道发放学校招生宣传材料，加大宣传力度。为了让全国各重点中学的高三考生、高中教师、高中学生知晓学校，有效扩大海南大学的知名度和认可度，同时加大海南大学一流本科专业宣传。本年度，招生与就业处除了印制常规的招生简章，还特别编撰印发了《海南大学一流本科专业介绍》10000本，以及为了宣传生物医学工程学院和密码学院，印制了《生物医学工程学院介绍》《生物医学工程学院、密码学院招生简章》各20000份。在招生简章印制出来的第一时间将纸质版的大、小简章通过邮政渠道寄往各省重点高中，共计5124所，共邮寄大简章4569份，小简章9138份；通过各省招生宣传组向各组负责的各省555所重点中学发放招生宣传材料；通过线下派员参加39场现场咨询会、暑期学生回母校活动、学校23个省的校友会以及在海南各县市的高考巡视人员中发放各类招生宣传材料，包括大简章40291份，小简章97667份，发放生物医学工程学院介绍11768份，生物医学工程学院、密码学院简章17004份，还有部分各省分数线彩虹页千余份。

（5）受全国疫情影响，学校本年度招生方式多以线上直播为主，进校园、咨询会为辅，助力招生宣传效果。组建了一支由16名精干教师组成的网上直播宣讲队伍，从4月份开始在今日头条、微信腾讯直播、升学在线、高考宝等多个在线直播、录播平台向全国31个省份的重点中学做了25场线上直播，另外还面对200多所高中进行点对点直播3场。7月17日，招生与就业

处和校宣传部合作接受光明网采访，组织实施了“光明网校园大直播”栏目，通过光明网直播平台向广大考生全面推介海南大学，线上观看量高达 71.6 万人次。在自媒体视频平台哔哩哔哩网站，直播教师带领助理直播介绍南门小吃街，让同学们全方面了解校园文化、校外环境，平台观看人数 5000 余人；进行直播校园风光，观看人数 1600 余人。

（6）电子招生简章的传播。本年度，学校除了印制纸质版招生简章，还单独制作了 2 版电子招生简章。截至 8 月 12 日，电子招生简章浏览量为 23937 个，访客量达 20148 人次，分享数为 1300 个，平均访问停留时长为 3 分 39 秒。

2. 围绕学校“2020 年吸纳海南前 1000 名考生”（2020 年海南省高考改革，文理科合并）重点工作，开展有针对性的省内招生宣传工作

（1）研究修订了《海南大学关于本省优秀高分考生个性化人才培养方案》。本年度，为了贯彻落实省委省政府和学校的指示精神，学校根据 2020 年海南省高考改革方案，通过多方调研和反复论证，通过走访海南中学、海南华侨中学、海口一中并向这些中学征求意见和建议，向学校提交了《海南大学关于本省优秀高分考生个性化人才培养方案》。

（2）走访海南省内重点中学，推介学校高分考生个性化培养方案。从 2020 年 3 月开始，学校安排人员分别走访海南中学、海南华侨中学、海口市一中、北京师范大学万宁附属中学、北京师范大学海口附属中学、文昌中学等省内重点中学，与重点中学校长面对面座谈交流，深入解读和推介海南大学高分考生个性化培养方案，让省内重点中学校长、高三年级组组长、班主任、专任教师了解学校高分考生个性化人才培养方案、宣传培养方案，留住海南优秀人才。在高考成绩公布前后，多次在省内重点中学高三年级学及家长群中上传学校高分考生个性化培养方案，得到了各重点中学的支持。

（3）实行优质生源“一对一”招生宣传。2020 年高考后，学校对海南省内重点中学有意向报考海南大学的高分段考生建立优质生源信息库，由招生宣传骨干与考生和家长建立联系，从高考志愿填报、专业选择、职业规划等方面提供指导、咨询，进行“一对一”招生宣传。截至 8 月 7 日，共有 4 名海南省前 1000 名考生有意愿填报海南大学。

（4）联系海南省内重点中学，进行“优秀生源基地”挂牌。根据海南省内各大中学为学校输送优质生源情况，联系海南省内重点中学商定“优秀生源基地”挂牌事宜。3 月，傅国华副校长先后带队到海南省内各大中学进行挂牌仪式。18 日，赴北京师范大学万宁附属中学举行“优秀生源基地”授牌仪式；20 日，赴海南中学举行“优秀生源基地”授牌仪式；21 日，赴海南华侨中学举行“优秀生源基地”授牌仪式；28 日，赴海口市第一中学举行“优秀生源基地”授牌仪式。

3. 做好港澳台侨招生宣传工作

本年度，制作了全国联招、澳门保送生、香港免试生、台湾学测生招生简章。

4. 加强融媒体宣传，提升宣传实效

（1）在招生信息网上设置小易机器人回答考生问题。本年度，小易机器人累计访问量为 1625 次，咨询期间的遗留问题由工作人员负责线上解答。

（2）官方微信号等平台关注度再创新高。本年度，“海南大学本科招生”官方微信公众号粉丝增幅约 49%，总关注用户数约 26000 人次。公众号文章紧抓时事与校园热点，推出了《印象海大》《海大说》《海大杂记》《海大生活》《海大师韵》等系列精彩原创文章和视频，原创数量居全校公众号之首，单篇最高阅读量超过 13000，多篇文章成为网络爆款订阅文章且被海南大学等校

内其他官方微信公众号转载，获得其他高校学生的关注。

（3）开设新微博账号，多方面宣传海南大学。本年度，海南大学招生宣传学生团队开设“海南大学本科招生B站”与“海南大学本科招生”2个官方微博账号，通过各平台内容风格互补，以视听等多方式全方位展现海南大学风貌。截至12月31日，B站粉丝人数超过2000，视频总播放量数万。暑假招生期间在B站进行了2次校园直播，累计观看人数超过5000。

5. 提升服务意识，提高服务质量，多渠道满足考生咨询需求。在咨询高峰期间，招生与就业处针对考生关心的问题整理制作了《2020招生咨询系列热点问题》，并在海南大学本科招生信息网和海南大学本科招生微信公众号发布，为考生答疑解惑。在易高招、天眼、江苏教育考试院、云上高考、官方邮箱、小易机器人、阳光高考、校园百事通等8个网络平台开展线上回答咨询工作，主要以人工回复为主、设定热点问题的自动回复为辅相结合的方式对考生的问题进行回复，从2020年7月23日开始，回复问题共计6000余条，内容涉及专业介绍、考生成绩分析、学校基本情况介绍等。分别在招生微信、邮箱等多个网络咨询平台同步接受咨询，回复考生网络咨询。2020年6至8月的招生咨询高峰季，接听招生热线呼入/呼出频次超过上万次，高峰时期每天接听呼入/呼出频次达600次/天。

在录取期间，学校力求第一时间阅档录取，在各省市录取结束的第一时间公布录取分数线。本年度，海南大学本科招生信息网和微信官方公众号开通录取进展查询，确保考生第一时间获取信息；海南大学本科招生信息网设“录取查询”服务栏，以提供高考考试通过考生号在线查询录取情况和录取通知书投递状况，确保学生能够及时获悉相关信息。

教学工作

研究生教育

【概况】2020年，研究生工作以党的十九届五中全会精神为指导，贯彻落实习近平总书记在庆祝海南建省办经济特区30周年大会上的重要讲话和《中共中央 国务院关于支持海南全面深化改革开放的指导意见》（中发〔2018〕12号）精神，切实领会全国研究生教育工作大会精神；着眼于服务国家重大战略的全局，落脚于中国特色自由贸易港建设实践，深入推进教育部、海南省人民政府部省合建海南大学工作，落实海南省委省政府“聚全省之力办好海南大学”等重大决策部署；坚持“支撑引领、特色取胜，高位嫁接、开放创新”的总体思路，为加快世界一流学科建设步伐，以学位点建设为抓手，强化研究生教育，带动学校高水平建设，实现学校内涵式发展。继续实施研究生教育教学改革、研究生创新中心建设、联合培养优秀研究生、研究生参加高水平学术会议资助、优秀研究生访学资助和研究生优秀学位论文培育等计划，不断改善研究生人才培养环境，提高研究生教育综合质量，提升学校创新人才培养能力和高层次应用型人才培养水平。

【学位点申请】根据《国务院学位委员会关于开展2020年博士硕士学位授权审核工作的通知》(学位〔2020〕22号)，本年度，完成了10个博士学位授权一级学科点、3个博士专业学位授权点、9个硕士学位授权一级学科点和6个硕士专业学位授权点的申报工作。详见表18。

表18　2020年海南大学拟新增博士、硕士学位授权点

序号	单位名称	代码	学位授权点名称	学位授权点层次和类别
(一)拟新增博士学位授权一级学科点				
1	海南大学	0501	中国语言文学	一级学科博士点
2	海南大学	0814	土木工程	一级学科博士点
3	海南大学	0904	植物保护	一级学科博士点
4	海南大学	0908	水产	一级学科博士点
5	海南大学	0202	应用经济学	一级学科博士点
6	海南大学	0902	园艺学	一级学科博士点
7	海南大学	0305	马克思主义理论	一级学科博士点
8	海南大学	0802	机械工程	一级学科博士点
9	海南大学	1204	公共管理	一级学科博士点
10	海南大学	0831	生物医学工程	一级学科博士点
(二)拟新增博士专业学位授权点				
1	海南大学	0856b	材料与化工	专业学位博士点
2	海南大学	0854b	电子信息	专业学位博士点
3	海南大学	0857b	资源与环境	专业学位博士点
(三)拟新增硕士学位授权一级学科点				
1	海南大学	0201	理论经济学	一级学科硕士点
2	海南大学	0302	政治学	一级学科硕士点
3	海南大学	0707	海洋科学	一级学科硕士点
4	海南大学	0831	生物医学工程	一级学科硕士点
5	海南大学	0703	化学	一级学科硕士点
6	海南大学	0705	地理学	一级学科硕士点
7	海南大学	0403	体育学	一级学科硕士点
8	海南大学	1304	美术学	一级学科硕士点
9	海南大学	1305	设计学	一级学科硕士点
(四)拟新增硕士专业学位授权点				
1	海南大学	0857	资源与环境	专业学位硕士点
2	海南大学	0859	土木水利	专业学位硕士点
3	海南大学	1055	药学	专业学位硕士点
4	海南大学	1255	图书情报	专业学位硕士点
5	海南大学	0855	机械	专业学位硕士点
6	海南大学	0452	体育	专业学位硕士点

【学位点建设】根据《国务院教育督导委员会办公室关于印发〈全国专业学位水平评估实施方案〉的通知》（国教督办函〔2020〕61号）和教育部学位与研究生教育发展中心《教育部学位中心关于组织实施全国专业学位水平评估工作的通知》（学位中心〔2020〕47号），2020年12月4日，学校全面启动专业学位水平评估工作，确认7个专业学位类别参评并提交了全国专业学位水平评估简况表。详见表19。

表19　海南大学参评专业学位类别（领域）一览

序号	类别代码	类别名称	专业(领域)代码和名称		所在学院
1	0251	金融	—	—	经济学院
2	0254	国际商务	—	—	经济学院
3	0551	翻译	055101	英语笔译	外国语学院
			055102	英语口译	
			055105	日语笔译	
4	0552	新闻与传播	—	—	人文传播学院
5	0951	农业	095131	农艺与种业	热带作物学院、园艺学院
			095132	资源利用与植物保护	热带作物学院、植物保护学院
			095133	畜牧	动物科技学院
			095134	渔业发展	海洋学院
			095135	食品加工与安全	食品科学与工程学院
			095136	农业工程与信息技术	机电工程学院
			095137	农业管理	管理学院
			095138	农村发展	管理学院
6	1254	旅游管理	—	—	旅游学院
7	1351	艺术	135106	舞蹈	音乐与舞蹈学院
			135107	美术	美术与设计学院

【博士后科研流动站建设】为加强博士后科研流动站和博士后科研工作站建设，进一步推动博士后工作健康发展，根据人力资源和社会保障部、全国博士后科研流动站管理协调委员会《关于印发博士后科研流动站和工作站评估办法的通知》（人社部发〔2008〕115号）的要求，本年度，人力资源和社会保障部与全国博士后科研流动站管理协调委员会对2017年以前设立的博士后科研流动站和工作站进行了综合评估，海南大学生物学和作物学2个博士后科研流动站获评“良好”等级。

【研究生培养规模】截至12月31月，在校各类研究生8946人。其中全日制博士生583人（女生295人）；学籍硕士生7287人（女生3972人），包括学术型硕士生2050人（女生1105人）、全日制专业学位硕士生3876人（女生2076）、非全日制专业学位硕士生1361（女生791人）；在职攻读硕士学位研究生1076人（女生445人）。外籍留学研究生55人（博士生8人）。

【研究生培养工作】

1. 培养方案修订工作

本年度，学校分类别高要求地制定了培养方案修订的纲领性指导意见文件，深化研究生培养模式改革，推进分类施策精准培养。分阶段高质量地修订了现有全部学位点的研究生培养方案，进一步完善研究生培养环节，优化研究生课程体系；共修订全校研究生培养方案87个，并从2020级研究生开始执行。根据艺术硕士教指委2020年的通知和新版指导性培养方案要求，高标准地完成了学校艺术硕士各领域研究生培养方案的修订和报送工作。

2. 研究生培养环节工作

本年度，2020级研究生新生和导师的师生双选工作圆满完成，师生双选工作安排在新生入学后1个月内进行，其间导师和学生经过全面充分的沟通和了解，大大提升了师生双选工作的质量和成效。学校积极推进研究生培养环节的优化改革，从2020级开始，博士研究生培养环节增加国际学术交流、研究进展报告等要求；学位论文在送审之前设置预答辩环节，加强培养过程精细化管理。全面修订了《海南大学研究生培养手册》等培养材料，加强培养过程规范化管理，其中将《海南大学研究生培养手册》分成3类进行修订完善，进一步推进和体现研究生分类培养。

3. 研究生课程教学工作

（1）研究生课程线上教学工作。疫情期间，学校先后制定实施了《海南大学2020年春季延期开学研究生教育工作方案》《关于调整2019—2020学年第二学期研究生教学工作安排的通知》《关于进一步落实疫情防控期间研究生培养工作的要求》《关于做好2019—2020学年第二学期研究生课程网络教学工作的通知》《海南大学研究生课程网络教学操作指南》5个方案，精心组织《海南大学研究生课程网络教学操作指南（9个平台工具）》等培训演练，2020年2月24日，校历新学期第一天，研究生课程线上教学如期开课。本年度，学校顺利完成了春季学期的教学任务，在线教学的老师为603人、841人次，在线教学的课程为510门、2224门次，参加在线学习的学生为2706人、10792人次；顺利完成了2020年课程教学任务1418门。

（2）组织开展冬季小学期研究生课程教学工作，助力提升课程教学水平和教学质量。本年度，研究生课程首次开展冬季小学期教学，共有24门课程教学、8场学术报告，邀请了32名专家参与，累计303学时，上课学生2278人次。

（3）积极做好“跨类选修课”课程遴选和教学工作，加强通识教育，突出学科交叉，促进科学精神与人文素养兼修。本年度，研究生首次开设“跨类选修课”，首批遴选“跨类选修课”课程12门，共有1065名博士、硕士研究生选修，课程教学深受学生好评。

（4）持续推进研究生课程教学改革，积极探索研究生课程创新考核方式。2020年11月，海南大学第六届博士研究生模拟国际学术研讨会成功举行，共有230余名在读博士研究生参会，进一步锻炼学校研究生的综合能力，提升跨文化国际学术交流素养等。

4. 研究生课程建设工作

本年度，学校多措并举，优化研究生课程设置，从2020级研究生开始，统一专硕与学硕公共政治课教学，压缩硕士公共英语课教学学时；增加专业基础课程容量，夯实研究生的专业基础知识；新开设全英文课程、跨类选修课程、学术道德规范等课程，进一步优化课程体系。完成了20门校级研究生公共课课程教学大纲的修编工作，其中公共学位课4门、公共选修课4门、跨类选修课12门，确保教学活动规范有序，提高课程教学质量。起草了《海南大学研究生精品课程建设实施与管理办法》(征求意见稿),设计制作了精品课程评估指标、立项申报表和任务书,完成了精品课程建设的预算编制等工作,积极筹划研究生精品课程建设。完成了课程相关的推荐和申报工作,包括首届全国教材建设奖的推荐申报工作、全国农业专业学位研究生课程教材立项建设工作、第五批省级高校精品在线开放课程立项建设工作等。

【研究生教育信息化建设工作】

1. 研究生自助服务移动端系统上线运行

本年度,学校推出了研究生成绩单、学籍证明、在读证明等3项材料的盖章电子版免费自助下载打印服务,为研究生提供了更优质高效的便捷服务。自助服务系统6月上线,截至12月底,系统运行平稳,共有6280名研究生使用自助服务,共下载打印6526份有关电子档材料。

2. 研究生"跨类选修课"选课应用建成使用

本年度,学校组织2020级博士生228名、学术学位硕士生837名,通过选课应用完成了12门"跨类选修课"的选课工作,确保新培养方案顺利执行和课程教学正常开展。

3. 研究生教育信息化管理与服务系统(新系统)建设工作稳步推进

本年度,新系统建设方案获专家论证会议评审通过,新系统的详细功能需求已经过多方调研和讨论,研究生培养、学籍和导师模块建设已初步成形。

4. 学位与研究生教育管理信息系统(现用系统)的日常维护工作

本年度,学校将新修订的全部研究生培养方案、培养环节、课程信息及关联表格录入系统,将2020级研究生新生信息整理并导入系统;在系统中部署有关事项,及时解决各学院在使用过程中遇到的问题。

【研究生教育国际化工作】

1. 开展研究生出国留学宣传宣讲工作,为研究生与国外知名大学沟通交流搭建了良好的平台

本年度,学校协助国家留学基金委承办第十二届国际研究生奖学金信息说明会(线上),组织开展了海南大学分会场系列宣讲活动4场;组织学生参加国家留学基金委与日本高知工科大学合作奖学金选派信息宣讲会(线上),共有200余名研究生参加上述活动。

2. 完成研究生出国留学的组织、选拔和推荐工作,获批留学资格人数取得较好成绩

本年度,共有16名研究生获得留学资格,其中9名研究生获国家建设高水平大学公派研究生项目资助资格,3名研究生获创新型人才国际合作培养项目资助资格,1名研究生获国外高校校际交换学生资格,3名研究生获假期国外研修资格。

3. 继续开展来华留学研究生线上教学工作

2020年秋季学期,因国际新冠肺炎疫情影响,学校招收的128名国际研究生在境外暂时不能返校,根据有关要求,学校通过开设43门国际研究生线上教学课程,组织开展境外国际研究生线上教学工作。

【研究生学位论文质量监控工作】为了进一步提高研究生的培养质量,学校继续实施对学位论文学术不端行为检测和对博士、硕士(含专业学位)学位论文"盲审"制度。

1. 加强对学位论文学术不端行为的检测

本年度,博士学位论文检测53篇,通过53篇,合格率为100%;硕士学位论文检测1651篇,通过1628篇,合格率为98.61%。通过学术不端检测制度,把好了学位论文质量的第一关。

2. 实行博士研究生学位论文"盲审"制度

对申请答辩的63名博士研究生的学位论文

进行了“双盲”评审，54篇通过盲审，通过率为85.71%。

3. 实行硕士学位论文抽查制度

本年度，共抽查133名硕士的学位论文进行盲审，130篇通过盲审，通过率为97.74%；其余的硕士学位论文由学院组织进行盲审。

【学位授予工作】截至6月30日，学校授予37名博士研究生博士学位，1471名硕士研究生硕士学位。12月，学校授予14名博士研究生博士学位、112名硕士研究生硕士学位。

【优秀博士、硕士学位论文评审】经答辩委员会评定、学位分委员会推荐、校学位评定委员会审核，有8篇博士学位论文、97篇硕士学位论文分别被评定为“校级优秀博士”“硕士学位论文”。详见表20。有8篇博士学位论文、40篇硕士学位论文分别被评为“海南省优秀博士”“硕士学位论文”。详见表21。

表20　2020年海南大学优秀博士、硕士学位论文一览表

序号	所在学院	学生姓名	论文题目	所学专业	导师姓名	类别
1	法学院	侯丽维	国际司法裁判中不超出请求事项规则研究	国际法学	张丽娜	博士
2	热带作物学院	罗佳佳	基于生物组学解析柱花草对有机磷的高效利用机理	作物栽培学与耕作学	刘国道	博士
3	生命科学与药学院	刘亚群	施氏假单胞菌A1501胞外多糖合成的葡萄糖刺激效应及相关机制研究	遗传学	刘　柱	博士
4	生命科学与药学院	韦燕婵	天然橡胶分子结构分析与表征	生物材料	廖双泉	博士
5	生态与环境学院	杨婷寒	珊瑚礁区中多环芳烃的分布特征及共生虫黄藻对苯并[a]芘胁迫的响应研究	生态学	刁晓平	博士
6	生态与环境学院	陈宇丰	南海软珊瑚共附生放线菌抗香蕉枯萎病活性成分鉴定及抑菌机理研究	生态学	骆焱平	博士
7	生态与环境学院	谭　珂	风筝果属物种形成机制及生物地理学格局	生态学	任明迅	博士
8	信息与通信工程学院	陈真佳	海上电磁频谱感知与预测方法研究	信息与通信工程	张永辉	博士
9	材料科学与工程学院	艾长智	g-C3N4基异质结的构建及其光电化学性能研究	材料工程	林仕伟 李　劲	硕士
10	材料科学与工程学院	钱勇鑫	肟基吸附剂的制备及其对铀的吸附性能研究	材料工程	马艳平 石　瑟 王　宁	硕士
11	材料科学与工程学院	杨文科	二氧化钛的结构对光电化学酶基葡萄糖生物传感器性能影响的探究	材料工程	郝万军 涂进春	硕士
12	材料科学与工程学院	许雪飞	ALD辅助改性纳米碳基复合材料的吸波性能研究	材料工程	王桂振	硕士
13	材料科学与工程学院	谷东旭	铀金属有机框架的合成及性能研究	材料工程	杨玮婷	硕士
14	材料科学与工程学院	汤雨霖	纳米铌酸钛电极材料的制备、表面改性与脱嵌锂行为研究	材料工程	王桂振	硕士

续表

序号	所在学院	学生姓名	论文题目	所学专业	导师姓名	类别
15	材料科学与工程学院	赵石磊	基于天然矿石材料的海水提铀吸附剂研究	材料科学与工程	王　宁	硕士
16	材料科学与工程学院	胡沛英	芳纶纳米纤维基功能复合气凝胶的设计制备与应用研究	材料科学与工程	陈永平	硕士
17	材料科学与工程学院	刘　铮	钼基双金属化合物材料制备及其电催化性能研究	材料科学与工程	史常圣	硕士
18	材料科学与工程学院	刘　晨	基于荧光信号放大的高灵敏DNA生物传感器	材料科学与工程	杜　杰	硕士
19	材料科学与工程学院	豆维新	金属有机框架及其衍生物对铀吸附性能的研究	材料科学与工程	杨玮婷	硕士
20	材料科学与工程学院	陈广平	单离子聚合物电解质用于高性能锂金属电池的研究	材料科学与工程	廖小雪	硕士
21	动物科技学院	徐　腾	蟛蜞菊内酯对原代心肌细胞急性热应激损伤的保护作用及机制研究	动物遗传育种与繁殖	杨雨辉	硕士
22	法学院	朱怡昂	集资诈骗罪非法占有目的认定实证研究——以资金去向为分析视角	法律（法学）	童伟华	硕士
23	法学院	王　娜	历史性权利的法理诠释	法学理论	刘国良	硕士
24	法学院	王南瑛	无效行政行为的司法认定研究	宪法学与行政法学	李荣珍	硕士
25	管理学院	李　班	富豪上榜与分析师盈余预测	会计学	陈险峰	硕士
26	管理学院	王怡芳	地理位置、高铁开通与现金持有	企业管理	胡国柳 韩葱慧	硕士
27	管理学院	龙依静	道德型领导对员工幸福感的负面影响机制研究	企业管理	傅国华 付景涛	硕士
28	海洋学院	许惠丽	三亚蜈支洲岛造礁石珊瑚对环境变化的响应	海洋生物学	李秀保	硕士
29	海洋学院	陈　阳	卵形鲳鲹IGFBP3（TroIGFBP3）参与机体抗菌免疫应答研究	水产	秦启伟	硕士
30	海洋学院	刘　红	基于CRISPR-Cas12a技术的病原菌检测方法的建立	渔业	孙　云	硕士
31	海洋学院	任竹玲	罗非鱼舒伯特气单胞菌疾病及其益生菌防治研究	渔业	王世峰	硕士
32	化学工程与技术学院	尹志兵	高铁酸钾改性生物炭及吸附性能研究	化学工程	徐树英 黎吉辉	硕士
33	化学工程与技术学院	方秀琴	两亲性海藻酸钠衍生物自组装行为和乳化性能的调控	化学工程	李嘉诚	硕士
34	化学工程与技术学院	刘丽娟	壳聚糖/金属有机框架复合材料的制备及性能研究	化学工程	潘勤鹤	硕士
35	化学工程与技术学院	李荣国	温敏性载药胶束纳米纤维膜的制备及性能研究	化学工程与技术	尹学琼	硕士

续表

序号	所在学院	学生姓名	论文题目	所学专业	导师姓名	类别
36	化学工程与技术学院	王燕诗	不同外源硒水平对富硒土壤腐殖质特征及芥菜富集重金属的影响	化学工程与技术	罗盛旭	硕士
37	机电工程学院	吉　祥	基于介电泳的微通道中颗粒操控机理研究	农业机械化	周　腾	硕士
38	经济学院	赵婷茹	自贸试验区对产业结构演变的影响效应研究——来自上海自贸试验区的证据	产业经济学	李世杰	硕士
39	经济学院	孙文杰	全球价值链生产长度的环境效应研究	国际贸易学	张继军	硕士
40	经济学院	李　辉	影子银行业务、信息披露质量与股价信息含量——基于中国上市非金融企业证据	金融	孙建军	硕士
41	经济学院	黄宏星	制度环境、制度距离与离岸证券投资——来自全球离岸金融中心的证据	金融	王　勇	硕士
42	经济学院	国方琪	“一带一路”沿线国家腐败对外国证券投资的影响研究	金融	王　勇	硕士
43	经济学院	胡南贤	货币政策不确定性与银行信贷决策——基于新闻报道文本分析的实证研究	金融学	徐　艳 邝　雄	硕士
44	经济学院	黄凌伟	基于统计学习的非凸损失函数研究及应用	统计学	邵元海	硕士
45	理学院	李莎莎	可因子化的二部可图对与星森林的 Turán 数的研究	应用数学	尹建华	硕士
46	林学院	琚青青	海口市城市边缘区生态安全格局构建研究	风景园林学	周　鹏	硕士
47	林学院	马慧燕	海南岛热带雨林树种 BVOCs 排放动态及其对模拟氮沉降的短期响应	林业	何　禾	硕士
48	林学院	童思远	不同危害程度下次生林群落土壤种子库特征研究	森林培育	余雪标	硕士
49	旅游学院	黄　橙	基于 Kano 模型与 IPA 分析法的海南乡村旅游服务质量研究——以冯塘绿园为例	旅游管理	陈扬乐	硕士
50	旅游学院	李睿颉	海南少数民族村寨游客体验质量及其影响因素研究——以加脑村为例	旅游管理	谢彦君	硕士
51	旅游学院	曹李梅	热带海岛情境下目的地依恋维度构建及量表开发	旅游管理	曲　颖	硕士
52	旅游学院	尹　丽	旅游网站 LPs 优惠券回报额度和回报条件对顾客忠诚的影响研究——关系质量为中介	旅游管理	田　良	硕士
53	马克思主义学院	王仕园	解放战争时期人民军队“立功运动”中的思想政治教育研究	思想政治教育	李德芳	硕士
54	马克思主义学院	刘锦源	海南岛战役前期渡海作战部队的思想政治教育研究	思想政治教育	杨素稳	硕士
55	美术与设计学院	温　俊	三沙灯塔视觉元素在旅游文创产品中的应用设计研究	艺术设计	袁晓莉	硕士

续表

序号	所在学院	学生姓名	论文题目	所学专业	导师姓名	类别
56	美术与设计学院	孟　悦	扁平化插画在茶包装设计中的应用	艺术设计	袁晓莉	硕士
57	热带作物学院	李季肤	地毯草根系铝响应基因的挖掘与鉴定	草业	王志勇 陈志坚	硕士
58	热带作物学院	高　璇	橡胶草抗坏血酸过氧化物酶基因家族分析及TkAPX3的功能研究	农业生物技术	刘进平	硕士
59	热带作物学院	余文敬	维氏气单胞菌转移-信使RNA调控头孢噻肟持留性的机制研究	农业生物技术	唐燕琼	硕士
60	热带作物学院	范月婷	橡胶树CRISPR/Cas9基因编辑技术的初步研究	作物	华玉伟 陈银华	硕士
61	热带作物学院	张辰笈	麻疯树精细基因组图谱及甲基化特征	作物	王文泉 陈银华	硕士
62	热带作物学院	赵东方	香蕉MYBs转录因子与MaGBSSⅠ-3启动子互作调控研究	作物	徐碧玉 张银东	硕士
63	热带作物学院	昌燕李	MeCAMTA3调节木薯对细菌性枯萎病抗病反应的研究	作物遗传育种	施海涛	硕士
64	热带作物学院	李　敏	木薯扩展蛋白家族基因鉴定和功能初步研究	作物遗传育种	罗丽娟	硕士
65	热带作物学院	张婷婷	铝胁迫造成橡胶幼苗死亡的生理机制解析	作物栽培学与耕作学	刘子凡	硕士
66	人文传播学院	姜　辉	柄谷行人现代文学装置研究	文艺学	刘　显	硕士
67	人文传播学院	谢辉强	看与被看的烦恼——纪录片《岩慢》中少数民族儿童的世界	戏剧	焦勇勤	硕士
68	人文传播学院	罗慧娴	重大事件中地方党刊的话语表达研究——以《今日海南》对海南“双自贸”建设的报道为例	新闻与传播	何晶娇	硕士
69	人文传播学院	王　淼	谁的“乡村”？何种“生活”？——以《向往的生活》为中心的讨论	新闻与传播	朱　杰	硕士
70	人文传播学院	梁　羽	“十七年”相声文本变迁研究	中国现当代文学	张硕果	硕士
71	生命科学与药学院	曹　欣	维氏气单胞菌tmRNA在转录、翻译水平对丙氨酸脱氢酶调节的研究	生物化学与分子生物学	刘　柱	硕士
72	生命科学与药学院	王　义	西沙群岛草海桐病害鉴定、防治药剂筛选及生防菌资源挖掘	微生物学	赵　超	硕士
73	生命科学与药学院	石　豆	橡胶树白粉菌效应蛋白EqIsc1在致病中的功能研究	微生物学	缪卫国	硕士
74	生命科学与药学院	油　珅	α-芋螺毒素TxIB、TxID及[S9K]TxID抗尼古丁成瘾的研究	药学	罗素兰	硕士
75	生命科学与药学院	李昕粲	α-芋螺毒素TxIB的环化修饰及稳定性研究	药学	吴　勇	硕士

续表

序号	所在学院	学生姓名	论文题目	所学专业	导师姓名	类别
76	生命科学与药学院	谢志鹏	基于抗菌肽 Temporin-GHa 的优化设计、筛选和构效关系研究	药学	张英霞	硕士
77	生命科学与药学院	李宣儒	热带云雾林不同植物类群的水分利用策略	植物学	龙文兴	硕士
78	生态与环境学院	付东东	微塑料的老化机制及其与重金属的吸附行为和复合毒性研究	环境工程	彭丽成	硕士
79	生态与环境学院	祁怀源	海口湾微塑料分布及其对牟氏角毛藻的毒理效应研究	生态学	彭丽成	硕士
80	食品科学与工程学院	张媚健	长茎葡萄蕨藻多糖的结构解析及免疫刺激活性研究	食品工程	李永成	硕士
81	食品科学与工程学院	黄小霞	鞣花酸对慢性应激小鼠抑郁样行为的改善作用与机制研究	食品工程	李　武	硕士
82	食品科学与工程学院	袁义琼	玉足海参多糖对大鼠高脂血症的缓解作用及机制研究	食品工程	李　川	硕士
83	食品科学与工程学院	舒慧珍	3-蒈烯对荧光假单胞菌的抑菌机理研究	食品科学与工程	陈文学	硕士
84	土木建筑工程学院	韩小燕	混凝土时变断裂过程中的能量耗散研究	结构工程	高洪波	硕士
85	土木建筑工程学院	陈　超	基于碟形弹簧的自复位摇摆钢框架抗震性能研究	结构工程	陈　云	硕士
86	外国语学院	郭妃妃	2018 数据驱动可持续渔业国际研讨会模拟交传实践报告	翻译	黄丹英	硕士
87	外国语学院	邹梦婷	《海南岛记（第一章至第三章）》翻译实践报告——以文化翻译为视角	翻译	金　山	硕士
88	外国语学院	王　博	《中国古代图书史》（节选）汉译日翻译实践报告	翻译	杨　帆	硕士
89	外国语学院	林秋萍	海口旅游网汉译日翻译实践报告	翻译	杨　帆	硕士
90	信息与通信工程学院	国月皓	阵列误差条件下 MIMO 雷达高精度角度估计算法研究	电子与通信工程	冯文龙 王咸鹏	硕士
91	信息与通信工程学院	孟丹丹	基于正则化稀疏恢复的稳健测向算法研究	电子与通信工程	王咸鹏	硕士
92	信息与通信工程学院	王华飞	基于稀疏贝叶斯学习的稳健 DOA 估计算法研究	信息与通信工程	王咸鹏	硕士
93	信息与通信工程学院	朱扬辉	基于低秩矩阵完备的波达方向估计算法研究	信息与通信工程	冯文龙 王咸鹏	硕士
94	园艺学院	杨　壮	萝卜对高低温响应的初步研究	蔬菜学	汪志伟	硕士
95	园艺学院	戚华沙	海南岛油茶种质资源的分子鉴定及遗传多样性评价	园艺	于　靖	硕士
96	园艺学院	赵思涵	脱落酸在木薯耐采后生理变质中的作用及其抗氧化系统的调控研究	园艺	田丽波 胡　伟	硕士

续表

序号	所在学院	学生姓名	论文题目	所学专业	导师姓名	类别
97	园艺学院	王世豪	渗透胁迫启动西瓜悬浮细胞内源信号转导特征研究	园艺	江雪飞 乔　飞	硕士
98	政治与公共管理学院	万　隽	参与式保障体系下乡村社会资本的重构及其对乡村治理绩效的影响——基于对长春市郭家村的实证分析	政治学理论	张治库	硕士
99	政治与公共管理学院（社科中心）	田　羽	人伦之忧："父子之间不责善"——从"父子之间不责善"看孟子的人伦观	中国哲学	高海燕	硕士
100	植物保护学院	刘中更	果蝇黏连蛋白 SOLO 潜在 SSE 位点的研究	农业昆虫与害虫防治	颜日辉	硕士
101	植物保护学院	朱新月	杀菌先导化合物 HAINU-18 和 Antidesmone 对香蕉炭疽菌的初步作用机制研究	植物保护	孙然锋	硕士
102	植物保护学院	陈鹤升	日本食蚧蚜小蜂贮藏与释放技术研究	植物保护	朱俊洪	硕士
103	植物保护学院	梁峻玮	香蕉枯萎病菌 4 号小种生理的三个氰烯菌酯靶标基因的功能分析	植物保护	谢艺贤	硕士
104	植物保护学院	徐　刚	槟榔间座壳叶斑病病原菌鉴定及其真菌病毒的全基因组克隆和结构分析	植物病理学	谢昌平	硕士
105	植物保护学院	江　涛	国内橡胶主栽区炭疽病菌种群鉴定及其生物学特性分析	植物病理学	黄贵修	硕士

表 21　2020 年海南大学获海南省优秀博士、硕士学位论文一览表

序号	作者姓名	性别	出生年月	学位论文题目	导师姓名	类别
1	李松伟	男	1984.04	尖孢镰刀菌蛋白激发子 PeFOC1 分离纯化及其诱导植物免疫抗性机理研究	袁潜华	博士
2	韦运谢	女	1989.10	木薯褪黑素合成酶基因的分离鉴定和功能解析	施海涛	博士
3	黎　平	女	1989.12	海南典型海岸带沉积物中厌氧氨氧化菌的群落结构及其功能与环境因子的相关性研究	刁晓平	博士
4	任　洁	女	1989.02	化学修饰改造 α*-芋螺毒素活性和稳定性的研究	罗素兰	博士
5	于津鹏	男	1987.11	特异阻断烟碱型乙酰胆碱受体不同亚型的 α-芋螺毒素构效关系的研究	罗素兰	博士
6	孟繁蓉	女	1988.03	香蕉茎秆多元醇液化及其资源化利用研究	张玉苍	博士
7	韩惠蕊	女	1990.08	面向慢性病辅助诊断的多标签学习算法研究	黄梦醒	博士
8	唐银清	女	1987.05	多输入多输出网络控制系统的时延补偿控制与调度研究	杜　锋	博士
9	白蓓蓓	女	1992.04	杧果果实中糖组分及 SPS 和 SPP 家族基因的鉴定分析研究	陈业渊	硕士
10	柯　智	男	1990.09	栽培方式对山栏稻光合作用，产量及其构成因素的影响	袁潜华	硕士
11	潘月云	女	1992.12	木薯 MeMAPK8 基因在木薯抗病中的功能分析	张银东	硕士

续表

序号	作者姓名	性别	出生年月	学位论文题目	导师姓名	类别
12	陈积雪	女	1993.12	入罪的形式化与出罪的实质化：刑法解释立场的两个面向	童伟华	硕士
13	林　怡	女	1993.09	虚拟空间中盗窃与诈骗的界分困境与教义学应对——基于典型案例的思考	阎二鹏	硕士
14	卢嘉熺	女	1991.11	行政给付判决适用研究	熊勇先	硕士
15	闫聪聪	男	1994.12	不同老化条件下生物质炭性质变化及其对土霉素吸附行为的影响研究	葛成军	硕士
16	宁　炯	男	1994.07	作用于肌肉型乙酰胆碱受体α-芋螺毒素GI, EI的改造及其构效关系的研究	罗素兰	硕士
17	王唤白	男	1993.02	αO-芋螺毒素GeXIVA[1,2]对化疗所致神经痛的镇痛作用研究	罗素兰	硕士
18	许　琪	女	1993.06	维氏气单胞菌SmpB和ArgR对ompA调节机制初探	刘　杜	硕士
19	刘士尧	男	1993.03	水稻黄单胞菌中yebN前导RNA的功能研究	陶　均	硕士
20	王龙正	男	1995.08	改性海藻酸钠复合水凝胶的制备与性能研究	李嘉诚	硕士
21	刘亚旭	男	1992.06	在温和的条件下用钯催化剂合成伯胺和醇化合物	王　博	硕士
22	杜晋智	男	1991.02	关于蕴含Ramsey数的研究	尹建华	硕士
23	蒋璐璐	女	1994.03	网络化并联式串级控制系统研究	杜　锋	硕士
24	贾倩雯	女	1992.09	基于智能体的海上遇险目标搜索算法研究	任　佳	硕士
25	程毅康	男	1995.11	热带云雾林植物功能多样性和谱系多样性对群落构建的影响	龙文兴	硕士
26	唐　露	女	1993.01	渗透胁迫下香蕉对外源甜菜碱的生理响应及甜菜碱合成信号通路的研究	李新国	硕士
27	孙梦利	女	1991.08	西瓜悬浮细胞应激合成海藻糖提高渗透胁迫抗性的分子机制	江雪飞	硕士
28	黄海峰	男	1993.03	多杀性巴氏杆菌诊断方法的初步建立	杜　丽	硕士
29	周晓韵	女	1993.12	黄单胞菌HarpinX蛋白耐热机制的初步研究	缪卫国	硕士
30	徐成滨	男	1994.10	溴氰虫酰胺对罗非鱼肝脏DNA损伤以及斑马鱼眼部细胞凋亡的毒性机理初探	范咏梅	硕士
31	钟志鸿	男	1993.05	抗刺激隐核虫天然化合物的筛选与应用	周永灿	硕士
32	姜　固	男	1993.05	铜胺氧化酶在氮限制诱导小球藻油脂积累中的作用	刘志媛	硕士
33	牛超群	男	1990.05	高弹性聚2-苯氧基基乙基丙烯酸酯聚合物电解质用于锂金属电池	杜　杰	硕士
34	张　辽	男	1993.09	铝掺杂钛酸锂的电化学效应研究	李　德	硕士
35	石少华	男	1991.07	锰氧化物/碳复合材料的超电容性能研究	王桂振	硕士
36	戎　瑜	女	1994.07	龙眼多糖激活巨噬细胞的作用与机制研究	李　武	硕士
37	唐宗文	男	1994.12	基于纳米抗体检测赭曲霉毒素A的荧光免疫分析方法的构建研究	刘　星	硕士
38	赵　璞	男	1994.10	单螺旋锚多向拉拔承载机理与竖向抗拔承载力研究	胡　伟	硕士
39	胡如愿	女	1993.05	创意产品贸易对一般货物贸易的影响渠道研究——以文化距离为中介	张继军	硕士
40	涂海棠	女	1991.01	B2C跨境电商平台品牌忠诚影响因素研究	何国平	硕士
41	王一鸣	女	1993.11	工作场所欺凌对员工目标导向的影响机制研究	傅国华	硕士

续表

序号	作者姓名	性别	出生年月	学位论文题目	导师姓名	类别
42	张远林	男	1990.11	从逻辑形式到神秘之域——前期维特根斯坦关于不可说与显示的形而上学研究	文聘元	硕士
43	李双伶	女	1992.10	80—90 年代王安忆创作转型研究	刘复生	硕士
44	习彩云	女	1988.12	《庄子》的生命空间意识	汪韶军	硕士
45	王慧晨	女	1993.11	旅游演艺产品质量与旅游者游后行为意向的关系研究	袁国宏	硕士
46	丰　姣	女	1993.05	武汉早期共产党地方组织建立与影响研究	张朔人	硕士
47	林婷婷	女	1994.01	《给女儿的信》（节选）翻译实践报告	潘俊峰	硕士
48	邵小平	男	1974.01	《2017 海南会展画册》汉英翻译报告	钟　凌	硕士

【思想政治工作】

1. 加强研究生思想引领

本年度，学校组织研究生积极参与“2020年度学习习近平总书记关于扶贫工作的重要论述征文活动”，进行了“海南自由贸易港建设精神进校园”主题演讲，组织研究生学习疫情防控的相关知识与政策，开展了以“疫情防控”为主题的一系列思政课程、事迹展示、作品展示等活动，增强了研究生的思想认知与政治素质，培养了爱国爱党的高尚取向；表彰了优秀研究生 65 名、优秀研究生干部 126 名、优秀研究生毕业生 70 名。

2. 引领研究生开展学风道德建设和科研创新实践

本年度，学校举办了第六届全国公共外交“青年领袖”冬令营、第六届博士研究生模拟国际学术研讨会、海南大学研究生专属杂志《海志》的征稿及发行等活动，分别从公共外交和学术发展视角为研究生提供了学术前沿知识与学习交流平台，营造了开放、进取、浓厚的教学科研环境；组织研究生参与“文澜论坛”征稿、《中国研究生》征稿、中国研究生创新实践系列大赛等活动；获得了省级研究生科技创新项目立项资助 460 项，其中博士项目 60 项，硕士 400 项。

3. 积极开展丰富多彩的校园文化和对外交流活动

本年度，学校开展了海南大学“院际杯”羽毛球赛、海南大学“院际杯”足球赛、海南大学“研途杯”篮球赛、海南大学研究生新年晚会、海南大学研究生“携手海之南，共筑自贸港”知识竞赛、海南大学研究生“艺起抗疫，我们与你同在”系列事迹作品征集活动等校园文化活动，在保证疫情防控的同时，采取线上线下相结合的活动方式，极大丰富了研究生的课余生活，培养了积极的兴趣爱好，营造出浓厚的校园文化氛围；组织研究生通过线上方式参加了苏州大学第十七届研究生学术科技文化节暨研究生东吴论坛、贵州大学第四届高校青年 · 思想论坛等多项全国性学术论坛和活动，使研究生学子在特殊的时期通过线上的方式与全国高校青年进行沟通交流，共同学习进步。

【研究生资助】本年度，学校共评审了研究生国家奖学金、研究生学业奖学金、研究生基础助学金、宝钢研究生奖学金、研究生科研成果奖、全日制硕士研究生新生奖学金、研究生“助管”岗位津贴、研究生临时困难补助、新冠疫情防控专项补助等 9 项研究生奖、助学金；建立健全了多元奖助工作机制，加大了对经济困难研究生的资助和保障力度，提高了研究生的待遇水平。

本科教育

【**概况**】2020年，学校贯彻落实《国家中长期教育改革和发展规划纲要（2010—2020年）》重大改革，全面落实立德树人根本任务，坚持以本为本、推进四个回归，启动一系列培养高质量、高素质、创新型人才教育教学改革工程。通过深化教育教学改革，探索建立多样化、高水平人才培养模式，全面提升人才培养质量。本年度，学校推荐工商管理等23个专业申报2020年国家级一流本科专业建设点，金融学等19个专业申报2020年省级一流本科专业建设点，生物医学工程等6个专业申请新增和新增备案；“基于南繁种业创新的校校协同育人改革与实践”等5个项目获得国家新农科研究与改革实践项目立项，“基于需求导向、能力本位的创新型人工智能人才培养机制探索与实践”等3个项目获国家第二批新工科研究与实践项目立项；获省级教学成果一等奖6项，二等奖5项。马克思主义基本原理概论等5门课程被认定为首批国家级一流本科课程，微观经济学等6门课程被认定为海南省第四批省级高校精品在线开放课程，145门课程获校级“金课”立项；组织学生参加12项全国大学生学科竞赛，获国家一等奖5项，二等奖21项，三等奖9项；海南省特等奖8项，一等奖74项，二等奖87项，三等奖101项。

【**审核评估整改**】根据《海南大学本科教学工作审核评估整改工作方案》及上级管理部门要求，对有关单位评估整改工作进行阶段性督查，定期向学校提交全校性整改工作进展情况报告。2020年6月，学校向海南海南省教育厅上报海南大学本科教学工作审核评估整改工作总结报告，圆满完成了海南大学本科教学工作审核评估整改任务。

【**新办本科专业评估**】本年度，根据《海南省教育厅关于开展普通高等学校新办本科专业评估工作的通知》（琼教高〔2020〕35号）文件要求，组织校内评估专家对软件工程、环境设计2个专业按照评估流程，开展全面、深入、细致的考察与评估，客观评价新办本科专业的办学状况，并按要求向海南省教育厅报送学院自评材料。根据《海南省教育厅关于公布2020年度普通高等学校新办本科专业评估工作结果的通知》（琼教高〔2020〕85号），海南大学软件工程、环境设计2个专业顺利通过评估。

【**制定人才培养方案**】为深入落实新时代全国本科教育工作会议和《加快推进教育现代化实施方案（2018—2022年）》精神，贯彻落实新时代全国高校本科教育工作会议精神和《教育部关于加快建设高水平本科教育全面提高人才培养能力的意见》，全面振兴本科教育，提高本科人才培养质量，学校按照教育部《普通高等学校本科专业类教学质量国家标准》和《普通高等学校本科专业目录（2012年）》的基本要求，结合《教育部办公厅关于实施一流本科专业“双万计划”的通知》、国家重大战略、海南自贸港建设以及学校教育事业发展要求，开展制定人才培养方案工作。本年度，学校为主动适应经济社会发展需求，严格对标一所第四轮学科评估结果为A档的学科专业人才培养方案（公共课程和学科基础课程中涉及的数学类、物理类、化学类、生物类等相关课程除外）为依据，完成了2020级人才培养方案的修订。

【本科专业建设】本年度，学校推荐工商管理等23个专业申报2020年国家级一流本科专业建设点，金融学等19个专业申报2020年省级一流本科专业建设点，国际组织与全球治理等6个专业申报教育部本科专业备案。

【专业认证】专业认证工作取得显著成效。本年度，学校制定并出台了《海南大学专业认证管理办法》（海大办〔2020〕38号），建立了学校专业认证工作的长效机制，突出以“学生中心、成果导向、持续改进”的教育理念，全面推进专业认证工作；化学工程与工艺专业圆满完成了国家工程教育专业认证现场考查，食品科学与工程专业顺利上报本年度持续改进材料，旅游管理、酒店管理、会展经济与管理3个专业的认证申请被联合国世界旅游组织旅游教育质量认证机构受理，土木工程、材料科学与工程2个专业的认证申请被中国工程教育专业认证协会受理。

【新工科、新农科】本年度，“基于南繁种业创新的校校协同育人改革与实践”等5个项目获得国家新农科研究与改革实践项目立项，《基于需求导向、能力本位的创新型人工智能人才培养机制探索与实践》等3个项目获国家第二批新工科研究与实践项目立项。

【课程建设】本年度，马克思主义基本原理概论等5门课程被认定为首批国家级一流本科课程；微观经济学等6门课程被认定为海南省第四批省级高校精品在线开放课程，145门课程获校级“金课”立项。学校重视网络课程建设工作，拓展智慧树、学堂在线、学校网络教学平台等多种优质网络教学平台，开展线上、线上和线下混合式教学等课程建设工作。

【教学成果奖】本年度，“多维协同、内生驱动的高校‘三全育人’一体化模式”等6项教学成果获省级教学成果一等奖，“热带海洋特色水产学科多维实践教学资源的建设与应用”等5项教学成果获省级教学成果二等奖。

【教学改革】本年度，学校获得37项“海南省高等学校教育教学改革研究课题”省级项目立项，其中重点项目11项，一般项目立项26项；通过省级结项验收22项。学校立项资助校级教育教学改革研究课题85项，其中重点项目38项，一般项目47项；通过校级结项验收78项。

【教学督导】本年度，海南大学校长办公室印发了《海南大学教学质量评价实施办法（修订）》（海大办〔2020〕37号），组织开展教学督导研究课题的申报工作。以立项课题的形式确定了《海南大学线下教学质量评价规范》等13项教学质量评价指标的制定工作，创新性地以国家或有关部门对于一般质量标准的格式为参考制定教学环节质量评价标准，完善了教学质量监控与评价机制。

【青年教师教学大赛】本年度，学校在第十一届海南省普通高等学校青年教师教学大赛中获得一等奖2项，二等奖2项，三等奖1项；路平老师在第五届全国青年教师大赛中获得三等奖。

【教材建设】本年度，资助校级自编特色教材立项10部，资助总金额50万元。教材建设是学校人才培养工作的一项基础性工作，学校拟制订教材建设规划，遴选教学经验丰富、学术水平较高的教师担任教材主编，把编写出版教材作为教师教学科研的重要成果；拟计划加大资金扶持力度，建立完善的特色教材编写体系、评估体系、服务体系。

【文理科实验班】本年度，学校共开设工商管理、旅游管理、农学、食品科学与工程、信息安全（密码学方向）5个本科专业实验班，每班招收30人。2020届国际经济与贸易专业实验班毕业生29人，电子信息工程专业实验班毕业生24人，材料科学与工程专业实验班毕业生25人，法学专业实验班28人。应届毕业生英语四级过级率达100%，英语六级过级率达74.6%；68%的毕业生攻读硕士研究生；获各类学科竞赛国家级奖项20项；学生作为第一作者在国内外学术期刊发表科研论文17篇，获发明专利2项。

【实践教学】本年度，学校教学实验室、科研实验室（包括各类省部级、国家级重点实验室）面向本科生开放，各实验教学单位根据自身实验室特点进一步完善具体的开放管理制度。加强论文过程管理，严把毕业论文（设计）质量关。通过引入毕业论文（设计）系统，加强毕业论文（设计）全过程管理的规范化、科学化管理，已经形成了一整套从开题、中期检查到答辩、存档全过程规范的毕业论文（设计）管理流程。毕业论文（设计）工作实行校、院、教研室、指导教师层层负责、分级管理，同时组织校、院两级督导对毕业论文进行质量监控，以保证毕业论文（设计）的质量；运用维普网论文抄袭检测系统，加强学术诚信品质的养成，营造严谨治学的氛围。

【学科竞赛】本年度，学校组织学生参加全国大学生数学建模竞赛，全国大学生电子设计竞赛，全国大学生英语演讲、写作、阅读大赛等学科竞赛12项，获得国家一等奖5项，二等奖21项，三等奖9项；获得海南省级特等奖8项，一等奖74项，二等奖87项，三等奖101项。

【冬季小学期】本年度，为稳步推进高层次人才授课效果，加快推进世界一流学科和国内一流大学建设目标，学校对“冬季小学期”教学方案进一步改革深化，有计划分批次安排专业核心课程作为冬季小学期课程，逐渐形成具有海南大学特色的一流课程。本年度，共开设102门课程和59场学术讲座，其中26门研究生课程，10场研究生学术讲座；共邀请专家152人，其中具有国家级专家头衔的高层次学者86人（占总数的57%），共计2万多名本科生及硕士研究生参加本届冬季小学期。

【国内高校联合培养情况】本年度，学校派出2019级土木工程、建筑学、软件工程、通信工程、电子信息工程、材料科学与工程、化学工程与工艺、生物工程、机械设计制造及其自动化、电气工程及其自动化、工商管理、环境科学12个本科专业的35名学生参加与天津大学联合培养学生项目。

【学籍管理】本年度，全日制普通本科在校学生33145人。2020届应届普通本科毕业生共计8006人，通过普通本科毕业生毕业资格和学士学位资格审核，该届毕业生毕业率为98.94%；取得学士学位学生共计7735人，学位授予率为95.59%；毕业生的四级过级率为78.01%，六级过级率为37.08%。出台了《海南大学支持本科学生创新创业学籍管理规定（试行）》，学生因创新创业未能在学校规定的弹性学制年限内完成学业的，学校可为其提供一次申请延长学习年限的机会，进一步支持创新创业学生能够顺利完成学业。修订了《海南大学学士学位授予工作实施办法》和《海南大学关于学士学位外语水平要求的规定》，对学生学士学位授予条件和未授予学位学生申请补授学位要求做出调整，进一步规范本科生学士学位授予工作。

【本科毕业生免试攻读硕士学位研究生工作】 本年度，教育部向海南大学下达2020年推免指标580名，经有关高校或研究单位复试后实际接收576人，完成率达到99.31%，其中“建设世界一流大学”高校接收推免生352人，占接收总人数的61.11%；“建设一流学科”高校接收推免生206人，占接收总人数的35.76%；其他高校或科研机构接收18人，占接收总人数的3.13%。“双一流”重点高校共接收558人，占接收总人数的96.88%，这反映了学校在全国高校中的地位和影响力，以及高水平院校高校对学校毕业生的认可程度。

2020年度海南大学一流本科专业建设点申报一览表

序号	专业名称	所属单位	申报类别
1	材料科学与工程	材料科学与工程学院	国家级
2	电子信息工程	信息与通信工程学院	国家级
3	动物医学	动物科技学院	国家级
4	风景园林	林学院	国家级
5	海洋科学	海洋学院	国家级
6	行政管理	政治与公共管理学院	国家级
7	环境科学	生态与环境学院	国家级
8	机械设计制造及其自动化	机电工程学院	国家级
9	农业资源与环境	热带作物学院	国家级
10	日语	外国语学院	国家级
11	设施农业科学与工程	园艺学院	国家级
12	土木工程	土木建筑工程学院	国家级
13	药学	生命科学与药学院	国家级
14	音乐表演	音乐与舞蹈学院	国家级
15	植物保护	植物保护学院	国家级
16	数学与应用数学	理学院	国家级
17	酒店管理	旅游学院	国家级
18	工商管理	管理学院	国家级
19	会计学	管理学院	国家级
20	农林经济管理	管理学院	国家级
21	信息安全	计算机与网络空间安全学院	国家级
22	国际经济与贸易	经济学院	国家级
23	金融学	经济学院	国家级
24	电子信息工程	信息与通信工程学院	省级
25	金融学	经济学院	省级

续表

序号	专业名称	所属单位	申报类别
26	车辆工程	机电工程学院	省级
27	农林经济管理	管理学院	省级
28	传播学	人文传播学院	省级
29	应用化学	理学院	省级
30	海洋科学	海洋学院	省级
31	高分子材料与工程	材料科学与工程学院	省级
32	自动化	机电工程学院	省级
33	计算机科学与技术	计算机与网络空间安全学院	省级
34	物联网工程	应用科技学院	省级
35	食品质量与安全	食品科学与工程学院	省级
36	设施农业科学与工程	园艺学院	省级
37	动物科学	动物科技学院	省级
38	药学	生命科学与药学院	省级
39	会计学	管理学院	省级
40	物流管理	管理学院	省级
41	会展经济与管理	旅游学院	省级
42	舞蹈编导	音乐与舞蹈学院	省级

2020 年度海南大学新增（调整）专业申报一览表

序号	专业名称	专业代码	学位授予门类	修业年限
1	生物医学工程	082601	工　学	4 年
2	音乐学	130202	艺术学	4 年
3	人工智能	080717T	工　学	4 年
4	国际组织与全球治理	030206TK	法　学	4 年
5	密码科学与技术	080918TK	工　学	4 年
6	动物医学	090401	农　学	5 年

2020 年度海南大学国家级一流课程一览表

序号	课程名称	负责人	所属单位	申报类别
1	马克思主义基本原理概论	张云阁	马克思主义学院	线上线下混合式一流课程
2	诊所法律教育	叶英萍	法学院	线下一流课程
3	高级英语	王　勇	外国语学院	线下一流课程
4	环境经济学	葛成军	生态与环境学院	线下一流课程
5	食品工艺学	刘石生	食品科学与工程学院	线下一流课程

2020年度海南大学省级精品在线开放课程一览表

序号	课程名称	负责人	所属单位
1	程序设计基础	毛　彧	管理学院
2	微观经济学	余升国	经济学院
3	毛泽东思想和中国特色社会主义理论体系概论	贺尧夫	马克思主义学院
4	无机化学	王小红	理学院
5	生物统计学	唐燕琼	生命科学与药学院
6	公关战略与策划	陈小桃	政治与公共管理学院

2020年度海南大学校级一流课程立项一览表

序号	项目编号	课程类型	课程名称	负责人	原所属单位
1	hdjk2020001	线下金课	高分子化学	陈永平	材料科学与工程学院
2	hdjk2020002	线上线下混合式金课	材料工程基础	李长久	材料科学与工程学院
3	hdjk2020003	线上线下混合式金课	高分子物理及实验	李志君	材料科学与工程学院
4	hdjk2020004	线上线下混合式金课	材料现代研究方法	涂进春	材料科学与工程学院
5	hdjk2020005	线下金课	兽医药理学和毒理学	杨雨辉	动物科技学院
6	hdjk2020006	线上线下混合式金课	兽医传染病学	闻晓波	动物科技学院
7	hdjk2020007	线上线下混合式金课	动物营养学	王学梅	动物科技学院
8	hdjk2020008	线上金课	反刍动物生产学	李笑春	动物科技学院
9	hdjk2020009	线下金课	模拟法庭	邓和军	法学院
10	hdjk2020010	线下金课	商法学	董万程	法学院
11	hdjk2020011	线下金课	农业经济学	张德生	管理学院
12	hdjk2020012	线上线下混合式金课	基础会计学	曾春华	管理学院
13	hdjk2020013	线下金课	数据结构	毛　彧	管理学院
14	hdjk2020014	线上线下混合式金课	会计信息系统	林燕飞	管理学院
15	hdjk2020015	社会实践金课	创新创业实践	李伟铭	管理学院
16	hdjk2020016	线上线下混合式金课	供应链管理	吉清凯	管理学院
17	hdjk2020017	线上线下混合式金课	管理信息系统	陈赞章	管理学院
18	hdjk2020018	线上线下混合式金课	薪酬管理	林銮珠	管理学院
19	hdjk2020019	线上线下混合式金课	学术英语写作	李枚珍	国际旅游学院
20	hdjk2020020	国际化金课	高级演说	杨红莲	国际旅游学院
21	hdjk2020021	线上线下混合式金课	水产动物增养殖学	徐　畅	海洋学院
22	hdjk2020022	线下金课	养殖水化学	王世锋	海洋学院
23	hdjk2020023	线上线下混合式金课	热带海洋生态系统	李秀保	海洋学院
24	hdjk2020024	线下金课	海洋底栖生物学	刘均玲	海洋学院
25	hdjk2020025	线上线下混合式金课	化工原理	潘莉莎	化学工程与技术学院
26	hdjk2020026	线上线下混合式金课	化工综合实验与仿真	李嘉诚	化学工程与技术学院

续表

序号	项目编号	课程类型	课程名称	负责人	原所属单位
27	hdjk2020027	线下金课	自动控制原理	唐荣年	机电工程学院
28	hdjk2020028	线上线下混合式金课	嵌入式系统与接口技术	李　创	机电工程学院
29	hdjk2020029	线上线下混合式金课	汽车理论	张建珍	机电工程学院
30	hdjk2020030	线上线下混合式金课	工程制图	朱冬云	机电工程学院
31	hdjk2020031	线下金课	汽车试验学	李劲松	机电工程学院
32	hdjk2020032	线下金课	汽车构造（Ⅱ）	何金戈	机电工程学院
33	hdjk2020033	社会实践金课	社会实践	黄小欧	计算机与网络空间安全学院
34	hdjk2020034	线上线下混合式金课	Python 程序设计	林冬雪	计算机与网络空间安全学院
35	hdjk2020035	线上线下混合式金课	计算机与人工智能基础 A	毛　缪	计算机与网络空间安全学院
36	hdjk2020036	线上线下混合式金课	大数据的 python 基础	彭金莲	计算机与网络空间安全学院
37	hdjk2020037	线上线下混合式金课	面向对象程序设计	邱　钊	计算机与网络空间安全学院
38	hdjk2020038	线上线下混合式金课	数据结构	唐朝胜	计算机与网络空间安全学院
39	hdjk2020039	线上线下混合式金课	高级语言程序设计(C/C++)	王兆晖	计算机与网络空间安全学院
40	hdjk2020040	线下金课	网络安全法律法规	周晓谊	计算机与网络空间安全学院
41	hdjk2020041	线上线下混合式金课	密码学法律与标准	吴汉炜	计算机与网络空间安全学院
42	hdjk2020042	线上线下混合式金课	自贸港概论	李世杰	经济学院
43	hdjk2020043	线上金课	经济学原理	余升国	经济学院
44	hdjk2020044	线上线下混合式金课	公司金融	谢　妍	经济学院
45	hdjk2020045	线上金课	政治经济学	颜洪平	经济学院
46	hdjk2020046	线上线下混合式金课	分析化学	王小红	理学院
47	hdjk2020047	线上线下混合式金课	大学物理实验	魏要丽	理学院
48	hdjk2020048	线上线下混合式金课	高等数学 C1	薛文珑	理学院
49	hdjk2020049	线上线下混合式金课	线性代数 A1	张勇军	理学院
50	hdjk2020050	线上线下混合式金课	仪器分析	罗盛旭	理学院
51	hdjk2020051	线上线下混合式金课	概率与数理统计	何文峰	理学院
52	hdjk2020052	线上线下混合式金课	物理化学实验	肖厚贞	理学院
53	hdjk2020053	线上金课	风景园林工程	刘铁冬	林学院
54	hdjk2020054	线上线下混合式金课	城市绿地系统规划	周　鹏	林学院
55	hdjk2020055	线上线下混合式金课	风景园林设计（二）	杨定海	林学院
56	hdjk2020056	线上线下混合式金课	森林经理学	龚文峰	林学院
57	hdjk2020057	线上线下混合式金课	园林树木学	史佑海	林学院
58	hdjk2020058	线上线下混合式金课	植物生态学	龙文兴	林学院
59	hdjk2020059	线下金课	旅游接待业	郭　强	旅游学院
60	hdjk2020060	线上线下混合式金课	旅游学概论	谢彦君	旅游学院
61	hdjk2020061	线下金课	会展营销	耿松涛	旅游学院
62	hdjk2020062	线下金课	会展场馆经营与管理	龚　萍	旅游学院

续表

序号	项目编号	课程类型	课程名称	负责人	原所属单位
63	hdjk2020063	线上线下混合式金课	旅游目的地管理	侯佩旭	旅游学院
64	hdjk2020064	线上线下混合式金课	餐饮管理	谢祥项	旅游学院
65	hdjk2020065	线上线下混合式金课	马克思主义哲学	范明水	马克思主义学院
66	hdjk2020066	线上金课	思想政治教育学原理	杨　娜	马克思主义学院
67	hdjk2020067	线上金课	马克思主义经典著作选读	张云阁	马克思主义学院
68	hdjk2020068	社会实践金课	思想政治理论课社会实践	王　善	马克思主义学院
69	hdjk2020069	线上线下混合式金课	旅游与景观设计	谭晓东	美术与设计学院
70	hdjk2020070	线上线下混合式金课	旅游衍生品设计	唐丽春	美术与设计学院
71	hdjk2020071	线上线下混合式金课	插画设计	于晓华	美术与设计学院
72	hdjk2020072	社会实践金课	创作实践	张　晨	美术与设计学院
73	hdjk2020073	线上线下混合式金课	热带作物育种学	赖杭桂	热带作物学院
74	hdjk2020074	线上金课	土壤肥料学	吴治澎	热带作物学院
75	hdjk2020075	线上线下混合式金课	作物栽培学	杨福孙	热带作物学院
76	hdjk2020076	线上线下混合式金课	地质与地貌学金课	孟　磊	热带作物学院
77	hdjk2020077	线上线下混合式金课	中国当代文学专题	李　音	人文传播学院
78	hdjk2020078	线下金课	逻辑学	周　洁	人文传播学院
79	hdjk2020079	线上金课	中国古代文学 IV	李彩霞	人文传播学院
80	hdjk2020080	线上线下混合式金课	李白导读	海　滨	人文传播学院
81	hdjk2020081	线上线下混合式金课	纪录片创作	颜　磊	人文传播学院
82	hdjk2020082	线上线下混合式金课	广告策划与创意	吴君静	人文传播学院
83	hdjk2020083	线下金课	新闻传播学研究方法	朱　杰	人文传播学院
84	hdjk2020084	线上线下混合式金课	中国古代文学史 Ⅱ	马荣江	人文传播学院
85	hdjk2020085	线上线下混合式金课	高级生化技术	商　桑	生命科学与药学院
86	hdjk2020086	线上线下混合式金课	分子生物学	廖承红	生命科学与药学院
87	hdjk2020087	线上线下混合式金课	人体及动物生理学	柳贤德	生命科学与药学院
88	hdjk2020088	线上金课	病毒学	郑继平	生命科学与药学院
89	hdjk2020089	国际化金课	蛋白质工程	王大勇	生命科学与药学院
90	hdjk2020090	线下金课	细胞工程	周海龙	生命科学与药学院
91	hdjk2020091	线下金课	药物分析	宋彦廷	生命科学与药学院
92	hdjk2020092	线上线下混合式金课	生物技术制药	张英霞	生命科学与药学院
93	hdjk2020093	线上线下混合式金课	药物化学	王世范	生命科学与药学院
94	hdjk2020094	线下金课	药理学	谢　曦	生命科学与药学院
95	hdjk2020095	线上金课	环境微生物学	孙　蕾	生态与环境学院
96	hdjk2020096	线上金课	环境流体力学	衣雪松	生态与环境学院
97	hdjk2020097	线上线下混合式金课	食品化学	陈文学	食品科学与工程学院
98	hdjk2020098	线上线下混合式金课	食品微生物学	李从发	食品科学与工程学院

续表

序号	项目编号	课程类型	课程名称	负责人	原所属单位
99	hdjk2020099	线上线下混合式金课	食品营养学	申铉日	食品科学与工程学院
100	hdjk2020100	线上线下混合式金课	食品安全学	张伟敏	食品科学与工程学院
101	hdjk2020101	线上线下混合式金课	游泳救生	房殿生	体育学院
102	hdjk2020102	线上线下混合式金课	有氧健身操	梁丽凤	体育学院
103	hdjk2020103	线上线下混合式金课	休闲体育概论	李　显	体育学院
104	hdjk2020104	线上线下混合式金课	网球	洪家云	体育学院
105	hdjk2020105	线上线下混合式金课	结构力学	陈　云	土木建筑工程学院
106	hdjk2020106	线上线下混合式金课	土力学	张友良	土木建筑工程学院
107	hdjk2020107	线下金课	建筑信息模型（BIM）原理及应用	曹新颖	土木建筑工程学院
108	hdjk2020108	线下金课	国际商务英语谈判	刘素君	外国语学院
109	hdjk2020109	线上线下混合式金课	基础日语Ⅰ	李明玲	外国语学院
110	hdjk2020110	线上线下混合式金课	高级日语Ⅱ	杨　帆	外国语学院
111	hdjk2020111	线上线下混合式金课	俄罗斯概况	吕　卉	外国语学院
112	hdjk2020112	线上金课	大学英语 I	肖艳玲	外国语学院
113	hdjk2020113	线上金课	大学英语 II	黄容波	外国语学院
114	hdjk2020114	线上线下混合式金课	中国文化概论	朱琼莉	外国语学院
115	hdjk2020115	线上线下混合式金课	公共外交与跨文化传播	白丽芳	外国语学院
116	hdjk2020116	线上线下混合式金课	数字移动通信	周又玲	信息与通信工程学院
117	hdjk2020117	线上线下混合式金课	电磁场与电磁波	沈　健	信息与通信工程学院
118	hdjk2020118	线上线下混合式金课	信号与系统	伍小芹	信息与通信工程学院
119	hdjk2020119	线上金课	嵌入式系统设计	张永辉	信息与通信工程学院
120	hdjk2020120	线上线下混合式金课	数据结构与算法	吴泽晖	信息与通信工程学院
121	hdjk2020121	线上线下混合式金课	高级语言程序设计	冯思玲	信息与通信工程学院
122	hdjk2020122	线下金课	声乐	郑　虹	音乐与舞蹈学院
123	hdjk2020123	线下金课	钢琴艺术指导	王蕊君	音乐与舞蹈学院
124	hdjk2020124	线下金课	编舞技法	杨　晶	音乐与舞蹈学院
125	hdjk2020125	线下金课	视唱练耳	罗晓海	音乐与舞蹈学院
126	hdjk2020126	社会实践金课	传感网原理及应用课程设计	刘德兵	应用科技学院
127	hdjk2020127	线上线下混合式金课	西方经济学	黄崇利	应用科技学院
128	hdjk2020128	虚拟仿真金课	会计信息化实务	谢达理	应用科技学院
129	hdjk2020129	线上线下混合式金课	电路分析基础实验	宋明歆	应用科技学院
130	hdjk2020130	线上线下混合式金课	单片机原理与应用技术	黄建清	应用科技学院
131	hdjk2020131	线上金课	网络营销	田少卿	应用科技学院
132	hdjk2020132	线上线下混合式金课	管理学	符海玲	应用科技学院

续表

序号	项目编号	课程类型	课程名称	负责人	原所属单位
133	hdjk2020133	线上金课	马克思主义基本原理	姜　帆	应用科技学院
134	hdjk2020134	线上金课	web 开发技术	刘金羽	应用科技学院
135	hdjk2020135	线下金课	园艺植物栽培学	朱国鹏	园艺学院
136	hdjk2020136	虚拟仿真金课	华南型园艺设施建造与系统安装	陈艳丽	园艺学院
137	hdjk2020137	线下金课	观光园艺学	周其良	园艺学院
138	hdjk2020138	社会实践金课	社会实践	蒋国洲	园艺学院
139	hdjk2020139	线上线下混合式金课	公共政策导论	李宜钊	政治与公共管理学院
140	hdjk2020140	线下金课	公共经济学	陈丽琴	政治与公共管理学院
141	hdjk2020141	线下金课	土地资源概论	谷秀兰	政治与公共管理学院
142	hdjk2020142	线上线下混合式金课	土地资源学	宋晓丽	政治与公共管理学院
143	hdjk2020143	线上线下混合式金课	公文写作	黄燕梅	政治与公共管理学院
144	hdjk2020144	线上线下混合式金课	热带农业昆虫学	周　祥	植物保护学院
145	hdjk2020145	线上线下混合式金课	植物化学保护	王　萌	植物保护学院

2020 年度海南大学国家第二批新工科研究与实践项目立项一览表

序号	项目名称	负责人	所属单位
1	基于需求导向、能力本位的创新型人工智能人才培养机制探索与实践	黄梦醒	信息与通信工程学院
2	跨学科交叉融合的“热带海洋工程与技术”新兴工科专业建设	周　智	土木建筑工程学院
3	密码工程专业人才培养机制探索与实践	曹春杰	计算机与网络空间安全学院

2020 年度海南大学国家第一批新农科研究与实践项目立项一览表

序号	项目名称	负责人	所属单位
1	基于南繁种业创新的校校协同育人改革与实践	罗　杰	热带作物学院
2	热带园艺复合型高素质人才科教融合协同培育模式探索与实践	朱国鹏	园艺学院
3	新农科背景下热带林学产教融合协同育人机制的构建与实践	宋希强	林学院
4	热带水产养殖学专业校企协同育人创新与实践	骆　剑	海洋学院
5	热带新农科多样化人才培养体系研究与实践	陈银华	热带作物学院

2020 年度海南大学省级教育教学改革研究课题立项一览表

序号	项目编号	项目名称	负责人	所属单位	项目类别
1	Hnjg2020ZD-1	新时代构建风景园林本科专业卓越人才培养的新体系和新机制的研究与实践——基于海南大学林学院	高联红	林学院	重点项目
2	Hnjg2020ZD-2	以一流本科建设为抓手、构建基于 PDCA 的高校质量保障体系研究	郭立萍	教学质量评估中心	重点项目

续表

序号	项目编号	项目名称	负责人	所属单位	项目类别
3	Hnjg2020ZD-3	与拔尖人才培养要求相适应的高等学校专业实践教学体系建设研究	李宜钊	政治与公共管理学院	重点项目
4	Hnjg2020ZD-4	基于分子动力学构建微观三维可视化实验	林仕伟	材料科学与工程学院	重点项目
5	Hnjg2020ZD-5	高校思想政治理论课实践教学实效性影响因素与提升路径研究	秦晓华	马克思主义学院	重点项目
6	Hnjg2020ZD-6	“数字媒体技术”微课教学资源库建设的研究与实践	孙超雄	人文传播学院	重点项目
7	Hnjg2020ZD-7	基于创新型人才培养的水产微生物学实验课程改革与实践	孙　云	海洋学院	重点项目
8	Hnjg2020ZD-8	新工科背景下车辆工程专业实践教学改革探索	肖明伟	机电工程学院	重点项目
9	Hnjg2020ZD-9	海南自贸区（港）酒店业旺工淡学人才项目“三跨三联”培养模式与保障体系创新研究	谢祥项	旅游学院	重点项目
10	Hnjg2020ZD-10	基于网络资源的混合教学模式与实施路径研究——以视觉传达设计专业教学为例	徐　扬	美术与设计学院	重点项目
11	Hnjg2020ZD-11	面向工程教育认证的电子信息类专业课程体系改革研究	张永辉	信息与通信工程学院	重点项目
12	Hnjg2020-1	公体教学团队建设创新研究	陈　亮	体育部	一般项目
13	Hnjg2020-2	新农科背景下产学研用合作人才培养模式的研究与实践——以海南大学园艺学院为例	陈艳丽	园艺学院	一般项目
14	Hnjg2020-3	旅游管理一流本科专业建设改革研究	陈扬乐	旅游学院	一般项目
15	Hnjg2020-4	高校理工类专业“课程思政”建设及教学模式研究	葛成军	生态与环境学院	一般项目
16	Hnjg2020-5	专创融合视角下高校创新创业教育体系构建研究	耿　刚	动物科技学院	一般项目
17	Hnjg2020-6	“自贸区港”背景下海南大学旅游管理学科“双轮”驱动国际化办学路径研究	郭　强	旅游学院	一般项目
18	Hnjg2020-7	大数据时代下物流管理专业复合型人才培养的课程改革研究	吉清凯	管理学院	一般项目
19	Hnjg2020-8	《标本采集与制作综合实习》教学模式创新与实践	李　芬	植物保护学院	一般项目
20	Hnjg2020-9	基于工程教育专业认证的食品分析课程试题库的建设与应用	李国胜	食品科学与工程学院	一般项目
21	Hnjg2020-10	“双一流”建设背景下农学专业课程体系优化研究	刘进平	热带作物学院	一般项目
22	Hnjg2020-11	种子学“线上和线下”混合式教学模式的构建与实践	刘子凡	热带作物学院	一般项目
23	Hnjg2020-12	基于“项目导向”的大数据专业课程体系改革研究	唐朝胜	计算机与网络空间安全学院	一般项目
24	Hnjg2020-13	海南自贸区（港）建设背景下应用型本科电子商务专业人才培养体系研究	田少卿	应用科技学院	一般项目

续表

序号	项目编号	项目名称	负责人	所属单位	项目类别
25	Hnjg2020-14	思政课程与课程思政协同育人的内在机理与实现路径研究	涂刚鹏	马克思主义学院	一般项目
26	Hnjg2020-15	基于网络平台提高人体解剖生理学教学互动和自主学习能力的建设与研究	王　蓉	生命科学与药学院	一般项目
27	Hnjg2020-16	海南省高校音乐表演专业应用钢琴与钢琴艺术指导“一体化”课程研究	王蕊君	音乐与舞蹈学院	一般项目
28	Hnjg2020-17	“金课”导向下的一流本科课程管理研究	王秀明	教务处	一般项目
29	Hnjg2020-18	一流法学本科专业建设改革研究	王　琦	法学院	一般项目
30	Hnjg2020-19	海南自贸区（港）背景下公共管理人才培养合作模式探索与实践——以海南大学政治与公共管理学院为例	邢红斌	政治与公共管理学院	一般项目
31	Hnjg2020-20	基于工程教育专业认证的化工类专业实验室安全建设的研究	杨海峰	化学工程与技术学院	一般项目
32	Hnjg2020-21	基于一流本科建设和 OBE 理念、虚实结合的化工原理实验和安全实践教学的改革与探索	余高波	化学工程与技术学院	一般项目
33	Hnjg2020-22	“互联网+教育”美育视野下高校美术通识教育课程探索与实践	张　晨	美术与设计学院	一般项目
34	Hnjg2020-23	以《实验动物学》课程为介导搭建畜牧兽医专业学生关于生命学科交叉领域的多元化知识架构	张海文	动物科技学院	一般项目
35	Hnjg2020-24	装配式建筑视角下 BIM 协同型毕业设计综合实践模式创新研究	张天龙	土木建筑工程学院	一般项目
36	Hnjg2020-25	“以本为本”理念下大学英语分级教学模式新探索	张宇晴	外国语学院	一般项目
37	Hnjg2020-26	混合教学模式在无机化学实验教学中的应用	朱　莉	理学院	一般项目

2020 年度海南大学省级教育教学改革研究课题结项一览表

序号	项目编号	项目名称	负责人	原所属单位
1	Hnjg2015-7	土木工程专业课程翻转课堂教学法的应用研究	祝海燕	土木建筑工程学院
2	Hnjg2016ZD-5	化工专业“卓越人才班”实践教学的研究与探索	杨建新	材料与化工学院
3	Hnjg2016-6	项目驱动教学模式在物联网软件开发课程中的应用研究	刘金羽	应用科技学院
4	Hnjg2016-12	基于网络教学平台的大学生自主学习模式应用研究：以《园艺植物生物技术》网络课程为例	朱　婕	园艺园林学院
5	Hnjg2017ZD-1	网络空间安全专业人才培养模式研究	曹春杰	信息科学技术学院
6	Hnjg2017ZD-2	国际组织人才培养模式的研究与实践	胡国柳	经济与管理学院
7	Hnjg2017ZD-3	海南高校微生物学实验教学改革与海洋微生物资源库建设	黄小龙	农学院
8	Hnjg2017ZD-6	海南高校文献信息资源体系建设模式研究——以人才培养为视角	王小会	图书馆

续表

序号	项目编号	项目名称	负责人	原所属单位
9	Hnjg2017ZD-9	省级精品课程《观赏花卉学》基于慕课资源的教学研究与实践	赵　莹	园艺园林学院
10	Hnjg2017-2	依托大学生数学竞赛激发培养大学数学的学习兴趣	符一平	信息科学技术学院
11	Hnjg2017-6	大类招生培养模式下的高等数学课程体系建设研究	李胜军	信息科学技术学院
12	Hnjg2017-7	实践育人视阈下高校创新创业教育改革的探索与实践	林洪冰	团委
13	Hnjg2017-8	学习分析技术支持下的大学生网络学习行为与效果研究	颜　磊	网络与教育技术中心
14	Hnjg2017-11	综合类高校艺术专业“教考分离”的研究与实践	丁　岩	艺术学院
15	Hnjg2017-13	高校教师教学激励与保障机制研究	郑崇明	政治与公共管理学院
16	Hnjg2017-14	基于微课的环境影响评价课程“翻转课堂”教学模式研究	朱治强	农学院
17	Hnjg2017-15	土地资源管理省级特色专业建设研究	栾乔林	政治与公共管理学院
18	Hnjg2018ZD-7	组块记忆在基础兽医学教学中的应用研究	杨雨辉	热带农林学院
19	Hnjg2018-2	海南特色影视传播专业个性化实践教学全媒体管理平台建设研究	贺　勇	人文传播学院
20	Hnjg2018-4	大学数学 MOOC 与翻转课堂相结合的教学研究	李海燕	信息科学技术学院
21	Hnjg2018-9	海南省高等教育与区域经济的结构协调性研究	曲　涛	教务处
22	Hnjg2018-16	大学公共数学课程立体式全方位教学与考核模式的探索与实践	张勇军	信息科学技术学院

2020 年度海南大学校级教育教学改革研究课题立项一览表

序号	项目编号	项目名称	负责人	所属单位	项目类别
1	hdjy2101	自由贸易港法治人才培养模式与课程体系研究	常　健	法学院	重点项目
2	hdjy2102	面向数据、信息与知识融合的跨学科创新培养模式	段玉聪	计算机与网络空间安全学院	重点项目
3	hdjy2103	基于混合模式的翻转课堂教学设计及应用	曹献英	食品科学与工程学院	重点项目
4	hdjy2104	海南大学生物医学工程交叉学科人才培养探索与实践	刘　谦	生物医学工程学院	重点项目
5	hdjy2105	新工科背景下工业欠发达地区产学研用合作实践教育人才培养模式创新与实践	李长久	材料科学与工程学院	重点项目
6	hdjy2106	物联网工程专业实践教学课程考核评价标准体系研究	刘德兵	应用科技学院	重点项目
7	hdjy2107	以学科竞赛为载体的第二课堂育人功能路径及保障措施	林洪冰	党委办公室	重点项目
8	hdjy2108	海上丝绸之路沿线国家旅游教育合作平台构建与实施路径	何　彪	旅游学院	重点项目
9	hdjy2109	基于费曼理论的输入输出混合式教学研究	邱　钊	计算机与网络空间安全学院	重点项目
10	hdjy2110	“环境类”课程“产—学—研—用”校企合作教育基地建设模式的创新与实践	朱治强	热带作物学院	重点项目
11	hdjy2111	“一流本科”建设背景下的园林专业虚拟仿真教学改革与实践	刘铁冬	林学院	重点项目

续表

序号	项目编号	项目名称	负责人	所属单位	项目类别
12	hdjy2112	海南省高校来华留学生线上课程与教学体系研究	李小北	国际教育学院	重点项目
13	hdjy2113	基于工程教育认证标准的机械类人才培养模式改革创新与实践	李劲松	机电工程学院	重点项目
14	hdjy2114	“四史”融入思想政治理论课教学的路径研究	王雅娟	马克思主义学院	重点项目
15	hdjy2115	高校数学公共基础课程线上线下“双融教学”模式的探索	李海燕	理学院	重点项目
16	hdjy2116	融入虚拟仿真的土力学混合式“金课”建设与教学实践	路　平	土木建筑工程学院	重点项目
17	hdjy2117	以数据挖掘为核心的机器学习课程群建设研究	杨厚群	计算机与网络空间安全学院	重点项目
18	hdjy2118	自贸港“双融合”国际化旅游人才培养模式的探索与实践	鄢慧丽	旅游学院	重点项目
19	hdjy2119	基于海南自贸港大健康产业人才需求的创新型药学人才培养模式的探讨	张英霞	生命科学与药学院	重点项目
20	hdjy2120	高校学风建设及可量化测评体系构建研究	王明繁	纪检监察一处	重点项目
21	hdjy2121	新工科和新医科背景下生物医学工程专业“产学研用”实践教学体系研究	黄振立	生物医学工程学院	重点项目
22	hdjy2122	新农科背景下动物营养本科教学实验室建设与教学实践探索	洪　枫	动物科技学院	重点项目
23	hdjy2123	《深化新时代教育评价改革总体方案》视域下高校教师考核与评价研究	聂清斌	人事处	重点项目
24	hdjy2124	“双 B”驱动下的《细胞工程》创新育人实践探索	周海龙	生命科学与药学院	重点项目
25	hdjy2125	“新工科”背景下网络空间安全专业课程教学改革研究与实践——以《密码学》课程为例	李德顺	计算机与网络空间安全学院	重点项目
26	hdjy2126	大学英语移动学习行为分析和教学优化机制研究	肖艳玲	外国语学院	重点项目
27	hdjy2127	现代信息、人工智能背景下“设施农业科学与工程”专业课程体系与教学内容整体优化研究	成善汉	园艺学院	重点项目
28	hdjy2128	新文科建设背景下基于创新型人才培养的大学课程改革研究——以行政管理专业为例	陈丽琴	政治与公共管理学院	重点项目
29	hdjy2129	基于创新型人才培养的智慧林业类课程教学与科研方向改革	邱梓轩	林学院	重点项目
30	hdjy2130	海南自贸区(港)建设背景下 JF 标准 Can_do 模式在第二外语（日语）教学中的实践探索	苏　莹	人文社科处	重点项目
31	hdjy2131	“自贸港”建设背景下工商管理拔尖人才培养模式的创新与实践——以海南大学工商管理实验班为例	王　萍	管理学院	重点项目
32	hdjy2132	产学研用合作人才培养模式研究与实践-以自贸港智能建造背景下土木类专业 BIM 课程群为例	曹新颖	土木建筑工程学院	重点项目
33	hdjy2133	“BIM+3D 打印”技术在钢结构教学中的应用研究	罗立胜	土木建筑工程学院	重点项目
34	hdjy2134	海南自由贸易区（港）公共管理教学案例资源库建设研究-以土地管理类案例为例	宋晓丽	政治与公共管理学院	重点项目

续表

序号	项目编号	项目名称	负责人	所属单位	项目类别
35	hdjy2135	基于“本硕博”一体化的《材料现代研究方法》课程建设探索	涂进春	材料科学与工程学院	重点项目
36	hdjy2136	依托经济学科，探索经济特色鲜明的拔尖创新人才培养模式——以经济学院为例	林冬冬	经济学院	重点项目
37	hdjy2137	微生物学引导式网络教学的实践与评价	郑继平	生命科学与药学院	重点项目
38	hdjy2138	“双一流”建设背景下海南高校竞争力提升对策研究	曹　翔	经济学院	重点项目
39	hdjy2139	海南国际设计岛建设目标下的文创设计人才培养模式研究——以视觉传达设计专业教学为例	张广超	美术与设计学院	一般项目
40	hdjy2140	《细胞生物学》线上线下混合式教学的设计与实践	闵　义	生命科学与药学院	一般项目
41	hdjy2141	工学结合模式下《设施农业节水灌溉》实验教学模式探索	王　旭	园艺学院	一般项目
42	hdjy2142	“新文科”建设背景下高校创新创业教育的研究与实践	公衍峰	人文传播学院	一般项目
43	hdjy2143	材料力学课程教学创新探索与实践-基于海南大学机电工程学院	周　腾	机电工程学院	一般项目
44	hdjy2144	利用R语言提升《生物资源评估》课程中的数据处理和可视化的教学效果	李建龙	海洋学院	一般项目
45	hdjy2145	具有热带特色的国家一流“园林专业”金课建设改革研究与实践——以《热带观赏花卉学》为例	赵　莹	林学院	一般项目
46	hdjy2146	海南省高校实施EMI教学的现状和对策研究	欧茹萍	外国语学院	一般项目
47	hdjy2147	基于“互联网+”的仪器分析实验虚拟仿真平台的构建与实践	梁振益	理学院	一般项目
48	hdjy2148	基于创新人才培养的《高年级研讨课》教学模式研究与实践——以海南大学政治与公共管理学院为例	黄燕梅	政治与公共管理学院	一般项目
49	hdjy2149	新文科语境下多学科交叉融合的视觉传达专业教学创新研究	李晓夏	美术与设计学院	一般项目
50	hdjy2150	“金课”导向下以学生为本的《线性代数》课程教学创新与实践	张林丽	应用科技学院	一般项目
51	hdjy2151	自贸港背景下海南省高校创新创业教育生态系统建设研究	张宇慧	管理学院	一般项目
52	hdjy2152	“体医融合”背景下海南高校体育课程改革研究	韩学民	应用科技学院	一般项目
53	hdjy2153	国际自贸港建设中高层次中文人才的需求及培养研究	马荣江	人文传播学院	一般项目
54	hdjy2154	网络环境下学生自主学习能力的培养与评价研究	徐　涛	管理学院	一般项目
55	hdjy2155	专业认证下研究生助教制度在本科生过程性学习评估中的应用探索	王　敦	化学工程与技术学院	一般项目
56	hdjy2156	新工科建设背景下计算机网络课程教学整体优化研究	符　发	计算机与网络空间安全学院	一般项目
57	hdjy2157	工程认证下的机械设计基础课程教学改革	冯爱国	食品科学与工程学院	一般项目

续表

序号	项目编号	项目名称	负责人	所属单位	项目类别
58	hdjy2158	基于 PDCA 理论的旅游管理学硕课程体系优化研究	王　红	旅游学院	一般项目
59	hdjy2159	自贸港建设驱动下海南大学应用型本科拔尖创新人才培养模式及实践研究	姜　帆	应用科技学院	一般项目
60	hdjy2160	一流课程建设内涵下大学物理探究学习研究与实践	郭　惠	理学院	一般项目
61	hdjy2161	《畜禽组织与胚胎学》SPOC 混合教学模式的课程设计与应用初探	陈　思	动物科技学院	一般项目
62	hdjy2162	高校精品视频公开课建设与研究	何泌章	马克思主义学院	一般项目
63	hdjy2163	热区植物保护专业课程实习整合研究与实践	丁晓帆	植物保护学院	一般项目
64	hdjy2164	基于网络资源的混合教学模式与实施路径研究——以新闻传播学专业教学为例	余　榕	人文传播学院	一般项目
65	hdjy2165	自贸港背景下“高参小”教学资源平台建设与管理的研究	彭祚琼	体育学院	一般项目
66	hdjy2166	研究生《学术道德与学术规范》课程建设与改革研究	覃丽金	图书馆	一般项目
67	hdjy2167	基于二级学院教学文档管理系统的教务教学管理改革	黄广坤	机电工程学院	一般项目
68	hdjy2168	科研平台在本科创新型人才培养中应用模式探索与实践	徐从英	化学工程与技术学院	一般项目
69	hdjy2169	“多元互动”的课堂教学模式在来华留学生本科教学中的应用	赵志清	人文传播学院	一般项目
70	hdjy2170	大学生海洋意识培育嵌入思想政治课的路径研究	易　振	管理学院	一般项目
71	hdjy2171	物权法学课程思政教学改革研究	董万程	法学院	一般项目
72	hdjy2172	新工科背景下“清洁生产”案例教学模式设计与实践	廖建军	生态与环境学院	一般项目
73	hdjy2173	POA 指导下的日语精读混合式教学模式研究	朱　峰	外国语学院	一般项目
74	hdjy2174	一流课程建设之“五位一体”国家治理 理论推进《有害生物综合治理》课程理论与体系的创新	叶卫东	植物保护学院	一般项目
75	hdjy2175	海南自贸区（港）建设背景下多学科融合型国际商务人才培养研究与实践——以《商务英语谈判》课程为例	李润珍	外国语学院	一般项目
76	hdjy2176	国际化视野下的海南自贸港小提琴教学创新理论研究	苏　萍	音乐与舞蹈学院	一般项目
77	hdjy2177	海南自贸港高校钢琴教学法课程的建设研究	吴春丹	音乐与舞蹈学院	一般项目
78	hdjy2178	以《普通遗传学》为基础引入生命学科交叉领域知识及其教学内容优化	王倩男	热带作物学院	一般项目
79	hdjy2179	高校公共基础课程俱乐部改革教学与实践—以《羽毛球》课程为例	陈先俊	体育学院	一般项目
80	hdjy2180	基于行业标准的环境管理课程群教学内容优化设计及深度学习教学模式实践	唐晓兰	生态与环境学院	一般项目
81	hdjy2181	基于创新创业型人才培养的观赏水族课程教学开发与设计	郑　兴	海洋学院	一般项目
82	hdjy2182	“双一流”及新农科建设背景下农业资源与环境专业《土壤学》“一体化”教学模式的探索与实践	汤水荣	热带作物学院	一般项目

续表

序号	项目编号	项目名称	负责人	所属单位	项目类别
83	hdjy2183	“双一流”建设背景下国贸专业本科毕业设计（论文）质量管理研究与实践	王爱华	经济学院	一般项目
84	hdjy2184	新农科建设背景下农学专业高年级研讨课教学模式改革与探索	李长江	热带作物学院	一般项目
85	hdjy2185	自贸港生态文明建设背景下昆虫生态学课程教学方法、手段的改革与实践	李金花	植物保护学院	一般项目

2020 年度海南大学校级教育教学改革研究课题结项一览表

序号	项目编号	项目名称	负责人	原所属单位
1	hdjy1636	海南省高校创新创业教育新模式——基于“三大平台”的校园创客空间运行模式研究与实践	王林桂	海洋学院
2	hdjy1651	基于创新型人才培养的会计专业教学改革研究	燕新梅	经济与管理学院
3	hdjy1631	动物科学专业家畜环境卫生学课程多元化教学模式的构建与实施	李笑春	农学院
4	hdjy1652	高校外语教师专业发展与协同创新模式研究	李　芬	外国语学院
5	hdjy1610	电子商务导论案例库建设项目	常　颖	信息科学技术学院
6	hdjy1635	基于海南园艺产业发展的海南大学园艺专业本科人才培养研究	姜成东	园艺园林学院
7	hdjy1650	微电影在工商管理类专业人才培养中的制作及应用	付景涛	经济与管理学院
8	hdjy1632	“微课”与“翻转课堂”应用于动物生物化学教学的探究	裴业春	农学院
9	hdjy1621	社会主义核心价值观视野下法学多元化实践育人模式研究	李昌郁	法学院
10	hdjy1848	微课在大学物理化学实验教学中的应用	肖厚贞	材料与化工学院
11	hdjy1849	微生物学双语课程建设研究	唐　敏	材料与化工学院
12	hdjy1961	基于“卓越工程师”培养模式下的天然产物化学课程教学改革探索	徐　静	材料与化工学院
13	hdjy1606	基于诊断技术的热区植物病理学课程资源库建设	刘晓妹	环境与植物保护学院
14	hdjy1739	农科专业大学生创业教育与专业教育协同机制研究与实践	李海朋	环境与植物保护学院
15	hdjy1852	“互联网+工程教育”背景下的工程专业课程教学改革研究与实践——以《汽车理论》课程为例	张建珍	机电工程学院
16	hdjy1713	《高级语言程序设计》“互联网+”教材的实践研究	王兆晖	信息科学技术学院
17	hdjy1628	国际著名服装品牌发布会整体设计案例	钟　恒	艺术学院
18	hdjy1856	基于大数据技术的经济统计专业创新型人才培养的大学课程改革研究	卢　媛	经济与管理学院
19	hdjy1971	海南高校创新创业教育与思想政治教育的关系、融合途径研究	林冬冬	经济与管理学院
20	hdjy1730	应用型转型发展下物联网工程专业课程体系建设	张　健	应用科技学院
21	hdjy1731	“互联网+”视域下海南高校公共英语教师学习共同体的建构路径研究	李孟端	应用科技学院
22	hdjy1858	高校思想政治理论课教学话语体系创新研究	蒋　玉	马克思主义学院
23	hdjy1613	化工专业“卓越人才班”实践教学的研究与探索	杨建新	材料与化工学院

续表

序号	项目编号	项目名称	负责人	原所属单位
24	hdjy1728	有机化学基础课多元化教学模式的构建与实施	陈祎平	材料与化工学院
25	hdjy1745	法学本科人才培养模式及实施机制研究	梁亚荣	法学院
26	hdjy1742	课堂专题讨论教学模式在《分子生物学》课程中的研究与实践	战　欣	海洋学院
27	hdjy1607	产学研用合作人才培养模式的研究与实践——热带海洋资源利用：生物表面活性剂分泌菌筛选及应用	苏增建	环境与植物保护学院
28	hdjy1801	组块记忆在基础兽医学教学中的应用研究	杨雨辉	热带农林学院
29	hdjy1809	以电子竞赛为平台培养应用性人才的电子科学与技术专业教学改革研究	王立辉	热带农林学院
30	hdjy1812	慕课（MOOC）时代下“混合式教学”对高等数学教学方法影响的探究	李佳霖	热带农林学院
31	hdjy1836	面向热带农林人才创新能力培养的生态学科一体化实践教学体系构建	何　禾	热带农林学院
32	hdjy1837	生物信息学试题库建设	冯世鹏	热带农林学院
33	hdjy1838	高等数学教学中数学建模思想渗透研究	李帅峰	热带农林学院
34	hdjy1839	移动互联网背景下软件开发类课程翻转课堂教学模式研究	刘金羽	热带农林学院
35	hdjy1840	多模态语块教学模式在大学英语写作教学中的构建及运用研究	苏会娜	热带农林学院
36	hdjy1909	植物保护学科学生一线实践经验培养研究	董存柱	热带农林学院
37	hdjy1927	“病原专题式”教学模式在《热带作物病理学》课程中的应用研究	林春花	热带农林学院
38	hdjy1951	植物学课程体系与教学内容整体优化	钮　俊	热带农林学院
39	hdjy1952	速记歌诀在中兽医学教学中的应用	陈　云	热带农林学院
40	hdjy1740	专业必修课《环境地学》理论教学与实践教学的协同优化研究	叶长青	环境与植物保护学院
41	hdjy1710	基于MOOC以图学能力内化为导向的融合教学模式研究与实践	朱冬云	机电工程学院
42	hdjy1829	海南特色影视传播专业个性化实践教学全媒体管理平台建设研究	贺　勇	人文传播学院
43	hdjy1830	文化自信视野下的中西比较文学“话语范式”转换研究	章　颜	人文传播学院
44	hdjy1725	本科生助教制度的研究与实践	张宇慧	经济与管理学院
45	hdjy1867	文化自信背景下海南大学国体教学研究	王公法	体育部
46	hdjy1924	混合式教学在高校游泳教学中的实践研究——以精品在线开放课程《游泳》为例	房殿生	体育部
47	hdjy1623	中国近现代史纲要”课程教材体系转化为教学体系的研究	季笃武	马克思主义学院
48	hdjy1701	基于微课的环境影响评价课程“翻转课堂”教学模式研究	朱治强	农学院
49	hdjy1703	海南高校微生物学实验教学改革与海洋微生物资源库建设	黄小龙	农学院
50	hdjy1736	《土壤肥料学》网络自主学习模式与课堂教学模式综合应用研究	耿建梅	农学院
51	hdjy1832	大学英语翻译教学改革研究	孙成平	外国语学院
52	hdjy1617	基于高校公共教学平台的中国海洋文学嵌入式教学的理论与实践	张　平	人文传播学院
53	hdjy1759	食品质量与安全专业人才培养模式的创新与实践	李　武	食品学院
54	hdjy1761	基于“微信”平台的“微生物检验”教学模式创新的研究	张家超	食品学院
55	hdjy1614	工程合同管理课程教学方法改革与实践	高　健	土木建筑工程学院

续表

序号	项目编号	项目名称	负责人	原所属单位
56	hdjy1758	面向“卓越工程师”培养目标的工程制图教学改革与实践	冯欣蕊	土木建筑工程学院
57	hdjy1817	网络环境下学生自主学习能力的培养与评价研究	黄小欧	信息科学技术学院
58	hdjy1819	大学数学 MOOC 与翻转课堂相结合的教学研究	李海燕	信息科学技术学院
59	hdjy1821	大学公共数学课程立体式全方位教学与考核模式的探索与研究	张勇军	信息科学技术学院
60	hdjy1822	产学研用合作人才培养模式的研究与实践——以海南大学为例	任　佳	信息科学技术学院
61	hdjy1853	大学数学教与学的趣味性探究	岳晓蕊	信息科学技术学院
62	hdjy1734	学习分析技术支持下的大学生网络学习行为与效果研究	颜　磊	网络与教育技术中心
63	hdjy1658	地方本科院校创新创业人才培养模式研究与探索	徐望来	校办
64	hdjy1770	实践育人视阈下高校创新创业教育改革的探索与实践	林洪冰	校团委
65	hdjy1714	计算机专业课程教学模式与创新能力培养机制研究——基于 JAVA EE 课程群教学的视角	黎才茂	信息科学技术学院
66	hdjy1715	大类招生培养模式下的高等数学课程体系建设研究	李胜军	信息科学技术学院
67	hdjy1716	依托大学生数学竞赛激发培养大学数学的学习兴趣	符一平	信息科学技术学院
68	hdjy1629	课程资源开发视角下黎族舞蹈传承现状研究	康可可	艺术学院
69	hdjy1732	综合类高校艺术专业“教考分离”的研究与实践	丁　岩	艺术学院
70	hdjy1615	项目驱动教学模式在物联网软件开发课程中的应用研究	刘金羽	应用科技学院
71	hdjy1604	基于网络教学平台的大学生自主学习模式应用研究：以《园艺植物生物技术》网络课程为例	朱　婕	园艺园林学院
72	hdjy1634	构建培养拔尖创新型卓越园艺人才实践教学体系的研究	周其良	园艺园林学院
73	hdjy1704	省级精品课程《观赏花卉学》基于慕课资源的教学研究与实践	赵　莹	园艺园林学院
74	hdjy1706	通过科研实践培养农科类创新型卓越人才的研究	周　韬	园艺园林学院
75	hdjy1647	海南省本科院校教师教学能力提升策略研究	韦仕川	政治与公共管理学院
76	hdjy1722	土地资源管理省级特色专业建设研究	栾乔林	政治与公共管理学院
77	hdjy1723	高校教师教学激励与保障机制研究	郑崇明	政治与公共管理学院
78	hdjy1824	海南公共外交人才培养的高校课程配套设计	卢　暄	政治与公共管理学院

2020 年度海南大学自编教材资助一览表

序号	教材名称	主编	职称	申报单位
1	生态经济学	傅国华	教授	管理学院
2	自贸港概论	李世杰	教授	经济学院
3	当代中国公务员制度	周　伟	教授	政治与公共管理学院
4	观光园艺学	成善汉	教授	园艺学院
5	热带植物鉴赏	王　健	教授	林学院
6	天然产物化学	徐　静	教授	化学工程与技术学院
7	农药专业英语（第二版）	骆炎平	教授	植物保护学院

序号	教材名称	主编	职称	申报单位
8	中国古代海洋文学教程	张　平	副教授	人文传播学院
9	密码芯片分析与设计	郭　桢	副教授	继续教育学院
10	模特表演艺术	曹舒秀	副教授	音乐与舞蹈学院

2020年度海南大学省级教学成果奖一览表

序号	成果名称	主要完成人	获奖等级	所属单位
1	多维协同、内生驱动的高校“三全育人”一体化模式的探索与实践	武耀廷　廖清林　杨智平　温小平　林　琛	省级一等奖	党委办公室
2	立足于“热带、海洋、旅游、特区”办学特色的本硕博一体化人才培养体系构建与创新实践	胡新文　郑育声　廖双泉　邱锡光　黄东益　罗　杰　阎二鹏　黄梦醒	省级一等奖	研究生处、教务处等
3	3TEC多维度园艺专业复合型人才培养体系创新与实践	朱国鹏　李茂富　陈艳丽　李　雯　吴友根　成善汉　周开兵　李新国　王　健	省级一等奖	园艺学院
4	基于OBE理念结果导向的知识-能力-素质一体化化工专业人才培养体系构建与实施	李嘉诚　余高波　王　敦　刘钟馨　杨海峰　李　进　徐树英	省级一等奖	化学工程与技术学院
5	“三联三促”型模拟审判育人机制探索与实践	王　琦　邓和军　阎二鹏　李昌郁　刘　政　安睿颖	省级一等奖	法学院
6	突出课程教学主战场，践行知行融合的机械创新人才培养模式构建与实践	陈振斌　张　燕　王　涛　朱冬云　李劲松	省级一等奖	机电工程学院
7	热带海洋特色水产学科多维实践教学资源的建设与应用	周永灿　郭伟良　王永强　骆　剑　郭孝伟	省级二等奖	海洋学院
8	以学科建设引领和工程教育认证助推食品科学与工程专业建设与实践	李从发　张伟敏　陈文学　潘永贵　李　川　陈雨菡　向　东　陈海明　陈　健　云永欢　李　武　张家超	省级二等奖	食品科学与工程学院
9	专创融合、本硕联动、育赛孵一体化：全过程创新创业人才培养模式的探索与实践	李伟铭　俞花美　黎春燕　林冬冬　王　寅	省级二等奖	海南大学创新创业教研室（团委）
10	基于三位一体热带特色的园林专业复合型人才培养的实践与探索	宋希强　许先升　王　健　高联红　杨定海　赵　莹　申益春　吴庆书　赵书彬　陈展川	省级二等奖	林学院
11	基于科教融合的创新型电子信息类人才培养模式探索与实践	黄梦醒　张永辉　吴　迪　蒙秋研　李京兵　王咸鹏　王冠军　杨永钦	省级二等奖	信息与通信工程

2020年度海南大学青年教师教学竞赛省级、国家级一览表

序号	获奖名单	参赛类别	所属单位	所获奖项
1	路 平	工科组	土木建筑工程学院	省级一等奖/国家级三等奖
2	徐 畅	工科组	海洋学院	省级二等奖
3	蒋 锐	文科组	人文传播学院	省级一等奖
4	王 萍	文科组	管理学院	省级三等奖
5	闵 义	理科组	生命科学与药学院	省级二等奖

国际学生教育

【概况】2020年，国际教育学院认真贯彻落实“部省合建”海南大学和海南省委、省政府“聚全省之力办好海南大学”目标要求，紧紧围绕学校重点工作任务，以学校创建世界一流学科、建设国内一流大学以及为海南自由贸易港建设做贡献为目标，坚持“支撑引领、特色取胜、高位嫁接、开放创新”发展理念，奋进新时代国际教育新征程，助力学校“双一流”建设。

【招生工作】本年度，共有在籍在学各类国际学生535人，其中学历生437人，包括本科生218人、硕士生137人、博士生82人，非学历生98人；按经费来源统计，其中奖学金生447人，占比83.55%，校际交换生27人，自费生61人。国际学生分别来自59个国家，在国际教育学院、经济学院、人文传播学院、旅游学院、热带作物学院、管理学院、生命科学与药学院、生态与环境学院、法学院、计算机与网络空间安全学院、信息与通信工程学院、外国语学院、材料科学与工程学院、土木建筑工程学院、食品科学与工程学院、海洋学院、政治与公共管理学院、植物保护学院、理学院、国际旅游学院、化学工程与技术学院等21个学院学习。

【教学工作】本年度，为降低疫情对教学工作的影响，学校上半年开设了在线教学课程64门，下半年开设了21门。为克服时差对教学效果的影响，教师们做到随时待命，及时回应学生的疑问，让“云教学”与线下教学同质等效。据超星学习通在线教学平台统计，国际教育学院线上教学课程的人均点击率在全校名列前茅，取得了良好的教学效果。学校官网和《海南日报》分别对国际教育学院的在线教学工作进行了报道。此外，通过举办各种专题的师生座谈会、学院教学督导组不定期听课督导、教学切磋月、教学研讨会、集体备课等活动，增强了国际学生间、教师间及师生间的沟通与了解，解决了国际学生在学习、生活中以及教师在教学过程中存在的问题和不足，促进了教学工作水平的提高。

【学生工作】注重加强国际学生的国情教育，在传统汉语课程中加入了大量与国情、文化等相关的内容，传导中国传统文化与核心价值，并注重与文化实践相结合。

6月，国际教育学院组织海南大学“感知中国·我们的抗疫故事”国际学生征文比赛，从10篇优秀获奖作品中推选5篇中国政府奖学金生的文章作品，报送国家留学基金管理委员会主办的全国“感知中国·我们的抗疫故事”征文比赛，入围2篇稿件和1个精彩片段；编印海南大学“感知中国·我们的抗疫故事”国际学生征文比赛作品集。组织国际学生和教职工参与录制的《共同抗“疫”，我们与中国同在》微视频荣获海南大学“共抗疫情、爱国力行”网络文化成果征集活动三等奖。

12月9日，海南大学在海南省教育厅主办的海南省第九届“琼州杯”国际学生汉语与才艺大赛上斩获佳绩。来自尼日利亚的齐云嵩（Nnabuike Sunday Chisom）和来自罗马尼亚的苏御武（Wangdi David）分别获得一等奖，来自乌克兰的娜娜（Khomytska Oryna）获得二等奖，来自尼日利亚的乔漪（Nkibu Joy Ikpeoha）获得三等奖；赖春容、邓百意、陈小娜3位指导老师分别获得“优秀指导教师”称号；海南大学获得“优秀组织奖”。

【管理工作】本年度，学校新增“丝绸之路”中国政府奖学金项目，成为接收“丝绸之路-高校项目”中国政府奖学金来华留学生院校之一，这系海南大学首次获得该类型专项中国政府奖学金项目招生资格。海南大学首获海南省华文教育奖学金项目支持，发布了《海南大学2020年海南省华文教育奖学金申请办法》，启动了海南大学2020年海南省华文教育奖学金项目招生工作，预录取由泰国海南会馆推荐的泰国学生9名，但由于疫情原因未能入学。落实学校“一生一策”工作要求，为毕业生制定个性化的“一对一”帮扶措施。本年度，本硕博国际学历生毕业人数达到90人，创历史新高。首次有成班建制的国际经济与贸易本科专业的国际毕业生，毕业生36人，毕业率达94.8%。毕业生在琼就业7人。国际学生在各项大赛中取得佳绩，实现来华留学教育工作健康可持续发展。

【疫情防控成效显著】2020年，学院党组织在校园新冠肺炎疫情防控阻击战中，靠前指挥、主动担当作为，抓细抓实国际学生疫情防控，采取“六帮”措施和“一生一策”，在国际学生返校复学、线上教学、毕业工作等方面取得显著成效。2月，在国内疫情防控最紧张的阶段，学院通过从校医院申领和出资多渠道购买等方式，筹集口罩近2万只。为华中科技大学国际教育学院捐赠口罩近千只，为校内外住宿国际学生发放或邮寄防疫口罩12批次，发放校内义餐共160余份。联合师生事务保障中心为校内留校国际学生提供生活物资代购工作，保障了疫情期间校内国际学生的生活。疫情日常防控、国际学生返校复学、线上教学、“一生一策”等各项工作，取得了显著成效。截至12月31日，境内境外在籍在学国际学生333人（疫情初期为445人）和教职工22人身体状况良好，无疫情发生。海南日报、海南网络广播电视台和海南省教育厅官微等多家媒体分别报道和宣传了海南大学为国际学生筑牢疫情安全防线的文章和先进人物事迹。密克罗尼西亚联邦驻华大使馆也专门来函致谢。

【完善学院新的职责定位】按照学校的决策部署和总体安排，国际教育学院通过调研学习兄弟院校的经验做法，完成了《海南大学国际教育学院职能定位》。学院作为全校国际学生工作的归口管理部门，负责学校国际教育项目的组织与管理，主要职责包括全校国际学生的招生与统筹管理、学校校际交流协议中学生出国项目的落实、孔子学院的建设与管理等。在此基础上，制定了与学院新的职能定位相适应的学院“十四五”发展规划、管理机构和人事制度改革方案。

【制度建设】2020年4月，学校正式印发了《海南大学招收和培养国际学生管理办法》，搭建起国际学生招生、教学、管理和服务趋同化管理制度框架，形成国际教育学院归口管理，相关职能部门协同配合，专业学院主动作为的管理体制机制。还印发了《海南大学国际教育学院关于成立国际教育学院国际学生招生工作领导小组的通知》《中共海南大学国际教育学院总支委员会关于国际教育学院海外汉语教学中心推进工作领导小组成员调整的通知》《海南大学国际教育学院2020年春季学期国际学生返校工作方案》等33项重要文件。

【宣传工作】本年度，学院继续加强对中、外文网页和学院微信公众号“海南大学国际教育学院”的建设，及时更新网页内容；设计了学院的新院徽；修订了《海南大学国际学生招生简章》《海南大学国际学生奖学金项目招生指南》，对学院教学、科研、管理、招生以及对外宣传等工作发挥了重要作用。

【汉语水平考试】本年度，受新冠肺炎疫情影响，原计划上半年举办的三次国家汉语水平考试（HSK）全部取消。下半年，疫情形势好转，在学校相关部门的批准和支持下，11月21日成功举办国家汉语水平考试（HSK）。校内外留学生共14人次报名参加，考试级别涉及HSK四级到六级，考试类型是网络考试。

【华文教育基地】继续做好国际汉语教师志愿者的选派工作。本年度，根据中外语言交流合作中心派出计划，海南大学拟派出1名国际汉语教师志愿者赴巴西孔子学院支教，但受新冠肺炎疫情影响，截至12月31日尚未派出；10月31日，派出1名管理教师赴韩国负责国际汉语教师志愿者的管理工作，任期1年。

【孔子学院建设】在国家汉办的指导下，配合澳大利亚查尔斯·达尔文大学和安徽师范大学做好孔子学院的招生与办学、选派管理教师和志愿者老师等工作。

8月15日，查尔斯·达尔文大学孔子学院成功举办了第十三届“汉语桥”世界中学生中文比赛澳大利亚全国大区赛。受疫情影响，本次大赛采用在线比赛形式，来自澳大利亚全国各州/领地的12名中学生参赛。

11月6日上午，澳大利亚查尔斯·达尔文大学孔子学院召开了第十四届理事会议。因疫情原因，理事会议以远程视频会议方式举行，海南大学、澳大利亚查尔斯·达尔文大学和安徽师范大学3个分会场同时在线进行。海南大学校长骆清铭、副校长叶光亮，查尔斯·达尔文大学校长西蒙·麦多克斯，安徽师范大学校长张庆亮出席会议。

12月17日下午，海南大学、安徽师范大学、澳大利亚查尔斯·达尔文大学举行合作建设孔子学院新合约云签署仪式。仪式采用视频形式，在3校分会场同时进行。海南大学校长骆清铭，安徽师范大学校长张庆亮，查尔斯达尔文大学校长、孔子学院理事会理事长西蒙·麦多克斯，查尔斯达尔文大学孔子学院中方现任院长杜俊出席签约仪式。

【培训工作】2020年11月，学院主办了为期4周的2020年英语能力提升专题培训班，来自海口市商务局、海口市旅游和文体广电体育局的50名学员参加了培训。培训班以杨云升教授主编的《英语300句（普及版）》为主教材，通过系统培训，为海南自由贸港建设提供专业人才支持和队伍力量保障。

【教学科研】2020年4月，邓百意教授入选“南海系列”育才计划；6月，李小北教授著述的《反倾销与反补贴案例分析》获得海南大学2020年校级教学成果奖二等奖；11月，周伟教授荣获“宝钢优秀教师奖”；12月，周伟教授撰写的《基于维权视角的三沙市基层政权组织建设探析》（《太平洋学报》刊发）荣获海南省第十一次社会科学优秀成果奖获奖成果论文三等奖，李小北教授著述的《国际贸易学》（高等教育出版社出版）作为全校推选的5本教材之一参加申报首届全国教材建设奖。

【学术活动】 11月28日，由海南大学和中国社会科学院亚太与全球战略研究院主办，海南大学国际教育学院、海南大学澜湄次区域研究中心承办的“后疫情时期中国与周边合作学术研讨会”在海甸校区国际学术交流中心举行。中国社会科学院亚太与全球战略研究院党委书记兼副院长、首席研究员张国春出席开幕式。海南大学国际教育学院院长、海南大学澜湄次区域研究中心负责人周伟主持开幕式。

12月15日下午，海南大学“国际教育名家讲坛”在国际学生文化体验中心举行，海南大学副校长傅国华教授作题为《中国百年发展道路探索》国情教育专题讲座。讲座由国际教育学院院长周伟主持，在校国际学生及国际教育学院部分教职工参加了活动。

【学院重要活动】 4月17日上午，国际教育学院在学院104会议室召开院长任职宣布大会。会议宣布了学校党委的任免决定：自2020年4月1日起，周伟同志任国际教育学院院长，杨云升同志因年龄原因不再担任国际教育学院院长职务。

6月23日上午，国际教育学院在学院104会议室召开干部任职宣布大会。会议宣布了学校党委的任免决定：旅游学院副教授杨红同志挂职任国际教育学院副院长，挂职时间为1年；在学院104会议室召开党总支理论学习中心组（扩大）学习会，专题学习时任海南省委书记刘赐贵给海南大学国际旅游学院学生重要回信精神等内容。

10月29日上午，国际合作交流处、国际教育学院在行政楼401会议室召开干部任职宣布大会。会议宣布了学校党委的任免决定：任命刘亮同志为国际合作交流处副处长兼国际教育学院副院长，李小北同志因年龄原因不再担任国际教育学院副院长职务。

11月15—18日，国际教育学院国际学生管理制度体系构建课题调研组组长、学院党总支书记华世佳率课题组成员国际合作交流处副处长兼国际教育学院副院长刘亮、综合办主任曾影以及辅导员陈小娜一行4人分别赴东北师范大学、北京外国语大学、北京语言大学等3所高校进行调研。

11月，在2019—2020年度海南省“学习强国”先进评选中，学院党总支委员会被中共海南省委宣传部评为2019—2020年度全省“学习强国”学习先进集体，系海南大学唯一一家进入此次表彰的单位。

继续教育

【概况】 2020年，成人高等教育录取新生995人，同比增长33.7%，在校生2004人，毕业676人，学位授予10人。自考在籍考生13899人，毕业733人，学位授予199人。本年度，举办省内外各种类别、不同层次培训班46个班次，其中省外11期，省内35期，培训学员2906名；新增社会考试办公室作为内设机构，承接考试21场、职业技能鉴定2场，考生10万余人次；

开办EMBA课程总裁班2个、资本班1个，招收学员325人，结业302人。新冠肺炎疫情期间，总裁班企业学员累计捐赠善款及物资价值总额共计150多万元。积极承担学校定点扶贫工作任务，捐赠物资用品、扶贫基金总计13.25万元。

【高等学历继续教育工作】本年度，成人高等教育报考人数1513人，同比增长17.7%；录取新生995人，同比增长33.7%，在校生2004人，毕业676人，学位授予10人。与教育厅沟通协商获批酒店管理专业招生名额400人。拓宽合作办学渠道，续签3家合作办学点，与山东外国语职业技术学院初步达成设立函授站合作意向。疫情期间，做好停课不停学工作，积极开展线上教学、线上辅导答疑，网络课程覆盖率达100%；完成了730余名成教生毕业论文的指导、检查和监督工作。

【自学考试】进一步完善和规范合作办学。本年度，自学考试报名新生1034人，毕业733人，学位授予199人，在籍考生13899人。学校组织国考报名10131科次；组织省考报名8047科次，开考课程76门，合计308场次。组织国考课程命题13门，省考课程命题33门。组织国考试卷扫描及阅卷工作，累计评阅504门课程144184份试卷。上传自考衔接、实践课程成绩10229科次，国考过程性成绩10126科次。补充2003年以来自考成绩库信息19万余条。利用腾讯课堂组织各助学点共享在线考前辅导课程。完成了2017—2019年自考科考费账目清缴工作。

【社会考试】新增社会考试办公室作为内设机构，以考试安全为主线，以创新服务为理念，做好考务管理，较好完成各项考试任务。本年度，制定完善了《考试工作流程》《职业技能鉴定流程》等规章制度；承接考试21场、职业技能鉴定2场，考生共10万余人次。考试工作得到了海南省委组织部的表扬及各厅局的认可。

【省内外干部培训】继续按照“一体两翼”的培训模式，有力抓干部及专业技术人员培训。本年度，学校举办了海南省内外各种类别、不同层次的培训班46个班次，包括省外11期，省内35期，培训学员2906名；其中举办了人社部专业技术人才知识更新工程专业技术人才高级研修班，培训了高级专业技术人才56名。为全面贯彻落实中共中央实施乡村振兴战略部署及中央、农业农村部相关文件和全省农业农村工作会议精神，承办了十三期“海南省基层农业科技人员技能提升培训班”，培训省内基层农业科技人员1028人。

【EDP中心EMBA课程培训工作】本年度，通过网络、微信媒体等平台进一步拓展EMBA课程总裁班培训项目的招生宣传渠道；开办了EMBA课程总裁班2个、资本班1个，招收学员325人，结业302人。培训成效突出，获得社会广泛好评和认可，较好地发挥了高校服务地方经济社会发展的作用。本年度，开展了海大总裁班办学十周年系列活动；新冠肺炎疫情期间，总裁班企业学员为支援武汉、湖北抗击疫情，累计捐赠善款及物资价值总额共计150多万元。

【扶贫专项工作】认真履行服务社会责任，积极开展扶贫工作。本年度，用于定点扶贫费用总计13.25万元，主要用于济困助学及防疫物资的购买、光吉村12名农技人员知识更新培训费、海南大学对口帮扶农村“两委”干部和党员骨干“提高履职能力、建功乡村振兴”专题培训班（第二期）授课教师课酬和合影费用等。

学生工作

概述

【概况】2020年，在学校党委的坚强领导下，学生工作坚持以习近平新时代中国特色社会主义思想和十九大精神为指导，深入学习全国教育大会、全国高校思想政治工作会议、学校思政课教师座谈会精神，深化学校“三全育人”综合改革，深入落实立德树人根本任务，突出思想政治工作在学生日常管理中的主体地位，健全工作机制，将“为党育人，为国育才”贯穿学生工作全过程，服务学校“双一流”建设和海南自贸港需求。

【思想引领工作】

1. 切实推进学生党建工作

通过“早日站在党旗下”“党旗飘扬在心中”“我为党旗添光彩”3个层次开展党建领航工程，加强学生党支部堡垒建设，推动学生党支部建设规范化、标准化，严格抓好党员培养全过程。

2. 筑牢“易班”网络思想政治教育阵地

易班以新媒体平台为优势，广泛开展爱国主义教育、安全教育、生命教育、禁毒防艾教育、文明素养教育等主题教育，在实施网络思政教育、建设网络育人品牌、加快“数字校园”建设等方面发挥了积极作用。截至12月31日，海大易班注册用户超5万人，实现了本科生全覆盖，用户数居全省首位。本年度，易班平台共推送50余篇与防疫相关推文，其中“169名辅导员战疫承诺”、学工系统战疫纪实等防疫战疫文章30余篇；组织开展“防疫知识有奖问答”校园答题，参与答题超过33588人次；组织开展“易起战疫”网络文化作品大赛，收集作品94份，评选出优秀作品26份推送至海南省教育厅、人民网海南频道集中展示；推出8期“辅导员微讲堂”，收集学生各类意见与建议上百条，推送9篇相关部门的回复文章。引导学生深刻认识“一方有难，八方支援”的中国精神、“快速反应，分秒必争”的中国速度和“万众一心，众志成城”的中国力量。

3. 开展形式多样的思想政治主题教育活动

通过开展“青春告白祖国”“我与国旗同框”“青春歌唱祖国、红歌点赞新时代”等丰富多彩的主题活动，进一步完善习近平新时代中国特色社会主义思想进课堂、进教材、进头脑的机制载体，引导学生积极向党组织靠拢。举办“青春心向党，建功新时代”演讲比赛，推进学习十九届五中全会精神，激发学生的演讲兴趣，展示大学生积极进取的精神风貌。

4. 发挥榜样典型的示范引领作用

本年度，在易班线上平台推送“旗帜心中扬，战疫先担当——海南大学2417名本科生党员在‘疫’线”“微光助力防疫，担当战役堡垒”等学生党员、志愿者事迹，开设“新琼崖评论之战疫”系列专栏，召开1600多次组织生活会、主题班会，教育引导学生爱党爱国，学习先进抗疫事迹，坚定理想信念，感恩社会、感恩学校、懂得回馈；开展海南大学2020年大学生年度人物评选活动，评选出一批优秀的学生典范，通过宣传年度人物奋发进取的精神风貌，为学生树立了良好榜样。

5. 构建特色思想引领体系

校团委始终将思想引领和价值引领作为根本任务，构建分层分类一体化思想引领工作机制，形成以学习宣传贯彻习近平新时代中国特色社会主义思想为主导，以中国特色社会主义和中国梦宣传教育为主题，以培育和践行社会主义核心价值观为主线，以组织育人、实践育人、文化育人、网络育人为主轴的“四主”特色思想引领体系。着力增强政治素养、提升思想境界、优化能力结构、锤炼作风品格，在“做实、做深、做新”上下功夫，团结带领广大团员青年感党恩、听党话、跟党走。本年度，结合“新中国成立71周年”“纪念五四运动101周年”“纪念改革开放41周年”等重要时间节点，学校精心策划开展各类爱国主义教育相关纪念活动5246场，引导青年学生坚定“四个自信”，将爱国之情、强国之志、报国之行融入推进中国特色社会主义事业、建设社会主义现代化强国、实现中华民族伟大复兴的奋斗之中；深入开展“青春建功自贸港，奋发海大新作为”主题宣传教育实践活动和特别主题团日活动3339场，参与学生达49762人次，引导青年学生自觉将爱国同爱党、爱社会主义相统一；成功打造了“我和我的祖国”“践行核心价值观，争做向上向善好青年”“大学生自强之星”“我与祖国共奋进”等品牌活动2672场，参与学生人数达48262人次；深入挖掘青年榜样的先进事迹，召开疫情防控志愿服务先进典型座谈会；官方微信“海大青年汇”荣获“2020年度全国百强校园媒体”称号。

【日常事务管理】

1. 动员全员参与学风建设

实施项目化学风建设工程，成立学风建设工程领导小组，按照“树品牌、求创新、提内涵、促发展”工作思路和“一年一项目、一院一品牌”工作要求，形成专业教师、辅导员队伍、学生全员参与的局面。遵循学生成长规律和不同年级特征，开展丰富多彩的“三季四性五主题”教育活动。精准掌握学业帮扶名单，做到一生一档，明确帮扶方案，帮助学生端正学习态度，做好学业规划、职业规划，营造出人人勤奋学习、班班争创优良学风的浓厚学风氛围。引导鼓励学生考研升学，资助贫困生考研。

2. 加强文明修身教育

本年度，学校制定了《海南大学学生文明准则》和《海南大学学生校园文明公约》，通过文明礼仪教育、文明集体创建活动及宿舍文明、课堂文明、图书馆文明、运动场所文明、食堂文明及网络文明进行引导，开展文明教育活动，提高学生讲文明、讲礼貌、知礼节、守礼仪的自觉性。

3. 做好学生宿舍的整合与调配

本年度，学校完成了全校本科生近30000条住宿信息的核查和导入工作，396人次的学生宿舍调整工作，经过微调整合，整理出27间空宿舍；提前谋划三个校区的学生宿舍分配工作，出台了《2020年本科学生宿舍调配总体方案》；加强学生公寓共享空间建设，确定了11个共享空间项目。

4. 做好安全教育管理工作

营造学校安全教育的良好氛围，增强学生预防安全事故的意识，使学生树立正确的安全观，系统掌握安全知识和安全技能。本年度，学校组织学生观看《大学生安全教育宣传片》，对学生进行警示教育。开展宿舍安全隐患大检查，将安全隐患消除在萌芽状态。以点带面，突出重点，抓好特殊群体学生帮扶工作。培养学生正确的网络观念，注意网络信息安全，增强金融风险防范意识，理性表达观点，不造谣不信谣不传谣；组织学生学习《互联网群组信息服务管理规定》和

《互联网用户公众账号信息服务管理规定》等相关法律文件，把法治思维作为自己网络行为的先导，牢牢树立遵法守法意识。

5. 加强辅导员与学生的联系

建立一生一档，一生一案，及时关注学生在学业、就业、生活、心理、创业等各方面存在的问题。建立定期与特殊群体学生见面、定期与特殊群体学生谈话、定期联系特殊群体学生家长、定期评估特殊群体学生风险的辅导员“四定”工作制度，尽力帮扶特殊群体学生，积极消除可能存在的心理安全隐患。推动辅导员入住学生公寓工作，搭建学校与学生生活沟通的桥梁，方便学校了解学生生活状况、生活需求从而为学生提供切实的生活保障。

【资助工作】

1. 深入贯彻落实学校党委“六帮”工作指示，推动建立残疾学生帮扶长效工作机制，出台《海南大学“阳光助残”工作方案》，一生一档，进行全方位帮扶。本年度，为54名本科残疾学生减免学费和住宿费，共计35.1万元。

2. 在元旦寒潮来临前夕，组织开展“暖冬”行动，为学校300名家庭经济困难学生发放冬被和姜茶；为学校寒假返乡的300名家庭经济困难学生发放每人2000元路费补助，共计60万元。

3. 开展受灾地区学生专项资助。针对受洪灾地区学生，设立临时困难补助项目，统筹安排经费11万余元，用于受灾地区学生生活资助。

4. 设立“绿色通道”，助力1064名本科家庭经济困难新生顺利入学。为80名家庭经济特别困难新生发放“资助大礼包“和每人1000元资助金。

5. 多渠道开展其他专项资助工作。本年度，继续实施家庭经济困难学生膳食计划，资助16名学生在学校食堂免费用餐。

6. 开展诚信励志教育主题活动。通过邀请国家开发银行来校开展诚信专题讲座，开展网上知识竞赛、主题征文活动，倡导学生在各类奖、助学金评选中体现大学生诚信品质，唤醒受助学生感恩意识，以勤奋学习、自强不息、互助互爱的实际行动回报社会，营造“塑造诚信品质、树立感恩意识，做文明大学生”的校园氛围。

7. 持续开展助学工作。本年度，组织国家、省级、校级和社会捐赠类奖助学金评选，持续开展勤工助学工作，各项资助金投入金额近600万元。

【心理健康教育】

1. 加强心理咨询队伍建设

本年度，学校举办了教师团体心理辅导培训班，邀请国内知名专家对海南大学大学生心理健康教育课授课教师进行了必修课程专题培训。对全体辅导员进行16学时的“大学生心理危机干预理论与实操”专题培训，提升辅导员心理危机干预能力；对新入职辅导员、各学院心理辅导员及部分学院副书记进行心理健康教育工作相关专题培训共计210余人次。对各位学院班主任、导师开展学生心理异常识别与应对培训；对80余名学生宿舍管理员开展心理危机识别与应对专题培训，提升宿舍管理员识别学生心理危机能力；对各学院班级心理委员开展心理异常与危机识别等相关心理育人工作培训33场，惠及1903人；朋辈心理咨询团成员培训7场，共计405人次；宿舍长培训36场，共计4024人次。

2. 推行心理必修课课程改革

将心理必修课改为“16学时理论课+16学时实践课”，对64个大一新生班级进行了团体心理辅导，覆盖海甸校区、文科基础教学部、儋州校区3个校区共3437名新生，完成团体辅导128场次，共计256课时。团体辅导围绕“压力管理与挫折应对”与“珍惜生命，热爱生活”两个大学生关键的心理主题，由心理健康专职教师与辅导员构成的19名师资团队共同来开展工作。

3. 落实一生一档制度

建立深度辅导学生和危机干预学生心理干预工作建档制度，做到一人一档；通过线上和线下相结合的心理咨询值班工作，满足学生实际需求。本年度，深度辅导学生83名，进入深度辅导名单库的学生307名；成功化解了心理危机20起。

4. 强化大学生“5·25”心理健康活动月品牌

本年度，心理健康教育活动月以“聚力同心、战疫同行”为主题，结合疫情特殊教育需求，组织开展主题辅导报告、谈心帮扶、心理情景剧剧本大赛，“最佳解压效果视频”评选，“疫情牵动我的心”手绘作品比赛等系列活动，强化心理健康知识普及与氛围营造。完成了《疫情复学后大学生心理健康调适》《解密心理咨询》等微视频课程，报送《解密心理咨询》参加首届高校微视频比赛，该视频微课学习量超过1.4万人次，评论229条。

5. 疫情期间开办心理“疫”站

本年度，学校面向在校师生和社会公众提供心理援助热线电话咨询共计82人次，网络抗疫心理援助一对一服务共计157人次，提供心理专业督导6次，在QQ群和微信向群众提供心理知识推文和问题解答914次。心理健康教育中心教师参加了教育部华中师范大学心理援助热线值班工作、团省委心理援助志愿者和全国高校心理咨询督导师志愿者等活动，接受了海南日报、海口日报、科技日报、海南新闻广播热线连线直播等媒体采访。

【辅导员队伍建设】

1. 关注辅导员个人发展

建立辅导员个人档案，掌握辅导员的晋升时间节点，关注他们的职业生涯发展。开展辅导员职业技能大赛，逐步打造校内辅导员素质能力大赛等竞赛平台，推动辅导员以赛促学、以赛促进。

2. 加强辅导员专业能力培训

组织新入职辅导员岗前培训和辅导员网络素养与能力提升专题培训班，帮助新入职辅导员快速熟悉岗位职责，提升个人技能；开展辅导员素质能力大赛培训班，邀请往年在辅导员素质能力大赛中获全国一等奖的李洋老师，获全省三等奖、全国第四赛区二等奖的齐昌盛老师为参训辅导员分享经验；搭建校际交流平台，组织辅导员赴中南大学参加“构建一流的大学生思政工作实践资源”交流研讨班，学习交流育人经验，提升辅导员思政育人能力，为进一步培养职业型、专家型思政教育人才，更扎实做好“三全育人”工作打下坚实基础。

【疫情防控工作】

1. 多部门联动构筑校园安全网

防疫期间，由学校党委部署，构建起学生工作部（处）、师生事务保障中心、保卫处等多部门联动机制，常态化执行安全零报告、日报告制度，累计汇总安全报告12万余份，向上级部门报送安全信息357条，学生社区网格化巡查超800人次，确保26688名本科生安全返校。

2. 建立省外“一对一”联系机制

精准摸排每位师生身体状况、所在地等信息，重点做好三类群体盯防，严禁省外学生提前返校。细化返校流程，做好分批返校工作；对学生宿舍片区实行网格化管理，强化学生宿舍安全文明行为规范，提高学生社区突发性事务处置效率。

3. 关心关爱受灾学生和留校学生

切实了解疫情期间留校学生在校生活存在的现实困难与需求，为留校学生发放口罩5923只，联系理发师到校园内为32名学生理发，联同爱心企业为留校学生供应免费餐食，为留校学生设置勤工助学岗位以缓解他们生活和精神压力。本年度，学校开展多项专项资助项目，资助总额约290万元，确保在疫情中受灾的学生应助尽助，帮助困难学生渡过难关。

【校园文化建设】海南大学团委继续发挥和利用思源学堂等青年活动阵地的优势，指导各学生组织开展各类基础校园文化活动，营造了良好的校园文化氛围。本年度，拍摄制作了抗疫视频《加油！我们在一起》、“禁塑”主题公益环保宣传片《大鱼》、海南省共青团献礼自贸港形象宣传片《奔涌吧！青春》等各类宣传片，点击量皆破10万，其中《奔涌吧！青春》点击量破100万；举办了海南大学第十五届草地音乐会（海甸校区、文科基础教学部以及儋州校区）和美育移动课堂之走进人文传播学院活动，活动覆盖海南大学海甸校区以及文科基础教学部万余名学子。承办了各类省级活动，包括海南省“我爱长臂猿，我爱海南岛”知识竞赛，海南省第七届大学生艺术展演的参演节目录制服务、评委评审服务、颁奖典礼暨艺术作品展开幕仪式等工作。学校在海南省第七届大学生艺术展演中荣获一等奖15项，二等奖15项，三等奖9项，优秀奖14项。该活动覆盖海南省所有高校，专家评委来自全国各地，总参与人数过万。

【创新创业】校团委积极发挥引领青年学生重要作用，以培养学生创新意识、创业精神、创新创业能力为出发点，以“让青春与创新创业同行”为理念，以全国首批深化创新创业教育改革高校为契机，打造高质量、有特色、国际化的工作体系，通过开设创新创业课程体系、强化实训项目、组织有关竞赛、精准化服务、积极孵化等方式促进大学生创新思维和创造品格的培养，开发大学生的创造力。本年度，学校拥有学生创新创业场所5个，校内外合作创新创业实践基地255个，创新创业社团6个，在校孵化创业企业16支，校内外创新创业教师144人，开展学生创业培训112场次，累计参与人数达15000余人。创新创业工作硕果累累，学校在第六届“互联网+”大学生创新创业大赛中获得国赛2银3铜、省赛6金6银6铜，在第十二届“挑战杯”中国大学生创业计划竞赛中获得国赛1银3铜、省赛2金4银27铜，累计参与人数超过14000人次；立项大学生创新创业训练计划项目875个，其中国家级大创97个，省级大创195个，校级大创583个；多次组织开展“啡常创新汇”“创新创业论坛”和创客马拉松等创新创业活动，激发大学生的创新创业热情，促进创新创业教育蓬勃发展。

【社会实践】在统筹推进新冠肺炎疫情防控和经济社会发展背景下，海南大学团委以“小我融入大我，青春献给祖国”“决战脱贫攻坚，投身强国伟业”“青年服务自贸港，践行使命与担当”为实践主题，探索创新“互联网+社会实践”新模式，开展了网络形式“云实践”和暑期志愿者文化科技卫生“三下乡”社会实践活动暨“青年红色筑梦之旅”活动。本年度，共有16350名海大学子参与了践活动，实现了大一、大二年级全覆盖。重点组建了乡村振兴脱贫攻坚帮扶团、海南自贸港建设助力团、“互联网+”三农服务实践团、鹦哥岭自然保护区实践团等11个方面的610支社会实践调研活动团队，线下立足实地背景，线上拓宽实践半径，以海南为基点辐射全国，实践成果丰富。学校连续5年荣获“全国大中专学生志愿者暑期‘三下乡’社会实践活动优秀单位”称号，林学院的“海南大学鹦哥岭自然保护区实践团”、管理学院的“海南大学乐妹村脱贫攻坚及乡村振兴调查研究实践团队”荣获“三下乡”国家级优秀实践团队；学校的“推普助梦实践团”受团中央青年发展部表彰文件，外国语学院的“聚焦少数民族地区精准扶贫的农旅融合路径探索——以海南省五指山市什会村与毛脑村为例”团队荣获“青年中国行”活动全国二十强团队称号，海南大学“一带一路”自由贸易港建设实践调研团、海南大学红心向党调研团、海南大学菜篮子调研团、雨林茶香调研团和海南大学基层签约家庭医生调研团5个团队入选“千校千项”活动最美团队及基层新画卷案例。

【志愿服务】坚持在志愿服务中不断凸显实践育人功能，着力构建“1234”志愿服务工作模式，逐步形成“全员参与、持续推进、遍地开花”的新局面。以志愿海南网站和志愿汇平台为基点，搭建高校有序的志愿者管理平台。截至12月31日，学校“志愿海南”网站注册志愿者累计79298人，“志愿汇”平台注册志愿者累计72235人；全校累计发起志愿服务项目6947个，成立各类服务队1693支，建立常态化志愿服务基地109个，志愿服务总时长达3769078.2小时。以组织建设、制度建设、队伍建设和后勤保障建设为根本，构建强基础的志愿服务运作体系新模式。立足海大，扎根海南，面向全国，辐射国际，积极与其他单位开展合作，勇担社会责任，承接各类大型赛事、会议志愿者招募及培训工作。紧跟时代热点，瞄准社会痛点，结合实际需求，以志愿服务项目大赛为抓手，围绕“项目运营，基地建设，队伍培养，品牌培育，数字推广”五大工作重点，孵化创新项目，提高项目可执行性，推进项目落地实施。开拓思维，突破老项目的发展瓶颈，找准项目发展定位，从项目化运营、专业化建设、品牌化培育、国际化发展和数字化宣传等五大方面入手，为项目注入新鲜活力，推动项目向深向纵发展。形成“校青协+合作组织+志愿者+服务对象”四方横向联动和“校青协—院青协—行政班”三级纵向联动机制，建立畅通的志愿者问题反馈渠道，有效保护志愿者合法权益，建立完善常态化项目后勤保障功能体系。创新推出志愿服务时长积分兑换机制，打造“爱心超市”积分兑换平台，并将志愿时长纳入评奖评优考核标准，打造志愿者激励平台。

【校学生会】海南大学学生会是在校党委领导和校团委指导下的全校学生自治组织，是中华全国学联和海南省学联的主席团单位。校学生会秉承“全心全意为同学服务”的理念，牢固树立“四个意识”，聚焦主责主业，反映学生意愿，沟通学校，联系社会，充分发挥桥梁和纽带作用，积极参与学校的民主管理，促进学生的全面发展。校学生会设有办公室、宣传部、对外联络与国际交流部、文体部、学习实践部、权益服务部6个部门。本年度，成功举办了“校运动会”“院际杯篮球赛”“院际辩论对抗赛”“线上权益活动”“舞林盛会”“中文演讲比赛”“文明食堂评比活动”“国庆观影活动”等系列活动赛事；根据各学院特点，引导学院学生会开展“创新创业大赛”“院内篮球赛”等形式多样、内容丰富的活动。依托“权益帮帮团”栏目，代表和反映同学们的诉求，维护广大同学权益。

【校研究生会】校研究生会以“全心全意为

研究生服务”为宗旨，以“为同学服务、倡导学术创新、繁荣校园文化、促进社会发展”为理念，积极开展特色活动，引导广大研究生树立和践行社会主义核心价值观，成为高素质、创新型、复合型人才，在营造健康、积极向上的校园氛围与宽松、开放、优良的教学科研环境中发挥着重要的桥梁和纽带作用。校研究生会下设综合事务中心、新闻与媒体中心、文体艺术中心、学术创新交流中心、学生权益服务中心5个职能部门。本年度，组织了“海南大学研究生‘携手海之南，共筑自贸港’知识竞赛”“海南大学研究生‘研途杯’篮球赛”“海南大学研究生关于新冠疫情防控宣传活动”“海南大学研究生‘艺’起抗疫文艺作品征集活动”“2021年海南大学研究生新年晚会”“海南大学研究生师生座谈会”等活动，组织研究生参加海南大学第48届田径运动会，为彰显海大研究生学子精神风貌，编写了《海南大学研究生报》和《海志》杂志。

【学生社团联合会】学校学生社团联合会是在校党委的领导和校团委的具体指导下，以“引导、服务、管理”为基本宗旨，秉承“以特色求生存，以竞争求发展”的方针，起着沟通学校管理部门和各学生社团作用的学生社团组织管理机构，是全校学生社团的忠实代表。下设有办公室、学生社团管理部、人力资源部、财务部、宣传部、对外联络部、学生社团文化发展中心及活动策划部8个职能部门。截至12月31日，共有思想政治类、志愿公益类、学术科技类、创新创业类、文化体育类和自律互助类六大类别的学生社团130个，其中海甸校区107个，儋州校区23个。本年度，学生社联与各学生社团共同打造了“学生社团文化艺术节”“百团大战”“学生社团骨干训练营”等一系列品牌活动；协助各学生社团积极举办、参与家电维修志愿活动、全国大学生数学建模竞赛、2020中国高校计算机大赛、“辩寻海大”辩论赛、第二届海南国际模拟联合国大会等大型活动；在儋州校区正式成立海南大学学生社团联合会学生社团管理中心，与各社团共同举办了“花好月圆，国泰民安”主题演讲比赛、第二十五届吉他协会周年庆暨“音为爱”感恩音乐节晚会、第五届“风花雪月”诗文大赛等活动，提高了学校学生社联、社团的影响力。

【大学生艺术团】学校艺术团在校党委领导和校团委的指导下，有效地开展校园文化建设工作，致力于打造高质量、高水平、高品位的校园文化品牌，承担着学校交派的各项校内外文化交流与艺术展演任务，努力在全校范围内积极开展提高学生艺术素质和修养的各种艺术活动，以“爱在艺术团”的团队发展宗旨，营造团结、轻松、活泼的团队氛围，始终坚持培养具备“真诚、阳光、创新”优秀品质的当代大学生而积极开展工作。下设合唱团、舞蹈团、礼宾团、国乐团、影视剧团、戏剧团、演讲团、流行乐团8个分团，以及综合事务管理部、新媒体制作创编部、活动策划发展部、舞台技术实践部、信息统计规划部、美育交流服务中心6个职能部门。本年度，组织了全团大会、hitalk、草地音乐会、美育移动课堂之走进人文传播学院活动等活动，承办了海南省高雅艺术进校园活动和海南省第七届大学生艺术展演参演节目录制服务、评委评审服务以及颁奖典礼暨艺术作品展开幕仪式等工作。海南大学艺术团组织创作编排的海洋环保主题舞蹈剧作《把蓝色还给海洋》，获得海南省第七届大学生艺术展演省级一等奖，并入选国赛。

【大学生创新院】海南大学大学生创新院是在学校党委的坚强领导和校团委的具体指导下，

扎实推进学校大学生创新创业教育工作的主力军，以全面服务学校创新创业工作为出发点，以培育创新精神和实践能力为落脚点，通过开展创新创业校园文化活动，组织开展实训项目、承办有关竞赛、精准化服务、积极孵化等方式促进学校大学生创新思维和创造品格的培养，开发大学生的创造力。本年度，承办了第六届中国“互联网+”大学生创新创业大赛海南赛区竞赛、“挑战杯”中国大学生创业计划竞赛海南赛区竞赛以及“创青春”等多项省级赛事，多次组织开展了“啡常创新汇”“创新创业论坛”和创客马拉松等创新创业活动，10名学生在第六届中国国际“互联网+”大学生创新创业大赛中获得教育厅优秀志愿者。

【青年志愿者协会】青年志愿者协会秉承“奉献、友爱、互助、进步”的宗旨，以“爱心献社会、真情暖人间”为行动口号，以“做志愿者的志愿者”为志愿准则，始终践行志愿服务精神，积极参与校园文明建设；以志愿海南网站和志愿汇平台为基点，完善了注册团体项目管理，推进志愿服务项目注册，优化志愿者服务时长管理，无任何不良记录，时长添加无违规操作，公信力、影响力强，搭建了高效有序的志愿管理平台。截至2020年12月31日，学校“志愿海南”网站注册志愿者累计79298人，“志愿汇”平台注册志愿者累计72235人。本年度，积极组织志愿者参与涵盖疫情防控、大型赛会、社会治理、阳光助残、文明交通、关爱农民工子女、文化宣讲、服务社区、生态环保和脱贫攻坚等领域的服务社会活动，在疫情防控阶段，动员海南大学的4373名返乡大学生投身参与疫情防控、应急防控等志愿服务工作，其中程寒雨同学被共青团中央、中国青年志愿者协会授予“抗击新冠肺炎疫情青年志愿服务先进个人”；贯彻落实团中央《“美丽中国·青春行动”实施方案（2019—2023年）》，围绕“美丽海南·生态文明我先行”主题开设“绿色创想营”志愿服务活动，开展了包含“绿色调研”“减塑禁塑”“垃圾分类”“光盘行动”“以物换物”和“校园文明一小时”等常态化活动；创新“爱心驿站暨高校爱心超市”积分兑换平台运作模式，近1000名学生通过志愿积分进行了物品兑换，累积兑换志愿服务时长达88476小时，兑换爱心物品2464件，总价值39619元。志愿服务工作硕果累累，重点培育的“旅礼计划”“爱无国界·伴爱同行”和“瑚光珊色”等项目在第五届中国青年志愿服务项目大赛中荣获“一银二铜”，在2020年海南省青年志愿服务项目大赛中荣获“一金一银两铜”，在2020年海口市志愿服务项目大赛中荣获“一金两银”；海南大学“西部计划”项目办在全国项目办2020年绩效考核中荣获优秀等级；海南大学成为海南省第一个研究生支教团成员单位，组建了第一支研究生支教团；在中国扶贫基金会主办的“2020年善行100·聚爱云端”专项活动中共募捐金额222751元，在全国高校排名第六，为39159名山区儿童送去了来自北纬20°的温暖；12月正式召开海南大学（儋州校区）青年志愿者协会成立大会，有效推动学校青年志愿者协会的组织建设，进一步促进跨校区的工作交流，为儋州校区的广大青年志愿者提供一个更广阔的平台。

【新媒体中心】新媒体中心在海南大学团委指导下，坚持“用户至上、内容为王、众筹运行”工作思路，紧扣“团”和“青年”两个基本点，充分调动青年学生的积极性、创造性，着重在思想引领、服务青年、品牌推广等方面开动脑筋，不断开发、策划拳头产品和品牌栏目，掌握网络文化价值引领主动权，实现网络思想政治教育的导向价值。本年度，构建“一网二微三平台”的新媒体融合矩阵，全力提升微信、微博、抖音、QQ 等平台运行效能，打造网络育人生态圈，大处着眼、小处着手，引导青年学生自觉践行党的主流思想、传播正能量、唱响主旋律。微信公众号“海大青年汇”作为共青团海南大学委员会官方微信公众号、海南大学第一手校园资讯平台，在思想引领、宣传等工作上做出了卓越的贡献，2020 年粉丝量达 54161 人，全年推送微信图文 242 条，其中原创 90 条，单条推送最高阅读量达 31545 次；公众号在全国普通高校团委微信公众号综合影响力排行榜中最好排名位居第九，在全省各高校微信公众号排行中常年位居第一，并荣获了 2020 年度百强校园媒体。

海南大学团委、学生会、研究生会与社团组织

2020 年度海南大学团委学生组织机构及干部名单

团　委

学生副书记：王子豪

指导老师：袁周米琪

办公室

部门负责人：徐晨航　赵思森　张谈睿灵　张文翰

干　　事：张紫彤　戴文骥　王　乐　李　乙　韩骏一　黄靖童　朱珽川

组织部

部门负责人：马浚程　王　迪　付　媛

干　　事：滕　艺　闫佳慧　何东典　李沛然　谭天宇　李东艳　程怡然　林绮虹　孙君豪

文宣部

部门负责人：陈汇泉　赵洋艺　李涵蕴　陶　迪

干　　事：葛　茹　朱淑彤　颜仁鸿　翟　旭　王文超　丁凡淇　吴子晨

培训部

部门负责人：于家硕　徐瑞宏　宋咨漫

干　　事：李怡璇　李忠贤　龙辰依　王珺瑶　李嘉辉　杨镃萌　崔程洋　杨　骁　赵桐祎

社会实践部

部门负责人：魏伊宁　王章州　连宇佳

干　　事：毕　睿　陈　洁　王嘉维　陈　杰　王麒麟　黄依婷

青年工作研究中心

部门负责人：简彧琼　石　玉　段　昊

干　　事：刘嘉露　刘绩祥　廖逸芸　张　琳　李孟然　东　天

2020年度共青团海南大学委员会新媒体中心组织机构及干部名单

主　　任：吴维泽（校团委学生副书记兼新媒体中心主任）

副 主 任：张婷婷　陈姝好　宋冉冉　董洸磊

指导老师：罗富晟

联络部

部　长：陈玫妍

副部长：高胜群

干　事：邴心迪　余卓芮　杨璐铭　朱效鹏　陈明政

宣传部

部　长：程琨洁

副部长：刘泽楷

干　事：张俊麒　王　滈　蒲美玲　郭梦阳　廖　鑫

项目部

部　长：黄茂源

副部长：陈　硕

干　事：王悦霜　张寒石　王俊豪　曹文婕　郑天扬

运营部

部　长：刘梦涵

副部长：王中飞雪

干　事：刘志颖　全蓝天　曲　坤　赵君颉

技术部

部　长：尹文倩

副部长：张子夏

干　事：曹程驰　孙　颖　周文宝　汪子琪　姜泊阳　李旺达

品牌工作室

部　长：王　元

副部长：张婧炜　沈嘉怡

干　事：王立博　柯　柳　陈卓玲　韩　萍　王小雨　张滈轩

青年发展中心

部　长：王子铭

副部长：朱子妍　韩雨茜

干　事：王　璇　张芸芸　钱嘉瑶　李　奕　王浩征　王菡淼

小汇工作室

部　长：刘亚云

副部长：李泽萱　鲁　冰

干　事：王美懿　赵一丹　陈奕琪　成若娴　刘春洋　王筱丫

2020年度海南大学文科基础教学部团工委学生组织机构及干部名单

团工委

学生副书记：李健强　田雪琴

指 导 老 师：王　霖

组织部

部门负责人：汪　艳

干　　　事：巫润家　冯铭萱　李　康　宁惠鑫　李　旭　谢自滕　李　悦　郑莹雪

卢恩平　张婉依　吴奕佳　张　曼

新媒体部

部门负责人： 张　红　杜玥含

干　　　事： 彭　睿　李骅宇　杨小燕　谭一帆　杨　晨　严仲杰　张洺瑗　符婷婷　范可欣　田　博　胡　蝶　周涵轩　刘文宇　戚君阳　汤海容　孙　颖　钟　晶

广播站

站　长： 何泽基　贾梦琳

干　事： 吴昕宇　王欣雨　郑有成　石玉言　王芷娇　陈科成　霍昕妍　祝彤欣　邢睿冰　吕　真　杨婧一　艾奕霖　杨欣潞　卿淼森　罗　珊　朱蕴如

社团管理部

部门负责人： 张少伟

干　　　事： 张昊生　马英哲　王泽宁　朱道坤　吴安祺　赵弈晶　袁蒋顺　谢晓平　崔　妍　梁晨歌　郭　绮　程国逸

社会实践部

部门负责人： 林柯乾　王嫣然

干　　　事： 冯佳慧　匡婧祎　余子铭　任陆航　蒋启东　王云腾　向　菲　王智文　汪　泉　曹新悦　汤　润　孙昳瑶　石贝娅

创新创业服务中心

部门负责人： 段星宇　明诗雅　李文静

干　　　事： 李伯伙　刘雨静　曹　洋　张云川　沈　昊　厉安妮　刘思琪　尤梓豪　田馥蓉　龙美宇　颜奕鑫

2020 年度海南大学学生会组织机构及干部名单

主席团

主　　席： 陈铭晗

副 主 席： 赵玥玥　桑颜玉　黄赛磊　刘　崇

指导老师： 郑　鹏　黎雨苗

办公室

部门负责人： 高　菡　徐兆晖　陈刘炜

干　　　事： 邓　茜　谢超颖　田佳鹭　施弘彬　杨　昊　周李坤

宣传部

部门负责人： 陈芑航　王任冰　叶朝阳

干　　　事： 李勃裕　刘星雨　崔佳辉　李彦希　刘羽佳　夏雨杨

对外联络与国际交流部

部门负责人： 张双琦　梁德兴　张长娟

干　　　事： 石季昂　张金帅　耿若修　梁思怡　周雨萱　王曦悦

文体部

部门负责人： 薛　润　杨涵婷　吴思颖

干　　　事： 韩行知　刘　馨　李先禹　朱文远　刘晨思雨　卢林锋　周世日

学习实践部

部门负责人：方小丫　赖文轩　周玳仪

干　　　事：周玳仪　张博宇　张育宁　唐春菲　付楠迪　雍　杰

权益服务部

部门负责人：王永振　徐乐杰　刘思瑶

干　　　事：李泽奕瑶　赵梓航　郝玉阳　李　赢　王一帆　王　琰

2020年度海南大学文科基础教学部学生会组织机构及干部名单

主　　席：桑颜玉

指导老师：王　霖

办公室

部门负责人：陈刘炜　杨宜朋

干　　　事：李思超　林慧益　林婷楚　刘思瑶　刘小松　袁西丽　翟笑轩

权益服务部

部门负责人：刘思瑶　谭　然

干　　　事：黄文泽　黄欣宇　彭筱茜　唐智宣　王龙希　叶　倩　张文琪

对外联络与国际交流部

部门负责人：张长娟　胡正好

干　　　事：陈晴钺　何婵娟　黄奕朝　薛欧芮　张起宁

宣传部

部门负责人：叶朝阳　邓　航

干　　　事：郭正昊　黄丽臻　李子彬　罗　扬　田梦瑾

文体部

部门负责人：吴思颖　贺荔靖

干　　　事：黄秦晶　黄文祥　李宗瑜　毛舒婷　米冠宇　沈一凡　杨环煜　赵吉瑞

学习实践部

部门负责人：赖文轩　张心晨

干　　　事：黄文泽　黄欣宇　彭筱茜　唐智宣　王龙希　叶　倩　张文琪

2020年度海南大学研究生会学生组织机构及干部名单

主席团

主　　席：赵乐然

副 主 席：熊　钰　武　睿　陈俊玲　李佳男

指导老师：曾德虎

综合事务中心

主　任：黄世界

副主任：王思琦　王晟权　周玲玲

干　部：张颖文　王丽雯　孙晓燕　王　菲　韦强壮　钱雯雯

新闻与媒体中心

主　任：曲文晗

副主任：魏　奔　吴泽华

干　部：焦　晴　冯钰婷　杨姝钰　吴红芬　张　帆　曾莉荣

文体艺术中心

主　任：符议心

副主任：陈彦民　孟　颖

干　部：季英希　冯　丹　柯栋斌　钟　烨　杜　健　陈研茹　龚梦琳　王冠琦　孙绮睿　吴佳璐

学术创新交流中心

主　任：魏若凡

副主任：谷　雨

干　部：蒙金超　申一序　林晓瑜　赖文德　王诗琪　张　硕

学生权益服务中心

主　任：朱文静

副主任：吴之豪　韩　明

干　部：徐梦依　赵浩杰　马小迪　黄金华　张　梅　齐张华　陈圣天　熊嘉乾

2020年度海南大学学生社团联合会组织机构及干部名单

主席团

主　　席：黄赛磊

副 主 席：张　羽　朱凌仪　杨国圣　罗　湉

指导老师：刘　申

办公室

主　任：赵海勇

副主任：麦秋诗　赵泽立

干　事：黄静宜　李蓝怡　应希玥　李安彤　卓赞芬　陈富文　邓添予　王梓炎　杨佳妮　徐娇娆

人力资源部

部　长：袁振羽

副部长：陈雨婷　于浩龙

干　事：戈　畅　毛　霖　刘　帆　翁　梁　连训婷　于惟一　张佳蓉　何少杰　刘杨炀　叶建伟

财务部

部　长：余玲捷

副部长：王　鹏　郑靖凡

干　事：王　颖　崔心茹　刘镔瑶　宋昀蔚　叶明艳　伍　星　李　晓　马昊堉　后家乐

学生社团管理部

部　长：刘睿哲

副部长：李雨南　李乙彬　赵　硕

干　事：史诗源　吴婷玉　项静雪　张婉滢　黄　硕　周　俊　张　恺　陈冠昊　陈幸之　黄坤源　尚梦然　李卓伦　朱嘉毅

对外联络部

部　长：谢坭榕

副部长：张贺鹏　张诗韵

干　事：熊小萌　张舒俞　赵桐彤　熊　卓　高旭昂　梁正彬　王梓同　邹骏扬　梁海宇

活动策划部

部　长：聂可欣

副部长：颜　煦　刘健涵

干　事： 黄　萍　胡芷萌　何泳恩　梁仟仟　邱浩然　李立强　王永尧　俞钦文　许朕捷　张东伟

宣传部

部　长： 赵子媛

副部长： 罗邓婕　王佳欣

干　事： 董佳奇　李昕雨　张新渝　杨添雅文　崔荣成　高子尧　高梓航　何嘉臻　彭杰驹　杨奥雄

学生社团文化发展中心

主　任： 段宇航

副主任： 朱　奇　杜雨芊

干　事： 曹牧曼　顾曦尧　王思侨　周欣艺　陈　实　陈　煜　姜家豪　宋亚钊

2020年度海南大学学生社团联合会学生社团管理中心（儋州校区）组织机构及干部名单

组织负责人

主　任： 李　芸

副主任： 欧绪岷

办公室

主　任： 王梓涛

干　事： 李　涛　胡健操

财务部

部　长： 冯俊伟

干　事： 丁弋芯　宋柯楠

学生社团管理部

部　长： 原嘉敏

干　事： 罗映辰　张领鹏

活动策划部

部　长：张晋媛

干　事：林鸿霖　吕新叶

宣传部

部　长： 江坤朗

干　事： 任婉琪　王诗琪

2020年度海南大学艺术团学生组织机构及干部名单

见习辅导员： 赵　晗

学生副团长： 戴杏年　刘宇琦　邓添怡　兰冰洪

指 导 老 师： 周琳琳　徐艾君

综合事务管理部

部门负责人： 王奥然　樊　琳　朱胜奥　庄天乐

干　　　事： 艾　卓　陈　赓　韩骏一　黄亦灿　金凡安　李梅婷　李司儒　李卫国　李　兴　兰益鹏　李雨时　孙铭桧　邱国华　王开心　吴　帅　王　昕　王　真　徐贤威　余安琪　杨　先　张华美　黄心怡　陈灵欣　徐佳荟

张亭亭　李圳滔

舞台技术实践部

部门负责人：陈清松　任雯泽　胡明月　王家宁

干　　　事：林萱萱　陈　雯　张雯婷　秦廉杰　王俊斐　张卉悦　罗童洁　何雨桐　何文冉　彭一宸　刘子豪　厉雯溪　李宇昂　刘袁媛　吕顺科　符亚温　黎代天　罗昊旗　刘雪莹　张　露　张紫菡　罗菁菁　项　璐　杨雨鑫　丁　健

活动策划发展部

部门负责人：陈佳宇　刘思源　毛婧颖　叶欣悦

干　　　事：宋玉凌　胡　双　张岱瑶　简琬莺　欧新汝　吴珧菲　庞　琦　刘尊言　张圣琦　张乃秋　杨荣霞　曾晓杨　章　浩　杨　洋　翁心瞳　沈陈涛　靳桦阳　郑雅馨　王　涵　詹贤达　吴妍慧　郑　峥　钟惠茹　邹明珠　杨湝围　文语聆　余佳妮

美育交流服务部

部门负责人：苏宇坤　蔺文璐　杨乃川　饶立勋

干　　　事：栗　尧　李　秀　金　晶　陈能二　王怀杰　朱柔霏　陈名扬　吉采玉　吴宜楠　杨文通　钟森杰　元文浩　罗桢征　陶　盈　庄泽煌　杨定锦　胡浩宇　赫　岩　彭　锐　周巾琪　刘一帆　咸立营　张　宁　刘婧哲　申妍鑫　杨婧璇

新媒体制作创编部

部门负责人：程婕好　朱明珠　黄　楷　刘　沁

干　　　事：衣钰晗　袁　吕　曹腾龙　吕富裕　刘睿金　黄智琳　刘雨涵　曾博涵　彭德顺　刘富宝　聂　韬　成　杰　吴　贇　杨立宇　伍子璇　石嘉怡　刘　欢　晏庆旭　王丽坚

信息统计规划部

部门负责人：王擎祎　郭鑫硕　李　柳　桑广玲

干　　　事：袁满玉　杨文琪　涂致远　王梦杨　肖　尧　农佳欣　陈思静　疏凌云　张荣晨　陈丹蕊　程启凡　徐铭泽　李宏凯　罗椿凯　李　庆　齐丹阳　吴阳梓　潘玥杭　裴振江　梁俊杰　张家仪　王雨洁　陈昊昀　林　慧　黄　丹

舞蹈团

分团负责人：苏芊芊　姜雨琪　穆俊伶　曹　卓

合唱团

分团负责人：孟函雨　向清滢　王雨昕　张梦颖

流行乐团

分团负责人：符明超　陈泓圳　寇嘉润　武文涛

演讲团

分团负责人：周　茜　张　夏　居　冲

戏剧团

分团负责人：杨明艳　倪艺丹　汪　浪　尚思琪

礼宾团

分团负责人：陈艺涵　闫　瑾　封丛冉　胡正好

影视剧团

分团负责人：祝昕辰

2020 年度海南大学大学生创新院组织机构及干部名单

秘 书 长： 李泽祎　刑富程　薛雅楠　吴环珍　朱砚昭

指导老师： 张师源

办公室

主　任： 陈书淇

副主任： 何坤龙　王佳琦　施雨恬

干　事： 代金成　王靖涵　张一凡　徐丽思　陈宇迪　何俊鹏　陈乔岳

人力资源部

主　任： 武　琦

副主任： 田　硕　王楚璇

干　事： 王晶莹　欧敬杰　梁子赟　游　媛　卢博涵　谢月萍　武碧桧

培训部

主　任： 余城汎

副主任： 赵首博　张艺凡

干　事： 周圆萍　刘士妍　钱思宇　刘彭昊　赵宇航　胡　棚

对外联络与国际合作部

主　任： 黎宇航

副主任： 许张茜　麻唯暄

干　事： 王铭瑾　程严锋　刘　燚　李科霖　付杰睿　彭钰辉

视觉传达设计中心

主　任： 黄荣萦

副主任： 罗靖斯

干　事： 陆鸿宇　陈虹妤　庞　欢　孙鑫媛　李凯钧　李芊芊　谢文雯　利正琳

新媒体运营中心

主　任： 李欣萌

副主任： 尹嘉欣　宋柏颖

干　事： 董航宇　陈　昊　樊锡涛　王宏硕　杨　栋　岳岱溪

新闻传媒中心

主　任： 梁佳乐

副主任： 张亚男　郑清源

干　事： 陈　文　徐　璇　陈佳怡　张耘硕　张羽彤　周佳颖

实训中心

主　任： 王　希

副主任： 李一凡　侯　波

干　事： 王乾宇　王茜茜　郑俞宁　杨自龙　胡路欣　刘嘉璇　马承志

创业孵化基地管理中心

主　任： 黄心怡

副主任： 赵志刚　赵安岐　欧卓颖

干　事： 龙松涛　钟林杰　杨成森　康　锐　崔　浩　毕安彤　王　璇　王梓琦

大型赛务中心

主　任： 鲁相玉

副主任： 郭一飞　吴佳兴

干　事： 陈方坤　楚灏宇　孙瑞锶　石子航　银曼竹　于一凡　王智鹏　尹益阳

就业创业指导服务中心

主　任： 李佳星

副主任： 刘雨曈　王浩瑞

干　事：胡高基　常　昊　邓　浩　赵　艺
刘若彤　江文斌

文科基础教学部创新创业服务中心

主　任：段星宇

副主任：明诗雅　李文静

干　事：曹　洋　李伯伙　沈　昊　龙美宇
刘思琪　田馥蓉　刘雨静　张云川
厉安妮　颜奕鑫　尤梓豪

2020年度海南大学青年志愿者协会组织机构及干部名单

会　　长：杨延钧

副 会 长：程寒雨　唐子彤　尤　爽　周　发

指导老师：刘　申

海南大学（儋州校区）青年志愿者协会理事会

理 事 长：岳兴胜

副理事长：李建武　袁龙欢

理　　事：刘远鹏　潘宜虹

综合办公室

主　任：张馨月

副主任：陈之怡　谢　韩　姚懿玲

干　事：陈　倩　陈献轩　丁　玉　樊宇玺
罗瑶瑶　王　滢　谢　冰　姚懿珊
曾夏杨　张　坤

多媒体管理中心

主　任：汪志伟

副主任：邱文暄　申映娴　张艺卓

干　事：程怡凡　高诗涵　张　璨　李俊杰
李应海　罗嘉乐　麦芷敏　商睿锟
汪　蓓　王　鑫　王海博　张　柠
张纹豪

分会管理部

部　长：石家豪

副部长：林泽夏　宋君清　杨儒兮

干　事：陈邦瑞　陈　然　李东杰　李　涛
梅翠云　牛渌蓥　石书萌　谭琳莹
文泽凡　徐振欣　杨　俊　尹术阳
周甜甜

新闻宣传部

部　长：周睿思

副部长：龙宇杭　万　通　周　延

干　事：季鸣一　李晓师　程志阳　梁少飞
葛一骏　李　珊　郝亦铭　李康博
钟　艺　刘梓涵　王惠明　左玉梅
杨燕冰

活动统筹部

部　长：何静

副部长：王凌霄　李子馨　王竞慧

干　事：沈　园　滕雨璇　段鹏昊　李俊鹏
庄逸轩　吴　畏　林芯怡　林润阳
尹伊洴　周宇航　孙铭桧　陈心如

项目运营部

部　长：赵　悦

副部长： 彭　宇　林鹏举　韩鹏鑫

干　事： 李光萃　刘家瑛　童　瑶　张思颖
谢宜芮　胡瀚文　于恒基　陈涵宇
胡　超　汪学致　林春雨　朱业飞
张孝岩　罗雅竞悦

志愿服务部

部　长： 熊珂黎

副部长： 马云杰　江奇峰　郭志楠

干　事： 邓棱允　黄娇云　李佳琪　李　嘉
李俊瑶　王肃豫　王子宸　伍浩南
徐童宇　杨小宇　张艺帆　周子乐

志愿者管理部

部　长： 刘小云

副部长： 王京龙　姚　婧　杨芷晗

干　事： 吉　喆　李恩慧　刘海鹏　李　可
李苏洋　莫敏捷　彭佩征　卿飞越
沈容羽　唐　阳　王炅昊　王艺岚
叶琳琪　张　新

苍鹰支教队

荣誉队长： 郎　朗

执行队长： 许雪珍　秦　宇　王怡君

海瓷服务队

队　长： 宋晶洁

副队长： 李　挺

红色宣讲团

团　长： 刘　旭

副团长： 胡雨琪

留学生志愿服务队

队　长： 张莹心

副队长： 陆毅栋　邓卉婕

Seven Days 公益服务队

队　长： 叶贝乐

副队长： 程　楠　魏欣悦

流光服务队

队　长： 王月红　朱金荣

副队长： 钱和洁

2020年度海南大学学生社团名单

海甸校区

序号	社团名称	负责人	序号	社团名称	负责人
1	青年马克思主义协会	万唯嘉	55	“在路上“自行车协会	刘思瑶
2	习近平新时代中国特色社会主义思想学习研究会	廖晓诱	56	Air音乐社	钟　淇
3	58号推理社	柏婉丹	57	B–Box协会	赖成溪
4	BIM协会	王孟伟	58	Free街舞社	刘智丹
5	Idea精英汇	刘　希	59	棒垒球协会	谢国庆
6	O–Club俱乐部	吕　莹	60	笛箫协会	高晓倩
7	北极星空俄语协会	郭子健	61	电子竞技协会	边张黎
8	电子技术协会	严文雯	62	独轮车协会	李　扬
9	动物保护协会	丰玉昕	63	风飏动漫社	王文慧
10	法律外语与模拟法庭协会	章瑶瑶	64	高尔夫协会	孙苗苗
11	公共关系协会	陈玲玲	65	海艺摇滚社	方茹婷
12	广告协会	李江萍	66	花式篮球协会	姚运财
13	国际关系协会	曾海艳	67	吉他协会	杨沛霖
14	国际汉语协会	张双琦	68	军事爱好者协会	李　凡
15	国学社	万子俊	69	篮球协会	兰佳杰
16	海棠剧社	赵祎楠	70	轮滑协会	陈璿立
17	海韵文学社	王冀缘	71	魔术协会	张致源
18	韩语协会	阮亦琳	72	排球协会	刘雨婷
19	化工科技俱乐部	陈良宇	73	乒乓球协会	赵　傲
20	会议展览协会	张艺葳	74	棋弈俱乐部	吴凌钰
21	机器人与人工智能协会	陈铭晗	75	青春舞协	唐雪韵
22	计算机协会	陈时彦	76	摄影协会	李佳乐
23	京剧社团	陈品思	77	书法协会	于　涵
24	经济科学研究会	刘　婷	78	网球协会	郭　洋
25	跨文化交际与中国形象研究协会	邓驰菲	79	武术协会	潘　鑫
26	昆虫爱好者协会	黄博涛	80	笑声工作坊	刘　沛
27	浪漫花卉协会	穆秋宇	81	形象与礼仪协会	张　帆
28	立心陶艺社	毛钱锋	82	椰岛民族风情社	许林杰
29	旅游协会	孙德隆	83	游泳与救生协会	陆泓成
30	美术协会	林心怡	84	瑜伽协会	冯嘉惠
31	模拟联合国协会	孙纳勋	85	羽毛球协会	李圣民
32	南海记忆工作坊	沈灵均	86	粤语协会	孙语阳
33	农学协会	朱志伟	87	智友会桌游协会	王傅煜
34	汽车协会	孙雨寒	88	桌球协会	刘庭舟

续表

序号	社团名称	负责人	序号	社团名称	负责人
35	日本社会与文化研究协会	徐一鸣	89	自卫防身与自由搏击协会	台昊府
36	设施农业科学与工程协会	廖仕操	90	足球协会	盛佳磊
37	生命科学协会	刘龙军	91	海南大学时光徒步者协会	王　龙
38	食品营养与科技协会	周家明	92	文化创想者协会	宋彩霞
39	数学建模协会	叶嘉谊	93	绿叶环保协会	杨炎枝
40	苏学研究会	梁　晖	94	蓝丝带海洋保护协会	严　娇
41	土地协会	赵展铎	95	曙光公社	李　弦
42	网络空间安全协会	罗　熙	96	红五角阳光公益协会	赵一丹
43	四维创意 DIY 协会	穆悦然	97	“笨笨”手工艺协会	代娅楠
44	无人机植保协会	马　超	98	Sunshine 工作营协会	王凯阳
45	演讲与口才协会	周筱晗	99	海南大学爱心协会	乔瑞敏
46	艺林协会	侯尚希	100	爱心艺术团	邓昌慧
47	英语俱乐部	吴玉琪	101	先锋宣讲团	代宇航
48	影视协会	冯玉佩	102	青年法学社与法律援助会	陈笑彤
49	中外文化经典科学研习社	吴春慧	103	潮尚模特协会	孙宇琪
50	资环协会	张　羽	104	校友工作志愿者协社	符丹丹
51	KAB 创业者俱乐部	褚佳宁	105	区块链协会	晏雨顺
52	创想力研习社	刘应辉	106	市场营销协会	罗小强
53	大学生创新创业协会	吴环珍	107	快乐学习社团	赵泽立
54	古琴协会	章　强			

儋州校区

序号	社团名称	负责人	序号	社团名称	负责人
1	演讲与口才技能协会	姚　祎	13	黑虎跆拳道协会	薛美君
2	海韵话剧社	黄震浩	14	篮球协会	李家豪
3	椰风文学社	裴元钊	15	乐呵堂相声社	徐田田
4	青青子衿汉服社	姚　磊	16	足球协会	陈正栎
5	FOB 街舞社	周长宇	17	排球协会	曾祥润
6	摄影协会	朱佳琦	18	飞弧乒乓球协会	王名汉
7	吉他协会	高起扬	19	军事爱好者协会	罗熙来
8	双飞交谊舞协会	庄淑敏	20	Summer 动漫社	王昱丹
9	欧蕾模特协会	陈玉婷	21	书画群英协会	董艺琦
10	野生动植物保护协会	张龙洋	22	移动物联网应用创新协会	韩慧情
11	海南大学花卉协会	吴智云	23	武术散打协会	梁　浩
12	振翅羽毛球协会	白毅腾			

各类奖、助学金统计

2020 年度海南大学省级及以上奖学金、助学金统计情况

材料提供单位：学生工作处　研究生处　档案馆　　　　单位：人

学院(部门) ＼ 人数 ＼ 奖项	2020 年研究生国家奖学金		2019—2020 学年度国家奖学金	2019—2020 学年国家励志奖学金	2020 年研究生国家助学金		2020 年度国家助学金	2019—2020 学年海南省优秀贫困大学生奖学金	合计
	博士研究生	硕士研究生			博士研究生	硕士研究生			
经济学院	0	4	3	51	0	247	267	7	579
法学院	2	12	2	32	47	604	193	4	896
马克思主义学院	0	1	0	7	0	89	61	1	159
人文传播学院	0	4	3	52	0	161	325	7	552
外国语学院	0	4	4	60	0	189	366	8	631
理学院	0	2	1	22	0	34	195	3	257
生命科学与药学院	4	4	2	38	107	251	283	5	694
生物医学工程学院	0	1	0	0	0	20	9	0	30
生态与环境学院	1	2	1	21	32	128	179	3	367
机电工程学院	0	3	4	61	0	138	478	8	692
材料科学与工程学院	1	5	2	26	28	303	209	3	577
信息与通信工程学院	0	5	2	38	40	293	272	5	655
计算机与网络空间安全学院	0	4	4	72	11	256	471	10	828
土木建筑工程学院	0	2	3	43	0	98	303	6	455
化学工程与技术学院	0	4	1	11	16	235	100	2	369
食品科学与工程学院	0	5	2	24	17	272	209	3	532
热带作物学院	2	10	2	33	76	438	256	6	823
园艺学院	0	4	1	25	1	245	204	3	483
植物保护学院	0	4	1	20	0	275	128	3	431
动物科技学院	0	1	1	19	0	86	160	2	269
林学院	0	3	4	76	0	197	523	9	812
海洋学院	0	4	1	26	0	245	159	4	439
管理学院	1	5	6	92	24	345	603	12	1088
政治与公共管理学院	0	2	2	30	0	131	240	3	408
旅游学院	1	2	4	57	6	109	401	8	588
音乐与舞蹈学院	0	1	1	17	0	109	120	2	250
美术与设计学院	0	2	1	24	0	125	199	3	354
国际旅游学院(海南大学亚利桑那州立大学联合国际旅游学院)	0	0	2	0	0	0	0	0	2

续表

学院（部门） \ 人数 \ 奖项	2020 年研究生国家奖学金		2019—2020 学年度国家奖学金	2019—2020 学年国家励志奖学金	2020 年研究生国家助学金		2020 年度国家助学金	2019—2020 学年海南省优秀贫困大学生奖学金	合计
	博士研究生	硕士研究生			博士研究生	硕士研究生			
应用科技学院	0	0	5	101	0	0	854	13	973
国际教育学院	0	0	0	0	0	0	0	0	0
继续教育学院	0	0	0	0	0	0	0	0	0
体育学院	0	0	0	3	0	0	44	0	47
文科基础教学部	0	0	0	0	0	0	0	0	0
社会科学研究中心	0	0	0	0	0	0	0	0	0
民族预科班	0	0	0	0	0	0	5	0	5
合计	12	100	65	1081	405	5623	7816	143	15245

2020 年度校内奖学金、助学金统计情况

材料提供单位：学生工作处　研究生处　招生与就业处　档案馆　　　　单位：人

学院(部门)＼人数＼奖项	2020 年研究生学业奖学金		*2019—2020 学年度“林浩然院士奖学金”		2020 年研究生国家奖学金		2020 年农科专业新生奖学金	2019—2020 学年度农科专业奖学金	2019—2020 学年度优秀学业奖学金	*何康农业教育科研奖学金	*宝钢教育优秀学生奖	*宋庆龄基金会“中国海油大学生助学基金”	*2019—2020 学年“清华大学经济管理学院 EMBA—12 级 B 班助学金”	合计
	博士研究生	硕士研究生	研究生	本科生	博士研究生	硕士研究生								
经济学院	0	248	0	0	0	4	0	0	4	0	0	0	0	256
法学院	47	604	0	0	2	12	0	0	5	0	1	1	0	672
马克思主义学院	0	89	0	0	0	1	0	0	1	0	0	0	1	92
人文传播学院	0	161	0	0	0	4	0	0	0	0	1	0	0	166
外国语学院	0	189	0	0	0	4	0	0	5	0	0	1	1	200
理学院	0	34	0	0	0	2	0	0	2	0	0	1	0	39
生命科学与药学院	109	251	0	0	4	4	0	0	5	0	0	2	0	375
生物医学工程学院	0	20	0	0	0	1	0	0	0	0	0	0	0	21
生态与环境学院	38	128	0	0	1	2	0	0	0	0	0	0	0	169
机电工程学院	0	138	0	0	0	3	0	0	1	0	0	1	0	143
材料科学与工程学院	28	303	0	0	1	5	0	0	3	0	0	0	0	340
信息与通信工程学院	40	293	0	0	0	5	0	0	0	0	1	1	1	341
计算机与网络空间安全学院	13	256	0	0	0	4	0	0	1	0	0	0	0	274
土木建筑工程学院	0	98	0	0	0	2	0	0	1	0	0	1	1	103
化学工程与技术学院	16	235	0	0	0	4	0	0	0	0	1	0	0	256
食品科学与工程学院	17	272	0	0	0	5	0	0	0	0	0	1	1	296
热带作物学院	77	440	0	0	2	10	7	370	2	2	0	1	0	911
园艺学院	0	243	0	0	0	4	6	156	2	1	0	1	0	413
植物保护学院	0	275	0	0	0	4	9	186	2	1	0	0	0	477
动物科技学院	0	87	0	0	0	1	9	174	1	1	0	0	0	273
林学院	0	199	0	0	0	3	10	549	5	2	1	1	0	770

续表

奖项 人数 学院(部门)	2020 年研究生学业奖学金		*2019—2020 学年度“林浩然院士奖学金”		2020 年研究生国家奖学金		2020 年农科专业新生奖学金	2019—2020 学年度农科专业奖学金	2019—2020 学年度优秀学业奖学金	*何康农业教育科研奖学金	*宝钢教育优秀学生奖	*宋庆龄基金会“中国海油大学生助学基金”	*2019—2020 学年“清华大学经济管理学院 EMBA—12 级 B 班助学金”	合计
	博士研究生	硕士研究生	研究生	本科生	博士研究生	硕士研究生								
海洋学院	0	245	18	11	0	4	7	124	2	1	0	1	0	413
管理学院	24	346	0	0	1	5	0	0	6	0	0	2	0	384
政治与公共管理学院	0	123	0	0	0	2	0	0	0	0	0	1	0	126
旅游学院	6	108	0	0	1	2	0	0	4	0	0	1	0	122
音乐与舞蹈学院	0	109	0	0	0	1	0	0	6	0	0	0	0	116
美术与设计学院	0	125	0	0	0	2	0	0	7	0	0	1	0	135
国际旅游学院(海南大学亚利桑那州立大学联合国际旅游学院)	0	0	0	0	0	1	0	0	5	0	0	0	0	6
应用科技学院	0	0	0	0	0	3	0	0	10	0	0	2	0	15
国际教育学院	0	0	0	0	0	0	0	0	0	0	0	0	0	0
继续教育学院	0	0	0	0	0	0	0	0	0	0	0	0	0	0
体育学院	0	0	0	0	0	0	0	0	0	0	0	0	0	0
文科基础教学部	0	0	0	0	0	0	0	0	0	0	0	0	0	0
社会科学研究中心	0	8	0	0	0	0	0	0	0	0	0	0	0	0
民族预科班	0	0	0	0	0	0	0	0	0	0	0	0	0	0
合计	415	5627	18	11	12	100	48	1559	80	8	5	20	5	7908

注：带*号的是社会捐赠资金设立的奖项。

毕业生就业工作

【概况】2020 年，学校共有全日制毕业生 9329 人，其中博士毕业研究生 24 人，硕士毕业研究生 1235 人，本科毕业生 8070 人。2020 届毕业生初次毕业去向落实率为 72.92%，其中博士研究生 79.17%、硕士研究生 78.14%、本科生 72.11%。在新冠肺炎疫情背景下，学校就业工作理念迅速转变，统筹安排，工作方式及时改进，督查跟进细化落实，从“稳”“准”“拓”字上下功夫，以“云就业”+线下的方式，努力做到就业服务不打烊，就业服务不断线，为毕业生就业“保驾护航”。在严格执行教育部“四不准”的基础上，实现了就业数据整体达标，学生整体就业情况稳定。

【各学院毕业生毕业去向落实情况】本年度，全校 27 个有毕业生的学院中，毕业去向落实率在 70% 以上的学院有 24 个，其中在 80% 以上的学院有 7 个。毕业去向落实率排名前五的学院分别为材料科学与工程学院（86.97%）、马克思主义学院（84.06%）、化学工程与技术学院（83.22%）、生态与环境学院（81.13%）和音乐与舞蹈学院（80.69%）。详见图 1。

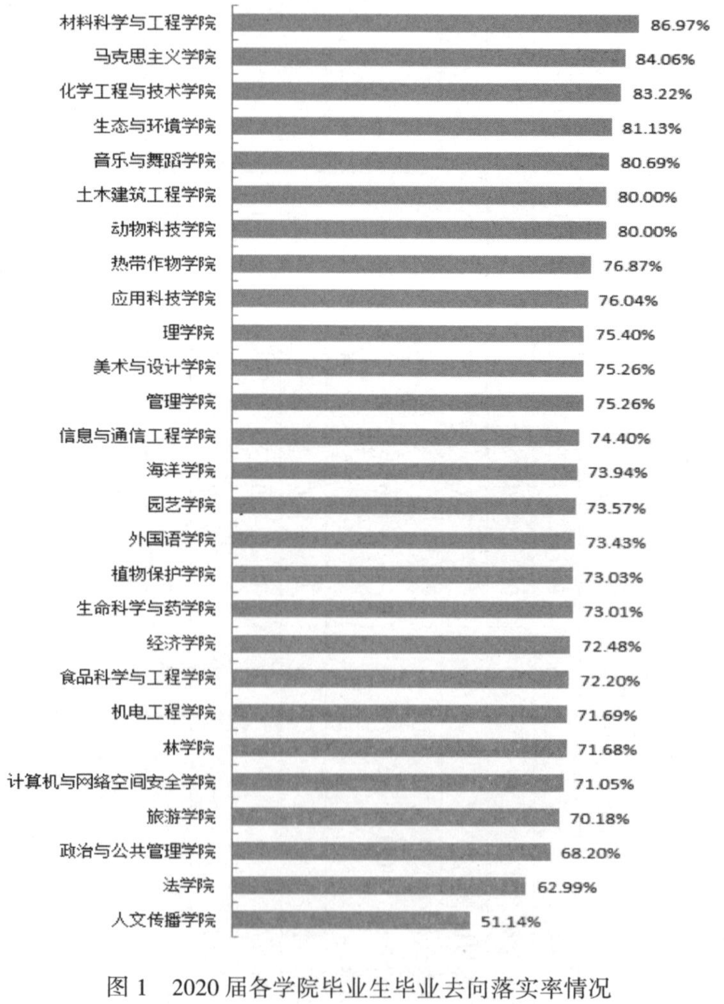

图 1　2020 届各学院毕业生毕业去向落实率情况

【各学院本科毕业生毕业去向落实情况】本年度，学校 2020 届本科毕业生分布在 27 个学院，本科毕业生毕业去向落实率位居前三的学院分别为马克思主义学院（93.33%）、音乐与舞蹈学院（86.07%）和材料科学与工程学院（82.63%）。详见图 2。

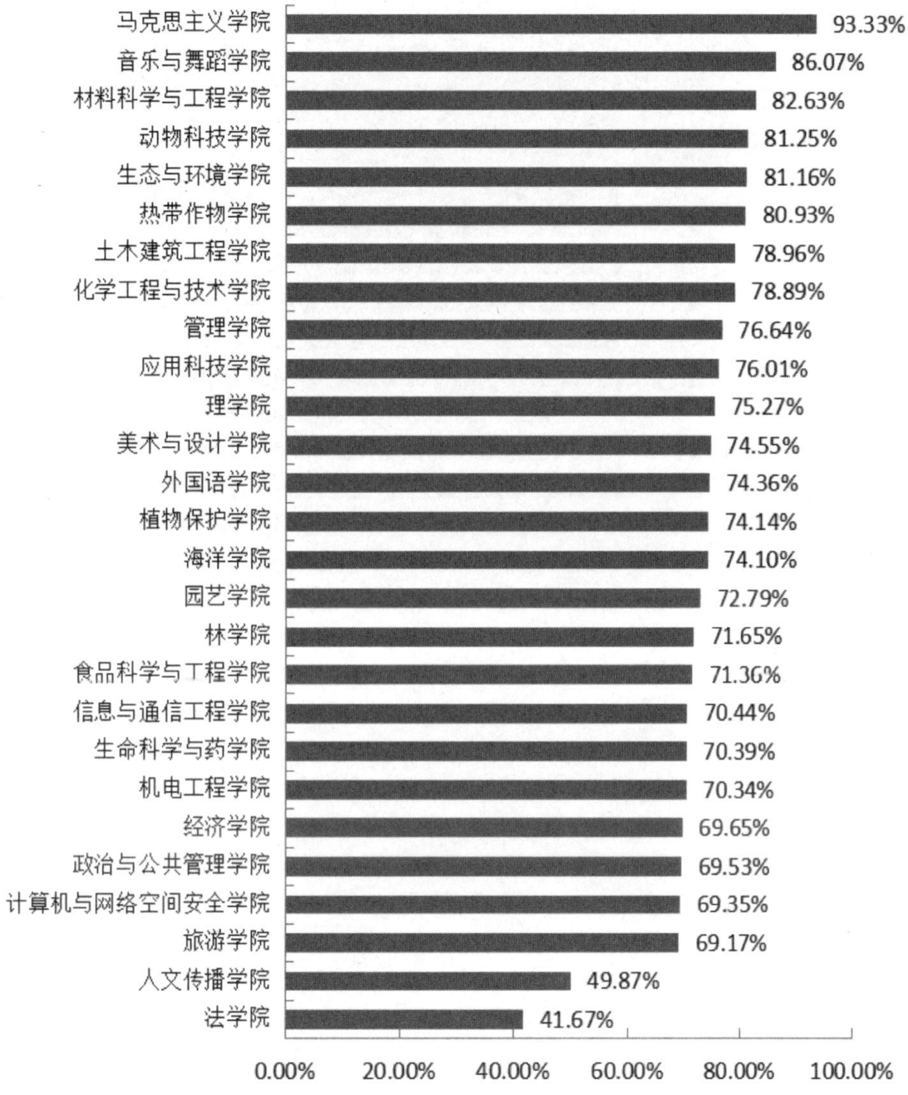

图 2　2020 届各学院本科毕业生毕业去向落实率情况

【各学院研究生毕业生毕业去向落实情况】本年度，学校 2020 届毕业研究生分布在 26 个学院，毕业研究生毕业去向落实率位居前三的学院分别为土木建筑工程学院（100.00%）、材料科学与工程学院（98.59%）、机电工程学院（94.29%）。详见图 3。

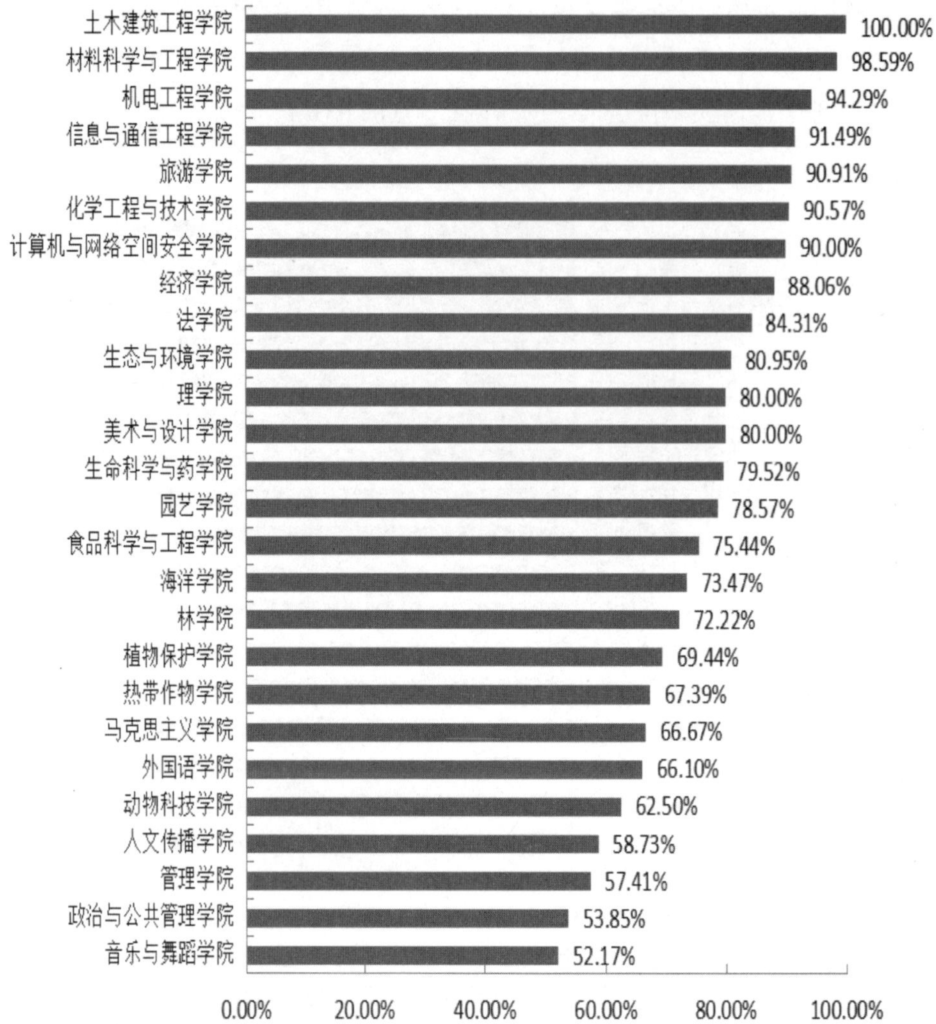

图 3 2020 届各学院毕业研究生毕业去向落实率情况

【拓宽就业渠道】

1. 按照防疫要求，大力开展线上招聘活动

本年度，学校通过主动联系海南重点产业用人单位，近 2000 家用人单位在学校发布招聘需求；积极走访洋浦经济开发区、崖州湾科技城、博鳌乐城医疗先行区、海南生态软件园、海口国家高新区等海南省重点园区，进一步开拓合作模式，根据其人才需求，推荐海南大学学生。

2. 出台激励政策，鼓励更多学生入伍参军

本年度，学校制定了《海南大学鼓励学生应征入伍实施办法》，通过给予奖励学分、转专业安排、奖励 1 万元等内容，从学业政策支持、就业帮扶、经济补助等方面鼓励大学生尤其是毕业生应征入伍。

3. 做好毕业生考研辅导

各学院发动专业教师给予考研上国家线的学生进行精准化指导，结合“毕业生就业指导活动月”，各学院开展内容丰富、形式多样的考研升学指导活动。本年度，学校 2020 年本科毕业生深造率为 23.41%，较去年提升 1.39%。

4. 充分利用校友资源提供就业信息

学校在微信公众号开设“校友企业招聘”专栏，举办“校友企业专场”招聘会；本年度有 100 多家校友企业到校招聘，提供约 2000 个就业岗位。

5. 增加就业岗位

结合海南省多部门关于公共服务管理岗的有关文件，联合校内多职能部门，设置毕业生公共服务管理岗位230个，聘用毕业生154人，增加未就业毕业生就业机会。

【举办各类招聘活动】一是积极引导毕业生参加教育部“24365”系列招聘活动、“扬帆启航，‘海’纳百川”海南省2020年首批面向全球招聘三万岗位人才活动等招聘活动；联合各招聘平台，组织开展海南大学“未来——在你手边”、全国高教联合、离校未就业专场、“七校联动”、国聘招聘专场等空中双选会10场，二级学院联合专场空中双选会3场，13场线上双选会参与企业3500余家，提供岗位超13万个。打造“海南大学空中求职平台”，学院间共享招聘信息与用人单位宣讲信息；加大就业信息发布密度，利用就业信息网、微信公众号等平台，发布就业信息共10000余条，提供招聘岗位2万多个。

二是，在疫情得到控制后，学校开展了海南省2020年首批面向全球招聘三万岗位人才活动首场“线下对接会”、海口国家高新区“靶向招聘会”、校友企业专场、海南“免税人才”、“蓉漂人才荟”等校园招聘会7场，分学科学院秋季供需见面会5场，线下招聘活动共计12场，提供招聘岗位近50000个。5月20日开始，用人单位陆续进入校园进行招聘宣讲活动，本年度组织校园宣讲会264场，提供招聘岗位9000余个。

【提升就业服务效果】一是加强就业信息推送和就业政策宣传。本年度，自疫情发生以来，学校加强就业信息网、微信公多号等信息平台建设，进一步加强就业政策宣传，做好线上就业指导服务，及时传送相关信息，组织开展线上网络就业招聘、求职面试技能等指导和服务。利用信息平台，定期推出招聘信息、基层就业项目、参军入伍、考研升学、海南自由贸易港建设、国际组织等指导与招聘内容，引导和鼓励更多毕业生考虑不同的就业去向与出路。

二是做好就业服务。学生未返校时，加强网上服务，简化优化就业手续，实现就业材料线上接收、线上录入，“不见面、无接触”签约；返校后，加强引导，增加服务时间，确保做好就业服务。为了实现就业信息的精准推送，毕业班设立就业信息员，构建学校—学院—班级三级信息链条，根据学科专业特点、学生求职意向等精准推送招聘信息。

【精准开展就业指导】一是“稳”心态，帮助毕业生缓解不良情绪。及时通过各种平台陆续发布《致广大毕业生的一封信》《关于疫情防控期间就业工作事项的公告》等通知公告，做到特殊时期工作有安排、有交待，让各类服务对象心中有数。开设毕业生就业心理咨询援助热线，同步通过网络公开课、邮箱咨询、微信与QQ群咨询等方式解决毕业生简历修改、面试技巧、职业生涯规划、心理调适等问题。开展“毕业生就业指导活动月”，通过各种形式的活动加强对2020届毕业生的就业指导。

二是“准”指导，提高毕业生就业能力。开设“求职云课堂”，针对特殊时期毕业生面临的问题和需求，定制专题内容开展线上直播课，平均每次观看人次超过1200人；推出“春风行动”就创业指导课程、二期“线上面试特训营”等活动，提供专业线上职业测评和实战演练系统；针对不同群体和个体的需求提供相应分服务，如为有考研、考公等需求的学生提供分类别的培训课程，对需要了解个人特性、个人能力和就业意向等个体特征的学生进行“简历门诊”、求职压力调适等个性化指导，对参加国考的学生举办线下系列指导讲座2场。学生返校后，校内专题讲座及时跟进，组织了“职业大讲堂”讲座4场，包括傅国华副校长为毕业生做的“中国特色自由贸易港新机会、新挑战”专题讲座，法学院刘云亮教授为毕业生做的“拥抱自贸港，迎接新挑战”的讲座以及海南生态软件园主题报告等。

【做好特殊群体的一对一帮扶】学校建立特殊群体（家庭经济困难群体、退役大学生群体、残疾学生群体、湖北籍学生群体等）就业帮扶数据库，根据学生具体情况逐一设计帮扶方案。特别关注湖北籍毕业生就业状况，本年度学校湖北籍毕业生 435 人，其中武汉籍 57 人。学校实行“一生一策”，开展有针对性的就业指导和帮扶，给予湖北籍学生每人 1000 元资助，给予家庭困难学生每人 2000 元补助，给予在疫情中有家庭成员患新冠肺炎的学生 3000 元的资助；给予 125 名双困生每人 800 元的补助，给予 106 名困难学生每人 500 元返校路费补助。协助海南省就业局做好学校 2021 届毕业生求职创业补贴审核发放工作，积极动员落实各学院学生申报 1500 元 / 人的求职创业补贴。本年度，共计 1315 名毕业生符合申领条件。

【开展毕业生就业状况调研】本年度，学校与第三方教育评估机构合作开展 2020 届毕业生跟踪调查和就业状况分析，形成了《海南大学 2020 届毕业生就业质量年度报告》和《海南大学 2020 年度社会需求与人才培养质量综合报告》。学校通过跟踪调研了解毕业生就业状况，更好地服务学校的教育教学改革，提高人才培养质量。

学科建设与科学研究

学科建设

【概况】2020 年，深入学习贯彻落实党的十九届四中、五中全会精神，习近平总书记“4·13”重要讲话精神，习近平总书记系列重要讲话精神，《中共中央 国务院关于支持海南全面深化改革开放的指导意见》《海南自由贸易港建设总体方案》等文件精神，紧紧围绕学校创建世界一流学科中心任务，全面推进学校“双一流”建设工作；完成“双一流”建设周期总结工作、做好全国第五轮一级学科整体水平评估准备工作；有序推进省级特色重点学科和学校其他学科建设工作。

【“双一流”建设工作】

1. 完成“双一流”建设周期总结

本年度，贯彻落实教育部有关通知要求，完成学校“双一流”建设监测平台数据填报工作和“双一流”建设周期总结工作。学校完成了《海南大学“双一流”建设周期总结报告》《海南大学“双一流”建设学科周期总结报告》《“双一流”建设对标建设方案情况表》《“双一流”建设基建项目情况表》《“双一流”建设周期总结典型案例》等材料；按照教育部相关工作要求，完成了学校“双一流”建设周期总结报告信息公开。

2. 教育部第五轮学科评估工作

5 月，认真把握国家政策导向，深入研究评估指标体系和内涵，制定学科评估工作方案，印发迎评通知，全力以赴做好学科评估工作的良好氛围；组织全校博、硕士学位授权一级学科预先填报相关评估材料，切实做好迎接第五轮学科评估准备工作。11 月 10 日，根据《第五轮学科评估工作方案》《第五轮学科评估邀请函》精神，编制了学校学科评估工作方案，召开了学科评估汇报会议，加快推进学校第五轮学科评估工作有序开展。

3. 省级特色重点学科建设工作

本年度，学校组织 9 个 B 类省级特色重点学科编制 2020 年学科建设经费预算，完成了 2020 年教育专项资金项目信息报送；协调请示海南省教育厅支持增列海南大学生物医学工程学科为省级特色重点学科（A 类）；组织作物学、法学等 12 个学科开展第四批省级特色重点学科验收工作。

4. 编制 2020 年学科建设经费预算

本年度，学校统筹组织各学院、各学科按照学校 2020 年度经费预算相关工作部署要求，做好经费申报、下达落实和执行督促工作；召开专题会议审议 2020 年度学科建设经费预算事宜，完成了 2020 年学科建设经费预算工作。

5. 编制学校学科三年建设规划

本年度，学校印发了《关于编制学科建设三年规划（2020—2022 年）的通知》，完成了各学院学科三年建设规划编制工作。

科学研究

概述

【**概况**】2020年,海南大学在自然科学方面,围绕国家战略需求和“三区一中心”的战略定位,聚焦南繁、深海、航天等科技创新高地,打破学科、学院界限,成立生态文明、热带高效农业、全健康、海洋科技、信息技术等5大自然科学类协同创新中心,不断凝练重大科学问题与工程技术难题,整合多方资源,培育重大项目,主动服务海南自由贸易港建设和地方主导特色产业发展。以协同创新中心为依托,未来3年将组织建设200余支科研创新团队。以科研项目为载体,以体制和机制创新为保障,充分发挥学校学科优势和特色,加强学科交叉,凝练科研方向,汇聚优秀人才,逐步建设、形成以知名专家学者为核心、优秀中青年学术带头人为骨干和科研青年教师为主体的多学科、多层次的创新研究群体。

在人文社会科学方面,围绕“自贸港发展和制度创新”“文化旅游”等研究领域,进一步实现信息、资源和成果共享,同时加强复合型创新人才培养,形成集群优势;瞄准理论前沿和国家需求进行重大科研项目的培育,切实提升承接具有重大学术创新价值、应用对策价值和文化传承意义的科研项目的能力;实施“特色团队建设选育计划”,以科研创新团队引领成果产出;创建科研平台,加强智库建设,以重大科学或工程问题为引领,以重大项目为支撑,提升服务海南自贸港建设和地方主导产业发展的能力。

【**科研项目及经费**】本年度,自然科学获国家级、省部级以上立项科研项目共496项,到账科研总经费2.3亿元,其中国家级项目到账6769.4万元,省部级项目到账13322.83万元,横向及地厅级项目到账2906.4万元。学校牵头申报国家重点研发计划项目立项1项(“南海岛礁贝类资源养护与生态增养殖技术集成与示范”),参与4项,获资助经费684万元;获批国家自然科学基金项目106项,首次突破百项大关,立项经费4436万元;申报面青地等一般项目699项;申报国家自然科学基金重点项目、重大研究计划项目、国家杰出青年科学基金项目、优秀青年科学基金项目、国际合作重点项目等19项,其中2项接到答辩通知。

本年度,人文社科获国家级、省部级以上立项科研项目共92项,到账科研总经费2239.728万元。企事业委托项目96项,签约经费2457.84万元。获批国家社科基金项目25项,其中重大项目3项(谢永康、林国标、邵全琴3位老师获批国家社科基金重大项目)、一般项目10项、青年项目3项、西部项目6项、后期资助项目1项、中华学术外译项目1项、研究专项项目1项,立项经费671万元。

【**著作、教材及论文**】自然科学类:发表学术论文645篇,其中在国内学术刊物上发表110篇,在国外刊物上发表314篇,国内外公开发行221篇。

人文社科类:发表学术论文408篇,其中高水平论文199篇;报刊文章60余篇,出版著作49部。

【**科研平台建设**】2020年,在自然科学方面，学校按照世界一流学科建设标准和海南省产业发展需求，加大科技创新平台建设力度，新增中国科协引智基地1个，院士创新平台12个。

在社会科学方面，学校瞄准国家和海南自贸港重大战略需求，围绕重大理论和现实问题，加强与国家部委、地方政府、高等学校、企事业单等合作共建高层次合作平台。本年度，学校与海南省统战部联合成立了海南省统战理论研究基地，与海南省人民检察院联合成立了海南自贸港民事行政公益诉讼检察研究基地；与教育部中外人文交流中心合建成立“国际组织人才培养创新实践项目”首批基地——高层次国际化人才培养创新实践基地、教育部中外人文交流中心海南大学会计中外人才交流研究院等科研机构及研究院所。

【科研成果与奖励】自然科学：2020年，学校作为责任单位结题的科研项目共417项，其中国家级科研项目78项、部级科研项目27项、省级科研项目145项、地厅级科研项目2项、企事业委托科研项目165项。

人文社科：学校作为责任单位结题的科研项目共64项，其中国家级科研项目19项、省级科研项目18项、地厅级科研项目26项、企事业委托科研项目63项。本年度，组织申报第八届钱端升法学研究成果奖，组织遴选2020年文化和旅游优秀研究成果；组织申报海南省第十一次社会科学优秀成果奖152项，获奖59项，占评奖总数的36.7%，其中一等奖10项、二等奖22项、三等奖27项。同时，《卢业发、吴淑茂、黄家礼〈更路簿〉研究》获得2020年教育部第八届高等学校科学研究优秀成果奖（人文社会科学）专著论文二等奖。

科研机构

2020年国家级、省部级重点实验室，工程技术研究中心（院），人文基地一览表

序号	机构类别	机构名称
1	国家重点实验室	省部共建南海海洋资源利用国家重点实验室
2	国家重点实验室培育基地	海南省热带生物资源可持续利用重点实验室——省部共建国家重点实验室培育基地
3	高等学校学科创新引智基地(2个)	热带生物与医药学科创新引智基地
4		热带作物绿色健康生产理论与技术创新引智基地
5	中国科协海智计划工作基地	中国科协海智计划海南(海南大学)工作基地
6	教育部重点实验室(4个)	热带生物资源教育部重点实验室
7		热带岛屿资源先进材料教育部重点实验室
8		热带农林生物灾害绿色防控教育部重点实验室
9		热带特色林木花卉遗传与种质创新教育部重点实验室(立项建设)
10	教育部工程研究中心(2个)	热带作物新品种选育教育部工程研究中心
11		热带多糖资源利用教育部工程研究中心
12	农业农村部实验室	农业农村部农产品质量安全风险评估实验室(海口)
13	省部共建协同创新中心	天然橡胶省部共建协同创新中心
14		绿色智慧岛省部共建协同创新中心
15	国家林业和草原局长期科研基地(1个)	海南大学热带林木种质资源保存与培育国家长期科研基地

续表

序号	机构类别	机构名称
16	国家林业和草原局观测研究站	海南五指山森林生态站系统定位观测研究站
17	海南省重点实验室(12个)	海南省耐盐作物生物技术重点实验室
18		海南省精细化工重点实验室
19		海南省热带动物繁育与疫病研究重点实验室
20		海南省热带水生生物技术重点实验室
21		海南省 INTERNET 信息检索重点实验室
22		海南省硅锆钛资源综合开发与利用重点实验室
23		海南省特种玻璃重点实验室
24		海南省大数据与智慧服务重点实验室
25		海南省食品营养与功能食品重点实验室
26		海南省热带特色花木资源生物学重点实验室
27		海南省热带园艺作物品质调控重点实验室
28		海南省农林环境过程与生态调控重点实验室
29	海南省工程技术研究中心(2个)	海南省精细化工工程技术研究中心
30		海南省海洋通信与网络工程技术研究中心
31	海南省工程研究中心(10个)	海南省新能源汽车工程研究中心
32		海南省热带作物组培快繁和种质创新工程研究中心
33		海南省热带珍稀名贵树种工程研究中心
34		海南省热带生态环境修复工程研究中心
35		海南省水产种业工程研究中心
36		海南省绿色农用生物制剂创制工程研究中心
37		热带海岛装配式建筑工程研究中心
38		海南省区块链技术工程研究中心
39		海南省嵌入式智能系统工程研究中心
40		南海水产资源高效利用工程研究中心
41	海南省院士工作站(13个)	李百炼院士工作站
42		David J Craik 院士热带海洋药物院士工作站
43		Jamal Deen 院士工作站
44		兰玉彬院士工作站
45		Richard Leaver(李诚)院士工作站
46		朱明院士工作站
47		施建明院士工作站
48		陈飞勇院士工作站
49		董勤喜院士工作站
50		吴德胜院士工作站
51		Chris Ryan(克莱恩·赖恩)院士工作站

续表

序号	机构类别	机构名称
52		张建伟院士工作站
53		Chou Loke Ming(邹乐明)院士工作站
54	海南省“海智计划”工作站(3 个)	海南省生物医药“海智计划”工作站
55		海南大学牧医“海智计划”工作站
56		海南大学应用电子“海智计划”工作站
57	省级协同创新中心(1 个)	海南省优质硅资源先进利用及特种玻璃协同创新中心
58	院士团队创新中心(21 个)	杨善林院士团队创新中心
59		侯保荣院士团队创新中心
60		贺泓院士团队创新中心
61		陈晓亚院士团队创新中心
62		赵国屏院士团队创新中心
63		陈学庚院士团队创新中心
64		方智远院士团队创新中心
65		高德利院士团队创新中心
66		孙金声院士团队创新中心
67		康振生院士团队创新中心
68		林浩然院士团队创新中心
69		包振民院士团队创新中心
70		欧进萍院士团队创新中心
71		唐守正院士团队创新中心
72		张福锁院士团队创新中心
73		朱蓓薇院士团队创新中心
74		邹志刚院士团队创新中心
75		宋宝安院士团队创新中心
76		金宁一院士团队创新中心
77		张涌院士团队创新中心
78		周远院士团队创新中心
79	海南省哲学社会科学重点研究基地(11 个)	海南省历史文化研究基地
80		海南省南海法律研究中心
81		海南省全域旅游研究基地
82		海南省高校中国共产党革命精神与文化资源研究中心
83		海南省“更路簿”研究中心
84		海南省开放型经济研究院
85		海南省公共治理研究中心
86		海南省外文海南文献与舆情研究中心
87		海南省中国文学研究中心

续表

序号	机构类别	机构名称
88		海南省公司治理研究院
89		中国(海南)竞争政策研究中心
90	教育部国别区域研究中心(2个)	南海区域研究中心
91		澜湄次区域研究中心
92	海南省统一战线部合建	海南省统战理论研究基地
93	教育部中外人文交流中心"国际组织人才培养创新实践项目"首批基地	高层次国际化人才培养创新实践基地
94	海南省人民检察院合建	海南自贸港民事行政公益诉讼检察研究基地
95	中共海南省委国家安全委员会合建	海南大学国家安全中心
96	教育部中外人文交流中心"国际组织人才培养创新实践项目"首批基地	会计中外人文交流研究院

科研项目立项

2020年国家重点研发计划项目立项一览表

序号	项目名称	责任人
1	下一代共融智能消毒机器人研发与应用示范	沈　重
2	桑树高值化利用产业关键技术研究与应用	章程辉
3	多维度智能感知监控系统及应用	王咸鹏
4	公共安防的智能感知与预测关键技术及应用示范	王冠军
5	南海岛礁贝类资源养护与生态增养殖技术集成与示范	黄　勃
6	三沙群岛麒麟菜资源养护及群丛构建技术优化与示范	刘志媛
7	三沙岛礁海参资源养护与生态增养殖技术示范与推广	谢珍玉
8	七连屿礁栖棕点石斑鱼资源养护和生态增养殖技术示范与推广	吴小易
9	礁栖棕点石斑鱼优质苗种培育及三种石斑鱼类病原监测技术集成与优化	周永灿

2020年国家自然科学基金项目立项一览表

序号	项目名称	负责人
1	定量分析炭材料中端面-基面-缺陷面积及对电容性能的影响	陈　永
2	氟修饰天然橡胶多重分子网络的构筑及其贮存与再加工特性的调节机制	赵富春
3	高应变条件下多维填料在可拉伸导电材料中的协同作用机制	陈永平
4	片状Ni3Al粘结钨合金的结构调控、强韧化机制及盐雾腐蚀行为	向道平
5	基于AhR/Nrf2/NQO1信号通路对缓解断奶仔猪肠道炎症的机制研究及豆蔻明的调控	荀文娟
6	UGDH在达卡气单胞菌表面多糖合成及致病过程中的作用研究	曾纪锋
7	尖晶石铁氧体修饰碳材料的精准制备、海洋防腐性能及吸收频率调控研究	王桂振
8	稀疏核判别分析模型及算法研究	李春娜
9	区块链背景下的农产品供应链定价模型研究	吉清凯
10	我国资本市场注册制改革的微观经济影响研究	吴锡皓

续表

序号	项目名称	负责人
11	甘当陪衬还是错位选择？消费者属性参照规避行为研究	孙洪杰
12	遣“图”造句:品牌标识图形在营销沟通中的语言作用及其机制研究	钟　科
13	新时代中国营商环境改善对企业生产率的影响机理研究	许海平
14	卵形鲳鲹体表黏膜菌群对刺激隐核虫侵染的响应及作用	王世锋
15	一种 HLR1 介导的海洋微拟球藻光响应分子机制解析	路延笃
16	β-葡聚糖缓解凡纳滨对虾低盐应激效应的调控机制研究	李二超
17	卵形鲳鲹干扰素调节因子 IRF3 亚家族的抗菌功能与机制研究	周永灿
18	基于苯酚衍生物为底物的 Catellani 反应研究	黄添增
19	pH/光响应海藻酸-环糊精/偶氮苯衍生物自组装体的两亲性调控及对载药乳液稳定/失稳性的影响机制	李嘉诚
20	基于生物滴滤的 3D-BER 催化转化疏水性恶臭界面传质强化及微生物学机制	万顺刚
21	多源多时相高光谱信息融合的橡胶树养分诊断与机理研究	唐荣年
22	热浸镀铝-扩散热处理 Fe-Cr-B 合金耐海水腐蚀性能及其机理研究	张先满
23	木薯收获机仿生收获机理及自适应控制机制研究	廖宇兰
24	基于 CPS 的海洋信息智能系统控制软件设计的一致性验证技术研究	张　雨
25	收入分配调整与中等收入陷阱跨越:基于多重均衡视角的研究	张佐敏
26	银行竞争与风险:基于银行影子的实证研究与理论构建	孙建军
27	利用低质量 X 射线双星的时变特征估计致密星参数	史常圣
28	铀膦酸配合物的设计构筑及在放射性核素分离方面的应用探索	杨玮婷
29	刺激响应型三苯三戊并烯荧光超分子囊泡的构筑与药物控释研究	许文茸
30	基于纯种接种的预发酵椰子水促进细菌纤维素合成的代谢组学研究	刘四新
31	接枝多活性组分的共聚型绿色海洋防污涂料的制备及协同防污性能研究	杨建新
32	融入三代测序全长转录组信息的新蛋白鉴定方法	谢尚潜
33	基于全基因组关联分析发掘海雀稗耐盐 SNP 标记位点及相关基因	王志勇
34	基于大数据和多维张量分解的在线旅游个性化推荐模型研究	鄢慧丽
35	机器人节点视角下网络口碑离散对消费者退货意愿的机理研究	宋蒙蒙
36	靶向感染微环境的多功能纳米抗菌剂介导 MRSA 致皮肤脓肿的可视化光热/化学协同治疗	吴锡龙
37	高强韧抗生物附着型偕胺肟基吸附剂的制备及其海水提铀性能研究	石　瑟
38	溶藻弧菌 flhG 基因的免疫逃逸功能研究	龙　昊
39	基于二维共价有机框架构建用于催化甲烷转化的多孔高分子复合材料	陈　琦
40	渍水胁迫下直播水稻萌发出苗对种子引发处理的响应机制研究	聂立孝
41	甘蔗抗倒伏能力评价方法构建与栽培调控研究	吴　伟
42	胶胞炭疽菌效应蛋白 CgCP1 调控橡胶树防卫反应的分子机理研究	罗红丽
43	木薯 MeNRT2.1 响应氮信号及参与调控根系觅食行为的分子机理	曾长英
44	生物质炭与硝化抑制剂配施对海南冬季蔬菜地土壤氮转化及 N_2O 排放影响	孟　磊
45	印度梨形孢-王草根际土壤系统中功能菌群与根系分泌物协同介导镉和铬活化的调控机制	朱治强

续表

序号	项目名称	负责人
46	定向优化的海南沼蛙 temporin 衍生肽抗耐甲氧西林金黄色葡萄球菌生物被膜机制及抗感染作用研究	张英霞
47	鳄鱼源达卡气单胞菌 PhoBR 的毒力调控机制	郑继平
48	基于多组学分析探索维氏气单胞菌毒力蛋白动态相互作用的分子机制	李　宏
49	Notch 途径调控松果旁体细胞数目和命运的作用机制研究	韦　露
50	广谱拮抗菌暹罗芽孢杆菌 N-1 抑制几种热带水果采后病害的生理与分子机制	邵远志
51	苦瓜应答白粉病菌侵染的分子机制及抗性相关基因克隆	商　桑
52	三价砷与六价铬在矿物-水界面的耦合氧化还原反应过程与微观吸附机制研究	胡　珊
53	热带设施蔬菜地中微塑料的老化效应及其对抗生素归趋行为的影响	葛成军
54	龙脑香科青梅属不同果实类型传播与适应的生态遗传学研究	唐　亮
55	Fenton 铁泥强化抗生素菌渣厌氧消化过程微生物种间电子传递的效能及机理研究	黄薇薇
56	径流变化及海平面上升对南渡江河口咸潮入侵影响研究	叶长青
57	pH/还原双重响应型纳米疫苗的构建及其癌症免疫治疗效果的研究	杨　永
58	NO 介导褪黑素调控采后荔枝果实抗冷性的机制研究	张正科
59	基于多组学的黄皮提取多酚抗氧化能力的分子机制研究	胡晓苹
60	低温等离子体对罗非鱼片中脂质氧化和风味品质影响及机理研究	王佳媚
61	Cis-trans 异构对脂肪酸热氧化行为和 HepG2 细胞氧化损伤的影响研究	张伟敏
62	南海岛屿生产性建筑体系及其环境适应性研究	穆大伟
63	长期荷载作用下混凝土虚拟裂缝时变拉伸软化本构	高洪波
64	热带海岛地区的台风风场与薄膜温室结构风效应研究	黄　斌
65	热带强风区域台风特性实测及超高层建筑风效应分析方法研究	曾加东
66	面向特定海域无人艇集群自组网的电波传播智能预测模型研究	苏　婷
67	基于感知哈希和神经网络的医学图像鲁棒水印算法研究	李京兵
68	氮素水平和种植密度调控甘薯块根形成的生理生态机制	司成成
69	含三氟甲基脱氢姜酮衍生物杀菌构效关系与作用机制研究	孙然锋
70	橡胶树白粉菌效应蛋白 OHEP10 与寄主 Mlo 基因互作机理的研究	戎　伟
71	水翁和乌墨对水淹、水淹后干旱耐受性机理的比较研究	苗灵凤
72	橡胶树棒孢霉落叶病菌 Cas5 基因的上游特异性转录因子鉴定及其调控研究	侯巨梅
73	一种新颖 Potyviridae 病毒编码特异串联的前导半胱氨酸蛋白酶(HCPro1-HCPro2)协同调控寄主适应性的新机制研究	崔红光
74	木霉菌 Tri-milR535 跨界靶向番茄 Chit4 逃避宿主免疫性反应的分子机理研究	刘　铜
75	橡胶材小蠹识别巴西橡胶树挥发物的分子机制研究	周　祥
76	基于多孔材料的新型技术在医药、环境及能源领域的应用	潘勤鹤
77	三种典型热带珊瑚礁海参生境偏好与摄食适应机制	许　强
78	琼东上升流缓解珊瑚白化和促进恢复的生理作用机制	李秀保
79	微塑料破坏鹿角杯形珊瑚与虫黄藻共生关系的机制研究	周　智
80	香蕉秸秆异向均切防缠抛撒还田机理及其减阻优化设计研究	张喜瑞

续表

序号	项目名称	负责人
81	惯性效应与电场协同微藻操控芯片机理研究	周　腾
82	程序化二级靶向自噬抑制剂纳米运载系统用于特异性增强氧化应激的黑素瘤治疗	吴锡龙
83	以 DNA 为模板设计合成硫酸肝素类似物及其抗凝血活性研究	宗成利
84	MYB 和 ERF 转录因子协同调控采后“贵妃”芒果花青素代谢的机制研究	李　雯
85	适配体图案化凝胶膜智能阶段控释生长因子用于难愈创面修复	余　凤
86	功能化金属-有机框架材料构筑及其乙炔/二氧化碳分离性能研究	张　玲
87	组织社会化视角下员工组织公民行为变化趋势及其影响因素和作用边界:基于 AMO 理论的动态研究	张靓婷
88	乡村生态治理的社会效益评估:纳入偏好异质性的效益转移研究	徐　涛
89	防晒霜中的氧苯酮对珊瑚共生体系的毒理效应及分子机制研究	蔡晓霓
90	基于二维过渡金属氧化物可见光催化芳香基 C-H 键的表面多位点构筑	宋玉洁
91	可见光激发氢化亚硝酰供体化合物体系的构建、释放机制及其细胞成像研究	周　阳
92	基于分子筛高效调控溶剂效应构建水相性能优异的 D-π-A 型荧光探针	李慧慧
93	纵向应变诱导 HfO_2 基铁电相的形成及其对极化翻转和电致阻变的影响机制研究	肖娟秀
94	螯合-絮凝耦合作用强化水体中铀的富集分离机理研究	王　东
95	组蛋白去乙酰化酶 CgHOS2 调控胶孢炭疽菌致病力的分子机制研究	安　邦
96	控制稻米镉积累基因 qGCd2 的克隆及功能鉴定	张园园
97	热激蛋白 FocHSP90 调控香蕉尖孢镰刀菌致病力及逆境耐受的分子机制研究	王倩男
98	智能 zein 基口服抗癌药物递送系统的精准构建及评价	刘贵金
99	tmRNA 靶向全局转录因子 Crp 介导维氏气单胞菌代谢重编程及氧化耐受	马　香
100	开挖卸荷下非贯通节理岩体结构劣化机制与各向异性力学特性研究	崔　洁
101	基础设施周边区域“绿色化”的制度分析	熊昌盛
102	中生代晚期阿纽蝎蛉亚目昆虫与宿主植物的协同进化研究	林晓丹
103	基于机器学习和时序网络研究橡胶树白粉菌寄生特性相关调控进化机制	李志刚
104	海南自由贸易港现代产业体系发展模式	李世杰
105	海南自由贸易港建设管理总体研究	郭　强
106	海南自由贸易港国际旅游消费中心建设路径	谢彦君

2020 年国家社会科学基金项目立项一览表

序号	项目名称	负责人
1	央地立法权的事权配置思路与行使限度研究	谭　波
2	企业间数据竞争法律问题研究	杨　芳
3	中国特色自贸港特殊税收制度研究	刘　荣
4	以控制公共卫生风险为目标的野生动物保护法修改研究	魏德才
5	财产捐赠型慈善法人的监督治理结构研究	李慧敏
6	中国特色自由贸易港立法体制创新研究	刘云亮
7	源数据融合下全域旅游统计核算与动态监测研究	卢　媛

续表

序号	项目名称	负责人
8	全球经济治理视角下国际信用评级机构的现状、影响与应对研究	周　嘉
9	《资本论》“人的解放”思想的整体逻辑及其当代价值研究	王一闳
10	新时代网络意识形态安全治理研究	涂刚鹏
11	中国民族志影像资料共享平台建设研究	文丽敏
12	当代中国少数民族文学批评理论构建研究	汪　荣
13	帆船时代我国南海渔民口述史料抢救性搜集、整理与研究	焦勇勤
14	“下南洋”核心区域国家华文报刊与华侨族群变迁史料汇编	吴君静
15	海南传统村落的现状调查与数字化保护研究	杨　莹
16	中国加快发展入境旅游的政策评价及优化研究	刘素君
17	俄罗斯东正教会与君士坦丁堡东正教会关系研究	刁科梅
18	城乡老年人家庭非正式照护及支持政策研究	刘德浩
19	乡村振兴战略下民族地区女性参与村庄治理研究	陈丽琴
20	刑法规范二重性视阈下存疑有利被告人研究	童伟华
21	新时代高校网络思想政治工作体系创新研究	武耀廷
22	阿多诺哲学文献的翻译与研究	谢永康
23	中国特色社会主义与中华文明内在渊源及其现代转化研究	林国标
24	长江上游生态大保护政策可持续性与机制构建研究	邵全琴
25	基层组织：乡村制度诸问题	金　山

2020年部级自然科学项目立项一览表

序号	项目名称	负责人	资助单位
1	真空玻璃保温性能检测方法与真空寿命预测方法非稳态法(20192042-T-609)标准制定项目研究	王　磊	国家标准技术委员会
2	海南生态环境保护情况监测分析	廖双泉	国家发展和改革委员会
3	海南省三亚市、东方市、万宁市、琼海市、五指山市等9个市县野生兰科植物资源专项调查	宋希强	国家林业和草原局
4	海南省(海口市、澄迈县、文昌市、定安县、屯昌县、儋州市、临高县等区域)野生兰科植物资源专项调查	杨小波	国家林业和草原局
5	海南大学热带林学国家长期科研基地运行补助	宋希强	国家林业和草原局科技司
6	离子液体中合成共价有机框架多孔材料	高艳安	教育部
7	海绵共生放线菌来源抗MRSA活性天然产物的挖掘	黄小龙	教育部
8	基于光学弱测量的海洋生化信息传感机理研究	沈　健	教育部
9	胶乳枕头生产示范基地建设	廖双泉	农业农村部
10	现代肉羊产业技术体系——细菌病防控2020	王凤阳	农业农村部
11	石漠化区特色块根/块茎作物筛选、利用及推广示范2020	郇树乾	农业农村部
12	香蕉产业技术体系建设——产业经济2020	王　芳	农业农村部

续表

序号	项目名称	负责人	资助单位
13	天然橡胶产业技术体系建设——产业经济 2020	傅国华	农业农村部
14	天然橡胶产业运行信息监测预警研究	张德生	农业农村部
15	天然橡胶产业技术体系建设——智能化生产 2020	张喜瑞	农业农村部
16	火龙果种质资源保护及种质创新 2020	黄家权	农业农村部
17	热带薯蓣种质资源保护及种质创新	黄东益	农业农村部
18	滇桂黔石漠化地区特色作物产业发展关键技术集成示范	罗丽娟	农业农村部
19	木薯产业体系——生物防治与综合防控 2020	陈银华	农业农村部
20	农产品质量安全监管专项——风险评估(2020)	章程辉	农业农村部
21	油梨种质资源保护及种质创新 2020	李茂富	农业农村部
22	橡胶树病害监测与绿色防控技术示范	张　宇	农业农村部
23	橡胶树病害监测与绿色防控技术示范	张　宇	农业农村部
24	天然橡胶产业体系——病虫害防控 2020	张　宇	农业农村部
25	农产品质量安全信用体系	梁晓宇	农业农村部
26	高标号天然橡胶组分精确解析及其对性能的贡献	廖双泉	科技部
27	2010 年洪水胁迫后海南文昌珊瑚礁生群落额恢复策略研究	李秀保	中国科学院南海海洋研究所
28	“万海 3 号、海大油茶 2 号、海大油茶 4 号”油茶良种育苗与高产栽培示范与推广	赖杭桂	国家林业和草原局
29	三文鱼皮胶原蛋白肽基于 TGF-β/Smad 通路和皮肤微生物定殖修复创口的作用研究	夏光华	农业农村部
30	“海大油茶 1 号、万海 1 号万海 4 号”油茶良种育苗与高产栽培示范与推广	吴友根	国家林业和草原局
31	海南省重点贫困村(户)南药黎药种植产业扶贫服务	吴友根	人力资源和社会保障部
32	“一带一路”背景下海南热带农业国际化战略研究	韦开蕾	中国工程科技发展战略海南研究院
33	海南省工业固废物资源化利用可持续发展战略研究	高助威	中国工程科技发展战略海南研究院
34	海南省海洋渔业废弃物低碳、生态新模式构建研究	宋　辉	中国工程科技发展战略海南研究院
35	自贸港信息安全密码保障基础架构研究	韩文报	中国工程科技发展战略海南研究院
36	海南会展业与旅游业国际化融合发展战略研究	耿松涛	中国工程科技发展战略海南研究院
37	海南氢燃料电池产业发展战略研究	田新龙	中国工程科技发展战略海南研究院
38	国家生态文明试验区(海南)背景下热带雨林国家公园体制机制创新研究	任明迅	中国工程科技发展战略海南研究院
39	海南省食品产业现状与趋势研究	李从发	中国工程科技发展战略海南研究院
40	热带海岛工程多灾害与智能防护发展战略	周　智	中国工程科技发展战略海南研究院
41	②海南省基础设施建设军民融合发展战略研究	沈　重	中国工程科技发展战略海南研究院

2020 年部级人文社会科学项目立项一览表

序号	项目名称	负责人	资助单位
1	基础设施周边区域绿色化发展的公共政策研究——以海南环岛高铁为例	熊昌盛	教育部
2	寻衅滋事罪适用范围的扩张及其限制研究	武良军	教育部

续表

序号	项目名称	负责人	资助单位
3	结构性减税对地区平衡发展的挑战与财政再平衡策略研究	戴　玲	教育部
4	海南自由贸易港法立法研究	王崇敏	国家发展改革委员会
5	民族文化符号与旅游商品融合发展研究——以黎锦为例	于晓华	国家民委
6	新时代竞争政策调控与高质量发展	叶光亮	中宣部
7	自由贸易港建设中的新经济新业态党建实践探索与理论研究	杨　娜	中宣部
8	自由贸易试验区(港)涉及文化和旅游政策研究	陈扬乐	文化和旅游部

2020年省级自然科学项目立项一览表

序号	项目名称	负责人	资助单位
1	石榴石型固体电解质的合成、改性及其应用研究	陈大明	海南省科学技术协会
2	智能复合细菌纤维素敷料的抗菌性及其免疫调节作用的研究	李萌婷	海南省科学技术协会
3	南海油气田GLCC油气分离性能的研究	高助威	海南省科学技术协会
4	面向阿尔茨海默症早期诊断的脑机接口技术研究	谢小峰	海南省科学技术协会
5	Taurine核酸修饰缺失的线粒体病快速筛查	林　桓	海南省科学技术协会
6	基于质膜蛋白磷酸化的柱花草抗炭疽菌关键因子筛选与鉴定	蒋凌雁	海南省科学技术协会
7	双层固定化酶载体构筑及其与酶协同催化机制研究	姜　珂	海南省科学技术协会
8	罗非鱼头磷脂改善骨代谢的机制研究	夏光华	海南省科学技术协会
9	海南大学应用电子“海智计划”工作站	宋明歆	海南省科学技术协会
10	天然产物Antidesmone和其类似物的设计合成及农用杀菌活性研究	胡　展	海南省科学技术协会
11	新型天然胶乳的结构性能分析与质量控制	廖双泉	广东省科技厅
12	特种天然橡胶新指标研究	廖建和	广东省科技厅
13	养殖动物新型蛋白源开发与高效饲料研制	李二超	广东省重点研发计划
14	一步法免核酸提取的新冠病毒2019-nCoV现场快速诊断仪器的临床研究	万　逸	海南省科技厅
15	生活中的精细化学品及安全使用常识	刘钟馨	海南省科技厅
16	基于5G通信小型化器件应用的微波铁氧体研究	陈大明	海南省科技厅
17	非金属掺杂DLC薄膜增强橡胶耐磨性的溅射工艺和力学行为机理研究	文　峰	海南省科技厅
18	南海海洋环境下钨合金的腐蚀行为及机制	向道平	海南省科技厅
19	等离子体辅助下直接光电解海水析氧电极材料的设计及作用机理研究	霍纯青	海南省科技厅
20	新型无机-有机杂化金属-有机框架材料构筑及其乙炔/乙烯分离性能研究	张　玲	海南省科技厅
21	基于过渡金属氮氧化物MEMS低温传感器的研究	战光辉	海南省科技厅
22	具有主动减磨功能的高熵合金薄膜用于丁腈橡胶表面改性的研究	邓乔元	海南省科技厅
23	猪塞尼卡病毒3C蛋白调控IFN信号转导通路的关键结构域及其作用机制	闻晓波	海南省科技厅
24	雷公藤红素通过诱导凋亡发挥抗犬乳腺肿瘤作用的研究	裴世敏	海南省科技厅
25	海南紫大薯源花青素对热应激下育肥期文昌鸡脂质代谢的影响及作用机制	张海文	海南省科技厅
26	海南部分地区犬源产超广谱β-内酰胺酶耐药性大肠杆菌的流行特征及其分子机制的研究	张　红	海南省科技厅
27	Viperin在羊口疮病毒（ORFV）感染过程中的作用机制研究	杜　丽	海南省科技厅

续表

序号	项目名称	负责人	资助单位
28	基于重测序数据对我国地方猪品种耐热特性分子机制的初步研究	肖　倩	海南省科技厅
29	柔性天然橡胶/碳包磁性金属复合贴片的制备及吸波导热性能研究	万耿平	海南省科技厅
30	“五化模式”下ECA促进海南农业绿色发展的驱动机理及“推而不广”关键因素研究	姬　卿	海南省科技厅
31	疫情冲击对海南热带水果产业链的影响评价、恢复路径与政策效果研究	乔　丹	海南省科技厅
32	区块链技术在海南自贸港知识产权证券化领域的应用研究	胡秀群	海南省科技厅
33	考虑消费者异质性的新零售模式实施策略研究	何　毅	海南省科技厅
34	基于大数据的B2C电子商务动态库存分配优化研究	熊　浩	海南省科技厅
35	非国有股东治理与国企创新效率研究	曾春华	海南省科技厅
36	大规模数据的多核学习模型与算法研究	邵元海	海南省科技厅
37	不同推荐方式对在线消费者网购行为决策的影响效应与神经机制	刘启华	海南省科技厅
38	中国南部香蕉种植户新型技术采纳与效率比较研究	朱月季	海南省科技厅
39	中国营商环境影响企业生产率的机制及效应研究	许海平	海南省科技厅
40	海南自贸区（港）营商软环境对经济发展影响的实证研究	袁智慧	海南省科技厅
41	基于Lp–范数的鲁棒稀疏非平行超平面支持向量机模型及算法研究	李春娜	海南省科技厅
42	海南县域热带特色高效农业有偏技术进步测度与分层演化研究	李　春	海南省科技厅
43	建设共建共治共享的社会治理体系研究	林海英	海南省科技厅
44	后疫情时代下基于眼动视觉模拟技术的旅游拥挤度研究	肖　潇	海南省科技厅
45	多重环境胁迫下海南岛沿海造礁石珊瑚的适应性研究	周　智	海南省科技厅
46	卵形鲳鲹肠道菌群研究与肠道益生菌筛选	蔡　岩	海南省科技厅
47	肌酸调控鞍带石斑鱼肌肉生长发育的分子机制研究	高煜杰	海南省科技厅
48	小球藻藻际核心微生物调控因子研究	刘志媛	海南省科技厅
49	海南省紫菜基本繁殖、发育特性研究	何林文	海南省科技厅
50	热带海洋经济双壳贝类精子体外激活过程多态性研究	郑　兴	海南省科技厅
51	基于转录组学研究杂交石斑鱼体色变异机制	文　鑫	海南省科技厅
52	基于环境DNA探索中华白海豚三亚群体的分布	李建龙	海南省科技厅
53	高盐环境通过内质网应激介导的SREBPs提高罗非鱼脂肪酸营养的研究	徐　畅	海南省科技厅
54	不同碳氮条件下筒柱藻碳流分配机制	黄爱优	海南省科技厅
55	罗非鱼鳃粘膜组织细胞分型	张冬冬	海南省科技厅
56	卵形鲳鲹NK–lysin的抗菌机制及其介导的先天免疫应答研究	曹贞洁	海南省科技厅
57	凡纳滨对虾养殖中不同粒径生物絮团菌群结构和氮代谢功能基因的研究	蔡晓霓	海南省科技厅
58	生物质/聚乙醇酸（PGA））生物全可降解复合材料制备技术及其性能调控的研究	王　敦	海南省科技厅
59	非贵金属双掺杂BCFP粒子电极吸附/电催化协同去除典型海水养殖抗生素机制	万顺刚	海南省科技厅
60	发光COFs材料识别室内有毒污染物的机理研究	胡　慧	海南省科技厅
61	类深海杂合糖簇分子的合成研发及其化学生物功能探索	李健维	海南省科技厅
62	苝酰亚胺–卟啉分子器件/C_3N_4复合光催化体系的构筑及其光解水制氢性能研究	陈逸凡	海南省科技厅

续表

序号	项目名称	负责人	资助单位
63	PVA 纤维增强应变硬化地聚合物基复合材料的制备及其界面作用研究	林　常	海南省科技厅
64	可见光激发释放氢化亚硝酰的化合物设计合成及其表征	周　阳	海南省科技厅
65	新型手性荧光探针设计合成及其在手性氨基酸识别成像分析中的应用研究	曾潮元	海南省科技厅
66	细菌纤维素的氟化改性和抗菌性能研究	刘元元	海南省科技厅
67	基于硝基化合物还原偶联制备磷酰胺的反应研究	刘　龙	海南省科技厅
68	流化催化裂化旋风分离系统断裂失效的机理研究	高助威	海南省科技厅
69	具有抗菌和抑炎双重功效的智能复合细菌纤维素敷料的制备及性能研究	李萌婷	海南省科技厅
70	时空多源高光谱数据驱动的橡胶树养分诊断与机理研究	唐荣年	海南省科技厅
71	基于数据挖掘的热带海螺仿生吸能结构研究	邱　娜	海南省科技厅
72	新型旋转鼓筒多级交错对转涡轮气动分析	吴中野	海南省科技厅
73	南海深水海底管道多场耦合机理及动力响应特性研究	宋振华	海南省科技厅
74	行星滚柱丝杠副中滚柱零件的高效加工方法研究	袁　磊	海南省科技厅
75	热浸镀铝生成周期性层片结构的耐蚀性及其机理研究	张先满	海南省科技厅
76	火焰碰壁过程中传热强化与污染物减排的协同机理研究	甄海生	海南省科技厅
77	基于关联规则的香蕉茎秆纤维提取堵塞机理分析与试验研究	梁　栋	海南省科技厅
78	超大型深海渔业养殖平台的三维时域非线性水弹性响应研究	杨　鹏	海南省科技厅
79	面向山区道路的智能车辆多目标横纵向耦合换道避撞控制研究	刘进一	海南省科技厅
80	海口市干线交通信号协调优化控制与仿真研究	朱春侠	海南省科技厅
81	复合式橡胶果脱壳机设计理论及性能试验研究	王　涛	海南省科技厅
82	NiTi 弓丝的形状记忆特性和超弹性性质对正畸牙移动的影响研究	蔡永清	海南省科技厅
83	基于机器视觉的橡胶割胶刀精准导航技术研究	邢洁洁	海南省科技厅
84	高压下壁面附近火焰热损失、熄火距离及污染物生成演化的基础研究	卫之龙	海南省科技厅
85	基于功能脑网络及多视角特征融合的轻度认知障碍诊断研究	王政霞	海南省科技厅
86	服务于海南省“多规合一”平台的高分辨率遥感影像分类关键技术研究	杨厚群	海南省科技厅
87	面向物联网的高效数据传输机制关键技术研究	李德顺	海南省科技厅
88	面向数据、信息、知识融合、迁移与演化的企业联盟智能服务合约架构研究	段玉聪	海南省科技厅
89	基于模型检测的多域软件定义网络控制平面分布式测试研究	姚姜源	海南省科技厅
90	大数据环境下数据安全检索关键技术研究	叶　俊	海南省科技厅
91	基于深度学习的多模态情感分析关键技术研究	靳　婷	海南省科技厅
92	大数据环境下基于深度学习的安全态势数据分析关键技术研究	徐太星	海南省科技厅
93	针对目标检测器的对抗攻击及防御研究	李红蕾	海南省科技厅
94	拓展的 3E 系统框架下生态承载力、FDI 质量对全要素能源效率影响研究——机理模型与实证检验	孙　鹏	海南省科技厅
95	COVID-19 冲击下企业流动性管理：工具调整及其效应研究	孙建军	海南省科技厅
96	人民币国际化与共建“一带一路”协同发展路径研究	王爱华	海南省科技厅
97	地理位置扭曲金融资源配置的传导机制与优化路径研究	周林子	海南省科技厅

续表

序号	项目名称	负责人	资助单位
98	三文鱼皮胶原蛋白肽改善创口愈合的机制研究	赵美惠	海南省科技厅
99	平面微分系统解的存在性与稳定性研究	李胜军	海南省科技厅
100	环状 RNA 介导下基因表观遗传调控的理论探索	王浩华	海南省科技厅
101	四维流形上光滑和辛群作用的相关问题研究和应用	吴语来	海南省科技厅
102	磷脂改性纳米二氧化硅/天然橡胶复合体系的制备	王　江	海南省科技厅
103	基于 Brualdi-Solheid 问题的谱半径估计和应用	陈明珠	海南省科技厅
104	分数阶粘性 Camassa-Holm 方程解的适定性研究	何　勇	海南省科技厅
105	单纯复形扩张的组合代数问题研究	刘阿明	海南省科技厅
106	含 Fe 复合碳基结构材料的制备及氧电极反应催化性能	赵晓君	海南省科技厅
107	关于无约束优化问题共轭梯度法的一些相关研究	林海婵	海南省科技厅
108	若干具有特殊性质的图因子的存在性研究	袁　园	海南省科技厅
109	Siegel 上半空间上算子理论的若干问题	司家佳	海南省科技厅
110	一种大规模鉴定翻译蛋白的新方法研究	谢尚潜	海南省科技厅
111	基于稳定同位素技术的胶农林复合系统水分运移机制研究	王晶晶	海南省科技厅
112	基于海南橡胶木生物形态特征的透明木材光学性能调控影响机制研究	岳大然	海南省科技厅
113	华石斛 mRNA 可变剪接参与联苄类特征化合物合成累积的调控机理研究	钮　俊	海南省科技厅
114	海南典型水土流失区植被恢复措施林分结构与水土保持功能耦合机制研究	涂志华	海南省科技厅
115	高温胁迫下杜鹃花类菌根对海南杜鹃水分吸收及利用的影响机理	郭梨锦	海南省科技厅
116	霸王岭热带雨林猿食树种的繁殖物候格局及其驱动因子研究：对海南长臂猿保护的启示	杜彦君	海南省科技厅
117	RhGAUT1 介导的糖代谢途径响应海南杜鹃耐热性的规律研究	赵　莹	海南省科技厅
118	基于卫星跟踪技术的中华鹧鸪栖息地选择研究	饶晓东	海南省科技厅
119	海南岛传统村落“三生空间”与人文景观时空耦合特征及形成机理研究	杨定海	海南省科技厅
120	短时高温对瓜实蝇子代存活和繁殖的影响	周世豪	海南省科技厅
121	BRs 调控植物根不对称生长的分子机理——以水稻为例	蔡泽坪	海南省科技厅
122	海南槟榔黄化病相关病毒 APV1 侵染槟榔细胞病理学研究	王洪星	海南省科技厅
123	互联网+数据挖掘技术在海南热带雨林资源大数据分析中的应用研究	邱梓轩	海南省科技厅
124	石斛兰 DhMYB2 和 DhBHLH1 基因启动子的克隆及功能鉴定	王亚沅	海南省科技厅
125	热带云雾林附生维管植物群落物种共存机制研究	肖楚楚	海南省科技厅
126	海南林地土壤有机质组分对重金属铅的吸附机理研究	王桂花	海南省科技厅
127	南沙群岛旅游开发国际合作机制与可行性方案研究	陈扬乐	海南省科技厅
128	基于自然教育功能的海南热带雨林国家公园研学旅游体系构建研究	潘志新	海南省科技厅
129	基于人工智能数据挖掘与系统优化的海南国际旅游消费水平监测及提升机制研究	刘　刚	海南省科技厅
130	在线旅行社组织德性对机会主义行为的影响及作用机制研究——道德推脱和关系质量的作用	王立磊	海南省科技厅

续表

序号	项目名称	负责人	资助单位
131	基于虚拟现实技术的海南黎族织锦保护与创新	杨　洁	海南省科技厅
132	基于交互理论下的海南地域性景观设计方法研究	张雅千	海南省科技厅
133	基于多光场响应协同增强抗海洋生物污损的 MOF 基高效铀吸附剂研究	刘　涛	海南省科技厅
134	基于 CRISPR-Cas14a 酶光电化学生物传感器的构建及在海洋病原微生物检测中的应用	杨治庆	海南省科技厅
135	花粉生物质碳复合光热膜设计及其太阳能海水淡化性能研究	黄　玮	海南省科技厅
136	基于三重四级杆质谱和轨道阱质谱的修饰核酸分析技术	林　桓	海南省科技厅
137	基于深度学习算法的未培养微生物培养基预测模型研究	黄娇媚	海南省科技厅
138	CQDs/g-C_3N_4/自适应复合材料的多尺度结构对其铀吸附及荧光检测性能的影响机制	王文欣	海南省科技厅
139	多目标进化算法研究及其在生物序列比对中的应用	杜燕连	海南省科技厅
140	优化施肥对连作菠萝土壤肥力及土壤微生物群落特征的影响	赵　艳	海南省科技厅
141	水稻白叶枯病菌 RavA/RavR 双组分系统调控细菌胞外多糖合成和运动力的信号通路研究	李春霞	海南省科技厅
142	热激蛋白转录因子 CgHSF 调控胶孢炭疽菌抗逆性及致病力的分子机制研究	安　邦	海南省科技厅
143	茉莉酸信号途径抑制子基因 SlJAZs 在番茄抗病中的功能研究	于晓惠	海南省科技厅
144	连作蕉园套作白三叶草构建健康根际微生物区系过程及其驱动机制研究	王蓓蓓	海南省科技厅
145	火龙果对溃疡病的抗病相关 PR 基因家族研究	汤　华	海南省科技厅
146	AP2/B3 亚家族 MeERF 转录因子的互作蛋白和下游基因的筛选及调节木薯抗病性的分子机理	施海涛	海南省科技厅
147	木薯热激转录因子 MeHsfx 通过激活自噬蛋白 MeATGs 的表达调节木薯抗病性的分子机理解析	韦运谢	海南省科技厅
148	基于 CRISPR/Cas9 技术创制抗细菌性枯萎病木薯研究	耿梦婷	海南省科技厅
149	生物质炭与硝化抑制剂配施对海南冬季蔬菜地土壤氮转化及 N_2O 排放影响	孟　磊	海南省科技厅
150	柱花草抗炭疽菌的类黄酮代谢物筛选及调控机制研究	蒋凌雁	海南省科技厅
151	橡胶树 hbr-miR398 抗病、抗逆的分子机制研究	冯世鹏	海南省科技厅
152	香蕉幼苗缺镁响应的分子机制及关键基因的功能验证	胡海燕	海南省科技厅
153	氮素对酸性稻田土壤 N_2O 产生过程的影响机理研究	张　丽	海南省科技厅
154	优势植物-微生物协同修复海南重金属污染土壤的根际效应及其强化措施研究	朱治强	海南省科技厅
155	组蛋白乙酰转移酶 FocGCN5 调控香蕉尖孢镰刀菌致病力的分子机制研究	王倩男	海南省科技厅
156	基于广泛靶向代谢组的挥发性萜类检测新方法及在胡椒挥发性萜类研究中的应用	袁弘伦	海南省科技厅
157	不同水稻种植方式对花后功能叶片衰老影响的差异研究	刘宏岩	海南省科技厅
158	MeERF 转录因子在木薯水淹胁迫应答中的功能分析	骆　凯	海南省科技厅
159	水晶蜜柚无籽的细胞学机理研究	沈　雁	海南省科技厅
160	柱花草种子物理休眠形成机制的研究	张　瑞	海南省科技厅
161	生物质炭添加及优化减量施肥对海南冬季蔬菜地 N2O 排放及作物产量的影响	伍延正	海南省科技厅

续表

序号	项目名称	负责人	资助单位
162	水菜花异形叶无机碳利用策略的研究	尹黎燕	海南省科技厅
163	筛选和鉴定维氏气单胞菌 tmRNA 以反义 sRNA 形式调控的下游靶标	马　香	海南省科技厅
164	Notch 通路控制松果旁体细胞特异性增殖的研究	韦　露	海南省科技厅
165	融合通用 Th 细胞表位的核酸疫苗治疗宠物猫过敏症的研究	裴业春	海南省科技厅
166	基于海洋天然产物的 T 型钙通道抑制剂设计、合成与双功能活性评价	董　帅	海南省科技厅
167	基于鱼类生物完整性的东寨港水生态系统健康评价研究	张鹏飞	海南省科技厅
168	碳点功能化多孔二氧化硅的制备及其对四环素的检测和去除研究	李禄爽	海南省科技厅
169	芋螺毒素 GeXIVA 抑制乳腺癌细胞增殖和肿瘤生长的作用及其机制研究	鲍娇琳	海南省科技厅
170	受体介导的改性玉米蛋白基口服抗癌药物递送系统的精准构建及性能研究	刘贵金	海南省科技厅
171	混交对橡胶树—降香黄檀植株生理生态适应及化学计量关系的影响	杨　帆	海南省科技厅
172	锰介导废弃污泥厌氧消化中碳素削减特征和微生物代谢响应机制的研究	王德欣	海南省科技厅
173	基于过氧化物的微氧预处理提高含抗生素畜禽粪便厌氧产甲烷的效能与机理研究	黄薇薇	海南省科技厅
174	非杀伤性可缓控释放型美托咪啶复合防污剂的制备及其机理研究	张　苹	海南省科技厅
175	热带森林碳循环的干旱动态响应评估研究	孙仲益	海南省科技厅
176	溶胶态偕胺肟基两性聚电解质对水体中铀酰离子的识别和分离机理研究	王　东	海南省科技厅
177	基于荧光共振能量转移检测肉制品中真菌毒素的均相免疫检测方法研究	孙志昶	海南省科技厅
178	乳酸菌发酵对海南特色匍枝马尾藻酚类物质构成谱、健康效应的影响	肖　娟	海南省科技厅
179	鞣花酸生物转化尿石素的特征性肠道菌群与代谢机制研究	李　武	海南省科技厅
180	咖啡烘焙过程中丙烯酰胺的形成规律及调控机制研究	张海德	海南省科技厅
181	基于机体肠道模型的诺丽果发酵液营养功能评价	张家超	海南省科技厅
182	海洋功能油脂资源中 OPO/OPL 结构脂的制备及其在婴儿体外消化特性研究	曹　君	海南省科技厅
183	基于表皮组织及其变化研究采后西番莲果实易失水机制	潘永贵	海南省科技厅
184	L-芳樟醇对单增李斯特菌抑菌机制研究	陈文学	海南省科技厅
185	基于预冷诱导的冻罗非鱼片 TQPs 与 PsFD 的关联及机理研究	冯爱国	海南省科技厅
186	具有靶向淋巴结功能的癌症纳米疫苗的制备及其性能研究	杨　永	海南省科技厅
187	金属-有机框架/聚多巴胺复合材料构筑及槟榔口腔癌性能研究	姜　珂	海南省科技厅
188	橙黄小单胞菌溶解性多糖单加氧酶的鉴定及其在几丁质降解中的作用机理研究	张雪莹	海南省科技厅
189	基于纳米抗体的电致化学发光免疫传感器检测咖啡中赭曲霉毒素 A 研究	曹宏梅	海南省科技厅
190	金鲳鱼头中磷脂的精制及对高脂膳食小鼠脂代谢的调控研究	刘中原	海南省科技厅
191	基于体外模型研究中碳链脂肪酸与木薯淀粉的交互作用	商文婷	海南省科技厅
192	基于近红外高光谱成像技术的罗非鱼片新鲜度快速检测方法研究	云永欢	海南省科技厅
193	半干金鲳鱼冷冻与物流运输解冻过程滋味稳定性的影响机制研究	何燕富	海南省科技厅
194	风敏感工程结构抗风性能的现场实测、数值模拟及风洞试验研究	张志田	海南省科技厅
195	基于流体仿真水动力学的南海人工鱼礁机理研究	李　想	海南省科技厅

续表

序号	项目名称	负责人	资助单位
196	近海大气环境下型钢混凝土柱力学性能研究	董金爽	海南省科技厅
197	我国政府投资房屋建筑项目工程总承包合谋问题的审计治理研究	刘金灿	海南省科技厅
198	台风作用下热带海岛典型城市地形风场特性的现场实测与数值模拟研究	曾加东	海南省科技厅
199	模块化多功能超大型浮体结构的耦合动力响应研究	任年鑫	海南省科技厅
200	基于精益建造理论的装配式建筑返工风险管理体系研究	曹新颖	海南省科技厅
201	改良有机质浸染砂的动力特性研究	杜　娟	海南省科技厅
202	传染病动力学问题新理论	张国策	海南省科技厅
203	FRP 筋增强海水海砂混凝土高耐久性人工鱼礁的研究	赵　菲	海南省科技厅
204	预制填充墙对装配式混凝土剪力墙抗震性能的影响研究	秦培成	海南省科技厅
205	水–土–结构动力耦合作用模型试验的仿真相似设计理论及应用	王志佳	海南省科技厅
206	开挖卸荷下断续节理群与完整岩段对围岩结构渐进裂化的协同控制机制研究	崔　洁	海南省科技厅
207	基于大数据挖掘的装配式建筑韧性评价模型研究	谢　朋	海南省科技厅
208	海南历史木结构建筑残损状态评估及加固方法研究	秦术杰	海南省科技厅
209	海岛地区空间三维风场与低矮建筑风效应的现场实测研究	黄　斌	海南省科技厅
210	基于 BIM–FEM 的大跨空间结构全寿命期地震韧性评价研究	张天龙	海南省科技厅
211	基于贝叶斯网络的智能系统推理模型学习与应用研究	任　佳	海南省科技厅
212	海洋电磁频谱关键技术研究	张永辉	海南省科技厅
213	临界态膨胀辅助放电法制备空心 WGM 微腔及其模式调控机制	王冠军	海南省科技厅
214	基于 Wi–Fi 阵列的室内目标稳健角度估计方法研究	王咸鹏	海南省科技厅
215	可信预测预警云计算平台在海水智慧养殖中的应用研究	胡祝华	海南省科技厅
216	基于深度学习视频智能分析的防火监控技术研究	白　勇	海南省科技厅
217	海洋环境下多源图像去雾增强技术研究	崔亚妮	海南省科技厅
218	水面无人艇运动控制及增稳技术研究	张　育	海南省科技厅
219	基于 OAI 平台的移动互联多路径传输性能改进技术研究	陈　敏	海南省科技厅
220	基于频谱–运动状态–链路状态多维认知的无人机间高效通信技术研究	邓　茜	海南省科技厅
221	毫米波大规模 MIMO 系统中基于压缩感知理论的混合预编码技术研究	王　萍	海南省科技厅
222	区块链技术下自贸区对全球供应链创新协调的信息补偿运作机理研究	田少卿	海南省科技厅
223	面向航天应用低压驱动高可靠性 RF MEMS 开关设计与分析	宋明歆	海南省科技厅
224	基于系统动力学的海南国际旅游消费中心旅游价值链分布及生态优化机制	黄崇利	海南省科技厅
225	南海环境下水下传感器网络动态组网网络多址接入机制研究	陈　晔	海南省科技厅
226	物联网在青少年体育训练和竞赛中的应用研究	韩学民	海南省科技厅
227	水下传感器网络定位技术研究	陈艳霞	海南省科技厅
228	基于物理信息系统的热带护坡植物根系检测与边坡稳定性研究	王立辉	海南省科技厅
229	基于 X 射线定量成像的白木香结香质量评价新技术研究	叶琳琳	海南省科技厅
230	Al_2O_3 – ZrO_2 – SiC 表面硅酸盐活性陶瓷涂层制备及体外成骨活性研究	陈险峙	海南省科技厅
231	采后荔枝果实褐变规律及其调控机制研究	李　雯	海南省科技厅

续表

序号	项目名称	负责人	资助单位
232	海南野生小米椒资源收集、评价与利用	邓　勤	海南省科技厅
233	瓠果种子气流扰动供种多场流变耦合取种机理研究	王宝龙	海南省科技厅
234	影响甘薯块根发育的关键 FT 基因的鉴定及其调控机制研究	刘永华	海南省科技厅
235	激素信号调控香蕉甜菜碱合成的机理研究	李新国	海南省科技厅
236	黄皮果实采后营养品质与生物活性物质变化规律研究	曾教科	海南省科技厅
237	乙醇熏蒸番木瓜保鲜分子机理的研究	陈　萍	海南省科技厅
238	空心菜开花时间新调控位点的分子解析	汪志伟	海南省科技厅
239	海南油茶茶皂素合成调控相关酶基因的克隆与功能鉴定	于　靖	海南省科技厅
240	空心菜对重金属胁迫的响应机制研究	包文龙	海南省科技厅
241	氮素水平和种植密度对甘薯潜在块根内源激素代谢和块根形成的影响	司成成	海南省科技厅
242	妃子笑荔枝果皮着色过程 ABA 途径相关关键 miRNAs 的筛选	马武强	海南省科技厅
243	R2R3-MYB 调控非光依赖型芒果果皮花青苷合成的分子机制研究	钱敏杰	海南省科技厅
244	“三治合一”背景下海南乡村治理的绩效评估与优化路径研究	陈丽琴	海南省科技厅
245	公共卫生事件中的信息发布如何影响网络舆情：居于多案例的关联数据分析	徐艳晴	海南省科技厅
246	土地利用与乡村发展：基于环境友好和国际比较的视角	王　湃	海南省科技厅
247	海南自由贸易港治理体系和治理能力现代化的实现路径研究	夏　锋	海南省科技厅
248	高铁周边区域“绿色化”发展的制度分析	熊昌盛	海南省科技厅
249	海南自贸港建设中集体经营性建设用地增值收益分配机制研究	刘民培	海南省科技厅
250	豆大蓟马 *Megalurothrips usitatus* 钠通道基因抗性机制解析及田间抗性种群诊断技术	吴少英	海南省科技厅
251	橡胶树炭疽菌转录因子 CsATF1 调控菌体对咯菌腈敏感性的靶基因鉴定	林春花	海南省科技厅
252	杧果炭疽病菌果胶裂解酶基因致病作用分析及对其它侵染相关基因表达的调控	刘晓妹	海南省科技厅
253	链霉菌 BWL-H1 挥发性物质对采后芒果炭疽病菌的作用机理研究	邢梦玉	海南省科技厅
254	棘孢木霉 FJ069 重寄生番茄灰霉病菌跨界 milRNA 鉴定及其与靶基因互作关系的研究	刘　铜	海南省科技厅
255	海南省瓜蚜对杀虫剂抗性的生化机制研究	李　芬	海南省科技厅
256	巴西橡胶树中潜在白粉病感病基因 HbLFG1 调控抗病性的作用研究	李　潇	海南省科技厅
257	香蕉枯萎病菌 Foc4 中多糖裂解酶 PL1 家族基因的克隆与表达分析	陈代朋	海南省科技厅
258	嗜线虫致病杆菌杀南方根结线虫活性物质的分离	张淑静	海南省科技厅
259	长翅目传粉类群系统分类及吸收式口器功能形态学研究	林晓丹	海南省科技厅
260	利用机器学习对橡胶树白粉菌寄生特性进行多组学挖掘	李志刚	海南省科技厅
261	根维管束靶向亲和给药载体的构建及其对香蕉枯萎病防治效果研究	张云飞	海南省科技厅
262	琼州海峡港航运行大数据平台研发与示范应用	唐朝胜 程杰仁	海南省科技厅
263	基于国产化基础软硬件的多通道生物芯片及控制系统关键技术研究及应用	李朝阳	海南省科技厅
264	深海自主无人车系统集成与海试应用	高艳安	海南省科技厅

续表

序号	项目名称	负责人	资助单位
265	南海海洋微生物药物先导物资源发现及活性评价	徐　静	海南省科技厅
266	低碳园区“源—网—荷—储—控”综合供能模式及仿真研究	唐荣年	海南省科技厅
267	热带耐盐水稻新种质创制及品种培育	罗越华	海南省科技厅
268	热带滩涂盐地盐害调控及绿色稳产栽培技术研究与示范	聂立孝	海南省科技厅
269	外来入侵物种、检疫性有害生物及转基因作物检测技术研发与集成应用	罗　杰	海南省科技厅
270	我国热带红树及滨海盐生植物资源保育与应用示范	谭正洪	海南省科技厅
271	海南岛红树林智能评价与生态恢复关键技术研究与应用示范	杨小波	海南省科技厅
272	面向无人智能海防的海上目标主动感知与智能识别技术研究与示范	黄梦醒	海南省科技厅
273	多源数据的融合处理算法及作业数据处理系统	黄梦醒	海南省科技厅
274	外来入侵物种、检疫性有害生物及转基因作物检测技术研发与集成应用（二）	吴少英	海南省科技厅
275	天然气水合物（可燃冰）钻井及流动保障关键技术研究与应用	王　宁	海南省科技厅
276	胰胆管共聚焦显微内窥镜研发	刘　谦	海南省科技厅
277	椰壳超级电容炭开发的关键技术研发与应用	陈　永	海南省科技厅
278	海南屯昌猪种质特性挖掘及分子辅助育种技术研究与应用	谭　振	海南省科技厅
279	槟郎多糖作为巨噬细胞源外泌体疫苗免疫佐剂的研究	覃　尧	海南省科技厅
280	禁塑用手持式拉曼光谱仪现场快速检测系统研发与应用	王桂振	海南省科技厅
281	海南禁塑检测标准相应谱图库建设	周雪晴	海南省科技厅
282	三种生态循环式海水养殖水质保障关键技术的构建、对比和优化研究	姚雪梅	海南省科技厅
283	适于对虾循环水养殖的土著菌/藻筛选及绿色水处理技术开发与示范	谢珍玉	海南省科技厅
284	海南岛破碎化珊瑚礁的修复技术研究	李秀保	海南省科技厅
285	三亚湾水动力环境对珊瑚礁生态系统的影响研究	朱君莹	海南省科技厅
286	羧酸类药物的羧基改性及生物活性研究	陈铁桥	海南省科技厅
287	两种药食同源南药资源的综合利用价值研究	刘平怀	海南省科技厅
288	环境响应型南海海藻生物基超分子载药材料的开发及在农药控释中的应用	李嘉诚	海南省科技厅
289	基于人工智能的海南岛精细化降雨预报技术研究与应用示范	李　创	海南省科技厅
290	基于“空-地”协同多源遥感的天然橡胶病虫害监测与决策关键技术研究	付　威	海南省科技厅
291	基于二氧化钛纳米有序阵列薄膜的污水处理高级氧化技术	文　伟	海南省科技厅
292	无人机喷施热带作物雾滴运动机理及飘移风险评估研究	王　娟	海南省科技厅
293	基于大数据与微服务的城市智能服务平台关键技术研究	叶春杨	海南省科技厅
294	公检法司链上存证关键技术研究与应用	曹春杰	海南省科技厅
295	基于区块链的联盟业务协同关键技术研究与应用	邱　钊	海南省科技厅
296	基于知识图谱与用户画像的智能推荐技术研究与应用	陈少凡	海南省科技厅
297	基于区块链的 DDoS 攻击跨链协同检测关键技术研究与应用	程杰仁	海南省科技厅
298	弱信道感知水声组网与可靠传输技术及南海应用	羊秋玲	海南省科技厅
299	基于深度学习的开源软件安全漏洞检测技术研究	郭　祯	海南省科技厅
300	深海探测用高强度透明纳米晶玻璃的设计与制备	马艳平	海南省科技厅
301	椰子加工副产物椰子水益生菌发酵制备文昌鸡饲料添加剂的研究和开发	刘四新	海南省科技厅
302	环糊精/纳米粒子改性壳聚糖可降解包装膜的研发	许文茸	海南省科技厅

续表

序号	项目名称	负责人	资助单位
303	海南省明星作物——木豆种质资源评价、高效栽培与推广应用	王志勇	海南省科技厅
304	海南典型槟榔园林下经济种养技术集成与示范	余雪标	海南省科技厅
305	热带作物木薯重金属低积累种质筛选和基于微生物宏基因组的风险防控研究	刘国银	海南省科技厅
306	海南特有植物石碌含笑保育及其深加工利用	宋希强	海南省科技厅
307	海南特有植物石碌含笑保育及其深加工利用（二）	赵　莹	海南省科技厅
308	优质鹧鸪茶的林下栽培及其高值化利用关键技术研究	李娟玲	海南省科技厅
309	热带睡莲高附加值产品研发	王　健	海南省科技厅
310	虚拟现实在南海海洋出水瓷器保护与修复训练中的应用	颜　洪	海南省科技厅
311	氢燃料电池高效氧还原催化剂的设计及电池性能研究	田新龙	海南省科技厅
312	新型抗污损、高强韧分级孔道海洋吸附材料关键技术研发与应用示范	石　瑟	海南省科技厅
313	观赏石斛兰新品种选育与配套栽培技术研究	刘进平	海南省科技厅
314	基于基因编辑和遗传智能化育制种技术创制多抗优质水稻新品种	房传营	海南省科技厅
315	热带稻作资源精准鉴定评价和稻米营养品质关键基因挖掘及应用	罗　杰	海南省科技厅
316	柱花草抗炭疽病种质资源挖掘及育种利用	罗丽娟	海南省科技厅
317	基于豹纹鳃棘鲈基因组解析的重要性状研究与育种应用	齐兴柱	海南省科技厅
318	国家一类新药减肥疫苗 XR3 临床前研究之一：工艺放大与质量标准研究	李　军	海南省科技厅
319	场效应晶体管型光电生物传感器在水体痕量抗生素检测中的应用研究	廖建军	海南省科技厅
320	番茄蜡质形成相关非特异性脂质转运蛋白的筛选及功能鉴定	孟兰环	海南省科技厅
321	采后芒果低温冷害的控制技术研发与应用	张正科	海南省科技厅
322	基于纳米抗体和噬菌体展示肽快速检测鹅膏菌肽类毒素的技术研究与应用	刘　星	海南省科技厅
323	玉足海参多糖体内外消化酵解及调节血脂机制研究	李　川	海南省科技厅
324	槟榔多酚改善骨代谢的机制研究及营养食品开发	夏光华	海南省科技厅
325	高烈度地区装配式钢框架结构研发及其应用示范	陈　云	海南省科技厅
326	基于南海海域的深海温差能开发利用关键技术研究	沈义俊	海南省科技厅
327	基于共融式核心控制器地下管廊工业物联网开发与应用示范	杜育宽	海南省科技厅
328	重金属离子高灵敏响应的物联网传感器件共性关键技术	刘德兵	海南省科技厅
329	优质高产大肉有棱丝瓜的新品种选育与配套关键栽培技术研发	陈艳丽	海南省科技厅
330	热区菜观两用甘薯优异种质资源的挖掘、创新与利用	朱国鹏	海南省科技厅
331	热带农用地膜残留成分解析及土壤环境行为和作物安全评价	冯玉红	海南省科技厅
332	海南岛近岸及毗邻海域微塑料分布、来源及生态风险评估	刘志媛	海南省科技厅
333	鲜食玉米机械化收获装备关键技术研究	张喜瑞	海南省科技厅
334	基于北斗、GPRS 的多源数据感知技术在交旅融合的应用研究	王咸鹏	海南省科技厅
335	适用于机制砂混凝土聚羧酸减水剂的开发及应用	潘莉莎	海南省科技厅
336	水产胶原三肽制备关键技术研究	张雪莹	海南省科技厅
337	基于压差瞬时爆破的槟榔纤维软化和活性物质释放关键技术研究及产业化示范	陈海明	海南省科技厅

2020年省级人文社会科学项目立项一览表

序号	项目名称	负责人	资助单位
1	地理标志统一保护制度研究	宋昕哲	海南省社科联
2	海南省海洋渔业生态经济系统脆弱性及发展效率研究	曹威威	海南省社科联
3	中美主流报刊中海南省媒介形象建构机制对比研究	许慧敏	海南省社科联
4	建设自由贸易港特色的海南国家生态文明试验区之民法支撑研究	蔡　唱	海南省社科联
5	企业间数据利用法律问题研究	杨　芳	海南省社科联
6	残障保护视角下海南突发公共卫生事件应急机制研究	亓　飞	海南省社科联
7	乡村振兴语境下海南自由贸易港乡村旅游共同体的系统构建与协调机制研究	谢祥项	海南省社科联
8	海南新型农业经营主体农地流转经营模式及绩效评价研究	宋晓丽	海南省社科联
9	海南乡村振兴信息化服务动力机制及能力提升路径研究	蔡东宏	海南省社科联
10	健康老龄化视角下海南多层次长期照护保障制度体系构建研究	刘德浩	海南省社科联
11	海南省科技投入产出效率评价研究	吴顺祥	海南省社科联
12	居民感知的乡村旅游扶贫障碍：形成动因与作用机理——海口龙鳞村、保亭布隆赛案例	陈海鹰	海南省社科联
13	海南建省以来财政支出规模与结构演变规律和趋势研究	王丽娅	海南省社科联
14	海洋环境规制、海洋产业结构升级与海南海洋经济增长研究	孙　鹏	海南省社科联
15	激励相容视阈下的海南自贸港建设国家产业政策供给研究	蒋国洲	海南省社科联
16	以南海出水古陶瓷文化内涵为视角对“海上丝绸之路”沿线的文化交流模式研究	苏西亚	海南省社科联
17	海南自由贸易港意识形态风险防控研究	赵福生	海南省社科联
18	基于OBE理念下高校体育教改研究	陈　亮	海南省社科联
19	海南特色体育小镇建设实践探索研究	李一亮	海南省社科联
20	海南自由贸易港建设视域下海南休闲体育产业发展策略研究	杨　鹭	海南省社科联
21	黎族非物质文化遗产名录文献整理与研究	李　春	海南省社科联
22	海南建设国际医疗旅游目的地背景下的医疗口译服务与人才培养研究	匡晓文	海南省社科联
23	中西大屠杀文学的创伤记忆与民族认同比较研究	章　颜	海南省社科联
24	海南基层非遗文化企业的生存与发展——以临高县人偶剧团为例	许潇尹	海南省社科联
25	南海海洋出水瓷器虚拟修复训练的应用研究	颜　洪	海南省社科联
26	海南钢琴艺术发展研究报告（1985—2020）	徐　渤	海南省社科联
27	海南省突发事件网络舆论协同引导机制研究	黄燕梅	海南省社科联
28	疫情下的海南旅游产业危机应对策略研究	陈文婷	海南省社科联
29	基于“五化模式”的海南全面建设生态循环农业示范省实施路径及支持政策研究	姬　卿	海南省社科联
30	海南自由贸易港-粤港澳大湾区:战略互动与协调发展研究	刘　刚	海南省社科联
31	自由贸易港背景下海南入境免签的政策效应及优化策略研究	刘素君	海南省社科联
32	明清海南地方人士著述研究	刘　显	海南省社科联
33	海南自由贸易港建设视阈下工笔花鸟画创作审美认知研究	陈燕秀	海南省社科联
34	海南自由贸易港背景下旅游动漫IP的自主创新研究	邓　晰	海南省社科联
35	海南“三治合一”乡村治理体系建设的逻辑理路与实践路径研究	陈丽琴	海南省社科联
36	秩序强化与功能加固：中国共产党的制度意识研究	张可辉	海南省社科联
37	社会主义核心价值观入法背景下海南自由贸易港立法的行动逻辑研究	黎雨苗	海南省社科联

续表

序号	项目名称	负责人	资助单位
38	中国特色自由贸易港法治建设创新性研究	刘云亮	海南省社科联
39	海南自贸港走私风险防控研究	童伟华	海南省社科联
40	后疫情时期助力海南小微企业脱困的金融支持创新研究	徐　艳	海南省社科联
41	构建与海南自贸港相适应的行政管理体制研究	谭　波	海南省社科联
42	自由贸易港背景下海南国际旅游消费中心与“一带一路”战略支点建设耦合路径研究	杨　洁	海南省社科联
43	海南自由贸易港建设中的舆情风险及对策研究	孔　非	海南省社科联
44	海南自由贸易港知识产权保护制度创新研究	郑志涛	海南省社科联
45	海域物权制度生态化研究	唐　俐	海南省社科联
46	海南自贸港营商环境监管的法治化研究	姜　漪	海南省社科联
47	与自贸港相适应的机关运行成本绩效优化研究	樊　燕	海南省社科联
48	“十四五”海南省有效投资及其效率研究	符　蕾	海南省社科联
49	深化“放管服”改革促进亲清政商关系构建的机理、效应与对策研究	颜洪平	海南省社科联
50	海南自贸港建设中的一般反避税规则研究	王岚岚	海南省社科联
51	海南热带雨林国家公园“生态银行”模式创新研究	童　昀	海南省社科联
52	自贸港视域下近代海南港口群经济文化空间研究	李彩霞	海南省社科联
53	黎族非物质文化遗产影像资料共享平台建设研究	李风逸	海南省社科联
54	新中国 70 年小说中的农事书写研究	石晓岩	海南省社科联
55	西方左翼批评理论中的“忧郁”概念研究	苏　岩	海南省社科联
56	中国特色自由贸易港建设进程中海南国际多元语言服务对策研究	卢尚玉	海南省社科联
57	跨文化视角下 2010—2020 年间中国年度流行语的日译研究	李卫群	海南省社科联
58	海南当代舞蹈史研究（1950—1966）	康可可	海南省社科联
59	自由贸易港建设背景下海南社会治理体制和机制创新研究	吴方彦	海南省社科联
60	国土空间规划中生态空间综合评价与生态网络构建研究	韦仕川	海南省社科联
61	“海南自由贸易港建设总体方案”面对面	刘家诚	海南省社科联
62	海南外语教育政策变迁与国家语言战略能力提升路径研究	朱　燕	海南省教育规划办
63	“一带一路”倡议与柬埔寨“四角战略”对接研究	许能锐	贵州省社科联
64	中国共产党道德领导力研究	童泽林	青岛市社科办

2020 年地厅级自然科学项目立项一览表

序号	项目名称	负责人	资助单位
1	低温等离子技术辅助制备纳米纤维基可降解复合薄膜材料及其性能研究	杜学禹	广西大学
2	基于光子晶体的自适应伪装材料研究	王文欣	哈尔滨工业大学
3	基于光子晶体的自适应伪装材料研究	王文欣	哈尔滨工业大学
4	过渡金属-复合碳基结构材料及其氧电极反应催化性能	潘勤鹤	海南师范大学
5	基于复合发酵技术的特色椰子酒产品开发应用研究	潘勤鹤	海南椰岛酒业发展有限公司

续表

序号	项目名称	负责人	资助单位
6	基于镍铁纳米和金纳米颗粒核酸探针双扩大体系超灵敏检测血清淀粉样蛋白 A 的研究	涂进春	海南医学院
7	基于大数据挖掘的装配式建筑韧性评价体系	谢　朋	华南理工大学亚热带建筑科学国家重点实验室开放研究基金
8	新型预制装配式节点强连接计算方法研究	秦术杰	淮阴工学院 江苏省城乡住宅结构装配技术工程实验室
9	高速精密加工过程热——力耦合机理及切削参数优化研究	刘世豪	江苏省精密与微细制造技术重点实验室
10	用于姜黄素控释的新型核——壳载药系统的构筑	文　峰	江西中医药大学
11	一种修复近岸破碎化珊瑚礁的简易技术研究	李秀保	三亚中科海洋研究院
12	嵌入式终端网络异常行为检测方法研究	程杰仁	上海工业控制系统安全创新功能型平台
13	海南槟榔炭疽病菌症状类型及发病规律研究	王洪星	海南省教育厅
14	基于有益微生物驱动对油梨根腐病防治技术研究	林　江	海南省教育厅
15	芒果果实对水肥互作的生理响应研究	刘德兵	海南省教育厅
16	基于嵌入式 DSP 的香蕉病虫害视觉目标检测关键技术研究	黄建清	海南省教育厅
17	热带草本植物根际高灵敏度监测系统设计	王立辉	海南省教育厅
18	负载抗菌肽药物的 $Al_2O_3-ZrO_2-SiC$ 陶瓷的抗菌及成骨活性研究	陈险峙	海南省教育厅
19	基于并行多目标进化算法的大规模车间调度问题研究	杜燕连	海南省教育厅
20	波浪力作用下海洋平台起重机动力学敏捷设计关键技术研究	白传武	海南省教育厅
21	基于大数据的智慧农业数据挖掘算法研究	陈艳霞	海南省教育厅
22	DNA 传感器与逻辑门构建及其应用于 ATP 检测机理研究	赵圣和	海南省教育厅
23	2020 年中央林木良种补贴海南大学良种苗木培育项目	赖杭桂	海南省林业厅
24	利用黄水发酵生产细菌纤维素的研究	林　雪	四川五粮液集团中国轻工业浓香型白酒固态发酵重点实验室
25	氢气添加+电场控制双重策略下沼气火焰稳定性提升机理研究	甄海生	天津大学内燃机燃烧学国家重点实验室
26	研发基于海洋污损生物粘附机制的环境友好型防污涂料及海洋源医用材料	杨建新	武汉理工大学三亚科教创新园
27	螯合型含碳硼烷 NHC 合成及催化性能研究	陆居有	西安近代化学研究所
28	含有浅埋隐伏溶洞灰岩地层三维识别重构及地面稳定性研究	谢　朋	中国矿业大学深部岩土力学与地下工程国家重点实验室
29	蔓花生对邻近豇豆田普通大蓟马——捕食性天敌食物网的影响	李金花	中国农业科学院植物病虫害生物学国家重点实验室开放课题
30	可生物降解天然橡胶的合成及性能研究	于人同	中国热带农业科学院农产品加工研究所
31	天然橡胶塑性保持率影响因素及对橡胶性能的影响	廖小雪	中国热带农业科学院农产品加工研究所
32	寄主化学指纹图谱对云斑天牛定位识别的影响	卓志航	中国热带农业科学院香料饮料研究所省部重点实验室及工程技术研究中心
33	间作胡椒对槟榔果实次生代谢物的影响与调控机制研究	于　靖	中国热带农业科学院香料饮料研究所省部重点实验室及工程技术研究中心

续表

序号	项目名称	负责人	资助单位
34	生物菌剂防控草地贪夜蛾试验示范	范咏梅	海南省农业农村厅
35	东方市轻中度重金属污染耕地修复技术研究与示范	王　庆	海南省农业农村厅
36	热带滨海城市栽培植物和自生植物的多样性分布格局及其变异额驱动因子研究	王华锋	华东师范大学

2020 年地厅级人文社会科学项目立项一览表

序号	项目名称	负责人	资助单位
1	中外合作办学意识形态的风险与防控研究	武耀廷	海南省教育厅
2	面向乡村振兴战略的海南省农村土地利用转型与空间重构研究	谷秀兰	海南省教育厅
3	海南自由贸易港海关监管制度创新研究	夏　锋	海南省教育厅
4	海南国际旅游消费中心建设中基于大数据的进岛游客服务管理研究	熊　浩	海南省教育厅
5	自由贸易港建设背景下高校“三全育人”一体化工作机制研究	杨智平	海南省教育厅
6	海南国际旅游岛建设中加强社会舆情引导的对策研究	赵福生	海南省教育厅
7	基于自我调节学习的元认知写作策略量表开发研究	覃成海	海南省教育厅
8	俄罗斯人视域下的海南文化研究	刁科梅	海南省教育厅
9	《海南自贸港出入许可制度研究-以日本四大港运营为鉴》	姜　漪	海南省教育厅
10	海南省内高校信息资源共享意愿、机制及其作用效果的研究	林冬冬	海南省教育厅
11	海南少数民族艺术技艺的传承与保护研究	刘　军	海南省教育厅
12	新形势下大学生就业状况分析及协同系统对策研究——基于海南省高校抽样调查数据的实证分析	刘莉莉	海南省教育厅
13	海南康养小镇投资绩效评价与优化研究	刘　毅	海南省教育厅
14	“一带一路”与海南发展机遇与对策研究	罗晋京	海南省教育厅
15	海南国际医疗旅游先行试验区运动康养旅游研究	王公法	海南省教育厅
16	海南医疗旅游发展成效评价及完善策略研究——基于卫生服务利用行为模型的探讨	王章佩	海南省教育厅
17	面向乡村振兴、海南高校图书馆推进乡村文化建设机制研究	吴艳阁	海南省教育厅
18	海南黎族服饰文化视觉符号的创新保护研究	于晓华	海南省教育厅
19	国家生态文明试验区建设背景下海口农产品绿色营销模式研究	曾　峰	海口市社科联
20	“一核两委一会”村级治理模式在海口市乡镇的实践研究	冯　琼	海口市社科联
21	自贸区建设背景下海口休闲体育特色小镇建设研究	韩学民	海口市社科联
22	党的全面领导有效提升海口营商环境治理效能的实现路径研究	姜　帆	海口市社科联
23	海南自贸区（港）视域下海口骑楼老街“旅游+文化”IP 延展研究	李晓夏	海口市社科联
24	自贸区（港）建设视阈下琼籍华侨的地位及作用研究	邵秋菊	海口市社科联
25	海口文明生态村建设现状及可持续发展研究	石晓岩	海口市社科联
26	海南省新型农业经营主体农地流转经营模式及绩效评价研究——以海口市为例	宋晓丽	海口市社科联
27	城市国际化视域下海口市涉外公共服务优化研究	苏会娜	海口市社科联
28	海口市外卖送餐员劳动权益保障调查研究	王一闵	海口市社科联
29	海口市外国人管理的法治保障研究	俞世峰	海口市社科联
30	海口市文旅融合中的政府角色创新研究	王　红	海口市社科联

序号	项目名称	负责人	资助单位
31	海口市农村地区推普的精准扶贫效应及长效机制研究	蒋超男	海口市社科联
32	海口入境旅游及客源市场的季节性特征研究	宋蒙蒙	海口市社科联
33	海口市“社区嵌入式”医养结合服务模式发展策略与实现路径研究	刘德浩	海口市社科联
34	后“双创”时期海口夜间经济发展质量满意度评价及机制构建	符海玲	海口市社科联
35	海南自贸港建设背景下加快海口数字经济发展的对策研究	刘启华	海口市社科联
36	海南自贸港的移民安全问题研究	曹宪忠	海南省国安委
37	基于区块链的自贸港贸易保障体系研究	张良福	海南省国安委
38	海南自贸港跨境资本流动风险防范研究	谢　妍	海南省国安委
39	南海局势动态研判及应对策略研究	郭　祯	海南省国安委
40	海南省社科工作创新驱动发展研究	周　伟	海南省社科院

2020 年企事业单位委托自然科学项目立项一览表

序号	项目名称	负责人	资助单位
1	海南省冬季进京食品现状与风险分析	冯玉红	北京市理化分析测试中心
2	产业链视角下的澄迈咖啡产业发展战略	尹学琼	澄迈福山咖啡文化风情镇管理委员会
3	儋州大成黄皮产业规划	于旭东	儋州市大成镇人民政府
4	高性能活性炭合作开发协议	陈　永	佛山珀尔斯炭材料科技有限责任公司
5	全国镁营养研究协作网实施方案（海南省菠萝作物）（2020）	李长江	福建农林大学
6	全自动显微镜光度计维修——HD 型	姚伯元	广西盛隆冶金有限公司
7	应急物资储备保障及动态管理研究	丁　洁	海口市公共安全联动指挥中心
8	海口市江东新区起步区水系（道孟河、芙蓉河）综合治理工程（示范段）现状土壤、水质检测	孟　磊	海口市供排水管理处
9	猪胆总管探查+支架吻合术及术后饲养管理	赵建国	海口市人民医院
10	火龙果皮、渣、茎高值利用及产业化研究	白新鹏	海南北纬十八度食品加工有限公司
11	福山油田油井水型化验委托书	李　进	海南福山油田勘探开发有限责任公司
12	海南长臂猿灾害预警方案	宋希强	海南国家公园研究院
13	辛伐他汀片晶型研究项目服务协议	万耿平	海南海灵化学制药有限公司
14	制定槟榔优质鲜果的鉴定标准与开发优质鲜果培育技术	万迎朗	海南华创槟榔研究院
15	槟榔籽纳米纤维素制备与槟榔表面涂膜材料的开发	张伟敏	海南华创槟榔研究院
16	槟榔多酚改善骨质疏松的作用机制研究	夏光华	海南华创槟榔研究院
17	海南槟榔加工副产物的综合利用与新产品的开发	王　露	海南华创槟榔研究院
18	新型卤水结构及稳定性研究	陈海明	海南华创槟榔研究院
19	桉树人工林生态环境影响监测	余雪标	海南金华林业有限公司
20	餐厨垃圾的安全处置与资源化	黄　青	海南金特尔环境科技有限公司
21	椰壳纤维/PP 复合材料制安全气囊盖板性能研究	李劲松	海南钧达汽车饰件股份有限公司
22	海南康养休闲旅游发展模式研究	陈展川	海南康养休闲旅游发展模式研究
23	玄武岩纤维/PVC 复合材料研究及其应用	于人同	海南联塑科技实业有限公司

续表

序号	项目名称	负责人	资助单位
24	高强度及耐热稳定型 PVC 材料的研究及其应用	李志君	海南联塑科技实业有限公司
25	面向大规模分布式拒绝服务攻击的区块链跨链协同监测及溯源关键技术研究与应用	程杰仁	海南链火网络科技有限公司
26	海南农垦东方广坝垦区土壤改良	高　伟	海南农垦自然资源开发运营有限公司
27	海南神农峨蔓海洋牧场项目概念性规划	王爱民	海南神农科技股份有限公司
28	海南神农沙虫工厂化养殖技术研发	王爱民	海南神农科技股份有限公司
29	可降解塑料成分分析	高艳安	海南省产品质量监督检验所
30	海南省农业活动温室气体排放因子研究	孟　磊	海南省环境科学研究院
31	“海南省农用地土壤污染状况详查”预留土壤样品和水稻样品保存	汤水荣	海南省环境科学研究院
32	预防近视动画制作	邓　晰	海南省教育厅
33	遗传资源调查及图鉴	张海文	海南省林业局
34	古树名木植物调查及图鉴	龙文兴	海南省林业局
35	物候调查及图鉴	杜彦君	海南省林业局
36	海南长臂猿食源植物调查及图鉴	张　辉	海南省林业局
37	总纲及总体报告	宋希强	海南省林业局
38	自然景观代表性	赵书彬	海南省林业局
39	自然遗迹代表性	唐敏强	海南省林业局
40	统筹及生物物种代表性	肖楚楚	海南省林业局
41	原生自然状态	张　辉	海南省林业局
42	人类干扰强度、破碎化程度	龚文峰	海南省林业局
43	历史文化价值	梁怀月	海南省林业局
44	海南热带雨林国家公园植被与植物资源总体把控与考查	杨小波	海南省林业局
45	珍稀濒危及国家级保护植物调查及图鉴	李东海	海南省林业局
46	野生观赏植物调查及图鉴	任明迅	海南省林业局
47	真菌调查及图鉴	丁　琼	海南省林业局
48	野外资源调查	戚春林	海南省林业局
49	苔藓调查及图鉴	张莉娜	海南省林业局
50	成效评估及生态系统代表性、面积适宜性	谭正洪	海南省林业局
51	结构完整性、功能完整性	任明迅	海南省林业局
52	三沙海—气通量观测业务	谭正洪	海南省气象科学研究所
53	Graves 病患者肠道菌群与免疫功能紊乱及高复发率的相关性研究(二)	张家超	海南省人民医院
54	海南生态环境地面监测指标体系研究项目	谭正洪	海南省生态环境监测中心
55	海南西沙群岛植物群落固定样地监测研究	李东海	海南省生态环境监测中心
56	2020 年松涛水库增殖放流项目	吴小易	海南省水利灌区管理局松涛灌区管理分局
57	海南岛典型成土母质发育水稻土高效施硅田间试验研究	吴治澎	海南省土壤肥料总站

续表

序号	项目名称	负责人	资助单位
58	海南农作物科学施肥模式研究与示范工作—肥料利用率测定	赵　艳	海南省土壤肥料总站
59	草地贪夜蛾监测	周世豪	海南省文昌市农业技术推广服务中心
60	钢筋连接方式及楼板接缝对装配式结构抗火性能的影响研究	李　兵	海南省消防救援总队
61	水稻抗性鉴定	夏志辉	海南省种子总站
62	海南五指山保护区野生动物多样性监测及数据分析项目（生态保护与恢复）	刘　辉	海南五指山国家级自然保护区管理局
63	海南五指山国家级自然保护区开展植物多样性调查项目（生态保护与恢复）	龙文兴	海南五指山国家级自然保护区管理局
64	海口市琼山区红旗镇大山村土壤改良及保水工程实施效果分析评价	王晶晶	海南中环土地整治有限公司
65	华南海南区域富岛水溶肥新产品应用效果研究	林　电	海油富岛（上海）化学有限公司
66	大数据分析在现代智慧交通中的应用研究	金志扬	河南省交通规划设计研究院股份有限公司
67	中国海岸带蓝碳现状与发展战略研究	赵　鹏	河仁慈善基金会　保尔森基金会（美国）北京代表处
68	湖南泽丰农化（2020）	李培征	湖南泽丰农化有限公司
69	华中大—海大—华为运动健康联合创新合作框架协议	刘　谦	华为技术有限公司 华中科技大学
70	江苏禾裕泰（2020）	王　萌	江苏禾裕泰化学有限公司
71	新型抗菌物质神力康在凡纳滨对虾配合饲料中实际应用效果探究	韩凤禄	江苏神力特生物科技股份有限公司
72	氮同位素样品测定	伍延正	江苏省农业科学院农业资源与环境研究所
73	海南莺歌海岸滩整治工程现场调查、岸滩分析与设计波浪要素推算数学模型	季新然	交通运输部天津水运工程科学研究所
74	临高县2020年《养殖水域滩涂规划》修编项目	吴小易	临高县农业农村局
75	2020年临高县蓝水湾渔业增殖放流项目	吴小易	临高县农业农村局
76	集成电路开源硬件平台	王　超	南京前海有芯信息技术有限公司
77	农药面源污染定点监测样品采集	梁晓宇	农业农村部农药检定所
78	INID-图像辅助诊断国际合作	王兆晖	挪威科技大学
79	苯磺顺阿曲库铵杂志立体结构鉴定	高艳安	齐鲁制药（海南）有限公司
80	青岛星牌作物（2020）	李培征	青岛星牌作物科学有限公司
81	青岛中达农业（2020）	李培征	青岛中达农业科技有限公司
82	马铃薯群体全基因组信息采集及分析	夏志强	青海省农林科学院
83	2019年琼海市农业生产和水利救灾项目红火蚁防控效果调查协议	周　祥	琼海市农业技术推广服务中心
84	三沙市海洋经济发展“十四五”规划	吴小易	三沙市海洋和渔业局
85	三沙市椰子树及部分灌木主要虫害化学防治及生物防治服务	卓志航	三沙市海洋和渔业局
86	岛礁果蔬试种推广项目	江行玉	三沙市海洋和渔业局

续表

序号	项目名称	负责人	资助单位
87	三沙市“十四五”永乐群岛区域规划	吴小易	三沙市永乐群岛管理委员会
88	三沙市项目办聘用工程管理人员资质要求及施工现场签证管理咨询服务	刘金灿	三沙市自然资源和规划建设局
89	2020 年三亚地力提升项目土壤样品测试分析协议	孟　磊	三亚南繁科学技术研究院
90	利于诱导珊瑚附着生长繁育新型材料的研发	尹学琼	三亚珊瑚礁生态研究所
91	三亚抱坡岭山体生态修复科学研究项目委托协议	张　辉	三亚市林业局
92	土壤植物样品测试	何秋香	三亚市热带农业科学研究院
93	橡胶废水特征污染物相关的降解菌开发	唐燕琼	山东海景天环保科技股份公司
94	海南天然橡胶加工废水处理和资源化	徐　文	山东海景天环保科技股份公司
95	土壤样品 15N 丰度和浓度测定	伍延正	山东省农业科学院农业资源与环境研究所
96	嵌入式终端网络异常行为检测方法研究	程杰仁	上海工业控制安全创新科技有限公司
97	化工管廊重防腐涂层的研究	汪国庆	上海化学工业区管廊有限公司
98	水稻白叶枯病抗病试验	刘文波	上海交通大学
99	上海生农生化（2020）	李培征	上海生农生化制品股份有限公司
100	薯蓣重要资源的组培快繁及茎尖保存	吴文嫱	上海市农业生物基因中心
101	基于微流控芯片的电致化学发光技术检测葡萄酒中赭曲霉毒素 A 研究	曹宏梅	上海速芯生物科技有限公司
102	海南坡鹿野外生态适应机制与野生种群恢复研究	刘　辉	深圳市质兰公益基金会
103	海南热带雨林国家公园背景下海南山鹧鸪的监测技术标准、保护策略与行动计划研究	饶晓东	深圳质兰公益基金会
104	《屯昌畜牧业发展规划 2020—2025》项目编制	吴科榜	屯昌县畜牧兽医局
105	万宁东星斑养殖融合发展基地生态环境保护相关报告技术咨询服务和养殖尾水处理工程建造	肖　娟	万宁和南广发渔业发展有限公司
106	海南省万宁市海水养殖尾水处理模式研究	郭志强	万宁市农业农村局
107	草地贪夜蛾防治和假高粱调查	周世豪	文昌市农业技术推广服务中心
108	文昌铜鼓岭国家级现代化海洋牧场示范区前期工作	李卫东	文昌市农业农村局
109	2020 年五指山市实用技术培训项目	王　健（大）	五指山市林业局
110	南繁样品分析测试与水稻文库构建	施海涛	武汉市农业科学院
111	耐震型生态支护结构抗震性能振动台试验	王志佳	西南交通大学
112	天然橡胶干燥生产线卸胶工序自动化改造	樊军庆	西双版纳绿恒橡胶机械设备有限公司
113	一帆生物技术（2020）	李培征	一帆生物技术集团有限公司
114	钢渣混凝土制人工礁石投放及海洋牧场生境构建技术研究	汪国庆	湛江宝钢新型建材科技有限公司
115	CDR 集成平台性能监控器性能测试	刘　谦	浙江大学
116	CDR 临床数据应用生成器性能测试	刘　谦	浙江大学
117	冠脉临床影像大数据平台功能和性能测试	刘　谦	浙江大学

续表

序号	项目名称	负责人	资助单位
118	冠脉临床影像大数据平台临床数据模型及部分系统功能与性能测试	刘　谦	浙江大学
119	面向应用场景的专题接口测试数据采集加工和测试分析	刘　谦	浙江大学
120	有毒中药材化学成分的分析鉴定	董　帅	浙江农林大学
121	有毒中药材化学成分的分析鉴定（2）	董　帅	浙江农林大学
122	海南省网络安全和信息化人才队伍发展规划	曹春杰	中共海南省委网络安全和信息化委员会办公室
123	佛山电视塔刚性模型高频动态天平风洞试验研究	张志田	中广建（北京）塔桅安全科技有限公司
124	宏基因组测序及微生物群落分析	万　逸	中国科学院海洋研究所
125	船载卫星移动终端研发实验测试技术服务项目	沈　重	中国科学院深海科学与工程研究所
126	极化 SAR 对抗生成软件测试与数据加工	黄梦醒	中国科学院自动化研究所
127	儋州市峨蔓镇上下浦村潟湖生态修复项目生物因子调查	黄　勃	中国林业科学研究院热带林业研究所
128	阿福拉纳咀嚼片、阿福拉纳米尔贝肟咀嚼片治疗和控制犬蠕形螨和疥螨感染的临床验证试验	韩　谦	中国农业大学
129	芒果果面微生物组数据分析	施海涛	中国热带农业科学院环境与植物保护研究所
130	海南黑山羊肉和努比亚山羊中呈味肽、氨基酸和呈味核苷酸种类和含量的检测和鉴定	何燕富	中国热带农业科学院热带作物品种资源研究所
131	不同山羊品种不同饲养方式的羊肉的蛋白质组和多肽组测定	何燕富	中国热带农业科学院热带作物品种资源研究所
132	海南黑山羊宰后和烹饪过程中肉的品质及特征滋味活性物质的变化规律测定分析	何燕富	中国热带农业科学院热带作物品种资源研究所
133	仿生粘合材料实海挂板试验	陈　新	中国人民解放军国防科学技术大学
134	夹芯复合圆柱壳声目标强度优化设计数值技术服务	李静茹	中国人民解放军海军工程大学舰船与海洋学院
135	海南长臂猿保护与热带雨林国家公园建设	杜彦君	中国人民政治协商会议海南省委员会办公厅
136	土壤微生物群落组成、氮同位素测试	伍延正	中国水利水电科学研究院
137	东方文化广场项目研发服务	秦培成	中建新疆建工（集团）有限公司海南分公司
138	案例研究、风险分析及关键问题处理模式技术服务	刘金灿	中建新疆建工（集团）有限公司海南分公司
139	15N 丰度测定	孟　磊	中南林业科技大学
140	影视主题公园仿古异型外立面装饰施工技术研究	陈　云	中铁建设集团有限公司
141	《影视主题公园建筑结构关键施工技术研究》科技项目申报	陈　云	中铁建设集团有限公司
142	新海学校摩擦阻尼器技术应用研究	陈　云	中铁建设集团有限公司
143	深海真菌中群体感应抑制剂的发现与舰船底部污损微生物被膜的破坏	贾爱群	自然资源部第三海洋研究所

2020 年企事业单位委托人文社会科学项目立项一览表

序号	项目名称	负责人	委托单位
1	青年人才助力乡村振兴战略调研报告	张益民	共青团海南省委员会
2	海南南平健康养生产业定位与政策制度创新研究	夏　锋	陵水黎族自治县发展和改革委员会
3	三亚市旅游景区和旅游酒店无障碍设施普查工作	谢祥项	三亚市旅游和文化广电体育局
4	《海南经济特区优质教育培训资源引进规定》立法起草项目	熊勇先	海南省教育厅
5	编制自由贸易港背景下市场准入特别清单	常　健	海南省发展和改革委员会
6	调研起草《三亚市乡村民宿管理办法》	张　琳	三亚市旅游和文化广电体育局
7	三亚市海棠区乡村振兴调研与产业规划	傅国华	三亚市海棠区政府
8	《海南自由贸易港人才发展规划》战略设计研究	徐艳晴	中共海南省委人才发展局
9	海南省“十四五”规划建议研究	傅国华	海南省发展和改革委员会
10	三亚市“十四五”文化产业发展规划	谢祥项	中共三亚市委宣传部
11	三亚市历史文化名镇名村保护条例	王秀卫	三亚市自然资源和规划局
12	《海南省反走私条例》立法服务项目	童伟华	海南省公安厅
13	《海南省自由贸易港人才发展规划（2021—2025）》体系编制研究	徐艳晴	中共海南省委人才发展局
14	临高县农村土地制度改革课题研究	黄朝明	临高县自然资源和规划局
15	永乐群岛旅游开放开发总体规划研究	游长江	三沙市永乐群岛管理委员会
16	海南产业结构战略性调整研究	夏　锋	海南省发展和改革委员会
17	三沙市科技信息发展“十四五”规划研究	付景涛	三沙市发展和改革委员会
18	台湾方面周边海上立场、政策及实践研究	傅崐成	外交部边界与海洋事务司
19	“日语教学及培训”创作体系研究	金　山	上海凌鹤教育科技有限公司
20	铜鼓岭国际生态旅游区“十四五”规划编制项目	樊　燕	海南华隆铜鼓岭旅游控股有限公司
21	儋州市产业结构与经济发展现状调研报告	王　芳	儋州市人大常委会办公室
22	开展海南国际教育创新岛研究，助推海南自贸港建设	林仕岛	台盟中央研究室
23	三亚市地方政府规章立法后评估	王秀卫	三亚市司法局
24	三亚崖州湾科技城离岸创新创业中心营商环境建设咨询项目	李世杰	三亚崖洲湾科技城管理局
25	昌江黎族自治县国民经济和社会发展第十四个五年规划纲要	唐建荣	昌江黎族自治县发展和改革委员会
26	重大疫情防控、公共卫生事件中发挥人大职能作用的思考	谭　波	河南省人大制度理论研究会
27	美兰区“一江一岸一港”课题研究	黄朝明	海口市美兰区发展和改革委员会
28	儋州市人民检察院与海南大学法学院 2020 年度理论调研课题合作协议（新时代检察理论新发展）	王　琦	儋州市人民检察院
29	陵水黎族自治县科技计划专项项目和经费管理办法》编制咨询服务	曹　扬	海南省陵水黎族自治县科学技术和工业信息化局
30	三亚市中小企业发展报告（2020）编制	唐建荣	三亚市科技工业信息化局
31	海南农产品进出口数据资料采集与分析（海南省农业对外投资与贸易信息采集）	胡永和	海南省农业对外交流合作中心
32	三亚市绿地认养认建管理办法	王秀卫	三亚市住房和城乡建设局
33	三亚市国有森林资源托管办法	王秀卫	三亚市林业局
34	2020 年海南省旅行社等级评定工作	尹正江	海南省旅游和文化广电体育厅
35	刑事被害人法律援助制度比较研究	王洪宇	浙江靖霖（宁波）律师事务所

续表

序号	项目名称	负责人	委托单位
36	认罪认罚从宽制度有关问题研究	王洪宇	儋州市人民检察院
37	“捕诉一体”运行机制研究	王洪宇	儋州市人民检察院
38	服务贸易自由便利的制度集成创新	赵晋平	中共海南省委政策研究室
39	海南自由贸易港起步阶段服务业开放政策研究	赵晋平	中共海南省委政策研究室
40	海南自贸港建设背景下最低生活保障制度创新研究	卢　媛	海南省民政厅
41	三亚市“十四五”教育事业发展规划编制	张治库	三亚市教育局
42	中国特色自由贸易港背景下政府和市场关系的创新和突破	李世杰	海南省人民政府研究室
43	2019 年度海口市家庭服务业调查分析	张可辉	海南省家庭服务业协会
44	青年人才发展研究	陈招万	共青团海南省委员
45	海口泰丰西海岸度假村酒店景观主题雕塑设计、创作、制作和安装	叶仸辉	海南嘉博投资开发有限公司
46	崖州区全域旅游发展提质升级创新路径及其促进机制研究	刘　刚	三亚市崖州区旅游和文化广电体育局
47	《海南自由贸易港公平竞争条例（修改稿）》等相关课题研究	叶光亮	海南省市场监督管理局
48	清澜湾红树林湿地生态地质调查—清澜湾生物采样及测试分析	贾培宏	广州海洋地质调查局
49	《陵水黎族自治县国土空间总体规划》专题研究	贾培宏	南京大学
50	编制《黎族文化生态保护区规划》《海南省非物质文化遗产保护“十四五”规划》	焦勇勤	海南省旅游和文化广电体育厅
51	海口市秀英区财政改革与发展“十四五”规划	王丽娅	海口市秀英区财政局
52	编制《海南省人民政府关于促进乡村产业振兴的实施意见》	傅国华	海南省农业农村厅
53	华侨城美丽乡村模式白皮书	李世杰	海南华侨城全域旅游发展有限公司
54	农垦企业中高级经营管理人才素质研究	胡秀群	农业农村部管理干部学院
55	周边海洋权益研究项目	张良福	外交部边界与海洋事务司
56	海南省国家全域旅游示范区创建第三方评估	范士陈	海南省旅游和文化广电体育厅
57	开展指导建设旅游文化广电体育标准体系工作	尹正江	海南省旅游和文化广电体育厅
58	西沙群岛文化遗产摸底普查及《西沙群岛文化遗产保存现状调查报告》	阎根齐	三沙市旅游文化和交通运输局
58–1	自然和生态环境遗产调查	季新然	三沙市旅游文化和交通运输局
58–2	我国历代对南海诸岛管理管辖史料文化遗产调查	杨　娜	三沙市旅游文化和交通运输局
58–3	海南渔民在西沙群岛生产生活遗产调查	周　伟	三沙市旅游文化和交通运输局
58–4	海南渔民在西沙群岛历史建筑文化遗产调查	温小平	三沙市旅游文化和交通运输局
58–5	海南渔民在西沙群岛文学艺术产生活遗产调查	焦勇勤	三沙市旅游文化和交通运输局
59	编制东方市创新型市建设方案	孙　涛	东方市工业科技信息化局
60	海南省交通投资控股有限公司“十四五”战略规划（2021—2025 年）	郭庆宾	海南省交通投资控股有限公司
61	黎苗少数民族文化特色生态旅游研究	王　红	海南国家公园研究院
62	海南长臂猿栖息地周边社区游憩利用途径——以白沙青松乡为例	郭　强	海南国家公园研究院
63	解放海南决胜之战——小木船打败大军舰	苏西亚	海南出版社有限公司

续表

序号	项目名称	负责人	委托单位
64	海南自由贸易港优化消防营商环境研究	常　健	海南省消防救援总队
65	万宁东山岭项目可行性方案	何　彪	海南广电旅游文化体育科技有限公司
66	海南自由贸易港无障碍环境建设立法研究	刘　刚	海南省残疾人联合会
67	青松乡益智等南药生态产品发展可行性及可持续性研究	张德生	海南国家公园研究院
68	海南热带雨林国家公园资源管控制度	任洪涛	海南省林业局
69	党委在统一战线中的主体责任研究、构建与自贸港相适应的统战工作体制机制研究	陈明宝	海南省委统战部
70	海南省建设用地使用权和矿业权网上交易法律风险分析和应对策略	陈秋云	海南省土地储备整理交易中心
71	自贸港建设背景下的海口市保障性住房建设研究报告	黎兴强	海口市住房保障中心
72	海南农垦西联农场产业发展规划专题研究	傅国华	海南农垦西联农场有限公司
73	海南农垦西联农场西部仓储与物流中心建设规划专题研究	傅国华	海南农垦西联农场有限公司
74	海南农垦西联农场“十四五”规划建议专题研究	傅国华	海南农垦西联农场有限公司
75	海南省少数民族干部队伍建设研究	陈丽琴	海南省委组织部
76	三沙市进出岛物资集装箱运输方案	熊　浩	三沙市旅游文化和交通运输局
77	三亚市“十四五”贸易发展规划	张继军	三亚市商务局
78	农垦系统土地整治项目实施研究	蒋国洲	海南川海土地科学研究院
79	海口市旅游标准化建设规划（2021—2025）	谢祥项	海口市旅游和文化广电体育厅
80	编制全省民政人才“十四五”发展规划暨《海南自由贸易港人才发展规划（2021—2025 年）》（社会工作人才发展研究）	郭　琦	海南省民政厅
81	国企党建融入中心工作的工作机制研究	付景涛	海南省国有资产监督管理委员会
82	海南省澄迈县市郊列车形象设计项目	张　晨	中共澄迈县委宣传部
83	海南自由贸易建设参考资料汇编	王　琦	海南省法学会
84	海南农垦西联农场卓越管理咨询合同	童泽林	海南农垦西联农场有限公司
85	海口市老龄事业发展“十四五”规划	刘德浩	海口市老龄工作委员会办公室
86	《海口市休闲渔业船舶管理办法》《海口市休闲渔业从业人员管理办法》《海口市休闲渔业试点奖励办法》编写	叶英萍	海口市休闲农渔业协会
87	起草《海南自由贸易港优化营商环境条例》	常　健	海南省发展和改革委员会
88	东方市“十四五”社会信用体系建设规划	谢　妍	东方市发展和改革委员会
89	三亚市创一流营商环境行动方案（2021—2025 年）	张　晖	三亚市发展和改革委员会
90	徐闻县引进文旅产业专家团队服务项目	侯佩旭	中共徐闻县委组织部
91	民营橡胶价格保险项目评估	张德生	中国人民财产保险股份有限公司海南省分公司
92	全省养老服务业发展状况调查研究	刘德浩	海南省民政厅
93	琼中黎族苗族自治县“十四五”旅游文化和体育产业发展规划	何　彪	琼中黎族苗族自治县旅游和文化体育广电局
94	海南省教育经费发展报告（2016—2020）	张长海	海南省教育厅

续表

序号	项目名称	负责人	委托单位
95	自贸港背景下大学生旅游线路创新设计研讨会综合服务	张　珊	逍遥（海南）航空国际旅行社集团
96	日语会话及演讲音译研究	杨　帆	传神语联网网络科技股份有限公司

2020年平台项目立项一览表

序号	项目名称	负责人	资助单位
1	海南省硅锆钛资源综合开发与利用重点实验室	陈　永	海南省科技厅
2	海南省特种玻璃重点实验室	姜　宏	海南省科技厅
3	海南省热带动物繁育与疫病研究重点实验室	王凤阳	海南省科技厅
4	海南省热带水生生物技术重点实验室	周永灿	海南省科技厅
5	海南省精细化工重点实验室	贾春满	海南省科技厅
6	海南省耐盐作物生物技术重点实验室	江行玉	海南省科技厅
7	海南省农林环境过程与生态调控重点实验室	葛成军	海南省科技厅
8	海南省 Internet 信息检索重点实验室	李太君	海南省科技厅
9	海南省热带园艺作物品质调控重点实验室	朱国鹏	海南省科技厅
10	邹志刚院士团队创新中心	林仕伟	海南省科技厅
11	金宁一院士团队创新中心	王凤阳	海南省科技厅
12	林浩然院士团队创新中心	骆　剑	海南省科技厅
13	包振民院士团队创新中心	顾志峰	海南省科技厅
14	陈学庚院士团队创新中心	张喜瑞	海南省科技厅
15	唐守正院士团队创新中心	张　辉	海南省科技厅
16	高德利院士团队创新中心	王　宁	海南省科技厅
17	孙金声院士团队创新中心	王　宁	海南省科技厅
18	陈晓亚院士团队创新中心	罗　杰	海南省科技厅
19	赵国屏院士团队创新中心	罗　杰	海南省科技厅
20	张福锁院士团队创新中心	阮云泽	海南省科技厅
21	贺泓院士团队创新中心	黄　青	海南省科技厅
22	朱蓓薇院士团队创新中心	李从发	海南省科技厅
23	欧进萍院士团队创新中心	周　智	海南省科技厅
24	方智远院士团队创新中心	朱国鹏	海南省科技厅
25	康振生院士团队创新中心	缪卫国	海南省科技厅
26	宋宝安院士团队创新中心	缪卫国	海南省科技厅
27	面向中转基地建设的肉羊重要疫病检测技术体系的建立与应用	王凤阳	海南省科技厅
28	海南天然橡胶“智慧胶园”关键技术研究与示范	张喜瑞	海南省科技厅
29	海南省森林立地质量评价和生产力估计研究	张　辉	海南省科技厅
30	基于大数据技术的海南省客流量预测系统开发	郭　强	海南省科技厅
31	海南省水稻绿色生产氮肥用量定额及其实现途径	阮云泽	海南省科技厅
32	海南热带雨林国家公园高速公路穿越段的环境监测与生态恢复技术	任明迅	海南省科技厅

续表

序号	项目名称	负责人	资助单位
33	长寿命智能 FRP 海水海砂混凝土结构关键技术	周　智	海南省科技厅
34	白粉病和锈病的生防资源和 Mlo2 基因抗病材料鉴定和分析	缪卫国	海南省科技厅
35	侯保荣院士团队创新中心	周　智	海南省科技厅
36	热带岛屿资源利用及先进材料技术创新平台	廖双泉	海南省科技厅
37	海口市新药研发检测中心	冯玉红	海口市科工信局
38	海口市固废物资源利用及环境保护重点实验室	徐树英	海口市科工信局
39	海口市环境毒理学重点实验室	王　旭	海口市科工信局
40	海口市生物活性物质与功能食品开发重点实验室	白新鹏	海口市科工信局
41	海口市热带农产品深加工技术重点实验室	李从发	海口市科工信局
42	海南自由贸易港知识产权保护制度创新研究	郑志涛	海南省社科联
43	海域物权制度生态化研究	唐　俐	海南省社科联
44	海南自贸港营商环境监管的法治化研究	姜　漪	海南省社科联
45	与自贸港相适应的机关运行成本绩效优化研究	樊　燕	海南省社科联
46	“十四五”海南省有效投资及其效率研究	符　蕾	海南省社科联
47	深化“放管服”改革促进亲清政商关系构建的机理、效应与对策研究	颜洪平	海南省社科联
48	海南自贸港建设中的一般反避税规则研究	王岚岚	海南省社科联
49	海南热带雨林国家公园“生态银行”模式创新研究	童　昀	海南省社科联
50	自贸港视域下近代海南港口群经济文化空间研究	李彩霞	海南省社科联
51	黎族非物质文化遗产影像资料共享平台建设研究	李风逸	海南省社科联
52	新中国 70 年小说中的农事书写研究	石晓岩	海南省社科联
53	西方左翼批评理论中的“忧郁”概念研究	苏　岩	海南省社科联
54	中国特色自由贸易港建设进程中海南国际多元语言服务对策研究	卢尚玉	海南省社科联
55	跨文化视角下 2010—2020 年间中国年度流行语的日译研究	李卫群	海南省社科联
56	海南当代舞蹈史研究（1950—1966）	康可可	海南省社科联
57	自由贸易港建设背景下海南社会治理体制和机制创新研究	吴方彦	海南省社科联
58	国土空间规划中生态空间综合评价与生态网络构建研究	韦仕川	海南省社科联

科研项目结题验收

2020 年国家自然科学基金项目结题验收一览表

序号	项目名称	责任人
1	橡胶树白粉病菌 Y/F/WxC 效应蛋白功能分析	缪卫国
2	东亚特有间断分布类群双六道木属种水平谱系地理学和整合分类学研究	王华锋
3	甘薯叶类黄酮积累模式研究及其关键 MYB 类转录因子发掘	祝志欣
4	萝卜晚花及大根天然变异新种质的分子解析	汪志伟
5	南海污损动物群落对重金属胁迫的响应规律及表征研究	唐　敏

续表

序号	项目名称	责任人
6	红树林生态系统中食叶昆虫的寄主专一性研究	李加慧
7	热带森林自养呼吸时空异质性及其形成机理：以橡胶林为例	谭正洪
8	海南热带雨林群落优势种 BVOCs 释放及其对氮沉降的响应	何　禾
9	不同热带云雾林分布区植物群落构建机制：基于系统发育及功能性状研究	龙文兴
10	海南省松涛水库消落区植被恢复适宜物种的筛选及耐水淹机制研究	杨　帆
11	橡胶树草甘膦抗性关键基因 HbEPSPS 的结构与功能解析	张　宇
12	HbSGT1 基因家族成员差异调控橡胶树白粉菌抗性机制研究	王　萌
13	油棕果实中果皮二酰甘油酰基转移酶(DGAT1、DGAT2)基因的功能及分子调控	李东栋
14	两种生境下濒危植物五唇兰的无性与有性繁殖对策及幼苗更新能力的差异	杨福孙
15	鸟巢蕨巢基结构发育及其高位土的形成机制研究	徐诗涛
16	木薯细胞膜硝酸盐运输蛋白功能调控机理	江行玉
17	SOLO 在果蝇减数分裂黏连中的作用机理	颜日辉
18	耐盐水稻品系 M58 的耐盐机理及耐盐相关基因的分离与功能验证	马启林
19	木薯质膜单糖转运蛋白基因在块根发育和糖卸载中的功能研究	罗丽娟
20	大薯贮藏蛋白 Dioscorin Da-dio5 基因特异表达对块茎形态及发育的影响	黄东益
21	基于离子液体的木瓜蛋白酶亲和双水相分配行为及机制研究	张海德
22	预发酵椰子水的微生物菌相解析及促进细菌纤维素合成的机理	刘四新
23	鼠尾草酸抑制食用油热加工过程中反式脂肪酸形成的机理研究	张伟敏
24	水稻白叶枯病菌第二信使 c-di-GMP 信号对无毒基因 avrXa21 的调控研究	李春霞
25	基于染色体片段代换系的苦瓜白粉病抗性主效基因的克隆与功能分析	田丽波
26	中国野生兰科植物多样性及其保护区域优先性研究	余文刚
27	高浓度赤霉素抑制采后“贵妃”芒果果皮转色的生理与分子机制研究	李　雯
28	两株生防酵母菌对 *Colletotrichum gloeosporioides* 的抑菌机理研究	邵远志
29	中性粒细胞的浸润对减毒鼠伤寒沙门氏菌介导犬乳腺肿瘤治疗的影响及其机理研究	柳贤德
30	波纹唇鱼芳香化酶基因启动子的功能及甲基化调控机制研究	骆　剑
31	海南地区哈维氏弧菌病原分子血清型特征及毒力相关基因鉴定研究	谢珍玉
32	金虎尾科“花保守性”在亚洲的适应转变与进化后果——以亚洲特有属风筝果属的镜像花为例	任明迅
33	干旱胁迫下调控植物脱落酸生物合成相关基因 CED3 的功能解析	王振宇
34	秸杆淹水处理联合水稻轮作构建高发枯萎病蕉园健康香蕉根际微生物区系研究	阮云泽
35	昌化江河谷对海南岛两种特有植物种群分布与基因流的隔离作用	唐　亮
36	海南水稻-辣椒轮作土壤 N_2O 排放规律及产生机制研究	孟　磊
37	山地森林旅游生态安全评价与调控——以海南中部山区为例	符国基
38	海洋自然保护区旅游生态补偿：适应性、运作机理与实现路径研究	陈海鹰
39	海南热带山地雨林林窗对土壤呼吸的影响研究	刘文杰
40	卵形鲳鲹 TLR3 和 TLR7 亚家族鉴定及其信号通路在抗细菌感染中的作用机制	孙　云
41	海洋生物无机矿物多孔结构及其材料仿生学基础研究——以海胆、珊瑚为例	李建保
42	白炭黑负载黄原酸盐硫化促进剂对天然橡胶的硫化促进作用及其机理研究	汪志芬

续表

序号	项目名称	责任人
43	环境友好的 BIT/丙烯酸酯自抛光海洋防污涂料的制备及性能研究	杨建新
44	高剪切场诱导弹性体增韧聚乳酸薄膜层状微结构的形成及对薄膜拉伸断裂机理的影响	徐　鼐
45	海南地区不同热经历人群的热舒适研究	尚春静
46	热带海洋上分布式 MIMO 卫星通信系统信道建模与传输特性研究	李　晖
47	无线网络中伪随机扰码的边信道攻击方法研究	曹春杰
48	DFS-NetEye: 基于网络度量的分布式文件系统读写调度关键技术研究	周　辉
49	基于异构移动互联接入标准的多路径传输性能改进技术研究	周　星
50	API 经济下面向小微创业社群成长环节的利益共享协调信息侧机制研究	段玉聪
51	基于刺激反应理论的社会化媒体中舆情传播行为的生成机制与模型构建——以微博、微信为例	成俊会
52	酒店服务供应链中的收益管理与合作契约优化研究	郭　强
53	旅游目的地信息服务模式与需求耦合机理分析及其应用研究	胡　涛
54	不同稳健水平下企业的财务信息披露差异化研究	吴锡皓
55	制度变迁、社会嵌入与订单农业契约稳定性研究	高　健
56	制度嵌入视角下离岸金融发展的经济效应研究——基于跨国数据的多层统计分析	王　勇
57	红树林烟曲霉菌中新颖免疫抑制活性成分筛选与作用机制研究	徐　静
58	南海产 α-芋螺毒素环化及其药理学性质研究	吴　勇
59	广藿香百秋李醇生物合成的调控相关基因克隆及其功能鉴定	吴友根
60	利用标本数据开展开花物候对气候变化的响应研究	杜彦君
61	基于两亲性海藻酸盐的载药乳液的微观机制和多尺度模拟	余高波
62	ZnO 稀磁半导体的 ALD 调控制备、磁性包覆及微波/红外兼容隐身性能研究	万耿平
63	山杏杏仁 miR530 和 psi-miRn5 介导 ABA 信号通路在油脂累积过程中的作用机制	钮　俊
64	肠道选择压力对植物乳杆菌遗传稳定性的影响研究	张家超
65	卵形鲳鲹 B 淋巴细胞刺激因子的表达调控及其介导的免疫应答研究	孙　云
66	高硼铸钢/铝液界面反应生成周期性层片结构的机理研究	张先满
67	高纯度氮化硼纳米管的宏量合成及其对莫来石陶瓷的强韧化研究	骆丽杰
68	多介质耦合作用动力模型试验的分离量纲分析理论及应用	王志佳
69	多向波浪作用下海上风机基础水动力特性的数值研究	季新然
70	多维度结构化稀疏 MIMO 雷达稳健角度估计方法研究	王咸鹏
71	高价值易逝性电子产品装配商的定价—订购博弈模型	吉清凯
72	不确定需求下竞争企业间的产品创新合作与政府创新补贴策略研究	曾维君
73	中国地方政府绩效信息失真：评估、诊断与应对	徐艳晴
74	零价铁耦合弱磁场强化含抗生素畜禽养殖废水厌氧消化的机理与应用基础研究	黄薇薇
75	多级靶向纳米载药系统在肿瘤影像示踪与癌症诊疗一体化的应用研究	吴锡龙
76	时间动态隐喻对消费者信息处理方式及任务启动的影响	许销冰
77	高水平表达的 P-ERK 信号通过调控蛋白酶体活性介导棉铃虫滞育进入的机制研究	林先武

2020 年国家社会科学基金项目结题验收一览表

序号	项目名称	责任人
1	《更路簿》历史研究	张朔人
2	古希腊思想中的“诗与哲学之争”研究	贾冬阳
3	翻译文学与中国现代转型研究（1898—1925）	石晓岩
4	战略传播理论与实战研究	毕研韬
5	清朝经营海南黎族研究	刘冬梅
6	我国转型社会中的法治思维研究	张静焕
7	英语作文自动评分系统效度研究	白丽芳
8	美国文学清教主义传统的文化阐释研究	李安斌
9	我国海上维权执法权限和程序研究	邹立刚
10	养老金并轨适应期的公立高校教师绩效工资转型研究	付景涛
11	清末民初留日学人的都市体验与文化记忆研究	蒋　磊
12	填海造地中的物权法律制度研究	唐　俐
13	中国南海诸岛开发进程研究	李彩霞
14	海南岛热带农业经济史研究	傅国华
15	21 世纪海上丝绸之路建设背景下南沙旅游发展动力机制与对策研究	陈扬乐
16	社区矫正的惩罚功能及其实现路径研究	刘　政
17	海南黎族历史文化的传承与创新研究	夏代云
18	中国政府南海经略史研究	温小平
19	异地养老社会保障服务体系构建研究	李　芬

2020 年农业部及其他部委项目结题验收一览表

序号	项目名称	责任人
1	生物技术科普基地建设与科普实践(海南)	史学群
2	生物菌剂防控草地贪夜蛾试验示范	范咏梅
3	南海海岛绿色建造发展目标体系	尚春静
4	天然橡胶产业体系——病虫害防控 2020	张　宇
5	现代肉羊产业技术体系——细菌病防控 2020	王凤阳
6	香蕉产业技术体系建设——产业经济 2020	王　芳
7	天然橡胶产业技术体系建设——智能化生产 2020	张喜瑞
8	天然橡胶产业技术体系建设——产业经济 2020	傅国华
9	木薯产业体系——生物防治与综合防控 2020	陈银华
10	农产品质量安全监管专项——风险评估(2020)	章程辉
11	天然橡胶产业运行信息监测预警研究	张德生
12	火龙果种质资源保护及种质创新 2020	黄家权
13	油梨种质资源保护及种质创新 2020	李茂富
14	热带薯蓣种质资源保护及种质创新	黄东益

序号	项目名称	责任人
15	滇桂黔石漠化地区特色作物产业发展关键技术集成示范	罗丽娟
16	石漠化区特色块根/块茎作物筛选、利用及推广示范 2020	郇树乾
17	海洋中药海蛇复方抗风湿药物研究开发	邓世明
18	南海鱼类加工副产物的高值化利用及产业链构建	申铉日
19	热带海洋生物医药新药研发技术平台建设	罗素兰
20	热带海洋微藻高值化产品开发及产业链建设示范	路延笃
21	水上水下一体化三维数据扫描探测装备系统无人船平台方案及无人船租赁测试服务	任　佳
22	海南热带土著有益菌种微生态制剂系列产品开发与产业链构建	谢珍玉
23	南海微生物资源化利用创新服务平台建设	谢珍玉
24	牡蛎系列产品加工技术集成及产业链构建	顾志峰
25	农产品质量安全信用体系	梁晓宇
26	海绵共生放线菌来源抗 MRSA 活性天然产物的挖掘	黄小龙
27	海南大学热带林学国家长期科研基地运行补助	宋希强

2020 年国家艺术基金项目结题验收一览表

序号	项目名称	责任人
1	小歌剧《春天的嘱托》	杨元广

2020 年海南省教育厅高校科研项目结题验收一览表

序号	项目名称	责任人
1	基于北斗/MIMU 的无人驾驶农业机械组合导航定位算法研究	刘进一
2	海南野生仙人掌果及其籽油的开发研究	曹　君
3	海南高位池养殖废水中主要污染物生物处理技术研究	苏增建
4	海洋环境下基于压缩感知的 MIMO 雷达角度估计研究	王咸鹏
5	热带海洋海上卫星 MIMO-OFDM 传输技术研究	陈　敏
6	基于遥感技术的海南岛水体水深定量反演研究	段书苏
7	高功率脉冲磁控溅射技术中沉积率改进的实验与模拟研究	霍纯青
8	微萃取技术在中药中拟除虫菊酯类农药检测中的应用研究	宋彦廷
9	抑菌剂协同气调包装对金鲳鱼冷藏货架期的作用研究	王佳媚
10	火龙果溃疡病菌病原菌致病机理研究	王伟伟
11	基于光纤光栅传感的数控机床在线状态监测新方法研究	袁　磊
12	海南山地云雾林苔藓植物多样性及其群落谱系结构	张莉娜
13	新型甲壳质酶的生化表征及其在甲壳质衍生物制备中的应用研究	许文茸
14	多效唑残留免疫检测试剂盒研发及其在热带水果中的应用技术研究	赵洪伟
15	甜菜碱参与不同倍性西瓜逆境调节的分子机制研究	江雪飞
16	探究油棕果实油脂合成基因磷脂二酰甘油酰基转移酶（PDAT1）功能	袁怡君
17	海南省学校食堂标准化（含透明厨房工程）建设研究专项课题	赵　菲

序号	项目名称	责任人
18	菠萝蜜下脚料中多酚的分离纯化及生物活性研究	蒋志国
19	高温高湿高氯环境下聚羧酸分子结构对混凝土抗蚀性能影响研究	潘莉莎
20	南海珊瑚共生微生物的发掘及拮抗活性研究	骆焱平
21	复杂疾病网络的解析及其病理机制的研究	王浩华
22	科技创新驱动海南旅游装备制造业发展动力机制与产业效率提升路径研究	耿松涛
23	海洋功能油脂资源中ω-3多不饱和脂肪酸的富集关键技术及装备研究	白新鹏
24	海南高校科研项目管理及科研成果评定研究	章程辉
25	高校艺术类专业招生考试评卷工作信息化研究——以移动终端评分系统为例	李布明

2020年海南省科技厅项目结题验收一览表

序号	项目名称	责任人
1	天然橡胶标准胶自动化包装生产线技术的研发	马庆芬
2	海南特种野猪肉质关键基因筛选及分子辅助育种研究及应用	吴科榜
3	海南省火龙果病毒病病原鉴定及无毒种苗快速繁育技术体系建立	夏益华
4	遗传工程害虫防治技术研发和品系建立	颜日辉
5	基于水下滑翔机的移动传感网络关键技术在南海监测应用研究	羊秋玲
6	加密医学体数据稳健数字水印算法研究与应用	李京兵
7	基于深度学习的智能客服系统研发	黎才茂
8	大规模MIMO全双工系统的上下行链路多目标能耗优化设计与应用研究	周又玲
9	基于物联网的海南石斑鱼智慧养殖预测预警平台研究	胡祝华
10	微流控芯片结合免疫磁分离检测海南农产品中黄曲霉毒素B1关键技术及设备研发	陈　健
11	广藿香醇的生物合成调控及其新产品研发	吴友根
12	海南芥蓝品种引进筛选、主侧薹i产量优化和品质调控关键技术研究与示范	成善汉
13	海南火龙果全生育期生态高效栽培的技术集成与示范	汤　华
14	捕食性天敌——六斑月瓢虫的规模化繁育技术研究	曹凤勤
15	海南豇豆农药减施增效综合技术研发	章程辉
16	钙钛矿太阳电池高效空穴输运通道设计与光伏性能研究	王　宁
17	基于深度学习的橡胶树养分光谱诊断关键技术与平台研发	唐荣年
18	电动汽车高安全、高可靠性动力电池绝缘监测系统的关键技术研究	陈振斌
19	热带海洋芽孢杆菌资源库的建设	谢珍玉
20	丛生盔形珊瑚两种形态分化型环境适应性差异的分子机理	王　嫣
21	驼背鲈必需氨基酸营养及其低鱼粉配合饲料开发	吴小易
22	番石榴叶治疗2型糖尿病的代谢组学研究	宋彦廷
23	红螯螯虾引种与繁育技术研发	顾志峰
24	非粮生物油脂催化制备生物燃料研究	曹　阳
25	两亲性海藻酸衍生物对农药高效靶标作用关键技术及其减施增效应用研究	李嘉诚

续表

序号	项目名称	责任人
26	厌氧反应间歇式污泥处理消化系统技术及处理金海浆纸剩余污泥工程示范	冯玉红
27	基于电化学 DNA 传感技术快速诊断恙虫病方法的基础研究及临床应用	涂进春
28	壳聚糖基高效吸附材料的研发及在海洋重金属吸附领域的应用	卢凌彬
29	海南椰衣纤维原料中木素-碳水化合物复合体的高效分级分离与结构鉴定研究	杜学禹
30	锰-铁复合氧化物基整体式脱硝催化剂的构筑及性能研究	蔡思翔
31	高功率脉冲磁控溅射（HiPIMS）技术制备 p 型氧化锌半导体材料及其数值模拟	霍纯青
32	油棕果实 WRI1 在油脂合成代谢中的调控机制研究	袁怡君
33	基于多壁碳纳米管材料固相微萃取的南海酚类污染物检测研究	周雪晴
34	人民币有效汇率指数构建及应用研究	王爱华
35	热带海洋特色资源海草——海昌蒲中黄酮类化学成分及其抗氧化活性研究	王小兵
36	供给侧结构性改革视角下海南特色热带水果产业发展机制研究	符海玲
37	鸭疫里默氏杆菌 YaeT 蛋白生物信息学分析，功能及免疫机理研究	管庆丰
38	热带云雾林附生维管植物多样性及其应用潜力分析	黄　瑾
39	芽孢杆菌拮抗菌对油梨根腐病樟疫霉菌 *Phytophththora cinnamomi R.* 生物防治研究	林　江
40	维氏气单胞菌转移信使 RNA 调控致病关键蛋白的研究	唐燕琼
41	菠萝轮作恢复连作障碍蕉园香蕉种植的根际微生物区系调控机制研究	王蓓蓓
42	海南岛海岸带生态系统的演变过程模拟研究	杨　秋
43	热带海洋气候下海水中黄杆菌对 45 钢腐蚀行为的影响	柴　柯
44	α-羰基酰胺类化合物的绿色合成研究	孙中亮
45	弯折配体敏化稀土配合物在聚合物中的合成及其发光性质研究	王芙香
46	啤酒加压发酵对酿酒酵母生长及酯类生成影响的代谢通量分析	杨东升
47	真空凝固天然橡胶的特性研究	赵艳芳
48	基于 CSE-1 成像色度分析系统的番红砗磲外套膜颜色多态性机制研究	刘春胜
49	砗磲循环生理学研究	许　强
50	太阳能热化学反应器内工质各向异性散射辐射与自然对流耦合换热的数值模拟	付丽荣
51	基于生物体表特征的橡胶柱塞仿生设计及密封机理研究	汝绍锋
52	高硼铸钢热浸镀铝-热氧化及其在 NaCl 溶液中的冲刷-腐蚀性能研究	张先满
53	财政扶持项目影响海南创新团队绩效的作用机制研究——政府网络权力让渡的先导效应	付景涛
54	海南省绿色金融体系的构建和发展战略研究	谢　妍
55	国资偏向的融资体系与扩张性财政政策效果——基于异质动态随机一般均衡模型的研究	张佐敏
56	基于演化视角的农业创新及其扩散过程研究	朱月季
57	热带海洋牧场旅游开发与生态环境耦合机制研究—以三亚蜈支洲岛为例	王凤霞
58	热带杜鹃花属植物根系共生真菌资源多样性与空间格局研究	丁　琼
59	强还原处理生物退化土壤 N_2O 排放途径研究	何秋香
60	TLR2/4 介导的信号转导通路在黄秋葵多糖对 RAW264.7 细胞免疫调节中的作用研究	胡日查
61	胶孢炭疽病菌效应蛋白 CP1 对橡胶树先天免疫反应的影响	罗红丽

续表

序号	项目名称	责任人
62	海南珍稀濒危植物坡垒的保护基因组学研究	马　香
63	橡胶树白粉菌 EDS1 抗病通路下游关键基因的克隆与功能分析	梅双双
64	提高降香黄檀干旱抗性的外源物质配方及作用机制研究	苗灵凤
65	无籽蜜柚汁胞发育过程中糖类代谢的分子调控机制	钮　俊
66	海南几种优势果蔬采后病害拮抗菌的筛选、鉴定及其生防效果研究	商　桑
67	海南岛海陆风辐合环境污染效应	唐晓兰
68	青贮柱花草中蛋白酶的种类与特性及其作用机理研究	王　坚
69	头孢喹肟 PK/PD 参数量化金黄色葡萄球菌耐药性进化历程的研究	杨雨辉
70	预防番木瓜环斑病毒病的生物农药及其复配增效研究	张荣萍
71	荔枝果皮 A 型原花青素肠道菌群代谢物抗动脉粥样硬化作用与机制研究	李　武
72	荔枝酒 DDMP 的形成机制研究	钟秋平
73	星形无机-有机高分子杂化絮凝剂强化混凝性能及絮体特性研究	冯欣蕊
74	南海岛礁三维水动力特性数值研究	季新然
75	基于数据挖掘技术的综合评价模型探讨	蔡白光
76	基于监控摄像头的路边停车位检测研究	黄福伟
77	拓扑方法与 Duffing 方程运动稳定性研究	李胜军
78	基于特征码的 RFID 电子标签防篡改技术研究	林彩霞
79	云计算平台安全态势风险评估方法的研究	唐湘滟
80	复杂动态网络信息解码与能量耗散的机制研究	王浩华
81	面向云平台的医疗大数据密文搜索技术研究	王隆娟
82	海南少数民族地区旅游精准扶贫绩效评估及优化路径研究	陈丽琴
83	求解弹性和粘弹性介质中地震波动方程的高阶间断有限元方法研究	贺茜君
84	基于形式化方法的软件定义网络控制平面黑盒测试研究	姚姜源
85	基于深度学习的海面目标 SAR 图像识别方法研究	沈荻帆
86	海南滨海地区软土地基加固新技术——建筑垃圾包裹桩承载机理研究	王志佳
87	油茶粕蛋白活性肽分离纯化与功能活性评价	姚广龙
88	益生菌发酵成熟椰子水及其品质分析	邓　健
89	琼岛杨基因表达量变异与适应性进化研究	陈金辉
90	新抗氧化剂先导化合物异藤黄酚抗氧化应激机制研究	岑举人
91	基于 EST-SSR 分子标记的椰子木蛾种群入侵遗传学研究	杨　帆
92	橡胶树白粉菌对三唑酮的抗性风险评估及抗性机制	梁晓宇
93	越南油茶种子在生长发育过程中不同脂肪酸含量变化及其相关基因表达差异的研究	陈　静
94	药剂混用对高抗甲霜灵致病疫霉增效作用及机理研究	王红刚
95	基于多流卷积神经网络的行为识别技术研究	张　健
96	瓜尔豆胚乳主要成份瓜尔胶合成关键基因鉴定与克隆	胡海燕
97	基于固定化藻菌共生系统的水产养殖废水处理技术研究	彭丽成

续表

序号	项目名称	责任人
98	典型城乡交错区流域非点源有机质负荷的空间景观识别与优化	吴治澎
99	复杂薄壁 TiN-Cu 电火花电极制备及其热损耗机理研究	张晶晶
100	德干链霉菌 QY-3 抗橡胶炭疽病病菌活性产物的分离鉴定及作用机理	李晓宇
101	樱桃番茄苗期对淹水胁迫的响应规律及调控途径研究	李长江
102	基于淋巴细胞和巨噬细胞的益智仁多糖增强免疫活性研究	陈　云
103	基于 CRISPR/Cas 酶的纳米传感器探针检测海洋病原微生物	万　逸
104	全域旅游背景下海南品牌载体的整合驱动机制与甄选标准研究——以口号为例	曲　颖
105	大规模数据挖掘中稀疏问题的优化理论与算法	邵元海
106	海洋生物资源开发与可持续利用研究——理论模型构建与南海开发实践	孙　鹏
107	螺旋桨桨叶加工表面完整性及工艺参数优化研究	袁　磊
108	自锁托槽矫治中正畸牙移动的生物力学机制的有限元分析研究	蔡永清
109	虾青素通过抑制线粒体活性氧产生抗糖尿病肾病的机制研究	谢　曦
110	高性能生物碳资源在电化学储能中的应用	陈　永
111	MOF 基 SiO_2 复合材料的限域构筑及其在有机污染物固相萃取中的应用	刘艳凤
112	抗橡胶树白粉病基因的功能鉴定及抗病转基因育种	何朝族
113	牛乳头状瘤病毒（BPV）13 型（海南株）关键功能蛋白的研究	王凤阳
114	无乳链球菌磷调节子研究	郑继平
115	食品污染物快速检测创新团队建设	曹献英
116	ky 海南自贸区（港）背景下省级财政科技计划优化整合改革与产业资源配置设计	沈　重
117	海南省全域旅游发展创新体系构建研究	范士陈
118	共享经济背景下海南省县域创新驱动发展战略研究	林肇宏
119	省级财政科研项目经费管理改革背景下法人单位管理的体制机制设计研究	郭　强
120	新时期澳大利亚主要海洋科技政策及对海南的启示	袁　蓓
121	“海绵城市”理念下的海南省城市生态景观建设模式及路径研究（软科学类）	杨定海
122	海南省发展城市生态景观的科技政策研究（软科学类）	何荣晓
123	海南油茶优质高产关键技术及加工产品研发	胡新文
124	海南稻菜轮作制度下农业面源污染减排技术研究与示范	孟　磊
125	畜禽粪便无害化利用及种养结合生态循环模式研究与示范	赵洪伟

2020 年海南省哲学社会科学规划课题结题验收一览表

序号	项目名称	责任人
1	生态翻译学视域下的黎苗旅游文化外宣翻译研究	宁　霞
2	中国特色自由贸易港立法研究	刘云亮
3	海口市 1980—1990 年代建筑的更新利用研究	姜　川
4	一带一路战略下海南国际语言环境建设研究	李枚珍

序号	项目名称	责任人
5	南海(海南)蓝色碳汇渔业内涵、发展现状及发展前景分析	孙　涛
6	沃格林对现代性危机的诊治	周　洁
7	十八大以来我国以税制改革推动政治发展实践研究	陶欢英
8	黎族手工艺遗产与活态传承研究	陈翔宇
9	精准扶贫背景下海南农村体育发展研究	吴钟权
10	海南社会组织参与民族地区精准脱贫长效机制研究	杨智平
11	新开放格局下海南城市居民对 EECC 的多元识读素质研究	黄　骥
12	海南建设现代化经济体系推动经济高质量发展方面走在全国前列研究	王丽娅
13	苏轼《海外集》文献整理及文学研究	高　智
14	农村基础设施用地制度研究	梁亚荣
15	海南建设自贸区（港）背景下地方高校国际传播专业人才培养模式研究	吴君静
16	海南黎族音乐产业化发展战略研究	肖　雄

2020 年海南省教育科学规划课题结题验收一览

序号	项目名称	责任人
1	基于 POA 的研究生公共英语教学模式研究	欧阳琨
2	新媒体视阈下辅导员和大学生信任关系研究	何映敏

2020 年其他地厅级自然科学项目结题验收一览

序号	项目名称	负责人	资助单位
1	2020 年中央林木良种补贴海南大学良种苗木培育项目	赖杭桂	海南省林业厅
2	基于镍铁纳米和金纳米颗粒核酸探针双扩大体系超灵敏检测血清淀粉样蛋白 A 的研究	涂进春	海南医学院

2020 年其他地厅级人文社会科学项目结题验收一览

序号	项目名称	负责人	资助单位
1	“一带一路”与海南开放型经济发展机遇与对策研究	张应武	海南省教育厅
2	海南少数民族地区旅游精准扶贫绩效评估及优化路径研究	陈丽琴	海南省教育厅
3	海南社区全民健身公共体育服务体系构建研究	梁丽凤	海南省教育厅
4	海南省高校心理危机干预体系的构建	吴九君	海南省教育厅
5	国际旅游岛建设新常态下海南旅游官网的多模态研究	柯惠娟	海南省教育厅
6	节庆活动与少数民族文化保护研究——基于文化生态理论的视角	何　彪	海南省教育厅
7	科技创新驱动海南旅游装备制造业发展动力机制与产业效率提升路径研究	耿松涛	海南省教育厅
8	近代报刊视域中的海南社会史研究（1840—1949）	王雅娟	海南省教育厅
9	国家生态文明试验区建设背景下海口农产品绿色营销模式研究	曾　峰	海口市社科联
10	“一核两委一会”村级治理模式在海口市乡镇的实践研究	冯　琼	海口市社科联
11	后“双创”时期海口夜间经济发展质量满意度评价及机制构建	符海玲	海口市社科联

序号	项目名称	负责人	资助单位
12	自贸区建设背景下海口休闲体育特色小镇建设研究	韩学民	海口市社科联
13	新开放格局下海口城市外交功能拓展研究	黄　骥	海口市社科联
14	党的全面领导有效提升海口营商环境治理效能的实现路径研究	姜　帆	海口市社科联
15	海口市农村地区推普的精准扶贫效应及长效机制研究	蒋超男	海口市社科联
16	海南自贸区（港）视域下海口骑楼老街“旅游+文化”IP 延展研究	李晓夏	海口市社科联
17	海口市“社区嵌入式”医养结合服务模式发展策略与实现路径研究	刘德浩	海口市社科联
18	海南自贸港建设背景下加快海口数字经济发展的对策研究	刘启华	海口市社科联
19	自贸区（港）建设视阈下琼籍华侨的地位及作用研究	邵秋菊	海口市社科联
20	海口文明生态村建设现状及可持续发展研究	石晓岩	海口市社科联
21	海口入境旅游及客源市场的季节性特征研究	宋蒙蒙	海口市社科联
22	海南省新型农业经营主体农地流转经营模式及绩效评价研究——以海口市为例	宋晓丽	海口市社科联
23	城市国际化视域下海口市涉外公共服务优化研究	苏会娜	海口市社科联
24	海口市文旅融合中的政府角色创新研究	王　红	海口市社科联
25	海口市外卖送餐员劳动权益保障调查研究	王一闳	海口市社科联
26	海口市外国人管理的法治保障研究	俞世峰	海口市社科联

2020 年企事业单位委托自然科学项目结题验收一览表

序号	项目名称	负责人	资助单位
1	火龙果植保及水肥管理全程方案的研究	汤　华	广西小象农业科技有限公司 深圳诺普信农化股份有限公司
2	海南儋州王五基栏村种植观光项目技术服务	于旭东	海南亿方休闲农业有限公司
3	海南省环境风险及应急资源调查研究	葛成军	海南省生态环境监察总队
4	面向无线传感器网络节点的微型光伏电源系统研发	刘维峰	哈尔滨英琪实业有限公司
5	转基因作物饲料对小鼠行为的影响及在体内和排泄物中的代谢检测	戚春林	中国环境科学研究院
6	旋转 TOF 深度相机设计及研究	张永辉	广州启明星机器人有限公司
7	木本油脂综合加工产业化技术与示范	白新鹏	海南雅葆天维实业股份有限公司
8	海口美楠生态共享农庄技术服务	于旭东	海口会美农业综合开发有限公司
9	IPV6 智慧图书馆	李文化	赛尔网络有限公司
10	《屯昌畜牧业发展规划 2018—2020》项目编制	吴科榜	屯昌县畜牧兽医局
11	小宗作物登记田间药效试验协议	范咏梅	海南省植物保护总站
12	澄迈洪安蜜柚共享农庄建设规划研究	吴庆书	澄迈洪安农业开发有限公司
13	海水提铀系统搭建与维护管理	王　宁	中国工程物理研究院核物理与化学研究所
14	松脂酸铜乳油防治火龙果细菌性软腐病田间药效试验	刘文波	海南省植物保护总站
15	乙蒜素乳油防治菠萝心腐病田间药效试验	刘文波	海南省植物保护总站
16	润肠通便调和油脂研发项目	李　武	海南思香源食品有限公司
17	东方市水稻无人机防治示范点效果调查协议	范咏梅	海南中农航服科技有限公司

续表

序号	项目名称	负责人	资助单位
18	海南美丽乡村建设过程中乡土文化的保护研究	陈展川	江苏绿洲建筑园林设计院有限公司海南分公司
19	基于大数据的科技型中小企业创新行为智能监控系统研究	程杰仁	浙江省科技信息研究院
20	绿盲蝽寄生蜂生殖生理协作研究暨人才培养	蔡笃程	中国农业科学院植物保护研究所
21	桫椤科植物引种保育及系统分类学研究	杨东梅	上海辰山植物园
22	利用宝武集团钢铁工业废渣制备低热高抗蚀水泥基海工材料的应用研究	汪峻峰	湛江宝钢新型建材科技有限公司
23	南海海洋药物资源调查	罗素兰	中国科学院南海海洋研究所
24	水样的化学性质分析测试	杨　秋	中国科学院寒区旱区环境与工程研究所
25	甘薯产业技术体系固定观察点建设	陈艳丽	江苏省农业科学院农业经济与发展研究所
26	芒果、豇豆蓟马统防统治项目效果评估调查协议	范咏梅	海南省植物保护总站
27	杀虫灯诱杀效果调查协议	范咏梅	海南昱隆科技开发有限公司
28	建筑废弃物绿色高效资源化利用的关键技术与示范	张玉苍	海南瑞泽新型建材股份有限公司
29	万宁市2018年国家农业综合开发土地治理项目农业措施土壤测土配方施肥技术研究	程宁宁	万宁市农业综合开发办公室
30	Wi-fi阵列室内高精度定位理论与方法	王咸鹏	中国电子科技集团公司第五十四研究所
31	利用建筑废弃物制备轻质建材可行性研究	郝万军	科建高分子材料(上海)股份有限公司
32	芒果采后处理与保鲜技术研究与示范	李　雯	海南景乾果业有限公司
33	全自动智能型煤焦显微分析系统	姚伯元	柳州市巨格工业设备有限公司
34	药违禁添加成分的快速检测技术与示范	赵洪伟	海南省植物保护总站
35	多效唑手性对映体对热区土壤中蚯蚓和微生物的影响	赵洪伟	海南省植物保护总站
36	氮化硼水口新技术的研究和开发	李建林	上海斯鞅材料科技有限公司
37	非泼罗尼二氯苯醚菊酯滴剂（金福来恩）防治犬跳蚤、蜱感染及预防蚊虫叮咬的临床验证试验	韩　谦	勃林格殷格翰动物保健（上海）有限公司
38	海南岛典型水稻田土壤硅养分阈值与高效施肥研究与示范	吴治澎	海南省土壤肥料总站
39	金小蜂的生物学特性研究	朱俊洪	中国热带农业科学院环境与植物保护研究所
40	芒果病虫害防治药剂筛选及制剂研发	杨石有	中国热带农业科学院环境与植物保护研究所
41	大薯品种组培快繁及茎尖生产	吴文嫱	上海市农业生物基因中心
42	海南坡鹿生态学研究	冯　源	嘉道理农场暨植物园公司
43	兴农药业（2019）	刘文波	兴农药业(中国)有限公司
44	海南油茶籽油制备新技术开发与品质评价研究	云永欢	海南新美特科技有限公司
45	药物对猫蜱虫感染的治疗和控制	韩　谦	中国农业大学
46	海水环境中影响材料提铀性能的主要微生物分析	袁益辉	中国工程物理研究院核物理与化学研究所

续表

序号	项目名称	负责人	资助单位
47	澄迈县富力红树湾闸门内外水体污染物检测	徐　静	澄迈县生态环境局
48	香蕉、菠萝、火龙果、槟榔优化施肥技术研究与示范	阮云泽	海南省土壤肥料总站
49	防海水抗菌透气敷料研发项目	张军锋	解放军总医院海南医院
50	百香果实蝇、蓟马类主要害虫绿色防控技术推广	周世豪	海南省文昌市农业技术推广服务中心
51	海南岛龙脑香料植物坡垒、铁凌调查与保护成效评估	唐　亮	中国科学院西双版纳热带植物园
52	2019 年三亚地力提升项目土壤样品测试分析	汤水荣	三亚市南繁科学技术研究院
53	万宁市槟榔病虫害无人机防治效果调查协议	范咏梅	海南喜绿佳新农业开发有限公司
54	乐东芒果蓟马无人机防治效果调查协议	范咏梅	海南铭园城市绿化工程有限公司
55	海南省不同区域水污染地方排放标准研究	葛成军	海南省环境科学研究院
56	森林康养多产业融合与经营模式研究	何荣晓	国家林业和草原局
57	辽宁省城市交通资产管理系统开发	刘婉秋	大连世纪畅行交通科技有限公司
58	泰达作物（2019）	刘文波	浙江泰达作物科技有限公司
59	吉林八达（2019）	刘文波	吉林省八达农药有限公司
60	新朝阳作物（2019）	刘文波	成都新朝阳作物科学有限公司
61	仿真的 ABM 模型梳理、评估与测试	余　瑞	中国科学院地理科学与资源研究所
62	基于多传感器融合的珍稀树木监管保护系统设计	邱梓轩	北京地林远景信息技术有限公司
63	常熟市农药厂（2019）	刘文波	常熟市农药厂有限公司
64	沧州志诚（2019）	刘文波	沧州志诚有机生物有限公司
65	多谱段光学系统机械结构设计	柳　华	北京理工大学
66	拜耳药效试验（2019）	朱朝华	拜耳作物科学(中国)有限公司
67	江西众和化工（2019）	李培征	江西众和化工有限公司
68	上海悦联化工（2019）	李培征	上海悦联化工有限公司
69	潍坊中农联合化工（2019）	李培征	潍坊中农联合化工有限公司
70	河南远见农业科技（2019）	李培征	河南远见农业科技有限公司
71	吉富罗非鱼肌肉 n-3 系脂肪酸沉积和合成效率的探究	徐　畅	The Fishin' Company
72	三沙市“高脚屋”文物修复和保护及单体搬迁的可行性报告	刘均玲	三沙市旅游文化和交通运输局
73	青岛中达农业科技（2019）	李培征	青岛中达农业科技有限公司
74	草地贪夜蛾防控技术调查、研究、推广协议	范咏梅	海南省植物保护总站
75	传动系统故障诊断系统研究	刘子豪	哈尔滨工程大学
76	三亚城市园林绿化遥感调查数据分析	沈　重	三亚中科遥感研究所
77	蔬菜重要蓟马类害虫综合防治技术集成研究与应用	杨石有	中国热带农业科学院环境与植物保护研究所
78	铁皮石斛多糖植物酵素产品开发	向　东	海南宝元堂保健品有限公司
79	红火蚁等有害生物防控技术服务	周　祥	广州瑞丰生物科技有限公司

续表

序号	项目名称	负责人	资助单位
80	江苏七洲绿色（2019）	王兰英	江苏七洲绿色化工股份有限公司
81	山东依科世福（2019）	王兰英	山东依科世福农业科技有限公司
82	观叶花卉组织培养	王　健	东方上彩现代农业有限公司
83	基于机器学习的多模式融合气象降水量预报系统研发	谢小峰	海南省气象台
84	芒果高接换冠技术示范基地建设	李新国	乐东黎族自治县农业技术推广服务中心
85	海南高烈度地震区农村传统民房抗震加固方案设计及试验研究	陈　云	海南省住房和城乡建设厅
86	微生物多样性与植物多样性项目	龙文兴	海南五指山国家级自然保护区管理局
87	海南坡鹿野外生态适应机制与野生种群恢复研究	刘　辉	深圳市质兰公益基金会
88	海口市江东新区起步区水系（道孟河、芙蓉河）综合治理工程（示范段）现状土壤、水质检测	孟　磊	海口市供排水管理处
89	海南热带雨林国家公园植被与植物资源总体把控与考查	杨小波	海南省林业局
90	珍稀濒危及国家级保护植物调查及图鉴	李东海	海南省林业局
91	野生观赏植物调查及图鉴	任明迅	海南省林业局
92	真菌调查及图鉴	丁　琼	海南省林业局
93	野外资源调查	戚春林	海南省林业局
94	古树名木植物调查及图鉴	龙文兴	海南省林业局
95	物候调查及图鉴	杜彦君	海南省林业局
96	海南长臂猿食源植物调查及图鉴	张　辉	海南省林业局
97	苔藓调查及图鉴	张莉娜	海南省林业局
98	遗传资源调查及图鉴	张海文	海南省林业局
99	海口市琼山区红旗镇大山村土壤改良及保水工程实施效果分析评价	王晶晶	海南中环土地整治有限公司
100	海南五指山保护区野生动物多样性监测及数据分析项目（生态保护与恢复）	刘　辉	海南五指山国家级自然保护区管理局
101	海南农垦东方广坝垦区土壤改良	高　伟	海南农垦自然资源开发运营有限公司
102	水稻白叶枯病抗病试验	刘文波	上海交通大学
103	三亚抱坡岭山体生态修复科学研究项目委托协议	张　辉	三亚市林业局
104	海南五指山国家级自然保护区开展植物多样性调查项目（生态保护与恢复）	龙文兴	海南五指山国家级自然保护区管理局
105	海南省冬季进京食品现状与风险分析	冯玉红	北京市理化分析测试中心
106	三沙市椰子树及部分灌木主要虫害化学防治及生物防治服务	卓志航	三沙市海洋和渔业局
107	三沙市“十四五”永乐群岛区域规划	吴小易	三沙市永乐群岛管理委员会
108	三沙市海洋经济发展“十四五”规划	吴小易	三沙市海洋和渔业局
109	影视主题公园仿古异型外立面装饰施工技术研究	陈　云	中铁建设集团有限公司
110	农药面源污染定点监测样品采集	梁晓宇	农业农村部农药检定所

续表

序号	项目名称	负责人	资助单位
111	土壤样品 15N 丰度和浓度测定	伍延正	山东省农业科学院农业资源与环境研究所
112	土壤微生物群落组成、氮同位素测试	伍延正	中国水利水电科学研究院
113	氮同位素样品测定	伍延正	江苏省农业科学院农业资源与环境研究所
114	猪胆总管探查+支架吻合术及术后饲养管理	赵建国	海口市人民医院
115	仿生粘合材料实海挂板试验	陈　新	中国人民解放军国防科学技术大学
116	2020 年五指山市实用技术培训项目	王　健(大)	五指山市林业局
117	海南神农峨蔓海洋牧场项目概念性规划	王爱民	海南神农科技股份有限公司
118	土壤植物样品测试	何秋香	三亚市热带农业科学研究院
119	2020 年松涛水库增殖放流项目	吴小易	海南省水利灌区管理局松涛灌区管理分局
120	福山油田油井水型化验委托书	李　进	海南福山油田勘探开发有限责任公司
121	三沙市项目办聘用工程管理人员资质要求及施工现场签证管理咨询服务	刘金灿	三沙市自然资源和规划建设局
122	芒果果面微生物组数据分析	施海涛	中国热带农业科学院环境与植物保护研究所
123	15N 丰度测定	孟　磊	中南林业科技大学
124	产业链视角下的澄迈咖啡产业发展战略	尹学琼	澄迈福山咖啡文化风情镇管理委员会
125	儋州大成黄皮产业规划	于旭东	儋州市大成镇人民政府
126	2020 年三亚地力提升项目土壤样品测试分析协议	孟　磊	三亚南繁科学技术研究院
127	水稻抗性鉴定	夏志辉	海南省种子总站
128	青岛中达农业（2020）	李培征	青岛中达农业科技有限公司
129	预防近视动画制作	邓　晰	海南省教育厅
130	海南长臂猿保护与热带雨林国家公园建设	杜彦君	中国人民政治协商会议海南省委员会办公厅
131	嵌入式终端网络异常行为检测方法研究	程杰仁	上海工业控制安全创新科技有限公司
132	海南省网络安全和信息化人才队伍发展规划	曹春杰	中共海南省委网络安全和信息化委员会办公室
133	海南省农业活动温室气体排放因子研究	孟　磊	海南省环境科学研究院
134	《影视主题公园建筑结构关键施工技术研究》科技项目申报	陈　云	中铁建设集团有限公司
135	海南生态环境地面监测指标体系研究项目	谭正洪	海南省生态环境监测中心
136	海南省万宁市海水养殖尾水处理模式研究	郭志强	万宁市农业农村局
137	全国镁营养研究协作网实施方案（海南省菠萝作物）（2020）	李长江	福建农林大学
138	2019 年琼海市农业生产和水利救灾项目红火蚁防控效果调查协议	周　祥	琼海市农业技术推广服务中心

续表

序号	项目名称	负责人	资助单位
139	万宁东星斑养殖融合发展基地生态环境保护相关报告技术咨询服务和养殖尾水处理工程建造	肖　娟	万宁和南广发渔业发展有限公司
140	大数据分析在现代智慧交通中的应用研究	金志扬	河南省交通规划设计研究院股份有限公司
141	华南海南区域富岛水溶肥新产品应用效果研究	林　电	海油富岛（上海）化学有限公司
142	海南西沙群岛植物群落固定样地监测研究	李东海	海南省生态环境监测中心
143	江苏禾裕泰（2020）	王　萌	江苏禾裕泰化学有限公司
144	橡胶废水特征污染物相关的降解菌开发	唐燕琼	山东海景天环保科技股份公司
145	钢渣混凝土制人工礁石投放及海洋牧场生境构建技术研究	汪国庆	湛江宝钢新型建材科技有限公司
146	案例研究、风险分析及关键问题处理模式技术服务	刘金灿	中建新疆建工（集团）有限公司海南分公司
147	应急物资储备保障及动态管理研究	丁　洁	海口市公共安全联动指挥中心
148	2020 年临高县蓝水湾渔业增殖放流项目	吴小易	临高县农业农村局
149	三沙海—气通量观测业务	谭正洪	海南省气象科学研究所
150	极化 SAR 对抗生成软件测试与数据加工	黄梦醒	中国科学院自动化研究所
151	海南长臂猿灾害预警方案	宋希强	海南国家公园研究院
152	苯磺顺阿曲库铵杂志立体结构鉴定	高艳安	齐鲁制药（海南）有限公司
153	草地贪夜蛾防治和假高粱调查	周世豪	文昌市农业技术推广服务中心
154	夹芯复合圆柱壳声目标强度优化设计数值技术服务	李静茹	中国人民解放军海军工程大学舰船与海洋学院
155	总纲及总体报告	宋希强	海南省林业局
156	成效评估及生态系统代表性、面积适宜性	谭正洪	海南省林业局
157	自然景观代表性	赵书彬	海南省林业局
158	自然遗迹代表性	唐敏强	海南省林业局
159	统筹及生物物种代表性	肖楚楚	海南省林业局
160	原生自然状态	张　辉	海南省林业局
161	人类干扰强度、破碎化程度	龚文峰	海南省林业局
162	结构完整性、功能完整性	任明迅	海南省林业局
163	历史文化价值	梁怀月	海南省林业局
164	2020 年东方市大田镇蝗虫统防统治防治效果评估	于旭东	海口康力威有害生物防治服务有限公司
165	一帆生物科技（2020）	刘文波	一帆生物科技集团有限公司

2020 年企事业单位委托人文社会科学项目结题验收一览表

序号	项目名称	负责人	委托单位(甲方)
1	海南南平健康养生产业定位与政策制度创新研究	夏　锋	陵水黎族自治县发展和改革委员会
2	三亚市旅游景区和旅游酒店无障碍设施普查工作	谢祥项	三亚市旅游和文化广电体育局

序号	项目名称	负责人	委托单位（甲方）
3	《海南经济特区优质教育培训资源引进规定》立法起草项目	熊勇先	海南省教育厅
4	编制自由贸易港背景下市场准入特别清单	常　健	海南省发展和改革委员会
5	调研起草《三亚市乡村民宿管理办法》	张　琳	三亚市旅游和文化广电体育局
6	三亚市海棠区乡村振兴调研与产业规划	傅国华	三亚市海棠区政府
7	《海南自由贸易港人才发展规划》战略设计研究	徐艳晴	中共海南省委人才发展局
8	海南省“十四五”规划建议研究	傅国华	海南省发展和改革委员会
9	三亚市“十四五”文化产业发展规划	谢祥项	中共三亚市委宣传部
10	三亚市历史文化名镇名村保护条例	王秀卫	三亚市自然资源和规划局
11	《海南省自由贸易港人才发展规划（2021—2025）》体系编制研究	徐艳晴	中共海南省委人才发展局
12	海南产业结构战略性调整研究	夏　锋	海南省发展和改革委员会
13	三沙市科技信息发展“十四五”规划研究	付景涛	三沙市发展和改革委员会
14	台湾方面周边海上立场、政策及实践研究	傅崐成	外交部边界与海洋事务司
15	铜鼓岭国际生态旅游区“十四五”规划编制项目	樊　燕	海南华隆铜鼓岭旅游控股有限公司
16	开展海南国际教育创新岛研究，助推海南自贸港建设	林仕岛	台盟中央研究室
17	三亚市地方政府规章立法后评估	王秀卫	三亚市司法局
18	三亚崖州湾科技城离岸创新创业中心营商环境建设咨询项目	李世杰	三亚崖洲湾科技城管理局
19	昌江黎族自治县国民经济和社会发展第十四个五年规划纲要	唐建荣	昌江黎族自治县发展和改革委员会
20	重大疫情防控、公共卫生事件中发挥人大职能作用的思考	谭　波	河南省人大制度理论研究会
21	美兰区“一江一岸一港”课题研究	黄朝明	海口市美兰区发展和改革委员会
22	儋州市人民检察院与海南大学法学院2020年度理论调研课题合作协议（新时代检察理论新发展）	王　琦	儋州市人民检察院
23	《陵水黎族自治县科技计划专项项目和经费管理办法》编制咨询服务	曹　扬	海南省陵水黎族自治县科学技术和工业信息化局
24	三亚市中小企业发展报告（2020）编制	唐建荣	三亚市科技工业信息化局
25	三亚市绿地认养认建管理办法	王秀卫	三亚市住房和城乡建设局
26	三亚市国有森林资源托管办法	王秀卫	三亚市林业局
27	2020年海南省旅行社等级评定工作	尹正江	海南省旅游和文化广电体育厅
28	认罪认罚从宽制度有关问题研究	王洪宇	儋州市人民检察院
29	“捕诉一体”运行机制研究	王洪宇	儋州市人民检察院
30	服务贸易自由便利的制度集成创新	赵晋平	中共海南省委政策研究室
31	海南自由贸易港起步阶段服务业开放政策研究	赵晋平	中共海南省委政策研究室
32	海南自贸港建设背景下最低生活保障制度创新研究	卢　媛	海南省民政厅
33	三亚市“十四五”教育事业发展规划编制	张治库	三亚市教育局
34	中国特色自由贸易港背景下政府和市场关系的创新和突破	李世杰	海南省人民政府研究室
35	2019年度海口市家庭服务业调查分析	张可辉	海南省家庭服务业协会
36	青年人才发展研究	陈招万	共青团海南省委员

序号	项目名称	负责人	委托单位（甲方）
37	崖州区全域旅游发展提质升级创新路径及其促进机制研究	刘　刚	三亚市崖州区旅游和文化广电体育局
38	《海南自由贸易港公平竞争条例（修改稿）》等相关课题研究	叶光亮	海南省市场监督管理局
39	编制《黎族文化生态保护区规划》《海南省非物质文化遗产保护“十四五”规划》	焦勇勤	海南省旅游和文化广电体育厅
40	海口市秀英区财政改革与发展“十四五”规划	王丽娅	海口市秀英区财政局
41	农垦企业中高级经营管理人才素质研究	胡秀群	农业农村部管理干部学院
42	周边海洋权益研究项目	张良福	外交部边界与海洋事务司
43	海南省国家全域旅游示范区创建第三方评估	范士陈	海南省旅游和文化广电体育厅
44	开展指导建设旅游文化广电体育标准体系工作	尹正江	海南省旅游和文化广电体育厅
45	编制东方市创新型市建设方案	孙　涛	东方市工业科技信息化局
46	海南省交通投资控股有限公司“十四五”战略规划（2021—2025年）	郭庆宾	海南省交通投资控股有限公司
47	黎苗少数民族文化特色生态旅游研究	王　红	海南国家公园研究院
48	海南长臂猿栖息地周边社区游憩利用途径——以白沙青松乡为例	郭　强	海南国家公园研究院
49	解放海南决胜之战——小木船打败大军舰	苏西亚	海南出版社有限公司
50	海南自由贸易港优化消防营商环境研究	常　健	海南省消防救援总队
51	万宁东山岭项目可行性方案	何　彪	海南广电旅游文化体育科技有限公司
52	海南自由贸易港无障碍环境建设立法研究	刘　刚	海南省残疾人联合会
53	青松乡益智等南药生态产品发展可行性及可持续性研究	张德生	海南国家公园研究院
54	党委在统一战线中的主体责任研究、构建与自贸港相适应的统战工作体制机制研究	陈明宝	海南省委统战部
55	海南省建设用地使用权和矿业权网上交易法律风险分析和应对策略	陈秋云	海南省土地储备整理交易中心
56	自贸港建设背景下的海口市保障性住房建设研究报告	黎兴强	海口市住房保障中心
57	三沙市进出岛物资集装箱运输方案	熊　浩	三沙市旅游文化和交通运输局
58	农垦系统土地整治项目实施研究	蒋国洲	海南川海土地科学研究院
59	海口市旅游标准化建设规划（2021—2025）	谢祥项	海口市旅游和文化广电体育厅
60	编制全省民政人才“十四五”发展规划暨《海南自由贸易港人才发展规划（2021—2025年）》（社会工作人才发展研究）	郭　琦	海南省民政厅
61	海南省澄迈县市郊列车形象设计项目	张　晨	中共澄迈县委宣传部
62	海南自由贸易建设参考资料汇编	王　琦	海南省法学会
63	琼中黎族苗族自治县“十四五”旅游文化和体育产业发展规划	何　彪	琼中黎族苗族自治县旅游和文化体育广电局

2020年度科研项目结题验收统计情况

材料提供单位：科技处　人文社科处

序号	项目类别	结题验收数
1	国家级科研项目（小计）	98
	（1）国家自然科学基金项目、科技部项目	78

序号	项目类别	结题验收数
	（2）国家社会科学基金项目	19
	（3）国家艺术基金项目	1
2	部级科研项目（小计）	27
	（1）农业部项目	15
	（2）教育部人文社会科学研究项目	0
	（3）其他部委项目（环境保护部等）	12
3	省级科研项目（小计）	168
	（1）海南省教育厅高校科研项目	25
	（2）海南省科技厅项目	125
	（3）海南省哲学社会科学规划课题	16
	（4）海南省教育科学规划课题	2
4	其他地厅级项目（小计）	28
5	企事业单位委托项目（小计）	228
合计		549

科研经费

2020 年度立项项目及经费来源统计情况

材料提供单位：科技处　人文社科处

序号	项目类别	项目数	经费数(万元)
1	国家级项目（小计）	140	5053
	（1）国家重点研发计划项目	9	784
	（2）国家自然科学基金项目	106	3598
	（3）国家社会科学基金项目	25	671
2	部级科研项目（小计）	49	2197.95
	（1）自然科学类	41	2071.95
	（2）人文社会科学类	8	126
3	省级科研项目（小计）	401	8594.8
	（1）自然科学类	337	8405.8
	（2）人文社会科学类	64	189
4	地厅级科研项目（小计）	76	488.38
	（1）海南省教育厅高校科研项目	28	55.5
	自然科学类	10	18
	人文社会科学类	18	37.5
	（2）其他地厅级科研项目	48	432.88

序号	项目类别	项目数	经费数(万元)
	自然科学类	26	401.9
	人文社会科学类	22	30.98
5	企事业委托项目（小计）	239	5319.21
	(1) 自然科学类	143	2861.37
	(2) 人文社会科学类	96	2457.84
6	科研平台建设	41	1580
合计		946	23233.34

科研成果转化与奖励

2020年授权专利情况

序号	专利名称	专利号	专利类型
1	超声波/微波联用制备低聚窄分子量分布壳聚糖的设备	201510494378.6	发明专利
2	和厚朴酚在制备抑杀鱼类体外寄生纤毛虫药物中的应用	201711190306.8	发明专利
3	一种可搜索图像加密算法	201710077608.8	发明专利
4	一种可实现多热源余热回收的换热装置	201910422845.2	发明专利
5	一种托辊用陶瓷材料及其制备方法	201810030880.5	发明专利
6	一种太阳能喷雾遮阳棚	201910206123.3	发明专利
7	大麦芽碱或其联合抗生素的抗感染制药用途	201711362771.5	发明专利
8	PcFPS基因的引物对及利用该引物对扩增的基因在提高广藿香中百秋李醇含量的应用	201811398321.6	发明专利
9	一种金属结合多肽标签的溶血素作为生物信号标记物超灵敏诊断病原微生物	201810313597.3	发明专利
10	一种超细多元复合陶瓷粉体及其制备方法	201610225001.5	发明专利
11	一种硫钴镍复合材料的合成方法	201811409266.6	发明专利
12	一种用于海水提铀的纳米纤维材料及其制备方法	201710665074.0	发明专利
13	一种基于滤波器组的脑瘫儿童步态相位识别方法	201910455200.9	发明专利
14	MPTCP多路径传输缓存耗量的回归模型计算方法和系统	201911060937.7	发明专利
15	一种卷积神经网络中边缘填充和滤波器膨胀运算方法及系统	201811315318.3	发明专利
16	自共轭矩阵的上三角部分存储装置和并行读取方法	201811315346.5	发明专利
17	一种基于有限域上遍历矩阵的RFID标签特征码生成方法和装置	201811440759.6	发明专利
18	一种遮阳棚顶部结构及其太阳能遮阳棚	201910209827.6	发明专利
19	一种墙式连接阻尼器连接构件及其施工方法	201910324708.5	发明专利
20	对称矩阵的下三角部分存储装置和并行读取方法	201811315309.4	发明专利
21	一种甲壳素液化产物/聚乙烯醇共混膜的制备方法	201710640905.9	发明专利
22	公平竞争审查方法、服务器、系统及存储介质	201911318618.1	发明专利

续表

序号	专利名称	专利号	专利类型
23	一种电动汽车车载高压电池组绝缘状态在线检测系统	202010169375.6	发明专利
24	聚乳酸/聚己二酸-对苯二甲酸丁二酯共混物的制备方法	201811231030.8	发明专利
25	橡胶果破碎力测试装置	201810297349.4	发明专利
26	椰子胚诱导培养基和基于椰子合子胚细胞薄层培养获得离体再生植株的方法	201810494678.8	发明专利
27	自定义交互区域的区域定义、展示与识别方法	201810945928.5	发明专利
28	一种莫来石-氧化锆复合陶瓷及其制备方法	201810030002.3	发明专利
29	一种台农芒果一年两熟的高效种植方法	201711105812.2	发明专利
30	自共轭矩阵的下三角部分存储装置和并行读取方法	201811315278.2	发明专利
31	一种耐海水腐蚀的含铜高硼钢及制备方法	201711462661.6	发明专利
32	一种新型古树名木管理方法	201810135596.4	发明专利
33	非饱和土强度特性的现场试验测定方法	201910182698.6	发明专利
34	图像去雾处理方法、系统、计算机设备和存储介质	201910485387.7	发明专利
35	一种增韧氧化铝复合陶瓷及其制备方法	201810030879.2	发明专利
36	一种甜菜碱处理提高木薯抗病性的方法	201810602395.0	发明专利
37	一种制备油水分离纳米纤维膜的方法	201610402093.X	发明专利
38	30%吡唑醚菌酯·氟硅唑乳油及其制备方法	201711327576.9	发明专利
39	一种两输入两输出网络控制系统不确定时延混杂控制方法	201710090661.1	发明专利
40	多维度价值导向的针对意图的面向对象数值计算方法	201911251907.4	发明专利
41	一种超疏水耐磨釉涂层及其制备方法	201911127736.4	发明专利
42	意图驱动的适应竞争及合作意向的内容填充方法	201910956787.1	发明专利
43	一种面向边缘计算的类型化医疗资源处理系统设计方法	201711316801.9	发明专利
44	一种含钼酸钠的防锈液及其制备方法	201811299879.9	发明专利
45	一种高粘弹性 Pickering 乳液及其制备方法和应用	201710380895.X	发明专利
46	个性化网络人员与内容的整理与优化方法	201810911490.9	发明专利
47	一种砗磲移植附着装置及其使用方法	201910941177.4	发明专利
48	Mn-MoS_2单层膜光磁材料制备方法	201811562481.X	发明专利
49	三维耗能隔震支座	201910848347.4	发明专利
50	一种双重水流模式的水族箱系统及使用方法	201910326348.2	发明专利
51	阿孙链霉菌产生的挥发性物质在植物病害防治中的应用	201910604694.2	发明专利
52	一种具有乳酸活性的粪肠球菌 HKF7 及其筛选培养方法和应用	201810047287.1	发明专利
53	一种实验室黑水虻饲养装置	201711050251.0	发明专利
54	一种便携手提式割胶机	201711249755.5	发明专利
55	一种用于水下修复的星状纳米胶水及其制备方法	201811000603.6	发明专利
56	纤维增强混凝土单轴拉伸性能测试试件及其测试方法	201811533188.0	发明专利
57	橡胶树胚性愈伤组织的低温保存培养基及其低温保存方法	201710806719.8	发明专利
58	1-芳基-4-吡啶酮类化合物的应用	201911075725.6	发明专利

续表

序号	专利名称	专利号	专利类型
59	启动子 WY195 及其用途	201710875371.8	发明专利
60	一种基于拓展标签的矩阵分解推荐方法及系统	201710374192.6	发明专利
61	dsRNA 及其在防治埃及伊蚊中的应用	201911113686.4	发明专利
62	一种水乳液电纺制备微胶囊的方法	201710643179.6	发明专利
63	一种广谱植物源杀菌剂及其制备方法和应用	201810910803.9	发明专利
64	一种海洋原生生物及利用其发酵生产高附加值脂质产品的方法	201711337450.X	发明专利
65	一种包含改性聚甘露糖醛酸衍生物的载药水乳液及其制备方法	201710642668.X	发明专利
66	场景、事件、人物与意图匹配的智能提醒机制	201911277319.8	发明专利
67	对称矩阵的上三角部分存储装置和并行读取方法	201811314509.8	发明专利
68	橡胶树白粉菌内源启动子 WY193 及其用途	201711429297.3	发明专利
69	一种转氨酶生物催化制备(S)-或(R)-2-氨基丁酰胺的方法	201710116158.9	发明专利
70	水果纳塔的复水方法	201710130690.6	发明专利
71	一种锂离子电池的电极材料及其制备方法	201710946829.4	发明专利
72	凸轮式挤压破壳橡胶果脱壳机	201810493496.9	发明专利
73	一种连续可变气门系统及其控制方法	201711117859.0	发明专利
74	一种锂离子电池电极材料锂硼碳 LiBC 及其制备方法和应用	201711479951.1	发明专利
75	一种胶乳快速干燥的方法	201610699608.7	发明专利
76	一种旋翼无人机及其更换电池系统	201710284194.6	发明专利
77	一种零添加火龙果菠萝蜜复合饮料及其制备方法	201710429047.3	发明专利
78	一种提高生物质炭去除水中诺氟沙星吸附性能的超低温改性方法及其制备的生物质炭	201810161679.0	发明专利
79	一种自共轭矩阵的三角部分存储装置和并行读取方法	201811314439.6	发明专利
80	一种椰子自动剥衣机	201810519011.9	发明专利
81	苯丙素糖苷 *Smiglaside A* 在制备治疗脓毒症的药物中的应用	201711347606.2	发明专利
82	价值驱动的面向目的融合的优化系统	202010029053.1	发明专利
83	一种考虑地下空间开发利用的人工岛结构及其施工方法	201810899670.X	发明专利
84	类型化资源的交互代价驱动安全保护方法	201811111385.3	发明专利
85	一种诺丽内生真菌的分离鉴定方法	201710657484.0	发明专利
86	基于数据图谱、信息图谱和知识图谱的交互区域划分及传输优化处理方法	201910742770.6	发明专利
87	一种海洋富油微藻培养基以及海洋富油微藻产油方法	201611065757.4	发明专利
88	一种具有乳酸活性的乳酸乳球菌 HKS2 及其分离筛选方法和应用	201810047344.6	发明专利
89	一种含有椰子油的石斛多糖乳液及其制备方法	201711011896.3	发明专利
90	氰基化合物的偕胺肟化方法	201710790380.7	发明专利
91	减反射玻璃及其制备方法	201811182581.X	发明专利
92	一种利用晶硅切割废砂浆制备碳化硅纳米晶须的方法	201710661415.7	发明专利
93	一种人工肽适体用于抑制尖孢镰刀菌的用途	201711399468.2	发明专利
94	融合公平度、体验感和价格的用户满意度建模与展示空间调整方法	201811538692.X	发明专利

续表

序号	专利名称	专利号	专利类型
95	一种自抛光型低表面能聚氨酯及其制备方法和应用	201810478469.4	发明专利
96	一种槟榔碱处理提高槟榔抗病性的方法及应用	201910437732.X	发明专利
97	一种各向同性石墨块体的制备方法	201610059212.6	发明专利
98	对称矩阵的三角部分存储装置和并行读取方法	201811315320.0	发明专利
99	一种用于海水提铀的中空多孔纳米纤维材料及其制备方法	201710546926.4	发明专利
100	容器内液体温度度量、变化模拟与展示系统	201910010040.7	发明专利
101	一种免涮膛的公路桥梁混凝土搅拌装置	201910711495.1	发明专利
102	基于数据图谱、信息图谱和知识图谱的内容传输建模及处理优化方法	201910736935.9	发明专利
103	可同时识别克百威及其代谢物的抗体及其制备方法和应用	201910239341.7	发明专利
104	一种抽湿式海上救援便携海水淡化方法	201811338583.3	发明专利
105	一种水溶性偕胺肟化聚丙烯腈溶液及其制备方法	201810383117.0	发明专利
106	一种自动椰青加工机	201710226144.2	发明专利
107	橡胶树白粉菌内源启动子 WY7 及其用途	201711429330.2	发明专利
108	价值驱动的多因素维度空间多介尺度融合的动态推荐系统	202010032685.3	发明专利
109	小叶九里香枝干抑菌活性成分的分离方法以及抑菌剂	201710817803.X	发明专利
110	一种制备聚羧酸系减水剂的方法	201810157121.5	发明专利
111	一种用于海水提铀的多孔结构弹性复合材料及其制备方法	201810383228.1	发明专利
112	面向图像内容安全及隐私保护的多层数字面纱设计方法	202010119741.7	发明专利
113	一种卵形鲳鲹 β–胸腺素及其应用	201710338455.8	发明专利
114	检测水产养殖过程中污水排放内抗生素药类含量的系统	201810168407.3	发明专利
115	面向加工定义健康的环保交互炊具定制系统	201910051556.6	发明专利
116	球形卫星天线和球形卫星天线的制备方法	201910596051.8	发明专利
117	一种多元复合 Ti(C,N)金属陶瓷及其制备方法	201710034563.6	发明专利
118	一种快速高效获得木薯体细胞胚的方法	201710800024.9	发明专利
119	一种重金属检测装置及其检测方法	201711194192.4	发明专利
120	可定义隐私模糊度的多维度体系化交互方法	201911124039.3	发明专利
121	一种红心火龙果和白心火龙果复合果酒及其制备方法	201710856194.9	发明专利
122	基于终端直通的功率控制方法及装置、存储介质和终端设备	201710819614.6	发明专利
123	一种环氧化天然橡胶复合材料及其制备方法	202010031171.6	发明专利
124	一种锂电池组均衡保护装置	201921854599.X	实用新型
125	一种自激振动双层气压可调式深松铲	201922124297.3	实用新型
126	一种用于改善周围流场控制和优化的人工鱼礁	202020725090.1	实用新型
127	一种压网卡槽的固定装置	201922169302.2	实用新型
128	一种预制装配式韧性组合剪力墙结构	201922045777.0	实用新型
129	一种生物技术用细胞质分离装置	202020229903.8	实用新型
130	一种自复位阻尼器	201922045438.2	实用新型

续表

序号	专利名称	专利号	专利类型
131	一种智能式自助椰子机	201922036535.5	实用新型
132	一种装配式温室立体循环降温系统	201921028192.1	实用新型
133	一种回转式快速燃气红外辐射炭化炉	201921361847.7	实用新型
134	基于潜望式长焦手机摄像头的移动显微镜装置	201921432768.0	实用新型
135	一种自动苹果去皮机	201920891512.X	实用新型
136	一种基于交流电的电渗微混合器	201921486923.7	实用新型
137	一种丰年虾孵化器	201921652703.7	实用新型
138	一种韧性钢柱	201922045772.8	实用新型
139	一种基坑坑底冻结加固结构	201920681618.7	实用新型
140	一种钢结构支撑单架	202020088114.7	实用新型
141	一种自复位叠层钢板铅芯阻尼器	201920936998.4	实用新型
142	一种防止割网并固定塑钢线的装置	201922170828.2	实用新型
143	一种微型海洋监测浮标	201921386060.6	实用新型
144	一种人工模拟湿地除磷混凝土装置	201921929974.2	实用新型
145	混凝土抗渗仪试模	201920619403.2	实用新型
146	一种钢结构表面处理用去毛刺装置	202020082485.4	实用新型
147	一种半潜平台-风力机双体模块化浮式集成系统	201922148051.X	实用新型
148	一种室外自然土壤氨挥发收集监测装置	202020713253.4	实用新型
149	一种橡胶树自动夹紧装置	201922211552.8	实用新型
150	一种多方位思想政治教育教学环形展示台	202020590916.8	实用新型
151	一种板栗开口机	202020012493.1	实用新型
152	花束用球形果蔬固定装置	202020251253.7	实用新型
153	智能防台风百叶窗	201922074436.6	实用新型
154	一种用于建筑屋盖流场控制和优化的装配式气动控制结构	202020486428.2	实用新型
155	一种自复位粘弹性阻尼器	201920935916.4	实用新型
156	用于隧道模型试验的辅助装置	201921843211.6	实用新型
157	一种水下机器人用水密封亚克力舱	201920960160.9	实用新型
158	一种金属屋面用具有调节结构的抗风加固装置	201921042904.5	实用新型
159	一种基于锥形纳米孔的整流比及极性的调控装置	201920489006.8	实用新型
160	一种农作物秸秆板与轻钢框架组合的复合墙体	201920881084.2	实用新型
161	一种微米颗粒过滤装置	201921057057.X	实用新型
162	一种韧性耗能钢柱	201922045482.3	实用新型
163	一种能自动配时的交通信号灯	202020559089.6	实用新型
164	一种装有三角形挡块的多电极电渗微混合器	201921921108.9	实用新型
165	一种减震悬挂摆臂发电装置	202020312588.5	实用新型
166	一种三角电极红细胞与血小板微分离装置	201922068004.4	实用新型
167	一种自动收衣防雨晾衣架	202020348690.0	实用新型

续表

序号	专利名称	专利号	专利类型
168	一种豇豆大蓟马的饲养容器	201921652704.1	实用新型
169	仿生式可折叠香蕉茎秆纤维提取机	201920344541.4	实用新型
170	一种抗震韧性钢管混凝土柱与钢梁框架结构	201922045467.9	实用新型
171	病原微生物培养皿	201920480046.6	实用新型
172	一种用于活体植物叶片上的小型养虫罩	201921146903.5	实用新型
173	一种青椰子脱纤维成型机	201920358795.1	实用新型
174	废旧塑料再利用塑料造粒机	201922171002.8	实用新型
175	一种基于太阳能驱动的气雾栽培房	201921724770.5	实用新型
176	一种铝木组合梁	201921910354.4	实用新型
177	一种练习游泳的辅助器材	201921000552.7	实用新型
178	一种园林绿化用栽培装置	201921985681.6	实用新型
179	一种室内温度检测装置	201920660491.0	实用新型
180	一种车载路况通讯系统	201922126209.3	实用新型
181	一种自动椰青加工机	201920604012.3	实用新型
182	红外相机野外一体式立杆	201922023407.7	实用新型
183	一种设施园艺的自动节水灌溉设备	201921798858.1	实用新型
184	一次性微生物测试管	202020072794.3	实用新型
185	一种智能华容道置物柜	201922199084.7	实用新型
186	一种四电极微通道混合器	201922109805.0	实用新型
187	一种电动刷鞋机	202020012494.6	实用新型
188	低曝气上流式生物床有机废水处理系统	201921715038.1	实用新型
189	一种防坠井警示装置	202020001695.6	实用新型
190	一种自复位梁柱耗能节点结构	201920935900.3	实用新型
191	一种简便的根结线虫分离收集装置	202020472702.0	实用新型
192	一种可变形水面垃圾收集船	201920394224.3	实用新型
193	线虫卵胚胎发育保湿培养装置	201920965124.1	实用新型
194	一种水族底滤系统下水量控制及消音装置	201920547994.7	实用新型
195	一种用于芯片的微通道换热系统	201921483326.9	实用新型
196	一种轴切防缠式香蕉秸秆粉碎还田机	201920773817.0	实用新型
197	一种多孔稳定生态混凝土珊瑚礁体结构	201921909328.X	实用新型
198	一种钢结构外挂墙板连接装置	201920630354.2	实用新型
199	一种田间火龙果生长、发病情况的图像采集装置	202020092633.0	实用新型
200	一种气缸式椰子开口机	201920703002.5	实用新型
201	海洋装备表层涂料防锈防污能力动态模拟实验装置	201921024455.1	实用新型
202	一种锥式间隙破壳取仁机	201920389831.0	实用新型
203	抗震韧性钢管混凝土柱与型钢混凝土梁框架	201922045453.7	实用新型
204	一种仿穿山甲鳞片型刮拉式割胶刀	201921756865.5	实用新型

续表

序号	专利名称	专利号	专利类型
205	单分散微液滴的制备系统	201921826987.7	实用新型
206	菠萝去皮切片机	201920589508.8	实用新型
207	一种椰子壳肉分离机	201920711445.9	实用新型
208	一种草地贪叶蛾成虫饲养容器	201921652702.2	实用新型
209	一种用于牙齿移动的振动器	201921490786.4	实用新型
210	一种景观园林喷水系统	202020688419.1	实用新型
211	一种潜水器水压差发电装置	202020038668.6	实用新型
212	一种可抗淤泥且可投放打捞的人工鱼礁	201922003609.5	实用新型
213	一种基于 NB-IOT 传感器的停车场空位导航系统	201920355068.X	实用新型
214	一种自复位铅棒阻尼器	201920934941.0	实用新型
215	一种橡胶表面的抗紫外耐磨复合膜	201921018691.2	实用新型
216	一种金属屋面具有定位结构的抗风加固装置	201921038939.1	实用新型
217	一种垂直电极主动式微流体混合器	201922120947.7	实用新型
218	一种微米颗粒自组装装置	201920599249.7	实用新型
219	一种火龙果内部营养调控装置	201921224604.9	实用新型
220	一种固定塑钢线走向的卡扣装置	201922169678.3	实用新型
221	气相色谱仪进样口进样器夹具	201920911179.4	实用新型
222	一种大型桩基础的配筋结构	201921141113.8	实用新型
223	一种拼装折叠式充电宝	201920581993.4	实用新型
224	一种回收铜线的剥线机	201922083639.1	实用新型
225	一种现浇的透水人工海参礁	201922003608.0	实用新型
226	预制有抗拔块体的抗拔桩	202020095598.8	实用新型
227	一种可移动式多功能老人休息椅	201922083295.4	实用新型
228	一种方钢管十字连接固定装置	201922169683.4	实用新型
229	一种建筑工程钢结构支撑架	202020082401.7	实用新型
230	快速进尺的金刚石复合取芯钻头	202020108575.6	实用新型
231	一种小型啤酒自酿系统发酵罐的冷却装置	201922134947.2	实用新型
232	一种微米颗粒排列装置	202020044435.7	实用新型
233	一种海工混凝土实海暴露试验装置	202020156259.6	实用新型
234	一种昆虫收集装置	201921719128.8	实用新型
235	一种手摇旋转式榨汁机	201921704021.6	实用新型
236	一种生成均匀液滴的微通道装置	201921915292.6	实用新型
237	一种夜用昆虫诱捕装置	201922114587.X	实用新型
238	一种椰子开孔器	201922084760.6	实用新型
239	一种可调式天然橡胶乳杯架	201921756855.1	实用新型
240	一种梁柱自复位耗能节点	201922045531.3	实用新型
241	一种适用于砖红壤土香蕉地的深松整地机	201921892169.7	实用新型

续表

序号	专利名称	专利号	专利类型
242	一种用于海洋船舶系泊试验的装置	202020590850.2	实用新型
243	一种自动清洁式雨水口盖板装置	202020219216.8	实用新型
244	一种稻田无害化防鼠组合装置	201922153424.2	实用新型
245	防止垃圾厂渗流的局部加固处理装置	202020015117.8	实用新型
246	一种水下传感器及水下环境监测平台	201920851364.9	实用新型
247	一种微米颗粒富集装置	201921391720.X	实用新型
248	一种文件分发采集智能客服	201922035835.1	实用新型
249	一种可调节光源方向的隐藏式地灯	202020665056.X	实用新型
250	挤压器	201920505590.1	实用新型
251	头戴式自发荧光探测装置	201921447433.6	实用新型
252	一种用于蜜蜂室内毒性评价装置	201920964363.5	实用新型
253	一种电动裁剪绿篱机	201920228984.7	实用新型
254	手握式橡胶刮胶碗	201920600430.5	实用新型
255	基于扫描振镜的高速成像光谱仪	201921420963.1	实用新型
256	一种点动检测装置	201920013967.1	实用新型
257	简易水稻脱粒器	201920662642.6	实用新型
258	一种实验室用海水鱼养殖系统	201921502314.6	实用新型
259	一种盾构隧道端头冻土墙与地连墙联合加固结构	201920973884.7	实用新型
260	一种光诱导电渗流微混合器	201921981116.2	实用新型
261	一种节能型农用浇水装置	201920877122.7	实用新型
262	转动式橡胶刮胶碗	201920601010.9	实用新型
263	一种用于检测汽车进气歧管角度控制器精度的夹具	201921950866.3	实用新型
264	一种实时下料称重装置	202020026515.X	实用新型
265	一种钢结构房屋支撑横梁	202020082402.1	实用新型
266	一种电门锁供能装置	202020012501.2	实用新型
267	一种新型围压可控的模型试验土箱	201920789040.7	实用新型
268	便携式面食安全检测笔	201920806146.3	实用新型
269	一种可折叠式手术机器人器械盒	201921371631.9	实用新型
270	一种便携式线虫孵化装置	201922009212.7	实用新型
271	一种土壤通气培养装置	202020191338.0	实用新型
272	一种模拟高温高盐地区快速腐蚀的混凝土材料反应器	201921938067.4	实用新型
273	一种自复位增强型柱脚	201922045241.9	实用新型
274	一种用于低层轻钢建筑装配式基础	201922119094.5	实用新型
275	一种手摇式的椰子开孔器	202020009080.8	实用新型
276	一种基于连续流的光诱导介电泳微粒分离装置	201922107387.1	实用新型
277	悬浮隧道锚索端头冻结装置	201920736864.8	实用新型
278	一种用于光诱导介电泳装置的遮光膜	201921093117.3	实用新型

续表

序号	专利名称	专利号	专利类型
279	一种用于夹持覆盖材料的温室大棚卡槽的内衬保护装置	201922092190.5	实用新型
280	一种椰壳纤维加筋地基	201921268319.7	实用新型
281	沥青路面与水泥混凝土路面搭接装置	201920681039.2	实用新型
282	单杠	201920855542.5	实用新型
283	一种用于点击化学反应的简易装置	201920810685.4	实用新型
284	一种具有提示功能的心肺复苏监控装置	201922010650.5	实用新型
285	一种电动搓背工具	201921846139.2	实用新型
286	一种天然橡胶干燥生产线卸胶机械人	201821778640.5	实用新型
287	一种槟榔树干环形喷肥及药装置	201921227789.9	实用新型
288	一种用于空气弹簧的卡扣检测装置	202021014874.X	实用新型
289	一种张力腿平台-风力机双体模块化浮式集成系统	201922148010.0	实用新型
290	一种芒果削皮榨汁一体机	201920726262.4	实用新型
291	一种基于室内培养的土壤氨挥发收集监测装置	202020713754.2	实用新型
292	一种自动开椰器	202020218219.X	实用新型
293	一种具有稳定加固结构便于安装的金属屋面	201921051887.1	实用新型
294	一种抗冲击性能好的装配式钢结构	201920630370.1	实用新型
295	一种微米颗粒装夹装置	201920713305.5	实用新型
296	一种侧翼铲角度可调合页式深松铲	201922125705.7	实用新型
297	一种组合式文物展示架	201922212986.X	实用新型
298	一种啤酒自酿系统发酵罐的取样装置	201922135076.6	实用新型
299	长条形果蔬花束固定装置	202020261446.0	实用新型
300	一种面内约束钢筋混凝土板柱节点结构抗火试验机构	202021068421.5	实用新型
301	一种铝-OSB 板 T 型带肋组合梁	201921466190.0	实用新型
302	一种自动椰青加工机	201920706768.9	实用新型
303	一种半主动、准零刚度可调节式隔振器	201921065323.3	实用新型
304	一种变组构非贯通节理类岩石试样制备装置	202020153113.6	实用新型

2020 年计算机软件登记情况

序号	软件名称	软件著作权登记号
1	基于用户多视图的后台信息监控系统	2020SR0018575
2	基于 Cython 优化的 SHA-3 加密系统	2020SR0050077
3	基于 AIS 船舶轨迹的聚类系统	2020SR0081004
4	服务热线智能话务员系统软件	2020SR0183060
5	艺术类招生考试成绩管理系统	2020SR0253712
6	安全预警复用平台	2020SR0277367
7	高校智能安全预警系统	2020SR0276363
8	基于 ResNet 的海底非约束环境中热带珊瑚礁鱼类识别系统	2020SR0442118

续表

序号	软件名称	软件著作权登记号
9	CYY 上京找诗句小程序软件	2020SR0450299
10	北部湾综合科研服务平台底层 NONA 函数式编程语言系统	2020SR0450359
11	基于知识图谱的人才发现系统	2020SR0450365
12	Native Plant Species Selection 软件	2020SR0565571
13	城市智能交通信息管理系统	2020SR0605562
14	渔港综合信息管理系统	2020SR0605919
15	表格数据格式转换及集成系统	2020SR0683023
16	基于 CloudFlare API 的域名管理监控系统	2020SR0683228
17	北部湾科学仪器管理系统	2020SR0683212
18	地牢探索大冒险游戏软件	2020SR0683220
19	远动机联网分路器配置软件	2020SR0745281
20	基于社交网络的地理位置预测系统	2020SR0805887
21	教务管理系统	2020SR0868957
22	基于 HADOOP+SPARK 的科学仪器数据可视化系统	2020SR0866475
23	基于知识图谱的仪器发现系统	2020SR0869016
24	北部湾人力资源管理系统	2020SR0869148
25	基于知识图谱的专利发现系统	2020SR0866482
26	基于知识图谱的实验室发现系统	2020SR0872231
27	北部湾人才系统	2020SR0872238
28	北部湾科技淘宝系统	2020SR0873126
29	北部湾科技资源池专利及数据可视化管理系统	2020SR0875909
30	基于深度学习的一种 Au-SiO_2 开口谐振环的超材料预测软件	2020SR0873606
31	多路径传输缓存优化软件系统	2020SR0976680
32	多路径传输网络性能评估软件系统	2020SR0976706
33	多路径传输路径选择优化软件系统	2020SR0976698
34	一个移动通信随机丢包识别软件系统	2020SR0976688
35	钢筋审计云系统	2020SR0984345
36	园林设计服务管理软件	2020SR1039747
37	国家公园规划智慧服务软件	2020SR1042150
38	园林智慧专家协助软件	2020SR1042963
39	国家公园智能化管理软件	2020SR1042142
40	甘薯氮肥运筹生长监测系统	2020SR1083104
41	北部湾专利系统	2020SR1090189
42	北部湾客户需求信息智能分类系统	2020SR1090388
43	北部湾重点实验室管理系统	2020SR1089375
44	基于 tkinter 科学仪器系统	2020SR1090180
45	北部湾科技人才信息管理系统	2020SR1090195

续表

序号	软件名称	软件著作权登记号
46	公共卫生突发事件中的大数据分布式隐私保护系统	2020SR1112070
47	好卖咩网上图书商城系统	2020SR1147399
48	HX 北部湾资源推荐系统	2020SR1142936
49	HX 教务管理系统	2020SR1148228
50	HX 简易抽奖系统	2020SR1144130
51	嵌入式网络控制器数据采集系统	2020SR1173706
52	Android 端无人机遥控软件	2020SR1177603
53	时频联合分析软件	2020SR1206222
54	Web 终端电磁频谱地图软件	2020SR1211388
55	基于生成对抗网络的 DDoS 攻击检测系统	2020SR1223675
56	多维多模态可扩展账户口令系统	2020SR1237936
57	多目标多维度融合的目的驱动的智能填表系统	2020SR1235008
58	多维多模态虚拟账户定制系统	2020SR1236438
59	多维多模态内容驱动的颜色和形状融合的情感通讯系统	2020SR1237934
60	多维度多模态多尺度综合态势感知与报警系统	2020SR1252000
61	多维度多模态形态行为可视化的口语学习与矫正系统	2020SR1255693
62	蔬菜水培营养液监测及控制系统	2020SR1613457
63	ScccNH 新闻网站的新闻标题挖掘爬虫软件	2020SR1260262
64	冬作马铃薯晚疫病监测预警系统	2020SR1663579
65	海洋牧场水下工作平台软件	2020SR1743267
66	AI 医疗问诊系统	2020SR1744631

2020 年发表学术论文统计

单位：篇

	国外学术刊物	国内学术刊物	合计
自然科学	1197	2109	3306
人文社科	97	808	905
合计	1294	2917	4211

2019 年度国家科学技术进步奖

序号	成果名称	获奖者	获奖等级
1	中国特色兰科植物保育与种质创新及产业化关键技术	宋希强	国家科学技术进步奖二等奖

2020 年教育部第八届高等学校科学研究优秀成果奖（人文社会科学）

序号	成果名称	主要完成人	获奖等级
1	卢业发、吴淑茂、黄家礼《更路簿》研究	夏代云	专著论文二等奖

2019 年度海南省科学技术奖

序号	成果名称	主要完成人	获奖等级
1	立体网络安全及管控关键技术研究与大规模应用	曹春杰　李太君　邓家先　杨光照　杨　力　叶　俊　郭　祯　王隆娟　姚姜源　李德顺	海南省科学技术进步一等奖
2	太阳能利用高性能电极材料的精细设计	李建保　罗　强　林　红	海南省自然科学一等奖
3	卵形鲳鲹规模化繁育和健康高效养殖技术研究与产业化应用	周永灿　林黑着　骆　剑　孙　云　钟鸿干　周传朋　黄　海　杨　薇	海南省科学技术进步二等奖
4	基于分子自组装构建功能新材料	高艳安　郑利强　鲁　辉　格日乐　王　畅	海南省自然科学二等奖

2020 年海南省第十一届社会科学优秀成果奖

序号	成果名称	主要完成人	获奖等级
1	金融法与国际金融法前沿问题	韩　龙	专著一等奖
2	跨国公司垄断势力纵向传导机制及规制研究	李世杰	专著一等奖
3	论纵向并购的反竞争效应	叶光亮 程　龙	论文一等奖
4	“一带一路”争端解决机制的阐释与构建	王　琦	论文一等奖
5	论资本认缴制下的股东出资责任——兼评“上海香通公司诉昊跃公司等股权转让纠纷案”	彭真明	论文一等奖
6	考虑旅客跨区间流转的机票多预定区间折扣优化模型研究	熊　浩 鄢慧丽	论文一等奖
7	产权中国进程中的会计与财务使命	伍中信　黄嘉怡 祝子丽　李雅雄	论文一等奖
8	产业链纵向价格形成机制与中间产品市场垄断机理研究	李世杰 李　伟	论文一等奖
9	南京国民政府南海疆域地图编绘规范与出版审查	温小平	论文一等奖
10	南海法律属性及其对军事行动的影响	邹立刚	研究报告一等奖
11	经济增长与环境治理：一个新政治经济学分析框架	颜洪平	专著二等奖
12	海南国际旅游岛离岛免税的经济效应评价及政策优化研究	刘家诚	专著二等奖
13	金融稳定视阈下中央银行法律制度研究	常　健	专著二等奖
14	海南建筑发展史	阎根齐	专著二等奖
15	海南人口与生态问题历史研究	张朔人	专著二等奖
16	海洋牧场概论	王凤霞	编著二等奖
17	中国体育非物质文化遗产·海南卷	房殿生	编著二等奖
18	毛泽东与新中国早期的海洋战略——基于国家利益的视角	杨　娜	论文二等奖
19	苏格拉底为什么不收学费	程志敏	论文二等奖
20	内部控制评价能够提升会计稳健性吗？	刘　斌	论文二等奖
21	基于非期望超效率-Malmquist 面板模型中国海洋环境效率测算	孙　鹏	论文二等奖
22	论担保物权的实现：实体法与程序法的体系衔接	魏沁怡	论文二等奖

续表

序号	成果名称	主要完成人	获奖等级
23	金融发展抑制腐败关系网的路径和机制	王　勇	论文二等奖
24	法显、义净南海行程与唐代交通的转向	李彩霞	论文二等奖
25	世界文学视野下的中国少数民族文学	汪　荣	论文二等奖
26	英语二语写作能力动态发展研究	白丽芳	论文二等奖
27	企业环境治理的驱动机制研究	胡　珺	论文二等奖
28	IT 能力构建及其对企业和谐信息化的影响研究	齐晓梅	论文二等奖
29	随机供需条件下装配商的订购-定价联合决策问题	吉清凯	论文二等奖
30	跨国慈善对东道国和来源国消费者品牌评价的影响: 品牌国家实力视角	童泽林	论文二等奖
31	海南蔬菜市场价格稳控调研报告	李仁君	研究报告二等奖
32	海南自由贸易港立法的框架性制度创新的建议报告及专家建议稿	王崇敏	研究报告二等奖
33	基于演化视角的农业创新扩散过程研究	朱月季	专著三等奖
34	城市群资源集聚能力的时空演化机理与提升路径	郭庆宾	专著三等奖
35	国家管辖海域刑事管辖权问题研究	童伟华	专著三等奖
36	南海“更路簿”数字化诠释	李文化	专著三等奖
37	南海诸岛渔业史	赵全鹏	专著三等奖
38	海南热带森林资源变动下经济、社会和生态协调发展研究	邓须军	专著三等奖
39	商业银行内部控制多维评价与内部审计应用研究	刘　斌	专著三等奖
40	旅游研究方法	谢彦君	专著三等奖
41	琼崖革命精神	李德芳	编著三等奖
42	背信犯罪：当代社会的白领犯罪	刘　荣	编著三等奖
43	汉英使用翻译手册	黄丹英	编著三等奖
44	“凡事开端最重要”——柏拉图《泰阿泰德》“序幕”中的基要问题	贾冬阳	论文三等奖
45	伍德命题的误导性及其根源	秦子忠	论文三等奖
46	“重复”：论“激进解释学”的启蒙性	王鑫鑫	论文三等奖
47	海南省少数民族地区旅游扶贫效率测度与时空演化分析	鄢慧丽	论文三等奖
48	海南建设自由贸易港的临时仲裁机制创新研究	曹晓路	论文三等奖
49	“一带一路”国际投资争端解决机制完善研究	张丽娜	论文三等奖
50	谨慎对待“捕诉合一”	童伟华	论文三等奖
51	论民法典担保物权制度的体系化构建	石冠彬	论文三等奖
52	基于维权视角的三沙市基层政权组织建设探析	周　伟	论文三等奖
53	南海维权的民间证据——《更路簿》内涵与面世抄本研究	张朔人	论文三等奖
54	20 世纪 80 年代中国内地农村集镇电影院建设述略	张硕果	论文三等奖
55	符号的隐喻:语言音乐学视阈下的海南黎族音乐	曹　量	论文三等奖
56	新时代社会主要矛盾转化视角下体育供给侧改革	房殿生	论文三等奖
57	中国特色自由贸易港建设背景下琼州海峡港航一体化的思路与对策	刘家诚	研究报告三等奖
58	建设海南自贸港的立法建议	刘云亮	研究报告三等奖
59	三亚国际邮轮旅游产业发展报告	谢祥项	研究报告三等奖

学报编辑

【概况】海南大学学报编辑部负责编辑出版《海南大学学报（人文社会科学版）》（双月刊）、《海南大学学报（自然科学版）》（季刊）和《热带生物学报》（季刊）3种国内外公开发行的学术期刊。

截至12月31日，学报编辑部共有员工18人，分别是《海南大学学报（人文社会科学版）》在职在编7人、返聘1人，《海南大学学报（自然科学版）》在职在编4人，《热带生物学报》在职在编4人，综合办公室在职在编1人、校聘1人。其中正高职称5人，副高职称6人，中级职称6人；中共党员11人，九三学社2人，民盟1人，群众4人。

【学报工作与业绩】本年度，《海南大学学报（人文社会科学版）》共编辑出版发行6期，刊载学术论文125篇，其中基金项目资助论文90篇。《新华文摘》（2020年第17期）全文转载中国社会科学院学部委员吕政的《创新驱动必须以硬科技创新为本》一文（本刊2020年第2期）。2020年本刊复合影响因子指标达到0.85，比上次的0.56提升了52%。

《海南大学学报（自然科学版）》共编辑出版发行4期，刊载学术论文54篇，其中基金项目资助论文53篇。2020年本刊复合影响因子指标达到0.616，比上次的0.28提升了120%。

《热带生物学报》共编辑出版发行4期，刊载学术论文67篇，其中基金论文63篇。2020年本刊复合影响因子指标达到0.627，并荣获中国农业期刊网委员会授予“2020年全国农业期刊最具传播力期刊”奖。

社会服务与对外合作

社会服务

概述

【概况】2020年，学校积极响应国家和海南省的号召，服务海南自贸试验区和中国特色自由贸易港建设，依托自身科研创新平台和人才资源优势，建立政产学研创新机制，大力促进科技成果转化，积极服务海南地方经济社会发展。通过实施“一院一市县”“一院一厅（局）服务计划”战略，推进学校与政府、企业行业的深入合作。本年度，学校与海南省科技厅、海南省林业局、中国热带农业科学院等厅（局、科研机构）深入合作；与三亚市政府、三亚崖州湾科技城共建“海南大学三亚南繁研究院”；与海口国家高新技术产业开发区合作建设“海南大学创新药物与食品研究院”；与海南热带雨林国家公园管理局等共建海南国家公园研究院；与东方市、琼中黎族苗族自治县、临高县、乐东黎族自治县、定安县等开展了农业、林业，旅游、教育等多方面的产业服务；与海南东方市、琼中黎族苗族自治县签订了战略合作协议；服务琼中廊桥绘画项目圆满结束，驻东方、临高扶贫工作成就突出。坚定不移地走成果转化与区域经济社会发展相结合的道路，当好地方政府的思想库和智囊团。本年度，加强与国内科技成果转化工作成就突出单位的合作，与江苏产业技术研究院、江南大学、华中科技大学、天津大学、中国农业大学建立了密切联系；完成了教育部和科技部提出的接收应届大学毕业生做科研助理的工作，安排70名学生在全省各市县进行企业科技需求和乡镇产业发展技术需求调研工作，收集整理海南各市县科技和产业发展动态及需求，及时对接各市县和有关企事业单位需求；与地方政府和多家企业签订服务地方经济社会协议，建设了30多个海南省内社会服务基地。通过与地方政府和企事业单位的紧密合作，促进了地方经济和学校共同发展，实现地方和高校的互利双赢。

本年度，学校组建人文社科科研创新团队，发挥科研平台作用，全面提升咨政服务能力和水平。组织开展科研创新团队的申报和遴选工作，首批遴选出26支创新团队（含培育），召开创新团队专题会，签订任务书，明确建设目标和主要任务。推动省部级人才团队建设，海南自由贸易港法律创新团队等5支团队入选海南省人才团队，自贸港营商环境与“放管服”改革团队等2支团队入选海南省储备人才团队。学校专家学者参政议政，共向上级部门提交咨询、建议报告45篇，被采纳的建议21篇，其中主要省级领导批示17篇，其他部门领导批示采纳4门。学校科研团队先后向全国人大常委会提交了87条立法建议、完成《海南自由贸易港公平竞争条例》起草工作、《海南自由贸易港鼓励类产业目录》第三方评估工作、海南省国民经济社会发展“十四五”规划建议研究报告等工作。支持举办高端学术会议、讲座，采取“走出去”和“请进来”

相结合的方法开展学术交流活动。营造良好的学术氛围，促进学术繁荣发展，努力将南海文明大讲堂、自贸港大讲坛打造成海南大学品牌学术活动。本年度主办大型学术会议 140 余场。

【“三区”人才工作】根据海南省科学技术厅《关于派遣 2020 年海南省“三区”人才支持计划科技人员的通知》（琼科〔2020〕172 号），学校选派了热带作物学院陈健妙、园艺学院于靖、植物保护学院骆炎平等 8 个学院的 28 名科技人员到海南省“三区”市县和辐射市县开展科技援助工作。以陵水、乐东、临高、定安、琼中和白沙等 10 个“三区”市县为主要服务地，同时辐射服务海口、文昌、万宁、三亚、澄迈、琼海等 6 个非“三区”市县，涉及 56 个镇（乡）91 个村，以集中培训、实地指导、座谈等形式培训种植户、养殖户及农户 8164 人次，平均每位（人次）“三区”科技人员培训人员 160 人次，技术培训、技术指导及其他帮助帮扶贫困户 3940 户，为海南地方经济社会发展，起到了十分重要的科技支撑作用。

【扶贫工作】本年度，学校投入 115 万元参与东方市大田镇乐妹村、临高县南宝镇光吉村的农业产业扶贫工作，通过资金和技术上的大力支持，协助海南大学驻村书记和扶贫干部圆满完成脱贫攻坚工作。

【科技成果推广与转化】本年度，学校入选科技部首批 40 家科技成果赋权试点建设单位，起草了《海南大学赋予科研人员职务科技成果所有权或长期使用权试点管理规定（试行）》和《海南大学职务科技成果赋权协议书》；建立健全科技成果转化的制度及机制，赋予成果团队科技成果处置权，将科技成果转化净收益的 95% 给予成果团队，转化科技成果 20 项，合同金额 526 万元，到账经费 251.6754 万元；完成作价投资成果 2 项的前期工作，涉及金额约 640 万元；收集整理海南大学拟转化科技成果 62 项，开展了多场校企科技成果供需路演活动；编印了《海南大学成果转化常见问题 20 问》，进行了 8 场国家、海南省及学校出台的成果转化政策的宣讲；建设海口市知识产权和成果转化平台 1 个、高价值专利组合培育项目 12 个，获海口市资助资金共 1300 万元。

精准扶贫

【概况】2020 年，海南大学充分利用科教优势，真抓实干、精准施策、精锐出战，帮助定点扶贫村提前 1 年整体脱贫，同时全力做好结对帮扶云南洱源县扶贫工作。截至 2020 年 12 月 31 日，学校定点扶贫工作已基本实现从短期向长效、从治标向治本、从摘帽向振兴的转变，确保农民持续增收致富，确保圆满收官、全面交账、有序衔接。学校通过扎实推进扶贫工作，持续巩固脱贫成果，高质量全面完成了脱贫攻坚任务。2016 年、2017 年、2018 年、2019 年，海南大学扶贫工作连续 4 年获得全省 A 级评定等次；2020 年，海南大学在东方市、临高县考核 A 等级。

【组织领导】学校成立精准扶贫工作领导小组，校党委书记、校长担任组长。领导小组下设扶贫办公室，挂靠校长办公室，具体负责日常扶贫工作，统筹协调全校扶贫工作。选派优秀干部任驻村第一书记，负责对接和贯彻落实学校制定的帮扶计划和方案，并在当地乡镇党委领导下开展各项扶贫工作。2名驻村第一书记分别负责在2个定点帮扶村开展扶贫工作，1名“双挂”和5名乡村振兴工作队队员根据工作部署开展工作。

本年度，学校召开扶贫专题会8次，先后出台和印发了帮扶村的文件2个。校领导先后20人次到乐妹村、光吉村和乡村振兴工作队队员所在村进行专项调研、走访贫困户，与党员、干部、群众座谈，检查和指导扶贫工作。

【帮扶成效】2020年11月，海南省举行乡村振兴工作队先进集体和先进个人表彰大会，海南大学派驻东方市大田镇乐妹村乡村振兴工作队队长王联春，海南大学派驻东方市大田镇抱板村乡村振兴工作队队长张银东，海南大学派驻东方市八所镇上红兴村乡村振兴工作队队长杨元广，海南大学派驻临高县南宝镇光吉村第一书记、乡村振兴工作队队长曲军远等4人荣获“海南省乡村振兴工作队先进个人”称号。

【党建帮扶】一是突出抓好党支部书记、致富带头人、实用科技人才3支队伍建设。本年度，对乐妹村和光吉村党支部书记、产业致富带头人和实用技术人员加强培训，在海南大学开办专题技能培训班2期，帮助乐妹村培养出一支脱贫致富的行家里手队伍。

二是抓党建强堡垒，助力“两委”班子提高能力。继续推进海南大学基层党组织、乐妹村和光吉村党支部及贫困户“三级联动”建设，充分发挥基层党组织在支部联建、产业扶贫、教育扶志、健康扶贫、消费扶贫等5个方面的战斗堡垒作用。本年度，举办由乐妹村、光吉村党员干部和村民代表组成的实用技术培训班4场次。

【教育帮扶】一是组织贫困户参观学习产业项目，激发内生动力。本年度，学校组织乐妹村和光吉村驻村工作队、两委干部和贫困户到产业帮扶项目公司和基地参观学习4次；用于乐妹村和光吉村济困助学、捐赠及两委干部、农技人员培训等扶贫费用共132500元。

二是积极开展支教活动和文化进村服务。本年度，校团委选派优秀学生志愿者到乐妹小学和光吉小学支教2场次，开展教学设施设备和学生学习生活物品捐助工作，利用节假日组织社会实践团队开展“三下乡”2场次；音乐与舞蹈学院组织优秀文艺师生、学校艺术团不定期到乐妹村教村民学习跳舞、进行文艺演出2场次，丰富了这两个村的文化活动，弘扬了社会主义新农村建设风貌，激发脱贫致富的内动力。

【文化帮扶】一是文化活动。为了帮助乐妹村和光吉村村民积极开展文体活动，本年度，体育学院、美术与舞蹈学院派出专业人员到村指导开展文体活动4场次。

二是文化场所建设。为丰富乐妹村和光吉村村民的文化生活，营造学习气氛，提高村民的种养殖技术水平，学校在原来新建好的科技文化图书室的基础上，为这两个村更换和更新1000册有关种植、养殖、病虫害防治的书籍和小学生读物及其他配套设施。

三是协助村容村貌整治和厕所革命建设。通过与东方市政府和临高县政府沟通合作，乐妹村和光吉村村容村貌整治发生了根本性变化。本年度，学校为这两个村提供价值5万元的绿化苗木。

【产业帮扶】2020年，海南大学主导实施乐妹村的海南山柚、火龙果、甜竹笋，光吉村的吉光香米4个产业帮扶项目，乐妹村参与兰花和冬季瓜菜2个产业帮扶项目，光吉村参与冬季瓜菜、橡胶生产、林下养殖与种植、庭园经济4个帮扶项目；组织师生员工积极参与消费扶贫，本年度开展扶贫消费60余万元。

1. 海南山柚产业

本年度，学校为乐妹村10亩集体经济试验地免费提供600株海南山柚苗和10吨有机肥。乐妹村的山柚种植采用滴灌方式，作为大田镇山柚种植示范地，为大田镇成功推广种植海南山柚起到引领作用。

2. 火龙果产业

本年度，采用海南大学+公司（海南鑫星源农业开发有限公司）+农户的模式运作，在乐妹村兴建100亩高效生态循环农业示范基地；投入资金50万元，引入公司资金150万元种植65亩燕窝火龙果（黄皮火龙果）和35亩大红一号红心火龙果；吸收乐妹村村民到基地打工，在增加村民收入的同时培养出一批懂技术、懂文化的新型农民。

3. 甜竹笋产业

本年度，学校继续做好贫困户文志荣12亩甜竹笋栽培技术指导，资助1吨有机肥；做好甜竹笋销售工作，确保贫困户获得良好的收入，为后期甜竹笋产业发展培养致富带头人。

4. 吉光香米

本年度，学校为光吉村水稻种植合作社户免费提供种子、化肥与农药，提供技术指导与服务，帮助指导合作社开拓销售渠道，为南宝镇成功推广种植吉光香米起到引领作用。

【技能帮扶】帮助组织贫困户开展实用技术培训。本年度，开展冬季瓜菜栽培与病虫害防治培训、海南山柚栽培与修剪培训、兰花实用种植技术培训和村民疫情防控、急救知识以及户外急救包使用培训6场次；举办海南省基层农技推广人员暨“农老师”知识更新培训班，海口市、三亚市等15个市县1075名基层农技人员参加培训。

【资金帮扶】学校按照扶贫工作的计划，及时关注乐妹村、光吉村贫困户存在的困难问题，充分发挥海大总裁班、国学班学员资源优势，积极开展扶贫济困、捐资助学。本年度，捐助了乐妹村贫困大学生助学款5万元，光吉村高职、高中以上（含）42名在校就读生助学款36300元；为光吉小学师生复课购买价值990元的防疫用一次性口罩；为光吉村贫困户符干武治疗脑出血捐赠3210元，尽力为村民排忧解难。

【协助上海交通大学结对帮扶洱源县】海南大学高度重视协助上海交通大学结对帮扶云南洱源县扶贫工作，将其纳入学校精准扶贫工作进行统筹组织。本年度，学校主要领导带队到云南洱源县实地调研，并从干部和专业人才培训、科技产业技术指导、农特产品进校园消费扶贫、教育专项帮扶等方面协助开展帮扶工作。

国际合作交流工作

【概况】2020年，在疫情防控的特殊时期，学校创新国际合作交流工作模式，协同推进与境外友好院校和机构之间的合作、境外文教专家引进、学生境外学习交流、境外专家学者及知名人士线上讲学交流、中外合作办学以及境外办学等各项工作。承办“第三届‘一带一路’南南合作农业教育科技创新联盟大会”“第四届无线通信与应用国际会议（ICWCA2020）”“2020海南大学顶尖科学家讲坛（视频会议）”等3场国际会议。

【缔结境外合作关系】本年度，学校签约境外友好合作院校、科研机构共4所。分别与美国罗格斯大学、加拿大渥太华大学、意大利佩鲁贾美术学院、泰国正大管理学院等高校签约建立校际友好合作关系。与日本滋贺县立大学续签协议，继续开展学生交换等项目；与澳大利亚查尔斯·达尔文大学、安徽师范大学签订新合约，继续合作建设孔子学院。截至12月31日，境外友好合作院校、科研机构和高校联盟达到190所。

【聘请境外文教专家】本年度，学校聘请来自美国、英国、加拿大、新西兰、爱尔兰、瑞典、俄罗斯、印度、巴基斯坦、萨尔瓦多等25个国家和地区的长期外籍文教专家79人（其中专业类54人，语言类25人），分别在外国语学院、旅游学院、国际旅游学院、信息与通信工程学院、林学院、计算机与网络空间安全学院、南海海洋资源利用国家重点实验室等17个二级单位教授语言类和通信工程、生物工程、林木遗传育种专业等专业类课程或从事科研工作。通过实施“海南省海外名师”“海南大学外国科研和授课专家”等引智项目，聘请来自美国、英国、德国、印度等国家的18名专家开展短期线上授课。

【学生出国（境）学习、实习和高技能培训】本年度，学校共选派120名学生出国（境）交流学习，其中45名学生赴国（境）外高校学习，18名学生赴海外实习或参加高技能培训，57名学生赴海外院校参加假期研修班（含线上）或进行访问交流。

根据学校与美国亚利桑那州立大学、爱尔兰都柏林理工大学签署的中外联合培养协议，选派8名学生分别赴美国亚利桑那州立大学、爱尔兰都柏林理工大学插班学习，学习期限为一学期、一学年或两学年。

2020年，共有16名研究生获得留学资格，其中，9名研究生获国家建设高水平大学公派研究生项目资助资格，3名研究生获创新型人才国际合作培养项目资助资格，1名研究生获国外高校校际交换学生资格，3名研究生获假期国外研修资格。

【教师因公出国（境）】本年度，通过国家留学基金委、中美人才121项目、校际合作交流等项目派出团组共12批，出国（境）访学、进修、培训、科研合作、参加学术会议和交流访问等18人次。其中，因公临时出国（境）团组6批，6人次；因公长期出国（境）团组6批，12人次。

本年度，学校长期出国（境）项目录取教师35名。其中31名教师成功入选国家留学基金委项目，包括国家公派高级访问学者项目15名、地方合作项目9名、青年骨干教师出国研修项目5名、英国利物浦大学培训项目1名、俄语出国项目1名；单位公派3名，自费公派1名。34名赴国（境）外中长期留学教师按期返校工作，公派出国留学培训工作成效显著。

【境外人员来访】本年度，学校共接待15个国家和地区的来宾12批共63人次。

【中外合作办学】本年度，海南大学亚利桑那州立大学联合国际旅游学院在校生共1048名（含1名俄罗斯学生），美国亚利桑那州立大学选派常驻教师5名（受疫情影响，10名计划派驻的教师在境外开展线上教学）。旅游学院会展经济与管理专业本科教育项目在校生共366人，受疫情影响，爱尔兰都柏林理工大学未选派教师来校开展教学。

与印度安艾艾迪（NIIT）信息技术有限公司合作共建软件工程专业，采用嵌入式课程，由NIIT派遣专业教师（包括外教）来校任教。本年度，NIIT选派6名专业外籍教师来校开展教学，2020年招收学生109人，项目在校生共493人。

【境外办学】本年度，受疫情影响，导致海南大学—柬埔寨皇家农业大学汉语中心、海南大学马来西亚南方大学学院合作举办“旅游管理硕士专业学位项目”无法正常招生。

2020年度各国家和地区来访情况统计

材料提供单位：国际合作交流处　　　　单位：人（次）

来访国家/地区	学术交流	短期授课	考察访问	合作交流
爱尔兰	0	0	0	0
奥地利	0	0	0	0
澳大利亚	0	0	0	0
巴基斯坦	0	0	0	0
保加利亚	0	0	0	0
比利时	0	0	0	0
波兰	0	0	0	0
德国	0	1	0	0
俄罗斯	0	0	0	0
法国	0	0	0	0
哈萨克斯坦	0	0	0	0
韩国	0	0	0	0
荷兰	0	0	1	0
吉尔吉斯斯坦	0	0	0	0
加拿大	0	1	0	2
柬埔寨	0	0	1	0
马来西亚	0	0	0	0
美国	0	18	0	0
孟加拉国	0	0	0	0
刚果（布）	0	0	1	0
缅甸	0	0	0	0
日本	0	0	0	0
瑞典	0	0	0	0
瑞士	0	0	0	0
塞尔维亚	0	0	0	0
文莱	0	0	1	0
西班牙	0	0	0	0
新加坡	0	0	1	0
新西兰	0	0	0	0

续表

来访国家/地区	学术交流	短期授课	考察访问	合作交流
匈牙利	0	0	0	0
伊朗	0	0	0	0
以色列	0	0	0	0
意大利	0	0	0	0
印度	0	1	8	0
泰国	0	0	1	0
印度尼西亚	0	0	10	0
斯里兰卡	0	0	0	0
越南	0	0	1	0
白俄罗斯	0	0	0	0
菲律宾	0	0	1	0
老挝	0	0	1	0
马尔代夫	0	0	0	0
英国	0	0	0	0
中国大陆	0	0	13	0
中国澳门	0	0	0	0
中国台湾	0	0	0	0
中国香港	0	0	0	0
小计	0	21	40	2
合计	63			

2020 年度教师因公出国出境情况统计

材料提供单位：国际合作交流处　　　　单位：人（次）

出访国家/地区	参加会议	培训进修	考察访问	合作交流
中国澳门	0	0	1	0
俄罗斯	0	1	0	0
柬埔寨	0	1	0	0
美国	0	5	0	0
中国香港	0	3	1	0
韩国	0	1	0	0
日本	0	0	0	2
英国	0	0	0	1
加拿大	0	2	0	0
小计	0	13	2	3
合计	18			

2020 年度学术交流活动一览表

材料提供单位：国际合作交流处

序号	时间	国家/地区	来访专家所在单位	专家姓名	来访内容
1	5 月 27 日	中国	印度 NIIT 集团中国区	徐海峰	洽谈合作
2	6 月 15 日	中国	加拿大多伦电影学院	徐颖	洽谈合作
3	7 月 2 日	中国	荷兰驻广州总领事馆	毕肯思	座谈交流
4	7 月 2 日—8 日	加拿大	加拿大 CPA 中国代表处	高凤敏（Barbara KO）	学术交流、合作科研、短期授课
5	8 月 14 日	中国	再来人留学公司	魏博乐（VitsVoronkov）	座谈交流
6	9 月 19—22 日	中国	日本立命馆大学信息理工学部智能图像研究室	陈延伟	短期授课
7	9 月 24 日	中国	印度 NIIT 集团中国区	徐海峰	座谈交流
8	10 月 21 日	中国	刚果（布）驻广州总领事	艾博罗·埃曼纽尔（Ebolo Emmanuel）	参观访问、座谈交流
9	11 月 20—25 日	美国	美国劳伦斯大学	FAN LEI	短期授课
10	11 月 24 日	印度尼西亚	印度尼西亚驻华领事馆	周浩黎（Djauhari Oratmangun）	参观访问、演讲活动
11	11 月 24—26 日	中国	中国-东盟中心	东盟国家驻华教育官员	参观访问、洽谈联盟
12	11 月	印度	印度 NIIT 集团	Sukhvindep Singh	短期授课
13	12 月 9 日	美国	加拿大特许专业会计师协会国际部	ISAAC K.KO	学术交流、短期授课
14	12 月 14 日	德国	宁波（中国）供应链创新学院	Lima Zhao	短期授课

“对口合建”海南大学工作

【概况】 2020 年，海南大学坚持高位嫁接，深化对口合作，加快推进与天津大学、上海交通大学、华中科技大学、中国农业大学、中国政法大学、对外经济贸易大学等 6 所部属高校对口合建优势特色学科，进一步提升学校服务地方经济社会发展和主导特色产业转型升级的能力。

【校际交流合作】 本年度，海南省教育厅厅长曹献坤、海南大学校长骆清铭一行赴华中科技大学调研；联合天津大学、依托上海交通大学举办中层干部、教师素质提升等专题培训班等。天津大学金东寒校长、华中科技大学李元元校长、对外经济贸易大学夏文斌校长、天津大学青年教师联谊会代表团等分别带队陆续到访深化合作。

【学生联合培养】 本年度，学校充分利用教育部单列海南大学研究生招生计划政策，遴选 16 名优秀青年教师赴天津大学、上海交通大学、中国政法大学和对外经济贸易大学攻读博士研究生；与中国农业大学携手荷兰瓦赫宁根大学联合开展“农业绿色发展交叉创新型人才培养项目-中荷 AGD 计划”；选派 35 名学生参加与天津大学“1+2+1”模式联合培养本科生项目。天津大学马军海、赵乃勤，上海交通大学李志勇，中国农业大学韩振海、林德贵等教授来学校开展冬季小学期授课。

【人才队伍交流】本年度，学校从对口合建高校中择优选拔了天津大学郝红勋教授挂职任化学工程与技术学院院长、申峻琦教授挂职任材料科学与工程学院副院长、侯德俊高级工程师挂职任实验室与设备管理处副处长，上海交通大学唐宁玉教授挂职任管理学院院长；聘任华中科技大学刘谦教授为生物医学工程学院院长、聂清斌为人事处处长，进一步增强了学校干部队伍活力。

【科研项目合作】学校与天津大学每年联合投入 100 万元成立“天津大学-海南大学自主创新基金”，支持天津大学与海南大学科教人员共同开展科研工作。本年度，协同创新基金项目立项 10 项，研究内容涉及材料、化工、信息技术、土木建筑、机电工程、食品科学、经济、管理等多个领域，有效提升了学校科技创新服务地方发展的能力。

党建与思想政治工作

纪检监察工作

【概况】2020年，海南大学纪委、监察专员办公室坚决贯彻上级纪委监委和学校党委的决策部署，围绕中心、服务大局，建立健全重点任务聚焦监督机制，不断擦亮政治监督的底色；全力推进纪检监察体制改革，精准运用监督执纪“四种形态”，严明纪律、整饬作风，一体推进不敢腐、不能腐、不想腐，纪律审查、监督检查和廉洁教育“三箭齐发”，努力营造风清气正的校园政治生态和良好育人环境，为创建世界一流学科和国内一流大学提供了坚强纪律保障。

【践行“两个维护”】本年度，以政治建设为统领，践行“两个维护”，确保上级和学校各项重大决策部署落地生根。

一是深化政治和业务学习。邀请海南省纪委监委有关室组来校做专题辅导，全校召开不同层面的党风廉政建设会议30余场次；协助校党委周密部署、系统深入学习贯彻习近平新时代中国特色社会主义思想、关于教育的重要论述和“4·13”重要讲话、中央12号文件精神等。

二是筑牢机构改革的四梁八柱。率先在海南省高校实施“三定”方案，优选5名干部夯实队伍；启动二级单位纪检监察体制改革试点工作，单设3个专业技术岗。按照海南省高校单体面积最大、规范性最好的标准完成内网建设；组织信息化服务中心等部门赴西安、武汉深度调研，为实现一体化电子监督谋篇布局。

三是深化“4·13”专项政治监督检查。把海南省纪委监委2019年“4·13”专项检查反馈的6大主要问题和5点意见建议的整改落实情况作为首要政治任务常抓不懈，对落实不力的2名中层干部及时约谈，确保习近平总书记“要支持海南大学创建世界一流学科”的重要指示精神落地见效。作为海南省纪委监委第37工作组对海南大学落实“4·13”情况开展专项检查，有力推动了内部治理体系的完善。加大对一级学科博士点申报筹备情况、第五轮学科评估准备工作等重大事项的监督检查力度，确保纪检监察工作“上接天，下接地”。

四是推动政治监督具体化常态化。进行政治监督清单再造，针对8个方面22项91条内容开展精准监督，做好学校政治生态的全方位精准“画像”。组织6个专项检查组开展2次大检查和多次明查暗访，督促整改发现的5大类46项具体问题，切实把疫情防控作为践行“两个维护”的试金石。实现纪委书记列席书记办公会（“三重一大”事项）以及纪检监察主要负责人列席校长办公会常态化，对“三重一大”问题充分发表意见建议，确保民主集中制贯彻落实到位。

【从严压实“两个责任”】本年度，多措并举，狠抓“两个责任”的落实，加大教育、预防、监督力度，推进全面从严治党向纵深发展。

一是党委纪委贯通联动。强化“四责协同”，压实党委主体责任、纪委监督责任、书记第一责任人责任和班子成员“一岗双责”，不断构建完整责任链条。强化学校党委、学院党组织和基层党支部“三线联动”，针对问题易发多发的重点领域和关键环节，督促出台修订规章制度95项。校党委主要负责人做到“四个亲自”，校纪委主要负责人经常“以案四说”，发挥党委纪委叠加效应。督促学校党委主要负责人对各二级单位“一把手”谈心谈话和约谈提醒常态化。

二是加强对全面从严治党责任落实情况的检查督促。将全面履行党风廉政建设情况列为二级单位党组织书记抓党建工作的重要内容考核检查，对排名靠后的书记依规进行约谈。

三是加强警示教育。举办了系列廉政党课，抓好重要节假日纪律提醒教育，在学校官网通报各类典型案例；组织全校中层干部参观省反腐倡廉教育基地，观看《伸手必被捉之三》等警示教育片，接受廉洁再教育。

【积极推进省委巡视整改】本年度，纪委坚持严字当头，强化督促检查，对巡视反馈的六大类44个整改事项及57条巡视反馈意见建议进行不定期检查，持续推进整改工作落实。截至12月31日，整改措施已落实274项，推进14项，整改落实率95.14%；57条巡视反馈的意见建议已全部落实，落实率为100%。

【加强内控监督和整治】继续加强对重点领域和关键环节部门工作的监督检查，严把招生录取、干部人事、基建项目、物资采购、财务管理、科研经费等监督关口。

一是聚焦公共工程项目监督。建立联席会议制度、设立工作专班，健全跟踪监督清单化管理制度，本年度，对学校500万元以上的7个重点工程项目开展全过程跟踪监督；对“海甸校区学生区等道路及排水改造工程”重点项目进行全过程追溯和深度剖析，通过“解剖麻雀”总结归纳监督流程和重点，提供可复制的范式；健全完善“两清单三台账”，对材料采购、设计变更、资金拨付等具体流程开展全过程嵌入式监督，确保排查出的重点问题逐项清理。

二是每年“围绕一个重点单位、聚焦一个关键领域，着力解决一批突出问题”。本年度，针对2020年秋季开学专项检查发现的违规收取学生热水卡工本费问题责成严肃整改并完成退费工作；全过程监督干部选拔任用工作，严把900余人次党风廉政建设意见“回复关”等“四关”；制定了《二级单位“三重一大”事项监督工作办法（试行）》。

三是强化廉政风险防控。开展新一轮廉政风险排查工作，推动各单位制订“两单一图”（即职权清单、廉洁风险清单和权力运行流程图），督促相关部门建立健全权力运行可查询、可追溯的反馈机制。

四是强化贯彻落实意识形态责任制的监督检查。实现意识形态重点单位监督全覆盖，深入文科基础教学部、热带作物学院等单位监督调研意识形态责任制落实情况；全力监督“三全育人”和师德师风建设工作，着力监督好意识形态“九大平台”。

五是扎实推进规范化建设。本年度，学校提出了5个方面18条整改措施，研究制定了述责述廉、重要情况报告、政治生态报告等情况报告制度；规范完善线索处置、谈话函询、立案审查等制度流程；制定了《学校纪委、监察专员办议事规则》《学校纪委全委会议事规则》《学校纪检监察机构廉政档案管理办法（试行）》等10余项制度；成立了党风廉政建设和反腐败工作协调小组，建立健全信息资源共享、风险防控、监督与考评、专项整治4个联动机制；完善职能部门和二级单位日常监督发现问题线索移送学校纪检监察部门工作机制；督促落实校党委常委班子成员联系基层党委、党支部和青年教师制度。

【开展专项核查工作】全力配合省“630专项行动”省级部门联席会议机制办公室，严格按照时间节点要求完成后续调查处置工作。督促财务部门加大对长期借款不还问题的催款力度。

【强化监督执纪问责】本年度，运用“四种形态”处理28人次，其中谈话提醒23人次、批评教育3人次、诫勉谈话2人次，完成初核并移交学校处理1件；受理信访件23件14人，处理问题线索16件15人；对反映不实的7件10人举报及时澄清了结，为实干者鼓劲，为干事者撑腰。

【队伍建设】努力打造一支政治素质高、忠诚干净担当、专业化能力强、敢于善于斗争的纪检监察铁军。

一是开展常态化全员培训。本年度，学校采取“每周一次主题培训+不间断业务跟踪指导”相结合，通过“业务学习+集体谈心谈话”点对点、面对面、手把手指导，快速提高纪检监察干部的业务能力。

二是派员参加相关业务培训、业务实操锻炼及挂职锻炼。本年度，先后安排20余人次参加国家教育行政学院、中国纪检监察干部学院等主题培训；选派8人次到海南省纪委监委业务处室、海南省委巡视机构等专项工作中“以干代训”、强身塑体。

三是强化自我约束。严防“灯下黑”，全面执行《海南省纪检监察干部交往规定（试行）》，对照9项条款28条禁令，自觉维护纪检监察干部形象，净化社交圈、生活圈、朋友圈。落实监督与关爱并举的廉政家访制度，强化“八小时以外”监督，通过说表现、听意见、察内情、赢支持、填清单，培养“廉内助”，营造严家风。本年度，校纪委、监察专员办干部做到了零违纪。

组织工作

【概况】2020年，在学校党委的坚强领导下，组织工作坚持以习近平新时代中国特色社会主义思想为指引，深入学习贯彻党的十九大和五中全会精神，深入学习贯彻习近平总书记关于海南工作的系列重要讲话和重要指示批示精神，深入贯彻落实省委七届八次、九次全会精神和各项部署要求，贯彻新时代党的建设总要求和新时代党的组织路线，围绕学校中心工作和发展大局，扎实推进组织工作高质量发展，为学校世界一流学科和国内一流大学建设提供坚强组织保证。

【党建工作】一是坚持把政治建设摆在首位。深入推进习近平新时代中国特色社会主义思想进教材、进课堂、进头脑的“三进”工作，全力推进“两学一做”学习教育常态化制度化，巩固深化“不忘初心、牢记使命”主题教育成果，把旗帜鲜明讲政治的要求全面融入各项工作，教育引导党员、干部在践行“四个意识”“四个自信”“两个维护”上勇当先锋，在讲政治、顾大局、守规矩上做好表率，为创建世界一流学科凝聚共识、汇聚力量，持续将全校上下焕发出的干事创业热情转化为立德树人、教育报国的实际成效，让习近平新时代中国特色社会主义思想在学校落地生根、形成生动实践。

二是不断强化制度建设。本年度，修订了《海南大学学院党政联席会议议事规则》和《海南大学学院党委会议议事规则》，进一步健全规范各级党组织议事规则和决策制度；坚持每月印发组织生活和组织工作的指导要点，从严抓好

“三会一课”“主题党日”等10余项党的组织生活制度，切实发挥党的组织生活的“熔炉”作用；逐级落实党建工作责任制，严格按照《基层党建工作考核办法》《海南大学党委抓基层党建工作约谈办法（试行）》《海南大学关于建立党员领导干部联系基层党组织、优秀中青年教师工作制度的实施办法（试行）》等制度，全覆盖、分层次、全方位开展党组织书记抓党建工作述职评议考核工作，推动全校基层党建工作全面提升全面过硬。

三是进一步优化组织体系设置。本年度，学校印发了《2020—2021年优化组织体系工作实施方案》，明确了二级单位党组织和不同类型党支部的设置要求，深入开展基层党组织“优化升级”行动、基层党组织“赋能强基”行动和基层党组织“织网”行动，真正做到基层党组织的设置与教学、科研、管理、服务等组织设置相对应、全覆盖。

四是着力加强党务干部队伍建设。2020年，深入实施教师党支部书记“双带头人”培育工程，注重从学科带头人、教学科研骨干中选拔教师党支部书记，截至11月30日，全校符合“双带头人”党支部书记选任资格的教师党支部书记达100%。落实聘任特邀党建组织员制度，聘请10名离退休党务干部为特邀党建组织员；严格按照《海南大学组织员管理暂行办法》，开展组织员素质能力提升工程，坚持每月召开组织员例会；本年度，完成了13个二级单位党组织组织员的调整选任工作。进一步完善学生党建工作组织领导机制和学生党建工作责任制，配备了一支党务工作经验丰富的学生党建指导老师和学生党支部书记队伍。

五是切实推进基层党建工作提质增效。2020年，培育创建了全国第二批高校“双带头人”教师党支部书记工作室（同时入选海南省新时代高校“双带头人”教师党支部书记工作室）1个、全省党建工作标杆院系1个和全省党建工作样板支部4个，3个案例均入选全省党建工作创新案例。法学院党委、机电工程学院机械系学生党支部顺利通过首批全国党建工作标杆院系、样板支部创建验收。

六是有效促进基层党组织和党员作用发挥。本年度，党员教师邹立刚被评为“2019年全国模范教师”，党员教师张云阁教授被评为“2020年全国教书育人楷模”，3名学生党员获评“2020年中国大学生自强之星”；学校选派的5名乡村振兴工作队队员和2名驻村第一书记2019年考核均为优秀，其中张银东、杨元广、王联春、曲军远荣获2020年“海南省乡村振兴工作队先进个人”荣誉称号。在2020年新冠肺炎疫情防控工作中，全校共组建78支党员先锋队（涉及3592名党员）直接投入学校疫情防控第一线工作，实现了学生返校复学“零感染”和学校疫情防控工作“零事故”。

七是切实做好发展党员工作。截至12月31日，学校共有二级单位党组织40个，其中党委29个，党总支11个；党支部289个，党员6692人。其中，学生党员4292人，在岗教职工党员1927人，离退休党员337人，流动党员136人。本年度发展党员1600名，其中大学生党员1577名，包括本科生1223名，硕士研究生347名，博士研究生7名；教职工党员23名，包括高知识群体党员16名，百分百完成了2020年发展党员计划任务。

八是积极推动各类资源下沉到基层。本年度划拨党建工作经费340多万元，平均每个党支部党建工作经费12219元，同比上年度增加1150元。

九是本年度，全校党费收入总额为2105966.46元，支出总额为1680754.25元。截至12月31日，学校党费银行专户年底结余为1644481.11元，其中包含海南省委组织部拨付清理收缴党费用于慰问因公殉职党员家属专款11000元。

【干部工作】截至12月31日，学校共有中层干部255人，其中正职领导99人，副职领导156人；处级辅导员14人，包括正处级辅导员3人，副处级辅导员11人；科级干部290人，其中正科干部210人，副科干部80人；科级辅导员78人，包括正科级辅导员9人，副科级辅导员69人。

1. 干部选拔任用

完成了在教学机构调整后部分学院领导班子的配备工作，通过在领导岗位挂职锻炼、主持工作等方式培养和锻炼干部，确保了领导班子的调整配备工作平稳、有序；完成了机关、教辅单位部分中层领导岗位的补充配备工作，选任了一批作风踏实、业务精通、表现优秀的挂职干部及科级干部担任所在部门中层副职，同时对机关部门和部分教学教辅单位中层干部进行交流轮岗和调整配备；完成了教学单位行政领导班子的换届工作，把一批教学科研管理实绩好、群众认可度高的骨干教师提任到学院行政副职岗位，为学院的发展建设提供了坚强的组织保证；开展了部分中层领导岗位人选选任工作，采用竞争性选拔的方式，挑选出一批勤奋上进、综合素质较强的年轻管理干部。本年度，提任中层干部80名，其中正职28人，副职52人；平级调整中层干部22人次，其中正职9人次，副职13人次（副处级辅导员2人次）；免职中层领导干部9人次，其中正职2人次，副职7人次。平级调整科级干部78人次；提任科级干部75人，其中正科级25人，副科级50人。

2. 加强日常监督管理

本年度，学校完成了58名处级干部个人有关事项报告工作和28人查核比对工作，完成了中层干部因私出国审批工作10人次；完成了研究审定中层领导干部兼职15项，报批省管干部兼职6项；完成了二级单位领导班子和中层干部2019年度考核工作。

3. 选派干部教师挂职锻炼

本年度，学校向校外选派挂职干部9名，安排校内挂职干部26名。

4. 输送优秀管理干部

学校认真组织和配合海南省委组织部等部门开展相关人选推荐和组织考察等工作，向琼台师范学院、海南外国语职业学院推荐重用2人，不断增强海南大学管理人才的社会影响力。

【党管人才工作】坚持党管人才原则，协调各方力量，汇聚人才工作合力，为各类人才干事创业、实现价值营造良好氛围。

一是积极做好校领导联系服务专家工作。通过召开高层次人才工作座谈会、日常沟通了解、二级单位党组织反馈信息等多种渠道，广泛了解高层次人才的服务需求，并及时协调学校相关部门和单位解决具体问题。

二是认真做好对高层次人才的政治引领和政治吸纳工作。本年度，学校共发展高知群体党员16名，博士研究生党员7名；选派10多名高层次人才赴中央社会主义学院、井冈山干部学院等机构参加培训。

三是协同做好高层次人才引进和服务工作。通过面向国内外公开招聘南海海洋资源利用国家重点实验室主任、副主任的方式，聘任了高树基、谢松光等国家级人才。

【党校工作】紧密围绕学校“双一流”建设目标，努力克服新冠肺炎疫情影响，因时而变、因势而变，创造性开展分层分类精准培训，切实提高教育培训的针对性和实效性，着力打造一支专业化高素质干部队伍。

一是改进网络培训管理方式。本年度，将

698名学员分层分类、编班管理，每班学员人数控制在30—40人，并为每个班设立了班委、每个组指定了组长，督促指导学员开展网络学习。

二是分层分类精准施训。本年度，采取“校内+校外”两段式培训方式，依托上海交通大学举办了“对标世界一流、提高履职能力”院长班和书记班；采取“线上+线下”的培训方式，举办了2020年新提任中层干部和全校中层挂职干部能力提升专题培训班；再次举办了一期海南大学对口帮扶农村“两委”干部和党员骨干“提高履职能力、建功乡村振兴”专题培训班；与教务处合作举办了教务管理工作人员综合能力提升培训班；分别举办了党支部书记培训班和大学生党员发展对象、研究生党员发展对象、教职工党员发展对象培训班。组织中层正职干部到海南省反腐倡廉警示教育基地集体接受警示教育。

三是组织开展自贸港建设政策知识专题培训。本年度，学校邀请了海南省委副秘书长、海南省深改办（自贸办）常务副主任王磊同志做海南自贸港建设重点政策专题辅导报告；为全校中层干部订购《海南自由贸易港建设总体方案》笔记本、《众论海南自由贸易港》、《策论海南自由贸易港》等学习资料；组织全校中层干部（含挂职干部）和在编在岗教职工参加《海南自由贸易港建设总体方案》重点政策测试。

四是加大到国内高水平大学跟班学习工作力度。本年度，学校共选派25名管理干部分赴天津大学、华中科技大学和中国农业大学等对口合建高校跟班学习。

五是加强制度建设。制定出台了《中共海南大学委员会党校工作办法》《中共海南大学委员会组织部（党校）关于加强和规范干部教育培训工作的规定》《省外单位来校挂职干部服务保障管理办法》，组织修订了《党校工作重要文献汇编》。

六是优化管理机制。本年度，全面梳理和总结了近年来学校贯彻落实《干部教育培训工作条例》和《2019—2023年海南省干部教育培训规划》的情况，顺利通过了海南省委组织部的工作评估。

宣传工作

【概况】2020年，学校宣传思想工作以习近平新时代中国特色社会主义思想为指导，全面贯彻落实党的十九届四中、五中全会和海南省委七届七、八、九次全会精神，根据《中国共产党宣传工作条例》要求，紧紧围绕学校中心工作，主动适应海南自贸港建设的新形势、新要求，不断强化师生理论武装，加大对内对外宣传力度，积极推进校园文化建设，唱响主旋律、凝聚正能量，营造良好发展氛围，不断提升学校文化软实力和品牌形象，为学校世界一流学科建设提供强大精神动力支持。

【理论工作】本年度，学校制定了《2020年海南大学党委理论学习中心组学习计划》《学习宣传贯彻党的十九届五中全会精神工作方案》等，发放了《党的十九届五中全会〈建议〉学习辅导百问》等各类图书6千余册。党委理论学习中心组采取读书班、集中研讨等多种形式开展学习14次，校党委书记武耀廷、校长骆清铭带头宣讲党的十九届五中全会精神；先后邀请中央宣讲团成员、国务院发展研究中心副主任张来明来校举行党的十九届五中全会精神座谈式宣讲，中央党校副教育长韩庆祥来校举行《习近平谈治国理政》第三卷学习报告会等，进一步强化全校党员干部理论武装。

【新闻宣传工作】做好重要会议和文件精神的新闻宣传，做好学校和基层单位党的建设、人才培养、科学研究、学科建设、社会服务等重点工作的新闻报道，加强与中央驻琼媒体和海南省内主流媒体的合作。本年度，学校宣传部编写各类稿件428篇，配合编写和转载媒体报道569篇，处理和指导基层单位新闻稿件533篇，主动邀请中央驻琼媒体和海南省内主流媒体推送、配合采写各类新闻和专题稿件近600篇；《海南大学报》刊载文稿220篇、图片198幅，报道题材涵盖科学研究、教育教学、社会服务、对外交流等多项与学校事业发展紧密相关的亮点工作。

【思想道德建设工作】本年度，制定了《海南大学疫情防控期间思想政治教育方案》《常态化疫情防控背景下海南大学思想政治教育工作方案》《海南大学学习宣传贯彻落实〈新时代爱国主义教育实施纲要〉的工作方案》等；组织专家在光明日报、中国教育报等主流媒体上发表《党的领导是战胜疫情根本保证》等10多篇理论文章；认真贯彻落实《高等学校课程思政建设指导纲要》，出台了《中共海南大学委员会关于推进课程思政的实施意见》，举行了课程思政建设专题研讨会。马克思主义学院张云阁获评“2020年全国教书育人楷模”，热带作物学院罗杰荣获“全国先进工作者”称号。

【文化、文明工作】本年度，学校通过了“全国文明校园”复评工作和海南省教育厅“七五”普法总结验收工作，并获得海南省教育厅“七五”普法验收“优秀”称号；编纂出版了《海南大学校园鸟类图鉴》；基本完成了校歌的创作。《我们这一代》等3项作品入选海南省高校原创文化精品推广行动计划；法学院学生刘炜荣获第五届全国青少年“学宪法·讲宪法”团队一等奖。

【网络宣传和信息管理工作】本年度，学校承办了2021年教育部政务新媒体年会，《院士直播，全球引才》入选教育政务新媒体年度案例；举办了海南大学“共抗疫情、爱国力行”主题宣传教育和网络文化征集展示活动以及“E海瑞评”网络评论大赛。在新媒体平台建设方面，官微共发布推文500多条，官博发布信息3000多条；开通了官方抖音、快手、Facebook等账号，成立了学校新媒体联盟，新媒体总粉丝量超过20万人；完成了“院士全球引才直播”“2020年高校招生服务光明直播”“顶尖科学家讲坛系列活动直播”“校运会直播”等重点活动直播，其中快手直播单视频播放量为764万多，创历史新记录。

【意识形态工作】牢固把握意识形态工作领导权、管理权和话语权。本年度，学校组织开展了高校师生思想政治状况滚动调查，及时分析研判学校意识形态情况和师生思想状况；实行“一会一报”制，通过线上线下审批的各类哲学社会科学类报告会、研讨会、讲座论坛，无一起意识形态方面问题；与南海网合作加强学校网络舆情监测，无间断发布海南大学每日舆情简报。

统战工作

【概况】2020年，海南大学党委统战部（华侨与港澳台事务办公室）以习近平新时代中国特色社会主义思想为指导，认真贯彻落实习近平总书记关于统一战线重要论述和党的十九届四中、五中全会精神，在学校党委的坚强领导下，牢牢把握大团结大联合主题，充分发挥统一战线特有的优势和作用，凝心聚力，将学校人才智力密集优势汇聚到落实立德树人根本任务，创建世界一流学科、建设国内一流大学的办学目标和服务海南自由贸易港建设的社会需求上来，持续推进学校统战工作改革创新和提质增效，在新时代展示了统一战线新面貌、体现了新作为。

【加强组织领导】2020年，学校党委高度重视统一战线工作，落实抓统战工作的主体责任。以校党委书记武耀廷为组长的党委统战工作领导小组精心部署、认真推进学校统战工作，制定了《海南大学党委常委联系民主党派基层组织、统战团体及党外代表人士办法》《海南大学民族宗教工作工作实施细则》等文件，成立了海南大学民族宗教领导小组；校党委统战部配套出台了《民主党派和统战团体负责人联席会议制度的实施意见》《党委常委联系民主党派基层组织、统战团体及党外代表人士办法》《中共海南大学委员会统战部关于支持和帮助各民主党派组织加强自身建设的若干措施》以及“双月座谈会”等制度，推动各项工作高质量开展。发挥基层党组织在统战工作中的基础作用，支持管理学院、热带作物学院召开党外知识分子座谈会。重视党外人士就学校“十四五”规划提出的4宗意见建议。重视统战理论研究，围绕思想引领、民族宗教、参政议政、港澳台侨等方向立项校级统战理论研究课题13项，获得支持经费18万元。向海南省委统战部推荐理论文章、建言献策多篇，其中被《侨情专报》刊载8篇；6月25日，海南日报理论版刊载了校党委统战部的理论文章《发挥高校统战工作优势，为自贸港建设凝心聚力——以海南大学党外知识分子工作为例》。加强研究型统战部建设，9月14日，获批海南省统战理论研究基地。

【各民主党派、统战团体建设】支持各民主党派加强组织建设。本年度，学校完成了民革、民建基层组织换届工作，选出了新一届党派领导班子。民盟海南大学主委李仁君获评“民盟反映社情民意信息工作先进个人”，民盟盟员罗杰荣获“全国先进工作者”称号；民建海南大学支部主委、法学院副院长阎二鹏入选中国法学会第九期“全国杰出青年法学家候选人”名单；民进海南大学支部获“民建海南省参政议政先进集体”，支部主任曹宝珠获“民进海南省参政议政先进个人和社会服务工作先进个人”称号。全国政协常委、致公党中央副主席甘霖，致公党中央副主席、天津市副市长曹小红先后调研学校致公党基层组织建设情况并看望党员。

【强化思想引领】2020年，在抗击新冠肺炎疫情中，学校广大统一战线成员积极响应，倡议、推动海外侨胞、港澳同胞、留学生捐赠防疫物资，其中泰国海南会馆通过海南省红十字会向学校捐赠爱心口罩2750只，海南大学香港校友会捐赠爱心口罩10000只，无党派人士李小北倡议推动海南欧美同学会日本分会支援海南口罩15505只。九三学社社员饶颖芝的抗疫援助菲律宾的事迹被国内外多家媒体转发报道。

本年度，学校组织民主党派基层组织、统战

团体和无党派人士深入学习宣传贯彻习近平新时代中国特色社会主义思想和中共十九届四中、五中全会精神和《海南自贸港建设总体方案》；支持民革、民盟、民建、致公党等党派组织成员分别赴陵水、琼中、儋州等市县调研，就海南自贸港建设、学科建设、人才认证和垃圾分类等提出建议；促进2020年立项的3个校级民族宗教工作相关课题成果落地转化工作；选派10余人次统战成员到中央、海南省社会主义学院等单位培训学习。12月10日，学校党委统战部主办的“同心讲堂”开讲，第1期讲堂由民盟盟员、全国先进工作者罗杰教授与学生分享自己的求学科研经历。

学校各民主党派和无党派人士在科学研究、咨政建言和服务社会等方面起到了重要的作用。本年度，民盟盟员、国家杰青罗杰团队在《自然–植物》发表的水稻二萜代谢研究，为水稻遗传改良提供新资源，研究成果《揭示水稻中重要二萜的代谢机制》入选科学网2020中国农业科研亮点盘点。由无党派人士、副校长傅国华教授为课题总负责人的海南省“十四五”规划建议课题研究项目通过验收顺利结题。民建会员、热带作物学院教师罗越华参与选育的水稻品种“隆两优华宝”通过农业农村部主要农作物品种审定。在政协海南省第七届委员会第三次会议和海口市第十四届第五次会议上，学校省市政协委员提交和参与的提案20多件。林肇宏获2020年度海南省政协反映社情民意工作优秀委员，他提交的《关于加强疫情防控期间我省社区工作线上服务的建议》获海南省政协优秀社情民意信息一等奖；李仁君的《关于中国对外援助抗疫物资应签署备忘录的建议》获海南省政协优秀社情民意信息三等奖；民主党派成员阎二鹏、吴君静获得2020年度海南省政协反映社情民意信息工作先进个人。九三学社社员李世杰合著的《对标新加坡建设自贸港》，引导读者参与设计海南自贸港未来蓝图，获得海南发改委发函表扬。2019年度海南省科学技术进步一等奖获得者、无党派人士曹春杰教授在海南省科学技术奖励大会上做交流发言。李仁君、李小北等党外人士和“一带一路”研究院梁海明教授等先后在多种媒体多次发声，接受主流媒体采访13次，发表学术论文、理论文章17篇。学校党委常委、副校长曹宪忠，学校党委常委、统战部部长陈明宝带领党外农业科技专家到学校扶贫点入户走访和调研。

【民族宗教工作】3月，学校常委会审议通过成立海南大学民族宗教工作领导小组，印发了《中共海南大学委员会民族宗教工作实施细则》，明确各部门职责，校内各部门联防联动机制逐步形成。本年度，先后开展了3次师生宗教信仰情况排查，进一步完善了学校宗教工作信息库；加大校园民族工作、宗教工作政策宣传力度，加强海南自由贸易港建设背景下的校园民族工作、宗教工作研究，促进3个校级民族宗教工作相关课题成果落地转化工作。

【港澳台侨工作】加强港澳台师生思想教育和防疫工作，积极开展与港澳台等地的教育交流合作。学校组织辩论队参加第十九届海峡两岸大学生辩论赛并获团队优胜奖；举办了海南大学“青春同行·筑梦自贸港”琼港澳台学生国情研习营活动；选派归侨冯玉红教授参加中央统战部举办的归侨侨眷知识分子国情考察活动。加强港澳台师生疫情防控工作，专人关注师生的实时位置、健康状况、心理状况、餐饮等情况，做到“一人一策”。积极开展与港澳台教育交流合作，与台湾中国文化大学、东吴大学等互致慰问信，传递“两岸一家亲”情谊；支持（香港）校友联谊会组织开展欢庆香港回归祖国23周年活动。

国庆中秋期间，以寄送花篮、发慰问信等方式慰问对学校建设做出突出贡献的香港知名人士；开展重阳节“敬老慰侨”和困难侨眷走访慰问活动，将学校党委的温暖送进“侨心”。副校长傅国华荣获“第八届中国侨界贡献奖”二等奖。知名爱国爱港人士、琼籍乡亲海南旅港同乡会永远名誉会长朱莲芬女士在香港《文汇报》撰文，对海南自贸港建设和海南大学“双一流”建设予以肯定和赞许。12 月 26 日，校侨联进行了换届，副校长梁谋担任第三届校侨联主席。

武装工作

【概况】2020 年，人民武装部在学校党委和行政的正确领导与支持下，紧紧围绕学校的中心工作，坚持党管武装的原则，从国家安全和军队改革发展的高度，认真做好大学生征兵工作、拥军优抚、新生军训、民兵整组和国防教育等工作。因武装建设工作突出，海南大学武装部被美兰区武装部评为“2020 年度征兵工作先进单位”“2020 年度后备力量抓建先进单位”。

【征兵工作】海南大学征兵工作站、人民武装部根据海南省军区、美兰区武装部的要求，认真执行国家、省、学校的征兵政策，广泛宣传发动，全力推进。学校通过召开征兵工作动员大会，全员动员、精准发动，并由武耀廷书记动员部署并推进征兵工作。武装部为推动学校征兵工作的开展，深入开展征兵工作调研，通过举办退役大学生座谈会，了解退役学生情况，提交了《海南大学退伍大学生存在的问题及鼓励大学生入伍的政策与对策建议》《海南大学人民武装部关于入伍大学生政策落实情况的调查及对策建议报告》等报告，出台了《海南大学退役大学生个性化培养和帮扶方案》文件；完成了应征报名、征兵体检、政治审查、征兵心理测试、送兵、建档等各项工作。本年度，共有 101 名大学生应征入伍，其中男兵 88 人，女兵 13 人；入伍学生中应届毕业生 24 人。

【国防教育】加强国防教育，丰富国防教育途径和教育内容，增强学生国防意识。本年度，开展全校性国防教育与征兵宣传讲座 3 场，人民武装部为二级单位开展国防教育报告 8 场。积极服务海南国防教育，为海南国防教育做出贡献。受省军区、美兰区武装部的邀请，海南大学武装部组织军事课老师为美兰区中学生开展国防教育报告 25 场，为全省开展人民防空教育 6 场，为全省国防教育做出贡献。

【军训工作】武装部根据新冠疫情防控的要求和全国军事技能课新大纲的要求，经过多次论证，精心组织了 2020 级新生军训工作。通过制定《2020 级新生军训实施方案》，明确各参训部门的任务和职责，使军训计划合理、内容丰富；加强武装部学生教官队的建设和训练，共培养学生教官 150 多名。在完全依靠本校学生教官队力量的情况下，顺利完成了 2020 级 8000 多名新生的军训任务。

【民兵整组】规范武装工作，整组基干民兵。根据上级要求和《中共海南大学委员会办公室关于做好 2020 年度民兵整组工作的通知》，完成了

92名基干民兵的组织整顿工作，出队146名，入队92名；预建民兵临时党支部，完善党管武装的领导体系，海南大学民兵组织主体完成了由学生、教职工向“兵”的转变，为民兵组织管理规范化打下了坚实的基础。本年度，参加专武干部培训3人次、上级基干民兵训练2次，参加民兵训练尖子比武获得军事理论项目第一名，预建党支部人员培训4人次。12月7日，通过了美兰区武装部综合考评，获得美兰区人民武装部的好评。

工会、共青团工作

【工会工作概况】2020年，校工会深入学习贯彻落实习近平总书记关于工人阶级和工会工作的重要论述精神，全心全意依靠教职工的理念，围绕中心，服务大局，忠诚履职，积极作为，充分行使参与、维护、建设、教育四大职能，不断深化工会改革创新，大力推进学校民主政治建设，团结动员广大教职工为海南自贸港建设和学校“双一流”建设奋勇拼搏。

【双代会工作】1月30日，学校召开第三届教职工代表大会暨工会会员代表大会第二次会议，会议审议通过了《学校工作报告》《工会工作报告》《学校财务工作报告》《工会财务工作报告》，选举产生了第三届教代会执行委员会和各专门委员会、第三届工会委员会和新一届工会领导机构；征集提案64项，收到各种意见和建议128条。加强对“双代会”代表的培训，编印了《海南大学“双代会”代表培训手册》，提升代表履职能力。

【工会工作】本年度，学校先后5次组织发动全校教职工开展网上抗击疫情消费扶贫活动，累计消费扶贫金额超百万元，为决胜脱贫攻坚战、打赢疫情防控阻击战贡献工会力量。组织开展患病与困难职工走访慰问275人次，慰问补助金额17.51万元。积极为职工申请医疗互助补助金，全年申请医疗互助补助金教职工48人次，补助金额10.14万元。努力改善会员的福利待遇，会员的福利逐年品种有不同、数量有增加。

本年度，热带作物学院罗杰教授荣获中共中央、国务院授予的“全国先进工作者”称号；彭玉霞家庭荣获海南省妇联授予的“最美家庭”荣誉称号。海南大学评选表彰了一批在学校“双一流”建设、抗击疫情及脱贫攻坚中涌现出来的先进分子，共有131名教职工获得“2020年海南大学五一劳动之星”荣誉称号；先后培育罗杰教授和周永灿教授2个校级“劳模创新工作室”，其中热带作物学院罗杰（红船）创新工作室荣获海南省教科文卫邮电工会授予的“海南省教科文卫邮电工会系统劳模和工匠人才创新工作室”荣誉称号。

【文体活动】组织参加全省及全校性的教职工文体活动。本年度，成立了海南大学教职工徒步协会，倡导健康生活方式，在国庆节举办教职工千人环东坡湖健步走活动；举办了全校教职工乒乓球比赛、青年教职工联谊会、应急救护知识讲座，开展了普法筑梦活动；组织了教职工系列观影活动，为学校定点扶贫村送电影下乡。

【共青团工作概况】海南大学团委是共青团中央基层组织建设和基层工作试点单位，担负着团结和教育海南大学广大团员青年、执行党的青年工作方针、创造性地开展青年工作的职能。2020年，在上级团组织和学校党委的坚强领导下，海南大学团委高举习近平新时代中国特色社会主义思想伟大旗帜，深入学习贯彻党的十九大和历次全会精神、全面落实中央和海南省委关于加强和改进党的群团工作的决策部署，紧密围绕学校创建世界一流学科和国内一流大学的中心工作，紧扣立德树人根本任务，聚焦主责主业，围绕中心、服务大局，纵深推进共青团改革创新，着力完善“思想引领、素质拓展、权益维护、从严治团”四位一体的工作格局，实现核心工作有作为，重点工作有成效，常规工作有突破，不断开创海南大学党建带团建工作新局面，全面打造“全国示范、全省一流”的卓越共青团。截至12月31日，全校团员33295名，基层团委30个，团支部1113个，学生社团130个。海南大学团委设思想宣传教育科、组织科、学生社团管理科、科技实践科，挂靠单位有大学生艺术团、大学生创新院，负责指导校学生会、校研究生会、校学生社团联合会、校青年志愿者协会的日常工作。

【组织建设】海南大学团委坚持改革再出发，持续深入推进高校共青团改革工作，将“从严治团”引向纵深。继续落实团委领导班子“专挂兼”制度，本年度，学校团委领导班子配置专职书记1名、专职副书记1名、挂职副书记3名和兼职学生副书记2名，挂职、兼职副书记占团委领导班子比例为70%。积极常态化开展“1+100”团干部直接联系服务青年机制，平均每名专职团干部联系青年150余名，主动深入青年学生身边开展帮扶指导工作。加强团干部作风建设，全面完善学校团委机关每周例会制度，定期组织二级学院团委书记会议。

加强团干部队伍建设以及团员队伍建设。持续优化团校建设，构建分层分类一体化培养体系，全面覆盖专职团干部、校院班学生骨干以及广大团员，切实加强团干部政治理论和基础团务知识学习，打造一支坚定理想信念、心系广大青年、提高工作能力、锤炼优良作风的团干部队伍；积极推进各级团干部参与校外培训，不断提高团干部队伍的工作能力。高度重视团的基层组织建设和活力提升，着力推进基层团务规范化、制度化建设，将“全团抓基层”的理念抓牢抓实，以基层问题为导向，从基层抓起，从根处落实，积极开展星级团组织创建工作并结合“智慧团建”系统进行达标定级工作，完成率达到100%；监督学校各基层团组织开展毕业离校团员在“智慧团建”系统上转接组织关系，转接率为97%以上。深入贯彻落实党建带动团建工作，关注各基层团组织推优入党人数及推优入党率，积极组织做好团干部培训工作；深入广泛开展基层团情调研，主动联系青年、基层团干部，切实加强学校共青团工作研究。常态化开展基层团委考核，量化考核指标，促进共青团工作的规范化和制度化。积极投身疫情防控，在春夏季返校期间，团干部积极参与接站工作，调配1693班次车辆接送37898人次返校，彰显出海大人的责任感、使命感和强大的组织力、凝聚力。本年度，海南大学团委连续第10年蝉联海南省共青团重点工作考核优秀等次第一名。

行政管理与服务保障工作

发展规划

【概况】2020年，学校党委贯彻落实全国“两会”精神，把推动高质量发展作为学校“十四五”期间的基本主题，认真总结“十三五”发展经验，找准问题短板，明确目标任务，推动各项主要指标稳步快速提升，全面推进各项事业发展，奋力开创学校发展新局面。

【发展规划编制工作】本年度，根据《中华人民共和国国民经济和社会发展第十四个五年规划和2035年远景目标纲要》《海南省国民经济和社会发展第十四个五年规划和二〇三五年远景目标纲要》对建设高质量教育体系作出的全面部署和教育部、海南省人民政府共同印发的《关于支持海南深化教育改革开放实施方案》，学校明确了“十四五”期间改革发展的指导思想、发展目标、战略举措和重点任务。结合海南自由贸易港建设、国内外高等教育发展趋势和学校实际，完成了《海南大学“十四五”事业发展规划》初稿的编制工作。同时启动了本科教育教学规划、学位与研究生教育发展规划、科学研究与社会服务发展规划、师资队伍建设规划、国际化办学发展规划、学科建设规划、校园基本建设与后勤保障发展规划、校园信息化建设发展规划、学生工作发展规划等十大分规划和二级学院“十四五”规划。

综合改革工作

【概况】2020年，学校加强制度集成创新，重点建立健全人才培养、人事制度、财务管理、科研创新、国际化办学等重点领域的制度体系，不断提升学校治理体系和治理能力现代化水平。

【主要工作】本年度，聚焦制度集成创新，创新内部治理体系。建立健全各种议事规则、办事规程和内部机构组织规范，实现管理运行有章可循，有法可依。全方位开展学校管理制度文件的修订完善工作，涉及人才培养、人事制度、财务管理、科研管理、资源配置、国际化办学共六大类30多项；重点对各项规章制度执行落实情况进行分析，根据实际情况不断修订完善，优化工作流程，提高工作效率，深入推进学校治理体系及治理能力现代化建设。

"部省合建"工作

【概况】2020年，在教育部、海南省委省政府的正确领导下，海南大学贯彻落实教育部、海南省人民政府"部省合建"海南大学和海南省委省政府"聚全省之力办好海南大学"等重大决策部署，坚持"支撑引领、特色取胜，高位嫁接、开放创新"的发展理念，抢抓机遇，凝心聚力，奋发有为，积极推进"部省合建"各项工作任务。

【领导关怀】8月28日，教育部"部省合建"高校专项调研专家组来校开展专项调研指导工作。12月18日，国家发改委地区经济司副司长李平一行来校调研指导。12月22日，教育部教师工作司司长任友群、发展规划司副司长田福元一行来校调研指导。12月25日，教育部2020年部省合建年度工作会议在海南大学召开，时任教育部部长陈宝生、教育部副部长孙尧深入总结部省合建工作实践成果，提出"六个进一步"的工作要求，为学校全力推进部省合建工作，加快"双一流"建设提供了行动指南和强大动力。

【资金支持】本年度，学校"部省合建"工作资金69706.8万元，其中中央资金27169.9万元，省拨资金约42536.9万元。主要用于学位点建设、人才培养、师资队伍建设、教学条件建设、科研平台和基地建设以及国际合作与交流。

【重点工作】根据教育部要求，配合完成了部省合建13个专题的专项研究。组织专班赴教育部国际司、中国教育国际交流协会及对口合建高校、部省合建高校进行实地调研，形成了《部省合建高校国际化水平提升专项研究报告》；10月31日，2020年部省合建高校国际化办学研讨会在学校成功举办，上述调研单位的86名代表参会，深入研讨中外合作办学形势、国际化办学模式、人才联合培养思路创新等内容，高质量完成了《部省合建高校国际化水平提升研究报告》专项任务。

11月22日，校党委书记武耀廷、副校长叶光亮参加部省合建高校书记校长圆桌会议，交流学习新时代部省合建的工作规律和成功经验。

推进校地合作，与三亚市合作建设海南大学三亚研究院，落户三亚崖州湾科技城；与海口国家高新技术产业开发区管委会合作建设海南大学创新药物与食品研究院暨新药筛选及评价平台项目，助推生物医药产业快速稳健发展；与海南热带雨林国家公园管理局等共建海南国家公园研究院，为全国国家公园体制机制试点和全国生态文明建设提供经验；与中共海南省委国家安全委员会办公室共建海南大学国家安全研究中心；与安徽师范大学、澳大利亚查尔斯·达尔文大学合作建设孔子学院。

与东方市人民政府、三亚市人民政府、琼中黎族苗族自治县人民政府等地方政府（单位），四川外国语大学、安徽师范大学等高校，三亚市南繁科学技术研究院、中国热带农业科学院、中国林业科学研究院等4个科研院所以及华为技术有限公司、海南核电有限公司、东方上彩现代农业有限公司等企业签订一系列合作协议，产学研用高度联动，创新科研成果转化机制，助力海南自由贸易港建设。

重点项目建设

【**概况**】2019年10月18日，海南大学观澜湖校区建设项目通过海南省政府“两重一大”专题会议，正式立项建设。海南大学观澜湖校区着眼海南自贸港旅游业、现代服务业和高新技术三大主导产业对人才支持和科技支撑的内在需求，以国际旅游学院、国际商学院、国际影视传媒与设计学院、大数据与人工智能学院等4个学院为办学的主要依托，努力建设成为国际化、创新型的高端人才区域中心和智库平台，成为海南大学创建世界一流学科和建设国内一流大学的新引擎。

【**观澜湖校区建设项目**】2020年，海南大学观澜湖校区建设项目列入海南省发改委2020年项目库（预备）和海南省“十四五”规划重点项目。学校党委将观澜湖校区建设列为学校“一号工程”，并先后成立观澜湖校区管委会和建设工作组。本年度，观澜湖校区建设克服新冠病毒带来的各种不利影响，充分借助海南省委省政府超常规举措和极简审批机制，在项目前期代管单位海口市城投的全力配合下，在项目立项、总规报审、土地征收、可研编制、初步设计以及校区高压线塔迁移和水渠改道等方面都取得了明显进展，工作成效显著。

人事工作

【**概况**】2020年，人事处在人才引进、人才培养、人才服务等方面“深耕细作、砥砺前行”，带头落实“百万人才进海南行动计划”；在人才培养、引进、使用上大胆创新，积极探索构建人才发展新机制，着力夯实人才基石。本年度，海南大学人才规模大幅增长，教师队伍结构进一步优化，人才队伍的国际化水平稳步提升、质量实现新突破、作用得到进一步发挥，社会影响力和服务国家重大战略需求的能力进一步提高。

【**加大人才引进力度**】本年度，学校共接收应聘报名3000人次以上，提交会议审议通过402人，其中博士339人，包括大师人才1人、杰出人才11人、领军人才28人。新报到教师214人，其中博士167人，包括大师人才1人、杰出人才10人、领军人才10人、进站博士后18人。引进国家级人才9人；柔性引进高层次人才48人，其中院士5人。

【**专家队伍建设**】本年度，罗杰教授荣获选“全国先进工作者”荣誉称号，张云阁教授荣获“2020年度全国教书育人楷模”荣誉称号；廖建和教授担任教育部高等学校材料类专业教学指导委员会委员（2018—2022年），曹春杰教授担任教育部高等学校网络空间安全专业教学指导委员会委员（2018—2022年）；黄梦醒、叶光亮、李世杰、沈义俊、刘谦、陈庆河、王冠军、王咸鹏、周淑荣、伍中信、王宇等教授入选海南省杰出人才，全校还有53人入选海南省领军人才。

【教职工培训工作】本年度，学校继续推进教师发展工作，致力于培养造就一支师德高尚、业务精湛、结构合理、充满活力的高素质专业化教师队伍。在优化师资结构方面，支持教师在职攻读学位，全年获录取博士36人、硕士2人。在推进国际化建设方面，联合四川外国语学院举办出国英语高级培训班，第五期参训教师50人；选派12位教师出国（境）研修，受国际疫情影响，截至12月31日，另有50多位入选教师暂缓出境。国内访学选派4位教师到国内一流高校访学进修。组织举办或参加各类师资培训项目，其中新入职教师岗前培训和教学能力提升培训403人次，师德师风专项培训117人次，综合及其他培训3000人次以上。

财务工作

【概况】2020年，财务工作紧紧围绕学校中心工作和重点任务，在教育部、海南省委省政府和省直部门的大力支持下，多渠道筹措资金，尤其是在疫情影响及国家财政紧缩的形势下，可支配收入持续增长，资金安排更趋合理，预算管理和执行进一步加强，财务信息化建设工作加快推进，财务管理水平不断提升，学校教学科研实验条件和校园环境进一步改善，引进和培养人才力度进一步加大，为促进学校又好又快发展，实现“双一流”建设目标提供有效资金保障。

【财务收支】在“双一流”政策的支持下，在各级领导的共同努力下，财务处积极向中央和省里争取经费，学校可支配收入持续增长。2020年，全校可支配收入266458万元，比上年增长了8.6%，其中财政拨款收入195076万元，事业收入44783万元，经营收入3351万元，其他收入6096万元，上年度财政结余17152万元。

本年度，全校支出总计251872万元。按支出性质划分：基本支出123215万元，占总支出的48.92%；项目支出124481万元，占总支出的49.42%；经营支出4176万元，占总支出的1.66%。按支出用途划分：工资福利支出91413万元，占总支出的36.29%；商品和服务支出68170万元，占总支出的27.07%；对个人和家庭补助支出24450万元，占总支出的9.71%；资本性支出（基本建设）30541万元，占总支出的12.13%；资本性支出32961万元，占总支出的13.09%；其他支出4337万元，占总支出的1.72%。

【多渠道筹措资金】加强与上级主管部门的联系与沟通，积极向财政申请资金。在受疫情影响及国家财政吃紧的经济形势下，学校预算资金总量从2019年的202991.98万元增加到2020年的228227.94万元，增长12.43 %。对比2017年的116318.32万元，增加111909.62万元，增长96.21%。

【加大“双一流”建设支持力度】为贯彻落实习近平总书记提出的“要支持海南大学创建世界一流学科”的重要指示精神以及海南省委省政府提出的“聚全省之力办好海南大学”的文件精神，学校加大了“双一流”建设的支持力度，本年度，在人才引进与培养、人才队伍建设、科研条件改善、学术交流与合作等方面的投入共计33620万元。

【争取税收优惠】深入研究最新的相关税收优惠政策，为学校争取最大限度税收优惠政策。本年度，根据国家税务总局的相关规定，向税务局申请政策性退税 323 万元，其中科研、教学资产退税 270 万元，疫情期间生活服务类退税 53 万元。

【资金保障工作】针对本年度突发的新冠疫情，为了保护全校师生员工的生命安全和健康，根据学校疫情防控部署，财务处积极筹集资金，下达疫情防控专项资金 499.02 万元，为学校疫情防控提供坚实的资金保障。配合基建处、观澜湖校区筹备办，为校园 3 年更新工程、观澜湖校区工程项目多次与教育厅、财政厅沟通，争取资金支持，确保工程顺利推进。

【海南省财政预算执行进度考核超额完成】本年度，受疫情影响，预算执行存在一定困难，财务处通过深入了解各职能部门和二级单位预算执行进展情况和预算执行过程中可能存在的问题，及时进行预算调整，确保学校预算的顺利执行。为了学校顺利完成海南省财政考核，财务处通过对重点项目专人跟踪、微信工作群、电话督促、项目执行进度承诺等多种方式促使各职能部门和二级单位加快预算执行，截至 10 月底，学校财政考核预算指标整体执行进度达到 85%，超额完成海南省财政考核要求。同时，海南大学连续 3 年在海南省直非集中核算预算单位财务管理考评中被评为优秀等级。

【财务服务工作持续改进】2020 年，学校正式启动自建财务系统，已完成项目管理、预算管理、业务收费管理、资金管理、智慧网报、会计核算、薪酬与个税管理、移动服务平台、财政 GFMIS 系统对接接口、航信税务发票接口、银校互联接口、工资统发系统数据流转、海南大学数据交换平台接口、海南大学大型仪器共享平台接口、海南大学校园门禁系统接口等线上操作，基本形成高校人、财、物一体化管理服务平台。

【各项整改工作】全面推进个人借款的清理工作。截至 2020 年 12 月 25 日，共清理个人借款 2325.45 万元，其中结清个人借款 477.38 万元，包括中层以上管理人员 45 人借款 159.54 万元，清理率达 93.10%。高度重视海南省教育厅全覆盖财务收支专项审计整改工作，按时进行了相关整改工作，形成了“海南大学全覆盖财务收支专项审计整改报告”，并完成了审计回头看工作。

审计工作

【概况】2020 年，在学校党委的领导下，审计处统筹疫情防控和内部审计复工复产，认真探索海南自由贸易港建设中的内部审计工作，紧紧围绕立德树人的根本任务以及学校创建世界一流学科和国内一流大学的目标，学习宣传十九届四中、五中全会精神，贯彻落实《教育系统内部审计工作规定》（教育部令第 47 号），充分发挥内部审计在学校监督体系中的重要作用，推进学校治理体系和治理能力现代化。本年度，审计处先后荣获“2017—2019 年海南省内部审计先进集体”“2017—2019 年全国内部审计先进集体”称号，朱深强同志荣获“2017—2019 年海南省内部审计先进工作者”称号，王静荣获“海南大学 2020 年五一劳动之星”称号。

【制度建设】本年度，审计处制定内部审计

重大事项报告制度，向海南省审计厅内部审计指导监督处、教育厅审计处和学校党委及时报告年度审计计划、审计情况报告、年中及年终工作总结、违规事项处理等重大事项。对《海南大学建设工程项目审计实施暂行办法》（海大办〔2017〕25号）进行修订，出台了《海南大学建设工程项目审计实施办法》（海大办〔2021〕1号）。新办法对原办法进行了流程再造，精简了审计内容、简化了审计流程，同时突出审计重点，抓住关键环节，强化了审计独立性及审计监督、评价建议职能，进一步压实工程建设实施部门的主体责任，在保证审计监督不缺位的前提下，提升了审计工作效率，加快了工程建设实施进度。

【综合审计工作】本年度，加强综合审计管理，完善审计处人员职责，通过签订岗位责任书落实岗位责任；完善审计处内部控制制度；完成了审计合同审签28份。发挥第三方审计协审机构的作用，委托社会第三方协审工程项目20个，聘请专业技术人员参与财务审计项目10个。进一步调研国内审计信息化建设平台，与学校信息化服务中心会议沟通交流，积极推进学校审计信息化建设。组织人员参加中国教育干部网络学院、中国教育审计学会、中国内部审计协会、海南省内部审计协会等举办的各种网络、现场培训29人次。

【财务审计】本年度，学校开展了中层领导干部经济责任审计4项；海南大学国际学术交流中心和国际旅游学院（海南大学亚利桑那州立大学联合国际旅游学院）中外合作办学项目财务收支审计2项；学生工作部（处）新冠肺炎疫情防疫资金和学校2015年1月至2020年8月科研启动经费的管理及使用情况专项审计2项；学生工作部（处）学生资助政策落实情况跟踪审计；图书馆内部控制审计；开展科研经费决算审签10项。同时，督促检查被审计单位对内部审计发现问题的整改落实情况。

【基本建设工程项目审计】一是开展了500万元以上工程项目的全过程跟踪审计，送审金额约12608万元，审计金额约11478万元，审减金额约1129万元，审减率约为9%。其中，对海南大学联谊馆周边排涝工程等4个项目开展预算审计，对多功能综合体育馆第10期和第11期进度款及现场签证开展过程跟踪审计，对海南大学中日友好交流中心土建工程等3个项目开展竣工结算审计。对生物医学与健康科研中心概念方案设计等12个合同开展合同审计，送审金额合计1730万元。

二是完成了5万元至500万元的竣工结算审计项目82个，其中审计处自审58个，委托审计24个；送审金额约3057万元，审计金额约2935万元，审减金额约121余万元，审减率约为4%。

三是开展2019年5万元以下工程项目抽查审计。

基建工作

【概况】2020年，学校竣工交付项目28个，新增建筑面积10508平方米；在建项目12个，总建筑面积24万平方米，计划总投资14.55亿元；完成了上级主管部门审批项目19个，计划总建筑面积23万平方米，计划总投资23亿元；落实了3年更新工程23亿建设投资任务中可以建设项目20个，计划投资23.8亿元，完成率100%。本年度，完成了项目投资产值4.98亿元，落实到位财政专项资金3.77亿元，其中中央资金2.19亿元；8月5日，紫荆学生公寓2号楼工程荣获2020年度海南省建设工程“绿岛杯”奖。

本年度，学校完善了《基建处处（科）职能分工》《基本建设项目推进流程及配套表格》《海南大学基建处廉政建设规定》《海南大学基建档案管理规定》内部管理规定，制定了《海南大学基建项目验收及移交管理细则》、《海南大学基建项目工程造价管理实施细则（试行）》。进一步加强基建处队伍建设，林诗海和穆大伟分别提任为基建处副处长，邓婷婷晋升为正高级工程师，新招聘张诚、蒙秀凡、唐静3名研究生，使得原来的设计、造价、施工一体化管理得以明确分工。

【竣工工程】 竣工交付使用项目28个，新增建筑面积10508平方米，完成投资产值6583万元。主要竣工项目如以下几项。

6月，档案馆电缆改造工程，投资50万元；文科基础教学部离退休人员户外活动场所改造，投资40万元。

7月，社科楼吊顶维修，投资27万元。

8月，儋州7号教学楼，产值1400万元；田家炳多功能展厅（主体土建），投资500万元；老干门球场及屋顶维修，投资66万元；基础实验楼改造（生化实验室、微生物实验室、实验台），投资260万元。

9月，李运强实验楼消防问题，投资95万元；广播电视大学学生宿舍改造及教学楼维修改造，投资497元；理工楼3—6层安装铝合金窗，投资24万元；海甸校区学生区等道路及排水改造工程，投资1456万元。

10月，田家炳电梯，投资70万元。

11月，儋州校区旧房拆除，投资54.7万元；儋州浴室改造，投资54万元；儋州校医院电缆维修项目，投资35万元；海甸校区学生区周边非机动停车位改造，投资48万元。

12月，图书馆改造工程（土建、空调），投资1178万元；学生公共区域改造，投资72万元；研发中心报告厅装修工程（土建、空调、座椅），投资405万元。

上述项目竣工投入使用，一是新增儋州教学楼，满足学校办学基本需求，提升教学条件；二是提升教学、实验、科研及办公用房条件；三是保障学校消防、用电安全；四是改善离退休人员活动场所。

【在建工程】 截至12月31日，在建工程情况如以下几项。

多功能综合体育馆，建筑面积15529平方米，计划总投资12666万元。主体已封顶，正在进行安装工程，累计完成产值10000万元。

桥西教工居住区三期，建筑面积123604平方米，计划总投资52892万元。7月完工建设，已完成桩基工程，现基础施工中，累计完成产值9000万元。

热带农林学院专家学者楼，建筑面积40959平方米，计划总投资24509万元。工程由海南发展控股有限公司负责代管，4月开工建设，主体已封顶，累计完成产值9500万元。

研究生公寓及附属食堂，建筑面积45423平方米，计划总投资24605万元。7月开工建设，已完成地下基础工程，现主体施工中，累计完成产值5000万元。

热带作物国家重点实验室（筹），建筑面积15000万元，计划总投资27375万元。工程由海南发展控股有限公司负责代管，7月开工建设，已完成地下基础工程，现主体施工中，设备采购已完成，累计完成产值 14500 万元。

海洋学院实验楼改造，计划总投资 896 万元。工程由海南发展控股有限公司负责代管，4 月开工建设，累计完成产值 737 万元。

海甸校区环校路一期（北段），计划总投资 365 万元；3 号配电房扩容，计划总投资 368 万元；儋州校区 7 号教学楼室外基础设施，计划总投资 482 万元；田家炳多功能教学中心，计划总投资 511 万元；国际教育学院教学楼维修改造，计划总投资 263 万元；田家炳展厅室内装修及布展，计划总投资 480 万元。6 个项目均已完成招标工作并于 12 月开工建设，共累计完成产值 830 万元。

【完成立项审批项目】截至 12 月 31 日，完成立项审批项目情况如以下几项。

海南大学观澜湖校区教学及生活服务设施（一期）项目，建筑面积 80752 平方米，计划总投资 68577 万元。可研已批复，概算已评审完成待批复。

生物医学与健康研究中心，建筑面积 55415 平方米，计划总投资 84848 万元。可研已批复，概算已评审完成待批复。

信息科技大楼扩建，建筑面积 15324 平方米，计划总投资 10364 万元。可研已批复，概算已评审完成待批复。

法学科研中心，建设面积 13551 平方米，计划总投资 8427 万元。可研已批复，概算已评审完成待批复。

紫荆学生公寓 3 号楼，拟建面积 56000 平方米，拟投资 33545 万元。海南省教育厅已批复初立项，由于地址变更，可行需重新报发改委审批。

附属实验学校，拟建面积 22298 平方米，拟投资 18454 万元。海南省教育厅已批复初立项，项目建议书已报海南发改委审批。

海甸校区 3、6 号学生宿舍改造等 6 个维修改造项目，计划总投资 6978 万元。概算已批复，在预算编制和评审中。

儋州校区消防历史遗留问题整改等 6 个维修改造项目。学校已立项，概算已报海南省教育厅或发改委评审。

国有资产管理工作

【概况】截至 2020 年 12 月 31 日，北化资产管理系统中数据显示学校固定资产总额为 407991.5 万元。其中房屋类资产 248398.95 万元，仪器设备类资产 145038.00 万元，家具类资产（含统计入北化账的图书）14554.55 万元。新增仪器设备、图书（计入北化账）及家具类资产总额 33234.74 万元。

【土地管理】本年度，学校的土地面积为 5184.57 亩，含教育用地 4981.15 亩和商住用地 203.42 亩。其中海甸校区教育用地 6 宗共 2396.79 亩，分别为 19.59 亩、13.94 亩、145.62 亩、2189.38 亩、10.80 亩和 17.46 亩；儋州校区教育用地 2 宗共 1708.76 亩，分别为 60.66 亩和 1648.10 亩；秀英农场教育用地 735.94 亩；文科基础教学部教育用地 139.66 亩；桥西小区商住用地 6 宗共 203.42 亩，分别为 9.12 亩、41.87 亩、7.76 亩、44.18 亩、60.67 亩和 39.82 亩。海甸校区紫荆办公区地块30.02亩正在办理不动产登记的土地。

【房屋管理】房屋类资产的登记和统计工作。本年度，校舍总面积1332905.06平方米，按校区分类统计，海甸校区面积1084707.16平方米，儋州校区面积201387.59平方米，文科基础教学部面积46810.31平方米；按房屋类别统计，教学科研及辅助用房519978.38平方米，行政办公用房38093.26平方米，生活用房415693.71平方米，教工住宅349630.59平方米，其他用房9509.12平方米。全校教室总间数634间，其中海甸校区450间，儋州校区151间，文科基础教学部33间。

绿化用地总面积863202.51平方米，其中海甸校区610738.51平方米，儋州校区185859.00平方米，文科基础教学部66605.00平方米。运动场地总面积189550.80平方米，其中海甸校区119507.80平方米，儋州校区32988.00平方米，文科基础教学部37055.00平方米。

房屋资产的报废处置工作。完成了78幢（项），建筑面积为35309.69平方米，资产原值为16415486.94元的房屋资产报废处置工作。分别是建筑面积为30266.31平方米，资产原值为10738632.7元的儋州校区75幢（项）；建筑面积为675.38平方米，资产原值为998884.08元的海甸校区邵逸夫学术中心餐厅；建筑面积705平方米，资产原值为1321431.97元的海甸校区简易办公用房；建筑面积为3663平方米，资产原值为3356538.19元的海南大学日元贷款项目简易过渡房。

桥西小区第二批经济适用住房建设各项工作稳步推进。本年度完成了购房职工资格审核、校内三榜公示和组织建房职工缴交建房首付款1.6亿元。

住房补贴发放工作。本年度，完成了学校临时租房补助发放，累计发放995.18万元；完成了因2018年重复计税部分的发放工作，合计16.78万元；完成了海南省属事业单位住房租赁补贴的发放。截至12月31日，新增申请住房租赁补贴与购房补贴415.91万元，累计发放539.80万元。

【资产管理】一是资产登记与统计工作。本年度，新增仪器设备及家具类固定资产共计33234.74万元，其中仪器设备类12566台，金额为32198.97万元；家具类11602台（件），金额为1035.77万元。房屋类资产总值约248398.95万元，其中海甸校区约225956.98万元，儋州校区约16968.05万元，文科基础教学部约5473.90万元。

二是资产清查工作。6月9日，印发《关于开展2020年度固定资产清查工作的通知》，要求59个单位对本单位2016年1月1日至2019年12月31日入账的固定资产进行清查，清查资产总台件数为85293件，总金额为274129056.57元，其中生物医学工程学院于2020年成立，其固定资产为零。

三是设备家具类资产处置工作。启动全校性的集中固定资产报废处置工作，截至11月4日，《海南省财政厅关于海南大学固定资产报废的复函》中同意价值为78384204.15元的32590件资产报废处置；截至12月20日，已完成本次报废固定资产的处置、清运工作。本次固定资产报废处置从启动、核查、申报、审批到完成清运，在一个自然年度内完成，大大缩减了报废处置时间，为今后报废处置常态化打下基础。

四是对外捐赠工作。按捐赠报批程序，由理学院承办，经国有资产管理处向海南省教育厅请示，批准学校向东方市大田镇无偿捐赠原值

21.34万元的计算机44台。

【产业工作】一是聘请海南嘉德信会计师事务所（普通合伙）对11家有账套的校办企业自2019年1月1日至2020年6月30日期间的财务状况进行审计。截至6月30日，11家校办企业的资产总额为51421534.91元，负债23206497.49元，所有者权益为28215037.42元，其中实收资本22290570.02元，资本公积550000.00元，盈余公积1890163.70元，未分配利润3484303.70元。本次审计清查出资产损失共计24634.30元。

二是根据《国务院办公厅关于高等学校所属企业体制改革的指导意见》（国办发〔2018〕42号）等文件要求，完成了《海南大学所属企业体制改革实施方案》，将校办企业分为保留和注销两种实施方式。根据相关规定，对7家校办企业给予保留；对35家“僵尸企业”，空壳企业和长期亏损、扭亏无望，不具备持续经营条件的企业进行清理关闭。指定海南海大科技园管理有限公司为学校独资的资产经营管理公司，代表海南大学履行投资人职责。

综合治理与安全生产工作

【概况】2020年，学校党委认真贯彻落实党中央、教育部、海南省委省政府、海南省教育厅党委关于安全稳定和疫情防控的工作部署，严格落实安全稳定和疫情防控工作“一把手”责任制，按照“谁主管、谁负责”和“一岗双责”要求，层层分解责任，健全了安全稳定和疫情防控工作责任体系。

【安全稳定工作组织领导】安全稳定工作是学校党委的核心任务之一，学校党委负有主体责任。学校党委书记武耀廷、校长骆清铭作为第一责任人，对学校安全稳定负总责；其他校党委常委、校领导是直接责任人，具体组织抓好安全稳定各项工作。本年度，学校党委召开7次校党委常委会、2次中层干部会议、24次专题会议，研究部署学校安全稳定工作。

【完善体制机制建设】学校党委坚决扛起安全稳定工作的政治责任，制定并实施了一系列综合治理、安全生产、意识形态、民族宗教、疫情防控等工作的规章制度，形成了党委统一领导，党政齐抓共管，各相关部门（单位）各司其职、相互配合，社会力量鼎力支持的安全稳定工作机制。

【落实工作责任】本年度，根据中央及海南省的文件精神，按照“党政同责、一岗双责、齐抓共管、失职追责”的要求，将安全稳定工作作为“一把手”工程，列入党政综合考核内容；专门划拨综合治理与安全生产工作专项经费，保障学校安全稳定工作顺利开展。

【国家安全人民防线建设工作】本年度，完善了国家安全人民防线工作机构制度建设，夯实了国家安全工作基础。印发实施了《海南大学国家安全人民防线建设小组工作规则》《海南大学国家安全人民防线建设小组协同配合工作制度》《海南大学出国（境）人员反奸防谍安全防范管理制度》《海南大学境内涉外活动反奸防谍安全防范管理制度》等4项有关国家安全人民防线工作的制度。建立了院校两级国家安全人民防线工作体系，在学校国家安全人民防线建设小组的基础上，在全省率先建立了31个二级学院国家安全人民防线建设小组，明确了职责任务，共同筑牢反奸防谍的钢铁长城。

【重要时间节点安全稳定工作】本年度，学校实行重要时间节点值班制度和“零报告”制度。学校层面，由校领导在岗带班值班，随时掌握学校的安全稳定和疫情防控工作动态；各部门、各单位由部门、单位领导带班值班，值班人员在岗、在位值班。同时，在校园和各楼宇门岗、监控中心、信息中心、配电房、水泵房、危险品仓库、重点实验室等重点要害部位，实行24小时值班制度。各级责任人严格值守，有效地保障了学校安全稳定。

【重点稳控工作】本年度，根据海南省教育厅党委的要求和学校实际，学校针对校园稳定进行了8次全面排查、10次专项检查工作，并建立了安全稳定工作台账，实行动态管理；积极与海南省国家安全厅、海口市公安局国保支队、人民路派出所等单位密切沟通，联动防控，切实做好了校园安全稳定工作；及时稳慎处置了2021年研究生招生考试等紧急突发事件10余件。

【安全隐患排查工作】本年度，学校印发安全管理文件6份，建立健全《海南大学消防管理规定》《海南大学实验室安全管理规定》等制度5项，组织安全隐患排查6次，开展节假日、食品、消防安全、校园管理、防风防汛等专项安全检查10次，围绕校园安全管理、安全事件处理召开校园安全专题会8次，现场督促相关单位完成消防设施维修检查、视频监控系统全覆盖使用、实验室及消防通道整改、校园不规范搭建和环境卫生整改、学生宿舍热水供应等工作20余项。2020年校园除发生交通事故4起，无其他安全事件。

【新冠肺炎疫情防控工作】本年度，自新冠肺炎疫情暴发以来，学校立即成立疫情防控工作领导小组，完善校院多层防控体系和制度，先后印发了文件67份，指导学校疫情防控、教育教学、科学研究等各项工作开展。投入约700万元用于支持疫情防控和学生返校复学等工作。及时推行线上教学，覆盖3351个教学班，占应开课教学班的98%。开发启用了返校系统、体温上报系统、请假系统等信息管理系统，借助大数据，为学生提供返校前、返校中、返校后全流程的精准服务，为学校管理提供准确的数据支撑。深入开展“帮学业、帮毕业、帮就业、帮创业、帮困难、帮心理”六帮专项活动，2020届本科生毕业率高达97.6%。积极宣传疫情防控知识，传播爱国爱家爱校正能量，全校共有4000余名师生志愿者投身到疫情防控工作中，涌现出叶卫东、周沛统等一批疫情防控志愿服务先进师生典型。通过全体师生共同努力，校园内没有发生疫情传播和扩散，确保了广大师生员工生命安全和身体健康，确保了校园“一方净土”，相关工作得到海南省委省政府的肯定，得到广大师生、家长和社会的认可。

后勤管理工作

【概况】2020年，师生事务保障中心紧紧围绕学校办学目标和后勤服务保障职能，努力推进后勤服务保障综合改革，规范后勤管理服务经营工作。在做好一般性和常规性保障工作的基础上，重点在人事制度改革、基础设施改造、规范管理等方面实现了突破，为学校“双一流”建设提供了强有力的后勤服务保障。本年度，师生事务保障中心获得“中国教育后勤协会高校学生公寓疫情防控先进集体”“中国教育后勤协会高校疫情防控物业服务先进集体”荣誉称号；海南大学获得国家级“节约型公共机构示范单位” 荣誉称号。

【疫情防控】师生事务保障中心成立疫情防控工作专班，领导班子靠前指挥，各部门各司其职，党员干部恪尽职守，设计完成宿舍管理、物资采购、餐饮保障、环境消毒、车辆调度、人员摸排、核酸检测等全方位的工作方案和流程，涌现出唐端光、徐小华、宋翰文、王照飞等10多位疫情防控先进典型。本年度，多方筹措防控资金为学生区购置了120台开水器，安装了20处食堂洗手池、30个红外线测温仪和2479个感应水龙头；采购接送学生返校的车辆服务，圆满完成了春季学期学生返校和秋季学期开学学生返校的各项疫情防控后勤保障工作任务；完成了近2000名职工及监管人员的核酸检测任务。党员自愿捐款10983.17元支持疫情防控工作。

【机构人事改革】12月，师生事务保障中心原设定的内设机构由24个调整为9个，分别为综合办公室、人力与质量办公室、财务办公室、物业服务部、水电与维修服务部、饮食服务部、商务服务部、文科基础教学部后勤服务部和儋州校区后勤服务部，以上机构不设行政级别。人事制度改革的4个文件也按规定程序表决通过并被学校批准实施。

【食堂提升和监管工作】本年度，海甸校区第一食堂完成招标并重装开业，就餐环境焕然一新，成为校园“网红餐厅”，并开启网上订餐业务试点工作，各餐厅的供应品种不断丰富，满足了广大师生餐饮的需求；海甸校区第六、第七食堂及儋州校区第三食堂也完成招标并投入经营，海甸校区第三学生食堂通过了省级食品安全示范食堂的挂牌审核。学校聘任了师生事务保障中心三个校区的9位同志为食堂专职食品安全管理员，修订了《海南大学食堂卫生与食品安全管理办法》，开展了安全防疫演练、疑似食物中毒应急演练3次，食品安全专题培训10余次。安排专车专人对食堂购进的冷冻制品及其外包装抽样进行核酸检测，检测结果均为阴性。选派人员参加2020年海南省学校食品安全知识竞赛并荣获一等奖。

【校园环境整治及安全综合治理】本年度，学校补种了4个品种240多棵苗木、花草，共800平方米；集中开展45项暑假维修项目，翻新橡塑人行道1210平米；整治校园僵尸车、占道停放的电动车、丢弃垃圾等乱象；拆除乱搭乱建的商铺，遏制校园商业氛围浓厚的现象；调整校园快递取件点的布局，缓解取件拥堵现象；联合基建处等部门对校园水域进行治理，清理行政楼水池、荷花塘水面杂物，通过一系列的工作打造出一个“洁、净、美”的校园环境。大力开展

“四爱”卫生健康大行动，进一步做好新冠肺炎疫情防控工作和新时期爱国卫生工作；在宿舍安装一批安全防护网、开展违规大功率电器大检查；修建电动车停车场，安装了自动充电装置并购置一批消防设施设备；增加水质检测的次数，对二次供水设施进行清洗消毒；使师生工作生活的安全感不断增强。同时，对所有办公电脑、移动设备开展保密自查并全部编号登记，筑牢网络空间安全屏障。

【推进低碳校园建设】本年度，积极开展“禁塑”“制止餐饮浪费”和垃圾分类活动，设立垃圾分类收集点 8 个；深入开展“美好‘食’光”校园系列活动，切实把精神文明建设贯穿后勤服务工作全过程，推动校园环境更加和谐美丽，新风尚更加凸显。完成了学校 2020 年能源管理体系现场监督审核工作；节能减排工作通过国家层面验收，学校荣获由国家机关事务管理局、国家发展和改革委员会及财政部联合授予的“2019—2020 年节约型公共机构示范单位”荣誉称号。

【公共基础设施改造】本年度，学生宿舍区引进一批全新的自助洗衣机，文科基础教学部改装了 63 间浴室出水口；在学生生活区域、教工南区、第二运动场等安装各样式的路灯 299 盏，翻新 24 盏，方便师生夜间安全出行；将海甸校区 2—5 号教学楼 5 间教师休息室改造为教师答疑室。对教工南区退休职工活动场所进行装修粉刷，新建汽车停车位 25 个，整治教工南区影响校园形象的 50 多处乱象；全面推进房间补漏、墙壁粉刷、家具更换等民生维修项目，进一步提升职工生活的舒适感。同时，新建了冷藏冷冻两用库，以备非常时期不时之需。

【校区学生搬迁工作】根据学校《2020 年城西校区学生搬迁工作方案》要求，9 月 4 至 5 日，师生事务保障中心合理调度车辆 151 辆次，完成了 7 个学院 2285 名学生的搬迁工作。

【服务创新与管理工作】本年度，师生事务保障中心与植物保护学院共建“植物医院”志愿服务基地；在宿舍区开设共享学习空间 6 处，全面打造环境优美的服务育人环境。通过工作微信群、热线电话等方式，打通服务师生“最后一公里”，主动为师生排忧解难。按照上级文件规定要求，减免海甸、儋州校区 2020 年 2 月至 4 月校园铺面租金共计 197 万余元；开展游园、观影和徒步等活动，慰问职工 37 人次，发放慰问金 3.88 万元，医疗救助受益 11 人次。

【解决历史遗留问题】 本年度，解决了原教工食堂营业款遗留问题、原教工食堂员工宿舍改扩建和空调租赁欠费遗留问题，完成了部分维修材料欠款的支付，推进注销儋州校区税务登记证以及商贸公司改制的整改工作。

【精准扶贫与乡村振兴工作】本年度，完成了学校下达的乐妹村、光吉村环境绿化美化的任务；协助乐妹村开展扶贫农产品进校园消费集市活动，该活动得到广大职工积极响应，他们购买竹笋、香菇、温泉鸭、石斑鱼等农产品，消费扶贫金额近 77 万元；完成了 24 台消费扶贫智能专柜的布设工作。

离退休人员工作

【概况】截至2020年12月31日，全校共有在编离退休老同志1272人，其中离休3人，退休1069人。离退休党员的组织活动由离退休人员服务中心党委负责。离退休人员服务中心党委设13个党支部，共有党员344名，其中在职党员8名，离退休党员336名。海南大学关心下一代工作委员会和老年体育协会挂靠离退休人员服务中心。

【落实离退休人员政治待遇】本年度，结合纪念中国共产党、建党99周年，组织13个离退休支部书记开展讲党课专题活动；组织党员干部到白沙门渡海英雄纪念碑缅怀人民解放军渡海英雄，赴海口江东新区展示中心参观学习；组织全体党员学习《海南自由贸易港建设总体方案》，并结合自身学习谈心得体会。选派党支部书记参加海南省老干部局和学校的培训学习，全年65人次。组织离退休人员开展“感党恩、听党话、跟党走——为海南自由贸易港作贡献”主题教育学习培训；开展“我看脱贫攻坚新成就”活动，赴儋州石屋村体验社会主义新农村发展变化；开展“一心一意跟党走，助力学校‘双一流’建设”专题活动。先后4次组织全体在职人员、离退休党员学习党的十九届五中全会精神，强化政治引领，占领思想高地，为海南自贸港建设发挥正能量。

【关心离退休人员生活待遇】本年度，走访慰问离退休干部262人，其中厅级以上干部18人，因病和特困退休职工108人，老专家、老教授66人。探视、慰问住院老同志70次，对湛江地区老同志进行1次专项慰问。给全体离退休老同志发放生日蛋糕和春节粮油慰问品，组织晨曦爱老服务队和老同志做好结对帮扶工作；做好老同志临终关怀送别服务，处理丧事25起。积极为老同志排忧解难，改造老同志活动场所建设，完成气排球场、娱乐室维修以及门球顶棚加盖和蒙古包乒乓球室装修工作。

【疫情防控工作】本年度，在疫情防控期间，帮助32位在校内居家隔离14天的老同志买菜、买药、送温度计和口罩；给83名孤寡、空巢、行动不便的老同志送去粮油等生活必需品；给3名长期居住湖北地区老同志每人1000元慰问金；对3名有心理障碍的老同志给予思想疏导。同时，发动离退休党员踊跃捐款101724元，用于支持新冠肺炎防控工作。

【关心下一代工作】充分发挥 “五老”作用，配合学校和有关二级党委做好大学生政治思想教育工作。本年度，开展《读懂中国——全面小康，奋斗有我》主题教育活动；学校关工委报送的《筑梦南海，奋斗全面小康》微视频，被教育部关工委评选为最佳微视频（全国30个），同名征文作品也被评为优秀征文（全国60个），并在中国教育电视台展播。

【文体活动】本年度，组织开展海南大学第12届老年体育运动会、海南大学门球馆落成邀请赛、“不忘初心、牢记使命——展示阳光心态健步走”（海甸校区、文科基础教学部和儋州校区分别举行）等活动。多次组织老同志参加省市各类比赛，在2020年海南省第十一届老年运动会比赛中，学校有6个项目参加比赛，3个项目获优胜奖、3个项目获优秀奖，其中地掷球获海南省第一名。

理事会、教育基金会和校友会工作

理事会工作

【概况】 2020年，学校积极开展对外交流活动，先后赴各地拜会国内外多位理事。

【拜会理事】 本年度，学校党委书记武耀廷、校长骆清铭及其他校领导专程或利用出差机会，赴各地拜会王路、章新胜、曹献坤、潘家海、韩进元、张学修、韩电、林秋雅等多位理事。

【教育基金会理事会、监事会换届】 2020年10月29日，学校举办教育基金会理事会、监事会换届会议，表决通过第三届理事会理事、秘书长、理事长人员名单。

教育基金会工作

【概况】 2020年，学校接受社会捐赠资金共2945120.91元人民币；年检合格。

【社会捐赠】 本年度，教育基金会代表学校接受社会捐赠共2945120.91元人民币。

【日常管理】 本年度，经海南省民政厅批准，教育基金会年检合格。

校友会工作

【概况】 2020年，校友会以“整合校友资源，促进校友资源为学校、为校友、为师生共享，大力弘扬母校‘海纳百川、大道致远’校训精神”为方向，围绕学校“双一流”工作大局，创新工作模式做好常规化工作，扎实推进校友会各项工作。

【校友联络】 校友会继续通过邀请校友返校举办毕业周年聚会、开展讲座、走访校友以及各地校友会等方式，加强母校与校友之间的联系。本年度，举办了法学院2006级本科5、6班校友毕业十周年返校、海南大学食品科学与工程学院海南校友会快乐文昌行等活动；组织了管理学院1997会计专业毛丽娟博士、1999级会计学专业王小练应邀返校讲学，美术与设计学院校友陈艺峰导演返校进行《创作初衷从何而来》主题讲座，计算机与网络空间安全学院（密码学院）校友王子尧返校开展大学生创新创业沙龙活动；组织了法学院走访校友律所企业、海口校友会会长吕立彪带队参观吴林桥校友举办的三角梅花展、海口校友会走访校友企业金棕榈集团。校领导利用出差机会，走访各地方校友会。9月、10月，梁谋副校长分别带队走访上海、广州等校友会，并展开座谈。每逢节假日，校友会办公室还通过全球校友服务平台给8万多校友发送节日祝福，表达母校对校友们的关怀。

各地校友会针对当地校友的实际情况，开展各具特色的工作，为校友和母校事业的发展提供支持和便利。本年度，湖南校友会组织校友走访湖南百宜集团、上海校友会组织校友学习讨论《中华人民共和国民法典》、西安市校友会举办了2020“七夕”插花联谊活动；9月，上海校友会、福州校友会等各地校友会纷纷举办“迎新活动”，让初出社会的海大学子加入当地校友会的大家庭，提供生活和工作上的帮扶，以便他们快速融入社会大环境。

【校友会组织建设】继续积极推进校友会组织的建设工作，广泛联系校友，推动成熟的校友会先成立。本年度，陵水校友会成立了，江苏校友会在筹备中。详见表22。

表22　海南大学地方校友会成立情况及组织机构一览表

序号	地方校友会名称	成立时间	职务	姓　名	工作单位
1	东莞校友会	1994年4月	名誉会长	李　航	广东坤顺科技投资有限公司
			会长	祁皓祥	广东东莞精英园艺
			常务副会长	周法祥	广东东莞体育馆
2	福州校友会（成立）	2014年10月18日	会长	朱永传	福建谨而信律师事务所
			秘书长	吴绍剑	福州市仓山区大榕树文化创意园5号楼2002—2005室
3	广西校友会（成立）	2014年12月27日	会长	陆炳雄	广西景秀园林建设有限公司
4	上海校友会（成立）	2015年1月10日	会长	赵　玮	上海小鲜企业管理咨询有限公司
			秘书长	陈燊昊	上海申同律师事务所
5	漳州校友会（成立）	2015年1月28日	会长	董金龙	漳州金诺园艺有限公司
6	厦门校友会（成立）	2015年6月6日	会长	施宝瑞	厦门晨宜工贸有限公司
			秘书长	曾万生	厦门安达斯环保有限公司
7	广州市校友会（已注册成立）	2016年7月2日（2018年11月3日注册）	会长	陈瑞坤	广州奥凡景观规划设计有限公司
			秘书长	周有志	广州红酒1号会所
8	深圳校友会（已注册成立）	2017年6月30日（2017年7月1日注册）	会长	蔡炳堂	深圳市中科阳光电力运营有限公司
			秘书长	钟洪平	广东华埠律师事务所
9	香港校友联谊会（已注册成立）	2017年10月15日	会长	蔡兴强	香港海南社团总会 海南康利发展有限公司
			秘书长	杨　崖	香港飒风机电工程有限公司
10	海口校友会（成立）	2018年9月9日	会长	吕立彪	海南永安企业（集团）有限公司
			秘书长	马振涯	海南永安企业（集团）有限公司
11	湖南校友会（成立）	2019年2月9日	会长	谭安东	煌霖集团
			秘书长	尹　富	湖南湘达律师事务所

续表

序号	地方校友会名称	成立时间	职务	姓 名	工作单位
			常务副会长	唐水芳	湖南阮元创兴盛科技发展有限公司
12	陕西校友会（注册）	2019 年 8 月 4 日	会长	罗益茗	西安大明宫先锋置业有限责任公司
			秘书长	姚利军	
13	陵水校友会（成立）	2020 年	会长	周军峰	海南陵水鲁宏农业开发有限公司

【校友杂志】2020 年，《海大校友》杂志出版发行了第 14 期、第 15 期，通过邮寄给各地校友宣传校友活动，同时也让校友们了解母校发展现状；校友会加强了校友杂志社队伍建设，组织开展了各种写作、PS 等技能培训，提升了学生干部的办刊水平和校友杂志的办刊质量。

【校友捐赠】本年度，校友们为支持学校抗疫进行爱心小额捐款共 13.3 万元，同时向学校捐赠奶粉、口罩、酒精、红外测温仪、体温计等防疫物资近 60 万元；校友们捐赠文具用品和食堂餐券等物品助力“爱心超市”志愿者积分兑换活动，捐赠椰子汁助力学校文明活动“光盘行动”；校友们爱心捐赠助力举办旅游学院 20 周年院庆和管理学院 40 周年院庆，其中校友们小额捐赠 11.14 万元用于管理学院办学 40 周年系列活动。

【年级校友理事工作】为保持与毕业校友的密切联系，自 2012 年年级校友理事制度启动以来，校友会每年都在着力推行。本年度，校友会面向应届毕业生，聘用班级校友工作理事共 293 人，组成 2020 届年级校友工作理事队伍，协助校友会做好本届毕业生的校友工作，从根本上建立了 2020 届毕业校友队伍的长效工作机制。

【服务招生就业工作】本年度，各地分会积极支持母校招生工作，实现各地校友会与各地招生组深度对接，调动各方资源协助宣传，通过入校园宣讲咨询等多种方式助力本科招生宣传工作；充分利用校友资源，支持毕业生就业，11 月，举行了海南大学第二届校友企业专场招聘会，校友企业海南棕榈生态城镇发展有限公司、环球国际集团（海南）有限公司等，为学校毕业生提供 3000 多就业岗位，并给在校生提供大量实习机会。

【校友活动】为加强校友联络，增强校友与母校之间的沟通联系，丰富大学生校园文化生活，引领在校生健康成长与成才，学校校友会在学院校友分会的协助下，通过走访校友、开办校友讲座、举办校友沙龙活动、邀请校友回校举办毕业周年聚会等方式，开展校友活动，凝聚校友力量。本年度，校友会共举办校友讲座、校友沙龙、校友成长报告会、走访等各种形式的校友活动近 30 次。通过各种校友活动的开展，促进了母校、在校师生及校友之间的情感互动，增强了校友对母校的归属感，促进了校友文化建设，同时也丰富了校园文化生活，为学校发展汇聚了满满的正能量。

2020年大事记

1月

3日，海南大学生物医学工程学院成立仪式在海甸校区国际学术交流中心举行。来自东南大学、华中科技大学、上海交通大学、清华大学、北京航空航天大学、浙江大学、四川大学等多所知名高校的近30名生物医学工程学科和影像医学学科的专家代表参加成立仪式。海南省卫生健康委员会副主任李文秀，海口市人民医院院长杨毅军，海南大学党委书记武耀廷、校长骆清铭、副校长范文参加仪式。

5日，海南大学首届国际青年学者论坛在海甸校区国际学术交流中心隆重举行。海南省委人才发展局副局长夏琛舸，海南省教育厅副厅长黎岳南，海南省委人才发展局人才一处处长王建浩，全体校领导、党委常委出席，海内外青年学者141人及校内学者100多人参加。骆清铭校长做论坛主旨报告。

同日，海南国家公园研究院举行共建签约仪式，海南热带雨林国家公园管理局、海南大学等5家单位共同签约。海南省委副书记李军、海南副省长冯忠华、国家林业和草原局副局长李春良、世界自然保护联盟总裁章新胜出席签约仪式。在随后召开的研究院第一届第一次理事会上，海南大学校长骆清铭当选为海南国家公园研究院院长和副理事长。

6日， 海南国家公园研究院专家报告会在海甸校区社科楼报告厅举行。世界自然保护联盟总裁兼理事会主席、海南国家公园研究院理事长章新胜，世界自然保护联盟世界保护区委员会副主席马克·霍金斯，哈佛大学设计研究生院前院长彼得·罗，哥斯达黎加大学教授埃德加·古特雷斯·艾斯德拉塔，西班牙加泰罗尼亚环境与可持续发展秘书长玛尔塔·苏比尔·罗卡，海南大学校长骆清铭、副校长胡新文出席报告会。

7日，华中科技大学校长李元元一行到访海南大学，双方在思源学堂多功能厅就推进对口合作工作、落实对口合作协议举行座谈会。海南省教育厅副厅长黎岳南，海南省科学技术厅党组书记、副厅长国章成；华中科技大学校长、中国工程院院士李元元，副校长许晓东、陈建国；海南大学党委书记武耀廷，校长骆清铭，副校长王崇敏、范文，组织部长韩淑梅参加座谈会。

14日，海南大学与三亚市南繁科学技术研究院战略合作协议签署仪式在海甸校区思源学堂多功能厅举行。三亚市副市长周燕华，三亚市南繁科学技术研究院党组书记、院长柯用春，海南大学党委书记武耀廷、校长骆清铭、副校长曹宪忠、副校长范文出席签约仪式。

22日，根据学校校党委书记武耀廷、校长骆清铭、学校校党委常务副书记廖清林指示，副校长王崇敏在海甸校区办公楼501会议室主持召开防控新型冠状病毒专题会议，研究部署新型冠状病毒感染的肺炎疫情防控工作。会议传达学习了《教育部关于切实做好新型冠状病毒感染的肺炎疫情防控工作应急预案的通知》的精神，并对师生返校相关应急预案制定、门卫管理、卫生环境、“零报告”制度等工作进行部署安排。

27日，学校党委书记武耀廷参加了由海南省委常委、组织部部长、海南省教育厅党委书记彭金辉在海南省教育厅第二会议室主持的调研全省教育系统新型冠状病毒感染肺炎疫情防控工作会议并代表高校做了发言。

30 日，海南省教育厅厅长曹献坤带队来校检查疫情防控工作。海南大学党委书记武耀廷、副校长王崇敏、统战部部长陈明宝在办公楼一楼大厅分别做工作汇报。检查工作结束后，学校领导在办公楼广场布置工作，对检查组发现的门岗管理、留校学生口罩、消毒液等防护用品紧张等问题提出解决思路和办法。

2 月

3 日，学校党委书记武耀廷在海甸校区思源学堂中庭召开学校疫情防控工作领导小组办公室会议，副校长胡新文、王崇敏、梁谋、曹宪忠，宣传部部长谭勇出席会议。会议对校园门岗管理、严格师生提前返校、中层及以上干部线上在岗、公共区域消毒、应急物资筹备、教师居住区管理等方面提出具体工作措施。

6 日，校长骆清铭、副校长王崇敏一行对门岗值班点、学生宿舍、学生食堂、邵逸夫交流中心、国际学术交流中心等地进行实地检查，并看望慰问抗击新型冠状病毒感染肺炎疫情的一线工作人员，进一步加强疫情防控期间的校园安全稳定工作。

27 日，海南省教育厅以视频会议形式召开关于全省高校疫情防控暨高等教育重点工作推进会，学校党委书记武耀廷，校长骆清铭，校常务副书记廖清林，副校长傅国华、胡新文、陈险峰、王崇敏、梁谋、曹宪忠、范文，宣传部部长谭勇，统战部部长陈明宝参加会议。

3 月

18 日，海南大学科技创新需求调研座谈会在海甸校区思源多功能厅举行。海南省科技厅党组书记国章成、厅长谢京、副厅长韦勇（正厅级）、二级巡视员王贤，海南大学党委书记武耀廷、校长骆清铭、副校长王崇敏、副校长范文出席座谈会。

21 日，海南省教育厅高教处副处长苏永光，海南大学副校长王崇敏，宣传部部长谭勇出席突发新冠肺炎疫情防控应急处置演练活动。

27 日，海南大学校长骆清铭，副校长王崇敏、范文率队前往东方市，同东方市人民政府签署全面战略合作协议。

31 日，共青团海南省委下发《关于 2019 年度海南大学基层团组织工作评议结果反馈的通知》，海南大学团委以全省共青团重点工作考核第一名的成绩荣获“优秀”等次，连续 9 年获此殊荣。

4 月

7 日，海南省发展和改革委员会副主任綦树利一行到海南大学，就《海南省“十四五”规划建议研究》课题事宜在海甸校区思源学堂多功能厅召开调研座谈会。海南大学党委书记武耀廷，校长骆清铭，党委常务副书记廖清林，副校长傅国华、胡新文、陈险峰、王崇敏、梁谋、曹宪忠、范文，组织部部长韩淑梅，宣传部部长谭勇，统战部部长陈明宝出席会议。

11 日上午，在第五个“全民国家安全教育日”到来之际，海南省委国家安全委员会与海南大学共建海南大学国家安全研究中心合作签约及揭牌仪式在海甸校区思源学堂多功能厅举行。海南省委常委、省委秘书长、省委国安办主任孙大海，海南省委国安办常务副主任李洪，海南省委国安办副主任、省外事办主任王胜，海南省委国安办副主任、省国家安全厅厅长陈海军，海南省国家密码管理局局长蔡国杰，海南省委国安办副主任赵强、廖长武，海南省教育厅副厅长黎岳南，海南大学党委书记武耀廷，海南大学校长骆清铭，以及海南大学其他校领导和党委常委出席签约与揭牌仪式。

13 日，海南大学党委书记武耀廷，校长骆清铭，副校长范文参加海南自由贸易港建设项目三亚分会场集中开工和签约仪式。此次集中开工项目主要涉及基础设施、公共服务等领域。根据协议，海南大学将与三亚市共建热带农业特色作物研究中心，打造自贸港制度建设与决策咨询智库，开展人才培养合作。

17 日，海南大学党委书记武耀廷、校长骆清铭、副校长范文率队前往琼中县，同琼中黎族苗族自治县人民政府签署全面战略合作协议。

22 日，海南省人力资源开发局（海南省就业局）局长赵微、副局长周运诗一行到海南大学调研，双方围绕大学生就业创业工作召开座谈会。海南大学党委书记武耀廷，副校长傅国华、王崇敏、范文出席会议。

26 日，三亚市副市长周燕华带队来访海南大学，双方就海南大学入驻三亚崖州湾科技城，推进在生命科学、南繁科技、深海研究、旅游等领域的具体合作进行座谈。海南大学校长骆清铭、副校长范文出席座谈会。

28 日，海南省委召开海南自贸港优秀人才表彰大会，会上中国科学院院士、海南大学校长骆清铭作为受表彰代表发言。本次会议表彰了海南大学国家级人才代表王崇敏、叶光亮、缪卫国、李世杰，海南省“千人专项”人才代表林桓，国际奖项获得者人才代表朱双、曹舒秀，外籍优秀人才代表 Yana Wengel；向“南海系列”育才计划第二批人选、获得 2019 年“海南省有突出贡献的优秀专家”、获得 2019 年海南省“千人专项”人才代表颁发证书，其中海南大学共有 29 人入选“南海系列”育才计划第二批人选，3 人入选 2019 年“海南省有突出贡献的优秀专家”，5 人入选 2019 年海南省“千人专项”。

29 日，海南大学在海甸校区社科楼二楼报告厅召开 2020 年春季学期学生返校工作部署暨疫情防控专题培训会。海南省高校 2020 年春季开学疫情防控医疗卫生专家巡回指导团副团长、海南医学院副校长吕志跃，海南省巡回指导团第 1 组成员海南医学院公共卫生学院院长王璐、预防医学实验室主任龙文芳，海南医学院第一附属医院副主任医师李华，联络员、教育厅体卫处调研员朱永国，海南大学党委书记武耀廷，以及全体海南大学在校党委常委和校领导出席会议。

5 月

5 日，时任海南省委书记刘赐贵到海南大学调研检查复学准备和疫情防控工作情况并召开座谈会。海南省委常委组织部部长、省教育厅党委书记彭金辉，海南省委常委、秘书长孙大海，海南省副省长王路，海南省教育厅厅长曹献坤等领导，海南大学党委书记武耀廷，海南大学校长骆清铭，海南大学常务副书记廖清林，海南大学副校长胡新文、陈险峰、王崇敏、梁谋、曹宪忠参加调研检查。

12 日，海南大学党委书记武耀廷，统战部部长陈明宝一行到东方市调研扶贫工作。

14 日，科睿唯安（原汤森路透）公布了基本科学指标数据库（Essential Science Indicators，ESI）2010 年 1 月 1 日到 2020 年 2 月 29 日的最新统计数据。海南大学材料科学学科（Materials Science）和化学学科（Chemistry）新晋 ESI 全球排名前 1%。这是海南大学自 2018 年植物和动物科学学科（Plant & Animal Science）进入前 1%以来，学科进入 ESI 全球排名取得的又一突破。

20 日，由中共海南省委组织部、中共海南省委人才发展局、海南省人力资源和社会保障厅主办，海南南省人力资源开发局、南海网与海南大学联合承办的“扬帆起航 ‘海’纳百川——海南省2020年首批面向全球招聘三万岗位人才招聘活动海南大学专场招聘会”在海甸校区农科楼顺利举行。海南省人力资源开发局局长赵微、副局长周运诗，海南大学党委书记武耀廷、副校长傅国华、统战部部长陈明宝出席招聘会。

24日，海南大学举行附属幼儿园桥西分园开园揭牌仪式。海南省教育厅基础教育处处长韩小雨，美兰区教育局局长梁东喜，海南大学校长骆清铭，海南大学副校长王崇敏、梁谋，出席开园揭牌仪式。

6月

1日，国家发展和改革委员会地区经济司副司长张东强一行到海南大学调研生物医学与健康中心项目，并在海甸校区思源学堂多功能厅召开座谈会。海南省发展和改革委员会委副主任许兰、省教育厅副厅长黎岳南陪同调研，海南大学校长骆清铭，海南大学副校长胡新文、梁谋、叶光亮、范文出席调研座谈会。

15日，海南大学在联谊馆举行体育学院揭牌仪式。国家体育总局办公厅副主任、海南省旅游和文化广电体育厅副厅长徐翔鸿，1988年第24届汉城奥运会女子10米跳台跳水冠军、海南大学93届校友许艳梅，海南省足球协会主席吕建海，海南省赛事中心主任张华，海南大学党委书记武耀廷，校党委常务副书记廖清林，副校长傅国华、胡新文、陈险峰、王崇敏、梁谋、曹宪忠，组织部部长韩淑梅，统战部部长陈明宝出席揭牌仪式。

19日，海南自贸港民事行政公益诉讼检察研究基地签约揭牌仪式在海甸校区思源学堂多功能厅举行。时任海南省人民检察院党组书记、检察长路志强，海南省人民检察院副检察长李顺华，海南省教育厅副厅长邢孔政，海南大学党委书记武耀廷、校长骆清铭、副校长王崇敏出席仪式。

同日，海南大学食品科学与工程专业通过教育部工程教育专业认证。食品科学与工程专业是海南大学第一个通过工程教育专业认证的专业，也是海南高校首个通过工程教育认证的专业，标志着海南大学工程教育标准和认证体系实现国际实质等效，工程教育认证质量得到国际认可。

24日，海南大学毕业典礼暨学位授予仪式在海甸校区联谊馆举行。学校党委书记武耀廷，校长骆清铭，党委常务副书记廖清林，纪委书记郑尉杰，副校长傅国华、胡新文、陈险峰、王崇敏、梁谋、曹宪忠、范文，党委常委、组织部部长韩淑梅，党委常委、统战部部长陈明宝出席仪式。

30日，海南大学2020年基层党建工作专题会暨党建“双创”工作推进会在海甸校区办公楼一楼报告厅举行。教育部党建工作联络员谭基虎，学校党委书记武耀廷、学校党委常务副书记廖清林，学校党委常委、组织部部长韩淑梅，学校党委常委、统战部部长陈明宝出席会议。

7月

1日，海南省副省长王路在海甸校区思源学堂多功能厅主持召开“高校毕业生就业工作座谈会”。海南省人力资源和社会保障厅、省教育厅主要负责人、分管厅领导和相关业务处室负责人，海南省就业局主要领导及相关处室负责人，海南大学党委书记武耀廷、副校长傅国华参加会议。

2日，海南省委人才发展局局长陈雷、副局长夏琛舸到海南大学调研指导工作。海南大学党委书记武耀廷、校长骆清铭、副校长曹宪忠与陈雷一行就海南大学人才工作进行了座谈交流，针对海南大学人才引育工作中的一些难点、重点问题做了进一步的沟通协调。

同日，荷兰驻广州总领事毕肯思（Michiel Bierkens）、总领事馆商务官员朱志超、总领事馆文化官员兼翻译何宏一行到访海南大学。海南大学校长骆清铭、副校长傅国华，热情接待毕肯思一行，双方就促进海南大学与荷兰瓦赫宁根大学的合作事宜进行座谈交流。

9日，美国基本科学指标（Essential Science Indicators，ESI）更新了数据，最新的数据覆盖范围为2010年1月1日至2020年4月30日。统计数据表明：海南大学农业科学学科（Agricultural Science）新晋ESI全球排名前1%。这是海南大学自2018年植物和动物科学学科（Plant & Animal Science）、2020年材料科学学科（Materials Science）和化学学科（Chemistry）进入ESI全球排名前1%以来，海南大学学科ESI全球排名取得的又一突破，也反映了学校作物学创建世界一流学科建设2年来的重大进展。

13日，作为海南自由贸易港建设项目（第二批）集中开工仪式的重要组成部分，海南大学热带作物国家重点实验室（筹）、研究生公寓及附属食堂项目开工仪式在海甸校区热带作物国家重点实验室项目施工场地内隆重举行。海南省教育厅副厅长黎岳南，海南省发展控股有限公司副总经理杨军，海南大学校长骆清铭，海南大学副校长胡新文、梁谋、范文出席开工仪式。

16日，海南大学与海口市人民政府战略合作协议签约仪式在海甸校区思源学堂多功能厅举行。海口市委副书记、市长丁晖，副市长龙卫东，市政协副主席、市教育局局长厉春，海口国家高新区管委会主任刘立武，市政府秘书长冯明，海南大学党委书记武耀廷，校长骆清铭，副校长陈险峰、王崇敏出席签约仪式。

23日，教育部易班发展中心调研交流会暨2020年海南省易班共建高校工作研讨会在海甸校区思源学堂多功能厅举行。教育部易班发展中心总裁朱明伦、海南省教育厅思政处副处长王一凡、海南大学统战部部长陈明宝出席会议。

8月

7日，海南大学党委书记武耀廷、副校长梁谋参加三亚崖州湾科技城省级高新区揭牌仪式暨三亚创建国家创新型城市启动大会，并与三亚崖州湾科技城管理局签署合作协议。海南省科技厅党组书记国章成，三亚市委副书记、代市长包洪文，三亚市委副书记王利生，三亚崖州湾科技城管理局党委副书记、常务副局长林海出席签约仪式。

18日，人社部工资福利司副司长吴常信一行就事业单位工资制度及高校薪酬制度改革事宜到海南大学调研，并在海甸校区国际学术交流中心召开座谈会。海南省人社厅副厅长王丽芳陪同调研，海南大学党委书记武耀廷，海南大学副校长陈险峰、曹宪忠，组织部部长韩淑梅出席调研座谈会。

28—30日，学校召开2020年暑期工作会议。会上，学校党委书记武耀廷作题为《科学严谨编制“十四五”，加快内涵式跨越发展，高质量高标准建设服务海南自由贸易港大学》的讲话。校长骆清铭作题为《使命自觉、信心自立、差距自省、奋斗自强，全面开创世界一流学科大学建设新局面，全力服务海南自由贸易港建设》的工作报告。副校长傅国华、胡新文、陈险峰、王崇敏、梁谋、叶光亮、曹宪忠、范文根据校长工作报告，结合自身分管做重点工作汇报。本次会议充分总结了过去半年的工作，同时科学前瞻谋划学校“十四五”规划。

31日，海南大学党委书记武耀廷、副校长叶光亮一行赴北京与教育部国际合作与交流司司长刘锦一同拜访中国-东盟中心（北京）秘书长陈德海，商讨成立“中国-东盟体育文化发展联盟”“海上丝绸之路艺术教育联盟”事宜。

9月

1—2日，学校党委书记武耀廷，副校长梁谋、范文拜会全国哲学社会科学工作办公室、教育部发展规划司、思想政治工作司、学位与研究生教育发展中心等单位主要领导，分别汇报学校重大社科项目工作、部省合建、博士生指标、“三全育人”综合改革进展和第五轮学科评估筹备进展情况。

10日，海南大学2020年教师节庆祝大会在海甸校区社科楼二楼报告厅隆重举行。海南省副省长王路出席大会并做重要讲话，海南大学校长骆清铭、党委常务副书记廖清林及全体在家校领导参加庆祝大会。

18日，共青团海南省委书记陈屿一行到海南大学调研共青团工作，并在海甸校区思源学堂多功能厅召开座谈会。共青团海南省委副书记罗桦陪同调研，海南大学党委书记武耀廷、副校长曹宪忠出席座谈会。

同日，国际医学与生物工程院（International Academy for Medical and Biological Engineering，IAMBE）在2020年卡内基梅隆大学生物医学工程论坛和国际医学与生物工程院年度研讨会（BME论坛）期间特别举行了一场介绍会，在线介绍了该院2020年新当选的31位Fellow，海南大学校长骆清铭作为2020年5月新当选的国际医学与生物工程院（IAMBE）Fellow受邀参加了此次介绍会。

20日，海南大学校长骆清铭、副校长范文参加了中国工程科技发展战略海南研究院在海甸校区学术交流中心三楼和辩厅召开的研究院学术委员会2020年第1次会议。研究院学术委员会主任张伯礼院士主持会议，研究院学术委员会委员20余位院士、专家参加会议。会议评审立项了2020年咨询项目，听取了研究院过去一段时间的工作汇报以及过去2年咨询项目的进展情况。

23日，共青团中央书记处书记吴刚在共青团海南省委书记陈屿的陪同下调研海南大学。海南大学党委书记武耀廷、校长骆清铭、副校长陈险峰、宣传部部长谭勇一行陪同调研。

26日，国家文化和旅游部党组成员王晓峰率国务院联防联控机制督查组一行赴海南大学专项监督检查秋冬季新冠肺炎疫情防控工作。海口市疫情防控指挥部副指挥长、市政府副市长龙卫东，海口市政协副主席、市防控工作指挥部社会管理组组长厉春陪同检查。海南大学党委书记武耀廷、副校长王崇敏参与检查，并汇报疫情防控工作的开展情况。

27日，全国政协常委、致公党中央副主席、国家市场监督管理总局副局长甘霖一行到致公党中央基层组织联系点海南大学委员会调研并座谈。致公党中央常委、海南省政协副主席、致公党海南省委员会主委侯茂丰主持座谈会并做工作汇报。海南省委统战部副部长、省台办主任刘耿陪同调研。海南大学副校长曹宪忠、统战部部长陈明宝出席座谈会。

10月

15日，高等教育评价专业机构软科发布“2020软科中国最好学科排名”，榜单公布位列前50%的法学学科中共有109所大学上榜，其中，海南大学法学学科排名进入前10%，位列全国第18位，较2019年排名提升9个位次。

23日，教育部专家组一行到学校开展实验室安全现场检查工作。专家组由北京大学实验室与设备管理部部长刘克新为组长，教育部科技司基础处苗锦为观察员，来自清华大学、北京师范大学、四川大学的3位专家为成员。海南大学副校长陈险峰参与检查。

27日，海南大学党委书记武耀廷、副校长范文陪同中国科协书记处书记宋军一行考察海南大学代谢生物学实验室、中国科协海智计划海南（海南大学）工作基地，并出席在海甸校区国际学术交流中心三楼和逊厅举行的揭牌仪式。

同日，海南大学校长骆清铭在复兴城陪同中国科协党组成员、书记处书记宋军出席国家海外人才离岸创新创业基地（复兴城互联网信息产业园）揭牌仪式并调研。海南省委副书记李军出席。

31日，2020部省合建高校国际化办学研讨会在海甸校区国际学术交流中心举行。教育部国际合作与交流司二级巡视员闫炳辰，中国教育国际交流协会学术交流与研究部主任唐振福，河北大学党委常委、副校长申世刚，宁夏大学党委常委、副校长周震，山西大学党委常委、副校长周小计，石河子大学党委常委、副校长马春晖，海南大学党委书记武耀廷，海南大学副校长梁谋、叶光亮出席会议。

11月

1日，海南大学“木兰学者奖励计划”颁奖仪式在海南省儋州市大卫·天香木兰园举行。国家林业和草原局科技发展中心主任王永海、副主任龚玉梅，国际生物多样性中心中国办事处首席代表张宗文，中国林业科学研究院林业所党委书记贾志清，国家林业和草原种质资源库主任、中国林业科学研究院林业所首席专家郑勇奇，景德镇学院副校长吴丁，福建农林大学林学院院长马祥庆，海南省林业局党组成员、副局长高述超，儋州市人民政府副市长刘冲，海南永安企业（集团）有限公司董事长、海南大学海口校友会会长吕立彪，澳门大卫集团·深圳大卫集团公司董事长黄育伟，海南大学校长骆清铭，海南大学副校长陈险峰、梁谋、范文出席仪式。

6日，2020年度易班全国共建高校内容创作队伍交流活动开班仪式在海甸校区国际学术交流中心举行。北京师范大学思想政治工作研究院院长冯刚，教育部易班发展中心主任朱明伦，海南省教育厅二级巡视员范敏、党委办公室主任莫泉平，海南大学党委书记武耀廷、副校长梁谋出席开班仪式。

7日，学校党委书记武耀廷、副校长范文出席海南省院士创新平台授牌仪式。武耀廷书记代表学校做发言。

10日，中央宣讲团成员、国务院发展研究中心副主任、党组成员张来明同志来校宣讲党的十九届五中全会精神。学校党委书记武耀廷出席，副校长曹宪忠主持宣讲会，宣传部部长谭勇参加会议。

17日，学校党委书记武耀廷，校长骆清铭，校党委常务副书记廖清林，纪委书记郑尉杰，副校长陈险峰、梁谋、叶光亮、曹宪忠、范文，组织部部长韩淑梅，宣传部部长谭勇，统战部部长陈明宝在海甸校区办公楼401会议室参加海南大学军工保密资格颁证仪式。

18日，海南大学第48届运动会正式拉开帷幕。

21日，2020年“加快推进自贸港对外开放高地建设”全国博士后学术论坛在海南大学举行。此次论坛旨在进一步提高博士后培养质量，更好地为博士后研究人员搭建学术交流平台。海南省省委人才发展局副局长夏琛舸，海南大学党委书记武耀廷、副校长曹宪忠、组织部部长韩淑梅出席开幕式。

24日，“中国–东盟体育文化发展联盟”“海上丝绸之路艺术教育联盟”筹备启动仪式暨印度尼西亚驻华大使周浩黎先生演讲活动在海甸校区社科楼二楼报告厅举行。校长骆清铭在海甸校区国际学术交流中心和谦厅会见周浩黎先生一行，随后出席演讲活动并致辞。副校长梁谋、叶光亮会前陪同周浩黎先生参观校园，并出席活动。

12月

5日，学校召开“十四五”科技论坛。原农业部副部长李家洋院士，朱作言院士，陈晓亚院士，曹晓风院士，种康院士，张佳宝院士，邵益生院士等院士专家一行7人出席论坛，海南省代省长冯飞、副省长王路来校会见专家，海南省科技厅厅长谢京，学校党委书记武耀廷陪同。

同日，由海南出版社和海南大学联合主办的“更路簿”捐赠仪式在海南大学举行。“更路簿”持有人现场向上述两家单位捐赠家藏“更路簿”及相关资料，活动旨在推动深入、系统研究南海海洋文化与历史。海南出版社党委书记、董事长、社长王景霞，海南大学副校长傅国华出席仪式。

7日，天津大学校长、中国工程院院士金东寒一行到访海南大学，双方在海甸校区思源学堂多功能厅就两校对口合作共建工作成果举行座谈会。天津大学党委副书记赵美蓉陪同调研。学校党委书记武耀廷，校长骆清铭，副校长王崇敏、范文，组织部部长韩淑梅参加调研与座谈会。

8日，教育部中外人文交流中心与海南大学在海甸校区国际学术交流中心签署协议，合作共建“会计中外人文交流研究院”，并举行“会计中外人文交流研究院”“高层次国际化人才培养创新实践基地”揭牌仪式。学校党委书记武耀廷、校长骆清铭、副校长叶光亮、组织部部长韩淑梅出席。叶光亮主持仪式。

25日，时任教育部部长陈宝生一行调研海南大学。教育部副部长孙尧，海南省副省长王路，海南省教育厅厅长曹献坤陪同调研。学校党委书记武耀廷，校长骆清铭，副校长胡新文、王崇敏、梁谋参加调研。

同日，教育部2020年部省合建工作年度会议在海甸校区国际学术交流中心举行，校党委书记武耀廷，校长骆清铭出席会议。纪委书记郑尉杰，副校长傅国华、陈险峰、叶光亮、范文，组织部部长韩淑梅，宣传部部长谭勇，统战部部长陈明宝在海甸校区社科楼二楼报告厅视频观看会议全程。

28日，致公党中央副主席、天津市副市长曹小红一行到海南大学调研，双方在海甸校区办公楼401会议室围绕致公党基层组织建设情况举行座谈会。海南省政协副主席、致公党海南省委员会主委侯茂丰陪同调研。海南省委统战部副部长王海波，校党委书记武耀廷、统战部部长陈明宝出席座谈会。侯茂丰主持会议。

2020 年重要文件

上级重要文件

关于公布 2019 年度普通高等学校本科专业备案和审批结果的通知（摘录）

教高函〔2020〕2 号　2020 年 2 月 21 日

各省、自治区、直辖市教育厅（教委），新疆生产建设兵团教育局，有关部门（单位）教育司（局），部属各高等学校、部省合建各高等学校：

根据普通高等学校专业设置与教学指导委员会评议结果，并征求有关部门意见，确定同意海南大学应用物理学为新增备案本科专业。

关于公布首批国家级一流本科课程认定结果的通知（摘录）

教高函〔2020〕8 号　2020 年 11 月 24 日

各省、自治区、直辖市教育厅（教委），新疆生产建设兵团教育局，有关部门（单位）教育司（局），部属各高等学校，部省合建各高等学校，有关课程平台单位：

经省级教育行政部门、有关部门（单位）教育司（局）、部属高等学校申报推荐，并经专家评议与公示，认定了海南大学的诊所法律教育、高级英语、环境经济学、食品工艺学、马克思主义基本原理概论 5 门课程为首批国家级一流本科课程。

关于成立全国教育扶贫和乡村振兴专家人才库的通知（摘录）

教发司〔2020〕29 号　2020 年 3 月 12 日

各省、自治区、直辖市教育厅（教委），新疆生产建设兵团教育局，部属各高等学校，部省合建各高等学校：

在各省（区、市）教育行政部门、直属高校、部省合建高校推荐人选的基础上，经组织复核，确定海南大学副校长王崇敏教授入选全国教育扶贫和乡村振兴专家人才库（全国共 148 人组成）。

关于公布 2020 年高校思想政治工作有关培育建设项目入选名单的通知（摘录）

教思政司函〔2020〕2 号　2020 年 1 月 8 日

各省（区、市）党委教育工作部门，新疆生产建设兵团教育局，部属各高等学校党委、部省合建各高等学校党委：

经组织推荐、资格审核、专家遴选、结果公示等程序，海南大学实践育人项目：“‘致远’成才计划，构建实践育人新模式”入选 2020 年高校思想政治工作精品项目；海南大学教师温小平入选 2020 年“高校思想政治工作中青年骨干队伍建设项目”名单。

关于公布新农科研究与改革实践项目的通知（摘录）

教高厅函〔2020〕20 号　2020 年 9 月 4 日

各省、自治区、直辖市教育厅（教委），新疆生产建设兵团教育局，有关部门（单位）教育司（局），部属有关高等学校、部省合建有关高等学校：

根据《教育部办公厅关于推荐新农科研究与改革实践项目的通知（摘录）》（教高厅函〔2020〕1号）精神，我部决定认定海南大学的“热带新农科多样化人才培养体系研究与实践”“新农科背景下热带林学产教融合协同育人机制的构建与实践”“热带水产养殖学专业校企协同育人创新与实践”“热带园艺复合型高素质人才科教融合协同培育模式探索与实践”“基于南繁种业创新的校校协同育人改革与实践”5个项目为新农科研究与改革实践项目。

关于公布第二批新工科研究与实践项目的通知（摘录）

教高厅函〔2020〕23 号　2020年10月19日

各省、自治区、直辖市教育厅（教委），新疆生产建设兵团教育局，有关部门（单位）教育司（局），部属各高等学校、部省合建各高等学校，2018—2022年教育部高等学校教学指导委员会，相关行业协（学）会，有关企业：

根据《教育部办公厅关于推荐第二批新工科研究与实践项目的通知（摘录）》（教高厅函〔2020〕2号）精神，我部决定认定海南大学的“基于需求导向、能力本位的创新型人工智能人才培养机制探索与实践”“跨学科交叉融合的‘热带海洋工程与技术’新兴工科专业建设”“密码工程专业人才培养机制探索与实践”3个项目为第二批新工科研究与实践项目。

关于公布省级一流本科课程名单的通知（摘录）

琼教高〔2020〕3号　2020年1月7日

各本科高等院校：

经学校推荐、专家评审，我厅认定海南大学的宏观经济学、马克思主义基本原理概论、大学物理D、诊所法律教育、电视节目策划学、高级英语、环境经济学、材料力学、食品工艺学、细胞生物学10门课程为省级一流本科课程。

关于公布第四批海南省高校精品在线开放课程立项建设名单的通知（摘录）

琼教高〔2020〕6号　2020年1月15日

各高等院校：

经个人申报、学校推荐、专家评审，我厅认定海南大学的毛泽东思想和中国特色社会主义理论体系概论、环境经济学、微观经济学、无机化学、公关战略与策划、生物统计学6门课程为第四批海南省高校精品在线开放课程。

关于公布第四批海南省高校精品在线开放课程名单的通知（摘录）

琼教高〔2020〕104号　2020年7月21日

各高等院校：

我厅认定了海南大学的毛泽东思想和中国特色社会主义理论体系概论、生物统计学、程序设计基础、微观经济学、无机化学、公共战略与策划6门课程为第四批海南省高校精品在线开放课程。

关于公布 2020年海南省“515人才工程”第三层次人选名单的通知（摘录）

琼人才局通〔2020〕44号　2020年11月24日

各有关单位人才工作部门：

经省各有关主管部门（系列）组织选拔，海南大学田新龙、谭正洪、聂立孝、涂进春、王守创、唐荣年、周智、尹黎燕、郭锦、周海龙、杨娜、童泽林、刘启华、张应武、李音等15名同志入选2020年海南省“515人才工程” 第三层次人选名单。

关于印发首批海南省“双百”人才团队名单的通知（摘录）

琼人才办通〔2020〕9号　2020年9月6日

各市、县、自治县党委组织部，省委各部门，省级国家机关各部门、各人民团体党组（党委），中央驻琼单位，各有关单位：

经省委常委会审议通过，海南大学的热带农林经济管理理论创新与产业实践人才团队、信息感知融合与智慧服务团队、海南自由贸易港法律创新团队、图论与最优化方法团队、国际旅游消费中心研究团队、会计集中核算管理模式下事业单位财务管理研究及应用团队等6个团队入选首批海南省100个人才团队；海南大学的热带作物基因组与系统生物学团队、热带生物组学大数据计算及应用团队、热带海洋牧场创新人才团队、热带作物代谢生物学与健康品质改良团队、热带特色果树提质增效产学研一体化人才团队、热带农业动物（牛羊）种质资源挖掘与创新利用团队、热带鱼类绿色健康养殖与质量控制团队、热带植物保护——橡胶树重大病害灾变机制与绿色防控团队、南海海洋微生物资源化利用团队、重要热带作物抗病分子机理与分子育种团队、深度强化学习技术研究及成果转化创新团队、开放型经济理论与自贸港金融研究团队、生态环境材料产学研一体化研究团队、热带海岛装配式建筑设计与规划创新团队、海洋核素资源富集利用创新研究团队、自贸港营商环境与“放管服”改革团队等16个团队入选首批海南省100个储备人才团队。

关于认定茅云翔等61名同志为海南省高层次人才的通知（摘录）

琼教人〔2020〕16号　2020年4月21日

各有关单位：

经个人申请、所在单位推荐、业务主管部门初审、我厅审核、海南省委人才发展局复核、社会公示无异议，现认定海南大学13名同志为海南省高层次人才，其中丁琼、金桂桃2名同志为拔尖人才；江煜、李萌婷、林世平、何缤晖、王政霞、谢朋、邓乔元、彭荟吉、王佳、林澍、黄一丹11名同志为其他类高层次人才。有效期2020年2月至2025年2月，期满后须按有关规定重新进行认定。

关于认定张志田等249名同志为海南省高层次人才的通知（摘录）

琼教人〔2020〕19号　2020年4月30日

各有关单位：

经个人申请、所在单位推荐、业务主管部门初审、省教育厅审核、省委人才发展局复核和社会公示无异议，现认定海南大学20名同志为海南省高层次人才，其中张志田、林桓、聂立孝、林海英、蔡唱、贾爱群6名同志为海南省领军人才，石耀华、闻晓波、郑丽、任明迅、付景涛5名同志为海南省拔尖人才，张晶晶、高助威、刘元元、周阳、黄向党、齐琦、羊秋玲、刘一诺、孟纪伦9名同志为海南省其他类高层次人才。有效期5年，期满后须按有关规定重新进行认定。

关于公布2020年教育系统党建工作有关培育建设项目入选名单的通知（摘录）

琼教党函〔2020〕77号　2020年11月27日

各高等学校党委，厅直属学校党委（党总支）：

经遴选，海南大学马克思主义学院党委入选“全省党建工作标杆院系”培育建设单位，海南大学经济学院金融学专业学生党支部、外国语学院教工第一党支部、植物保护学院研究生党支部、政治与公共管理学院行政管理系教师党支部4个党支部入选“全省党建工作样板支部”培育建设单位，海南大学法学院教工第二党支部刘云亮工作室入选新时代高校“双带头人”教师党支部书记工作室；海南大学申报的“海南大学智慧党建云平台建设探索与实践”“红色文化‘三讲四融’党建工作新模式初探”“党建引领当先锋科技兴农做表率”3 个作品入选 2020 年基层党组织党建工作创新案例。

关于 2019 年度教育部“春晖计划”合作科研项目立项的通知（摘录）

琼教外〔2020〕55 号 2020 年 8 月 18 日

海南大学、海南医学院：

经专家评审，2019 年度教育部“春晖计划”合作科研项目确定立项资助海南大学的“海绵共生放线菌来源抗 MRSA 活性天然产物的挖掘”“离子液体中合成共价有机框架多孔材料”“基于光学弱测量的海洋生化信息传感机理研究”3 个项目。

学校重要发文目录

（文件按海大党、海大党办、海大、海大办字号顺序排列）

海大党

序号	文件标题	文号
1	关于呈报高校书记校长履职亮点项目实施方案的报告	海大党〔2020〕1 号
2	关于 2019 年度“长江学者奖励计划”推荐人选的报告	海大党〔2020〕2 号/3 号
3	关于叶光亮同志兼任中国工业经济学会副会长职务的请示	海大党〔2020〕4 号
4	关于提前结束张晓凤同志挂职锻炼的请示	海大党〔2020〕5 号
5	关于体育部党总支更名为体育学院党总支的通知	海大党〔2020〕6 号
6	关于吴清一等挂职的通知	海大党〔2020〕7 号
7	关于部省合建高校党建工作联络员近期工作开展情况的报告（第三期）	海大党〔2020〕8 号
8	关于成立外事工作委员会的通知	海大党〔2020〕9 号
9	关于成立中外合作办学领导小组的通知	海大党〔2020〕10 号
10	关于印发《中共海南大学委员会 2020 年工作要点》的通知	海大党〔2020〕11 号
11	关于校领导分工调整的通知	海大党〔2020〕12 号/32 号
12	关于请求同意引进外籍院士杨天若担任我校副校长的请示	海大党〔2020〕13 号
13	关于胡新文同志兼任中国热带作物学会副理事长候选人的请示	海大党〔2020〕14 号
14	关于成立海南大学国家安全研究中心的报告	海大党〔2020〕15 号/16 号
15	关于成立“海南大学国家研究安全中心”的通知	海大党〔2020〕18 号
16	关于成立民族宗教工作领导小组的通知	海大党〔2020〕19 号
17	关于聂立孝通知挂职的通知	海大党〔2020〕20 号
18	关于校领导分工调整的请示	海大党〔2020〕21 号/27 号
19	关于张云竹同志挂职的通知	海大党〔2020〕22 号
20	关于秦晓华等同志挂职的通知	海大党〔2020〕23 号

续表

序号	文件标题	文号
21	关于易振同志任职的通知	海大党〔2020〕24 号
22	关于成立“海南大学法律事务办公室”的报告	海大党〔2020〕25 号
23	关于选派涂刚鹏同志挂职锻炼的请示	海大党〔2020〕26 号
24	关于成立“海南大学法律事务办公室”的通知	海大党〔2020〕28 号
25	关于选派人员到省委组织部跟班学习的请示	海大党〔2020〕29 号
26	关于选派董方同志来我校挂职的请示	海大党〔2020〕30 号
27	关于选派陈超同志挂职锻炼的请示	海大党〔2020〕31 号
28	关于张银东同志职务任免的通知	海大党〔2020〕33 号
29	关于汪惠兰等挂职的通知	海大党〔2020〕34 号
30	关于 2019 年度“长江学者奖励计划”推荐人选有关情况核查的的报告	海大党〔2020〕35 号
31	关于“五一”期间严明纪律要求的情况报告	海大党〔2020〕36 号
32	关于调整学校纪检监察机构的通知	海大党〔2020〕37 号
33	关于董方同志挂职的通知	海大党〔2020〕38 号
34	关于李洋等同志任职的通知	海大党〔2020〕39 号
35	关于延长部分挂职干部挂职时间的通知	海大党〔2020〕40 号
36	关于何映敏同志职务任免的通知	海大党〔2020〕41 号
37	关于吴学品通知挂职的通知	海大党〔2020〕42 号
38	关于海南省高校网络思想政治工作重心建设方案	海大党〔2020〕44 号
39	关于海南大学 2019 年党外干部队伍建设工作情况汇报	海大党〔2020〕45 号
40	关于申俊琦同志挂职的通知	海大党〔2020〕47 号
41	关于选派林子力同志挂职锻炼的请示	海大党〔2020〕48 号
42	关于选派王寅同志挂职锻炼的请示	海大党〔2020〕49 号
43	关于推荐张云阁同志为教育部大中小学思政课一体化建设指导委员会专家委员人选的报告	海大党〔2020〕52 号
44	关于唐宁玉同志挂职的通知	海大党〔2020〕53 号
45	关于备案内设机构设置与二级单位党组织的报告	海大党〔2020〕54 号
46	关于孙晓媛同志职务任免的通知	海大党〔2020〕56 号
47	关于引进外籍院士杨天若的请示	海大党〔2020〕57 号
48	关于选派王寅、林子力同志挂职锻炼的请示	海大党〔2020〕58 号
49	关于杨玮婷等挂职的通知	海大党〔2020〕59 号
50	关于陈琛等同志任免的通知	海大党〔2020〕60 号
51	关于“端午节”期间严明纪律要求的情况报告	海大党〔2020〕61 号
52	关于印发《中共海南大学委员会关于深化“三全育人”综合改革提升思想政治工作质量的实施意见》的通知	海大党〔2020〕62 号
53	关于学习贯彻省委刘赐贵书记回信精神情况的报告	海大党〔2020〕64 号
54	关于邱锡光同志职务任免的通知	海大党〔2020〕65 号
55	关于杨然兵同志公示情况的报告	海大党〔2020〕66 号

续表

序号	文件标题	文号
56	关于部省合建高校党建工作联络员近期工作开展情况的报告（第四期）	海大党〔2020〕69 号/70 号
57	关于韩力光等同志挂职的通知	海大党〔2020〕71 号
58	关于李武挂职的通知	海大党〔2020〕72 号
59	关于郝红勋同志挂职的通知	海大党〔2020〕73 号
60	关于林琛等同志职务任免的通知	海大党〔2020〕74 号
61	关于成立学校党风廉政建设和反腐败工作协调小组的通知	海大党〔2020〕75 号
62	关于印发《关于全面推进课程思政建设的实施意见》的通知	海大党〔2020〕76 号
63	关于梁丽凤同志挂职的通知	海大党〔2020〕77 号
64	关于向全国教书育人楷模张云阁同志学习的决定	海大党〔2020〕78 号
65	关于陈琛等同志职务任免的通知	海大党〔2020〕79 号
66	关于邀请省委常委、省委秘书长孙大海同志来校宣讲的请示	海大党〔2020〕80 号
67	关于成立海南大学文化建设委员会的通知	海大党〔2020〕81 号
68	关于周琳琳同志挂职的通知	海大党〔2020〕82 号
69	关于选派周鹏、赵庆杰同志挂职锻炼的请示	海大党〔2020〕83 号
70	关于傅国华同志兼任中国国外农业经济研究会第八届理事会副会长职务的请示	海大党〔2020〕84 号
71	关于 2019 年度高级职称评审工作情况的报告	海大党〔2020〕85 号
72	关于刘雨芙同志任职的通知	海大党〔2020〕87 号
73	关于武器装备科研生产单位保密资格审查意见整改落实情况的报告	海大党〔2020〕88 号
74	关于选派黎兴强同志挂职锻炼的请示	海大党〔2020〕89 号
75	关于文伟等挂职的通知	海大党〔2020〕90 号
76	关于成立部分科研机构的报告	海大党〔2020〕91 号
77	关于成立海南大学生物医学工程学院党总支的报告	海大党〔2020〕92 号
78	关于选派熊文军同志跨部门挂职锻炼的请示	海大党〔2020〕93 号
79	关于王亚卓等同志挂职的通知	海大党〔2020〕94 号
80	关于成立海南大学生物医学工程学院党总支的通知	海大党〔2020〕95 号
81	关于耿刚同志挂职的通知	海大党〔2020〕99 号
82	关于报送杨然兵同志政审情况的报告	海大党〔2020〕100 号
83	关于海南大学与三亚市南繁科学技术研究院融合发展的请示	海大党〔2020〕101 号
84	关于我校承办高校思想政治理论课青椒论坛（22 期）暨海南省高校思想政治理论课教学改革与创新研讨会的请示	海大党〔2020〕102 号
85	关于推荐崔万春、陈丹同志挂职锻炼的请示	海大党〔2020〕105 号
86	关于张长海等同志试用期转正的通知	海大党〔2020〕106 号
87	关于公衍峰等同志挂职的通知	海大党〔2020〕107 号
88	关于 2019—2020 年工会经费情况的报告	海大党〔2020〕109 号
89	关于海南大学第三届侨联领导班子建议人选的情况说明	海大党〔2020〕110 号
90	关于廖清林同志兼任海南省党的建设研究会副会长职务的请示	海大党〔2020〕111 号
91	关于邀请部领导出席教育政务新媒体年会（2021）的请示	海大党〔2020〕112 号

续表

序号	文件标题	文号
92	关于邀请厅领导出席教育政务新媒体年会（2021）的请示	海大党〔2020〕113号
93	关于选派吴小天同志挂职锻炼的请示	海大党〔2020〕115号
94	关于学习贯彻习近平总书记关于教育的重要论述工作情况的报告	海大党〔2020〕116号
95	关于落实《深化新时代学校思想政治理论课改革创新先行试点工作方案》情况的汇报	海大党〔2020〕117号
96	关于崔万春等同志试用期转正的通知	海大党〔2020〕118号
97	关于调整人才工作领导小组的通知	海大党〔2020〕119号
98	关于落实《教育部等八部门关于加快构建高校思想政治工作体系的意见》情况的报告	海大党〔2020〕120号
99	关于成立农业农村发展学院的报告	海大党〔2020〕121号
100	关于成立会计中外人文交流研究院的通知	海大党〔2020〕122号
101	关于成立知识产权信息服务中心的通知	海大党〔2020〕123号
102	关于调整部分机构和编制岗位的通知	海大党〔2020〕124号
103	关于成立农业农村发展学院的通知	海大党〔2020〕125号
104	关于公布我校第三批“双带头人”教师党支部书记人选的通知	海大党〔2020〕126号
105	关于傅国华同志兼任海南省高等学校图书情报工作委员会主任职务的请示	海大党〔2020〕127号
106	关于开展“我为加快推进海南自由贸易港建设做贡献”活动情况的报告	海大党〔2020〕130号

海大党办

序号	文件标题	文号
1	关于“我为加快推进海南自由贸易港建设作贡献”活动的实施方案	海大党办〔2020〕1号
2	关于印发《关于加强疫情防控期间学生思想政治工作方案》的通知	海大党办〔2020〕2号
3	关于做好2020年度民兵整组工作的通知	海大党办〔2020〕3号
4	关于印发《海南大学人才引进标准与待遇实施办法（试行）补充规定》的通知	海大党办〔2020〕4号
5	关于印发《关于修订完善人事制度的若干意见》的通知	海大党办〔2020〕5号
6	关于印发《海南大学人员编制管理办法（修订）》的通知	海大党办〔2020〕6号
7	关于印发《关于健全向党外人士通报情况制度的若干规定》《海南大学党委常委联系民主党派基层组织、统战团体及党外代表人士办法》的通知	海大党办〔2020〕7号
8	关于转发《中共海南大学委员会关于学习宣传贯彻落实〈新时代爱国主义教育实施纲要〉的工作方案》的通知	海大党办〔2020〕10号
9	关于开展2019年度党建工作督查调研的通知	海大党办〔2020〕11号
10	关于印发《关于组织开展“我为加快推进海南自由贸易港建设作贡献”活动的实施方案》的通知	海大党办〔2020〕12号
11	关于《关于做好海南大学亚利桑那州立大学联合国际旅游学院建设工作的若干意见》的通知	海大党办〔2020〕13号
12	关于2020年全民国家安全教育日宣传教育活动情况的报告	海大党办〔2020〕14号
13	关于印发《关于开展健康海南大学全民大行动的方案》的通知	海大党办〔2020〕15号

续表

序号	文件标题	文号
14	关于印发《海南大学贯彻落实教育部2020年度高校思想政治工作视频会议精神和思想政治工作司2020年工作要点任务分工表》的通知	海大党办〔2020〕17号
15	关于印发《海南大学“开学第一课”工作方案》的通知	海大党办〔2020〕18号
16	关于提交“全国文明校园”复查相关材料的通知	海大党办〔2020〕19号
17	关于印发《海南大学领导干部外出报告请假管理规定（修订）》的通知	海大党办〔2020〕20号
18	关于报送2020年度“三全育人”工作特色项目的通知	海大党办〔2020〕21号
19	关于成立后勤服务保障综合改革领导小组的通知	海大党办〔2020〕22号
20	关于印发《中共海南大学委员会党校工作办法》的通知	海大党办〔2020〕23号
21	关于印发《省外单位来校挂职干部服务保障管理办法》的通知	海大党办〔2020〕24号
22	关于印发《海南大学〈教育部等八部门关于加快构建高校思想政治工作体系的意见〉落实台账》的通知	海大党办〔2020〕25号
23	关于印发《海南大学柔性引进高层次人才实施办法》的通知	海大党办〔2020〕26号
24	关于印发《关于巩固扩大“不忘初心、牢记使命”主题教育成果的二十条具体措施》的通知	海大党办〔2020〕27号
25	关于提交贯彻落实习近平总书记“4·13”重要讲话精神各项工作任务完成情况的通知	海大党办〔2020〕28号
26	关于印发《海南大学2020年暑期工作会议方案》的通知	海大党办〔2020〕29号
27	关于印发《海南大学公共工程和土地出让项目跟踪监督工作联席会议制度》《海南大学公共工程和土地出让项目跟踪监督工作专班成员及工作职责》的通知	海大党办〔2020〕30号
28	关于印发《党风廉政建设和反腐败工作协调小组工作细则（试行）》的通知	海大党办〔2020〕31号
29	关于印发《深化“三全育人”综合改革提升思想政治工作质量实施意见的任务清单》的通知	海大党办〔2020〕32号
30	关于开展制度化梳理和优化工作的通知	海大党办〔2020〕33号
31	关于做好国庆节、中秋节假期安全稳定工作的紧急通知	海大党办〔2020〕34号
32	关于印发《学校党委2020年落实全面从严治党主体责任工作任务安排》的通知	海大党办〔2020〕35号
33	关于印发《中共海南大学委员会学习宣传贯彻党的十九届五中全会精神工作方案》的通知	海大党办〔2020〕36号
34	关于开展2020年党组织书记抓基层党建述职评议考核工作的通知	海大党办〔2020〕37号

海大

序号	文件标题	文号
1	关于聘任刘谦同志职务的通知	海大〔2020〕1号
2	关于陈明宝访问香港的请示	海大〔2020〕2号
3	关于邀请科技厅领导出席海南大学首届国际青年学者论坛等事宜的请示	海大〔2020〕3号
4	关于邀请教育厅领导出席海南大学首届国际青年学者论坛等事宜的请示	海大〔2020〕4号
5	关于邀请王路副省长出席海南大学首届国际青年学者论坛等事宜的请示	海大〔2020〕5号
6	关于郑鹏等5人访问美国的请示	海大〔2020〕6号
7	关于张燕讲师访问美国的请示	海大〔2020〕7号

续表

序号	文件标题	文号
8	关于姚孝明教授访问美国的请示	海大〔2020〕8 号
9	关于同意杨曙斌等 5 名本科生转专业的通知	海大〔2020〕10 号
10	关于自费来华留学生学费标准的备案	海大〔2020〕12 号
11	关于请求评审研究生公寓及附属食堂项目预算的请示	海大〔2020〕13 号
12	关于孙梦羽访问新加坡的请示	海大〔2020〕14 号
13	关于李珊珊等 2 人访问美国的请示	海大〔2020〕15 号
14	关于儋州校区图书馆维修改造项目实施方案审批的请示	海大〔2020〕16 号
15	关于李清玲调整留学单位的请示	海大〔2020〕17 号
16	关于“北部湾城市群综合科技服务平台研发与应用示范”项目调整承担单位的申请	海大〔2020〕18 号
17	关于“北部湾城市群综合科技服务平台研发与应用示范”项目调整研发人员的申请	海大〔2020〕19 号
18	关于 2019 年海南省政府奖学金新生报到及异动情况的报告	海大〔2020〕20 号
19	关于王咸鹏等 2 人访问新加坡的请示	海大〔2020〕21 号
20	关于海甸校区环校路一期（北段）工程项目实施方案审批的请示	海大〔2020〕22 号
21	关于将海南大学和柬埔寨皇家农业大学汉语教学中心纳入国家汉办管理系列的请示	海大〔2020〕23 号
22	关于变更海南省重大科技计划项目负责人的请示	海大〔2020〕36 号
23	关于罗杰等 2 人访问荷兰的请示	海大〔2020〕37 号
24	关于王琳教授访问日本的请示	海大〔2020〕38 号
25	关于范启标访问日本的请示	海大〔2020〕39 号
26	关于李海峰任职的通知	海大〔2020〕40 号
27	关于张玉苍免职的通知	海大〔2020〕41 号
28	关于恳请教育部扩增 2020 年研究生招生指标的请示	海大〔2020〕42 号/82 号
29	关于博士点申报和学科（学位点）评估中将中国热带农业科学院担任海南大学导师的专家及成果纳入海南大学统计范畴的请示	海大〔2020〕43 号
30	关于办理张慧明、阎玉琼 2 位同志公开招聘手续的请示	海大〔2020〕45 号
31	关于申请谭波等 2 位同志调动的请示	海大〔2020〕46 号
32	关于请求参照公务员标准落实教职工医疗补助的请示	海大〔2020〕47 号
33	关于印发《海南大学“十四五”事业发展规划编制工作方案》的通知	海大〔2020〕48 号
34	关于举办“妇女解放视野中的丁玲：中国与世界”国际学术研讨会的请示	海大〔2020〕49 号
35	关于印发《海南大学“十三五”事业发展规划总结验收工作方案》的通知	海大〔2020〕50 号
36	关于举办《区域经济合作和民心相通：理论与实践》学术研讨会的请示	海大〔2020〕51 号
37	关于请求立项建设联谊馆周边排涝及景观提升工程的请示	海大〔2020〕52 号
38	关于请求评审研发中心报告厅装修工程预算的请示	海大〔2020〕53 号
39	关于请求同意立项建设 3 号、6 号学生宿舍维修改造工程项目的请示	海大〔2020〕54 号
40	关于请求同意立项建设国际教育学院教学楼维修改造工程的请示	海大〔2020〕55 号

续表

序号	文件标题	文号
41	关于申请变更 3 号教学楼扩建项目建设地点的请示	海大〔2020〕56 号
42	关于申请变更法学科研中心项目建设规模和估算投资的请示	海大〔2020〕57 号
43	关于申请立项建设生物医学与健康研究中心项目的请示	海大〔2020〕58 号
44	关于生物医学与健康研究中心项目可行性研究报告审批的请示	海大〔2020〕59 号
45	关于请求立项建设 3 号配电房扩容工程的请示	海大〔2020〕60 号
46	关于报送《海南大学 2020 年春季学期开学工作方案》的请示	海大〔2020〕61 号
47	关于引进伍中信教授并重新建档的请示	海大〔2020〕62 号
48	关于恳请贵局支持海南大学扩大研究生招生规模并向教育部报告的请示	海大〔2020〕63 号
49	关于恳请支持遴选高层次人才兼职导师的请示	海大〔2020〕64 号
50	关于申请政府出资在校内修建领军及以上层次人才公寓的请示	海大〔2020〕65 号
51	关于落实密码学院建设 2020 年经费预算的请示	海大〔2020〕66 号
52	关于依托海南大学观澜湖校区建设密码应用与创新示范基地的请示	海大〔2020〕67 号
53	关于部署桥西教工居住区三期项目建设工作	海大〔2020〕68 号
54	关于请求同意立项建设泰坚楼维修改造工程的请示	海大〔2020〕69 号
55	关于申请政府出资在校内修建领军及以上层次人才公寓的请示	海大〔2020〕70 号
56	关于公布 2018 级“1.5+2.5”本科大类招生专业分流名单的通知	海大〔2020〕71 号
57	关于公布 2020 年本科专业优化调整结果的通知	海大〔2020〕73 号
58	关于报送《海南大学岗位设置及聘用方案（修订）》的请示	海大〔2020〕76 号
59	关于变更侯保荣院士工作站为院士团队创新中心的请示	海大〔2020〕77 号
60	关于变更金宁一院士工作站为院士团队创新中心的请示	海大〔2020〕78 号
61	关于做好 2020 年度汛前防风防旱准备暨风水旱灾害风险隐患排查工作的通知	海大〔2020〕79 号
62	关于认定骆清铭等 2 名同志为海南省高层次人才的通知	海大〔2020〕80 号
63	关于认定尹建华同志为海南省高层次人才的通知	海大〔2020〕81 号
64	关于评审综合实验教学楼二次装修项目竣工财务决算的请示	海大〔2020〕83 号
65	关于评审第五教学楼项目竣工财务决算的请示	海大〔2020〕84 号
66	关于推荐聘任骆清铭院士专业技术一级岗位的请示	海大〔2020〕85 号
67	关于印发《海南大学薪酬分配实施办法（试行）》《海南大学管理岗位宽带绩效工资实施办法（试行）》的通知	海大〔2020〕86 号
68	关于报送 2020 年度招聘教学科研人员编制使用计划的请示	海大〔2020〕87 号
69	关于聘任廖双泉为热带岛屿资源先进材料教育部重点实验室主任的通知	海大〔2020〕88 号
70	关于印发《海南大学教职工年度考核指导性意见》《海南大学教职工聘期考核指导性意见》的通知	海大〔2020〕89 号
71	关于变更热带岛屿资源先进材料教育部重点实验室主任的报告	海大〔2020〕90 号/91 号
72	关于陈海鹰同志提前回国的请示	海大〔2020〕92 号
73	关于聘任王立磊等 42 位同志专业技术职务（技能等级）的通知	海大〔2020〕93 号
74	关于推荐海南省学位委员会组成人员的请示	海大〔2020〕94 号
75	关于唐荣年等职务任免的通知	海大〔2020〕95 号

续表

序号	文件标题	文号
76	关于申请报废图书馆太阳能空调工程的请示	海大〔2020〕96号
77	关于胡景卫任职的通知	海大〔2020〕97号
78	关于请求审批海南大学热带作物国家重点实验室（筹）项目初步设计和概算的请示	海大〔2020〕98号
79	关于骆清铭任职的通知	海大〔2020〕99号
80	关于申请王文泉同志调动的请示	海大〔2020〕100号
81	关于申请刘谦同志调令的请示	海大〔2020〕101号
82	关于成立海南大学动物伦理委员会的通知	海大〔2020〕102号
83	关于印发《海南大学岗位设置及聘用方案（修订）》的通知	海大〔2020〕103号
84	关于“一带一路”研究院研究成果获中央领导人批示的报告	海大〔2020〕104号
85	关于落实创业学生学籍接续问题的报告	海大〔2020〕105号
86	关于申请观澜湖校区立项的请示	海大〔2020〕106号
87	关于变更苏国辉院士工作站为院士团队创新中心的请示	海大〔2020〕108号
88	关于请求同意立项建设海南大学海甸校区消防历史遗留问题整改项目的请示	海大〔2020〕109号
89	关于申请变更紫荆学生公寓3号楼项目建设地点的请示	海大〔2020〕111号
90	关于海南大学生物医学与健康研究中心项目建议书审批的请示	海大〔2020〕112号
91	关于办理向奕源等11位拟聘机关工作人员公开招聘手续的请示	海大〔2020〕113号
92	关于调整2020年海南大学本科招生委员会成员名单的通知	海大〔2020〕114号
93	关于落实观澜湖校区建设前期启动经费的请示	海大〔2020〕115号
94	关于报批2020年春季学期学生返校工作方案及相关制度的请示	海大〔2020〕116号
95	关于推荐侯玉格等2位同学申报2021年度日本政府（文部科学省）博士生奖学金的请示	海大〔2020〕117号
96	关于上报2020年孔子学院中方承办机构补助申报相关材料的请示	海大〔2020〕118号
97	关于公布海南大学自然科学领域科研创新团队（第一批）名单的通知	海大〔2020〕119号
98	关于将附属幼儿园银行公户从中国工商银行迁移至中国农业银行的请示	海大〔2020〕120号
99	关于周伟等职务任免的通知	海大〔2020〕121号
100	关于王琦等职务任免的通知	海大〔2020〕122号
101	关于协调推进学校省重点投资项目代管合同签订事项的请示	海大〔2020〕123号
102	关于国家热带农业科学中心建设规划相关建议的请示	海大〔2020〕124号
103	关于印发《海南大学“一院一校”国际化办学行动计划》的通知	海大〔2020〕125号
104	关于公布2018—2019年级信息安全专业（密码学方向）理科实验班名单的通知	海大〔2020〕126号
105	关于动物医学专业基本学制调整的通知	海大〔2020〕127号
106	关于修订2020级本科专业人才培养方案的指导性意见	海大〔2020〕128号
107	关于认定吴文武博士为海南省领军人才的请示	海大〔2020〕131号
108	关于海甸校区对外来机动车辆实行停放收费管理的请示	海大〔2020〕132号
109	关于公布海南大学人文社会科学类科研创新团队（含培育）名单的通知	海大〔2020〕134号
110	关于2019年度考核优秀人员名单的通知	海大〔2020〕135号

续表

序号	文件标题	文号
111	关于印发《海南大学研究生招生工作领导小组工作职责》的通知	海大〔2020〕136 号
112	关于增列生物医学工程博士学位授权点的请示	海大〔2020〕137 号
113	关于陈银华等职务任免的通知	海大〔2020〕138 号
114	关于谢辉凡等职务任免的通知	海大〔2020〕139 号
115	关于征集 2021—2023 年度维修改造项目库的通知	海大〔2020〕140 号
116	关于 2020 年本科招生计划及各省计划安排的请示	海大〔2020〕141 号
117	关于调整 2020 年公用经费偿还历史欠款的请示	海大〔2020〕142 号
118	关于申请启用海南大学自身财务工资系统的请示	海大〔2020〕143 号
119	关于办理陈晓芳同志公开招聘手续的请示	海大〔2020〕144 号
120	关于《海南热带雨林国家公园体制试点评估意见整改方案》进展情况的汇报	海大〔2020〕145 号
121	关于法学科研中心项目可行性研究报告审批的请示	海大〔2020〕146 号
122	关于落实观澜湖校区建设用地供地的请示	海大〔2020〕147 号
123	关于表彰 2020 年五一劳动之星的决定	海大〔2020〕148 号
124	关于支持增列生物医学工程学科为省级特色重点学科（A 类）的请示	海大〔2020〕149 号
125	关于邱锡光等职务任免的通知	海大〔2020〕150 号
126	关于推选 2020 年度全国教书育人楷模人选的报告	海大〔2020〕151 号
127	关于设置生物医学工程本科专业的请示	海大〔2020〕152 号
128	关于申请李卫东同志调动的请示	海大〔2020〕153 号
129	关于建设城西校区消防历史遗留问题整改工程项目的请示	海大〔2020〕154 号
130	关于建设海甸校区消防历史遗留问题整改工程项目的请示	海大〔2020〕155 号
131	关于调整儋州校区第七教学楼室外基础设施项目建设内容的请示	海大〔2020〕156 号
132	关于申请迁移空气自动监测子站以解决校园施工引起颗粒物超标的请示	海大〔2020〕157 号
133	关于报送海南大学中国政府奖学金国际学生 2019—2020 学年度评审结果的报告	海大〔2020〕158 号
134	关于报送海南大学学报编辑部三刊参加 2019 年度期刊出版单位社会效益评价考核工作的申请	海大〔2020〕159 号
135	关于调整部门预算支出功能分类的请示	海大〔2020〕160 号
136	关于印发《海南大学修（制）订学术学位研究生培养方案的指导意见》和《海南大学修（制）订硕士专业学位研究生培养方案的指导意见》的通知	海大〔2020〕161 号
137	关于报送海南大学大型仪器设备开放共享收费标准的报告	海大〔2020〕162 号
138	关于举办 2020 年青年教师教学竞赛的通知	海大〔2020〕164 号
139	关于下达 2020 年省教育教学改革省拨专项经费的通知	海大〔2020〕166 号
140	关于深化冬季小学期教学改革的通知	海大〔2020〕167 号
141	关于场馆有偿使用收费标准的通知	海大〔2020〕168 号
142	关于申请刘平武等 3 位同志调动的请示	海大〔2020〕170 号
143	关于与美国罗格斯大学开展学生访学项目的请示	海大〔2020〕172 号
144	关于引入“新京剧”打造海南自贸区（港）国际人文品牌的实施建议	海大〔2020〕173 号
145	关于 3 个省重点项目投资推进情况的汇报	海大〔2020〕174 号

续表

序号	文件标题	文号
146	关于建设观澜湖校区地界铁丝网围栏项目的请示	海大〔2020〕175号/176号
147	关于建设观澜湖校区用地范围内高压线迁改项目的请示	海大〔2020〕177号
148	关于建设观澜湖校区前期场地清表项目的请示	海大〔2020〕178号
149	关于海南大学3个省重点投资项目推进情况的汇报	海大〔2020〕179号
150	关于成立热带岛屿资源先进材料教育部重点实验室建设与运行管理委员会和整改小组的通知	海大〔2020〕180号
151	关于田元福职务任免的通知	海大〔2020〕181号
152	关于海甸校区拆除邵逸夫学术中心餐厅等请示	海大〔2020〕182号
153	关于向东方市大田镇无偿捐赠计算机的请示	海大〔2020〕183号
154	关于报送《海南大学学报（人文社会科学版）》参加2019年度期刊核验工作的申请	海大〔2020〕185号
155	关于儋州校区第七教学楼室外基础设施项目初步设计及概算审批的请示	海大〔2020〕186号
156	关于重新安排部分被收回项目资金的申请	海大〔2020〕187号
157	关于设备采购更改的申请	海大〔2020〕188号
158	关于表彰2020届普通本科优秀毕业生的决定	海大〔2020〕189号
159	关于表彰2020届本科优秀毕业论文（设计）的通知	海大〔2020〕190号
160	关于准予黄月华等502名研究生毕业的通知	海大〔2020〕191号
161	关于授予黄月华等8113位毕业生学位的通知	海大〔2020〕192号
162	关于2020年6月普通本科学生毕业证资格审核情况的通报	海大〔2020〕193号
163	关于同意授予王盛琳、程梦薇辅修专业证书的通知	海大〔2020〕194号
164	关于表彰海南大学2020年“大学生年度人物”的通知	海大〔2020〕195号
165	关于评定2020届优秀毕业研究生的通知	海大〔2020〕196号
166	关于儋州校区部分房屋及构筑物报废处置的请示	海大〔2020〕197号
167	关于撤销海南大学城西校区管理委员会账户的申请	海大〔2020〕198号
168	关于2020年车辆核销工作的请示	海大〔2020〕199号
169	关于建设海甸校区综合体育馆周边改造工程项目的请示	海大〔2020〕200号
170	关于建设儋州校区消防历史遗留问题整改工程项目的请示	海大〔2020〕201号
171	关于建设海甸校区篮球场迁建工程项目的请示	海大〔2020〕202号
172	关于建设李运强理工实验楼安全整改项目通风系统改造工程的请示	海大〔2020〕203号
173	关于建设艺术大楼修缮工程项目的请示	海大〔2020〕204号
174	关于表彰2020年“五一劳动之星”的决定	海大〔2020〕205号
175	关于李晖免职的通知	海大〔2020〕206号
176	关于筹建“海南脑科学与类脑智能研究中心”的请示	海大〔2020〕208号
177	关于国际顾问委员会第二次会议（视频）情况的报告（省教育厅）	海大〔2020〕209号
178	关于表彰2018—2019学年度优秀班主任的通知	海大〔2020〕210号
179	关于申请邹勇华等4位同志调动的请示	海大〔2020〕212号
180	关于徐艳晴等任职的通知	海大〔2020〕213号
181	关于印发学校与天津大学联合培养项目2019级就读资格本科生名单的通知	海大〔2020〕214号
182	关于申请增加海南大学附属幼儿园事业单位人员编制的请示	海大〔2020〕215号
183	关于附属幼儿园购置2020年教学办公固定资产的请示	海大〔2020〕216号
184	关于提交2020/2021学年中国政府奖学金支持地方政府奖学金项目招录材料的报告	海大〔2020〕217号

续表

序号	文件标题	文号
185	关于同意周祖睿转入我校学习的通知	海大〔2020〕218 号
186	关于 2020 届毕业生 11 人次就业状况核查情况的报告	海大〔2020〕220 号
187	关于聘请加拿大杨天若院士来校任职的请示	海大〔2020〕221 号/222 号
188	关于邹勇华等职务任免的通知	海大〔2020〕223 号
189	关于 2020 年固定资产集中报废处置的请示	海大〔2020〕224 号
190	关于公布 2020 年教学成果奖评选结果的通知	海大〔2020〕225 号
191	关于授予陈小平等 1221 位毕业生学位的通知	海大〔2020〕226 号
192	关于 2020 年 7 月普通本科学生毕业资格审核情况的通报	海大〔2020〕227 号
193	关于同意授予袁楚雁辅修专业证书的通知	海大〔2020〕228 号
194	关于陈伟任职的通知	海大〔2020〕229 号
195	关于邓泽明等职务任免的通知	海大〔2020〕231 号
196	关于印发《海南大学学士学位授予实施办法》的通知	海大〔2020〕233 号
197	关于扩大国有资产报废处置权限的请示	海大〔2020〕234 号
198	关于公布《海南大学共享数据编码标准（公共部分）》的通知	海大〔2020〕235 号
199	关于报送学习贯彻习近平总书记重要回信精神的情况报告	海大〔2020〕236 号
200	关于招录 2020 年秋季海南省华文教育奖学金生的请示	海大〔2020〕237 号
201	关于印发《海南大学经费支出审批管理办法》的通知	海大〔2020〕238 号
202	关于报送 2020/2021 学年中国政府奖学金“丝绸之路”省部合作项目招录材料的请示	海大〔2020〕239 号
203	关于与爱尔兰都柏林理工大学合作举办会展经济与管理专业本科教育项目延期的请示	海大〔2020〕241 号
204	关于调整学校节能降耗工作领导小组成员的通知	海大〔2020〕242 号
205	关于林琛等职务任免的通知	海大〔2020〕243 号
206	关于海南大学生物医学与健康研究中心可行性研究报告审批的请示	海大〔2020〕245 号
207	关于设立“新京剧名师工作坊”的请示	海大〔2020〕246 号
208	关于恢复雅思和托福考试的申请	海大〔2020〕247 号
209	关于与美国亚利桑那州立大学开展 ASU 学生海南 Pathway 交流学习项目的请示	海大〔2020〕248 号
210	关于请求加快海南大学附属实验学校用地控规和选址审批事项的请示	海大〔2020〕249 号
211	关于办理刘丽等 3 位拟聘机关工作人员公开招聘手续的请示	海大〔2020〕250 号
212	关于准予于雅璁等 1000 名研究生毕业的通知	海大〔2020〕251 号
213	关于商请支持海南大学申报发改委密码科研实验环境平台建设专项的请示	海大〔2020〕252 号
214	关于《海南省人民政府办公厅关于印发海南省政府投资社会领域基本建设项目实行代管制暂行办法的通知》（琼府办〔2017〕204 号）及相关配套文件修订版的反馈意见	海大〔2020〕253 号
215	关于报送 2020 年度海南省政府奖学金国际学生评审结果的请示	海大〔2020〕254 号
216	关于提交 2020/2021 学年海南省政府国际学生奖学金项目招录材料的请示	海大〔2020〕255 号
217	关于追加事业单位工作人员及离退休人员死亡丧葬补助金及一次性抚恤金的请示	海大〔2020〕256 号

续表

序号	文件标题	文号
218	关于报送2020年度《高等学校科研实验室安全自查自纠报告》的函	海大〔2020〕257号
219	关于高智同志赴澳大利亚任教延期的请示	海大〔2020〕258号
220	关于2019年度高级专业技术资格评审工作基本情况的报告	海大〔2020〕260号
221	关于2020届毕业生就业情况的报告	海大〔2020〕263号/264号
222	关于申请聂清斌等3位同志调动的请示	海大〔2020〕265号
223	关于调整吴文嫱留学资格有效期的请示	海大〔2020〕266号
224	关于2020年秋季学期学生返校及新生入学工作方案	海大〔2020〕267号
225	关于骆清铭校长参加世界科技出版公司视频交流会的请示	海大〔2020〕268号
226	关于报送人才队伍建设工作情况的报告	海大〔2020〕269号
227	关于印发《海南大学"双一流"建设周期自评工作方案》的通知	海大〔2020〕270号
228	关于2019年度高级专业技术资格评审工作基本情况的报告	海大〔2020〕271号
229	关于刘谦任职的通知	海大〔2020〕272号
230	关于报送《2020年秋季学期学生返校及新生入学工作方案》的报告	海大〔2020〕273号
231	关于恢复剑桥英语等级考试、剑桥商务英语考试和日本语能力考试的申请	海大〔2020〕274号
232	关于请求同意调整海南大学多功能综合体育馆项目概算的请示	海大〔2020〕275号
233	关于海南大学生物医学与健康研究中心可行性研究报告审批的请示	海大〔2020〕276号
234	关于授予"木兰学者"荣誉称号的决定	海大〔2020〕277号
235	关于报送2021年社会领域中央预算内投资项目的请示	海大〔2020〕278号
236	关于举办"第三届国际大学生海南旅游化创意设计大赛"的请示	海大〔2020〕279号
237	关于授予罗瑛等63位毕业生学位的通知	海大〔2020〕280号
238	关于2020年9月普通本科学生毕业资格审核情况的通报	海大〔2020〕281号
239	关于2019年度高级职称评审工作情况的报告	海大〔2020〕282号
240	关于请求评审田家炳多功能教学活动中心维修改装工程项目预算的请示	海大〔2020〕283号
241	关于聘任海南大学第一届实验室技术安全督查员的通知	海大〔2020〕284号
242	关于海南大学境外外籍骨干教师返校的请示	海大〔2020〕285号
243	关于公布2018级"2+2"与2019级"1+3"本科大类招生专业分流名单的通知	海大〔2020〕286号
244	关于增加推免生分配名额的请求	海大〔2020〕287号
245	关于公布第三届海南大学青年教师"教学能手"选拔赛暨第十一届海南省普通高等学校青年教师教学大赛选拔赛评选结果的通知	海大〔2020〕288号
246	关于申请审批观澜湖校区建设项一期教学及生活服务设施组团可行性研究报告的请示	海大〔2020〕289号
247	关于2020年度王宽诚教育基金会资助项目申请报告	海大〔2020〕290号
248	关于恳请协调安排孙晓晖同志到我省工作的请示	海大〔2020〕291号
249	关于刘亮等职务任免的通知	海大〔2020〕292号
250	关于罗杰等职务任免的通知	海大〔2020〕293号
251	关于王志勇等职务任免的通知	海大〔2020〕294号
252	关于共同举办"第三届国际大学生海南旅游文化创意设计大赛"的请示	海大〔2020〕295号

续表

序号	文件标题	文号
253	关于举办“海南大学2020年顶尖科学家讲坛”的请示	海大〔2020〕296号
254	关于申请进入海南大学国际旅游学院学习的通知	海大〔2020〕297号
255	关于申报海南省高等教育自学考试开考专业课程设置方案的报告	海大〔2020〕298号
256	关于组织在校生开展《海南自由贸易港建设总体方案》重点政策知识测试情况的报告	海大〔2020〕299号
257	关于申报密码科研实验环境平台建设项目的请示	海大〔2020〕300号
258	关于报送临时扩大中外合作办学自主招生名额工作方案的请示	海大〔2020〕301号
259	关于建设体育馆周边道路及篮球场改造工程项目的请示	海大〔2020〕302号
260	关于组织在校生开展《海南自由贸易港建设总体方案》重点政策知识测试总体情况的报告	海大〔2020〕303号
261	关于请求审批海南大学法学科研中心项目初步设计和概算的请示	海大〔2020〕304号
262	关于请求审批海南大学信息科技大楼扩建项目初步设计和概算的请示	海大〔2020〕305号
263	关于通过信息化平台进行试剂材料采购的请示	海大〔2020〕306号
264	关于引进沈义俊教授并重新建档的请示	海大〔2020〕307号
265	关于引进贾仲君研究员并重新建档的请示	海大〔2020〕308号
266	关于聘任南海海洋资源利用国家重点实验室主任的请示	海大〔2020〕309号
267	关于公布李德等67位同志取得高级专业技术职务任职资格的通知	海大〔2020〕310号
268	关于审批海南大学附属实验学校项目建议书的请示	海大〔2020〕311号
269	关于核定2020年绩效工资总量的请示	海大〔2020〕313号
270	关于密码职业人才培养与评价体系研究进展情况的报告	海大〔2020〕314号
271	关于陈海鹰同志延期回国的请示	海大〔2020〕315号
272	关于2021年增加在云南省招收少数民族预科班学生的请示	海大〔2020〕316号
273	关于调整部门预算支出功能分类的请示	海大〔2020〕317号
274	关于表彰2020年农科专业新生奖学金获得者的通知	海大〔2020〕318号
275	关于表彰2019年度优秀辅导员的通知	海大〔2020〕320号
276	关于举办“第四届无线通信与应用国际会议（ICWCA2020）”的请示	海大〔2020〕321号
277	关于张保龙任职的通知	海大〔2020〕323号
278	关于对直属高校和部省合建高校“十四五”时期高等教育事业发展有关调研问题反馈的报告	海大〔2020〕325号
279	关于报送2020年考核招聘工作人员编制使用计划的请示	海大〔2020〕326号
280	关于拆除海甸校区简易过渡用房的请示	海大〔2020〕327号
281	关于政府采购透明度自查工作的情况报告	海大〔2020〕328号
282	关于共同主办2020年国际经济法学高端论坛的请示	海大〔2020〕329号
283	关于我校教师、实验和研究系列中初级职称评审管理有关问题的通知	海大〔2020〕330号
284	关于同意朱志青等131名学生转入实验班的通知	海大〔2020〕331号
285	关于同意国浩溶等258名学生转入卓越班的通知	海大〔2020〕332号
286	关于请求评审儋州校区图书馆维修改造项目预算的请示	海大〔2020〕333号

续表

序号	文件标题	文号
287	关于举办“第三届‘一带一路’/南南合作农业教育科技创新联盟大会”的请示	海大〔2020〕334 号
288	关于报送 2020 年计划新增博、硕士学位授权点材料的请示	海大〔2020〕335 号
289	关于请求评审儋州校区消防设施改造项目预算总投资的请示	海大〔2020〕336 号
290	关于请求评审联谊馆周边排涝工程项目预算总投资的请示	海大〔2020〕337 号
291	关于举行学校第 48 届田径运动会的通知	海大〔2020〕338 号
292	关于同意杨戬同学毕业的通知	海大〔2020〕339 号
293	关于海南大学境外外籍骨干教师返校的请示	海大〔2020〕340 号
294	关于章程辉等职务任免的通知	海大〔2020〕341 号
295	关于报送海南大学学报编辑部两刊参加第五届海南省出版物政府奖（期刊奖）的申请	海大〔2020〕342 号
296	关于 2019—2020 学年国家奖学金、国家励志奖学金、海南省优秀贫困大学生奖学金评审情况的报告	海大〔2020〕343 号
297	关于推荐海南省 2020 年度研究生创新科研课题的请示	海大〔2020〕344 号
298	关于公布第三届海南大学青年教师“教学能手”选拔赛暨第十一届海南省普通高等学校青年教师教学大赛选拔赛优秀组织奖的通知	海大〔2020〕345 号
299	关于姜宝石同志留学中途请假回国的请示	海大〔2020〕347 号
300	关于申请拨付生物医学与健康研究中心项目建设资金和代管费的请示	海大〔2020〕348 号
301	关于申请拨付信息科技大楼扩建项目和法学科研中心项目建设资金和代管费的请示	海大〔2020〕349 号
302	关于党的十八大以来教育脱贫攻坚工作总结的报告	海大〔2020〕350 号
303	关于请求评审泰坚楼改造项目预算的请示	海大〔2020〕351 号
304	关于评定 2019—2020 学年度优秀研究生的通知	海大〔2020〕353 号
305	关于同意 2020 级胡中等 15 名新生保留入学资格的通知	海大〔2020〕354 号
306	关于评定 2019—2020 学年度优秀研究生干部的通知	海大〔2020〕356 号
307	关于成立学校实验室技术安全管理分委员会的通知	海大〔2020〕357 号
308	关于报送新增博士硕士学位授权点材料的请示	海大〔2020〕358 号
309	关于审批海南大学观澜湖校区教学及生活服务设施（一期）项目初步设计和概算的请示	海大〔2020〕360 号
310	关于上报自查工作总结的报告	海大〔2020〕361 号
311	海南大学 2019—2020 学年度信息公开工作年度报告	海大〔2020〕362 号
312	关于表彰 2019—2020 学年度农科专业奖学金获得者的通知	海大〔2020〕363 号
313	关于表彰 2019—2020 学年度优秀学生及先进班集体的通知通知	海大〔2020〕364 号
314	关于表彰 2019—2020 学年度优秀学业奖学金获得者的通知	海大〔2020〕365 号
315	关于许德兴等任职的通知	海大〔2020〕366 号
316	关于请求评审 3 号、6 号学生宿舍维修改造项目预算总投资的请示	海大〔2020〕367 号
317	关于邀请省领导出席“2020 年第二届全国代谢生物学大会”开幕式并致辞的请示	海大〔2020〕370 号
318	关于任佳访问澳门的请示	海大〔2020〕371 号/372 号
319	关于做好全国第五轮一级学科整体水平评估工作的通知	海大〔2020〕373 号

续表

序号	文件标题	文号
320	关于海南大学亚利桑那州立大学联合国际旅游学院开设研究生专业的请示	海大〔2020〕374 号
321	关于 2020 年研究生国家奖学金评审结果的报告	海大〔2020〕375 号
322	关于评定 2020 年研究生国家奖学金获奖名单的通知	海大〔2020〕378 号
323	关于授予赵庆杰等 9 位毕业生学位的通知	海大〔2020〕379 号
324	关于报送《海南大学附属幼儿园岗位设置及聘用方案》的请示	海大〔2020〕381 号
325	关于邀请省领导出席"海南大学'十四五'重大科学问题与工程技术难题战略咨询会"开幕式并致辞的请示	海大〔2020〕384 号
326	关于拟对张良福工资待遇比照享受正高级专业技术职务待遇的请示	海大〔2020〕385 号
327	关于调整部门预算支出经济分类的请示	海大〔2020〕387 号
328	关于同意各学院成立评优违纪领导小组的通知	海大〔2020〕388 号
329	关于确定学校观澜湖校区教学及生活服务设施（一期）项目代管单位的请示	海大〔2020〕389 号
330	关于落实两个延续中外合作项目 2021 年专项经费的请示	海大〔2020〕390 号
331	关于评定 2020 年研究生学业奖学金获奖名单的通知	海大〔2020〕391 号
332	关于报送领导联系方式及单位办公电话的通知	海大〔2020〕394 号
333	关于解决落实观澜湖校区项目市政配套设施的请示	海大〔2020〕395 号
334	关于相关院士、专家来我校参加重要学术会议的报告	海大〔2020〕396 号/397 号
335	关于评定 2019—2020 学年度"林浩然院士奖学金"获得者的通知	海大〔2020〕399 号
336	关于聘任万逸等 506 位同志为研究生指导老师的通知	海大〔2020〕400 号
337	关于印发《2020 年"美好'食'光"校园系列活动方案》的通知	海大〔2020〕401 号
338	关于变更学校食堂食品安全工作领导小组成员名单的通知	海大〔2020〕402 号
339	关于申请观澜湖校区教学及生活服务设施（一期）项目资金和代管费的请示	海大〔2020〕405 号
340	关于《海南大学所属企业体制改革实施方案》的请示	海大〔2020〕407 号
341	关于学生学费、住宿费的报告	海大〔2020〕409 号
342	关于党的十八大以来教育脱贫攻坚工作总结的报告	海大〔2020〕412 号
343	关于请求审批海南大学生物医学与健康研究中心项目初步设计和概算的请示	海大〔2020〕413 号
344	关于印发《2019—2020 学年本科教学质量报告》的通知	海大〔2020〕416 号
345	关于邀请省委领导出席海南大学第二届国际青年学者论坛暨"CSC 学友汇"活动开幕式并致辞的请示	海大〔2020〕417 号
346	关于申报海南专项 2021 年中央预算内投资计划的请示	海大〔2020〕420 号
347	关于恳请支持海南大学与海南省真实世界数据研究院联合招收培养真实世界临床数据研究相关方向研究生的请示	海大〔2020〕424 号
348	关于申请生物医学与健康研究中心等 4 个新建项目 2020 年前期经费和代管费的请示	海大〔2020〕432 号
349	关于聂清斌职务任免的通知	海大〔2020〕433 号
350	关于海南大学表演专业重新上报艺术交互系统信息的申请	海大〔2020〕434 号
351	关于儋州校区非编教师反映的有关问题的报告	海大〔2020〕435 号
352	关于推荐海南省 2020 年优秀博士、硕士学位论文的请示	海大〔2020〕436 号

续表

序号	文件标题	文号
353	关于请求审批海南大学体育馆周边道路及篮球场改造工程项目初步设计及概算的请示	海大〔2020〕437号
354	关于建设儋州校区1至4号学生宿舍维修改造项目的请示	海大〔2020〕438号
355	关于报送《海南大学2021年全国研究生入学考试突发事件工作机制及应急预案》的报告	海大〔2020〕439号
356	关于聘任学校食堂专职食品安全管理员的通知	海大〔2020〕440号
357	关于2021年省本级部门预算“一下”的反馈意见	海大〔2020〕441号
358	关于同意授予陈正浩、陈可瑜辅修专业证书的通知	海大〔2020〕442号
359	关于2020年12月普通本科学生毕业资格审校情况的通报	海大〔2020〕443号
360	关于谢彦君同志的延退申请	海大〔2020〕444号
361	关于岗位设置审核的请示	海大〔2020〕446号
362	关于推荐2021年度海南省高等学校教育教学改革研究、科学研究项目的报告	海大〔2020〕447号
363	关于授予于雅璁等388位毕业生学位的通知	海大〔2020〕448号
364	关于建设儋州校区第二食堂维修改造项目的请示	海大〔2020〕449号
365	关于准予曹靓婧等129名研究生毕业的通知	海大〔2020〕450号
366	关于罗素兰职务任免的通知	海大〔2020〕451号
367	关于申请办理韦诗林同志参加教育部组团赴澳门访问批件的请示	海大〔2020〕452号
368	关于认定李芳轩等21位同志高级专业技术职务任职资格的通知	海大〔2020〕453号
369	关于聘任省部共建南海海洋资源利用国家重点实验室副主任的通知	海大〔2020〕454号

海大办

序号	文件标题	文号
1	关于调整学校征兵工作站成员的通知	海大办〔2020〕1号
2	关于调整学校征兵工作领导小组成员名单的通知	海大办〔2020〕2号
3	关于做好2020年春节与寒假期间安全工作的通知	海大办〔2020〕3号
4	关于2019年今冬明春火灾防控工作方案	海大办〔2020〕4号
5	关于成立新型冠状病毒感染的肺炎疫情防控工作领导小组的通知	海大办〔2020〕5号
6	关于印发《“木兰学者奖励计划”实施办法（暂行）》的通知	海大办〔2020〕8号
7	关于印发《海南大学审计整改工作办法》的通知	海大办〔2020〕9号
8	关于印发《海南大学2020年度定点扶贫乐妹村实施方案》的通知	海大办〔2020〕10号
9	关于印发《海南大学2020年度定点扶贫光吉村实施方案》的通知	海大办〔2020〕11号
10	关于印发《海南大学大型仪器设备使用效益考核管理办法（试行）》制度的通知	海大办〔2020〕12号
11	关于印发《海南大学大型仪器设备管理办法（试行）》《海南大学大型仪器设备有偿使用收费管理办法（试行）》和《海南大学仪器设备维修基金管理办法（试行）》	海大办〔2020〕13号
12	关于促进2020年毕业生就业创业“二十条”行动措施	海大办〔2020〕14号
13	关于调整海甸校区作息时间的通知	海大办〔2020〕15号

续表

序号	文件标题	文号
14	关于印发《海南大学采购管理暂行办法》的通知	海大办〔2020〕16 号
15	关于印发《海南大学动物伦理委员会章程》的通知	海大办〔2020〕17 号
16	关于印发《海南大学创收管理办法（试行）》的通知	海大办〔2020〕18 号
17	关于印发《第三届第一次工代会、教代会代表分组讨论意见和建议汇总情况》的通知	海大办〔2020〕19 号
18	关于农科楼通道消防安全隐患整改的通知	海大办〔2020〕20 号
19	关于印发《海南大学高水平教学科研成果奖励办法》的通知	海大办〔2020〕21 号
20	关于印发《海南大学自然科学领域科研创新团队管理办法》的通知	海大办〔2020〕22 号
21	关于印发《海南大学国家级科研项目配套经费管理办法（试行）》的通知	海大办〔2020〕23 号
22	关于印发《海南大学人才基本科研业务费管理办法》的通知	海大办〔2020〕24 号
23	关于印发《海南大学横向科研项目经费管理暂行办法》的通知	海大办〔2020〕25 号
24	关于印发《海南大学支持本科学生创新创业学籍管理规定（试行）》的通知	海大办〔2020〕26 号
25	关于印发《海南大学招收和培养国际学生管理办法》的通知	海大办〔2020〕27 号
26	关于印发《海南大学人文社科类科研创新团队管理办法》的通知	海大办〔2020〕28 号
27	关于印发《海南大学科技成果转移转化管理办法》的通知	海大办〔2020〕29 号
28	关于印发《海南大学校园户外宣传品及景观雕塑人文景观的设置与管理办法》的通知	海大办〔2020〕30 号
29	关于印发《海南大学独立核算二级单位财务监管办法》的通知	海大办〔2020〕31 号
30	关于印发《海南大学人文社科类科研机构管理办法（试行）》的通知	海大办〔2020〕33 号
31	关于印发《海南大学自然科学类科研机构管理办法（试行）》的通知	海大办〔2020〕34 号
32	关于做好 2020 届毕业生照片归档工作的通知	海大办〔2020〕35 号
33	关于做好近期校园安全工作的通知	海大办〔2020〕36 号
34	关于印发《海南大学教学质量评价实施办法（修订）》的通知	海大办〔2020〕37 号
35	关于印发《海南大学专业认证管理办法》的通知	海大办〔2020〕38 号
36	关于印发《海南大学 2020 届毕业典礼暨学位授予仪式方案》的通知	海大办〔2020〕39 号
37	关于印发《国际顾问委员会第二次会议（视频）综述》的通知	海大办〔2020〕40 号
38	关于印发《海南大学实验室技术安全工作责任追责办法》的通知	海大办〔2020〕41 号
39	关于印发《海南大学大型仪器设备共享服务收入分配管理办法》的通知	海大办〔2020〕42 号
40	关于印发《海南大学实验室技术安全督查组管理办法》的通知	海大办〔2020〕43 号
41	关于组织修订《大学生手册》的通知	海大办〔2020〕44 号
42	关于印发《海南大学“第二课堂成绩单“制度实施办法（试行）》的通知	海大办〔2020〕45 号
43	关于印发《海南大学校银合作专项资金管理办法》的通知	海大办〔2020〕47 号
44	关于下发《凝心聚力，百日攻坚海南大学基建项目超常规推进工作方案》的通知	海大办〔2020〕48 号
45	关于印发《海南大学国内公务接待管理办法》的通知	海大办〔2020〕49 号
46	关于印发《关于做好海南省 2020 年度录用公务员考试考务工作的方案》的通知	海大办〔2020〕50 号
47	关于印发《生活垃圾分类工作实施方案》的通知	海大办〔2020〕51 号
48	关于印发《海南大学外事接待管理办法（试行）》的通知	海大办〔2020〕52 号
49	关于贯彻学习暑期工作会议精神相关工作的通知	海大办〔2020〕53 号

续表

序号	文件标题	文号
50	关于做好 2020 级本科新生入学资格复查工作的通知	海大办〔2020〕54 号
51	关于做好秋季校园消防安全工作的通知	海大办〔2020〕55 号
52	关于印发《海南大学海甸校区机动车辆停放及收费管理规定》的通知	海大办〔2020〕56 号
53	关于印发《海南大学生活垃圾分类管理暂行办法》的通知	海大办〔2020〕57 号
54	关于印发《本科生学业优秀单项奖学金评审办法（试行）》的通知	海大办〔2020〕58 号
55	关于印发《海南大学退役大学生个性化培养与帮扶方案》的通知	海大办〔2020〕59 号
56	关于印发《海南大学消防安全管理规定》的通知	海大办〔2020〕60 号
57	关于印发《海南大学食堂卫生与食品安全管理办法》的通知	海大办〔2020〕61 号
58	关于印发《海南大学大学生创新创业竞赛奖励办法（试行）》的通知	海大办〔2020〕63 号
59	关于印发《海南大学研究生学位论文评审实施办法》的通知	海大办〔2020〕65 号
60	关于印发《海南大学研究生教育督导工作条例》的通知	海大办〔2020〕66 号
61	关于印发《海南大学研究生学籍管理规定》的通知	海大办〔2020〕67 号
62	关于海南大学校长办公室（法律事务办公室）法律顾问分工的通知	海大办〔2020〕68 号

表彰与奖励

（本栏目收录范围为2020年下发文件）

教职工表彰与奖励

（不完全统计）

省级及以上表彰与奖励（集体）

2020年海南大学获省级及以上集体奖一览表

<table>
<tr><th>获奖单位(部门)</th><th>获奖名称</th><th>颁奖(主办)单位</th></tr>
<tr><td>海南大学信息与通信工程学院2016级电子信息工程理科实验班团支部</td><td>全国五四红旗团支部(团总支)</td><td>共青团中央</td></tr>
<tr><td>海南大学团委</td><td>2020年全国大中专学生志愿者暑期“三下乡”社会实践活动“优秀单位”</td><td>共青团中央</td></tr>
<tr><td>海南大学团委</td><td>海南省共青团重点工作考核第一名</td><td>共青团海南省委</td></tr>
<tr><td>海南大学</td><td>2020海南首届“e海瑞评”网评大赛“优秀组织奖”</td><td>中共海南省委</td></tr>
<tr><td>海南大学</td><td>2019年度海南省打赢脱贫攻坚战先进集体</td><td>海南省教育厅</td></tr>
<tr><td>海南大学</td><td>第十二届全国大学生广告艺术大赛海南赛区竞赛优秀组织单位</td><td>海南省教育厅</td></tr>
<tr><td rowspan="2">海南大学</td><td>第六届中国国际“互联网+”大学生创新创业大赛海南赛区竞赛优秀组织奖</td><td rowspan="2">海南省教育厅</td></tr>
<tr><td>第六届中国国际“互联网+”大学生创新创业大赛海南赛区竞赛特别贡献奖</td></tr>
<tr><td>海南大学</td><td>2020“中国高校计算机大赛——人工智能创意赛”海南省赛优秀组织机构</td><td>海南省教育厅</td></tr>
<tr><td>海南大学</td><td>第九届全国大学生机械创新设计大赛海南省赛区竞赛暨海南省首届大学生机械创新设计大赛最佳组织奖。</td><td>海南省教育厅</td></tr>
<tr><td>海南大学</td><td>第十届全国大学生电子商务“创新、创意及创业”挑战赛海南省赛优秀组织奖</td><td>海南省教育厅</td></tr>
<tr><td>海南大学</td><td>第九届“琼州杯”国际学生汉语与才艺大赛“优秀组织奖”</td><td>海南省教育厅</td></tr>
<tr><td>海南大学</td><td>海南省第七届大学生艺术展演艺术作品类优秀组织奖</td><td>海南省教育厅</td></tr>
<tr><td>海南大学</td><td>海南省第七届大学生艺术展演活动特别贡献奖</td><td>海南省教育厅</td></tr>
<tr><td>海南大学</td><td>第十一届海南省高校青年教师教学竞赛优秀组织奖</td><td>海南省教育厅　海南省教育工会</td></tr>
<tr><td>海南大学第三学生食堂（原教工食堂）</td><td>2020年海南省食品安全示范学校食堂</td><td>海南省教育厅　海南省市场监督管理局</td></tr>
</table>

续表

获奖单位(部门)	获奖名称	颁奖(主办)单位
海南大学第六学生食堂	2020年海南省食品安全示范学校食堂示范创建单位	海南省教育厅　海南省市场监督管理局
海南大学	2020年海南省教育系统公益美术作品比赛优秀组织奖	海南省教育厅　海南省美术家协会
海南大学审计处	2017—2019年度全国内部审计先进集体	中国内部审计协会
海南大学审计处	2017—2019年度海南省内部审计先进集体	海南省内部审计协会
热带作物学院罗杰（红船）创新工作室	海南省教科文卫邮电工会系统劳模和工匠人才创新工作室	海南省教科文卫邮电工会

省级及以上表彰与奖励（个人）

2020年海南大学获省级及以上个人奖一览表

获奖名单	获奖名称	颁奖(主办)单位
罗　杰	全国先进工作者	中共中央、国务院
张云阁	2020年全国教书育人楷模	中宣部　教育部
文金顺	第二届中华经典诵写讲大赛优秀指导教师	教育部语言文字应用管理司
路　平	第五届全国高校青年教师教学竞赛工科组三等奖	中国教科文卫体工会全国委员会
王联春	2020年海南省脱贫攻坚贡献奖	中共海南省委
王联春　张银东　杨元广　曲军远	海南省乡村振兴工作队先进个人	中共海南省委
王　寅　陈振斌　张　燕　黎雨苗　沈　重　李秀保　李长久　黄梦醒　梁　栋　程杰仁　王文峰　陈　青　庞真真　曹献英　赵德旭　林冬冬	第六届中国国际"互联网+"大学生创新创业大赛海南赛区竞赛优秀指导教师	海南省教育厅
王泽厚　屈　方　李文静　李鸣霄　李　宁	2020"中国高校计算机大赛——人工智能创意赛"海南省赛优秀指导教师奖	海南省教育厅
周晓谊　姚姜源　吴　迪　程杰仁	2020(第十三届)中国大学生计算机设计大赛海南省赛优秀指导教师	海南省教育厅
徐　扬　张　睿　唐丽春　颜　磊　蒋　锐　王海燕　陈东亚	第十二届全国大学生广告艺术大赛海南赛区竞赛优秀指导教师	海南省教育厅
董林峰　邹　靖　宋蒙蒙　王　寅　马媛馨　张　燕	第十届全国大学生电子商务"创新、创意及创业"挑战赛海南省赛优秀指导教师	海南省教育厅
赖春容　邓百意　陈小娜	海南省第九届"琼州杯"国际学生汉语与才艺大赛"优秀指导教师"	海南省教育厅
袁晓莉	2020年海南省教育系统公益美术作品比赛优秀指导教师	海南省教育厅
覃丽金　张建媛	首届海南省高校大学生信息素养大赛优秀指导教师奖	海南省教育厅

续表

获奖名单	获奖名称	颁奖(主办)单位
殷　越	第八届海南省高校辅导员素质能力大赛二等奖	海南省教育厅
曹银桥	海南省 2020 年教师节征文三等奖	海南省教育厅
刘莉莉	2020 年海南自贸港大学生职业生涯规划大赛院校教师组三等奖	海南省人力资源和社会保障厅　海南省教育厅
张　婷　罗邻球	2020 年海南自贸港大学生职业生涯规划大赛院校教师组优秀奖	海南省人力资源和社会保障厅　海南省教育厅
彭玉霞	最美家庭	海南省妇联
张宇慧　谭海胜	第十一届"中国移动'和教育'杯"海南省教育技术论文活动一等奖	"中国移动'和教育'杯"全国教育技术论文活动组委会
杨　帆　高海霞　宋晓丽	第十一届"中国移动'和教育'杯"海南省教育技术论文活动二等奖	"中国移动'和教育'杯"全国教育技术论文活动组委会
许能锐　李　丽	第十一届"中国移动'和教育'杯"海南省教育技术论文活动三等奖	"中国移动'和教育'杯"全国教育技术论文活动组委会
段玉聪　邵礼旭　湛楼高　曹　凯	第十届吴文俊人工智能技术发明三等奖	中国人工智能协会
杨　扬	第八届亚洲微电影艺术节金海棠奖"优秀作品奖"	中国电视艺术家协会
	第八届亚洲微电影艺术节金海棠奖"优秀导演奖"	
梁海明	第四届"十大杰出新香港青年"	十大杰出新香港青年评选组委会
朱深强	海南省内部审计先进工作者	海南省内部审计协会
张师源	第四届"中国创翼"大赛海南选拔赛暨 2020 年海南自贸港创业大赛优秀指导老师	2020 年海南自贸港创业大赛组委会

第二十七届海南省教师教育教学信息化评比海南大学获情况统计

获奖组别(等级)	获奖作品	获奖名单	颁奖(主办)单位
课件类一等奖	Web 前端开发教学演示系统	刘金羽　刘德兵　张晶晶	海南省教育厅
课件类三等奖	Unit2	毛　彧　吉清凯　楼润平	

2020 年海南省高校思想政治理论课青年教师教学基本功比赛海南大学获情况统计

获奖组别(等级)	获奖名单	颁奖(主办)单位
本科组一等奖	殷　越	海南省教育厅
本科组优秀奖	王一闳　刘　涵　丛德生	

第十一届海南省高校青年教师教学竞赛海南大学获情况统计

获奖组别	获奖等级	获奖名单	颁奖(主办)单位
文科组	一等奖	蒋　锐	海南省教育厅
	三等奖	王　萍	
理科组	二等奖	闵　义	
工科组	一等奖	路　平	
	二等奖	徐　畅	

海南省第七届大学生艺术展演活动海南大学获奖情况统计

获奖分类	获奖组别	获奖等级	获奖作品	指导教师	颁奖(主办)单位
艺术表演类	舞蹈节目	本科甲组一等奖	《把蓝色还给海洋》	周琳琳　徐艾君　雷顺意	海南省教育厅
		本科乙组一等奖	《只为重生的那一刻》	周　野　周琳琳	
	声乐节目	本科合唱乙组一等奖	《借我》	丁　岩　王蕊君　张卉雨	
		本科小合唱或表演唱甲组一等奖	《木棉花下绣黎锦》	许潇尹　郑　虹　林白云	
		本科小合唱或表演唱乙组一等奖	《他究竟是谁》	许潇尹　张卉雨　郑　虹	
	器乐节目	本科合奏乙组一等奖	《丝路追梦》	苏　萍　林晓明　陈彦芳	
		本科小合奏或重奏甲组二等奖	《花之圆舞曲》	吴春丹	
	戏剧节目	本科甲组二等奖	《青春无悔》	邓菡彬　邱华祥　鞠　斐	
		本科乙组二等奖	《红娘佳期》	云　华　姚传莲　徐艾君	
	朗诵节目	本科甲组二等奖	《自贸港里的闯海人》	于　赫　许劲草　林罗添	
大学生艺术实践工作坊	艺术与校园	一等奖	《艺术与校园》	刘　军　袁　琳　马立尧	
	艺术与生活	一等奖	《黎苗映迹——黎苗风情主题创意设计》	唐丽春	
	艺术与科技	一等奖	《艺术与科技工作坊——虚拟非遗工作坊》	邓　晰　李晓夏　颜　洪	
	艺术与美丽乡村	二等奖	《美丽乡村·设计增益——助力美丽乡村艺术设计创新项目》	于晓华　徐文廷　张广超	
高校美育改革创新优秀案例	—	一等奖	《艺术与校园》	邸冠程	
			《高校公共艺术通识课程建设与教学改革——美育素质教育多样化路径探索》	张　晨	
			《大学生艺术团美育创新工作团队的建设与发展——以海南大学艺术团为例》	周琳琳　徐艾君	
		二等奖	《突出民族地方特色的专业舞蹈人才培养模式改革》	康可可	
优秀创作奖	舞蹈节目	—	《把蓝色还给海洋》	周琳琳　徐艾君　雷顺意	
			《只为重生的那一刻》	周　野　周琳琳	
	声乐节目	—	《借我》	丁　岩　王蕊君　张卉雨	

续表

获奖分类	获奖组别	获奖等级	获奖作品	指导教师	颁奖(主办)单位
			《木棉花下绣黎锦》	许潇尹 郑 虹 林白云	
	器乐节目	—	《丝路追梦》	苏 萍 林晓明 陈彦芳	
网络人气奖	艺术表演节目	—	《只为重生的那一刻》	—	
	大学生艺术实践工作坊作品	—	《美丽乡村·设计增益——助力美丽乡村艺术设计创新项目》	—	

校级表彰与奖励（集体）

2020 年海南大学获校级集体奖一览表

获奖单位(部门)	获奖名称
人文传播学院 生命科学与药学院 土木建筑工程学院 海洋学院 管理学院	第三届海南大学青年教师“教学能手”选拔赛暨第十一届海南省普通高等学校青年教师教学大赛选拔赛优秀组织奖

校级表彰与奖励（个人）

2020 年海南大学获校级个人奖一览表

获奖名单	获奖名称
周伟民 唐玲玲 邹立刚 周永灿 黄梦醒	海南大学“木兰学者”
刘筱笛 裴 桐 邹 靖 贺加贝 沈立岚 张帅涛 王文峰 张 婷 王萌萌 王森森 陈 盼 傅 悦 吴 迪 王泽宇 李润东	2019 年度优秀辅导员

第三届海南大学青年教师“教学能手”选拔赛暨第十一届海南省普通高等学校青年教师教学大赛选拔赛海南大学获奖情况

获奖组别	获奖等级	获奖单位	获奖名单
文科组	一等奖	人文传播学院	蒋 锐*
	二等奖	管理学院	王 萍*
		经济学院	卢 媛
	三等奖	法学院	石冠彬
		管理学院	童泽林
		人文传播学院	丛 琳
	优秀奖	外国语学院	陈 梦
		政治与公共管理学院	熊昌盛
		旅游学院	王立磊

续表

获奖组别	获奖等级	获奖单位	获奖名单
		外国语学院	方海燕
		法学院	俞世峰
		学生工作部（处）	汪　蕾
		音乐与舞蹈学院	肖　雄
		旅游学院	林子昱
		旅游学院	张　珊
		外国语学院	王　雪
		马克思主义学院	王一闳
		外国语学院	王　佳
		旅游学院	韩　激
		美术与设计学院	陈燕秀
		政治与公共管理学院	赵晓歌
		计算机与网络空间安全学院	赵有桅
理科组	一等奖	生命科学与药学院	闵　义*
	二等奖	理学院	郭　惠
		生命科学与药学院	韦双双
	三等奖	应用科技学院	李佳霖
		海洋学院	蔡晓霓
		理学院	王　鑫
	优秀奖	生命科学与药学院	吴文嫱
		理学院	朱　莉
		热带作物学院	王倩男
		生命科学与药学院	从心黎
		理学院	智　霞
		理学院	李海燕
		理学院	黄荣芳
		生命科学与药学院	裴业春
		海洋学院	谢　嘉
		理学院	苗树青
工科组	一等奖	海洋学院	徐　畅*
	二等奖	土木建筑工程学院	路　平*
		材料科学与工程学院	涂进春
	三等奖	化学工程与技术学院	潘莉莎
		林学院	赵　丽
		材料科学与工程学院	于人同
	优秀奖	热带作物学院	李长江
		热带作物学院	汤水荣

续表

获奖组别	获奖等级	获奖单位	获奖名单
		食品科学与工程学院	李　川
		林学院	贺晓娟
		植物保护学院	李　芬
		园艺学院	曾教科
		化学工程与技术学院	徐树英
		生态与环境学院	谭正洪
		植物保护学院	李　潇
		土木建筑工程学院	任年鑫
		机电工程学院	吴京锦
		动物科技学院	裴世敏
		计算机与网络空间安全学院	马建强
		信息与通信工程学院	王冠军
		机电工程学院	汝绍锋
		食品科学与工程学院	陈　健
		信息与通信工程学院	陈　敏
		林学院	王晶晶
		土木建筑工程学院	谢　朋
		信息与通信工程学院	韩枝光

备注：“*”号选手代表学校参加第十一届海南省普通高等学校青年教师教学大赛。

2020年海南大学“五一劳动之星”获奖情况

获奖单位(部门)	获奖名单	获奖单位(部门)	获奖名单
经济学院	谢　妍　林冬冬	法学院	张丽娜　石冠彬　黄丽环
马克思主义学院	王齐冰　王一闳	人文传播学院	章　颜　公衍峰　李春荣
外国语学院	毕宙嫔　李润珍　杨　帆　覃成海　符壮慈	理学院	彭玉霞　王志刚　王小红　庾名槐
生命科学与药学院	谢天宇　赵建国　王世范	生态与环境学院	王泽宇
机电工程学院	唐荣年　李　创　张筱松	材料科学与工程学院	王　曦　文　峰
信息与通信工程学院	唐　英　王咸鹏	计算机与网络空间安全学院(密码学院)	周晓谊　毛　镠　殷　越
土木建筑工程学院	曹新颖　白　玉　路　平	化学工程与技术学院	熊德华　杨海峰
食品科学与工程学院	陈文学　云永欢	热带作物学院	张广飞　卢　茜　杨福孙　王文峰
园艺学院	汪志伟　王　菊	植物保护学院	缪卫国　朱朝华　叶卫东　张宝琴
动物科技学院	陈　云	林学院	林　勇　林　江　杨定海
海洋学院	谢珍玉　赵　群	管理学院	林　涛　刘扬雄　樊孝凤　李晓雨
政治与公共管理学院	阎根齐　陈丽琴	旅游学院	张　珊　谢祥项　邹　靖
音乐与舞蹈学院	肖　雄　陈晓芸	美术与设计学院	刘　军　张　婷
国际旅游学院	莫春俊	应用科技学院	赵圣和　盘　毅　张晶晶　王　斌

续表

获奖单位(部门)	获奖名单	获奖单位(部门)	获奖名单
国际教育学院	刘　亮　李小北	继续教育学院	符　贤
体育学院	张泽承　许达潭	教辅单位联合第一党总支	王慧妹　严孟春
机关	李　青　招剑夫　陈　青　黄良颖　王　华　孔庆锦　陈广锐　丁民河　马艳彬　姚锐环　陈荣昭　林仕岛　王　静　曹艺涛　杨　红　罗富晟　马春新　李其一	师生事务保障中心	王天仁　虞道珍　陈元业　谢海球　叶跃光　詹映影　宋翰文　韦爱娟　高利年　刘　华　王照飞
离退休人员服务中心	龙诚果	教辅单位联合第二党总支	詹春容　胡　群
图书馆	李文化　刘小香　王洪波　罗　莉	文科基础教学部	康由发
医院	黄锦富　李善良　李小娜	脱贫攻坚与乡村振兴	张银东　杨元广　王华伟　王联春　曲军远　邓井红　王远露
疫情防控	何宏米　王一钦　徐曾沛		

2018—2019年度海南大学获“优秀班主任”荣誉称号情况统计

获奖单位(部门)	获奖名单	获奖单位(部门)	获奖名单
经济学院	卢　媛	法学院	伍　奕
马克思主义学院	温小平	人文传播学院	李润东　汪　荣
外国语学院	朱　峰　李润珍　谭艳洁	理学院	梁　莉
生命科学与药学院	廖承红	生态与环境学院	赵洪伟
机电工程学院	汝绍锋　袁　磊	材料科学与工程学院	李长久
信息与通信工程学院	陈　霞	计算机与网络空间安全学院	靳　婷　郭　祯　王隆娟
土木建筑工程学院	李良勇　王志佳	化学工程与技术学院	徐　静
食品科学与工程学院	云永欢　夏光华	热带作物学院	吴治澎　杨福孙
园艺学院	周其良	植物保护学院	刘　铜　叶卫东
动物科技学院	裴世敏	林学院	蔡泽坪　林　江　李晓甜
海洋学院	孙　云	管理学院	付景涛　刘　玲
政治与公共管理学院	卢　暄	旅游学院	张　珊　林豪燕
音乐与舞蹈学院	丁　岩　陈　芬	美术与设计学院	邓　晰　张　婷
国际旅游学院	赵　越	应用科技学院	卢　佳　张林丽　李攀攀　王　斌

2019年度海南大学考核优秀人员获奖情况统计

获奖单位(部门)	获奖名单
经济学院	余升国　张应武　张尔升　王　勇　林冬冬　刘筱笛　符妮颜
法学院	张丽娜　宁清同　刘云亮　熊勇先　刘国良　刘　荣　王杜娟　金海兰
马克思主义学院	杨素稳　赵静波　王雅娟　周细波　秦子忠　杨小洁

续表

获奖单位(部门)	获奖名单
人文传播学院	乔焕江　汪韶军　马荣江　颜　磊　安华涛　周　洁　陈传君　熊文军
外国语学院	毕宙嫔　王克献　白丽芳　李　润　刘素君　李明玲　杨　帆　殷国梁　夏美丽　孙成平　张　辉　岳　梅　邱新慧　何光璧　李　珈　符壮慈　叶志民
理学院	彭玉霞　欧宜贵　霍世清　杨建新　冯建成　王小红　肖开恩　陈文钦　张军锋　梁　莉　郭　锦　毛旭强　庾名槐
生命科学与药学院	廖承红　陈惠萍　杨东升　董　帅　周　霞　吴繁花　胡文婷　罗国忠　莫明锦
生态与环境学院	刘毓海　陈秀莲　马　斌　苏增建
机电工程学院	廖宇兰　李　粤　文　伟　李劲松　庄继晖　卫之龙　李　创　谢小峰　印一凡　方海旋
材料科学与工程学院	杜　杰　赵艳芳　文　峰　涂进春　周郭军　康　宁
信息与通信工程学院	伍庆清　李京兵　沈　健　杨永钦　张映珊
计算机与网络空间安全学院	曹春杰　胡怀谨　马建强　唐朝胜　姚姜源　叶春杨　张　雨　周晓谊　张　静
土木建筑工程学院	杜　娟　路　平　王志佳　张　杨　季新然　尚春静　陈炫然　李江俊
化学工程与技术学院	王　敦　孙中亮　尹学琼　熊德华　欧阳文珍
食品科学与工程学院	李　武　陈　健　张正科　夏光华　范丽霞　梁丽仪　符景嫣
热带作物学院	莫廷辉　王守创　朱治强　万迎朗　夏志辉　张盛敏　朱　萍　孙　莉　刘　申　林道哲　钟璐蔚
园艺学院	田丽波　曾教科　周　扬　李海朋　王明繁　刘海莉
植物保护学院	张俊宏　刘文波　李增平　王兰英　吴少英
动物科技学院	张海文　陈　思　裴世敏　李　洋　王晓岸
林学院	林　宁　高联红　张　辉　陈金辉　刘寿柏　庞小钦　林敏玲　杨石有
管理学院	付景涛　潘友仙　胡　珺　沈　琳　许海平　朱月季　符　涛　邵元海　赵　达　刘扬雄　郑素珍　易丽婧　王晓苗
政治与公共管理学院	吴方彦　洪　颖　毕研韬　黄朝明　韦诗林　杨　彬
旅游学院	谢彦君　张　珊　胥兴安　侯佩旭　鄢慧丽　王凤霞　余力力　吴淑康　陈小莉
音乐与舞蹈学院	郑　虹　林晓明　罗晓海　杨小强　陈泽锐　杨思华
美术与设计学院	于晓华　方星星　陈燕秀　刘喜梅　王槐豪　顾祝容
国际旅游学院	杨红莲　莫春俊
应用科技学院	李攀攀　田少卿　谢达理　张赛丽　刘彦萍　蔡雯宇　赵圣和　廖　琛　王文军　张永峰　王立辉　杜燕连　王　辉
国际教育学院	赖春容　于　飞　王晓东
继续教育学院	符　贤　崔道寺
体育部	罗海蛟　林　超　刘远花　袁　航　吴钟权　郑庆创　卢振光
师生事务保障中心	陈丽珊　陈元业　周安元　李华进　黎志胜　吴志忠　谭孟明　麦声谊　张琼瑛
离退休人员服务中心	郑福南
图书馆	林　涛　杨育红　范武山　李保红　邓　玲　林　密　何清莲　朱春燕　云　艾　张利芳　黄莹桦

续表

获奖单位(部门)	获奖名单
学报编辑部	严孟春　林尤刚　张小丽
信息化服务中心	陈讨海
分析测试中心	刘艳凤
档案馆（校史馆）	董红亮　陈　慧
文科基础教学部	郭步尧　丁世荣
南海海洋资源利用国家重点实验室	田新龙　姜城成　刘　涛　何嘉琦
海南大学医院	洪　莉　杨建波　曹海妹　李丽萍
机关	黎雨苗　林　华　李　丹　陈　蓉　李布明　史旭峰　郑兰妹　谢辉凡　王琼辉 叶沪伟　徐　军　邓昌业　文武乾　王　华　王家安　朱腾飞　梁帮德　周永安 郭永志　郭桂英　许修斌　陈婷婷　董天为　杨德禧　农伟强　孙梦羽　白　洋 方　娇　王　英　吴海花　林育英　蔡莉娜　黄慈婷　徐广梅　刘庆丰　董一萱 朱深强　邢　艺　王亚冷　符琼月　肖　洒　葛雯菱　李远颂　寇周明

学生表彰与奖励

（不完全统计）

省级及以上表彰与奖励（集体）

2020 年海南大学获省级及以上集体奖一览表

获奖团队	获奖名称	颁奖(主办)单位
青春寻迹·筑梦井冈	2019 年“井冈情·中国梦”全国大学生暑期社会实践专项活动“优秀团队”	共青团中央青年发展部和全国青少年井冈山革命传统教育基地管理中心
李娇团队	第四届全国高校大学生讲思政课比赛二等奖	教育部高等学校思想政治理论课教学指导委员会
原广团队	第四届全国高校大学生讲思政课比赛三等奖	教育部高等学校思想政治理论课教学指导委员会

第十五届全国大学生智能车竞赛海南大学获奖情况统计

获奖赛区	获奖组别	获奖等级	获奖团队	颁奖(主办)单位
全国	四轮组	二等奖	DXS 追风逐日队	中国自动化协会
	节能直立组		HNUDynamic 队	
	信标组		海南大学信标组队	
华南赛区	双车接立组	二等奖	卧薪尝胆队	
	A I 电磁组	三等奖	工频余弦队	

省级及以上表彰与奖励（个人）

2020年海南大学获省级及以上个人奖一览表

获奖人员	获奖名称	颁奖（主办）单位
段玫竹	第十二届中国青年志愿者优秀个人奖	共青团中央
陈刘炜	第五届全国青少年“学宪法·讲宪法”比赛团队知识竞赛一等奖	教育部主办
何佳恒	“笔墨中国”汉字书写大赛一等奖	教育部语言文字应用管理司
许缘圆	2020海南首届“e海瑞评”网评大赛一等奖	中共海南省委
曹思颖	第五届海南省学生“学宪法、讲宪法”比赛演讲比赛一等奖	海南省教育厅
陈刘炜	第五届海南省学生“学宪法、讲宪法”比赛知识竞赛一等奖	海南省教育厅
高舒娟	2020年海南自贸港大学生职业生涯规划大赛本研应届生组三等奖	海南省人力资源和社会保障厅 海南省教育厅
张晶晶　施雅馨 王　雨　李丽雯	2020年海南自贸港大学生职业生涯规划大赛本研应届生组优秀奖	海南省人力资源和社会保障厅 海南省教育厅
刘慧亭	2020年海南自贸港大学生职业生涯规划大赛本研在校生组三等奖	海南省人力资源和社会保障厅 海南省教育厅
李富丽	2020年海南自贸港大学生职业生涯规划大赛本研在校生组优秀奖	海南省人力资源和社会保障厅 海南省教育厅

2020高教社杯全国大学生数学建模竞赛（海南赛区）海南大学获奖情况

获奖等级（组别）	获奖名单	颁奖（主办）单位
本科组一等奖	姜雨佳　陈　涛　岳琮涵　王之扬　洪浩东　姜文瀚　许芊芊　王　洁　袁　涛 蔡宇辰　连洄菁　刘晓涵　吴笛扬　李　龙　郝致远　龙一平　曾莹芳　付　珂 陈媛媛　辛东宇　林炟君　周燚泽　陈佳闽　孙逸龙　陈铭晗　闫冰洁　王　俊 韩雨非　林伟杰　张竞丹　谯　宇　张　卓　邵煜潇　陈　雯　李紫茹　王　月 何　亮　郑欣怡　朱正霞　李帅霖　张德沛　樊依诺　阮琪琪　徐柯欣　符艺莎 陈　晓　程嘉欣　王焱熹	海南省教育厅
本科组二等奖	郭森鑫　李世东　邵铭豪　宁人洁　钟　洁　左冰儿　胡文浩　黎　洋　马　更 周裕如　张弘雨　魏冰冰　何　洋　李家成　李泽仑　罗　炜　雷鹏飞　刘润函 林金城　田新宇　尹妍驰　彭　健　王子杰　王大壮　段叶川　曾　昊　付德文 罗天双　蔡艳蓉　何炜清　景杨迪　刘菲菲　冯润麒　陈泳豪　刘一博　张存源 庄子漩　许京京　赵旭松	
本科组三等奖	张耀天　石林聪　王景雅　邹　棋　雷　琦　库泓旭　马瑞康　吴陈鑫　孙泽贤 王治舒　谭　敏　韩晓磊　赵玥玥　于　洋　游雨菲　姚佩君　郭文君　王　萱 周　琪　郭奕霖　张昱辰　彭勇强　陈泽萱　马　琦　张智溢　程子航　陈海龙 崔晨旭　危　雨　徐聆潇　施逸铭　舒　心　唐雅婷　丘莉芸　任汉仲　侯英杰 陈力科　孙浩洋　张耀丹　周玉昆　段　祺　闫昊坤　冯泽晶　马嘉晨　徐义帆 廖汝翔　袁　军　施蒋荟卉	

第六届中国国际“互联网+”大学生创新创业大赛（海南赛区）海南大学获奖情况

获奖组别	获奖等级	获奖作品	获奖名单	指导老师	颁奖(主办)单位
高教创意组	金奖	HiNVOICE CHAIN-基于区块链的税企直连平台	方梦薇 罗 浩 洪浩东 曹 旭 邱 涵 王子澄 高子涵 丁柳诗 陈诗如 张爵霖 尚禹辰 庄海燕 蔡玲慧 黎永澄 朱伍佳杰	王 寅 王 琳 符 涛 段玉聪 程杰仁 林冬冬 许能锐 余升国 沈 琳	海南省教育厅
		智能路径规划消毒防疫多功能车	范智玮 田晨宇 孙逸龙 刘安迪 闫冰洁 苏思元 管淑萍 王 希 周吾珎 付德文 陈铭晗 李贺白 陈 曦 郑慧泽 王春娟	陈振斌 张 燕 张惜辉	
		集成化液滴数字 PCR 检测平台	解喻璐 刘 洁 康国珍 孙雨秋 许 阐 潘雨佳 王邵宇 王纪霞 王 珍 邹自松 张 辉 邓添怡 唐雅婷 段柄男 范蓉蓉	张 燕 王 寅 梁 栋	
高教初创组	金奖	灵匠-临工到灵匠的陪伴者	胡立文 王伟韬 陈文涛 冀雪霜 伍先权 宋 词 卞康燕 朱诗楠 段玫竹 周 衡 王小语 梁 勉 梁芷依	黎雨苗	
高教师生共创组	金奖	共融智能消毒机器人	张 鲲 陈 雨 冯 硕 程鹤森 郝致远 吴笛扬 臧 岚 吴昱芸 龙克柳 雷智杰 薛阳阳 丁 业	沈 重 王咸鹏	
红旅公益组	金奖	绿值	陈 煜 梁 勉 王之扬 马忆楠 郑文倩 周 衡 段玫竹 王小语 梁芷依 江 欣 武鹏婷	林冬冬	
高教创意组	银奖	黎族船型景观鱼礁——变海底荒漠为珊瑚	夏景全 王新元 任瑜潇 李 吉 张国豪 杨 昶 陈 煜	李秀保 王爱民 许 强	
		澜安-基于反渗透压和原电池供暖技术的海水淡化生热一体式救生衣	黄吉意 卢昕灿 唐 露 游雨菲 曾莹芳 高 昂 刘昊翀 侯明秀 王晨希 李俊媛 陈寅颖 陆天洋 黄 文 岳开妍	李长久 王 曦 王 寅	
		智数瑶光科技有限公司	张亦先 李佳乐 李优悠 边诗涵 张嘉铭 王翰文 李灏城 曾莹芳 舒 妍 李静宜 杨一帆 闫冰洁 孙逸龙	黄梦醒 李 忠	
		移动式全喂入香蕉茎秆纤维提取机	许 阐 张 辉 唐雅婷 邓添怡 解喻璐 张文成 杨洛宾 邹自松 刘 洁 孙雨秋 康国珍 何潇潇 何声浩 王纪霞 杨延钧	梁 栋 张 燕 王 寅	
		曙光二号疲劳驾驶检测小盒	孙逸龙 曾曼泠 周燚泽 王 婧 王琛洋 宋伟旭 薛雅楠 王 璋 陈书淇 陈铭晗 王春娟 孙镜涵 范智玮 张亦先 苏思元	程杰仁 陈赞章 殷 越	

续表

获奖组别	获奖等级	获奖作品	获奖名单	指导老师	颁奖(主办)单位
		云智生物智能型物联网生物实验与自动监测	殷浩然 廖耘皎 窦思雨 谢冯珍 刘烁 刘泽宁 杨清清 刁鑫强 宋洋 张晋祥 张骞 祝圣涵	庞真真 陈伟 王寅	
高教创意组	铜奖	基于 STEAM 教育需求的迷你型模块化机器人	刘鑫淼 苟明宏 张晋祥 董澜萱 朱芙瑾 胡志聪 杨俊菁 殷浩然 曾榕 刘丽婷 曾思润 张萌 杨尚志 鲁相玉 兰东	王寅	
		智能控制 LED 及光导系统一体化装	李耀文 刘为斌 杨思瑜 周乐	—	
		南乐录音棚——互联网混音制作领域开拓者	赵世卓 廖乾斯 廖思雨 邓与同 何坤龙 王子豪	王文峰 陈柳茜	
		海鸣薇——基于区块链的食品质量安全溯源系统	朱乐晖 方梦薇 祝冠楠 杨振宇 徐欢 计林越 曹旭 刘鹏炜 陈诗如 王子澄 吕守烨 谢星寰 游锦若 尚禹辰 上官舒懿	曹献英 程杰仁 夏光华 梁栋 王寅 林海英 李丹	
		海南黑冠长臂猿保护与文创产业开发项目	施雅馨 马郁涵 张婧炜 王赛 方静妍 杨善雅 梁蔚 高银潇	赵德旭	
高教初创组	铜奖	StellarX：VR 内容创作工具与 STEAM 教育应用	何来晨 李婧雨 方梦薇 褚浩 梁立国 张亚东 赵婧扬 王舟逸颖	陈青 邹靖 谢曦	
高教主赛道、红旅赛道、职教赛道	优秀奖	多场景智控医疗机器人	朱文博 陶婧 邹清华 徐瑞 周家豪 邓诗易 张家昊 岳琮涵 王海锦	—	
		佑安监测盒	谭敏 王治舒 贾如意 蔡浪 孙家玮 李梦涵 何迎菲	—	
		类脑无人智能靶船	邱中原 黄邦振 王成 郑斌 冀雪霜 支帅青 张紫祎 李沛然 李逸 史鹏圣	—	
		高性能海洋防腐防污涂料——支撑南海建设	陈成刚 钟可心 郭章涛 孔慧娴 马金鑫 苏秋玲	—	
		基于调频连续波毫米波雷达的智慧井盖	谭阳 刘顺章 杨静 王东旭 张天宇 陈小荷 夏晓宇 朱天宇 方雨宁 方雨萌 和翔 沙星宇	—	
		海南数奕科技有限公司	陈铭晗 樊诗宇 舒心 范智玮 付德文 闫冰洁 周燚泽 王宗仁 杨一帆 董文博 王瑞花 李志来 刘博艺	—	
		特种海工水泥构筑海洋强国	李海 田高旗 李菲 侯睿 吉德卫	—	
		暖阳行动	褚佳宁 王其姝 郭毓宏 王若邻 贺琦 王小语 段玫竹 胡立文	—	

续表

获奖组别	获奖等级	获奖作品	获奖名单	指导老师	颁奖(主办)单位
		沐光——关爱盲人志愿服务	孙钟琦　潘东子　吴俊衡　连洄菁 王　婕　任晓硕　陈易航	—	
		北纬20°普法志愿云平台	韩淑越　张浩然　杨梓萌　章瑶瑶 陈婷婷　秦艺嘉　王波涛　郭宏璟 段星宇　张艺葳	—	
		“贝”旅文创	胡志聪　张晋祥　王　希　薛雅楠 孟宇欣　王雨婷　董洸磊　祝圣涵	—	
		“婡才蓓出”未来梦想职业体验教育计划	马媛馨　心　怡　吴泽明　张祎彤 常明宇　马丹莹　李　卉　薛　锦 彭美怡　宋彩霞　王瑞花 王舟逸颖	—	
		智慧养蜂：乡村振兴千人帮扶计划	廖万杰　邓与同　訾学彬　唐永强 王栋灵　章倩茹　刘　伟　王子豪 梁梓璇　田　贺　黄　铃　杨林馨 赵雯淑　潘姝凝	—	
		Hi-Ya压缩软件	史鹏圣　支帅青　张紫祎　李沛然 李　逸　李　娜　郑　鑫　王　成 黄邦振　邱中原　郑　斌	—	

2020年中国高校计算机大赛（海南省赛）海南大学获奖情况

获奖组别	奖项等级	获奖名单	指导老师	颁奖(主办)单位
团体程序设计天梯赛	一等奖	马瑞康　刘俊杰　马　琦　王贵臣　许　帅　郭　韬 张盛翔　钱宇晗　闫冰洁　吴水海	谭毓银	海南省教育厅
		于　洋　孙浩然　李润龙　张智溢　付　珂　陈震洋 高浩洋　岳　怡　刘　奥　张浩洋	张春元	
		辛东宇　余　薇　柳佳池　周梓凯　王　萱　马文宇 张　卓　常傲洋　曾泊远　陈媛媛	叶春杨　李德顺	
		游雨菲　丁　虎　王雨珂　于　洋　李成龙　胡文浩 匡　达　董　庆　岳琮涵　杨谋德	周晓谊	
	二等奖	左冰儿　陈泳豪　王翰文　陈宏峰　张清泉　孙浩洋 刘云鹏　肖　旺　钟　洁　江雪雨	谭毓银	
		邱翔飞　陶　伟　唐泽平　殷梓凡　陈时彦　赖嘉炜 孟　浩　吴起森　王斌斌　梁宇潇	唐朝胜　姚姜源	
	三等奖	陈　龙　李　浩　郑慧泽　张浩晖　李帅霖　周琴慧 韩梦雪　叶楠枫　何炜清　段　晖	叶　俊	
		姜燕辉　段熙宇　柴煜昌　杨子硕　赵思豪　周煜程 易　宇　于睿华　高秀文　周　琪	周　辉	
网络技术挑战赛	一等奖	屈　方　李文静　王泽聪　李鸣霄　夏立君	黎才茂　杨厚群	
		訾学彬　文学翔　顾　舟　方栋梁	叶春杨	
	二等奖	曹婉莹　刘俊杰　王　樊　张爵霖　欧　嵬	周晓宜	

续表

获奖组别	奖项等级	获奖名单	指导老师	颁奖(主办)单位
网络攻防赛	一等奖	姚　清　高鹏飞　于睿华	周晓谊	
		李成龙　匡　达　尹伊君	周晓谊	
	二等奖	袁　林　朱建民　石嘉宝	邱　钊	
		石岩松　张翔宇　符艺莎	王隆娟	
		张开翔　李鸿宇　张恒伟	王隆娟	
	三等奖	李修来　许信彬　李　花	程杰仁	

2020（第十三届）中国大学生计算机设计大赛（海南省赛）海南大学获奖情况

获奖等级	获奖作品	获奖名单	指导教师	颁奖(主办)单位
本科组一等奖	基于差分萤火虫算法的盲水印系统	曹婉莹　丁常峰　刘云鹏	周晓谊　陶方舰	海南省教育厅
	HiCollage-基于微信小程序的学生校务管理	罗　浩　张爵霖　朱文博	吴　迪　黄梦醒	
	云智生物智能物联网生物实验及监测系统	殷浩然　刘　烁　窦思雨	姚姜源　吴　迪	
	多场景智控医疗机器人	张家昊　周家豪　邓诗易	吴　迪　张　雨	
	基于时序热词挖掘的 COVID-19 舆情监测和情感分析系统	张亦先　杨一帆　李佳乐	程杰仁　吴　迪	
本科组二等奖	海洋牧场——水下多功能工作平台	阮文奥　杨嘉诚　荀宇洁	王咸鹏　吴　迪	
	多功能水下探测机器人	訾学彬　文学翔　顾　舟	—	
	校代达微信小程序	王泽聪　申朋旭　屈　方	黎才茂	
	食刻微信小程序	谢璐忆　黄梦诗	钟杰卓	
	防疫口罩监控系统	曹　蓉　李　宁　王泽厚	黎才茂　陈少凡	
	HTML 开发及部署环境及配套数据库	张智溢　于　洋　李亚子	常　颖	
本科组三等奖	安全拍卖	杨谋德　岳　怡　柳佳池	叶　俊	
	锁它 APP 隐私保护软件	訾学彬　于　洋　袁子琪	—	
	基于双水印和自适应线性加权恢复的图像篡改检测恢复算法	匡　达　李成龙	周晓谊	
	基于 ROS 系统和 SLAM 的医疗服务机器人	訾学彬　方栋梁　于　洋	张　雨	
	墨筹——学生筹平台项目	陶　婧　朱文博　陈佳闽	吴　迪　黄梦醒	

2020“中国高校计算机大赛——人工智能创意赛”（海南省赛）

获奖等级	获奖团队/获奖作品	获奖名单	指导教师	颁奖(主办)单位
一等奖	A-EMM syeterm	王泽厚　屈　方　李文静　李鸣霄　李　宁	杨厚群	海南教育厅
二等奖	智慧养殖中的水质监测预测智能系统	陈梓杰　巩龙勤　尹术壮　张　翔　霍科佳	胡祝华	
	基于轻量级神经网络的云智检平台	屈　方　曹　蓉　李文静　王泽聪　李鸣霄	黎才茂	
三等奖	基于 yolo 的超分辨率重建图像检测系统	黄春早　雷菲菲	杨厚群	

第九届全国大学生机械创新设计大赛（海南赛区）暨海南省首届大学生机械创新设计大赛海南大学获奖情况

获奖等级	获奖作品	获奖名单	指导教师	颁奖（主办）单位
一等奖	“晾小衣”智能晾衣架	张　磊　徐建乐　朱叶红　刘易灵　段千龙	邢洁洁　廖宇兰	海南省教育厅
	智能华容道置物柜	钟源孜　兰书钊　苏思元　刘　想　路　遥	罗洪峰　袁　磊	
二等奖	聪明且高“柜”	杜承轩　毛开浩　吉天鹏　胡思敏　梁雨峰	邢洁洁　付　威	
	旋转式智存取物柜	商桂升　马　更　叶　铎　周祎伟　詹镕菁	廖宇兰　王高平	
	多功能轮椅	谭　敏　王治舒　贾如意　吴　昊　黄品标	周　腾　崔建兵	
	多功能上下床轮椅	段柄男　舒浩洲　许　阐　汤淇文　郑红英	张　燕　梁　栋	
三等奖	智能鞋柜	梁雨峰　兰　琦　孙海亮　卞文博　贾如意	汝绍锋　陈振斌	

第十届全国大学生电子商务“创新、创意及创业”挑战赛（海南省赛）海南大学获奖情况

获奖等级	获奖团队	获奖名单	指导教师	颁奖（主办）单位
特等奖	起个名真难	周心怡　洪　颖　汪雨诗　张佳欣　梁　涛	董林峰　邹　靖　曲军远	海南省教育厅
	野马青年	李　卉　王心怡　王舟逸颖　彭美怡　薛　锦	宋蒙蒙　王　寅　马媛馨	
	智科精灵	何迎菲　孙家玮　古怀玉　姜苗苗　蔡　浪	董林峰　张　燕	
一等奖	妍韵	李梦涵　肖　祎　高　迪　吴宇飞　衡　悦	曹　扬　董林峰	
	植育未来	唐　婧　宁人洁　董洸磊　康婧博	唐建荣	
	心翼	姜雨佳　张庭瑜　薛昊明　付　珂　刘咏莹	—	
	CDD	江　雪　马佳梦　王泽农　崔金星　王烁璇	董林峰　邹　靖	
	Pet 心球	魏鸿霄　阮康兰　肖宇滔　张　逸	程晓曦	
二等奖	单项组合	吴　瑾　杨子硕　汪行云　王晨曦　吴　雨	曹　扬　李太福　吴洁宇	
	五行缺火	王　杰　李鸿彬　隋文君　赵力栖　周铭茹	段玉聪　董林峰　宋蒙蒙	
	天才王者集中营	诸思湉　余　沁　张　晗　肖婧瑜　王秋萍	张　珊	
	没有感情的运动机器们	刘瑜琦　赖　麒　黄晓婷　马笑驰　辛　恬	曹　扬　孟　凯	
三等奖	赛创 CyneTronics	胡筱乐　代　琳　聂伊朵　王子瑜　胡心羽	—	

续表

获奖等级	获奖团队	获奖名单	指导教师	颁奖(主办)单位
	海岛之蓝	王露渝　王　超　罗卿云 黄琦淋　毛贤儒	吴　珏	
最佳创意奖	起个名真难	周心怡　洪　颖　汪雨诗 张佳欣　梁　涛	董林峰　邹　靖　曲军远	
	心翼	姜雨佳　张庭瑜　薛昊明 付　珂　刘咏莹	—	
最佳创业奖	CDD	江　雪　马佳梦　王泽农 崔金星　王烁璇	董林峰　邹　靖	

第十二届全国大学生广告艺术大赛（海南赛区）海南大学获奖情况

获奖组别	获奖等级	获奖作品	获奖名单	颁奖(主办)单位
平面类	一等奖	《自然之美，源自冰川》	龙　舟	海南省教育厅
		《古代也要轻养生》	张亦婷	
		娃哈哈苏打水包装设计	高韵迪	
		青春，纵横自由！	邵婧颖	
		《“一封”装得下》	韩钰衍	
		爱你，所以想更好地保护你	李楚楚	
		隔离战“疫”	李秋霞	
		《百毒不侵系列 3》	熊　钰	
	二等奖	《千面义乌，买买买》	屈佳欣	
		娃哈哈黑糖奶茶优品质	张慧丽	
		健康零负担	岳海关	
		爱华仕乐园	唐玉琴	
		追逐梦想，拥抱世界	张翔宇	
		青春“箱”遇 不独行	符淑雅	
		尽情	刘艳杰	
		严密部署战疫情	何　源	
		宅得云开见月明	张婧炜	
		五子连棋？没门！	林梦旖	
		心手相连	陈舒蕊	
	三等奖	《纯粹冰肌水，喜马拉雅的礼物》	毕建行	
		属于肌肤的饮料	张婧炜	
		自然堂冰肌粉底液	卓文静	
		来自四维口袋的小商品	范宸熙　陈霖霖	
		全力“苏”出	邱雯娟	
		轻新–0 卡路里	李　傲	
		娃哈哈寻味指南	张逸暄　郭燕华	
		娃哈哈包装设计	范宸熙　何馨莹	

续表

获奖组别	获奖等级	获奖作品	获奖名单	颁奖(主办)单位
		健康活力，全力“苏”出	刘宣州禾	
		爱华青年，畅箱未来	罗俏俏	
		爱祖国如此多娇	李凌欧	
		爱华仕，带你去想去的地方	李楚楚	
		爱的心电感应	张逸暄　郭燕华	
		杜蕾斯	张嘉铭	
		《不循常路》	高韵迪	
		京东新班列	张家祥	
		年轻人的专属加油站	马　莉	
		一部电视剧，一段文化史	李楚楚	
		驰援武汉	陈舒蕊	
		清除	刘艳杰	
		同舟共济	张逸暄　郭燕华	
		祸“蝠”相依	尚　阳　罗双玲	
		琼尽全力	李欣悦	
		共同体	刘佳慧　吕王玉	
		蝠弃	周琬贞	
		《搏疫》	刘　宏	
影视类	二等奖	独立不独行	范柳姿　洪樱瑞　朱海容　李思阳　盘道伟	
	三等奖	装得下，世界就是你的！	李楚楚　赖若楠	
		距离	陈霖霖　范宸熙　王云霞	
微电影类	一等奖	《做自己，美自我定义》	刘舒婷　郭学斌　孙　奥　孙敬斐　宋旺旺	
	三等奖	陪伴	徐嘉慧　颜欣怡　高子琪　蔡用云	
		《口罩》	梁昌杰　杨　静　高韵迪　崔恩萍　赖若楠	
动画类	三等奖	爱喜猫的眼镜	杨思思	
互动类	三等奖	娃哈哈黑糖奶茶之旅	张欣宇　张薇薇	
广播类	一等奖	自然堂，你本来就美	庄海燕　李　娇　熊振宇	
	二等奖	杜蕾斯之爱的保护伞	郑俊云　封　燕	
		购车首选	李　爽　崔　静	
	三等奖	假“妆”	李　爽　童　明	
		到义乌，全都有	杨若澜　褚燕玲	
		温暖相伴，轻松伴侣——娃哈哈	张薇薇　张欣宇　田雪琴	
		装上时尚与理想	郑俊云　封　燕	
		李清照的风云往事	杨若澜　褚燕玲	
		疫情防护要做好	李　爽　童　明	
		战“疫”有我	庄海燕　李　娇	
策划类	一等奖	遇见飞天，逐鹿四方	王演华　王芙淑　林晓晨　王　慧　赵华成	
		《一屋一物一义乌》	孙靖媛　孟璐璐　刘　畅　曾　好　孙卓钰	

续表

获奖组别	获奖等级	获奖作品	获奖名单	颁奖(主办)单位
	二等奖	我本不同，国本不同	宋柏颖　张　妮　李若瑜　梁　蔚　于灵玉	
		彳亍·在路上	尚思琪　孟伊娜　关懿洋　刘洋飘雪　韩鹏鑫	
		雪国游记	张婧炜　刘　畅　马　莉　罗俏俏　马郁涵	
		这“9”是健康	张博蔚　叶朝阳　周睿思　邓　航　谭　然	
	三等奖	破冰“JI”划	张倩楠　张婧阳	
		暗香银袖梦佳人	马郁涵　施雅馨　张莹琦	
广告语	一等奖	自然之美	李凌欧	
	二等奖	底色	甘晓洁	
		娃娃哈的苏打魅力	陈　悦	
		爱华仕	施雅馨　马郁涵	
	三等奖	《pH9.0》	李江萍	
		杜蕾斯	陈霖霖	
		便利的口袋商店	陈小翠	
长文案类	一等奖	《给高尔夫的三行情诗》	韩钰衍	
	二等奖	即刻补水，即刻享受	陈小翠	
	三等奖	爱华仕母亲节长文案	褚燕玲　杨若澜	
		爱你三部曲	蔡瑞辉　庄海燕	

2020年泛珠三角大学生计算机作品赛（海南省赛）海南大学获奖情况

获奖等级（组别）	获奖作品	获奖名单	指导教师	颁奖(主办)单位
本科组一等奖	曙光二号多维疲劳驾驶检测小盒	曾曼泠　孙逸龙　王琛洋　宋伟旭	程杰仁	海南省教育厅
	基于轻量级神经网络的密集物件云检系统	屈　方　李文静　曹　蓉　李鸣霄	黎才茂　陈少凡	
	COVID-19口罩监控系统	李文静　王泽聪　王泽厚　王　樊	黎才茂　陈少凡	
	基于物联网的智慧养殖预测预警平台研究	段叶川　韩　冰　张　翀　王振辰	胡祝华	
本科组二等奖	基于双水印和自适应线性加权恢复的图像篡改检测恢复算法	李成龙　匡　达	周晓谊	
	多场景智控医疗机器人	邹清华　张盛翔　岳琮涵　王云飞	蒙秋研　吴　迪　贾宝莹	
	海洋牧场——多功能水下工作台	余　薇　张周宇　魏冰冰　朱正霞	黄梦醒　王咸鹏　吴　迪	
	高考志愿填报服务系统——薪薪向荣	张雅婷　李舒心　周歆珂	黎才茂	
	内嵌语音识别模块的可交互联网RPG游戏	郜事成　徐岱琪　许乐薇	胡祝华	

续表

获奖等级（组别）	获奖作品	获奖名单	指导教师	颁奖(主办)单位
本科组三等奖	图片分类标记 APP	郑祺潇 潘远明	钟杰卓	
	基于 ROS 系统和 SLAM 改进算法的多场景智能机器人	訾学彬 曾 昊 徐心怡 高 迪	张 雨	
	墨 筹——学生众筹平台项目	陶 婧 王运辉 赵圆圆 叶翔乐	吴 迪 黄梦醒	

第四届"中国创翼"大赛海南选拔赛暨 2020 年海南自贸港创业大赛海南大学获奖情况

获奖等级	获奖作品	获奖名单	颁奖(主办)单位
院校专项赛一等奖	威尔德中空构件焊接智能装备领航者	高 敏	2020 年海南自贸港创业大赛组委会
院校专项赛二等奖	新一代癌症个体化医疗整体解决方案	鲍娇琳	
	移动式全喂入香蕉茎秆纤维提取机	许 阐	
院校专项赛三等奖	瑶光数据岛——面向海南旅游业融合发展路径的舆情检测助手	李佳乐	
	澜安——基于反渗透和原电池供暖技术的海水淡化生热一体式救生衣	卢昕灿	
	智能规划路径消毒防疫多功能车	范智玮	

2020 年海南省大学生电子设计竞赛"恩智浦 MCU 杯"海南大学获奖情况

获奖等级	获奖名单	指导教师	颁奖(主办)单位
一等奖	雷 琦 周召光 曹知新	李京兵	海南省教育厅
	赵一洁 常 枫 韩小虎	刘永娜	
	赵子瑜 蒲华祥 徐敬涵	谢小峰	
	于睿华 罗 溢 徐建乐	胡文锋	
	郭教迪 梁弘康 崔锡琛	王冠军	
	贺立元 陈世纪 宁子涵	张晶晶	
二等奖	段千龙 苏 航 陈俊利	李 创	
	随 缘 唐可一 陈信宇	张晶晶	
	朱泽域 潘嘉威 李开帅	张 健	
	荣 哲 陈彦任 董 雯	张晶晶	
	王云飞 何永康 刘银春	冯尔理	
	徐琳荟 李钰杰 李光尧	唐荣年	
	刘 伟 田 贺 方 瑾	翁绍捷	
	杨天予 唐琦媛 冯流畅	杨永钦	
三等奖	石上阳 杨济世 唐宗轩	宋明歆	
	王进豪 罗凯伟 周星宇	叶琳琳	
	乔治澎 李洁宇 李子豪	叶琳琳	
	张周宇 陈 鹏 万思源	陈真佳	

续表

获奖等级	获奖名单	指导教师	颁奖(主办)单位
	胡　耀　胡嘉伟　叶　铎	陈　敏	
	陈德立　芮倩倩　谯　宇	吴京锦	
	何亚辉　袁钦辉　马天鸣	谢小峰	
	胡博译　雷钰龙　张　虎	胡文锋	
	董家乐　李谋通　王帅杰	王　忠	
	谢国成　青耀冬　高　琼	李有军	

海南省第七届大学生艺术展演艺术作品评选海南大学获奖情况

获奖分类	获奖组别	获奖等级	获奖作品	获奖名单	指导教师	颁奖(主办)单位
绘画甲组	本科类	二等奖	白衣天使赞歌	罗双玲	何冬平	海南省教育厅
绘画乙组	本科类	二等奖	适意行	张　璐	林明俊	
		三等奖	秋霁	程殊妙	—	
			平安是福	林心怡	—	
			山容海纳	蒋　涵	—	
			守护	蔡奕朦	—	
			硝烟	卢　茜	—	
			守望	赵月华	—	
		优秀奖	俯瞰南沙	孙　倩	—	
			岁月的流逝	舒　娜	—	
			诗和远方	何海钦	—	
			欲望	祁　正	—	
			藏在角落里的时光	李　虹	—	
书法篆刻甲组	本科类	二等奖	晚泊浔阳望庐山	于　涵	魏鹏举	
		三等奖	习总书记重要讲话	何佳恒	—	
		优秀奖	饮酒	刘思源	—	
平面设计乙组	本科类	一等奖	森鹿花筑海南文化插画设计	何文敏　屈佳欣	于晓华	
			海南文化海报设计	刘艳杰　张　黎	袁晓莉	
		二等奖	相互·相守·相思	潘　望	何东平	
			巾帼英雄	肖梦琪	马立尧	
			多元文化明日之城——海口	汪春燕　张　晴	邱海东	
			抗疫	龙　舟	徐　扬	
		优秀奖	最可爱的人	龙　舟	—	
			教书育人心系安危	李涛学	—	
			守护神	董文博	—	
			齐心协力共抗疫情	徐锦鑫	—	
			樵村渔浦	王焰玲　赵琪琪	—	
			此刻我们都是一家人	张璐瑶	—	

续表

获奖分类	获奖组别	获奖等级	获奖作品	获奖名单	指导教师	颁奖(主办)单位
			拜托抓紧我	刘雪茹	—	
单张摄影乙组	本科类	一等奖	那列火车	岳　越　张琳悦	何冬平	
		三等奖	留守	尚　阳	—	
组照摄影乙组	本科类	二等奖	暮雨处霁	李文博	徐文廷	
微电影甲组	本科类	三等奖	一个幸运	张晋菘　张寒石　杨明艳　尚思琪　凌　航　汪　浪　伲艺丹	—	
			火光里的守望	赵　晗　杨　阳　蒲　倩　刘宇琦　戴杏年　赵祎楠　万　清　刘　卓　周　越　徐　畅　庞雅芝　祝昕辰　兰冰洪　邓添怡　杨立宇　冯雨樨　钟依吟	—	
微电影乙组	本科类	一等奖	品味海南	王昕宇　郭珑炜　汪　林	李晓夏	
		优秀奖	蓝色大门 A Letterto Moon	张小婉　范滨鸿　郭学斌　左玲旋　曾　米　刘淑心　王　佳　高歌遥　孙夏萌　欧阳丽玲	—	

2020 年海南省教育系统公益美术作品比赛海南大学获奖情况

获奖组别	获奖等级	获奖作品	获奖名单	指导老师	颁奖(主办)单位
美术类	二等奖	守护	蔡奕朦	—	海南省教育厅
	优秀奖	待到长发及腰时	张　晨	—	
		白衣天使赞歌	罗双玲	—	
设计类	一等奖	教书育人心系安危	李涛学	袁晓莉	
		百毒退散	刘艳杰	袁晓莉	
	二等奖	“罩”得住——系列招贴	李晓夏	—	
		守护神	董文博	—	
	三等奖	五子连棋？没门！	林梦旖	方星星	
		驰援武汉	陈舒蕊	唐丽春	
		相互·相守·相思	潘　望	何东平	
		巾帼英雄	肖梦琪	—	
		齐心协力共抗疫情	徐锦鑫	徐　扬	
		此刻·我们都是一家人	张璐瑶	张　慧	
	优秀奖	“罩”得住——系列招贴	李晓夏	—	
		琼——战疫归来	方星星	—	
		武汉加油	梁　朝　李陈贵	—	
		止疫之战	熊晓叶	—	

续表

获奖组别	获奖等级	获奖作品	获奖名单	指导老师	颁奖(主办)单位
		抗疫精神系列海报设计	周家杰　胡　超	—	
		拜托·拉住我	刘雪茹	—	
书法类	一等奖	习总书记重要讲话	何佳恒	—	

首届海南省高校大学生信息素养大赛海南大学获奖情况

获奖组别	获奖等级	获奖名单	指导教师	颁奖(主办)单位
本科组个人	一等奖	胡嘉宝	覃丽金　张建媛	海南省教育厅
本科组团队	一等奖	胡嘉宝　阿传悦　林泽夏	覃丽金　张建媛	
	二等奖	翁淇凯　陈雯琪　邱翔飞	覃丽金　张建媛	

校级表彰与奖励（个人）

2020 年海南大学“大学生年度人物”获奖情况

获奖名称	获奖人员	获奖名称	获奖名单
2020 年“大学生年度人物”	谭新行　季京成　邓钦心　陈铭晗 王　煜　管笑笑　卯练练　何京璇 于秋寒　曹李梅　程寒雨　舒　为	2020 年“大学生年度人物”提名奖	李佳慧　彭琳凯　葛诗玉　郑鑫锟 章显宗　程润峰　潘佳妮　夏玥琳 乔雪珍　郭新澳

2020 年度校级学生表彰与奖励统计
海南大学发文

材料提供单位：学生工作处　档案馆　　　　单 位：人

奖项 人数 学院(部门)	2019—2020学年度特等奖	2019—2020学年度一等奖	2019—2020学年度二等奖	2019—2020学年度三等奖	2019—2020学年度单项奖	2019—2020学年度先进班集体	2019—2020学年度三好学生	2019—2020学年度优秀学生干部	2019—2020学年度优秀研究生干部	2019—2020学年度优秀研究生	2019—2020学年度创新创业奖	2019—2020学年度优秀毕业研究生	2020届普通本科优秀毕业生	合计
经济学院	14	24	41	69	9	4	97	39	7	4	15	2	15	340
法学院	8	15	27	43	4	3	61	25	11	5	3	10	15	230
马克思主义学院	2	3	6	9	1	1	10	5	3	3	0	2	5	50
人文传播学院	14	26	46	74	9	3	70	42	6	6	6	1	29	332
外国语学院	18	32	55	94	11	6	108	54	5	0	7	3	23	416
理学院	6	10	19	32	2	3	35	18	1	1	3	3	13	146
生命科学与药学院	11	19	33	56	6	4	65	38	9	10	4	5	12	272
生物医学工程学院	0	0	0	0	0	0	0	0	0	0	0	0	0	0
生态与环境学院	7	12	20	33	5	3	49	16	2	4	2	1	14	168

续表

奖项 / 人数 / 学院(部门)	2019—2020学年度特等奖	2019—2020学年度一等奖	2019—2020学年度二等奖	2019—2020学年度三等奖	2019—2020学年度单项奖	2019—2020学年度先进班集体	2019—2020学年度三好学生	2019—2020学年度优秀学生干部	2019—2020学年度优秀研究生干部	2019—2020学年度优秀研究生	2019—2020学年度创新创业奖	2019—2020学年度优秀毕业研究生	2020届普通本科优秀毕业生	合计
机电工程学院	18	30	51	105	20	6	116	94	2	4	22	2	51	521
材料科学与工程学院	7	11	23	37	3	2	50	22	6	9	0	3	20	193
信息与通信工程学院	10	17	31	51	6	3	66	29	3	6	4	3	10	239
计算机与网络空间安全学院	21	38	67	110	12	8	123	64	5	5	10	2	19	484
土木建筑工程学院	11	21	33	49	9	4	72	34	2	1	3	1	22	262
化学工程与技术学院	3	6	11	17	1	2	23	10	6	6	0	3	9	97
食品科学与工程学院	8	15	23	44	3	3	48	24	3	6	1	1	8	187
热带作物学院	9	14	27	45	10	3	50	25	11	15	3	7	15	234
园艺学院	6	10	13	41	5	2	40	23	7	5	0	4	20	176
植物保护学院	4	7	13	26	3	2	30	13	4	8	2	2	11	125
动物科技学院	4	7	14	22	2	3	27	13	4	2	1	1	8	108
林学院	27	39	68	121	16	8	132	64	4	4	2	2	49	535
海洋学院	6	9	16	29	3	2	46	16	4	6	1	2	13	153
管理学院	26	46	76	120	24	6	156	78	8	5	2	4	33	584
政治与公共管理学院	10	18	31	51	8	3	64	29	2	1	0	1	27	245
旅游学院	19	34	60	97	16	6	140	54	3	2	8	3	25	467
音乐与舞蹈学院	5	5	14	24	10	3	33	14	4	2	0	1	4	119
美术与设计学院	7	11	19	33	16	5	43	20	3	3	3	1	14	178
国际旅游学院（海南大学亚利桑那州立大学联合国际旅游学院）	12	21	36	58	10	5	59	28	0	0	2	0	0	231
应用科技学院	36	43	64	144	16	8	202	86	0	0	10	0	38	647
国际教育学院	0	0	0	0	0	0	0	0	0	0	0	0	0	0
继续教育学院	0	0	0	0	0	0	0	0	0	0	0	0	0	0
体育部	1	1	2	4	4	0	5	3	0	0	0	0	0	20
文科基础教学部	0	0	0	0	0	0	0	0	0	0	0	0	0	0
校级组织	0	0	0	0	0	0	0	147	0	0	0	0	0	147
社会科学研究中心	0	0	0	0	0	0	0	0	1	0	0	0	0	1
校研究生会	0	0	0	0	0	0	0	0	0	0	0	0	0	0
合计	330	544	939	1638	244	111	2020	1127	126	123	114	70	522	7908

团委发文

材料提供单位：校团委　　　　单 位：人

学院(部门) \ 人数 \ 奖项	优秀共青团员	优秀共青团干部	优秀学生会干部	文艺学生积极分子	创新创业先锋	年度志愿服务标兵	年度优秀志愿者	合计
经济学院	58	23	10	13	18	9	17	148
法学院	47	19	11	9	19	7	17	129
马克思主义学院	14	4	2	5	3	4	4	36
人文传播学院	64	22	16	17	17	10	21	167
外国语学院	69	25	19	18	25	12	23	191
理学院	21	10	7	7	8	5	9	67
生命科学与药学院	50	13	9	8	14	5	11	110
生态与环境学院	35	7	7	5	9	3	7	73
机电工程学院	53	20	19	14	18	4	16	144
材料科学与工程学院	36	11	7	6	12	7	12	91
信息与通信工程学院	29	11	9	7	10	2	8	76
计算机与网络空间安全学院	58	24	21	17	27	9	17	173
土木建筑工程学院	51	13	14	11	18	8	16	131
化学工程与技术学院	21	7	3	5	6	2	4	48
食品科学与工程学院	43	13	8	10	18	9	16	117
热带作物学院	49	15	12	8	17	8	16	125
园艺学院	33	10	8	8	7	5	8	79
植物保护学院	25	6	4	7	7	2	6	57
动物科技学院	17	7	4	3	7	3	5	46
林学院	74	27	23	24	29	12	25	214
海洋学院	33	13	8	7	12	3	12	88
管理学院	105	39	27	21	32	12	32	268
政治与公共管理学院	30	12	10	8	11	7	10	88
旅游学院	73	28	21	20	25	11	22	200
音乐与舞蹈学院	13	7	5	15	5	2	5	52
美术与设计学院	30	11	8	10	9	3	10	81
国际旅游学院(海南大学亚利桑那州立大学联合国际旅游学院)	53	13	9	19	13	10	14	131
应用科技学院	67	27	28	20	32	10	18	202
国际教育学院	0	0	0	0	0	0	0	0
继续教育学院	0	0	0	0	0	0	0	0
体育学院	0	0	1	1	0	0	0	2
校团委	0	1	0	0	0	0	0	1
文科基础教学部	0	0	0	0	0	0	0	0
校机关	2	1	0	0	0	0	0	3
后勤集团	0	0	0	0	0	0	0	0
合计	1253	439	330	323	428	184	381	3338

海大学人

（本栏目收录的均为 2020 年在职人员）

院士

材料提供单位：人事处

姓名	工作单位	专家类别	专业方向	入选时间
骆清铭	海南大学	中国科学院院士	生物影像学	2019
杨天若	计算机与网络空间安全学院	加拿大国家工程院、加拿大工程研究院院士	人机物融合	2017/2019
董勤喜	土木建筑工程学院	日本工程院外籍院士	防灾减灾 / 多场耦合	2019

国家杰出青年科学基金获得者

材料提供单位：人事处

姓名	工作单位	职称	专业方向	聘任年度
骆清铭	海南大学	教授	生物影像学	2000
罗　杰	热带作物学院	教授	生物学	2016
蔡庆宇	信息与通信工程学院	教授	通信工程	2017
唐朝荣	热带作物学院	研究员	橡胶	2018

国务院学位委员会第六届学科评议组成员

材料提供单位：人事处

姓名	工作单位	职称	专业方向	聘任年度
骆清铭	海南大学	教授	生物影像学	2008

2018—2022 年教育部高等学校生物医学工程类专业教学指导委员会主任委员

材料提供单位：人事处

姓名	工作单位	职称	专业方向	聘任年度
骆清铭	海南大学	教授	生物影像学	2018

国家自然科学基金委员会创新研究群体负责人

材料提供单位：人事处

姓名	工作单位	职称	专业方向	聘任年度
骆清铭	海南大学	教授	生物影像学	2011

国家级教学名师奖获得者

材料提供单位：人事处

姓名	工作单位	职称	专业方向	荣获年度
姚建宗	法学院	教授	法学	2003
王崇敏	海南大学	教授	民商法学	2011

文化名家暨“四个一批”人才

材料提供单位：人事处

姓名	工作单位	职称	专业方向	荣获年度
王崇敏	海南大学	教授	民商法学	2017
叶光亮	海南大学	教授	经济学	2019

“百千万人才工程”国家级人选

材料提供单位：人事处

姓名	工作单位	职称	专业方向	入选年度
骆清铭	海南大学	教授	生物影像学	1999
周永灿	海洋学院	教授	水生生物病害和防治	2004
姜　宏	材料科学与工程学院	教授	特种玻璃	2004
姚建宗	法学院	教授	法学	2006
罗素兰	生命科学与药学院	教授	生物技术与海洋药物	2007
傅国华	海南大学	教授	农业经济管理	2009
王崇敏	海南大学	教授	民商法	2009
尹建华	理学院	教授	数学	2015
王凤阳	动物科技学院	教授	畜牧兽医	2017
陈庆河	植物保护学院	研究员	农学	2017
李世杰	经济学院	教授	工商管理	2019
王　宁	南海海洋资源利用国家重点实验室	教授	海水提铀	2019

全国优秀科技工作者

材料提供单位：人事处

姓名	工作单位	职称	专业方向	聘任年度
骆清铭	海南大学	教授	生物影像学	2001

全国优秀教育工作者

材料提供单位：人事处

姓名	工作单位	职称	专业方向	聘任年度
骆清铭	海南大学	教授	生物影像学	2004

全国教书育人楷模

材料提供单位：人事处

姓名	工作单位	职称	专业方向	入选年度
张云阁	马克思主义学院	教授	思想政治理论教育专业	2020

全国模范教师

材料提供单位：人事处

姓名	工作单位	职称	专业方向	入选年度
王崇敏	海南大学	教授	法学	2009
邹立刚	法学院	教授	法学	2019

全国优秀教师

材料提供单位：人事处

姓名	工作单位	职称	专业方向	入选年度
周永灿	海洋学院	教授	水生生物病害和防治	2004
罗邻球	土木建筑工程学院	副教授	思想政治教育	2009
邹立刚	法学院	教授	海洋法	2014

全国先进工作者

材料提供单位：人事处

姓名	工作单位	职称	专业方向	入选年度
罗　杰	热带作物学院	教授	生物学	2020

全国杰出专业技术人才

材料提供单位：人事处

姓名	工作单位	职称	专业方向	入选年度
罗素兰	生命科学与药学院	教授	生物技术与海洋药物	2009

全国专业技术人才先进集体

材料提供单位：人事处

姓名	工作单位	职称	学科组名称	专业方向	入选年度
周永灿	海洋学院	教授	热带水产健康养殖学科组	水生生物病害和防治	2014

国家现代农业产业技术体系岗位科学家

材料提供单位：人事处

姓名	工作单位	职称	专业方向	入选年度
傅国华	海南大学	教授	农林经济管理	2011
张　宇	植物保护学院	教授	植物病理学	2016
陈银华	生命科学与药学院	教授	作物学	2017
王　芳	管理学院	教授	种质资源学	2017
王凤阳	动物科技学院	教授	畜牧兽医	2017
张喜瑞	科技处	教授	智能农业装备	2019

全国会计领军人才

材料提供单位：人事处

姓名	工作单位	职称	专业方向	荣获年度
陈险峰	海南大学	正高级会计师	会计	2013

财政部“会计名家”

材料提供单位：人事处

姓名	工作单位	职称	专业方向	荣获年度
伍中信	管理学院	教授	会计	2018

教育部“新世纪优秀人才支持计划”人选

材料提供单位：人事处

姓名	工作单位	职称	专业方向	入选年度
罗素兰	生命科学与药学院	教授	生物技术与海洋药物	2004
伍中信	管理学院	教授	会计学	2004
姚建宗	法学院	教授	法学	2005
周永灿	海洋学院	教授	水生生物病害和防治	2005
李海燕	热带作物学院	教授	生物学	2008
罗　杰	热带作物学院	教授	作物代谢生物学	2009
林仕伟	材料科学与工程学院	教授	材料学	2009
叶光亮	海南大学	教授	经济学	2011
罗红丽	热带作物学院	研究员	生物技术	2011
潘勤鹤	化学工程与技术学院	教授	化学工程与技术	2011
王　宁	南海海洋资源利用国家重点实验室	教授	海水提铀	2012
万迎朗	热带作物学院	教授	植物细胞与分子生物学	2012
谢永康	马克思主义学院	教授	马克思主义哲学	2013
徐　静	化学工程与技术学院	教授	生物工程	2013

教育部高校思想政治工作中青年骨干人才

材料提供单位：人事处

姓名	工作单位	职称	专业方向	入选年度
温小平	马克思主义学院	教授	思想政治理论教育专业	2019

宣传思想文化青年英才

材料提供单位：人事处

姓名	工作单位	职称	专业方向	入选年度
杨　娜	马克思主义学院	教授	思想政治理论教育专业	2019

中国科协“青年人才托举工程”

材料提供单位：人事处

姓名	工作单位	职称	专业方向	入选年度
王咸鹏	信息与通信工程学院	教授	导航、制导与控制	2018
王守创	热带作物学院	副教授	生物学	2019
房传营	热带作物学院	副教授	代谢生物学	2019

国务院政府特殊津贴专家

材料提供单位：人事处

姓名	工作单位	职称	专业方向	入选年度
廖建和	材料科学与工程学院	教授	材料科学与工程	1996
孙绍先	学报编辑部	教授	文学	1999
骆清铭	海南大学	教授	生物影像学	2001
姜　宏	材料科学与工程学院	教授	材料科学与工程	2004
周永灿	海洋学院	教授	海洋科学	2004
韩文报	计算机与网络空间安全学院	教授	数学	2005
傅国华	海南大学	教授	农林经济管理	2006
杨小波	生态与环境学院	教授	生物学	2006
王崇敏	海南大学	教授	法学	2008
伍中信	管理学院	教授	工商管理	2011
罗素兰	生命科学与药学院	教授	药学	2012
刘复生	人文传播学院	教授	中国语言文学	2012
蔡东宏	管理学院	教授	工商管理	2014
李德芳	马克思主义学院	教授	马克思主义理论	2014
童伟华	法学院	教授	法学	2014
尹建华	理学院	教授	数学	2014
杜　锋	信息与通信工程学院	教授	信息与通信工程	2016
金　山	外国语学院	教授	外国语言文学	2016
胡　涛	旅游学院	教授	工商管理	2016
王凤阳	动物科技学院	教授	畜牧学	2016
林国标	马克思主义学院	教授	哲学	2016
李海燕	理学院	讲师	数学	2016
陈庆河	植物保护学院	研究员	植物保护	2019
李世杰	经济学院	教授	管理科学与工程	2019
胡新文	海南大学	教授	生物学	2019
符文英	热带作物学院	教授	作物学	2019
李嘉诚	化学工程与技术学院	教授	化学工程与技术	2019
罗　杰	热带作物学院	教授	生物学	2020
沈　重	高等研究院	教授	电子工程	2020

科技部创新人才推进计划重点领域创新团队

材料提供单位：人事处

姓名	工作单位	职称	专业方向	聘任年度
骆清铭	海南大学	教授	生物影像学	2015

科技部“重点领域创新团队”

材料提供单位：科技处

姓名	工作单位	职称	专业方向	入选年度
缪卫国	植物保护学院	教授	植物保护	2019

教育部“长江学者和创新团队发展计划”创新团队

材料提供单位：人事处

姓名	工作单位	职称	专业方向	入选年度
罗素兰	海洋学院	教授	生物技术与海洋药物	2011

教育部“全国高校黄大年式教师团队”

材料提供单位：人事处

姓名	工作单位	职称	专业方向	入选年度
邹立刚	法学院	教授	法学	2017

农业部“农业科研杰出人才及其创新团队”

材料提供单位：科技处

姓名	工作单位	职称	专业方向	入选年度
周永灿	海洋学院	教授	水产养殖	2012

宝钢优秀教师奖

材料提供单位：人事处

姓名	工作单位	职称	专业方向	入选年度
宋希强	林学院	教授	林学	2008

续表

姓名	工作单位	职称	专业方向	入选年度
傅国华	海南大学	教授	农林经济管理	2009
杨小波	生态与环境学院	教授	生物学	2009
李志林	理学院	教授	数学	2009
李京兵	信息与通信工程学院	教授	信息与通信工程	2010
王　琦	法学院	教授	法学	2010
黄绵佳	实验室与设备管理处	教授	作物学	2010
蔡东宏	管理学院	教授	工商管理	2011
李　雯	园艺学院	教授	园艺学	2011
金　山	外国语学院	教授	外国语言文学	2012
叶英萍	法学院	教授	法学	2012
陈惠萍	生命科学与药学院	教授	生物学	2012
汤　华	热带作物学院	教授	作物学	2013
韦开蕾	管理学院	教授	应用经济学	2014
骆焱平	植物保护学院	教授	植物保护	2014
李世杰	经济学院	教授	管理科学与工程	2015
吴友根	地方合作服务中心（成果转化办公室）	教授	园艺学	2015
廖双泉	发展规划与学科建设处（部省合建办公室）	教授	材料科学与工程	2015
郭　强	旅游学院	教授	管理科学与工程	2016
葛成军	生态与环境学院	教授	环境科学与工程	2016
金志扬	机电工程学院	副教授	机械工程	2016
陈银华	生命科学与药学院	教授	作物学	2017
陈振斌	机电工程学院	教授	机械工程	2017
王世范	生命科学与药学院	教授	药学	2018
周海龙	生命科学与药学院	教授	生物学	2018
张　燕	理学院	讲师	应用经济学	2018
张云阁	马克思主义学院	教授	马克思主义理论	2019
任　佳	信息与通信工程学院	教授	控制科学与工程	2020
周　伟	国际教育学院	教授	政治学	2020
林仕伟	材料科学与工程学院	教授	材料科学与工程	2020

海南省高层次创新创业人才

材料提供单位：人事处

姓名	工作单位	职称	专业方向	入选年度
何朝族	热带作物学院	研究员	生物技术	2010
胡碧煌	海洋学院	教授	制药工程	2011
姜　宏	材料与化工学院	教授	特种玻璃	2014

海南省有突出贡献的优秀专家

材料提供单位：人事处

姓名	工作单位	职称	专业方向	入选年度
孙绍先	学报编辑部	教授	文学	1994
杨小波	生态与环境学院	教授	生物学	2002
吴蔚东	热带作物学院	教授	农业资源与环境	2002
周永灿	海洋学院	教授	海洋科学	2003
王崇敏	海南大学	教授	法学	2004
李仁君	继续教育学院	教授	理论经济学	2006
胡新文	海南大学	教授	生物学	2006
姜　宏	材料科学与工程学院	教授	材料科学与工程	2007
刘复生	人文传播学院	教授	中国语言文学	2008
罗素兰	生命科学与药学院	教授	药学	2010
李德芳	马克思主义学院	教授	马克思主义理论	2010
蔡东宏	管理学院	教授	工商管理	2012
李嘉诚	化学工程与技术学院	教授	化学工程与技术	2012
符文英	热带作物学院	教授	作物学	2014
李世杰	经济学院	教授	管理科学与工程	2014
金　山	外国语学院	教授	外国语言文学	2014
王凤阳	动物科技学院	教授	畜牧学	2014
谢珍玉	海洋学院	教授	水产	2016
王　琦	法学院	教授	法学	2019
杜　锋	信息与通信工程学院	教授	信息与通信工程	2019
罗丽娟	热带作物学院	教授	作物学	2020

海南省委省政府直接联系重点专家

材料提供单位：人事处

姓名	工作单位	职称	专业方向	入选年度
骆清铭	海南大学	教授	生物影像学	2018
胡新文	海南大学	教授	生物学	2018
王崇敏	海南大学	教授	法学	2018
罗　杰	热带作物学院	教授	作物学	2018
唐朝荣	热带作物学院	教授	作物学	2018
傅鹏程	南海海洋资源利用国家重点实验室	教授	海洋生物技术	2018
万迎朗	热带作物学院	教授	生物学	2018
施海涛	热带作物学院	教授	生物学	2018

续表

姓名	工作单位	职称	专业方向	入选年度
耿松涛	旅游学院	教授	工商管理	2018
何朝族	热带作物学院	教授	生物学	2018
罗素兰	生命科学与药学院	教授	药学	2018
胡　涛	旅游学院	教授	工商管理	2018
范士陈	旅游学院	教授	工商管理	2018
周永灿	海洋学院	教授	海洋科学	2018
谢珍玉	海洋学院	教授	水产	2018
黄　勃	海洋学院	教授	海洋科学	2018
葛成军	生态与环境学院	教授	环境科学与工程	2018
杨小波	生态与环境学院	教授	生物学	2018
廖双泉	发展规划与学科建设处（部省合建办公室）	教授	材料科学与工程	2018
孙绍先	学报编辑部	教授	文学	2018

海南省“515 人才工程”第一、二、三层次人选

材料提供单位：人事处

姓名	工作单位	职称	专业方向	入选年度	备注
傅国华	海南大学	教授	农林经济管理	2005	第一层次
王崇敏	海南大学	教授	法学	2008	第一层次
胡　涛	旅游学院	教授	工商管理	2008	第一层次
李从发	食品科学与工程学院	教授	食品科学与工程	2008	第一层次
罗素兰	生命科学与药学院	教授	药学	2008	第一层次
杨小波	生态与环境学院	教授	生物学	2008	第一层次
何朝族	热带作物学院	教授	生物学	2010	第一层次
李德芳	马克思主义学院	教授	马克思主义理论	2010	第一层次
刘复生	人文传播学院	教授	中国语言文学	2013	第一层次
尹建华	理学院	教授	数学	2013	第一层次
杜　锋	信息与通信工程学院	教授	信息与通信工程	2013	第一层次
童伟华	法学院	教授	法学	2013	第一层次
蔡东宏	管理学院	教授	工商管理	2015	第一层次
王凤阳	动物科技学院	教授	畜牧学	2015	第一层次
李世杰	经济学院	教授	管理科学与工程	2017	第一层次
李嘉诚	化学工程与技术学院	教授	化学工程与技术	2017	第一层次
黄梦醒	信息与通信工程学院	教授	计算机科学与技术	2019	第一层次
沈　重	高等研究院	教授	信息与通信工程	2019	第一层次

续表

姓名	工作单位	职称	专业方向	入选年度	备注
王 琦	法学院	教授	法学	2019	第一层次
冯玉红	分析测试中心	教授	化学工程与技术	2005	第二层次
李仁君	继续教育学院	教授	理论经济学	2005	第二层次
廖双泉	发展规划与学科建设处（部省合建办公室）	教授	材料科学与工程	2005	第二层次
文聘元	马克思主义学院	研究员（教育管理）	哲学	2005	第二层次
孙绍先	学报编辑部	教授	文学	2005	第二层次
曹献英	食品科学与工程学院	教授	食品科学与工程	2008	第二层次
陈 绮	计算机与网络空间安全学院	教授	计算机科学与技术	2008	第二层次
陈 永	材料科学与工程学院	教授	材料科学与工程	2008	第二层次
郭 强	旅游学院	教授	管理科学与工程	2008	第二层次
宋希强	林学院	教授	林学	2008	第二层次
汤 华	热带作物学院	教授	作物学	2008	第二层次
辛世彪	人文社科处	教授	中国语言文学	2008	第二层次
张海德	食品科学与工程学院	教授	食品科学与工程	2010	第二层次
范士陈	旅游学院	教授	工商管理	2010	第二层次
黄 惜	热带作物学院	教授	作物学	2010	第二层次
韩建刚	土木建筑工程学院	教授	土木工程	2010	第二层次
黄东益	研究生处（研究生工作部）	教授	作物学	2010	第二层次
金 山	外国语学院	教授	外国语言文学	2010	第二层次
李京兵	信息与通信工程学院	教授	信息与通信工程	2010	第二层次
刘德兵	应用科技学院	教授	作物学	2010	第二层次
骆焱平	植物保护学院	教授	植物保护	2010	第二层次
宋增伟	马克思主义学院	教授	政治学	2010	第二层次
王 琦	法学院	教授	法学	2010	第二层次
吴友根	地方合作服务中心（成果转化办公室）	教授	园艺学	2010	第二层次
叶仄辉	美术与设计学院	教授	美术学	2010	第二层次
尹学琼	化学工程与技术学院	教授	矿业工程	2010	第二层次
张英霞	生命科学与药学院	教授	药学	2010	第二层次
卢凌彬	材料科学与工程学院	教授	材料科学与工程	2013	第二层次
白 勇	信息与通信工程学院	教授	信息与通信工程	2013	第二层次
邱海东	美术与设计学院	教授	设计学	2013	第二层次
刘钟馨	化学工程与技术学院	教授	化学工程与技术	2013	第二层次
潘勤鹤	化学工程与技术学院	教授	化学	2013	第二层次
孙建军	经济学院	教授	应用经济学	2013	第二层次
毕研韬	政治与公共管理学院	教授	新闻传播学	2014	第二层次
申铉日	食品科学与工程学院	教授	食品科学与工程	2015	第二层次

续表

姓名	工作单位	职称	专业方向	入选年度	备注
阎二鹏	法学院	教授	法学	2015	第二层次
陈银华	生命科学与药学院	教授	作物学	2015	第二层次
孙建强	理学院	教授	数学	2015	第二层次
耿松涛	旅游学院	教授	工商管理	2017	第二层次
黄梦醒	信息与通信工程学院	教授	计算机科学与技术	2017	第二层次
熊勇先	法学院	教授	法学	2017	第二层次
徐　静	化学工程与技术学院	教授	药学	2017	第二层次
李伟铭	管理学院	教授	工商管理	2017	第二层次
谢珍玉	海洋学院	教授	水产	2017	第二层次
张硕果	人文传播学院	教授	中国语言文学	2017	第二层次
周　伟	国际教育学院	教授	政治学	2017	第二层次
程杰仁	计算机与网络空间安全学院	教授	计算机科学与技术	2019	第二层次
徐艳晴	人文社科处	教授	公共管理	2019	第二层次
常　健	法学院	教授	法学	2019	第二层次
刘　柱	生命科学与药学院	教授	生物学	2019	第二层次
赵　达	管理学院	副教授	管理科学与工程	2019	第二层次
汪韶军	人文传播学院	教授	哲学	2019	第二层次
陈　云	动物科技学院	副教授	兽医学	2019	第二层次
文　伟	机电工程学院	教授	材料科学与工程	2019	第二层次
符文英	热带作物学院	教授	作物学	2006	第三层次
单家林	热带作物学院	教授	作物学	2008	第三层次
唐丽春	美术与设计学院	教授	设计学	2008	第三层次
焦勇勤	人文传播学院	教授	中国语言文学	2008	第三层次
袁国宏	旅游学院	教授	工商管理	2008	第三层次
黄建宏	旅游学院	教授	工商管理	2008	第三层次
石耀华	学报编辑部	教授	生物学	2008	第三层次
周　祥	植物保护学院	副教授	植物保护	2008	第三层次
张荣意	植物保护学院	教授	作物学	2008	第三层次
蔡笃程	植物保护学院	教授	植物保护	2008	第三层次
周开兵	园艺学院	教授	园艺学	2008	第三层次
钟利文	园艺学院	副教授	园艺学	2008	第三层次
王　健	园艺学院	教授	林学	2008	第三层次
许先升	林学院	教授	风景园林学	2008	第三层次
王　健	林学院	教授	生物学	2008	第三层次
黄　瑾	生命科学与药学院	副教授	其他	2008	第三层次
陈惠萍	生命科学与药学院	教授	生物学	2008	第三层次

续表

姓名	工作单位	职称	专业方向	入选年度	备注
邓家先	信息与通信工程学院	教授	电子科学与技术	2008	第三层次
白新鹏	食品科学与工程学院	教授	食品科学与工程	2008	第三层次
薛行华	理学院	教授	化学	2008	第三层次
罗盛旭	理学院	教授	化学工程与技术	2008	第三层次
林昭华	化学工程与技术学院	副教授	化学工程与技术	2008	第三层次
李志君	材料科学与工程学院	教授	材料科学与工程	2008	第三层次
何映平	材料科学与工程学院	教授	材料科学与工程	2008	第三层次
朱国鹏	园艺学院	教授	园艺学	2015	第三层次
郑继平	生命科学与药学院	教授	生物学	2015	第三层次
潘永贵	食品科学与工程学院	教授	食品科学与工程	2015	第三层次
文　峰	材料科学与工程学院	教授	材料科学与工程	2015	第三层次
曹宝珠	土木建筑工程学院	教授	土木工程	2015	第三层次
白丽芳	外国语学院	教授	外国语言文学	2015	第三层次
鄢慧丽	旅游学院	副教授	工商管理	2017	第三层次
王志勇	林学院	教授	园艺学	2017	第三层次
李　晖	信息与通信工程学院	教授	信息与通信工程	2017	第三层次
李　武	食品科学与工程学院	教授	食品科学与工程	2017	第三层次
李长久	材料科学与工程学院	教授	材料科学与工程	2017	第三层次
葛成军	生态与环境学院	教授	环境科学与工程	2017	第三层次
袁晓莉	美术与设计学院	副教授	设计学	2018	第三层次
汪韶军	人文传播学院	教授	哲学	2018	第三层次
杨定海	林学院	副教授	建筑学	2018	第三层次
郭志强	生命科学与药学院	教授	生物学	2018	第三层次
任　佳	信息与通信工程学院	教授	控制科学与工程	2018	第三层次
张正科	食品科学与工程学院	教授	园艺学	2018	第三层次
文　伟	机电工程学院	教授	材料科学与工程	2018	第三层次
赵　达	管理学院	副教授	管理科学与工程	2018	第三层次
郑育声	研究生处（研究生工作部）	教授	生物学	2018	第三层次
聂立孝	热带作物学院	教授	作物学	2020	第三层次
王守创	热带作物学院	副教授	生物学	2020	第三层次
李　音	人文传播学院	副教授	中国语言文学	2020	第三层次
尹黎燕	生命科学与药学院	教授	生物学	2020	第三层次
周海龙	生命科学与药学院	教授	生物学	2020	第三层次
郭　锦	理学院	副教授	数学	2020	第三层次
涂进春	材料科学与工程学院	教授	材料科学与工程	2020	第三层次
谭正洪	生态与环境学院	教授	生态学	2020	第三层次

续表

姓名	工作单位	职称	专业方向	入选年度	备注
唐荣年	机电工程学院	教授	控制科学与工程	2020	第三层次
刘启华	管理学院	副教授	工商管理	2020	第三层次
童泽林	管理学院	副教授	工商管理	2020	第三层次
田新龙	南海海洋资源利用国家重点实验室	研究员（自然科学）	化学工程与技术	2020	第三层次
周　智	海洋学院	教授	海洋科学	2020	第三层次
张应武	经济学院	教授	应用经济学	2020	第三层次
杨　娜	马克思主义学院	教授	政治学	2020	第三层次

海南省优秀教师

材料提供单位：人事处

姓名	工作单位	职称	专业方向	入选年度
周永灿	海洋学院	教授	水产养殖	2014
王世范	生命科学与药学院	教授	药物化学	2018

海南省优秀中青年骨干教师

材料提供单位：人事处

姓名	工作单位	职称	专业方向	入选年度
李京兵	信息与通信工程学院	教授	信息与通信工程	2011
周永灿	海洋学院	教授	海洋科学	2011
刘四新	理学院	教授	食品科学与工程	2011
韩建刚	土木建筑工程学院	教授	土木工程	2011
廖双泉	发展规划与学科建设处（部省合建办公室）	教授	材料科学与工程	2011
王　琦	法学院	教授	法学	2012
童伟华	法学院	教授	法学	2012
吴友根	地方合作服务中心（成果转化办公室）	教授	园艺学	2012
李　雯	园艺学院	教授	园艺学	2012
韦开蕾	管理学院	教授	应用经济学	2013
陈银华	生命科学与药学院	教授	作物学	2013
范士陈	旅游学院	教授	工商管理	2014
宋希强	林学院	教授	林学	2014

海南省教学名师

材料提供单位：人事处

姓名	工作单位	职称	专业方向	入选年度
傅国华	海南大学	教授	农林经济管理	2006
杨小波	生态与环境学院	教授	生物学	2006
胡新文	海南大学	教授	生物学	2006
李仁君	继续教育学院	教授	理论经济学	2007
黄绵佳	实验室与设备管理处	教授	作物学	2007
周永灿	海洋学院	教授	海洋科学	2008
王崇敏	海南大学	教授	法学	2009
李京兵	信息与通信工程学院	教授	信息与通信工程	2010
翁绍捷	机电工程学院	教授	电气工程	2010
王　琦	法学院	教授	法学	2011
蔡东宏	管理学院	教授	工商管理	2012

海南省自然科学基金创新研究团队

材料提供单位：科技处

姓名	工作单位	职称	专业方向	入选年度
陈拥军	材料与化工学院	教授	氮化硼纳米管和氧化锆协同增韧莫来石陶瓷及耦合机制的探索	2016
王　博	材料与化工学院	教授	生物高纯度手性胺的催化研究	2016
周永灿	海洋学院	教授	热带鱼类健康养殖与病害控制	2016
尹建华	信息科学技术学院	教授	图的度序列与 ODE 型优化方法中的几个问题及应用研究	2016
缪卫国	热带农林学院	教授	橡胶树白粉病菌 CSEP 鉴定及关键 CSE 功能分析	2016
龙文兴	热带农林学院	教授	热带云雾林环境因子和植物多样性对生态系统功能的影响机制研究	2016
何朝族	热带农林学院	教授	抗橡胶树白粉病基因的功能鉴定及抗病转基因育种	2017
王凤阳	热带农林学院	教授	牛乳头状瘤病毒（BPV）13 型（海南株）关键功能蛋白的研究	2017
郑继平	热带农林学院	教授	无乳链球菌磷调节子研究	2017
沈　重	信息科学技术学院	教授	基于超宽带的室内精准实时定位系统研究	2017
曹献英	食品学院	教授	食品污染物快速检测创新团队建设	2017
程杰仁	信息与通讯工程学院	教授	海南大学大数据安全态势感知技术创新团队	2018
宋希强	林学院	教授	三种海南特有野生观赏植物资源的保育与挖掘利用	2018
陈银华	热带作物学院	教授	木薯与黄单胞菌互作的分子基础研究	2018
任明迅	生态与环境学院	教授	环南海区域植物长距离扩散与演化动态研究	2018
骆焱平	植保学院	教授	2—取代呋喃香豆素衍生物对埃及伊蚊的作用机理研究	2018
陈　永	材料科学与工程学院	教授	高性能生物碳资源在电化学储能中的应用	2018

续表

姓名	工作单位	职称	专业方向	入选年度
李东栋	热带作物学院	教授	椰油中链脂肪酸形成和调控的分子生物学基础	2019
李嘉诚	化学工程与技术学院	教授	含 TiO2 光解源的两亲性海藻酸衍生物纳米纤维载药系统的构建及对农药残留在热带土壤中环境行为的影响	2019
史学群	食品科学与工程学院	教授	芒果胶孢炭疽病菌产孢相关基因分析和 miRNA 调控产孢机理研究	2019
黄梦醒	信息与通信工程学院	教授	多源异构海洋信息处理与融合关键技术研究	2019
王　宁	南海海洋资源利用国家重点实验室	教授	高效南海海水提铀材料设计及性能研究	2019
郭　强	旅游学院	教授	大数据背景下的智慧旅游管理研究	2019
李　雯	园艺学院	教授	采后荔枝果实褐变规律及其调控机制研究	2020
唐荣年	机电学院	教授	时空多源高光谱数据驱动的橡胶树养分诊断与机理研究	2020
周　智	海洋学院	教授	多重环境胁迫下海南岛沿海造礁石珊瑚的适应性研究	2020
张志田	土木建筑工程学院	教授	风敏感工程结构抗风性能的现场实测　数值模拟及风洞试验研究	2020
任　佳	信息与通信工程学院	教授	基于贝叶斯网络的智能系统推理模型学习与应用研究	2020
张永辉	信息与通信工程学院	教授	海洋电磁频谱关键技术研究	2020

海南省特色重点学科责任教授名录

材料提供单位：发展规划与学科建设处（部省合建办公室）

序号	姓名	研究方向	工作单位
1	罗　杰	作物学	热带作物学院
2	王崇敏	法学	法学院
3	黄梦醒	信息与通信工程	信息与通信工程学院
4	郝红勋	化学工程与技术	化学工程与技术学院
5	周永灿	水产	海洋学院
6	唐宁玉	工商管理	管理学院
7	朱国鹏	园艺学	园艺学院
8	缪卫国	植物保护	植物保护学院
9	罗素兰	药学	生命科学与药学院
10	廖双泉	材料科学与工程	材料科学与工程学院
11	李世杰	应用经济学	经济学院
12	刘复生	中国语言文学	人文传播学院

正高职称人员名录

材料提供单位：人事处

序号	姓名	性别	工作单位	职称
1	武耀廷	男	海南大学	研究员
2	骆清铭	男	海南大学	教授
3	傅国华	男	海南大学	教授
4	胡新文	男	海南大学	教授
5	陈险峰	男	海南大学	正高级会计师
6	王崇敏	男	海南大学	教授
7	叶光亮	男	海南大学	教授
8	曹宪忠	男	海南大学	研究员
9	范　文	男	海南大学	教授
10	段书臣	男	纪律检查委员会办公室（监察处）	教授
11	王志芳	女	组织部（党校）	教授
12	邹勇华	男	科技处	研究员
13	章程辉	男	科技处	研究员
14	张喜瑞	男	科技处	教授
15	黄东益	男	研究生处（研究生工作部）	教授
16	廖双泉	男	发展规划与学科建设处（部省合建办公室）	教授
17	聂清斌	男	人事处(党委教师工作部　教师发展中心　计划生育办公室)	研究员
18	张长海	男	财务处	教授
19	段　红	女	财务处	正高级会计师
20	田元福	男	基建处	教授
21	邓婷婷	女	基建处	正高级工程师
22	黄绵佳	男	实验室与设备管理处	教授
23	符　蕾	女	经济学院	教授
24	何国平	男	经济学院	教授
25	李仁君	男	经济学院	教授
26	李世杰	男	经济学院	教授
27	刘殿国	男	经济学院	教授
28	刘家诚	男	经济学院	教授
29	罗后清	男	经济学院	教授
30	马国强	男	经济学院	教授
31	孙建军	男	经济学院	教授
32	王丽娅	女	经济学院	教授
33	王　勇	男	经济学院	教授
34	吴　涛	女	经济学院	教授
35	吴学品	男	经济学院	教授

续表

序号	姓名	性别	工作单位	职称
36	张尔升	男	经济学院	教授
37	张继军	男	经济学院	教授
38	樊　燕	女	经济学院	教授
39	郭庆宾	男	经济学院	教授
40	颜洪平	男	经济学院	教授
41	张应武	男	经济学院	教授
42	蔡　唱	女	法学院	教授
43	陈秋云	男	法学院	教授
44	陈志英	女	法学院	教授
45	邓和军	男	法学院	教授
46	董万程	男	法学院	教授
47	韩立收	男	法学院	教授
48	李荣珍	女	法学院	教授
49	梁亚荣	男	法学院	教授
50	刘道远	男	法学院	教授
51	刘远山	男	法学院	教授
52	刘云亮	男	法学院	教授
53	罗旭南	男	法学院	教授
54	宁清同	男	法学院	教授
55	彭真明	男	法学院	教授
56	唐　俐	女	法学院	教授
57	唐茂林	男	法学院	教授
58	童伟华	男	法学院	教授
59	王洪宇	女	法学院	教授
60	王　琦	男	法学院	教授
61	王秀卫	女	法学院	教授
62	熊勇先	男	法学院	教授
63	阎二鹏	男	法学院	教授
64	叶英萍	女	法学院	教授
65	张静焕	女	法学院	教授
66	张丽娜	女	法学院	教授
67	赵振华	男	法学院	教授
68	周孝怀	男	法学院	教授
69	邹立刚	男	法学院	教授
70	常　健	男	法学院	教授
71	韩　龙	男	法学院	教授
72	刘国良	男	法学院	教授

续表

序号	姓名	性别	工作单位	职称
73	谭　波	男	法学院	教授
74	冯　颖	女	马克思主义学院	教授
75	李德芳	男	马克思主义学院	教授
76	李　俊	男	马克思主义学院	教授
77	李英华	男	马克思主义学院	教授
78	王　善	男	马克思主义学院	教授
79	吴清一	男	马克思主义学院	教授
80	杨素稳	女	马克思主义学院	教授
81	张朔人	男	马克思主义学院	教授
82	张云阁	男	马克思主义学院	教授
83	赵福生	男	马克思主义学院	教授
84	林国标	男	马克思主义学院	教授
85	杨　娜	女	马克思主义学院	教授
86	隽鸿飞	男	马克思主义学院	教授
87	海　滨	男	人文传播学院	教授
88	焦勇勤	男	人文传播学院	教授
89	鞠　斐	男	人文传播学院	教授
90	李彩霞	女	人文传播学院	教授
91	刘复生	男	人文传播学院	教授
92	刘　显	男	人文传播学院	教授
93	乔焕江	男	人文传播学院	教授
94	石晓岩	女	人文传播学院	教授
95	宋明翰	男	人文传播学院	教授
96	辛世彪	男	人文传播学院	教授
97	熊开发	男	人文传播学院	教授
98	张军军	女	人文传播学院	教授
99	张硕果	男	人文传播学院	教授
100	朱东根	男	人文传播学院	教授
101	孔　非	女	人文传播学院	高级记者
102	金桂桃	女	人文传播学院	教授
103	汪韶军	男	人文传播学院	教授
104	白丽芳	女	外国语学院	教授
105	陈鸣芬	女	外国语学院	教授
106	刁科梅	女	外国语学院	教授
107	符雪青	女	外国语学院	教授
108	金　山	男	外国语学院	教授
109	王　勇	男	外国语学院	教授

续表

序号	姓名	性别	工作单位	职称
110	邢　宏	女	外国语学院	教授
111	杨　帆	女	外国语学院	教授
112	杨国良	男	外国语学院	教授
113	邓谋杰	男	理学院	教授
114	冯建成	男	理学院	教授
115	高泽图	男	理学院	教授
116	韩汉鹏	男	理学院	教授
117	李　光	男	理学院	教授
118	胡广林	男	理学院	研究员
119	李胜军	男	理学院	教授
120	李志林	男	理学院	教授
121	刘四新	女	理学院	教授
122	龙伦海	男	理学院	教授
123	罗盛旭	男	理学院	教授
124	欧宜贵	男	理学院	教授
125	潘勤鹤	男	理学院	教授
126	潘　伟	女	理学院	教授
127	庞素娟	女	理学院	教授
128	孙建强	男	理学院	教授
129	王浩华	男	理学院	教授
130	王小红	女	理学院	教授
131	王志刚	男	理学院	教授
132	薛行华	男	理学院	教授
133	杨建新	男	理学院	教授
134	尹建华	男	理学院	教授
135	朱　文	女	理学院	教授
136	付云芝	女	理学院	教授
137	杨玮婷	女	理学院	研究员
138	罗素兰	女	生命科学与药学院	教授
139	韩　谦	男	生命科学与药学院	教授
140	刘　柱	男	生命科学与药学院	教授
141	陈惠萍	女	生命科学与药学院	教授
142	单家林	男	生命科学与药学院	教授
143	郭志强	男	生命科学与药学院	教授
144	李晓宁	女	生命科学与药学院	教授
145	柳贤德	男	生命科学与药学院	教授
146	柳志强	男	生命科学与药学院	教授

续表

序号	姓名	性别	工作单位	职称
147	谭志琼	女	生命科学与药学院	教授
148	唐燕琼	女	生命科学与药学院	教授
149	王大勇	男	生命科学与药学院	教授
150	尹黎燕	女	生命科学与药学院	研究员
151	郑继平	男	生命科学与药学院	教授
152	周海龙	男	生命科学与药学院	教授
153	罗先群	女	生命科学与药学院	教授
154	王新广	男	生命科学与药学院	教授
155	邓世明	男	生命科学与药学院	教授
156	胡碧煌	男	生命科学与药学院	教授
157	贾爱群	男	生命科学与药学院	教授
158	刘中强	男	生命科学与药学院	研究员
159	王世范	男	生命科学与药学院	教授
160	张英霞	女	生命科学与药学院	教授
161	长孙东亭	男	生命科学与药学院	正高级实验师
162	廖承红	女	生命科学与药学院	教授
163	齐兴柱	男	生命科学与药学院	正高级实验师
164	岳　峰	男	生物医学工程学院	教授
165	刘　谦	男	生物医学工程学院	教授
166	黄振立	男	生物医学工程学院	教授
167	葛成军	男	生态与环境学院	教授
168	任明迅	男	生态与环境学院	教授
169	谭正洪	男	生态与环境学院	研究员
170	杨　帆	男	生态与环境学院	教授
171	杨　飞	男	生态与环境学院	研究员
172	杨小波	男	生态与环境学院	教授
173	谭正洪	男	生态与环境学院	教授
174	马　斌	男	生态与环境学院	研究员
175	李卫东	男	生态与环境学院	教授
176	陈振斌	男	机电工程学院	教授
177	樊军庆	男	机电工程学院	教授
178	郭志忠	男	机电工程学院	教授
179	李　粤	男	机电工程学院	教授
180	梁　栋	男	机电工程学院	教授
181	廖宇兰	女	机电工程学院	教授
182	马庆芬	女	机电工程学院	教授
183	史留勇	男	机电工程学院	教授

续表

序号	姓名	性别	工作单位	职称
184	唐荣年	男	机电工程学院	教授
185	文　伟	男	机电工程学院	教授
186	翁绍捷	男	机电工程学院	教授
187	袁　琦	男	机电工程学院	教授
188	张宝珍	女	机电工程学院	教授
189	张筱松	男	机电工程学院	研究员
190	甄海生	男	机电工程学院	教授
191	付　威	男	机电工程学院	教授
192	陈拥军	男	材料科学与工程学院	教授
193	陈　永	男	材料科学与工程学院	教授
194	陈永平	男	材料科学与工程学院	教授
195	丁　雷	男	材料科学与工程学院	教授
196	杜　杰	男	材料科学与工程学院	教授
197	郝万军	男	材料科学与工程学院	教授
198	何映平	男	材料科学与工程学院	教授
199	姜　宏	男	材料科学与工程学院	教授
200	李建林	男	材料科学与工程学院	教授
201	李长久	男	材料科学与工程学院	教授
202	李志君	男	材料科学与工程学院	教授
203	廖建和	男	材料科学与工程学院	教授
204	廖小雪	女	材料科学与工程学院	教授
205	林仕伟	男	材料科学与工程学院	教授
206	卢凌彬	女	材料科学与工程学院	教授
207	谭海生	男	材料科学与工程学院	教授
208	涂进春	男	材料科学与工程学院	教授
209	汪国庆	女	材料科学与工程学院	正高级工程师
210	汪志芬	女	材料科学与工程学院	教授
211	文　峰	男	材料科学与工程学院	教授
212	向道平	男	材料科学与工程学院	教授
213	徐　翀	男	材料科学与工程学院	教授
214	张可喜	女	材料科学与工程学院	教授
215	赵艳芳	女	材料科学与工程学院	教授
216	李　德	男	材料科学与工程学院	教授
217	杨　亮	男	材料科学与工程学院	正高级实验师
218	吴进怡	女	材料科学与工程学院	教授
219	白　勇	男	信息与通信工程学院	教授
220	邓家先	男	信息与通信工程学院	教授

续表

序号	姓名	性别	工作单位	职称
221	杜　锋	男	信息与通信工程学院	教授
222	杜育宽	男	信息与通信工程学院	教授
223	冯文龙	男	信息与通信工程学院	教授
224	黄梦醒	男	信息与通信工程学院	教授
225	李　晖	男	信息与通信工程学院	教授
226	李京兵	男	信息与通信工程学院	教授
227	李太君	男	信息与通信工程学院	教授
228	任　佳	男	信息与通信工程学院	教授
229	沈　重	男	信息与通信工程学院	教授
230	王　磊	男	信息与通信工程学院	教授
231	王咸鹏	男	信息与通信工程学院	教授
232	张永辉	男	信息与通信工程学院	教授
233	周又玲	女	信息与通信工程学院	教授
234	胡祝华	男	信息与通信工程学院	教授
235	束　锋	男	信息与通信工程学院	教授
236	曹春杰	男	计算机与网络空间安全学院	教授
237	程杰仁	男	计算机与网络空间安全学院	教授
238	王兆晖	男	计算机与网络空间安全学院	教授
239	段玉聪	男	计算机与网络空间安全学院	教授
240	刘笑嶂	男	计算机与网络空间安全学院	教授
241	彭金莲	女	计算机与网络空间安全学院	教授
242	王政霞	女	计算机与网络空间安全学院	教授
243	高新瑞	男	计算机与网络空间安全学院	教授
244	邱　钊	男	计算机与网络空间安全学院	教授
245	任一凡	女	计算机与网络空间安全学院	研究员
246	杨厚群	男	计算机与网络空间安全学院	教授
247	叶春杨	男	计算机与网络空间安全学院	研究员
248	陈　绮	女	计算机与网络空间安全学院	教授
249	羊秋玲	女	计算机与网络空间安全学院	教授
250	姚孝明	男	计算机与网络空间安全学院	教授
251	雷　虹	男	计算机与网络空间安全学院	教授
252	曹宝珠	男	土木建筑工程学院	教授
253	韩建刚	男	土木建筑工程学院	教授
254	李　艳	女	土木建筑工程学院	教授
255	杨东全	男	土木建筑工程学院	教授
256	张友良	男	土木建筑工程学院	研究员
257	祝海燕	女	土木建筑工程学院	教授

续表

序号	姓名	性别	工作单位	职称
258	张志田	男	土木建筑工程学院	教授
259	周　智	男	土木建筑工程学院	教授
260	陈　云	男	土木建筑工程学院	教授
261	刘婉秋	女	土木建筑工程学院	教授
262	穆大伟	男	土木建筑工程学院	教授
263	任兴月	女	土木建筑工程学院	教授
264	王　辉	男	土木建筑工程学院	教授
265	陈铁桥	男	化学工程与技术学院	教授
266	高艳安	男	化学工程与技术学院	研究员
267	贾春满	男	化学工程与技术学院	教授
268	李嘉诚	男	化学工程与技术学院	教授
269	刘平怀	男	化学工程与技术学院	研究员
270	刘钟馨	女	化学工程与技术学院	教授
271	潘莉莎	女	化学工程与技术学院	教授
272	孙　蕾	女	化学工程与技术学院	教授
273	王　博	男	化学工程与技术学院	教授
274	熊春荣	男	化学工程与技术学院	教授
275	徐　静	女	化学工程与技术学院	教授
276	徐树英	女	化学工程与技术学院	教授
277	尹学琼	女	化学工程与技术学院	教授
278	张永明	男	化学工程与技术学院	教授
279	白新鹏	男	食品科学与工程学院	教授
280	曹献英	女	食品科学与工程学院	教授
281	陈卫军	男	食品科学与工程学院	研究员
282	陈文学	男	食品科学与工程学院	教授
283	李从发	男	食品科学与工程学院	教授
284	李永成	男	食品科学与工程学院	教授
285	刘石生	男	食品科学与工程学院	教授
286	潘永贵	男	食品科学与工程学院	教授
287	邵远志	男	食品科学与工程学院	教授
288	申铉日	男	食品科学与工程学院	教授
289	施瑞城	男	食品科学与工程学院	教授
290	徐祥彬	男	食品科学与工程学院	研究员
291	杨劲松	女	食品科学与工程学院	教授
292	张桂和	男	食品科学与工程学院	教授
293	张海德	男	食品科学与工程学院	教授
294	张正科	男	食品科学与工程学院	研究员

续表

序号	姓名	性别	工作单位	职称
295	钟秋平	男	食品科学与工程学院	教授
296	李　武	男	食品科学与工程学院	教授
297	张伟敏	男	食品科学与工程学院	教授
298	陈银华	男	热带作物学院	教授
299	符文英	女	热带作物学院	教授
300	何朝族	男	热带作物学院	研究员
301	黄　惜	男	热带作物学院	研究员
302	江行玉	男	热带作物学院	教授
303	赖杭桂	男	热带作物学院	教授
304	李东栋	男	热带作物学院	教授
305	林　电	男	热带作物学院	教授
306	刘进平	男	热带作物学院	教授
307	罗红丽	女	热带作物学院	研究员
308	罗　杰	男	热带作物学院	教授
309	罗丽娟	女	热带作物学院	教授
310	罗越华	男	热带作物学院	研究员
311	孟　磊	男	热带作物学院	教授
312	阮云泽	女	热带作物学院	教授
313	施海涛	男	热带作物学院	教授
314	汤　华	男	热带作物学院	教授
315	唐朝荣	男	热带作物学院	研究员
316	万迎朗	男	热带作物学院	教授
317	王　英	女	热带作物学院	教授
318	吴蔚东	男	热带作物学院	教授
319	夏志辉	男	热带作物学院	教授
320	杨福孙	男	热带作物学院	教授
321	杨重法	男	热带作物学院	研究员
322	袁潜华	男	热带作物学院	研究员
323	张银东	男	热带作物学院	研究员
324	郑育声	女	热带作物学院	教授
325	庄南生	男	热带作物学院	教授
326	聂立孝	男	热带作物学院	教授
327	曾长英	女	热带作物学院	研究员
328	翟金玲	女	热带作物学院	教授
329	吴　伟	男	热带作物学院	教授
330	王文泉	男	热带作物学院	教授
331	巨晓棠	男	热带作物学院	教授

续表

序号	姓名	性别	工作单位	职称
332	李海燕	女	热带作物学院	教授
333	陈　萍	女	园艺学院	教授
334	成善汉	男	园艺学院	教授
335	江雪飞	女	园艺学院	教授
336	蒋国洲	男	园艺学院	教授
337	李　雯	女	园艺学院	教授
338	李新国	男	园艺学院	教授
339	田丽波	女	园艺学院	教授
340	汪志伟	男	园艺学院	教授
341	王　健	男	园艺学院	教授
342	周开兵	男	园艺学院	教授
343	朱国鹏	男	园艺学院	研究员
344	刘平武	男	园艺学院	教授
345	蔡笃程	男	植物保护学院	教授
346	范咏梅	女	植物保护学院	研究员
347	李增平	男	植物保护学院	教授
348	林春花	女	植物保护学院	教授
349	刘　铜	男	植物保护学院	教授
350	刘晓妹	女	植物保护学院	教授
351	骆焱平	男	植物保护学院	教授
352	缪卫国	男	植物保护学院	教授
353	孙然锋	男	植物保护学院	教授
354	王　萌	男	植物保护学院	教授
355	颜日辉	男	植物保护学院	教授
356	杨　叶	女	植物保护学院	教授
357	张荣意	男	植物保护学院	教授
358	张　宇	女	植物保护学院	教授
359	吴少英	女	植物保护学院	教授
360	朱朝华	男	植物保护学院	教授
361	王兰英	女	植物保护学院	教授
362	陈庆河	男	植物保护学院	教授
363	王凤阳	男	动物科技学院	教授
364	王学梅	女	动物科技学院	教授
365	吴科榜	男	动物科技学院	教授
366	杨雨辉	男	动物科技学院	教授
367	闻晓波	男	动物科技学院	教授
368	龙文兴	男	林学院	教授

续表

序号	姓名	性别	工作单位	职称
369	宋希强	男	林学院	教授
370	王　健	男	林学院	教授
371	王志勇	男	林学院	教授
372	吴庆书	男	林学院	教授
373	许先升	男	林学院	教授
374	余雪标	男	林学院	研究员
375	龚文峰	男	林学院	教授
376	李娟玲	女	林学院	正高级实验师
377	周淑荣	女	林学院	教授
378	顾志峰	男	海洋学院	教授
379	黄　勃	男	海洋学院	教授
380	李二超	男	海洋学院	研究员
381	刘志媛	女	海洋学院	教授
382	骆　剑	男	海洋学院	教授
383	孙　云	女	海洋学院	教授
384	王爱民	男	海洋学院	教授
385	王世锋	男	海洋学院	教授
386	王　嫣	女	海洋学院	教授
387	吴小易	男	海洋学院	教授
388	谢珍玉	男	海洋学院	教授
389	周永灿	男	海洋学院	教授
390	周　智	男	海洋学院	研究员
391	郭伟良	男	海洋学院	教授
392	许　强	男	海洋学院	教授
393	蔡东宏	男	管理学院	教授
394	曾春华	女	管理学院	教授
395	陈新锋	男	管理学院	教授
396	樊孝凤	女	管理学院	教授
397	胡秀群	女	管理学院	教授
398	柯佑鹏	男	管理学院	教授
399	黎春燕	女	管理学院	教授
400	李伟铭	男	管理学院	教授
401	林銮珠	女	管理学院	教授
402	齐晓梅	女	管理学院	教授
403	邵元海	男	管理学院	教授
404	韦开蕾	女	管理学院	教授
405	徐　艳	女	管理学院	教授

续表

序号	姓名	性别	工作单位	职称
406	许海平	男	管理学院	教授
407	许能锐	男	管理学院	教授
408	袁　蓓	女	管理学院	教授
409	郑远强	男	管理学院	教授
410	孙洪杰	男	管理学院	教授
411	付景涛	男	管理学院	教授
412	楼润平	男	管理学院	教授
413	熊　浩	男	管理学院	教授
414	伍中信	男	管理学院	教授
415	毕研韬	男	政治与公共管理学院	教授
416	陈丽琴	女	政治与公共管理学院	教授
417	陈小桃	女	政治与公共管理学院	教授
418	韩晓莉	女	政治与公共管理学院	教授
419	黄朝明	男	政治与公共管理学院	教授
420	江红义	男	政治与公共管理学院	教授
421	黎兴强	男	政治与公共管理学院	教授
422	李　芬	女	政治与公共管理学院	教授
423	李宜钊	男	政治与公共管理学院	教授
424	刘德浩	男	政治与公共管理学院	教授
425	刘民培	女	政治与公共管理学院	教授
426	栾乔林	男	政治与公共管理学院	教授
427	宋增伟	男	政治与公共管理学院	教授
428	王　芳	女	政治与公共管理学院	教授
429	王章佩	男	政治与公共管理学院	教授
430	韦仕川	男	政治与公共管理学院	教授
431	徐艳晴	女	政治与公共管理学院	教授
432	周　伟	男	政治与公共管理学院	教授
433	程志敏	男	政治与公共管理学院	教授
434	耿开君	男	政治与公共管理学院	研究员
435	刘冬梅	女	政治与公共管理学院	研究员
436	文聘元	男	政治与公共管理学院	研究员
437	谢永康	男	政治与公共管理学院	教授
438	阎根齐	男	政治与公共管理学院	研究馆员
439	张治库	男	政治与公共管理学院	教授
440	夏　锋	男	政治与公共管理学院	研究员
441	陈海鹰	男	旅游学院	教授
442	陈扬乐	男	旅游学院	教授

续表

序号	姓名	性别	工作单位	职称
443	董林峰	男	旅游学院	教授
444	范士陈	男	旅游学院	教授
445	耿松涛	男	旅游学院	教授
446	郭　强	男	旅游学院	教授
447	胡　涛	男	旅游学院	教授
448	黄建宏	男	旅游学院	教授
449	宋子斌	男	旅游学院	教授
450	田　良	男	旅游学院	教授
451	王凤霞	女	旅游学院	教授
452	王　红	女	旅游学院	教授
453	吴　波	男	旅游学院	研究员
454	谢彦君	男	旅游学院	教授
455	袁国宏	男	旅游学院	教授
456	赵全鹏	男	旅游学院	教授
457	李芳轩	男	旅游学院	教授
458	白金峰	男	音乐与舞蹈学院	教授
459	曹　量	男	音乐与舞蹈学院	教授
460	李群山	男	音乐与舞蹈学院	一级演员
461	孙　毅	男	音乐与舞蹈学院	教授
462	许潇尹	女	音乐与舞蹈学院	教授
463	杨　健	女	音乐与舞蹈学院	一级演奏员
464	李牧之	男	美术与设计学院	教授
465	林明俊	男	美术与设计学院	教授
466	邱海东	男	美术与设计学院	教授
467	谭晓东	男	美术与设计学院	教授
468	唐丽春	女	美术与设计学院	教授
469	闫　超	男	美术与设计学院	教授
470	杨　洁	女	美术与设计学院	教授
471	叶仄辉	男	美术与设计学院	教授
472	王　琳	女	国际旅游学院	教授
473	黄崇利	男	应用科技学院	教授
474	刘德兵	男	应用科技学院	教授
475	谢达理	女	应用科技学院	教授
476	唐建荣	男	应用科技学院	教授
477	杨云升	男	国际教育学院	教授
478	李小北	男	国际教育学院	教授
479	邓百意	女	国际教育学院	教授

续表

序号	姓名	性别	工作单位	职称
480	李玉凤	女	继续教育学院	教授
481	房殿生	男	体育部	教授
482	韩　政	男	体育部	教授
483	洪家云	男	体育部	教授
484	李　秀	男	体育部	教授
485	梁丽凤	女	体育部	教授
486	刘少凯	男	体育部	教授
487	罗远标	男	体育部	教授
488	倪思贵	男	体育部	教授
489	邱庆棠	男	体育部	教授
490	盛小芳	女	体育部	教授
491	田　东	男	体育部	教授
492	王公法	男	体育部	教授
493	王　群	男	体育部	教授
494	王晓青	女	体育部	教授
495	肖国良	男	体育部	教授
496	张泽承	男	体育部	教授
497	周若峰	男	体育部	教授
498	杜　丽	女	地方合作服务中心（成果转化办公室）	教授
499	吴友根	男	地方合作服务中心（成果转化办公室）	教授
500	史学群	男	地方合作服务中心（成果转化办公室）	教授
501	李文化	男	图书馆	教授
502	王小会	女	图书馆	研究馆员
503	李　春	女	图书馆	研究馆员
504	张红霞	女	图书馆	研究馆员
505	蔡瑞平	男	图书馆	研究馆员
506	钟哲辉	男	图书馆	研究员
507	吉家凡	男	图书馆	研究馆员
508	肖　琴	女	档案馆（校史馆）	研究员
509	石耀华	男	学报编辑部	教授
510	孙绍先	男	学报编辑部	教授
511	靳香玲	女	学报编辑部	编审
512	吴爱敏	女	学报编辑部	编审
513	冯玉红	女	分析测试中心	教授
514	陈国良	男	分析测试中心	教授
515	王桂振	男	分析测试中心	研究员

续表

序号	姓名	性别	工作单位	职称
516	杨　雄	男	信息化服务中心	教授
517	陈　琦	男	南海海洋资源利用国家重点实验室	研究员
518	王　宁	男	南海海洋资源利用国家重点实验室	教授
519	田新龙	男	南海海洋资源利用国家重点实验室	研究员
520	万　逸	男	南海海洋资源利用国家重点实验室	研究员
521	袁益辉	男	南海海洋资源利用国家重点实验室	研究员
522	谢松光	男	南海海洋资源利用国家重点实验室	研究员

2020年度在校工作的外籍专家名录

材料提供单位：国际合作交流处

序号	姓名	国籍	性别	工作单位	职称/职务
1	JIN YING	新西兰	女	外国语学院	教授
2	LING PENG	美国	男	林学院	教授
3	HARP DANIEL DAVID	美国	男	外国语学院	教师
4	JOHN MARTIN KARL	加拿大	男	外国语学院	教师
5	KUNIHISA YABUUCHI	日本	男	外国语学院	教师
6	JASON MARK SCOTT	英国	男	外国语学院	教师
7	RYAN EILEEN	爱尔兰	女	旅游学院	教师
8	SARAKAEVA ASIA	俄罗斯	女	外国语学院	教师
9	ROBERT LEONARD VAN BAKEL	新西兰	男	国际旅游学院	教师
10	SEAN JOSEPH WARD	英国	男	外国语学院	教师
11	POPOVICHEVA IRINA	俄罗斯	女	应用科技学院	教师
12	ALBERTO CASTELLI	意大利	男	外国语学院	副教授
13	FU PENG CHENG	美国	男	国家重点实验室	教授
14	KULIKOVA NADEZHDA	俄罗斯	女	外国语学院	教师
15	NAKANO YUKO	日本	女	外国语学院	教师
16	TRAN THI HOA	越南	女	外国语学院	教师
17	HLA HLA WIN	缅甸	女	外国语学院	教师
18	MIN HYU KIM	韩国	男	国际旅游学院	教师
19	MEGAN LEE MULDOON	加拿大	女	国际旅游学院	教师
20	VASAVTHAKUMAR ARUMUGAM	印度	男	化学工程与技术学院	博士后研究员
21	LI CHARLES CHAOYANG	美国	男	国家重点实验室	教授
22	LIU DAKE	瑞典	男	信息与通信工程学院	教授
23	KAY THI OO	缅甸	女	国家重点实验室	研究员

续表

序号	姓名	国籍	性别	工作单位	职称/职务
24	KHAZI MAHAMMED ILYAS BASHA	印度	男	国家重点实验室	研究员
25	JENNIFER KREISZ	加拿大	女	国际旅游学院	教师
26	YANA WENGEL	德国	女	国际旅游学院	教师
27	SANG EUN LEE	韩国	女	国际旅游学院	教师
28	JOHN EDEN HEATHER	美国	男	国际旅游学院	教师
29	YUNSEON CHOE	韩国	女	国际旅游学院	教师
30	ROBERT CHARLES GARCIA CAPISTRANO	菲律宾	男	国际旅游学院	教师
31	WALTER JORDAN HERBST	美国	男	外国语学院	教师
32	DAMON FOX	美国	男	外国语学院	教师
33	MC CARTHY JERED ALAN	美国	男	外国语学院	教师
34	JESSLYN INDONESIA	印度尼西亚	女	外国语学院	教师
35	ABHIJEET RONGHE VINAYAK	印度	男	计算机与网络空间安全学院	教师
36	WAYKOLE RUPALI	印度	女	计算机与网络空间安全学院	教师
37	MANMEET KAUR	印度	女	计算机与网络空间安全学院	教师
38	KUMARI ROONA	印度	女	计算机与网络空间安全学院	教师
39	AIKAWA TAKUMA	日本	男	国际教育学院	教师
40	MACIEJ KARASI SKI	波兰	男	外国语学院	副教授
41	NEGRE FELIMON JR.	菲律宾	男	外国语学院	教师
42	BRIAN PETER FARRELL	爱尔兰	男	国际旅游学院	教师
43	ANGELO MARIA CIMINO	意大利	男	国际旅游学院	教师
44	SE YOU JANG	韩国	男	国际旅游学院	教师
45	MASON R STODDARD	美国	男	国际旅游学院	教师
46	SHREE PRAKASH PANDEY	印度	男	林学院	副教授
47	FUKUGASAKO KANA	日本	女	外国语学院	教师
48	HERBERT ELY VASQUEZ	萨尔瓦多	男	海洋学院	教师
49	JIANG DONGLIN	日本	男	化学工程与技术学院	教授
50	FIAZ AHMAD	巴基斯坦	男	海洋学院	博士后研究员
51	NOREEN ASHRAF	巴基斯坦	女	海洋学院	博士后研究员
52	MUHAMMAD QAYYUM	巴基斯坦	男	经济学院	博士后研究员
53	WYZYKOWSKI ROBERT JAMES	美国	男	国际旅游学院	教师
54	PETER JUDCA MKUMBO	坦桑尼亚	男	国际旅游学院	教师
55	BRUNO MIGUEL SIMOES FERREIRA	葡萄牙	男	国际旅游学院	教师
56	JAHANGIR BOLOURCHIAN MAHDIEH	伊朗	女	国际旅游学院	教师
57	JOSHUA ROE	美国	男	国际旅游学院	教师
58	WROCHNA AGATA EWA	波兰	女	国际旅游学院	教师
59	SEENIVASAN BOOPATHI	印度	男	生命科学与药学院	博士后研究员

续表

序号	姓名	国籍	性别	工作单位	职称/职务
60	IRM MISBAH	巴基斯坦	女	海洋学院	博士后研究员
61	YANG LAURENCE TIANRUO	加拿大	男	计算机与网络空间安全学院	院士
62	JEKYUNG LEE	韩国	男	国际旅游学院	教师
63	MUHAMMAD AMJAD KHAN	巴基斯坦	男	生命科学与药学院	博士后研究员
64	VOLOVYCH ALGA	乌克兰	女	生命科学与药学院	博士后研究员
65	AHMED MANSOORA	巴基斯坦	女	旅游学院	博士后研究员
66	MUHAMMAD BILAL GULFRAZ	巴基斯坦	男	管理学院	博士后研究员
67	SHAHBAZ KHAN	巴基斯坦	男	热带作物学院	博士后研究员
68	MUHAMMAD ALI MUMTAZ	巴基斯坦	男	园艺学院	博士后研究员
69	SUKHVINDER SINGH	印度	男	计算机与网络空间安全学院	教师
70	EHTAYSHAM UDDIN KHAN	印度	男	计算机与网络空间安全学院	教师
71	MOHAMMAD RIYAZUDDIN	印度	男	计算机与网络空间安全学院	教师
72	BHUSHAN PARADKAR	印度	男	计算机与网络空间安全学院	教师
73	CHEN BO	加拿大	男	经济学院	教授
74	MAXIM VSEMIRNOV	俄罗斯	男	理学院	院士
75	ALEXANDER MAKHNEV	俄罗斯	男	理学院	院士
76	ALEXANDER SKIBA	俄罗斯	男	理学院	高级研究员
77	ANDREY VASILYEV	俄罗斯	男	理学院	高级研究员
78	ADRIAN C FISHER	英国	男	材料科学与工程学院	教授
79	FENG VICTOR DA HSUAN	美国	男	“一带一路”研究院	教授

媒体看海大

2020 年度媒体报道海南大学的主要消息索引

（不完全统计）

序号	新闻标题	新闻来源	发表日期
1	新时代国家密码发展战略问计求策 智联智融打开密码发展新空间 第一届中国密码高端论坛成功举办	经济参考报	1月2日
2	群贤毕至海之南——海南大学首届国际青年学者论坛成功举办	人民日报社人民数字	1月6日
3	“更路簿”数字化成果拓展我国南海研究前沿	中国社会科学网	1月6日
4	海南文学:多元开放新格局［文学新地理（20）］	人民日报海外版	1月9日
5	扶贫又扶“智” 海南大学助力 16 名贫困生跨越大学“龙门”	南海网	1月15日
6	海大宋希强教授获中国兰花领域第一个国家科技进步奖	海口日报	1月15日
7	抗击疫情·防控丨海南大学开通疫情防控期间心理支持热线和心理援助网络服务	南海网	1月30日
8	抗疫·老外日记丨海大留学生：抗击疫情，我们与中国同在	南海网	2月6日
9	众志成城共克时艰 海大 EMBA 总裁班捐赠爱心餐	人民网	2月7日
10	海南大学驻村第一书记、乡村振兴工作队员坚守疫情防控前线	海南日报	2月9日
11	海南大学青年学生战“疫”在家乡一线	中国青年报	2月10日
12	“不怕苦，我是村庄守护者！”——海南大学返乡学生主动加入疫情防控一线	中国教育新闻网	2月10日
13	中国国际电视台报道海南大学国际旅游学院外籍教师	中国国际电视台	2月11日
14	海南大学在日留学生采购 1.5 万只口罩支援祖国	中国教育新闻网	2月12日
15	疫情之下 我的思考②丨饶颖芝：如何应对这场关于生命与尊严的战疫	凤凰新闻	2月12日
16	海南大学为国际学生筑牢疫情安全防线	中新网	2月13日
17	海大外籍教师积极参与疫情防控工作	海南日报	2月13日
18	海南大学外籍教师捐赠三千多个口罩	国际旅游岛商报	2月14日
19	抗击疫情·动态 丨 海大热带作物学院联合爱心企业开展公益行动	南海网	2月17日
20	海南大学一学子全家一线“战疫”	中国青年报	2月19日
21	在家也难午休，每天忙到半夜	南国都市报	2月20日
22	抗击疫情·基层故事 丨 东方抱板村第一书记张银东：这里没有特别通行证	南海网	2月23日
23	全民战疫“益”起来 丨 致敬白衣天使 海南大学捐赠 2 万斤瓜菜	南海网	2月23日
24	海大总裁班学员再发力！急购困难农户 10 万余斤时蔬驰援湖北	海口日报	2月24日
25	点赞！疫情期间哈萨克斯坦小伙鲁斯兰再献 “熊猫血”	央视网	2月25日
26	以系统集成治理赢得疫情防控大考	光明日报	2月27日
27	全民战“疫” 爱心助农 丨 海南大学学子收购海南待销农产品 赠送武汉三家医院	南海网	2月28日
28	赠口罩、送食物、筹善款……外籍人士积极参与海南疫情防控	人民网	2月28日

续表

序号	新闻标题	新闻来源	发表日期
29	众志成城抗疫情！海南大学倾力援助疫情地区及家庭经济困难学生	新浪微博	2月29日
30	东方农业农村局海南大学挂职干部孙涛：放弃假期，为民解忧	海南日报	3月2日
31	战“疫”同行 志愿有我	海南日报	3月3日
32	发挥制度优势 坚定必胜决心	海南日报	3月3日
33	筑牢校园“防疫墙” 海南大学多措并举打好疫情防控阻击战	法制网	3月4日
34	暖心！海南大学给湖北籍学生每人发放千元补助	南国都市报	3月4日
35	海南大学多个国际合作伙伴助力抗疫 发来慰问信或防护物资	海南日报	3月4日
36	发挥优势 勇担使命 海大南海区域研究中心在海外为疫情防控建言献策	凤凰新闻	3月6日
37	坚持“房住不炒”定位 推进海南房地产市场平稳健康发展	海南日报	3月9日
38	【“我为‘自贸’作贡献，我为‘防疫’献力量”】山河应无恙，来日仍方长	人民网	3月18日
39	海大团队参与设计的消毒机器人“走”上抗疫一线	海南日报	3月18日
40	凝聚“向心力”画好“同心圆”	海南日报	3月18日
41	疫情之下 我的思考⑥丨李世杰：疫情防控与经济建设两手抓，转“危”为“机”推进海南自贸港产业结构转型	凤凰新闻	3月20日
42	《我的金点子》⑥丨省开放型经济研究院院长李世杰：筹建高标准生物安全P3实验室 构筑自贸港生物安全防控体系	凤凰新闻	3月20日
43	速来围观#达到医疗机构消毒规范级别机器人#长啥样？	科技日报	3月20日
44	海南大学举行突发新冠肺炎疫情防控应急处置演练	人民日报社人民数字	3月23日
45	海南大学杨元广：当起“代言人” 为滞销鸭鹅找销路	中国教育新闻网	3月23日
46	海南省科技厅与海南大学研讨适应自贸港发展科技创新模式	科技日报	3月23日
47	海南省社会科学院与海大等单位合作研究成果在《中国社会科学内部文稿》刊发	椰网	3月23日
48	海南教育在行动丨海南大学段玉聪教授DIKW团队无偿向社会公开抗疫相关专利技术	海南省教育厅官微	3月24日
49	点赞！海大团队公开多项专利技术	海南日报	3月24日
50	海南大学“三个着力”强化疫情防控思想引领工作	全国高校思想政治工作网	3月25日
51	“不获全胜，决不收兵！”她，是海南最后一个留守武汉的医疗队员	海南日报	3月31日
52	【“我为‘自贸’作贡献，我为‘防疫’献力量”】一份特别的“退疫书”	人民网	4月1日
53	海南大学与东方市人民政府签署全面战略合作协议	学习强国	4月3日
54	最高年薪100万元以上！海南大学面向全球招聘教学科研人员	学习强国	4月3日
55	丁晖与海南大学校长骆清铭及大学生创业者举行视频会谈 以最优服务打造自贸港最佳创业乐土	海口日报	4月4日
56	海南大学校长骆清铭带队调研校友企业海口三角梅共享农庄	中国教育在线	4月9日
57	海大这位学姐在武汉呆了47天，都干了些什么？	人民日报社人民数字	4月9日
58	海南大学将对休学创业学生实行弹性学制	海口网	4月17日
59	中国援非抗疫共筑人类卫生健康共同体中的海南力量	凤凰新闻	4月24日
60	海南省向骆清铭院士颁发奖金300万元	科技日报	4月28日

续表

序号	新闻标题	新闻来源	发表日期
61	青春靓度②丨任佳 ：将科研工作与海南自贸港建设紧密融合	人民日报社人民数字	4月30日
62	海南省疫情防控指挥部就高校开学防疫工作要求：严格闭环管理 坚决筑牢校园健康防线	海南日报	5月5日
63	为什么他能获海南人才补贴300万元奖励？海大这位院士校长很有料！	海南广播电视总台	5月7日
64	关注丨海南高校为毕业生就业“跑腿”	海口日报	5月7日
65	在奋斗的青春中做堪当大任的时代青年	人民网	5月7日
66	智库丨李仁君：海南“43条”为救急之策，也图长远之计	学习强国	5月9日
67	助毕业生顺利就业 海南高校“各显身手” 活用“云端上求职” 实现“指尖上就业”	国际旅游岛商报	5月13日
68	动态把握战疫常态化与经济发展平衡点	中国经济时报	5月14日
69	返校，海大教师暖心行动只为你们！	人民日报社人民数字	5月15日
70	用音乐欢迎海大学子“回家”	人民日报社人民数字	5月15日
71	海大两个学科新晋全球ESI前1%	海南日报	5月16日
72	海南大学开展“开学第一课”活动 分享身边战“疫”故事	人民网	5月18日
73	以实行“承诺制”为重点优化海南自贸港营商环境	中国经济时报	5月19日
74	海大经济学院创新教学模式——“微课”成“金课”	海南日报	5月19日
75	海南大学旅游学院教授、博士生导师耿松涛：培育旅游新业态 拓展消费新空间	南国都市报	5月20日
76	海南大学热带林木种质基地入选国家长期科研基地	人民日报海外版	5月23日
77	海大热带作物学院院长罗杰来琼两年多“以才聚才”建起创新团队——建世界一流学科 助热带农业发展	海南日报	5月24日
78	打开线上消费的潜力空间	海南日报	5月27日
79	海南省人社厅与海南大学举行深化人事制度改革工作调研指导会	学习强国	5月28日
80	海南大学以师生为中心认真做好疫情防控和复学复课工作阔别四月，欢迎“回家”	海南日报	5月29日
81	海南大学经济学院副院长李世杰：海南自贸港2035年有望达到新加坡的开放水平	21财经	6月2日
82	海南大学管理学院副院长张德生：海南自贸港方案让我们倍感振奋	国际旅游岛商报	6月4日
83	《试论海南自由贸易港》新书首发——聚焦全球经济大势下海南自贸港建设	海南日报	6月7日
84	海南自贸港建设如何行稳致远	光明日报	6月9日
85	乘海南自贸港建设之翼 业界大咖“云”端畅聊	新浪海南	6月9日
86	李世杰：海南将成全领域开放“经济飞地”	椰网	6月9日
87	海南大学国际教育学院疫情期间服务400多名国际学生：“云”学习 零时差	海南日报	6月9日
88	塑造“海南原产”新模式，推动自贸港主导产业升级	澎湃新闻	6月9日
89	强化竞争政策 助力自贸港建设	海南日报	6月10日
90	海南大学经济学院副院长余升国：利用大数据、互联网打造智慧自贸港	海口网	6月10日
91	海南大学以“五化行动”为抓手深化“三全育人”综合改革	教育部官网	6月11日
92	稳步推进，高质量高标准建设自由贸易港	海南日报	6月12日

续表

序号	新闻标题	新闻来源	发表日期
93	海南省“三农”科普项目设计大赛圆满落幕	今日头条	6月13日
94	海南大学面向全球举办“直播+引才”活动 公布14个百万以上年薪岗位	海南日报	6月13日
95	海南大学：海纳百川 百万年薪“职”等你来	央视新闻	6月15日
96	首届“e海瑞评”网评大赛部分优秀作品选登	海南日报	6月16日
97	建设海南自由贸易港 开启改革开放新征程	海南日报	6月17日
98	海南大学教授李仁君解读高标准建设自贸港重大意义：制度创新“试验田” 海南发展新起点	澎湃新闻	6月19日
99	海南大学2020年拟招收 全日制博士研究生228名	南国都市报	6月21日
100	海南自贸港民事行政公益诉讼检察研究基地在海南大学挂牌成立	人民日报社人民数字	6月22日
101	海南大学人文社会科学高等研究院执行院长夏锋——用足用好产业领域开放政策 加快发展三大特色健康产业	国际旅游岛商报	6月23日
102	发挥高校统战工作优势 为自贸港建设凝心聚力——以海南大学党外知识分子工作为例	海南日报	6月25日
103	海南大学食品科学与工程专业顺利通过教育部工程教育专业认证	人民网	7月4日
104	海南自由贸易港立法的总体构想	今日海南	7月7日
105	《科学》期刊发表海大团队文章《全球最濒危灵长类恢复希望》	海南日报	7月8日
106	以法治推进海南自由贸易港建设	人民日报	7月9日
107	东方黎族山寨乐妹村第一书记王联春：5年风雨兼程，只为乡村振兴	椰网	7月9日
108	拍客丨海南大学 一所海南岛上颜值爆表的大学	南海网	7月10日
109	以身修史 拓荒求实	海南日报	7月13日
110	海南大学热带作物国家重点实验室（筹）项目 研究生公寓及附属食堂项目今日开工	海南网络广播电视台	7月13日
111	海口市政府与海南大学签署战略合作协议	学习强国	7月17日
112	海南大学管理学院与泰国正大管理学院开展学术交流活动	中新网	7月18日
113	海南举办纪念苏东坡《峻灵王庙碑》撰写920周年学术研讨会	中新网	7月19日
114	海南大学经济学院募集善款到贫困地区支教	中新网	7月22日
115	加快海南国际旅游消费中心建设	经济日报	7月23日
116	Book sheds new light on classic poet's famous ode at Hainan temple	China Daily	7月23日
117	自贸港故事丨“85后”博士刘辉“闯海”两年 与猿结缘	海南日报	7月29日
118	凝心聚力 海南大学国际商务领军班扬帆起航	中国国际教育电视台	8月4日
119	海南大学与博鳌乐城先行区开展合作洽谈	南海网	8月8日
120	纪念苏东坡北归中原920周年专题学术报告会在海南大学举办	中国网	8月9日
121	双胞胎姐妹花双双考取海南大学硕士研究生	海南日报	8月19日
122	旅琼文艺家大讲坛第三讲开讲，海南大学海滨教授主讲“苏轼在海南的文章功业”	人民日报社人民数字	8月20日
123	【农民丰收】海南保亭：科技下乡为农户“开方抓药” 助推农民增产增收	学习强国	8月22日
124	海南大学召开生物医学与健康研究中心可行性研究报告评估咨询会	学习强国	8月25日
125	海南大学开学指南来了！低风险地区要持绿码报到	南海网	8月31日

续表

序号	新闻标题	新闻来源	发表日期
126	海南大学联合人民网舆情数据中心等单位共办首届校园网络素养与能力提升培训班	人民网	9月1日
127	祝贺！海南这位教授入选2020年“全国教书育人楷模”	海口日报	9月4日
128	他把思政课讲“活”了	南国都市报	9月5日
129	锤炼过硬本领在自贸港建设中主动担当作为	海南日报	9月5日
130	慢读丨海南各类学校校训背后的故事，你了解多少？	海南日报	9月7日
131	没“抢”到课，站着旁听完两节课海南大学这位老师的课太抢手	新海南客户端	9月9日
132	【访谈】回首千年“东坡路”，传统文化漫书香（上）	海口广播电视台	9月9日
133	深读·人物丨海南大学教授张云阁获评“2020年全国教书育人楷模”——学生“引路人”？	海南日报	9月10日
134	海南大学人文社会科学高等研究院执行院长夏锋：为自贸港建设提供智力支持	南国都市报	9月10日
135	海南大学以队伍建设为抓手，加快综合制度改革，全力服务海南自由贸易港建设，开创世界一流学科大学建设新局面	海南日报	9月11日
136	张云阁：成就自己，筑梦他人	新华网	9月11日
137	海南大学召开2020年教师节庆祝大会	人民日报社人民数字	9月11日
138	海南大学新生今天报到，多图直击现场！	海南日报	9月11日
139	【访谈】回首千年“东坡路”，传统文化漫书香（下）	海口广播电视台	9月11日
140	一生一心 为学生引路——记2020年全国教书育人楷模、海南大学教授张云阁	中国教育报	9月15日
141	海南省网络安全人才培养基地落户海大	椰网	9月16日
142	海大举行“双一流”建设周期总结专家论证会	海南日报	9月17日
143	海大亚利桑那州立大学联合国际旅游学院扩招	海南日报	9月17日
144	海南大学学生实践团赴海南热带雨林国家公园开展实践活动	中新网	9月18日
145	“热带雨林国家公园生物多样性作品展”在海南大学开展	海南日报	9月19日
146	【经济特区40年@治理现代化】以全方位开放、大力度改革推进海南治理现代化进程	中央广电总台国际在线	9月22日
147	海南大学校长的“开学第一课”：投身自贸港 丹心耀南疆	南海网	9月22日
148	智库观点丨李仁君：如何认识当今的美国？	中国网	9月23日
149	组图丨海大学子斩获“挑战杯”和“互联网+”双创省赛冠军	海南日报	9月24日
150	海南大学生物医学与健康研究中心项目可研报告获批复	海南日报	10月9日
151	综艺带火琼岛慢生活	海南日报	10月10日
152	2020海南大学顶尖科学家讲坛开讲 诺贝尔化学奖得主阿达·约纳特应邀首讲	法制网	10月10日
153	高等教育评价专业机构软科发布“2020软科中国最好学科排名” 海南大学法学学科跻身全国前10%	人民网	10月15日
154	海南举办基层农技人员暨“农老师”知识更新培训	海南日报	10月16日
155	走向我们的小康生活丨海南东方大田镇乐妹村驻村第一书记王联春：一留再留 直至产业花开	学习强国	10月17日
156	海南大学开展扶贫日系列活动 开展帮扶慰问等工作	南海网	10月18日

续表

序号	新闻标题	新闻来源	发表日期
157	海大联合华科、华为成立运动健康联合创新实验室	中宏网	10月19日
158	思政课“一主三辅”破解“落实难”	中国科学报	10月21日
159	Hello Kitty 食堂现身海南大学 装修风格粉嫩“小清新”	中新网	10月24日
160	以特色文化助力海南自贸港建设 第二届苏学研究高端论坛在海南大学开幕	新海南	10月24日
161	2021高校毕业生留琼就业创业活动启动 首场招聘对接会人气旺	新浪网	10月25日
162	原创组图丨难得一见！海南大学东坡湖每晚千鸟竞飞	南海网	10月25日
163	第二届苏学研究高端论坛在海南大学开幕	央广网	10月25日
164	文明校园五连拍丨海纳百川 大道致远——海南大学	人民网	10月28日
165	海南大学：光盘赠饮、签名承诺 节俭成为校园新风尚	中国教育新闻网	10月28日
166	海南大学围绕海南自贸港建设和制度创新等七大领域加强学科建设——打破学科壁垒 形成拳头效应	海南日报	10月29日
167	海口龙华区力促海南大学观澜湖校区项目年内开工建设	南海网	10月31日
168	国家林业和草原种质资源库海南木兰种质资源库成立	海南日报	11月1日
169	海南大学实施“木兰学者奖励计划” 资深教师获百万元重奖	中新网	11月2日
170	海南成立机构专注植物界“活化石”木兰科植物研究	科技日报	11月2日
171	以推行“承诺制”为抓手改善海南自贸港营商环境	中国社会科学网	11月2日
172	今天你光盘了吗？	海南日报	11月4日
173	海南大学5门“金课”入选首批国家级一流本科课程	椰网	11月4日
174	海大举办“创客马拉松”创新创业大赛	海南日报	11月9日
175	海大法学院教授主编教材《国际金融法》出版	海南日报	11月9日
176	码住历史 数说海南：海大团队发现古老的苏州码子曾在海南民间广泛使用	海南日报	11月9日
177	中央宣讲团走进海南大学对党的十九届五中全会精神进行座谈式宣讲	海南日报	11月11日
178	海南乡村振兴工作队表彰大会举行 东方3集体10个人获表彰	海南日报	11月12日
179	“新京剧”进校园 海南大学“新京剧名师工作坊”揭牌	人民日报社人民数字	11月12日
180	第十一届国际政治经济学论坛在海南大学成功开幕	凤凰新闻	11月14日
181	山柚香满扶贫路 兰花点缀致富门——海南大学派驻乐妹村驻村第一书记王联春带领村民发展产业实现脱贫	海南日报	11月15日
182	为海南自贸港法治建设提高人才保障——海南大学法学院着力推进教学科研体制机制改革创新	海南日报	11月16日
183	海南大学数据图谱领域专利科研成果位居全国前列	科技日报	11月18日
184	海大将举办民法典解读讲座	海南日报	11月20日
185	全国博士后学术交流论坛于海南大学举办 52名博士后参加论坛	人民日报社人民数字	11月21日
186	2020年全国博士后学术论坛在海南大学举行	人民网	11月21日
187	海南大学优质生源基地落户九江三中	潇湘晨报	11月23日
188	陈德海：望海大学子助力中国—印尼、中国—东盟友好	中宏网	11月25日
189	聚焦疫情时代的农业生产与粮食安全研讨会在琼开幕	中宏网	11月27日
190	为他点赞！海南大学一学生见义勇为施救落水老人	海南日报	11月28日
191	海南大学党委书记武耀廷：从严抓好党建推动加快世界一流学科创建	今日海南	11月29日
192	枯木逢“春”百花开丨一留再留的驻村书记王联春	澎湃新闻	11月30日
193	海南大学举行“一带一路”/南南合作农业教育科技创新联盟第三届年会	人民日报社人民数字	11月30日

续表

序号	新闻标题	新闻来源	发表日期
194	海纳百川 聚智引才——海南大学为外籍人才提供丰厚待遇和“一站式”服务	海南日报	12月3日
195	加强海南长臂猿法律保护的思考	海南日报	12月3日
196	海大团队研究成果获吴文俊人工智能技术发明奖三等奖	海南日报	12月4日
197	2020年第二届全国代谢生物学大会在海口召开	海南日报	12月6日
198	更路簿捐赠仪式在海南大学成功举办	凤凰新闻	12月6日
199	创建一流商学院，海南今天这场“头脑风暴”值得关注！	海南日报	12月7日
200	海南大学罗杰团队在《自然-植物》发表水稻二萜代谢研究，为遗传改良提供新资源	澎湃新闻	12月8日
201	教育部中外人文交流中心与海南大学共建会计中外人文交流研究院	中新网	12月8日
202	海大团队发表水稻二萜代谢研究成果 为作物遗传改良提供了新资源	海南日报	12月8日
203	海南大学成为首批“高层次国际化人才培养创新实践基地”项目院校	椰网	12月9日
204	放眼国际谋发展 借智引力育新人——海南大学亚利桑那州立大学联合国际旅游学院打造海南国际化办学的一扇示范窗口	海南日报	12月10日
205	“琼州杯”国际学生汉语才艺大赛，尼日利亚留学生用一首红歌惊艳全场	新海南	12月10日
206	海南大学计算机与网络空间安全学院执行院长曹春杰：新时代呼唤科技工作者有所作为	南海网	12月11日
207	海南省“十四五”规划建议课题研究项目结题验收	海南日报	12月14日
208	骆清铭增聘为中国医学科学院2020年学术咨询委员会生物医学工程与信息学部委员	海南日报	12月19日
209	海南大学第二届国际青年学者论坛举行	人民网	12月21日
210	充分发挥课程思政建设“主力军”作用	海南日报	12月24日
211	我省全力推动海南大学创建世界一流学科 带动全省高等教育发展	椰网	12月25日
212	海南自贸港的离岸性及其发展建议	今日海南	12月25日
213	努力推动部省合建工作向更高水平迈进 教育部2020年部省合建工作年度会议召开	教育部官网	12月27日
214	王路：聚海南全省之力扎实推进部省合建高质量发展	中宏网	12月28日
215	陈宝生：努力推动部省合建工作向更高水平迈进	中宏网	12月28日
216	教育部党组书记、部长陈宝生一行调研海南大学	中宏网	12月28日
217	扛起脱贫攻坚和自贸港建设的海大担当——海南大学抓好组织扶贫、教育扶贫、产业扶贫、科技扶贫，聚力打赢脱贫攻坚战	海南日报	12月29日
218	2020海南首届“e海瑞评”网评大赛收官 54篇作品和10个单位获奖	南海网	12月29日
219	海南大学土建学院与中建四局六公司开展校企合作	人民网	12月30日
220	海南大学第三次归侨侨眷代表大会举行	中国侨网	12月30日
221	一床冬被、一杯姜茶、一场平安归途……海南大学为困难学生实施“暖冬行动”	海南日报	12月31日
222	海南大学第三次归侨侨眷代表大会举行	中国侨网	12月31日